U0820796

Treasures for Scholars Worldwide

李丹 編

哈佛燕京圖書館書目叢刊第十七種

美國哈佛大學
哈佛燕京圖書館藏
中國舊方志目録

Catalogue of Old Local Chronicles
of China in the Harvard-Yenching Library,
Harvard University, U.S.A.

GUANGXI NORMAL UNIVERSITY PRESS
广西师范大学出版社
·桂林·

圖書在版編目（CIP）數據

美國哈佛大學哈佛燕京圖書館藏中國舊方志目録 / 李丹編. —桂林：廣西師範大學出版社，2013.2
ISBN 978-7-5495-3428-9

Ⅰ. 美… Ⅱ. 李… Ⅲ. 哈佛大學－院校圖書館－地方志－圖書館目録－中國 Ⅳ. Z88：K29

中國版本圖書館 CIP 數據核字（2013）第 021941 號

廣西師範大學出版社出版發行
(廣西桂林市中華路 22 號　郵政編碼：541001
網址：http://www.bbtpress.com)
出版人：何林夏
全國新華書店經銷
廣西民族印刷包裝集團有限公司印刷
(廣西南寧市高新區高新三路 1 號　郵政編碼：530007)
開本：787 mm ×1 092 mm　1/16
印張：38.5　　字數：860 千字
2013 年 2 月第 1 版　　2013 年 2 月第 1 次印刷
定價：368.00 元
如發現印裝質量問題，影響閱讀，請與印刷廠聯繫調換。

前言

引言

方志是中國特有的文化遺産，是中華文化的重要載體。它以一地一志爲基本單位，縱則成歷時的年鑒式纍積，橫則成共時的區域式聯合，構成一幅幅廣闊的歷史畫卷，彌補了國史記載時間與空間之不足。在"體國經野"的中國傳統社會中，方志以其繁多的種類、豐富的數量構成了古典文獻中不可或缺的組成部分。在現代學術視野中，方志則是考古學、史學、語言學、政治學、經濟學、社會學、民族學、天文學和地理學等等诸多學科的重要參考資料，具有很高的研究價值。

方志流傳十分廣泛，目前，世界上許多國家的圖書館都有不同程度的收藏。作爲海外重要的中國文獻收藏機構之一，美國哈佛大學哈佛燕京圖書館所藏的中國地方志一直讓人稱道不已。2011 年 1 月至 12 月，我在哈佛燕京圖書館訪問一年，得以了解這裏對中國舊方志的豐富收藏，并有幸獲得館長鄭炯文先生的信任，承擔起這樣一項工作：爲該館珍藏的方志編纂一部目録。而這本《美國哈佛大學哈佛燕京圖書館藏中國舊方志目録》[1]，正是這項工作告一段落的一個報告。它是以哈佛燕京圖書館編目系統中 1949 年以前編纂出版的中國舊方志書目記録爲基礎，加以整理編輯而成的。目的就是爲了更全面地呈現哈佛燕京圖書館藏中國舊方志的整體風貌，使讀者更方便快捷地使用中國方志。

---

[1] 按：本書所收録的方志以行政區劃分類，範圍包括一統志、通志、府志、州志、廳志、縣志、鄉土志、里鎮志、衛志、所志、關志、島嶼志，以及一些具有志書體例和内容的方志初稿、採訪册、調查記等，山、水、寺廟、名勝等志不予收録。

一、方志收藏現狀

自1949年以來,大陸、臺灣和香港地區,以及日本、歐洲、美國都有中國舊方志目録的出版。以目前的資料統計[1],中國舊方志今存於世者約九千種。從可查的各種目録中,我們得到如下的幾組數據:

表一:存世的中國舊方志數量

現存方志總量	近9000種
宋代以前	3種
宋代	28種
元代	9種
明代	942種
清代	6000餘種
民國	1100餘種

表二:方志收藏情況

<table>
<tr><td rowspan="6">中國大陸地區</td><td rowspan="3">公共圖書館</td><td>國家圖書館:6000餘種(含膠捲)</td></tr>
<tr><td>上海圖書館:5400餘種(含膠捲)</td></tr>
<tr><td>南京圖書館:4000餘種</td></tr>
<tr><td rowspan="3">研究型圖書館</td><td>中國科學院:4200餘種(含膠捲)</td></tr>
<tr><td>北京大學:4000餘種</td></tr>
<tr><td>南京大學:3600餘種</td></tr>
<tr><td>臺灣地區(包括臺北故宫博物院、臺灣大學圖書館、中研院史語所傅斯年圖書館等十二家收藏機構)</td><td colspan="2">4530種</td></tr>
</table>

[1] 在對現存方志數量的數據統計中,參考了一系列的方志目録,主要有《中國地方志聯合目録》、《中國地方志總目提要》、《北京圖書館普通古籍總目·地方志門》、《上海圖書館地方志目録》、《南京大學圖書館藏地方志目録》、《中國科學院圖書館館藏地方志目録》、《中華民國台灣地區公藏方志目録》、《中國地方志目録》(香港大學馮平山圖書館藏書)、《日本主要圖書館、研究所藏中國地方志聯合目録》、《中國地方志流播日本研究》、《歐洲圖書館藏中國方志目録》、《英國各圖書館所藏中國地方志總目録》、《美國國會圖書館藏中國方志目録》、《芝加哥大學遠東圖書館藏中文地方志目録》等等,行文方便,不一一標注。

續表

香港地區	1700 餘種(多影印本和膠捲)
日本(包括五十三家圖書館與文庫收藏機構)	4000 餘種
歐洲	2500 餘種
美國	國會圖書館:3200 餘種 哈佛燕京圖書館:?(詳見下文) 芝加哥大學遠東圖書館:1700 餘種 哥倫比亞大學東亞圖書館:1650 餘種 耶魯大學東亞圖書館:1400 餘種

二、哈佛燕京圖書館館藏方志概述

哈佛燕京圖書館的方志收藏一直爲人所稱道,目前可以查到的各種數據,其資料主要來源于第二任館長吴文津先生在《漢學研究》第 03 卷第 2 期上發表的《哈佛燕京圖書館中國方志及其他有關資料存藏現況》一文[1],文中對哈佛燕京所藏的方志進行了全面的分析與對比,吴先生的統計數據是三千八百五十八種(原本方志三千二百四十一種,膠捲及複製本六百十七種),最早的是[正德]《姑蘇志》,1506 年刊本,最新的《臺南市志》,1978 年出版。數量在歐美地區排名第二位,僅次於美國國會圖書館。具體數據如下:

表三:吴文津先生 1985 年統計數據

時代	總量	原本	複印	膠捲
宋代	38	0	34	4
元代	19	0	12	7
明代	579	61	107	411
清代	2483	2473	0	10
民國	739	737	0	2
總計	3858			

[1] 吴文詳見《漢學研究》第 03 卷第 2 期(總第 06 期),方志學國際研討會論文專號第 1 册,第 369—378 頁,1985 年 12 月。

吴先生的數據統計時間是在 1985 年,是對館藏全部方志的統計[1],其中包括了 1949 年之後的影印本、整理本古舊方志與新修的方志。爲了更清晰地展示原貌,我們這次的整理,在時間與形式上都有所限制,僅收録 1949 年以前編纂出版的舊方志,按照舊方志的存在形式分爲三種:原本方志、縮微方志、影印方志。詳見下表:

表四:2011 年哈佛燕京圖書館的方志收藏統計

<table>
<tr><th>存在形式</th><th>定義</th><th colspan="2">種數</th></tr>
<tr><td rowspan="5">原本方志</td><td rowspan="5">館藏原書,1949 年之前出版</td><td colspan="2">2922 種(善本 764 種),30230 册</td></tr>
<tr><td>明代</td><td>32 種</td></tr>
<tr><td>清代</td><td>2305 種(順治至乾隆 732 種)</td></tr>
<tr><td>民國</td><td>585 種</td></tr>
<tr><td colspan="2"></td></tr>
<tr><td rowspan="6">縮微方志</td><td rowspan="6">無紙本,僅以膠捲形式存在(不包括以館藏紙本方志拍攝的膠捲)</td><td colspan="2">441 種</td></tr>
<tr><td>宋代</td><td>5 種</td></tr>
<tr><td>元代</td><td>3 種</td></tr>
<tr><td>明代</td><td>376 種</td></tr>
<tr><td>清代</td><td>45 種</td></tr>
<tr><td>民國</td><td>12 種</td></tr>
<tr><td>大型影印方志叢書</td><td>1949 年以來影印出版的大型方志叢書(不包括綜合性叢書中的方志、單行本影印方志、整理本舊方志)</td><td colspan="2">4521 種(此數字仍在不斷增加中)</td></tr>
</table>

表五:原本方志以行政區劃統計

<table>
<tr><td>一統志</td><td colspan="6">4</td></tr>
<tr><th>省份</th><th>總量</th><th>省志</th><th>府(州、廳)志</th><th>縣志</th><th>鄉鎮志</th><th>其他</th></tr>
<tr><td>河北省</td><td>279</td><td>9</td><td>44</td><td>218</td><td>8</td><td>0</td></tr>
<tr><td>山東省</td><td>275</td><td>5</td><td>44</td><td>208</td><td>17</td><td>1</td></tr>
<tr><td>山西省</td><td>239</td><td>5</td><td>39</td><td>192</td><td>1</td><td>2</td></tr>
</table>

[1] 按:時代久遠,吴先生當年所做統計的依據是卡片目録還是核對原書今已不可考證,歷史原因,今天實際館藏已略有變化。

續表

省份	總量	省志	府（州、廳）志	縣志	鄉鎮志	其他
河南省	224	8	33	182	0	1
江蘇省	210	3	43	120	40	4
四川省	209	5	34	166	4	0
浙江省	208	4	37	151	16	0
陝西省	177	5	43	119	9	1
江西省	126	4	25	97	0	0
湖北省	122	5	28	87	1	1
廣東省	113	4	24	79	6	0
湖南省	99	4	19	72	4	0
安徽省	94	6	19	68	1	0
福建省	75	6	16	51	2	0
雲南省	53	8	19	24	0	2
廣西壯族自治區	50	3	19	28	0	0
甘肅省	49	2	14	33	0	0
上海市	47	0	8	27	11	1
重慶市	41	0	10	31	0	0
遼寧省	37	7	2	26	2	0
北京市	32	0	14	17	1	0
貴州省	22	3	11	7	0	1
吉林省	18	4	1	10	3	0
臺灣省	17	3	9	5	0	0
天津市	16	0	6	9	0	1
海南省	16	4	3	9	0	0
内蒙古自治區	16	3	5	6	1	1
新疆維吾爾自治區	16	15	1	0	0	0
黑龍江省	14	1	1	10	1	1
西藏自治區	10	10	0	0	0	0

續表

省份	總量	省志	府(州、廳)志	縣志	鄉鎮志	其他
寧夏回族自治區	9	2	4	3	0	0
青海省	3	1	2	0	0	0
澳門	2	0	2	0	0	0
總計	2922	139	579	2055	128	17

在此次的統計中,我們按照傳統的相對狹義的方志定義來選擇,以行政區劃來劃分,未收録山、水、寺廟、名勝等志。但依然可以看到,哈佛燕京圖書館的方志收藏,無論是種類、數量還是存在形式都是相當豐富的。僅以原本方志來看,範圍涵蓋全國,其中河北、山東、山西、河南、江蘇、四川、浙江等省較多。大到通志府志,小至縣志鄉鎮志,均有收録,且以最基礎的縣志爲最多。

三、館藏方志特色

從以上各種數據中可以看到,哈佛燕京的方志收藏數量非常可觀,在海外的方志收藏中佔據重要地位。不僅如此,在收藏的品質上也有可圈可點之處(僅以原本方志統計)。

從版本價值而論,館藏有明代刻本32部,爲全美之首。在清代的方志中,有732種是乾隆六十年(1795)之前的善本,具有重要的研究價值。[1] 在這些刻本中,有不少是稀見之本。其中[嘉靖]《吴江縣志》、[嘉靖]《廣西通志》,在中國國内各存2部,而[萬曆]《潞城縣志》、[崇禎]《江陰縣志》則是存世的孤本。其他如[萬曆]《昆山縣志》、[萬曆]《武定州志》、[萬曆]《華陰縣志》、[崇禎]《乾州志》、[雍正]《太原縣志》等也都很罕見。[2] 有的方志中還有名家批點,如[康熙]《常熟縣志》,即爲清末帝師翁同龢所藏,第一册封面上有翁同龢手書書名,卷中亦多有批校與按語,爲罕見之本。[3]

從資料價值而言,哈佛燕京收藏的方志中,絶大多數是縣志與鄉鎮志,這些最原始的資料,對學術研究有很大的幫助。方志的編纂過程,是資料由下而上的搜集整理過程。從微觀史學的立場來看,越是區域單位小的方志,歷史的真實性與整體性就會越強,可以

[1] 對這些善本方志價值的揭示,哈佛燕京圖書館已請專家撰述提要,稍後即出版面世,此不贅言。

[2] [萬曆]《潞城縣志》、[萬曆]《武定州志》、[崇禎]《乾州志》、[崇禎]《江陰縣志》已經影印出版,詳見《美國哈佛大學哈佛燕京圖書館藏中文善本彙刊》第十四、十五册。

[3] 沈津先生有專文論述,《翁同龢批校本〈常熟縣志〉》,詳見《書叢老蠹魚》,沈津著,廣西師範大學出版社2010年版,第18—25頁。

認識更爲底層的社會原生態,史料價值也就越高。縣志、鄉鎮志作爲較小區域單位的方志,許多詳細内容爲州府志乘所未備,有拾遺補闕的作用,更具有獨特的史料價值。

民國方志的收藏也很有價值。民國是中國封建帝制進入憲政的時期,此前的志書體例,從内容到形式都已經不再適應新的時代。因此,對志書的編寫進行創新變革非常必要。國民政府曾三次頒發修志法規,對修志的機構、内容、綱目、編修方法、審核辦法,以及文字表述、印刷等進行詳細規定。在編寫内容上力求詳實, 注重實用,分類科學,反映當地自然與社會各方面狀況全貌,社會經濟部分的比重大大增加,并逐漸成爲方志的主幹内容。此外,在形式上也發生了變化,隨着科技的發展,廣泛運用了測繪、印刷、攝影、統計等現代技術。現存民國方志有 1100 餘種,哈佛燕京收藏有 585 部民國原版方志,爲民國方志的研究提供了很好的資料保證。以山東一省爲例,[民國]《牟平縣志》"實業志"一門,記載了清末維新以來的實業機關、團體和實業種類,有農業、工業、商業、漁業、鹽業、航業、林業、蠶業、牧業、礦業等地方産業,還記述了此地的自然條件、物産、農業産量及産品價格,農村各階層的人口比例和經濟收入等等。[民國]《膠澳志》中有青島及其附近周年雨計分配略圖,青島周年有霧日數、有雨日數及雨量變差圖,青島周年氣象變差圖等現代科學的圖表,這在古代方志中是不可見到的。再如[民國]《霑化縣志》,前有出版説明,附纂修人員畢業學校、照片等,頗具民國方志特色。

僞滿洲國時期的方志也較有特點。僞滿洲國的産生和存在是中國現代史上的重要事件,爲了穩定秩序,維持統治,僞滿政府開始推動各地編修方志。作爲僞滿時期的重要文獻之一,這些方志具有相當重要的史料價值和研究價值。由於受到殖民政策的影響,出於服務僞滿政府統治的需要,當時東北方志均是站在日僞的立場上進行編修,從體例到内容都帶有鮮明的殖民烙印。在方志的編寫中,也有日本官員參與其中。哈佛燕京所藏的《海龍縣志》前有參事官荻原四郎的照片,《阜新縣志》前有阜新縣參事官阿部虎男的照片。僞滿政權在東北地區強制推行日語教育,灌輸日本文化。受此影響,日文詞彙和日文資料比較普遍地出現在此時的方志中,對當時在東北的日本企業與日本商人也都有很多記載。現存僞滿時期東北三省編修的地方志總數約 50 種,哈佛燕京共收藏 14 部,數量雖不算絶對多,但管中窺豹,亦可見一斑,能爲中國近現代史諸領域的研究提供豐富素材。

四、方志收藏歷史

以不同的存在形式而分,哈佛燕京的方志收藏主要分爲三個階段。這一部收藏史,既反映了方志外在形式的變化,也映照了時代的發展變遷。

1. 紙本方志的收藏

1928 年,哈佛燕京學社成立,與此同時,有了哈佛燕京圖書館的前身——漢和圖書館。

1930年起，漢和圖書館便開始收集中國方志。[1] 三十年代的中國大陸，社會動蕩，戰亂頻仍，大量的古籍藏書散出，方志作爲研究中國的第一手資料，成爲當時各國、各研究機構的熱門之選。1935年，裘開明館長撰寫題爲《哈佛圖書館的中國地方志》（"Chinese Local Histories in the Harvard"）的報告[2]，論述了中國地方志的特點及重要性，要求增加用於購買這類文獻的經費。報告得到哈佛燕京學社圖書館委員會的通過，此後的一個時期，哈佛燕京通過各種途徑，包括向國内古舊書店直接徵集購買，或委托國内圖書館、國内學者代購等方式，大量購買方志，一時之間，方志爲之紙貴。《書林逸話》中曾有記載："哈佛燕京等處，凡方志書只要爲其目録所無者，任何高價，均必購置。"[3]可見當日收購之迫切。因此，原本方志收藏數量飛速增長，在裘開明館長每年的館長年度報告[4]中，我們得到了如下的數據：

表六：哈佛燕京圖書館藏方志年度報告表統計

年份	1935	1936	1937	1938	1939	1940	1941	1942	1943	1946	1947	1948	1949
種類	678	902	974	1300	1924	2301	2571	2622	2628	2692	2806	2837	2869

從表格中每年遞增的數量可以看出，方志收藏在三十年代後期飛速增長，到1949年，已經達到2869種，與今日的2922種收藏相差無多。在1949年之後，主要因爲政治因素的影響，原本方志的收藏漸趨緩慢，所增甚少。

哈佛燕京對方志收藏的理念是藏以致用，將方志作爲爲各個學科提供資料的源泉，不拘時代，廣泛收藏。這一理念，我們從裘開明館長與當時的哈佛燕京學社社長葉理綏的通信中可以看到。1936年3月20日，裘開明向葉理綏提交1935—1936學年度漢和圖書館財務報告和1936—1937學年度漢和圖書館預算計劃，他認爲地方志對很多分支學科的研究都具有相當重要的意義，這類著作包括中國各個地區的地形、歷史、歷史地理和人物傳記、考古、經濟，以及重要的統計資料。1938年2月18日，葉理綏在給裘開明的信中也表明自己的觀點："我們不僅對善本方志感興趣，而且對一般的方志也感興趣，這樣每個省都能通過地方歷史的形式展現出來……不要太熱衷於買珍本，要知道我們需要的是一個運作的圖書館。"[5]這一採訪理念，一直貫徹到今天。

[1] 哈佛燕京圖書館在1930年之前是否收有方志不得而知，但開始大規模收集中國方志，始於1930年。在這一年的11月15日，裘開明館長開始打算購買方志，補充館藏。詳見《裘開明年譜》1930年11月15日所收裘開明信函，廣西師範大學出版社2009年版。

[2] 報告詳見《裘開明年譜》1935年的記録。

[3] 謝興堯《書林逸話》，見《堪隱齋隨筆》，遼寧教育出版社1995年版，第28—29頁。

[4] 詳見《裘開明年譜》中收録的各年度館長工作報告。

[5] 裘開明與葉理綏的通信詳見《裘開明年譜》1936與1938年記録。

2. 縮微方志的收藏

1949 年之後,隨着新中國的成立,政府對古籍的市場流通進行了限制,哈佛燕京的館藏紙本方志數量增長緩慢,開始轉向縮微膠捲的收藏。最早的膠捲方志來自美國的國會圖書館,這里曾經暫存了一批因躲避戰亂而轉運至此的國立北平圖書館的善本(現存臺北故宫博物院),其中有很多稀見的方志。此後,又陸續向臺北國立中央圖書館和日本東京内閣文庫購買了大量稀見方志的膠捲,以補充館藏。這些縮微方志幾乎全是善本,極其珍貴。此外,哈佛燕京也將本館所藏的部分方志拍成膠捲,方便讀者閱覽。目前館藏的全部縮微舊方志的總量有 1900 餘部。[1]

3. 影印方志叢書的收藏

哈佛燕京圖書館大型影印方志叢書的收藏主要分爲兩個系統。二十世紀六十年代開始,臺灣地區曾經大規模影印了一系列方志叢書,如《新修方志叢刊》、《中國方志叢書》等等。到了二十世紀八十年代,隨着經濟文化事業的發展,中國大陸也開始大規模影印出版方志叢書,如《宋元方志叢刊》、《天一閣藏明代方志選刊》、《日本藏中國罕見地方志叢刊》、《中國地方志集成》、《著名圖書館藏稀見方志叢刊》系列等。這些大型方志叢書的影印出版,在很大程度上可以彌補圖書館館藏原本方志的不足。哈佛燕京圖書館對這些影印方志叢書收藏是不遺餘力,幾乎囊括了全部,並且還在不斷地遞增。這些影印方志與原本方志、縮微方志一起,相互補充,形成了豐富的方志資料庫,爲海内外學者提供了非常便利的幫助。

五、原本方志的價值與意義

一直以來,哈佛燕京圖書館以其豐富的資料收藏與先進的服務理念,吸引了海内外的學者。在高科技飛速發展、影印再造的水平更加高超、電子資源越發普遍的今天,哈佛燕京所藏的這些傳統的紙本方志的意義何在？就内容來説,不同形式的同一種方志,内容應該是一樣的。那麼,在内容之外,形式又有哪些特殊意義？地方志作爲一種文化產品,也是社會發展的一個縮影。除了文獻個體帶給學者的資料性、紙本古籍形式體現的文物性之外,作爲一種群體的存在,這批文獻資料還具有很多的社會學與文化學的意義與價值。

1. 書籍聚散之考查

中國的古籍,聚散無常,但從書中的鈐印題跋,却可考證出其輾轉流傳,來去蹤跡。是以,縱是内容完全相同的古籍,却有着不同的命運,從中可見其流散。如[嘉靖]《雍大記》一書,鈐有“春艸閑房”、“惠棟之印”、“紅豆書屋”、“柯逢時印”,可知此書從明末清初

[1] 此數量是包括了複本膠捲與以館藏紙本方志爲底本拍攝而成的膠捲。

金俊明,經惠棟,傳至晚清柯逢時之手。再如[萬曆]《昆山縣志》一書,鈐有"八千卷樓藏書之記"、"嘉惠堂丁氏藏書之記",知此書曾爲著名藏書家丁丙的八千卷樓所藏。[康熙]《常州府志》上鈐有"海上武陵季子少梅氏珍藏書畫印",乃清代著名收藏家顧少梅的藏書。乾隆《天津府志》,藏書印爲"長白完顔氏半畝園珍藏留記"、"琅嬛妙境藏書圖記",乃是光緒年間内務府總管大臣、刑部尚書麟慶的藏書。

2. 民國舊書業之考查

民國時期,大量古籍流散,在許多大中城市形成了古籍市場,北平、上海、蘇州、杭州等地出現很多古舊書店。哈佛燕京的很多方志就是從這些書店郵購而來。1935 年 8 月 1 日,裘開明先生起草向中國各古籍書店徵集所售中文方志及叢書目録之通告。1936 年 5 月 25 日,裘先生又在寄往中國内地各古籍書店訂購方志的訂單上附注文字如下:"請將所選購的各類各種方志彙集後,代做中國藍布函套,外面用白色油墨寫書名、卷數等;各書函套做好,即請由郵掛號寄來。"[1] 直到今日,在哈佛燕京所藏的原本方志的函套上,還可以看到當時古舊書店的印章或貼條。這些古舊書店在北京的主要有邃雅齋、德友堂、文芸閣、松筠閣、崇文齋、悦古齋,上海有富晉書社、受古書店,蘇州有來青閣,杭州有抱經堂。更有意思的是,這些書店的印章刻有中英文雙語,上面不僅有店名,還有地址,如北京的邃雅齋印着"From: Ts'ui Ya Chai Bookstore, 192 Liu Li Ch'ang, outside Ho-p'ing-men, Peiping, China.中國,北平和平門外琉璃廠一九二號邃雅齋書店寄"。這些資料,對我們研究民國舊書業的生存狀況,考查古籍的流散都大有幫助。

3. 出版發行業之考查

牌記是古籍的一個重要内容,對版本的判斷有重要幫助。哈佛燕京的原本方志由於書品較好,很多方志都完整地保留了牌記。這些牌記除了幫助我們判斷該書的版本之外,還可以提供很多其他的信息。比如,反映了時代的變遷。清代牌記中的藏板之地,多在府衙與書院,到了晚清民國,則出現刻有"板藏官立小學堂"、"温江縣圖書館藏板"等字樣的牌記。有時候,綜合多個牌記,又可以對古代的出版發行業進行考查。以廣東一省方志爲例,如[嘉慶]《龍川縣志》牌記云"粤東省城學院前心簡齋承刻",[道光]《電白縣志》牌記云"清道光五年(1825)廣州西湖街文寶齋刻本",[光緒]《清遠縣志》牌記云"粤東省城學院前翰元樓刊刷",[民國]《陽江志》牌記云"廣州西湖街留香齋承印",[民國]《香山縣志》牌記云"省城西湖街墨寶樓承印"。從這些綫索中,我們可以對廣州一地的刻書業有所了解。

民國時期,隨着新式印刷技術的發展,出現了很多印刷所,在一些鉛印本的民國方志的扉頁,開始出現了具有廣告性質的新式牌記,這是從古代牌記到新式版權頁的過渡。

---

[1] 詳見《裘開明年譜》1935 年 8 月、1936 年 5 月的記録。

如《法華鄉志》的扉頁云:"松蘊鑄字印刷所……本所創辦以來,歷有年矣。自造中西銅模,異樣花邊,新式符號,注音字母,書邊銅綫,各種大小鉛字一應俱全。邇來擴充營業,添辦印刷,特請優等技師細心研究。墨色鮮明,筆劃清楚,承印書籍報章經典雜誌家譜壽啓,五彩錢票股單,如蒙委托代印,請駕臨三馬路望平街本所接洽,無任歡迎。電話:中央七五零八。"民國《青縣志》前有牌記云"天津鴻興印字館印",亦有地址與聯繫方式:"設法界二號路七十九號,電話自動三二七四四號。"民國《滄縣志》前有文竹齋的廣告:"承印各種書籍縣志族譜,字體新穎,印刷清晰,校對精細,裝訂整齊,出品精緻,定價克己。地址:開設天津鍋店街中間。電話二局一九一五號。"這些資料,爲我們考查中國近現代出版業的發展提供了有力的依據。

除了以上所述,原本方志還有很多其他的價值,在此不一一列舉。這些原本方志中的特別信息,在本目録中都將會有所呈現。

結　語

在歷時一年多的目録編寫過程中,我一直處於一種惴惴不安、如臨深谷的狀態。首先,我擔心自己不能窮收盡採,會有遺珠之憾。儘管請哈佛燕京圖書館的技術專家鄒宗光先生幫助抓取了全部的中文電子目録,我還是笨笨地翻遍了所有的原始方志卡片。但當我面對哈佛燕京圖書館的浩渺書海之時,總是懷疑是否已經全部囊括。其次,我擔心自己淺拙的電腦技術,會在不停的表格變換中發生錯誤。從 ACCESS 表格,到 EXCEL 表格,再到 WORD 文檔,中間反復的變換、修改,常常令我這個文科生感到莫名的緊張,只有一遍又一遍地核對。最後,我擔心自己的閱歷太淺,以我有限的古籍工作經驗,對古籍版本的一些判斷不免會有失誤。唯一可以自我安慰的是,作爲編者,惟有盡力而已。我已經盡力去全面展現館藏的方志全貌,至於其中的疏漏之處,敬請方家批評指正。

本目録的編撰出版工作得到了許多前輩和朋友的支持與幫助。在哈佛燕京圖書館工作和學習的一年是簡單、快樂而充實的,在這里,我可以暢遊書海,心無旁騖。感謝鄭炯文館長對我的信任,給予了多方的鼓励、寬容、支持和帮助。我的主管楊麗瑄女士與馬小鶴先生爲我查閱資料提供了很多方便,古籍專家沈津先生對目録的編寫提出了许多十分宝贵的意見。哈佛燕京圖書館的諸多同事,鄒宗光、邱玉芬、王系、戴曉琳、陳祖瑶、宋小惠、梁慧芬、李堅、王靄木、鄒士寧、吴文輝,給了我很多的關心、温暖、感動和歡樂!復旦大學的吴格先生、龍向洋先生也提供了很多很好的方法和建議。南京大學圖書館的洪修平館長與史梅副館長,則爲我創造了很好的條件,給予了许多的關照。廣西師範大學出版社的何林夏先生與雷回興女士,爲本書的策劃出版來回奔波,付出了辛苦的勞動。責任編輯虞勁松先生與劉文淵女士對書稿進行了最後的校對與把關。在這裏,我要再次向他們表示衷心的感謝!

凡　例

一、本目録收録哈佛大學哈佛燕京圖書館2011年12月24日之前收藏并編目的中國舊方志(1949年以前修纂),收録範圍包括一統志、通志、府志、州志、廳志、縣志、鄉土志、里鎮志、衛志、所志、關志、島嶼志,以及一些具有志書體例和内容的方志初稿、採訪册、調查記等,山、水、寺廟、名勝等志不予收録[1]。

二、本目録所有條目均來源於哈佛燕京圖書館的編目記録。分三個部分:原本方志、縮微方志、大型影印方志叢書(作爲附録)。原本方志爲館藏紙本舊方志;縮微方志爲館藏僅以膠捲或膠片形式存在的方志;影印方志叢書作爲附録,爲1949年之後以影印的形式出版的大型方志類叢書,不包括一般影印叢書中的方志與少量單行的影印方志。

三、原本方志與縮微方志各條目的著録内容包括:HOLLIS Number、索書号、題名、卷數、修纂者、版本[2]、册次、備註。題名前有編纂年代説明,用"[ ]",修纂者前有朝代説明,用"( )",刊印時間以朝代年號與公元紀年相結合。

三、大型影印方志叢書著録内容主要包括HOLLIS Number、索書号、題名,其餘各著録項因歷史原因,各套叢書的編目方式略有差異,爲與電子檢索目録一致,故基本保持原有編目格式,未做完全統一。

---

[1] 按:爲保持原貌,附録部分大型影印方志叢書中的個别山水志未做删除。

[2] 按:由於方志的修纂人員衆多,修纂與刊刻又有一個時間過程,故此目中的修纂者與版本時代著録與其他工具書或稍有出入。

四、原本方志與縮微方志的排列順序以《中華人民共和國2011年行政區域劃分》爲標準，依全國各省、市、自治區分别著録，同一地區的方志按編纂年代先後排列。大型影印叢書的順序以叢書出版的年代爲序，每種叢書基本以册次爲序，或有原目録不以册次編排者，則以HOLLIS Number爲序。

五、爲方便讀者檢索，書後附有書名索引，以漢語拼音排序。

目　録

原本方志

縮微方志

附録:大型影印方志叢書

原本方志

全　國

008388549　3028.3 4312(1902)
[乾隆]大清一統志四百二十四卷
(清)和珅等纂修
清光緒二十八年(1902)上海寶善齋石印本
六十册

009265662　3028.3 3804
大清一統志輯要五十卷
(清)洪亮吉纂修
清光緒二十八年(1902)上海山左輿國局刻本
十二册

003180798　3028.4 40
[嘉慶]重修一統志五百六十卷
(清)穆彰阿、潘锡恩等纂修
民國二十三年(1934)上海商務印書館影印本
二百一十册

007462383　3028 4012
嘉慶一統志表
(清)穆彰阿、潘锡恩等纂修
民國二十四年(1935)上海商務印書館影印本
十册

北京市

008062520　3056 6147.83b
[乾隆]欽定日下舊聞考一百六十卷
(清)于敏中、英廉等修,竇光鼐、朱筠等纂
清乾隆間(1736—1795)内府刻本
四十册

007994359　3129 2813.88
[光緒]順天府志一百三十卷附録一卷

(清)周家楣等修,張之洞、繆荃孫等纂
清光緒十年至十二年(1884—1886)刻本
六十四册

007994535 3129 4050.9
大中華京兆地理志
林傳甲編
民國八年(1919)北京武學書館排印本
一册

005631769 3056 2922
京師坊巷志十卷附考證一卷
朱一新、繆荃孫撰
民國七年(1918)南林劉氏求恕齋刻本
六册

008088449 T 3134 3110.81
[康熙]宛平縣志六卷
(清)王養濂修,李開泰等纂
清康熙二十三年(1684)刻,挹芬樓補抄本
十册

005631744 3056 3114.9
河北省宛平縣事情
卞乾孫編著
民國二十八年(1939)新民會中央指導部出版部鉛印本
一册

008088451 T 3134 3227.81
[康熙]房山縣志十卷續志一卷附雜詩
(清)佟有年修,齊推等纂;羅在公續增修
清康熙三年(1664)原刻,康熙三十七年(1698)續增修,康熙四十六年(1707)補刻本
八册

007457597 3134 3227.9
[民國]房山縣志八卷
廖飛鵬、馮慶瀾修,高書官等纂
民國十七年(1928)鉛印本
八册

008474552 T 3134 3322.81
[康熙]良鄉縣志八卷
(清)楊嗣奇修,見聖等纂
清康熙三十九年(1700)刻本
六册

007457773 3134 3322.88
[光緒]良鄉縣志八卷
(清)陳嵋、范履福修,黄儒荃等纂
清光緒十五年(1889)刻本
六册

007457583 3134 3322.9
[民國]良鄉縣志八卷
周志中修,吕植、見之深等纂
民國十三年(1924)鉛印本
四册

005631743 3056 3322.9
河北省良鄉縣事情
卞乾孫編著
民國二十八年(1939)新民會中央指導部出版部鉛印本
一册

008088456 T 3134 332.81
[康熙]通州志十二卷
(清)吴存禮修,陸茂騰纂
清康熙三十六年(1697)刻本
八册

008031488 T 3134 332.83
[乾隆]通州志十卷首一卷末一卷
(清)高天鳳修,金梅等纂
清乾隆四十八年(1783)刻本

八册

007457771　3134 332.83b

[乾隆]通州志十卷首一卷末一卷

(清)高天鳳修,金梅等纂

清乾隆四十八年(1783)修,道光十八年(1838)補刻本

八册

007457566　3134 332.88

[光緒]通州志十卷首一卷末一卷

(清)高建勳等修,王維珍等纂

清光緒五年(1879)刻本

十二册

007457772　3134 332.9 v.1-12

[光緒]通州志十卷首一卷末一卷

(清)高建勳等修,王維珍纂,陳鏡清補修

清光緒五年(1879)修,九年(1883)補修,民國三十年(1941)鉛印本

十二册

007457782　3134 332.9 v.13-16

[民國]通縣志要十卷

金士堅修,徐白纂

民國三十年(1941)排印本

四册

007456807　3134 2885.81

[康熙]順義縣志四卷補遺一卷

(清)黄成章等修,張大西校訂;(民國)湯銘鼐重排

清康熙五十八年(1719)修,民國四年(1915)財政部印刷局排印本

五册

007456698　3134 2885.9

[民國]順義縣志十六卷首一卷

楊得馨等編纂

民國二十二年(1933)鉛印本

九册

008040387　T 3134 6614.81

[康熙]昌平州志二十六卷首一卷

(清)吴都梁修,潘問奇等纂

清康熙十二年(1673)澹然堂刻本

十册

007482088　3134 6614.88

[光緒]昌平州志十八卷

(清)吴履福等修,繆荃孫、劉萬源等纂

清光緒五年(1879)修,民國二十八年(1939)排印本

六册

007481928　3134 6614.881

[光緒]昌平外志六卷

(清)麻兆慶纂修

清光緒十八年(1892)刻本

四册

008088334　T 3134 4370.81

[康熙]大興縣志六卷

(清)張茂節修,李開泰等纂

清康熙二十四年(1685)刻本

十册

007481931　3134 9319.9

[康熙]懷柔縣志八卷

(清)吴景果編纂

民國二十四年(1935)據康熙六十年本排印本

四册

008088443　T 3134 1486.83

[乾隆]平谷縣志三卷

(清)任在陛原修,李桂明原纂;項景倩增修;朱克閲續補修

清乾隆四十二年(1777)刻本
三册

007455719 3134 1486.9
[民國]平谷縣志六卷
李興焯修,王兆元纂
民國二十三年(1934)天津文竹齋鉛印本
八册

007490549 T 3269 1004.83
[乾隆]延慶州志十卷首一卷
(清)李鍾俾修,穆元肇等纂
清乾隆七年(1742)刻本
十册

007486857 3269 1004.88b
[光緒]延慶州志十二卷首一卷末一卷
(清)屠秉懿、何道增等修,張惇德纂
清光緒六年(1880)刻本
十册

007490551 3269 1004.88
[光緒]延慶州志十二卷首一卷末一卷
(清)屠秉懿、何道增等修,張惇德纂
民國七年(1918)鉛印本
十册

007457809 3134 3713.88
[光緒]密雲縣志六卷附詩文一卷
(清)黄宗敬、丁符九等修,張鼎華等纂
清光緒八年(1882)刻本
八册

007457586 3134 3713.9
[民國]密雲縣志八卷首一卷
臧理臣、朱頤總理,宗慶煦等编纂
民國三年(1914)京華印書局排印本
八册

天津市

007455698 3134 1335.81
[康熙]天津衛志四卷首一卷
(清)薛柱斗修,馮允京等纂
民國二十三年(1934)易社鉛印本
二册
備註:題名作“新校天津衛志”

008062567 T 3133 1335.83
[乾隆]天津府志四十卷
(清)程鳳文修,吴廷華等纂
清乾隆四年(1739)刻本
十六册
備註:鈐有“長白完顔氏半畝園珍藏留記”、“琅嬛妙境藏書圖記”印章

007455697 3134 1335.87
[同治]天津縣續志二十卷首一卷
(清)吴惠元等修,蔣玉虹、俞樾等纂
清同治九年(1870)刻本
八册

007455893 3134 1335.9
[民國]天津縣新志二十七卷首一卷
高彤皆撰
民國二十年(1931)刻本
十六册

008217456 3134 1335.9B
[民國]天津縣新志二十七卷首一卷
高彤皆撰
民國二十年(1931)刻本
四册
備註:僅收卷二十一《人物志》與卷二十三《藝文志》

005626839　3056 1343
津門雜記三卷
(清)張燾著
清光緒十年(1884)刻本
二册

005631771　3056 3941
天津志略
宋藴璞輯
民國二十年(1931)鉛印本
一册

007482015　31351335.9
[民國]天津市概要十三編首一編
天津市市志編纂處編
民國二十三年(1934)天津百城書局鉛印本
二册

008088442　T 3134 1432.83
[乾隆]武清縣志十二卷首一卷末一卷
(清)吴翀修,曹涵、趙晃纂
清乾隆七年(1742)刻本
八册

007453903　T 3134 384.83
[乾隆]寶坻縣志十八卷
(清)洪肇楙、蔡寅斗等纂修
清乾隆十年(1745)刻本
八册

007480701　3134 5535.87
[同治]静海縣志八卷
(清)鄭士惠纂修
清同治十二年(1873)刻本
四册

007480530　3134 5535.9
[民國]静海縣志十二集
白鳳文等修,高毓浵等纂
民國二十三年(1934)天津文竹齋鉛印本
六册

008088452　T 3134 323.83
[乾隆]寧河縣志十六卷
(清)關廷牧修,徐以觀等纂
清乾隆四十四年(1779)刻本
六册

007457600　3134 323.88
[光緒]寧河縣志十六卷
(清)丁符九等修,談松林等纂
清光緒六年(1880)刻本
十二册

008032935　T 3134 4230.81
[康熙]薊州志八卷
(清)張朝琮修,鄔棠等纂
清康熙四十三年(1704)刻本
四册

007457779　3134 4230.85
[道光]薊州志十卷首一卷
(清)沈鋭等修,章過等纂
清道光十一年(1831)修,咸豐二年(1852)補刻本
七册

河北省

008026777　T 3128 82
[雍正]畿輔通志一百二十卷
(清)唐執玉、李衛等修,陳儀、田易等纂
清雍正十三年(1735)刻本

四十八册

007994357 3128 2552.87
[同治]畿輔通志三百卷首一卷
(清)李鴻章等修,黄彭年等纂
清同治十年(1871)修,光緒十年(1885)刻本,板藏古蓮華池
二百四十册

007994338 3128 2552.87B
[同治]畿輔通志三百卷首一卷
(清)李鴻章等修,黄彭年等纂
清同治十年(1871)修,民國二十三年(1934)上海商務印書館縮印清光緒十年(1884)刻本
八册

007994533 3128 0.9
[民國]河北通志:縣沿革表
張承謨、陳鐵卿、于鶴年等編
民國二十一年(1932)鉛印本
二册

007994534 3128 4926.9
大中華直隸省地理志
林傳甲編
民國九年(1920)北京武學書館排印本
一册

007995652 3128 0.9B
[民國]河北省治市縣沿革志略不分卷
戴書紳編
民國二十六年(1937)油印本
一册

005631705 3056 4493.9
直隸風土調查録
直隸省視學編纂
民國四年(1915)上海商務印書館鉛印本
一册

石家莊市

007455711 3134 1427.86
[咸豐]平山縣志八卷
(清)王滌心修,郭程先纂
清咸豐四年(1854)刻本
八册

007455910 3134 1427.88
[光緒]平山縣續志八卷末一卷
(清)熊壽籛修,周焕章纂
清光緒二十四年(1898)刻本
二册

007455911 3134 1427.9
[民國]平山縣志料集十六卷
金潤璧修,張林、焦遇祥纂
民國二十一年(1931)鉛印本
一册

008032938 T 3134 5571.82
[雍正]井陘縣志八卷
(清)鍾文英、吴觀白等纂修
清雍正八年(1730)刻本
四册

007480702 3134 5571.88
[光緒]井陘縣志三十六卷
(清)常善修,趙文濂纂
清光緒元年(1875)刻本
四册

007480597 3134 5571.9
[民國]井陘縣志料十六編
王用舟等修,傅汝鳳等纂
民國二十三年(1934)鉛印本
四册

007456810　3134 2945.85
[道光]欒城縣志十卷首一卷末一卷
(清)桂超萬修,高繼珩纂
清道光二十六年(1846)刻本
四册

007456693　3134 2945.87
[同治]欒城縣志十四卷首一卷末一卷
(清)陳詠修,張惇德等纂
清同治十二年(1873)刻本
六册

008062563　T 3133 1138.83
[乾隆]正定府志五十卷首一卷
(清)鄭大進纂修
清乾隆二十七年(1762)刻本
三十二册

007455686　3134 1138.87
[同治]正定縣志四十六卷末一卷
(清)慶之金修,趙文濂纂
清同治十一年至十三年(1872—1874)修,光緒元年(1875)刻本
十四册

005657935　3056 1138
河北省正定縣事情調查
陳佩纂修
民國二十八年(1939)北平新民會中央指導部鉛印本
一册

008030316　T 3134 2206.83
[乾隆]行唐縣新志十六卷
(清)吴高增纂修,文有試增補
清乾隆三十七年(1772)補刻本
四册

008062584　T 3134 1144.81
[康熙]靈壽縣志十卷附録一卷
(清)陸隴其修,傅維榗纂
清康熙二十五年(1686)刻本
四册

007455712　3134 1144.87
[同治]靈壽縣志十卷末一卷
(清)陸隴其原本;劉賡年續纂修
清同治十二至十三年(1873—1874)刻本
六册
備註:附于康熙志各卷之後

007453972　3134 0261.84
[嘉慶]高邑縣志十卷首一卷附録一卷
(清)江啓澄原本;陳元芳續修,沈雲尊續纂
清乾隆四十三年(1778)原修,嘉慶四年(1799)續修,嘉慶十六年(1811)刻本
四册

007995474　3133 4832.88
[光緒]趙州志十六卷首一卷末一卷
(清)孫傳栻修,王景美等纂
清光緒二十三年(1897)刻本
六册

007479191　3134 4832.88
[光緒]趙州屬邑志八卷
(清)孫傳栻纂
清光緒二十三年(1897)刻本
四册

008030072　T 3134 2821.83
[乾隆]贊皇縣志十卷首一卷末一卷
(清)黄崗竹纂修
清乾隆十六年(1751)刻本
四册

008032950　T 3134 3934.82
[雍正]深澤縣志十二卷首一卷

(清)趙憲修,王植等纂
清雍正十三年(1735) 原刻,乾隆間(1736—1795)增刻本
四册

007457590 3134 3934.87
[咸豐]深澤縣志十卷
(清)王肇晉等纂修
民國二十五年(1936)鉛印本
四册

007482115 3134 8341.83
[乾隆]無極縣志十卷末一卷
(清)黄可潤纂修
清乾隆十四年至十六年(1749—1751)修,光緒十九年(1893)補刻本
四册

007481930 3134 8341.9
[民國]重修無極縣志二十卷
耿之光、王桂照修,王重民等纂
民國二十五年(1936)天津文竹齋鉛印本
六册

007455875 3134 1174.88
[光緒]元氏縣志十四卷首一卷末一卷
(清)胡岳修,趙文濂、王鈞如等纂
清光緒元年(1875)刻本
八册

007455676 3134 1174.9
[民國]元氏縣志十六卷附叙録一卷
王自尊修,李林奎纂
民國二十年(1931)鉛印本
六册

007480599 3134 5901 (1-2)
[康熙]保定府祁州束鹿縣志十卷首一卷
(清)劉昆修,陳僖等纂
民國二十六年(1937)鉛印本,《束鹿五志合刊》之一
八册
備註:今辛集市

007480599 3134 5901 (3-4)
[乾隆]束鹿縣志十二卷首一卷
(清)李文耀修,張鍾秀纂
民國二十六年(1937)鉛印本,《束鹿五志合刊》之一
八册
備註:今辛集市

007480599 3134 5901 (5-6)
[嘉慶]束鹿縣志十卷
(清)李符清修,裴顯相、沈樂善纂
民國二十六年(1937)鉛印本,《束鹿五志合刊》之一
八册
備註:今辛集市

007480599 3134 5901 (7)
[同治]續修束鹿縣志八卷
(清)宋陳壽撰
民國二十六年(1937)鉛印本,《束鹿五志合刊》之一
八册
備註:今辛集市

007480599 3134 5901 (8)
[光緒]束鹿鄉土志十二卷
(清)張鳳臺修,李中桂等纂
民國二十六年(1937)鉛印本,《束鹿五志合刊》之一
八册
備註:今辛集市

008032939 T 3134 5901.83
[乾隆]束鹿縣志十二卷

(清)李文耀等修,張鍾秀纂
清乾隆二十七年(1762)刻本
四册
備註:今辛集市

007480703　3134 5901.84
[嘉慶]束鹿縣志十卷
(清)李符清修,裴顯相、沈樂善纂
清嘉慶三年至四年(1798—1799)刻本
四册
備註:今辛集市

007457602　3134 4045 (1-2)
[嘉靖]藁城縣志十卷
(明)李正儒纂修
民國二十三年(1934)鉛印本,《藁城縣志四種》之一
二册

007457602　3134 4045 (3-5)
[康熙]藁城縣志十二卷
(清)賴于宣修,張丙宿纂;閻堯熙增修
民國二十三年(1934)鉛印本,《藁城縣志四種》之一
三册

007457602　3134 4045 (6-7)
[光緒]藁城縣志續補十一卷
(清)朱紹穀修,張毓温纂
民國二十三年(1934)鉛印本,《藁城縣志四種》之一
二册

007457602　3134 4045 (8-10)
[民國]續修藁城縣志十二卷
王炳熙、任傳藻修,于箴纂
民國二十三年(1934)鉛印本,《藁城縣志四種》之一
三册

007455913　3134 1630.81
[康熙]晋州志十卷
(清)郭建章修,闕永清纂;康如璉續修,劉士麟續纂;朱賓林補撰
清康熙十四年(1675)修,三十九年(1700)續修,咸豐十年(1860)補刻本
六册

007455718　3134 1669.9
[民國]晉縣志料二卷
王召棠等纂修
民國二十三年(1934)晉縣修志局石印本
二册

007453941　3134 0220.88
[光緒]重修新樂縣志六卷
(清)雷鶴鳴等修,趙文濂纂
清光緒十一年(1885)刻本
六册

008088477　T 3134 4401.83
[乾隆]獲鹿縣志十二卷
(清)韓國瓚修,石光璽纂
清乾隆元年(1736)刻本
六册
備註:今鹿泉市

007457803　3134 4401.88
[光緒]獲鹿縣志十四卷首一卷末一卷
(清)俞錫綱修,曹鑅纂
清光緒四年(1878)重修,光緒七年(1781)刻本
十册
備註:今鹿泉市

唐山市

007453944　3134 0627.88
[光緒]唐山縣志十二卷首一卷末一卷

(清)蘇玉修,杜靄、李飛鳴纂
清光緒七年(1881)刻本
八册

008030314 T 3134 213.83
[乾隆]豐潤縣志八卷
(清)吳慎纂修
清乾隆二十年(1755)刻本

007456700 3134 213.88
[光緒]豐潤縣志四卷
(清)牛昶煦、郝增祜纂輯;周晉堃續纂
民國十年(1921)重印本
四册

008085507 T 3133 3021.83
[乾隆]遵化州志二十卷
(清)劉埥原纂;傅修續纂
清乾隆五十九年(1794)刻本
八册

008088457 T 3134 3334.83
[乾隆]遷安縣志三十卷
(清)燕臣仁纂修
清乾隆二十二年(1757)刻本
六册

007457781 3134 3334.87
[同治]遷安縣志十八卷首一卷末一卷
(清)韓耀光修,史夢蘭等纂
清同治十二年(1873)文峰書院原刻,光緒十一年(1885)補刻本
十册

007457584 3134 3334.9
[民國]遷安縣志二十二卷首一卷
滕紹周修,王維賢纂
民國二十年(1931)鉛印本
四册

007455874 T 3134 1160.83
[乾隆]玉田縣志十卷
(清)謝客纂修
清乾隆二十一年(1756)刻本
四册

009271370 3134 1160.88
[光緒]玉田縣志三十卷首一卷
(清)夏子鎏修,李昌時纂;丁維續纂
清光緒十年(1884)刻本,涇川書院藏板
六册

008088448 T 3134 2902.83
[乾隆]樂亭縣志十四卷首一卷
(清)陳金駿纂修
清乾隆二十年(1755)刻本
六册

007456701 3134 2902.88
[光緒]樂亭縣志十五卷首一卷末一卷
(清)蔡志修等修,史夢蘭等纂
清光緒三年(1877)刻本,尊道書院藏板
六册

008088465 T 3134 3969.81 (1)
[康熙]續灤志補一卷
(清)侯紹岐修,高士麟纂
清康熙八年(1669)刻本
二册

008088465 T 3134 3969.81 (2)
[康熙]灤志補一卷
(清)馬如龍補修,高士麟纂
清康熙十八年(1679)刻本
二册

007456670 3134 3219.88
[光緒]灤州志十八卷首一卷
(清)楊文鼎等修,王大本等纂

清光緒二十四年(1898)據嘉慶十四年(1809)本增刻,海陽書院藏板
十四册

007457517　3134 3969.94
[民國]灤縣志十八卷
袁棻修,張鳳翔、劉祖培纂
民國二十六年(1937)鉛印本
十八册

秦皇島市

008044481　T 3134 7642.83
[乾隆]臨榆縣志十四卷首一卷
(清)鍾和梅纂修
清乾隆二十一年(1756)刻本
六册

007481897　3134 7642.88
[光緒]臨榆縣志二十四卷首一卷
(清)趙允祜修,高錫疇纂
清光緒四年(1878)刻本
十册

007481946　3134 7642.9
[民國]臨榆縣志二十四卷首一卷
高凌霨修,程敏侯等纂
民國十八年(1929)鉛印本
十三册

005623708　3056 1145.8
北戴河海濱志略
管洛聲編纂
民國十四年(1925)鉛印本
一册

007482091　3134 6623.87
[同治]昌黎縣志十卷
(清)何崧泰修,馬恂、何爾泰纂
清同治五年(1866)刻本
八册

007481940　3134 6623.9
[民國]昌黎縣志十二卷首一卷末一卷
金良驥、汪鴻孫修,張念祖、張錫恩纂;安慶雲續修,田秀琇續纂;陶宗奇再續修,張鵬翱再續纂
民國六年(1917)修,十七年(1928)續修,二十二年(1933)再續修鉛印本
八册

008062573　T 3133 3314.81
[康熙]永平府志二十四卷首一卷
(清)宋琬纂修;張朝琮增修,徐香、胡仁濟增纂
清康熙五十年(1711)刻本
十二册

008062576　T 3133 3314.83
[乾隆]永平府志二十四卷首一卷末一卷
(清)李奉翰等修,王金英等纂
清乾隆三十八年(1773)刻本
十二册

007994356　3133 3314.88
[光緒]永平府志七十二卷首一卷末一卷
(清)游智開等修,史夢蘭纂
清光緒五年(1879)刻本,板藏敬勝書院
三十二册

008088445　T 3134 2101.81
[康熙]增補盧龍縣志六卷首一卷
(清)李士模原纂;衛立鼎續補纂修
清康熙十九年(1680)增補續刊本
八册

007456706　3134 2101.9
[民國]盧龍縣志二十四卷首一卷
董天華修,胡應麟纂

民國二十年(1931)鉛印本
四册

007480596 3134 5332.88
[光緒]撫寧縣志十六卷首一卷
(清)張上龢修,史夢蘭纂
清光緒三年(1877)刻本
四册

邯鄲市

008026931 T 3133 0814.81
[康熙]廣平府志二十卷
(清)沈奕琛修,申涵盼纂
清康熙十五年(1676)刻本
十二册

008026935 T 3133 0814.83
[乾隆]廣平府志二十四卷
(清)吴穀纂修
清乾隆十年(1745)刻本
十册

008124244 3133 0814.88
[光緒]廣平府志六十三卷首一卷
(清)吴中彦修,胡景桂纂
清光緒二十年(1894)刻本
二十四册

007479081 T 3145 1434.83
[乾隆]武安縣志二十卷圖一卷
(清)蔣光祖修,夏兆豊纂
清乾隆四年(1739)刻本
八册

007479181 3145 1434.94
[民國]武安縣志十八卷首一卷附志四卷
杜濟美等修,李繩武、郗濟川等纂
民國二十九年(1940)鉛印本
十二册

007457792 T 3134 4262.83
[乾隆]邯鄲縣志十二卷首一卷
(清)王烱等纂修
清乾隆二十一年(1756)刻本
六册

007457523 3134 4262.9
[民國]邯鄲縣志十七卷首一卷末一卷
畢星垣、張奉先修,王琴堂等纂
民國二十二年(1933)秀文齋刻字印刷局刻本
八册

008032941 T 3134 3385.83
[乾隆]永年縣志四十四卷首一卷
(清)孔廣棣纂修
清乾隆二十三年(1758)刻本
六册

007457585 3134 338.88
[光緒]永年縣志四十卷首一卷
(清)夏詒鈺纂修
清光緒三年(1877)刻本
八册

008032956 T 3134 5072.83
[乾隆]曲周縣志十九卷
(清)劳宗發修,王今遠纂
清乾隆十二年(1747)刻本
五册

007480697 3134 5072.87
[同治]曲周縣志二十卷
(清)存禄修,劉自立纂
清同治八年(1869)刻本
六册

007482312　3140 8772.83
[雍正]館陶縣志十二卷
(清)趙知希纂修;張興宗增修
清光緒十九年(1893)重刻本
四册

007482490　3140 8772.88
[光緒]館陶縣鄉土志八卷
(清)孫方陵修,宋金鏡等纂
清光緒三十四年(1908)鉛印本
四册

008032954　T 3134 5030.81
[康熙]成安縣志十二卷
(清)王公楷修,張檞等纂
清康熙十二年(1673)刻本
六册

007479048　3134 5030.9
[民國]成安縣志十六卷首一卷
張應麟修,張永和纂
民國二十年(1931)天津文竹齋鉛印本
十三册

008016386　3133 4320.86
[咸豐]大名府志二十二卷首一卷末一卷續志六卷
(清)朱煐等纂修;武蔚文續修,郭程先續纂;高繼珩增補
清咸豐三年(1853)刻本
十八册

007457800　T 3134 4326.83
[乾隆]大名縣志四十卷首一卷
(清)張維祺、李棠等撰
清乾隆五十四年(1789)刻本
十二册

007457524　3134 4326.9
[民國]大名縣志三十卷首一卷
張昭芹、程廷恒等修,范鑑古、洪家禄等纂
民國二十三年(1934)鉛印本
十六册

007457593　3134 4326.87
[同治]續修元城縣志六卷首一卷
(清)吴大鏞修,王仲甡纂
清同治十一年(1872)刻本
五册

008088472　T 3134 4326.81
[康熙]元城縣志六卷首一卷
(清)陳偉、郭景儀纂修
清康熙十五年(1676)刻本
四册

007493629　3145 3112.84
[嘉慶]涉縣志八卷
(清)戚學標纂修
清嘉慶四年(1799)刻本
四册

007456805　3134 2134.9
[民國]雞澤縣志二十六卷
李澤遠等修,劉國昌纂
民國三十一年(1942)鉛印本
四册

008607875　T 3140 7269.83
[乾隆]邱縣志八卷
(清)黄景曾等修,靳淵然等纂
清乾隆四十七年(1782)刻本
四册

008560077　3140 7269.83
[乾隆]邱縣志八卷
(清)黄景曾修,靳淵然纂
民國二十二年(1933)濟南逢源閣書店鉛

印本
四册

008030304 T 3134 0810.81
[康熙]廣平縣志五卷
(清)夏顯煜修,王俞巽纂
清康熙十五年(1676)刻本
五册

007482097 3134 7122.87
[同治]肥鄉縣志三十六卷
(清)李鵬展等修,趙文濂纂
清同治六年(1867)刻本
八册

007482093 3145 7634.87
[同治]臨漳縣志略備考四卷
(清)駱文光纂修
清同治十三年(1874)刻本
四册

007480621 3145 7634.88
[光緒]臨漳縣志十八卷首一卷
(清)周秉彝修,周壽梓、李燿中纂
清光緒三十年(1905)刻本
十二册

007455899 3134 1369.81
[康熙]磁州志十八卷
(清)蔣擢修,樂玉聲等纂
清康熙三十九年(1700)修,同治十三年(1874)補刻本
八册

007455717 3134 1369.87
[同治]磁州續志六卷首一卷
(清)程光瀅纂輯
清同治十三年(1874)刻本
四册

邢臺市

008062585 T 3134 1241.83
[乾隆]邢臺縣志十八卷首一卷
(清)劉燕雯修,李崧等纂
清乾隆六年(1741)刻本
八册

007455878 3134 1241.85
[道光]邢臺縣志十卷首一卷
(清)竇景燕等纂修;沈蓮生續修
清道光七年(1827)刻本
四册

007455715 3134 1241.88
[光緒]邢臺縣志八卷首一卷
(清)戚朝卿修,周祐纂
清光緒三十一年(1905)刻本
六册

008032951 T 3134 4022.83
[乾隆]柏鄉縣志十卷首一卷
(清)鍾賡華纂修
清乾隆三十二年(1767)刻本
六册

007457516 3134 4022.9
[民國]柏鄉縣志十卷首一卷
牛寶善修,魏永弼纂
民國二十一年(1932)鉛印本
四册

007456695 3134 2121.9
[民國]任縣志八卷
(清)謝昺麟修,陳智纂;(民國)王億年續修,劉書旂續纂
清宣統二年(1910)修,民國四年(1915)續修,天津華新印刷局鉛印本
四册

008088453 T 3134 3231.81
[康熙]清河縣志十八卷
(清)盧士傑纂修;錢啓文續增
清康熙十七年(1678)原刻,康熙五十七年(1718)補刻本
六册
備註:卷十四尾另增乾隆二年顧姓四節婦事實一頁,當爲後世增補

007457765 3134 3231.88
[光緒]清河縣志四卷
(清)黄汝香等纂修
清光緒九年(1883)刻本
四册

007457598 3134 3231.9
[民國]清河縣志十七卷首一卷
張福謙修,趙鼎銘纂
民國二十三年(1934)天津文竹齋鉛印本
八册

008030325 T 3134 3216.81
[康熙]寧晋縣志十卷
(清)萬任修,張坦、羅宏叡等纂
清康熙十八年(1679)修刊本
八册

007456648 3134 3216.9
[民國]寧晋縣志十一卷
蘇毓琦、伊承熙等修,張震科等纂
民國十八年(1929)石印本
八册

007480695 T 3134 5069.81
[康熙]威縣志十六卷
(清)李之棟纂修
清康熙十二年(1673)刻本
四册

007482292 3134 5069.9
[民國]威縣志二十卷首一卷末一卷續修一卷
崔正春、周輝遠修,尚希賓等纂
民國十八年(1929)北平京津印書局鉛印本
十七册

008044480 3134 7110.83
[乾隆]隆平縣志十卷首一卷
(清)袁文焕纂修
清乾隆二十九年(1764)修,民國二十五年(1936)石印本
二册
備註:與堯山縣合併成今隆堯縣

007482113 3134 7645.81
[康熙]臨城縣志八卷
(清)楊寛修,喬已百纂
民國三年(1914)重印康熙三十年(1691)刻本
六册

007453975 3134 0839.87
[同治]廣宗縣志十二卷
(清)羅觀駿修,李汝紹等纂
清同治十三年(1884)刻本
六册

007453945 3134 0839.9
[民國]廣宗縣志十六卷首一卷末一卷
姜檻榮、祁卓如修,韓敏修等纂
民國二十二年(1933)廣宗文獻委員會鉛印本
五册

007457592 3134 4277.85
[道光]内邱縣志四卷
(清)施彦士纂修
清道光十二年(1832)增刻重印本

四册

007455710　3134 1022.87
[同治]平鄉縣志十二卷首一卷
(清)蘇性纂修,吴沂增訂
清光緒十二年(1886)吴沂增刻本
四册

007481929　3134 8171.88
[光緒]鉅鹿縣志十二卷首一卷
(清)凌燮修,夏應麟、赫慎修纂
清光緒十二年(1886)刻本
六册

007453969　3134 0232.88
[光緒]新河縣志十六卷
(清)趙鴻鈞等修,沈家焕纂
清光緒二年(1876)刻本
四册

007453940　3134 0232.9
[民國]新河縣志二十四卷首一卷末一卷
傅振倫纂
民國十八年(1929)鉛印本
六册

007457775　3134 4226.88
[光緒]南和縣志十二卷首一卷
(清)王立勳等纂修
清光緒十九年(1893)修,北平崇文齋抄本
六册

007457783　3134 4236.7
[嘉靖]南宫縣志五卷
(明)葉恒嵩修,劉濂纂
民國二十二年(1933)據明嘉靖三十八年(1559)南宫邢氏求己齋刻本影印
一册

008032953　T 3134 4236.81
[康熙]南宫縣志十二卷
(清)胡胤銓纂修
清康熙十二年(1673)刻本
六册

007457785　3134 4236.85
[道光]南宫縣志十六卷
(清)周栻修,陳柱等纂
清道光十年(1830)刻本
八册

007457787　3134 4236.88
[光緒]南宫縣志十八卷
(清)孫常泰、戴世文等修,喬國楨等纂
清光緒二十四年(1898)修,光緒三十年(1904)刻本
八册

007457543　3134 4236.9
[民國]南宫縣志二十六卷
黄容惠修,賈恩紱等纂
民國二十五年(1936)刻本
六册

008031484　T 3134 3232.83
[乾隆]沙河縣志十卷首一卷末一卷
(清)杜灝纂修
清乾隆二十二年(1757)原刻,乾隆二十四年(1759)補刻本
四册

007457767　3134 3232.85
[道光]續增沙河縣志二卷
(清)魯傑纂修
清道光二十五年(1845)刻本
二册

保定市

008026942　T 3133 2930. 81
[康熙]保定府志二十九卷
(清)紀弘謨修,郭棻纂
清康熙十九年(1680)原刻,乾隆間(1736—1795)增刻本
三十二册

007994360　3133 2930. 88
[光緒]保定府志七十九卷首一卷
(清)李培祜等修,張豫塏等纂
清光緒十二年(1886)刻本
三十二册

008031486　T 3134 3245. 83
[乾隆]滿城縣志十二卷
(清)張煥等纂修;賈永宗增修;皮殿選再增修
清康熙五十二年(1713)原刻,乾隆十六年(1751)增補,乾隆二十三年(1758)重增補刻本
六册

007457601　3134 3245. 9
[民國]滿城縣志略十六卷首一卷
陳寶生修,楊式震、陳昌源纂
民國二十年(1931)天津協成印刷局刊印
七册

008088454　T 3134 3241. 81
[康熙]清苑縣志十二卷首一卷
(清)時來敏修,郭棻等纂
清康熙十六年(1677)刻本
四册

007457769　3134 3241. 87
[同治]清苑縣志十八卷首一卷
(清)李逢源修,諸崇儉等纂
清同治十二年(1873)刻本
八册

007457540　3134 3241. 9
[民國]清苑縣志六卷
金良驥、劉雲亭修,姚壽昌纂
民國二十三年(1934)鉛印本
六册

005631770　3056 3241. 9
河北省清宛縣事情
卞乾孫編著
民國二十七年(1938)北平新民會中央指導部鉛印本
一册

008032947　T 3134 3913. 83
[乾隆]淶水縣志八卷首一卷末一卷
(清)方立經纂修
清乾隆二十七年(1762)刻本
三册

007457587　3134 3913. 88
[光緒]淶水縣志八卷首一卷末一卷
(清)陳杰纂修
清光緒二十一年(1895)刻本,敬業堂藏板
八册

007456703　3134 2010. 87
[同治]阜平縣志四卷首一卷
(清)勞輔芝修,張錫三纂
清同治十三年(1874)刻本
六册

007456809　3134 2913. 84
[乾隆]安肅縣志十六卷
(清)張鈍修,史元善等纂
清乾隆四十三年(1778)修,嘉慶十三年(1808)石粱補刻本
八册

備註:今徐水縣

007456702 3134 2913.9
[民國]徐水縣新志十二卷末一卷
劉延昌修,劉鴻書等纂
民國二十一年(1932)鉛印本
八册

005631768 3056 2913.9
河北省徐水縣事情
卞乾孫編輯
民國二十七年(1938)北平新民會中央指導部鉛印本
一册

008032946 T 3134 3878.83
[乾隆]定興縣志十二卷
(清)王錫璁纂修
清乾隆四十四年(1779)刻本
五册

007457589 3134 3878.88
[光緒]定興縣志二十六卷首一卷
(清)張諧之、張主敬等修,楊晨纂
清光緒十六年(1890)原刻,光緒十九年(1893)校定本
八册

008030303 T 3134 0669.81
[康熙]唐縣志十八卷
(清)王政修,張珽等纂
清康熙十二年(1673)刻本
四册

007453959 3134 0669.88
[光緒]唐縣志十二卷首一卷
(清)陳詠修,張惇德纂
清光緒四年(1878)刻本
八册

008062580 T 3134 0272.82
[雍正]高陽縣志六卷
(清)嚴宗嘉修,李其旋纂
清雍正八年(1730)刻本
四册

007453943 3134 0272.9
[民國]高陽縣志十卷
李大本修,李曉泠等纂
民國二十年(1931)修,民國二十二年(1933)鉛印本
十册

007457805 3134 3645.86
[咸豐]容城縣志八卷
(清)詹作周等修,王振綱等纂
清咸豐七年(1857)刻本
六册

007457807 3134 3645.88
[民國]容城縣志八卷
(清)王蓮堂修,白葆端纂
民國九年(1920)刻本
八册

007455709 3134 0866.88
[光緒]廣昌縣志十四卷首一卷末一卷
(清)劉榮纂修
清光緒元年(1875)刻本
十册
備註:今淶源縣

008030302 T 3134 0042.81
[康熙]慶都縣志六卷
(清)李天璣修,秦毓琦等纂
清康熙十七年(1678)刻本
六册
備註:今望都縣

007453968 3134 0042.88

[光緒]望都縣志十卷補遺一卷

(清)陳洪書原本;李兆珍增修;陸保善續修

清乾隆三十六年(1771)修,光緒三十年(1904)增修刻本

十一册

007453935 3134 0042.881

[光緒]望都縣鄉土圖説不分卷

(清)陸保善、陸是奎編輯

清光緒三十一年(1905)鉛印本

一册

007453942 3134 0042.9

[民國]望都縣志十二卷首一卷

王德乾修,崔蓮峰纂

民國二十三年(1934)鉛印本

六册

008032678 T 3134 622.83

[乾隆]直隸易州志十八卷首一卷

(清)楊芊、張登高等纂修

清乾隆十二年(1747)刻本

八册

008088479 T 3134 5672.81

[康熙]曲陽縣新志十一卷

(清)劉師峻纂修

清康熙十一年(1672)刻本

四册

007480598 3134 5672.88

[光緒]重修曲陽縣志二十卷

(清)周斯億、温亮珠修,董濤纂

清光緒三十年(1904)刻本,曲陽小學堂藏板

十册

008088447 T 3134 2713.81

[康熙]蠡縣續志不分卷

(清)耿文岱纂修

清康熙十九年(1680)刻本

一册

007456696 3134 2713.88

[光緒]蠡縣志十卷

(清)韓志超、何雲誥修,張瑲、王其衡等纂

清光緒二年(1876)刻本

十册

007456811 3134 3169.82

[雍正]完縣志十卷

(清)朱懋德修,田瑗等纂

清雍正十年(1732)修刊,民國間(1912至1949)抄本

六册

備註:今順平縣

007456699 3134 3169.9

[民國]完縣新志九卷文徵二卷

彭作楨等修,劉玉田等纂

民國二十三年(1934)鉛印本

六册

備註:今順平縣

008032936 T 3134 4462.83

[乾隆]博野縣志八卷首一卷末一卷

(清)吴鏊修,朱基纂

清乾隆三十二年(1767)刻本

六册

008032952 T 3134 4169.81

[康熙]雄縣志三卷

(清)姚文燮纂修

清康熙十年(1671)刻本

三册

007457588 3134 4169.9
[民國]雄縣新志二十一篇
秦廷秀、褚保熙修,劉崇本纂
民國十九年(1930)鉛印本
十册

007481927 31354001.88
[光緒]雄縣鄉土志十五卷
(清)劉崇本編
清光緒三十一年(1905)鉛印本
一册

008088458 T 3134 3369.83
[乾隆]涿州志二十二卷首一卷
(清)吴山鳳纂修
清乾隆三十年(1765)刻本
十二册

007457788 3134 3369.87
[乾隆]涿州志二十二卷首一卷
(清)吴山鳳纂修
清乾隆三十年(1765)修刊,光緒元年(1875)重印本
十二册
備註:同治續修志十八卷附入各原卷之後

007457789 3134 3369.87
[同治]涿州續志十八卷
(清)石衡等修,盧端衡纂
清同治十一年(1872)修,光緒元年(1875)刻本
十二册
備註:附於乾隆涿州志各卷之後

007457564 3134 3369.9
[民國]涿縣志八編十八卷
宋大章等修,周存培等纂
民國二十五年(1936)北平京城印書局印本
四册

008062578 T 3133 3832.82
[雍正]直隸定州志十卷
(清)王大年修,魏權等纂
清乾隆元年(1736)刻本
十一册

007994358 3133 3832.85
[道光]定州志二十二卷首一卷
(清)寶琳、勞沅恩纂修
清道光二十九年(1849)修,道光三十年(1850)刻本
十二册

007453711 3133 3832.86
[咸豐]直隸定州續志四卷
(清)王榕吉修,張樸等纂
清咸豐十年(1860)刻本
二册

007456704 3134 3069.9
[民國]定縣志二十二卷首一卷
何其章等修,賈恩紱等纂
民國二十三年(1934)定縣魁星閣刻本
八册

005405466 3056 3869.4
定縣社會概况調查
李景漢編
民國二十二年(1933)鉛印本
二册

007457760 3134 3230.83 (1-4)
[乾隆]祁州志八卷
(清)羅以桂修,張萬銓等纂
清乾隆二十一年(1756)原刻,光緒間重印本
六册
備註:今安國市

007457760　3134 3230.83（5-6）
[光緒]祁州續志四卷
(清)趙秉恒續修,劉學海等續纂
清光緒元年(1875)刻本
六册
備註:今安國市

007453970　3134 0245.85
[道光]新城縣志十八卷首一卷
(清)李廷棨修,王振鐘等纂
清道光十七年(1837)修,道光十八年(1838)刻本
十二册
備註:今高牌店市

007453971　3134 0245.88
[光緒]續修新城縣志十卷
(清)張丙嘉修,王鍔等纂
清光緒二十一年(1895)刻本
四册
備註:今高牌店市

007479201　3134 0245.9
[民國]新城縣志二十四卷
張雨蒼修,王樹枏等纂
民國二十四年(1935)北平文華齋鉛印本
八册
備註:今高牌店市

張家口市

007486773　32680.9
[民國]察哈爾省通志二十八卷首一卷
宋哲元修,梁建章纂
民國二十四年(1935)張家口察哈爾省通志館鉛印本
十二册

007486766　T 3270 6011.83
[乾隆]口北三廳志十六卷首一卷
(清)黄可潤纂修
清乾隆二十三年(1758)刻本
六册

008567651　T 3269 3104.7
[嘉靖]宣府鎮志四十二卷
(明)孫世芳修,欒尚約纂
明嘉靖四十年(1561)刻本
二十四册
備註:今宣化縣

008030322　T 3134 3121.81
[康熙]宣化縣志三十卷
(清)陳坦纂修
清康熙五十年(1711)修刊,乾隆二年(1737)補附刊本
六册

007486868　T 3269 3021.83
[乾隆]宣化府志四十二卷首一卷
(清)王者輔修,吴廷華纂
清乾隆八年(1743)原刻,乾隆二十二年(1757)補修本
十六册

007486859　3270 3021.9
[民國]宣化縣新志十八卷首一卷
陳繼曾、陳時雋修,郭維城纂
民國十一年(1922)鉛印本
十册

007486858　3270 1311.9
[民國]張北縣志八卷首一卷
陳繼淹修,許聞詩纂
民國二十四年(1935)鉛印本
八册

007490556　T 3270 1632.81
[康熙]西寧縣志八卷首一卷

(清)張充國纂修
清康熙五十一年(1712)刻本
四册

007486860 3270 1632.87
[同治]西寧新志十卷首一卷
(清)韓志超、寅康修,楊篤纂
清同治十二年至光緒元年(1873—1775)宏州書院刻本
四册
備註:今陽原縣

007486863 3270 7279.9
[民國]陽原縣志十八卷
劉志鴻等修,李泰棻纂
民國二十四年(1935)鉛印本
四册

007490555 T 3269 4345.83
[乾隆]赤城縣志八卷
(清)孟思誼修,張曾炳纂;黄紹七續補
清乾隆二十四年(1759)黄紹七補訂刻本
四册

007486960 T 3270 0172.81
[康熙]龍門縣志十六卷
(清)章焞纂修
清康熙五十一年(1712)刻本
五册
備註:今屬赤城縣

007490566 T 3270 9334.83
[乾隆]懷安縣志二十四卷
(清)楊大昆修,錢戢曾纂
清乾隆六年(1741)刻本
八册

007490567 3270 9334.88
[光緒]懷安縣志八卷首一卷末一卷
(清)蔭禄纂修
清光緒二年(1876)刻本
四册

007490568 T 3270 9349.81
[康熙]懷來縣志十八卷首一卷
(清)許隆遠纂修
清康熙五十一年(1712)刻本
八册

007486762 3270 9349.88
[光緒]懷來縣志十八卷首一卷
(清)朱乃恭修,席之瓚等纂
清光緒八年(1882)刻本
四册

007490565 T 3270 4432.83
[乾隆]蔚州志補十二卷
(清)楊世昌等修,吴廷華纂
清乾隆十年(1745)刻本
五册

007486771 3270 4432.88
[光緒]蔚州志二十卷首一卷
(清)慶之金、楊篤纂修
清光緒三年(1877)蘿川公廨刻本
八册

007490564 T 3270 4432.82
[乾隆]蔚縣志三十一卷
(清)王育榞修,李舜臣等纂
清乾隆四年(1739)刻本
十二册

007486772 T 3269 2930.81
[康熙]保安州志十二卷
(清)粱永祚修,張永曙纂
清康熙五十年(1711)刻本
六册

備註:今涿鹿縣

007486861　3269 2930.85 (1-4)
[道光]保安州志八卷
(清)楊桂森纂修
清道光十五年(1835)刻本
二册
備註:今涿鹿縣

007486861　3269 2930.85 (5)
[光緒]保安州續志四卷
(清)尋鑾晉、張毓生纂修
清光緒三年(1877)刻本
二册
備註:今涿鹿縣

007490561　T 3270 4281.83
[乾隆]萬全縣志十卷首一卷
(清)左承業纂修
清乾隆七年(1742)刻本
四册

007486892　3270 4281.85
[道光]萬全縣志十卷首一卷
(清)左承業原本;施彦士重修
清道光十四年(1834)刻本
六册

007486728　3270 4281.9
[民國]萬全縣志十二卷首一卷附張家口概況
路聯逵等修,任守恭纂
民國二十三年(1934)鉛印本
十册

承德市

007496434　3263 0.83
[乾隆]熱河志一百二十卷
(清)和珅、梁國治纂修
清乾隆四十六年(1881)修,民國二十三年(1934)遼海書社鉛印本
二十四册

005615798　3078.2 1494
[民國]熱河新志七章
武尚權著述
民國三十二年(1943)重慶東北四省抗敵協會鉛印本
一册

007493420　3264 1323.85
[道光]承德府志六十卷首二十六卷
(清)海忠等纂修
清道光十一年(1831)修,光緒十三年(1887)廷杰、李世寅重訂刻本
二十四册

滄州市

008088463　T 3134 3630.83
[乾隆]滄州志十六卷
(清)徐時作等修,胡淦等纂
清乾隆八年(1743)刻本
六册

007457522　3134 3669.9
[民國]滄縣志十六卷首一卷
張鳳瑞等修,張坪總纂,李奉璋等分纂
民國二十二年(1933)滄縣志書局鉛印本
十二册

007480699　3134 5269.84
[嘉慶]青縣志八卷
(清)沈聯芳修,倪鏁纂
清嘉慶八年(1803)刻本
四册

007480700　3134 5269.88
[光緒]重修青縣志十卷

(清)江貢琛修,茹岱林等纂
清光緒八年(1882)刻本
四册

007480595 3134 5269.9
[民國]青縣志十六卷首一卷
萬震霄等修,高遵章、鄭清寰等纂
民國二十年(1931)鉛印本
十册

008030317 T 3134 2369.83
[乾隆]獻縣志二十卷圖一卷表一卷
(清)萬廷蘭修,戈濤纂
清乾隆二十六年(1761)刻本
十二册

007456647 3134 2369.9
[民國]獻縣志二十卷首一卷附詩文要録三卷
薛鳳鳴修,張鼎彝總纂,陳葆泉編輯
民國十四年(1925)刻本
十册

008032958 T 3134 5991.81
[康熙]東光縣志八卷
(清)白爲璣修,馮樾等纂
清康熙三十二年(1693)刻本
六册

007481941 3134 5991.88
[光緒]東光縣志十二卷一卷
(清)周植瀛修,吴潯源纂
清光緒十四年(1888)刻本
八册

008040391 T 3134 7127.81
[康熙]鹽山縣志十二卷
(清)朱鸞鶩修,錢國壽等纂
清康熙十年(1671)刻本
八册

007482098 3134 7127.87
[同治]鹽山縣志十六卷首一卷末一卷
(清)潘震乙纂修
清同治七年(1868)京都文采齋刻本
八册

007481866 3134 7127.9
[民國]鹽山新志三十卷
賈恩紱纂
民國五年(1916)刻本
八册

008032957 T 3134 5232.83
[乾隆]肅寧縣志十卷
(清)尹侃等修,談有典纂
清乾隆間(1736—1795)刻本
五册

007457790 3134 4244.88
[光緒]南皮縣志十五卷首一卷末一卷
(清)殷樹森修,汪寶樹等纂
清光緒十四年(1888)刻本
八册

007457521 3134 4244.9
[民國]南皮縣志十四卷首一卷
王德乾、尹銘績等修,劉樹鑫等纂
民國二十二年(1933)鉛印本
八册

007456707 3134 2342.88
[光緒]重修吴橋縣志十二卷
(清)倪昌燮、馮慶楊修,施崇禮等纂
清光緒元年(1875)刻本,瀾陽書院藏板
八册

007453724　3134 0035.9
[民國]交河縣志十卷首一卷
高步青、王恩沛修,苗毓芳、蘇彩河纂
民國五年(1916)修,民國六年(1917)刻本
十册
備註:今入泊頭市

008030069　T 3134 3172.83
[乾隆]任邱縣志十二卷首一卷
(清)劉統修,劉炳纂
清乾隆二十七年(1762)刻本
十册

007456694　3134 2172.85
[道光]任邱縣志續編二卷
(清)鮑承燾修,瞿光縉、邊士圻等纂
清道光十七年(1837)刻本
二册

008030301　T 3133 3276.81
[康熙]河間府志二十二卷
(清)徐可先等纂修
清康熙十七年(1678)刻本
十二册

008030071　T 3133 3276.83
[乾隆]河間府新志二十卷首一卷
(清)杜甲、周嘉露修,黄文蓮、胡天游纂
清乾隆二十五年(1760)刻本
十二册

008088342　T 3134 3272.83
[乾隆]河間縣志六卷
(清)吴山鳳修,黄文蓮、梁志恪纂
清乾隆二十五年(1760)刻本
六册

廊坊市

007457797　3134 3438.7 (1)
[天啓]東安縣志六卷存卷二至卷六
(明)鄭之成修,馮泰運纂
明天啓五年(1625)修,《安次縣舊志四種》之一,民國二十五年(1936)鉛印本
一册
備註:今廊坊市安次區

007457796　3134 3438.7 (2-4)
[康熙]東安縣志十卷
(清)王士美、李大章修,張墀纂
清康熙十二年(1673)修,《安次縣舊志四種》之一,民國二十五年(1936)鉛印本
三册
備註:今廊坊市安次區

007457798　3134 3438.7 (5-8)
[乾隆]東安縣志二十二卷
(清)李光昭纂修
清乾隆十四年(1749)修,《安次縣舊志四種》之一,民國二十五年(1936)鉛印本
四册
備註:今廊坊市安次區

007457799　3134 3438.7 (9-12)
[民國]安次縣志十二卷
熊濟熙修,劉鍾英、馬鍾琇纂
民國三年(1914)修,《安次縣舊志四種》之一,民國二十五年(1936)鉛印本
四册

007457518　3134 3438.9
[民國]安次縣志十二卷
熊濟熙修,劉鍾英、馬鍾琇纂
民國三年(1914)鉛印本
四册

008040389　T 3134 6634.81
[康熙]固安縣志八卷首一卷末一卷
(清)鄭善述修,潘昌纂
清康熙五十三年(1714)刻本

八册

007456697 3134 2032.9

[民國]香河縣志十卷

王葆安、吴文卓修,馬文焕、陳式諶纂

民國二十五年(1936)鉛印本

四册

009259190 3134 6634.86

[咸豐]固安縣志八卷

(清)陳崇砥修,陳福嘉等纂

清咸豐九年(1859)刻本

六册

007481944 3134 6634.94

[民國]固安縣志四卷首一卷末一卷

李少微、錢仲仁修,王尚義等纂

民國三十一年(1942)鉛印本

六册

007481943 3134 6634.9

[民國]固安文獻志二十卷

賈廷琳纂

民國十六年(1927)修,十七年(1928)鉛印本

八册

007457776 3134 3332.83

[乾隆]永清縣志二十五卷附文徵五卷

(清)周震榮修,章學誠纂

清乾隆四十四年(1779)原刻,嘉慶十八年(1813)宋齊連補刻本

四册

007457778 3134 3332.88

[光緒]永清縣續志十四卷附文徵二卷

(清)李秉鈞、吴欽修,魏邦翰纂

清光緒元年(1875)刻本

四册

008030313 T 3134 2032.81

[康熙]香河縣志十一卷

(清)劉深纂修

清康熙十七年(1678)刻本

八册

008088473 T 3134 4345.81

[康熙]大城縣志八卷

(清)張象燦修,馬恂等纂

清康熙十二年(1673)刻本

四册

007457594 3134 4345.88

[光緒]大城縣志十二卷首一卷

(清)趙炳文、徐國禎修,劉鍾英、鄧毓怡纂

清光緒二十三年(1897)刻本

十二册

008085888 T 3134 0434.81

[康熙]文安縣志八卷

(清)楊朝麟等修,胡淓等纂

清康熙四十二年(1703)刻本

八册

008030319 T 3134 2930.81

[康熙]保定縣志四卷

(清)成其範修,柴經國纂

清康熙十二年(1673)刻本

四册

備註:今入文安縣

007453946 3134 043.9

[民國]文安縣志十二卷首一卷末一卷

陳楨修,陳德沛、李蘭增纂

民國十一年(1922)天津源泰印字館鉛印本

十二册

007455677 3134 1269.9

[民國]霸縣志五卷首一卷

唐肯等修，章鈺總纂
民國十二年(1923)鉛印本
八册

007455716　3134 1269.91
[民國]霸縣新志八卷
張仁蠡、劉延昌修，劉崇本、崔汝襄纂
民國二十三年(1934)天津文竹齋鉛印本
八册

008062583　T 3134 1132.83
[乾隆]三河縣志十六卷首一卷
(清)陳昶修，王大信等纂
清乾隆二十五年(1759)刻本
四册
備註：另附三河縣地圖一幅，馬維離測繪，民國三年該縣府刊，京師京藝印書局印

007561087　3134 1132.9 (1-6)
[民國]三河縣新志十六卷首一卷
唐玉書、曹楨等修，吴寶銘、韓琛等纂
民國二十四年(1935)鉛印本
六册

007455714　3134 1132.9 (7-8)
[民國]三河縣志十六卷首一卷
陳昶輯
民國二十四年(1935)北平中華印書局鉛印本
二册

衡水市

008030068　T 3134 2213.83
[乾隆]衡水縣志十四卷
(清)陶淑纂修
清乾隆三十二年(1767)刻本
五册

008044482　T 3134 8172.83
[乾隆]饒陽縣志二卷首一卷末一卷
(清)單作哲等修纂
清乾隆十四年(1749)刻本
四册

007480705　3134 5913.84 (1-6)
[嘉慶]棗強縣志二十卷
(清)任銜蕙修，楊元錫纂
清嘉慶八年至九年(1803-1804)年刻本
八册

007482559　3134 5913.87
[同治]棗強縣志補正五卷
(清)方宗誠纂修
清同治十三年(1874)修，光緒二年(1876)刻本
四册

007480705　3134 5913.84 (7-8)
[同治]棗強縣志補正五卷
(清)方宗誠纂修
清同治十三年(1874)修，光緒二年(1876)刻本
八册

007480601　3134 5913.9
[民國]棗強縣志料八卷
宋兆升修，張宗載、齊文焕纂
民國二十年(1931)天津南馬路榮業大街協成印刷局鉛印本
四册

008032955　T 3134 4445.82
[雍正]故城縣志六卷
(清)蔡維義修，秦永清等纂
清雍正五年(1727)刻本
六册

007479190　3134 4445.88
[光緒]故城縣志十二卷首一卷

(清)丁燦修,王堉德纂;張烘續修,范翰文續纂
清光緒十一年(1885)續修刻本,民國十年(1921)重印
八册

008088446 T 3134 2445.82
[雍正]阜城縣志二十二卷首一卷
(清)陸福宜纂修
清雍正十二年(1734)修,嘉慶間(1796—1820)增刊本
六册

008032942 T 3134 3414.81
[康熙]安平縣志十卷
(清)陳宗石纂修
清康熙二十六年(1687)患立堂原刻,康熙三十一年(1692)增刻本
五册

007455713 3134 1461.87
[同治]武邑縣志十卷首一卷誥封一卷
(清)彭美修,龍文彬纂
清同治十一年(1872)刻本
五册

008088480 T 3134 6069.83
[乾隆]景州志六卷首一卷
(清)屈成霖修纂
清乾隆十年(1745)刻本
八册

007481861 3134 6069.9
[民國]景縣志十四卷
耿兆棟、董大年修,張汝漪纂
民國二十一年(1932)鉛印本
十四册

007455907 3134 1413.85
[道光]武強縣志重修十二卷
(清)翟慎行纂修
清道光十一年(1831)刻本
十册

008088444 T 3134 1869.83
[乾隆]冀州志二十卷續編一卷
(清)范清曠等纂修
清乾隆十二年(1747)刻本
十册

007455720 3134 1869.918
[民國]冀縣志二十卷
王樹枬編纂
民國十八年(1929)鉛印本
八册

008032948 T 3134 3930.82
[雍正]直隸深州志八卷
(明)劉應民原編;(清)李天培重輯,徐綬續編
清雍正十年(1732)刻本
六册

008032949 T 3134 3930.83
[乾隆]直隸深州總志二十卷首一卷
(清)尹侃修,鄒雲城纂
清乾隆二十一年(1756)刻本
十二册

007457764 3134 3930.85
[道光]深州直隸州志十卷首一卷末一卷
(清)張範東修,李廣滋纂
清道光七年(1827)刻本
四册

007457766 3134 3930.88
[同治]深州風土記二十五卷附表五卷
(清)吴汝綸纂
清光緒二十六年(1900)文瑞書院刻本
八册

山西省

007482104　T 3148 0.81
[康熙]山西通志三十二卷
(清)穆爾賽修,劉梅纂
清康熙二十一年(1682)刻本
三十六册

007482107　T 3148 0.82
[雍正]山西通志二百三十卷
(清)覺羅石麟修,儲大文纂
清雍正十二年(1734)刻本
一百册

007490357　T 3151 83
[乾隆]山西志輯要十卷首一卷
(清)雅德修,汪本植纂
清乾隆四十五年(1780)刻本
十二册

007480520　3148 2716.88
[光緒]山西通志一百八十四卷首一卷
(清)曾國荃等修,王軒等纂
清光緒十八年(1892)刻本
九十六册

005643119　3059 0.034
晉乘蒐略三十二卷
(清)康基田纂
清嘉慶十六年(1811)刻本,霞蔭堂藏版
三十五册
備註:爲編年體山西通史長編

太原市

007482547　T 3150 1433.83
[乾隆]平定州志十卷
(清)陶易、龔敬身等修纂
清乾隆三十四年(1769)刻本
十册

007482549　T 3150 1433.83B
[乾隆]平定州志十卷補遺一卷
(清)金明源修,竇忻、張佩芳纂
清乾隆五十五年(1790)刻本
十册

007482550　3150 1438.88
[光緒]平定州志十六卷首一卷
(清)賴昌期修,張彬、沈晉祥纂
清光緒八年(1882)刻本
十三册

008094724　T 3149 4379.7 (1-8)
[萬曆]太原府志二十六卷
(明)關廷訪修,張慎言纂
明萬曆四十年(1612)刻本
十二册

008094724　T 3149 4379.7 (9-12)
[順治]太原府志四卷
(清)佚名纂
清順治十一年(1654)刻本
十二册

007487087　T 3150 4379.82
[雍正]重修太原縣志十六卷
(清)龔新、沈繼賢修,高若岐等纂
清雍正九年(1731)刻本,乾隆二十年

(1755)補刻本
八册

007486840　3150 4379.85 (1-6)
[道光]太原縣志十八卷圖一卷
(清)員佩蘭修,楊國泰纂
清道光六年(1826)刻本
八册

007486840　3150 4379.85 (7-8)
[光緒]續太原縣志二卷
(清)薛元釗修,王效尊纂
清光緒八年(1882)刻本
八册

007488838　T 3150 7256.81
[康熙]陽曲縣志十四卷首一卷
(清)戴夢熊修,李芳蓁、張爾質等纂
清康熙二十一年(1682)刻本
八册

007488768　3150 7256.85
[道光]陽曲縣志十六卷
(清)李培謙等修,閻士驤等纂
清道光二十三年(1843)刻本
十册

007487016　T 3150 293.81
[康熙]徐溝縣志四卷
(清)王嘉謨纂修
清康熙五十一年(1712)刻本
四册
備註:與清源縣併爲清徐縣

007487018　3150 2934.88
[光緒]補修徐溝縣志六卷
(清)王勳祥修,秦憲纂
清光緒七年(1881)修,光緒八年(1882)刻本
六册
備註:與清源縣併爲清徐縣

007482336　3150 293.88
[光緒]補修徐溝縣志六卷
(清)王勳祥修,秦憲纂
清光緒七年(1881)刻本
六册
備註:與清源縣併爲清徐縣

007487034　T 3150 3239.80
[順治]清源縣志二卷
(清)和羹修,王灝儒纂
清順治十八年(1661)刻本
二册
備註:與徐溝縣併爲清徐縣

007490337　3151 323.88
[光緒]清源鄉志十八卷首一卷
(清)王勳祥修,王効尊纂
清光緒八年(1882)刻本,梗陽書院藏板
六册

大同市

008040395　T 3149 1350.80
[順治]雲中郡志十四卷
(清)胡文燁等纂修
清順治九年(1652)刻本
十六册

007480548　T 3149 4372.83
[乾隆]大同府志三十二卷首一卷
(清)吴輔宏纂輯,文光重纂
清乾隆四十一年(1776)原刻,乾隆四十七年(1782)重刻本

十六册

007486836　3150 4372.85
[道光]大同縣志二十卷首一卷尾一卷
(清)黎中輔纂修
清道光十年(1830)刻本
八册

007481977　3150 1388.88
[光緒]天鎮縣志四卷首一卷
(清)洪汝霖、魯彦光修,楊篤纂
清光緒十六年(1890)刻本
四册

007482532　T 3150 1172.81
[康熙]靈邱縣志四卷
(清)宋起鳳原本,岳宏譽增訂
清康熙二十三年(1684)刻本
四册

007488835　T 3150 7202.82
[雍正]陽高縣志六卷
(清)房裔蘭修,蘇之芬纂
清雍正七年(1729)刻本
四册

007482548　3150 4113.84
[光緒]左雲縣志稿十卷首一卷
(清)余卜頤修,藺炳章纂
清光緒五年(1879)修,抄本
四册

007481972　3150 0810.83 (1-4)
[乾隆]廣靈縣志十卷首一卷末一卷
(清)郭磊等纂修
清乾隆十九年(1754)原刻,光緒七年(1881)重印本
二册

007481972　3150 0810.83 (5-6)
[光緒]廣靈縣補志十卷首一卷
(清)楊亦銘等纂修
清光緒七年(1881)刻本,京都琉璃廠漱潤齋王振豪刊板
二册

007480547　T 3149 3539.83
[乾隆]渾源州志十卷
(清)桂敬順纂修
清乾隆二十八年(1763)刻本
五册

007482326　3150 3539.88
[光緒]渾源州續志十卷
(清)賀澍恩修,程續等纂
清光緒七年(1881)刻本
七册

陽泉市

007482525　T 3150 1069.83
[乾隆]盂縣志十卷首一卷末一卷
(清)胡予翼、馬廷俊修,吴森纂
清乾隆四十九年(1784)刻本
八册

007481975　3150 1069.88
[光緒]盂縣志二十二卷首一卷末一卷附一卷
(清)張嵐奇、劉鴻逵等修,武纘續修,劉懋功等纂
清光緒七年(1881)刻本
十一册

長治市

007482117　T 3149 3634.80
[順治]潞安府志二十卷
(清)楊晙修,李中白、周再勳纂
清順治十六年(1659)刻本

十六册

007482533 T 3150 3630.83
[乾隆]潞安府志四十卷首一卷
(清)張淑渠、姚學瑛修,姚學甲纂
清乾隆三十五年(1770)刻本
二十四册

005643123 3059 3634
[乾隆]潞郡舊聞四卷
(清)靳榮藩輯
民國十三年(1924)鉛印本
四册

008094731 T 3150 3645.7
[天啓]潞城縣志八卷
(明)馮惟賢纂修;王溥增修
明萬曆十九年(1591)修,天啓五年(1625)增修,崇禎間(1628—1644)再增修刻本
六册

007482537 T 3150 3645.81
[康熙]潞城縣志八卷
(清)張士浩纂修
清康熙四十五年(1706)刻本
六册

007486830 3150 3645.88
[光緒]潞城縣志四卷首一卷
(清)崔曉然修,楊篤纂
清光緒十一年(1885)刻本
八册

007488841 T 3150 7336.83
[乾隆]長治縣志二十八卷首一卷末一卷
(清)吴九齡修,蔡履豫纂
清乾隆二十八年(1763)刻本
十册

007488842 3150 7336.88
[光緒]長治縣志八卷首一卷
(清)馬鑑等修,楊篤纂
清光緒二十年(1894)刻本
十册

007488839 3150 7314.84
[嘉慶]長子縣志二十一卷首一卷
(清)劉樾修,樊兑纂
清嘉慶二十一年(1816)刻本
八册

007488569 3150 731.88
[光緒]長子縣志十二卷首一卷
(清)豫謙修,楊篤纂
清光緒八年(1882)刻本
十册

007482541 T 3150 1428.81
[康熙]平順縣志十卷
(清)杜之昂修,路躋垣等纂
清康熙三十二年(1693)刻本
四册

007482514 T 3150 0341.83
[乾隆]重修襄垣縣志八卷
(清)李廷芳修,徐玨、陳于廷纂
清乾隆四十七年(1782)刻本
十册

007481974 3150 0341.9
[民國]襄垣縣志八卷
嚴用琛、魯宗藩修,王維新、連篤敬等纂
民國十七年(1928)鉛印本
四册

007487066 T 3150 3339.82
[雍正]沁源縣志十卷首一卷
(清)韓瑛纂修;王廷掄續纂修
清康熙五十二年(1713)原刻,雍正九年

(1731)續修刻本
四册

007482574　3150 3339.88
[光緒]沁源縣續志四卷
(清)董餘三纂修
清光緒七年(1881)刻本
四册

007482575　3150 3339.9
[民國]沁源縣志八卷首一卷
孔兆熊、郭藍田修,陰國垣纂
民國二十二年(1933)鉛印本,太原德和信代印
八册

007528359　3150 5176.88
[光緒]屯留縣志八卷首一卷
(清)劉鍾麟、何金聲修,楊篤、任來樸纂
清光緒十一年(1885)刻本
八册

007488823　3150 5176.9
[民國]屯留縣志補記一卷
李安唐纂
民國二十三年(1934)油印本
一册
備註:朱色油印本,有楊聯陞按語

007482338　3150 2345.88
[光緒]黎城縣續志四卷
(清)鄭灝等修,楊恩樹纂
清光緒九年(1883)刻本
四册

007482538　3150 1422.83
[乾隆]武鄉縣志四卷首一卷
(清)白鶴修,史傳遠纂
民國十八年(1929)鉛印本
八册

007482539　3150 1422.88
[光緒]武鄉縣續志四卷
(清)吴匡修,鈕增垚纂
清光緒五年(1879)刻本
四册

007481867　3150 1422.9
[民國]武鄉新志四卷首一卷
張揚祚修,郝世楨纂
民國十八年(1929)鉛印本
四册

007487052　T 3150 3310.83
[乾隆]沁州志十卷首一卷
(清)雷暢原修,吴正原纂;姚學瑛續修,姚學甲續纂
清乾隆六年(1741)修,乾隆三十六年(1771)續修,光緒六年(1880)知州吴承恩復續修時重印本
八册

007487058　3150 3310.88
[光緒]沁州復續志四卷末一卷
(清)吴承恩、潘夢龍纂修
清光緒六年(1880)刻本
四册

007487048　T 3150 4177.83
[乾隆]壺關縣志十八卷
(清)楊宸等修,馮文止等纂
清乾隆三十五年(1770)刻本
四册

007487043　3150 4173.85 (1-6)
[道光]壺關縣志十卷首一卷
(清)茹金、申瑶等纂修
清道光十四年(1834)刻本
八册

007487043　3150 4173.85 (7-8)
[光緒]壺關縣續志二卷
(清)胡燕昌修,楊篤纂
清光緒七年(1881)刻本
八册

007486819　3150 4173.88
[光緒]壺關縣續志二卷
(清)胡燕昌修,楊篤纂
清光緒七年(1881)刻本
二册

晉城市

007488832　T 3150 7141.83
[乾隆]鳳臺縣志二十卷首一卷
(清)林荔修,姚學甲纂
清乾隆四十九年(1784)刻本
十册
備註:今晉城縣

007488834　3150 7141.88
[光緒]鳳臺縣續志四卷首一卷
(清)張貽琯、陳繼三修,郭維垣等纂
清光緒八年(1882)刻本
四册
備註:今晉城縣

007482357　T 3150 3432.82
[雍正]澤州府志五十二卷
(清)朱樟修,田嘉穀補輯
清雍正十三年(1735)刻本
十六册

007488845　T 3150 7422.83a
[乾隆]陵川縣志二十八卷
(清)雷正修,景象元等纂
清乾隆五年(1740)刻本
六册

007488844　T 3150 7422.83
[乾隆]陵川縣志三十卷首一卷
(清)程德炯等纂修
清乾隆四十四年(1779)刻本
十册

007488846　3150 7422.88
[光緒]陵川縣志三十卷首一卷
(清)徐炑、李楨修,梁寅纂
清光緒八年(1883)刻本
十二册

007488570　3150 7422.9
[民國]陵川縣志十卷
庫增銀修,楊謙纂
民國二十二年(1933)鉛印本
四册

007488836　T 3150 7245.83
[乾隆]陽城縣志十六卷
(清)楊善慶修,田懋纂
清乾隆二十年(1755)刻本
八册

007488426　3150 7245.87
[同治]陽城縣志十八卷首一卷
(清)賴昌期修,譚澐、盧廷棻纂
清同治十三年(1874)刻本
二册

007482576　3150 3313.88
[光緒]沁水縣志十二卷首一卷
(清)秦丙煃修,李疇等纂
清光緒七年(1881)刻本
八册

007482122　T 3150 0214.83
[乾隆]高平縣志二十二卷末一卷
(清)傅德宜修,戴純纂

清乾隆三十九年(1774)刻本
八册

007482511　3150 0214.87
[同治]高平縣志八卷
(清)龍汝霖纂修
清同治六年(1867)刻本
八册

007481968　3150 0214.88
[光緒]續高平縣志十六卷
(清)陳學富、慶鐘修,李廷一纂
清光緒六年(1880)刻本
四册

朔州市

008624992　T 3149 8214.82
[雍正]朔平府志十二卷
(清)劉士銘修,王霷纂
清雍正九年(1731)刻本
十册

007490552　T 3150 8232.82
[雍正]朔州志十二卷
(清)汪嗣聖修,王霷纂
清雍正十三年(1735)刻本
十册

007490338　3150 8232.9
[民國]馬邑縣志四卷續藝文一卷
陳廷章修,雷殿鼇纂
民國七年(1918)鉛印本
四册

008094728　T 3150 2773.7
[崇禎]山陰縣志六卷
(明)劉以守等纂修
明崇禎二年(1629)刻,清代補板重印本
二册

008082244　T 3150 0332.83
[乾隆]應州續志十卷首一卷
(清)吴炳纂修
清乾隆三十四年(1769)刻本
八册

007487007　T 3150 2628.83
[乾隆]重修和順縣志八卷首一卷
(清)黄玉衡修,賈訒等纂
清乾隆三十三年(1768)刻本
八册

007482531　3150 2628.88
[光緒]和順縣志十卷首一卷末一卷
(清)陳守中等修,岳宜興等纂
清光緒五年(1879)修,光緒十一年(1885)刻本
十二册

007482335　3150 2628.9
[民國]重修和順縣志十卷
張夔典修,王玉汝纂
民國三年(1914)石印本
六册

007490559　3150 9321.88
[光緒]懷仁縣新志十二卷首一卷續刻一卷
(清)李長華修,姜利仁纂;汪大浣續修,馬蕃等續纂
清光緒七年(1881)修,光緒三十二年(1906)增補續刻本
四册

晉中市

007487065　T 3150 4238.83
[乾隆]榆次縣志十四卷首一卷
(清)錢之青修,張天澤、王系纂
清乾隆十三年(1748)思風堂刻本,乾隆十

五年(1750)增刻
五册

007486834 3150 4238.87
[同治]榆次縣志十六卷首一卷末一卷
(清)俞世銓、陶良駿修,王平格、王序賓纂
清同治二年(1863)刻本,鳳鳴書院藏板
八册

007486839 3150 4238.88
[光緒]榆次縣續志四卷
(清)吴師祁、張承熊修,黄汝梅、王儆纂
清光緒十一年(1885)刻本
二册

008082249 T 3150 8229.83
[乾隆]介休縣志十四卷
(清)王謀文等纂修
清乾隆三十五年(1770)刻本
八册

007497136 3150 8229.84
[嘉慶]介休縣志十四卷
(清)徐品山、陸元鏸纂修
清嘉慶二十四年(1819)刻本
八册

007490240 3150 8229.9
[民國]介休縣志二十卷首一卷
張賡麟、黄庭槐督修,董重總纂
民國十九年(1930)排印本
四册

007488425 3150 4672.9
[民國]重修昔陽縣志六卷首一卷
皇甫振清修,李光宇等纂
民國四年(1915)石印本
四册

007482528 T 3150 1116.81
[康熙]靈石縣志四卷
(清)侯榮圭纂修
清康熙十一年(1672)原刻,康熙三十一年(1692)補刻本
四册

007482522 3150 1016.84
[嘉慶]靈石縣志十二卷
(清)王志瀜修,黄憲臣纂
清嘉慶二十二年(1817)刻本
六册

007481973 3150 1116.9
[民國]靈石縣志十二卷圖考一卷
李凱朋修,耿步蟾纂
民國二十三年(1934)鉛印本
六册

007487019 T 3150 32.83
[乾隆]祁縣志十六卷
(清)陳時纂修
清乾隆四十六年(1781)刻本
八册

007482340 3150 32.79
[光緒]祁縣志十六卷
(清)劉發岏等修,李芬纂
清光緒八年(1882)刻本,據清乾隆四十五年(1780)刻版增刻
十册

007487074 T 3150 3430.82
[雍正]遼州志八卷
(清)徐三俊修,劉澐等纂
清雍正十一年(1733)刻本
六册
備註:今左權縣

007487094 T 3150 4472.83
[乾隆]壽陽縣志十卷首一卷
(清)龔導江纂修
清乾隆三十六年(1771)刻本
六册

007486838 3150 4472.88
[光緒]壽陽縣志十三卷首一卷
(清)馬家鼎等修,張嘉言等纂
清光緒八年(1882)刻本,受川書院藏板
六册

007487096 3150 4472.88B
[光緒]壽陽縣志十三卷首一卷
(清)馬家鼎等修,張嘉言等纂
清光緒十六年(1890)陳守中校補刻本
六册

007487091 T 3150 4386.82
[乾隆]太谷縣志八卷
(清)王廷贊原修,武一韓纂;王澤沛增修
清乾隆四年(1739)增修刻本
四册

007487092 T 3150 4386.83
[乾隆]太谷縣志八卷
(清)郭晋修,管粤秀纂
清乾隆六十年(1795)刻本
八册

007487089 3150 438.86
[咸豐]太谷縣志八卷首一卷末一卷
(清)章青選、汪和修,章嗣衡纂
清咸豐五年(1855)刻本
八册

007486835 3150 4386.88
[光緒]太谷縣志八卷首一卷末一卷
(清)思浚、趙冠卿等修,王效尊等纂
清光緒十二年(1886)刻本,鳳山書院藏板
八册

007486837 3150 4386.9
[民國]太谷縣志八卷附外編一卷
安恭己、劉玉璣等修,胡萬凝纂
民國二十年(1931)鉛印本
八册

007482546 T 3150 1433.81
[康熙]平遥縣志八卷
(清)王綬修,康乃心纂
清康熙四十六年(1707)刻本
四册

007482330 3150 1433.88
[光緒]平遥縣志十二卷
(清)林拱樞、恩端等修,武達材、王舒萼纂
清光緒八年(1882)刻本
八册

007487060 T 3150 4231.83
[乾隆]榆社縣志十二卷
(清)費映奎修,孟濤等纂
清乾隆八年(1743)刻本
四册

007486833 3150 4231.88
[光緒]榆社縣志十卷首一卷末一卷
(清)王家坊等修,葛士達等纂
清光緒七年(1881)刻本
八册

臨汾市

007482114 T 3149 1472.81
[康熙]平陽府志三十六卷
(清)劉棨修,孔尚任等纂
清康熙四十七年 (1708)刻本
四十八册

007480633 T 3149 1472.83
[雍正]平陽府志三十六卷
(清)章廷珪修,范安治等纂
清乾隆元年(1736)刻本
十九册

007488858 T 3150 7632.81
[康熙]臨汾縣志八卷
(清)宫懋言等纂修
清康熙五十七年(1718)刻本
八册

007488860 T 3150 7632.82
[雍正]臨汾縣志八卷
(清)徐三俊修,陳獻可等纂
清雍正七年(1729)刻本
八册

007488862 T 3150 7632.83
[乾隆]臨汾縣志十卷首一卷末一卷
(清)高塘等修,吕淙等纂
清乾隆四十四年(1779)刻本
七册

007488571 3150 7632.9
[民國]臨汾縣志六卷首一卷
劉玉璣、閔世熙修,張其昌等纂
民國二十二年(1933)鉛印本
六册

007490541 3150 7632.94
[民國]臨汾縣志續編八卷首一卷末一卷
(清)潘如海、李荣和修,窦文藻、張榜花纂;(民國)鄭裕孚增修
清光緒六年(1880)修,民國十年(1921)增修刻本
六册

007482108 T 3149 1132.81
[康熙]鼎修霍州志十卷
(清)黄復生纂修
清康熙十二年(1673)刻本
四册

007482111 3149 1132.85
[道光]直隸霍州志二十五卷首一卷
(清)崔允昭纂修
清道光六年(1826)原刻,光緒六年(1880)補板重印本
十册

007480620 3149 1132.88
[光緒]續刻直隸霍州志二卷
(清)楊立旭,白天章纂
清光緒六年(1880)刻本
二册

007488855 3150 7623.88
[光緒]續修隰州志四卷
(清)崔澄寰修,王嘉會纂
清光緒二十四年(1898)刻本
四册

007487021 T 3150 3216.81
[康熙]汾西縣志八卷首一卷
(清)蔣鳴龍修,傅南宫纂
清康熙十三年(1674)刻本
四册

007482343 3150 3216.88
[光緒]汾西縣志八卷首一卷
(清)曹憲等修,周鳳翔、賈執鈞等纂
清光緒八年(1882)刻本
四册

007490546 T 3150 7772.82
[雍正]岳陽縣志十卷

(清)趙温修,常遜等纂
清雍正十三年(1735)刻本
六册
備註:今安澤縣

007490544　3150 7772.9
[民國]新修岳陽縣志十六卷
李鍾珩修,王之哲等纂
民國四年(1915)石印本
九册
備註:今安澤縣

006329212　3180 4330.88
[光緒]大寧縣志八卷首一卷
(清)高維岳修,魏遠猷纂
清光緒十二年(1886)刻本
八册

007487069　T 3150 3427.83
[乾隆]浮山縣志三十七卷
(清)賈西、張乾元修,皇甫奎、張華纂
清乾隆十年(1745)刻本
六册

007487071　3150 3427.87
[同治]浮山縣志三十七卷
(清)慶鍾纂修
清同治十三年(1874)刻本
八册

007487072　3150 3427.88
[光緒]浮山縣志三十四卷
(清)鹿學典等修,武克明等纂
清光緒六年(1880)刻本
八册

007482517　T 3150 0374.82
[雍正]襄陵縣志二十四卷
(清)趙懋本修,盧秉純等纂
清雍正十年(1732)刻本
四册
備註:与汾城縣合併稱襄汾縣

007482518　3150 0374.88
[光緒]襄陵縣志二十四卷
(清)錢鏞修,郝登雲等纂
清光緒七年(1881)刻本
八册
備註:与汾城縣合併稱襄汾縣

007487082　T 3150 4314.81
[雍正]太平縣志八卷
(清)張學都、劉崇元修,張枚等纂
清雍正三年(1725)刻本
四册
備註:今入襄汾縣

007487083　T 3150 4314.83
[乾隆]太平縣志十卷
(清)張鍾秀纂修
清乾隆四十年(1775)刻本
四册
備註:今入襄汾縣

007487079　3150 431.85
[道光]太平縣志十六卷首一卷
(清)李炳彦等修,梁棲鸞纂
清道光五年(1825)刻本
八册
備註:今入襄汾縣

007487084　3150 4314.88
[光緒]太平縣志十四卷首一卷
(清)勞文慶、朱光綬修,婁道南纂
清光緒八年(1882)刻本
十册
備註:今入襄汾縣

007482553 T 3150 1829.81
[康熙]翼乘十二卷
(清)陳應富修,温旌光等纂
清康熙十二年(1673)刻本
四册

007482554 T 3150 1845.83
[乾隆]翼城縣志二十八卷
(清)許崇楷纂修
清乾隆三十六年(1771)刻本
八册

007482555 3150 1845.88
[光緒]翼城縣志二十八卷
(清)王耀章等纂修
清光緒七年(1881)刻本
十二册

007481863 3150 1845.9
[民國]翼城縣志三十八卷首一卷
馬繼楨、邢翽桐修,吉廷彦、馬毓琛纂
民國十八年(1929)鉛印本
八册

007482577 3150 3329.9
[民國]永和縣志十六卷首一卷
閻佩禮修,段金成纂
民國二十年(1931)鉛印本
六册

007486988 T 3150 2232.83
[乾隆]鄉寧縣志十五卷
(清)葛清纂修
清乾隆四十九年(1784)刻本
四册

007482331 3150 2232.9
[民國]鄉寧縣志十六卷首一卷
趙祖抃修,吴庚、趙意空纂
民國六年(1917)刻本
六册

008082248 T 3150 5633.81
[康熙]沃史二十五卷
(清)范印心修,張奇勛纂
清康熙七年(1668)刻本
十二册

007488825 T 3150 5633.83
[乾隆]新修曲沃縣志四十卷
(清)張坊修,胡元琢等纂
清乾隆二十四年(1759)刻本
八册

007488827 3150 5633.84
[嘉慶]續修曲沃縣志八卷
(清)倈長熺等修,王安恭等纂
清嘉慶二年(1797)刻本
八册

007488830 3150 5633.85
[道光]新修曲沃縣志十二卷
(清)張兆衡纂修
清道光二十二年(1842)刻本
六册

007488694 3150 5633.88
[光緒]曲沃縣志三十二卷
(清)張鴻逵、茅丕烈纂修
清光緒六年(1880)刻本
六册

009480879 3150 5633.9
[民國]新修曲沃縣志三十卷
鄔漢章等修,仇汝功等纂
民國十七年(1928)太原達名閣鉛印本
六册

007482545　3150 3832.87
[雍正]洪洞縣志九卷
(清)余世堂修,蔡行仁纂,艾紹濂等校補
清雍正八年(1730)修,同治十一年(1872)補刻本
八册

007482236　3150 3832.9
[民國]洪洞縣志十八卷首一卷末一卷
孫奂崙、賀椿壽修,韓坰等纂
民國六年(1917)上海商務印書館鉛印本
十册

007488567　3150 4845.85
[道光]趙城縣志三十七卷首一卷
(清)楊延亮纂
清道光七年(1827)刻本
八册
備註:今入洪洞縣

007486832　3150 4269.88
[乾隆]蒲縣志十卷首一卷
(清)巫慧修,王居正纂
清光緒六年(1880)刻本
六册
備註:光緒續志附於乾隆志各卷之後

007486832　3150 4269.88
[光緒]蒲縣續志不分卷
(清)托克托歡修,曹和鈞、羅良桂纂
清光緒六年(1880)刻本
六册
備註:光緒續志附於乾隆志各卷之後

忻州市

007482118　T 3149 9232.83
[乾隆]忻州志六卷
(清)竇容邃等纂修
清乾隆十二年(1747)刻本
六册
備註:今忻州

007490336　3150 922.88
[光緒]忻州直隸州志四十二卷
(清)萬戊昌修,方淵如纂
清光緒六年(1880)刻本
八册

007486985　T 3150 2074.83
[乾隆]崞縣志八卷
(清)邵豐鍭、顧弼修,賈瀛等纂
清乾隆二十二年(1757)刻本
四册
備註:今原平市

007482332　3150 2074.88
[光緒]續修崞縣志八卷
(清)趙冠卿、龍朝言修,潘肯堂等纂
清光緒八年(1882)刻本,考院藏板
八册
備註:今原平市

007486997　T 3150 2432.83
[乾隆]代州志六卷
(清)吴重光纂修
清乾隆五十年(1785)刻本
八册

007482334　3150 2432.88
[光緒]代州志十二卷首一卷
(清)俞廉三修,楊篤参訂
清光緒八年(1882)代山書院刻本
六册

007482530　3150 1139.84
[乾隆]五寨縣志二卷
(清)秦雄褒修,朱青選纂
清嘉慶十四年(1809)據乾隆十六年(1751)

刻本配補,民國二十年(1931)重印本
四册

007482524 T 3150 1040.83
[乾隆]五臺縣志八卷首一卷
(清)王秉韜纂修
清乾隆四十年(1775)刻本
四册

007481976 3150 1040.88
[光緒]五臺新志四卷首一卷
(清)徐繼畬修,田丕緒等纂;孫汝明、王步墀續修,楊篤續纂
清光緒九年(1883)刻本,崇實書院藏板
四册

007482234 3150 2272.8
[道光]偏關志二卷
(明)盧承業、李從心原本;(清)卞永康、馬振文增修;王有宗重訂
民國四年(1915)鉛印本
二册

007482116 T 3149 3214.83
[乾隆]寧武府志十二卷首一卷附續寧武府志一卷
(清)魏元樞、周景柱等纂修
清乾隆十五年(1750)刻本
六册

007490557 3150 8924.85
[道光]繁峙縣志六卷
(清)吳其均纂修
清道光十六年(1836)刻本
六册

007490558 3150 8924.88
[光緒]繁峙縣志四卷首一卷
(清)何才价修,楊篤纂
清光緒七年(1881)刻本
四册

007487036 3150 3256.85
[道光]河曲縣志四卷
(清)曹春曉纂修
清道光十年(1830)刻本
四册

007482342 3150 3256.87
[同治]河曲縣志八卷
(清)金福增修,張兆魁、金鍾彦纂
清同治十一年(1872)刻本
八册

007487013 3150 2923.85
[乾隆]保德州志十二卷首一卷
(清)王克昌修,殷夢高纂;王秉韜增補
清康熙四十九年(1710)修,乾隆五十年(1785)補修,道光四年(1824)補刻本
十册

007482540 T 3150 3803.82
[雍正]定襄縣志八卷
(清)王時炯原本;王會隆續修,張岫雲纂
清雍正五年(1727)刻本
四册

007482329 3150 3803.88
[光緒]定襄縣補志十三卷
(清)鄭繼修等修,邢澍田纂
清光緒六年(1880)刻本
八册

007486987 3150 2221.88
[光緒]岢嵐州志十二卷
(清)吳光熊等修,史文炳纂
清光緒十年(1884)刻本
四册

吕梁市

008191629　T 3150 4485.83b (1-4)
[乾隆]孝義縣志二十卷
(清)鄧必安等纂修
清乾隆三十五年(1770)刻本,光緒六年(1880)重印本
四册

007486841　T 3150 4485.83b (5-6)
[光緒]孝義縣續志二卷首一卷末一卷
(清)孔廣熙修,何之煌纂
清光緒六年(1880)刻本
二册

008094723　T 3149 3232.7
[萬曆]汾州府志十六卷
(明)王道一等纂修
明萬曆間(1573—1620)刻本
十册

007480634　T 3149 3232.83
[乾隆]汾州府志三十四卷首一卷
(清)孫和相修,戴震纂
清乾隆三十六年(1771)刻本
十六册

007487038　T 3150 3272.81
[康熙]汾陽縣志八卷首一卷
(清)周超修,邢秉誠等纂
清康熙六十年(1721)刻本
十册

007487042　T 3150 3272.83
[乾隆]汾陽縣志十四卷
(清)李文起等修纂
清乾隆三十七年(1772)刻本
八册

007487045　3150 3272.86
[咸豐]汾陽縣志十四卷首一卷
(清)周貽纓等修,曹樹穀等纂
清咸豐元年(1851)刻本
八册

007487046　3150 3272.88
[光緒]汾陽縣志十四卷首一卷
(清)方家駒、慶文等纂修
清光緒十年(1884)刻本
十册

007482520　T 3150 0413.81
[康熙]文水縣志十卷
(清)傅星修,鄭立功等纂
清康熙十二年(1673)刻本
八册

007481970　3150 0413.88
[光緒]文水縣志十二卷首一卷末一卷
(清)范啓堃、王煒修,陰步霞纂
清光緒九年(1883)刻本
六册

007487061　T 3150 3330.81
[康熙]永寧州志八卷
(清)謝汝霖修,朱鈐、張永清等纂
清康熙四十一年(1702)刻本
八册

007487064　3150 3330.88
[光緒]永寧州志三十二卷
(清)姚啓瑞修,方淵如等纂
清光緒七年(1881)刻本
六册

007487028　3150 3222.81
[康熙]寧鄉縣志十卷首一卷
(清)吕履恒纂修

清康熙四十一年(1702)修,民國間(1912—1949)重印本
六册
備註:今中陽縣

007490547 T 3150 7869.83
[乾隆]興縣志十八卷
(清)程雲原修,孫鴻淦等原纂;藍山續修
清乾隆二十八年(1763)增刻本
四册

007490353 3150 8632.94
[民國]合河政紀二卷
石榮暲編
民國二十三年(1934)陽新蓉城仙館鉛印本
二册

007490543 3150 7669.81
[康熙]臨縣志八卷首一卷
(清)楊飛熊修,崔鶴齡等纂
清康熙五十七年(1718)修,道光二十年(1840)增補本
四册

007490239 3150 7669.9
[民國]臨縣志二十卷首一卷
胡宗虞修,吴命新纂
民國六年(1917)鉛印本
四册

007482521 T 3150 0445.81
[康熙]交城縣志十八卷首一卷
(清)洪璟纂修
清康熙四十八年(1709)刻本
六册

007481971 3150 0445.88
[光緒]交城縣志十卷首一卷
(清)夏肇庸修,許惺南等纂
清光緒八年(1882)刻本
八册

007482552 T 3150 1644.82
[雍正]石樓縣志八卷首一卷
(清)袁學謨修,秦燮等纂
清雍正十年(1732)刻本
八册

運城市

007486999 T 3150 2532.81
[康熙]絳州志四卷
(清)劉顯第修,陶用曙纂
清康熙九年(1670)刻本
四册

007487000 T 3150 2532.83
[乾隆]直隸絳州志二十卷首一卷
(清)張成德修,李友洙等纂
清乾隆三十年(1765)刻本
六册

007487001 3150 2532.88
[光緒]直隸絳州志二十卷首一卷
(清)李焕揚修,張于鑄纂
清光緒五年(1879)刻本
十册

007482526 T 3150 3461.83
[乾隆]解州安邑縣志十六卷首一卷
(清)言如泗等修,吕瀶等纂
清乾隆二十九年(1764)刻《解州全志》本
四册

007487009 T 3150 2725.83
[乾隆]解州安邑縣運城志十五卷
(清)言如泗等修,吕瀶等纂
清乾隆二十九年(1764)刻《解州全志》本
四册

007482328　3150 3461.9
[光緒]安邑縣續志六卷首一卷
(清)趙輔堂修,張承熊纂
民國十三年(1924)刻本
二册

007482230　3150 2725.9
[民國]解縣志十四卷首一卷
徐嘉清修,曲迺鋭等纂
民國九年(1920)解縣國光石印館石印本
八册

008082246　T 3150 3230.81
[康熙]河津縣志八卷
(清)馬光遠修,劉梁嵩纂
清康熙十一年(1672)刻本
六册

008082247　T 3150 3230.83
[乾隆]河津縣志十二卷附圖
(清)黄鶴齡修,齊集鵷纂;張其昺等續修纂
清乾隆四十八年(1783)刻本
八册

007487031　3150 3230.84
[嘉慶]河津縣志十二卷
(清)沈千鑑修,王政、牛述賢纂
清嘉慶二十年(1815)刻本
八册

007482341　3150 3230.88
[光緒]河津縣志十四卷首一卷
(清)茅丕熙、楊漢章修,程象濂、韓秉鈞纂
清光緒六年(1880)刻本
十册

007480550　T 3149 423.83
[乾隆]蒲州府志二十四卷
(清)周景柱等纂修
清乾隆二十年(1755)刻本
十册

007486994　T 3150 2372.83
[乾隆]虞鄉縣志十二卷
(清)周大儒修,尚雲章纂
清乾隆五十四年(1789)刻本
八册
備註:今屬永濟市

007486992　3150 2322.88
[光緒]虞鄉縣志十二卷首一卷
(清)崔鑄善修,陳鼎隆等纂
清光緒十二年(1886)刻本
四册
備註:今屬永濟市

007482333　3150 2322.9
[民國]續補虞鄉縣新志十卷
徐貫之、何廷弼、周振聲修,李無逸等纂
民國九年(1920)石印本
六册
備註:今屬永濟市

007482573　3150 3332.88
[光緒]永濟縣志二十四卷
(清)李榮和、劉鍾麟修,張元懋纂
清光緒十二年(1886)刻本
十四册

007488847　T 3150 7446.83
[乾隆]聞喜縣志十二卷
(清)李遵唐纂修
清乾隆三十年(1765)刻本
六册

007488848　3150 7446.88a
[光緒]聞喜縣志補四卷
(清)陳作哲修,楊深秀纂

清光緒六年(1880)刻本
一册

007488849 3150 7446.88b
[光緒]聞喜縣志續四卷
(清)陳作哲修,楊深秀纂
清光緒六年(1880)刻本
二册

007488850 3150 7446.88c
[光緒]聞喜縣志斠三卷首一卷
(清)陳作哲修,楊深秀纂
清光緒六年(1880)刻本
一册

007488568 3150 7446.9
[民國]聞喜縣志二十五卷
余寶滋修,楊韍田纂
民國七年(1918)石印本
六册

007481969 3150 0225.9
[民國]新絳縣志十卷首一卷
徐昭儉修,楊兆泰纂
民國十七年(1928)鉛印本
十册

007481992 T 3150 1071.83
[乾隆]解州平陸縣志十六卷首一卷
(清)言如泗、韓夔典等修,杜若拙等纂
清乾隆二十九年(1764)刻《解州全志》本
四册

007482527 3150 1071.9
[光緒]平陸縣續志二卷首一卷末一卷
(清)劉鴻逵修,沈承恩等纂
清光緒六年(1780)修,民國三年(1914)石印本
二册

007487041 T 3150 4156.83
[乾隆]垣曲縣志十四卷
(清)湯登泗修,張岳拱、安清翰纂
清乾隆三十一年(1766)刻本
六册

007482327 3150 415.88
[光緒]垣曲縣志十四卷
(清)薛元釗修,張于鑄纂
清光緒五年(1879)修,光緒六年(1880)刻本
八册

007487002 T 3150 2569.83
[乾隆]絳縣志十四卷附圖考一卷
(清)拉昌阿修,王本智等纂
清乾隆三十年(1765)刻本
四册

007487003 3150 2569.88B
[光緒]絳縣志十四卷
(清)劉斌修,張于鑄等纂
清光緒六年(1880)刻本
六册

007487004 3150 2569.88
[光緒]絳縣志二十一卷
(清)胡延纂修
清光緒二十五年(1899)刻本
四册

007486995 T 3150 2427.83
[乾隆]稷山縣志十卷
(清)韋之瑗等纂修
清乾隆二十八年(1763)刻本
八册

007486996 3150 2427.84
[嘉慶]稷山縣志十卷

(清)張應辰修,王墀等纂
清嘉慶二十年(1815)刻本
八册

007482339　3150 2427.87
[同治]稷山縣志十卷
(清)沈鳳翔修,鄧嘉紳等纂
清同治四年(1865)刻本
八册

007482337　3150 2427.88
[光緒]稷山縣志續修二卷
(清)馬家鼎纂修
清光緒十一年(1885)刻本
二册

007487076　3150 4245.83 (1-2)
[乾隆]芮城縣志十六卷首一卷
(清)言如泗、王載修,莫溥等纂
清乾隆二十九年(1764)刻本,光緒七年(1881)年重印本
一册

007487076　3150 4245.83 (3-4)
[光緒]芮城縣志四卷首一卷
(清)馬丕瑶、萬啓鈞續修,張承熊續纂
清光緒七年(1881)刻本
一册

007482551　T 3150 1469.83
[乾隆]解州夏縣志十六卷首一卷
(清)言如泗等修,李遵唐等纂
清乾隆二十九年(1764)刻本
四册

007481978　3150 1469.88
[光緒]夏縣志十卷首一卷
(清)黄縉榮、萬啓鈞修,張承熊纂
清光緒六年(1880)刻本
四册

007487057　T 3150 4223.83
[乾隆]萬泉縣志八卷
(清)畢宿燾修,張史筆纂
清乾隆二十三年(1758)刻本
四册
備註:與榮河縣合併爲萬榮縣

007486831　3150 4223.9
[民國]萬泉縣志八卷首一卷終一卷
何桑、程瑶階修,馮文瑞、王景命纂
民國七年(1918)石印本
八册
備註:與榮河縣合併爲萬榮縣

007490562　T 3150 9932.83
[乾隆]榮河縣志十四卷
(清)楊令琢等纂修
清乾隆三十四年(1769)刻本
六册
備註:與萬泉縣合併爲萬榮縣

007490563　3150 9932.88
[光緒]榮河縣志十四卷首一卷
(清)馬鑑、王希濂修,尋鑾煒纂
清光緒七年(1881)刻本
六册
備註:與萬泉縣合併爲萬榮縣

007490238　3150 9932.9
[民國]榮河縣志二十四卷首一卷
張柳星、范茂松修,郭廷瑞纂
民國二十五年(1936)鉛印本
八册
備註:與萬泉縣合併爲萬榮縣

007487050　T 3150 42.82 (1-4)
[雍正]猗氏縣志八卷

(清)潘金鉞修,宋之樹續修,何世勳續纂
清雍正七年(1729)刻本
六册
備註:今入臨猗縣

007487053 T 3150 42.82 (5-6)
[同治]續猗氏縣志四卷
(清)周之楨修,崔曾頤纂
清同治六年(1867)刻本
二册
備註:今入臨猗縣

007487056 3150 42.88
[光緒]猗氏縣志二卷
(清)徐浩修,俞汝寅等纂
清光緒六年(1880)刻本
八册
備註:今入臨猗縣

007488852 T 3150 7616.83 (1-4)
[乾隆]臨晉縣志八卷
(清)王正茂纂修
清乾隆三十八年(1773)刻本
四册
備註:今入臨猗縣

007488852 T 3150 7616.83 (5-6)
[光緒]續修臨晉縣志二卷
(清)艾紹濂修,姚東濟纂
清光緒六年(1880)刻本
二册
備註:今入臨猗縣

007488853 3150 7616.88
[光緒]續修臨晉縣志二卷
(清)艾紹濂修,姚東濟等纂
清光緒六年(1880)刻本
二册
備註:今入臨猗縣

007488781 3150 7616.9
[民國]臨晉縣志十六卷附録一卷
俞家驥等修,趙意空等纂
民國十二年(1923)鉛印本
四册
備註:今入臨猗縣

内蒙古自治區

007493458 3266 0.88
[光緒]綏遠志十卷首一卷
(清)貽穀修,高賡恩纂
清光緒三十四年(1908)刻本
六册
備註:封面題簽作《綏遠旗志》,版心“綏遠志”、“綏遠全志”、“綏遠旗志”皆有

007493614 3262 6124
[民國]河套圖志六卷存卷一、卷二
張鵬一著
民國十一年(1922)在山草堂鉛印本
一册

005615803 3078.3 4243
[民國]綏遠省分縣調查概要
楊增之等編
民國二十三年(1934)綏遠民衆教育館鉛印本
一册

005615802 3078.3 2392
[民國]綏遠省各縣鄉村調查紀實
未著撰人

民國二十三年(1934)鉛印本
二册

005580630　3077 4842
[民國]蒙藏新志
黃奮生編著
民國二十七年(1938)上海中華書局鉛印本
二册

呼和浩特市

007486768　3267 2224.9
[民國]歸綏縣志不分卷
鄭植昌修,鄭裕孚纂
民國二十三年至二十四年(1934—1935)北平文嵐簃鉛印本
三册

007486767　3267 4163.88
[光緒]土默特旗志十卷
(清)貽穀修,高賡恩纂
清光緒三十四年(1908)刻本
二册

007486769　3267 2441.86
[咸豐]和林格爾廳志四卷
(清)托明修,伊長等纂
清咸豐二年(1852)活字本
二册

007488877　3267 3213.88
[光緒]新修清水河廳志二十卷首一卷
(清)文秀修,盧夢蘭等纂
抄本,据光緒九年(1883)刻本而抄
八册

赤峰市

007493618　3265 4916.9
[民國]林西縣志五卷
蘇紹泉修,徐致軒纂
民國十八年(1929)鉛印本
五册

呼倫貝爾盟

007995648　3125 6422.9
[民國]呼倫貝爾志略不分卷
程廷恒修,張家璠等纂
民國十二年(1923)上海太平洋印刷公司鉛印本
一册

巴彦淖爾市

007486785　3267 7632.9
[民國]臨河縣志三卷
吕咸等修,王文墀纂
民國二十年(1931)鉛印本
三册

烏蘭察布盟

007486765　3267 218.88
[光緒]豐鎮廳志八卷首一卷末一卷
(清)德溥修,麻麗五等纂
清光緒七年(1881)修,民國五年(1916)財政部印刷局鉛印本
二册
備註:封面題簽作《豐鎮縣志書》

007486856　3270 2932.913
[民國]集寧縣志四卷
楊葆初纂修
民國十三年(1924)修,日本抄本
四册

鄂爾多斯市

007493622　T 3266 3243.83
[乾隆]河套志六卷
(清)陳履中等纂修
清乾隆七年(1742)刻本,寓園藏板
十册

附録

008132443 T 3261 2674
烏里雅蘇臺志略不分卷
(清)闕名撰
日本抄本
一册
備註:今屬蒙古國

遼寧省

007987408 3116 0.7
[嘉靖]全遼志六卷
(明)李輔修,馬應龍等纂
民國二十三年(1934,僞滿康德元年)据嘉靖四十四年(1565)刊本油印
十二册

007982957 3116 0.71
[嘉靖]遼東志九卷附圖一卷
(明)任洛等修,薛廷寵等纂
日本東京前田氏大正元年(1912)鉛印本
一册

008062540 T 3116 0.81
[康熙]盛京通志三十二卷圖一卷
(清)伊把漢、董秉忠等修,哲備、孫成等纂
清康熙二十三年(1684)刻本
十二册

008026928 T 3116 0.83
[乾隆]欽定盛京通志一百三十卷首一卷
(清)阿桂等修,劉謹之、程維岳等纂
清乾隆四十四年(1779)武英殿刻本
六十四册

008085505 T 3116 0.82
[乾隆]盛京通志四十八卷首一卷
(清)吕耀曾等修,魏樞等纂,雷以誠等補刊
清咸豐二年(1852)補刊本
二十册

005591313 3052 0546
[乾隆]欽定滿洲源流考二十卷首一卷
(清)于敏中、阿桂等修
清光緒十九年(1893)杭州便益書局石印本
四册

003221692 3116 0.9
[民國]奉天通志二百六十卷首一卷
翟文選、臧式毅修,王樹枏等纂
民國二十三年(1934)鉛印本
一百册

瀋陽市

007994377 3118 3672.9
[民國]瀋陽縣志十五卷首一卷
趙恭寅修,曾有翼等纂
民國六年(1917)奉天作新印刷局鉛印本
六册

007982958 3118 1323.88
[宣統]承德縣志不分卷
(清)都林布修,李巨源、徐守常纂;金正元增修,張子瀛、聞鵬齡增纂
清宣統二年(1910)增修石印本
二册

007982751 3117 0274.89
[宣統]新民府志不分卷
(清)管鳳龢纂修
清宣統元年(1909)鉛印本
二册

007994402 3118 0274.9
[民國]新民縣志十八卷

王寶善修,張博惠纂
民國十五年(1926)石印本
四册

大連市

007994404　3118 2824.9
[民國]復縣志略不分卷
程廷恒等纂修
民國九年(1920)石印本
六册
備註:今瓦房店市

007994379　3118 4132.9
[民國]莊河縣志十八卷首一卷末一卷
王純古、王佐才修,楊維嶓、李其實纂
民國二十三年(1934,僞滿康德元年)鉛印本
八册

鞍山市

007995464　3118 3545.9
[民國]海城縣志六卷
陳蔭翹等修,戚星巖等纂
民國二十六年(1937,僞滿康德四年)鉛印本
一册

撫順市

009268205　3118 5328.89
[宣統]撫順縣志略不分卷
(清)趙宇航、程廷恒修,黎鏡蓉等纂
清宣統三年(1911)石印本
二册

本溪市

007995641　3118 9321.89
[宣統]懷仁縣志十四卷末一卷
(清)馬俊顯修,劉熙春纂
清宣統二年(1910)鉛印本
四册
備註:今桓仁满族自治縣

丹東市

007994391　3118 3459.9
[民國]安東縣志八卷首一卷
關定保等修,于雲峰等纂
民國二十年(1931)鉛印本
六册
備註:今東港市

007995638　3118 7145.9
[民國]鳳城縣志十六卷首一卷
馬龍潭、沈國冕等修,蔣齡益纂
民國十年(1921)石印本
四册

008627866　3118 2624.9
[民國]岫巖縣志六卷首一卷
劉景文等修,郝玉璞等纂
民國十七年(1928)岫巖山成玉東記鉛印本
六册

007994348　3118 3122.9
[民國]寬甸縣志略不分卷
程廷恒修,陶牧纂,吴鐵等修校
民國四年(1915)石印本
二册

錦州市

007994344　3118 8269.9
[民國]錦縣志略二十四卷首一卷
王文藻修,陸善格、朱顯廷纂
民國九年(1920)鉛印本
八册
備註:今凌海市

009272850　3118 1188.9
[民國]北鎮縣志六卷

王文璞等修，吕中清纂；楊焕文續修，劉振翮續纂
民國十七年（1928）修，民國二十二年（1933，僞滿大同二年）續修石印本
六册

營口市

009031660 3118 4162
[民國]蓋平縣鄉土志二卷
章運熺修，崔正峰、郭春藻纂
民國九年（1920）蓋平縣蓋平教養工廠石印本
二册

阜新市

007493616 3265 2402.9
[民國]阜新縣志六卷
張遇春修，賈如誼等纂
民國二十四年（1935，僞滿康德二年）奉天正文齋印刷局鉛印本
六册

遼陽市

007994406 3118 3372.9
[民國]遼陽縣志四十卷首一卷
裴焕星、王煜斌修，白永貞等纂
民國十七年（1928）鉛印本
十二册

007994529 3119 3372.88
[光緒]遼陽鄉土志不分卷
（清）洪汝沖修，白永貞纂
清光緒三十四年（1908）鉛印本
一册

盤錦市

008988945 3118 2127
[宣統]盤山廳志一卷
（清）楊紹宗纂修
民國間（1912—1949）抄本
一册

鐵嶺市

007995639 3118 7479.86
[咸豐]開原縣志八卷首一卷
（清）全禄修，張式金纂
清咸豐七年（1857）刻本
八册

007995640 3118 7479.9
[民國]開原縣志六卷
章啓槐修，趙家幹纂
民國七年（1918）奉天文和興印書館鉛印本
六册

008026929 T 3118 8528.81
[康熙]鐵嶺縣志二卷
（清）賈弘文修，董國祥纂
清康熙十六年（1677）刻本
二册

007994445 3118 8528.9
[民國]鐵嶺縣志二十卷
黄世芳、俞榮慶修，陳德懿等纂
民國二十二年（1933）鐵嶺縣立第一工科鉛印本
十二册

007994445 3118 8528.9
[民國]鐵嶺縣續志十二卷
楊宇齊修，張嗣良纂
民國二十二年（1933）鐵嶺縣立第一工科鉛印本
十二册

007994382 3118 6060.94
[民國]昌圖縣志四卷
程道元修，續文金纂

民國五年(1916)鉛印本
四册

朝陽市

007493432　3265 4272.9
[民國]朝陽縣志三十六卷
周鐵錚修,孫慶璋、沈鳴詩等纂
民國十九年(1930)鉛印本
八册

葫蘆島市

007994340　3118 8216.9
[民國]錦西縣志六卷
張鑑唐、劉煥文修,郭逵等纂
民國十八年(1929)鉛印本
六册

007994342　3118 7845.9
[民國]興城縣志十五卷
恩麟、王恩士修,楊蔭芳纂
民國十六年(1927)鉛印本
四册

007994346　3118 2450.9
[民國]綏中縣志十八卷首一卷
范炳勳總纂修;路文卿、席文彙、李蔭棠編輯
民國十八年(1929)鉛印本
八册

吉林省

003483816　3120 4649.88
[光緒]吉林通志一百二十二卷圖一卷
(清)長順、訥欽修,李桂林等纂
清光緒十七年(1891)年刻本
四十九册

007995644　3120 4926
大中華吉林地理志
林傳甲編
民國十年(1921)吉林吉東印刷社鉛印本
一册

005615799　3054 2148
增訂吉林地理紀要二卷
魏聲龢編著
民國二十年(1931)吉林吉東印刷社鉛印本
二册

007995643　3120 4649.9
[民國]吉林新志二卷
劉爽著
民國二十三年(1934)鉛印本
一册

長春市

007995647　3123 2472.9
[民國]雙陽縣鄉土志不分卷
吉人修,吴榮桂、陳永奉纂
民國四年(1915)修,抄本
一册

吉林市

007995646　3122 4522.9
[民國]樺甸縣志十卷首一卷末一卷
胡聊恩等修,陳鐵梅等纂
民國二十一年(1932)鉛印本
六册

四平市

007995642　3118 9323.9(1-4)
[民國]懷德縣志十六卷

趙亨萃、李宴春等修,趙晉臣、孫雲章等纂
民國二十三年(1934,僞滿康德元年)鉛印本
六册
備註:今公主嶺市

007995642　3118 9323.9(5-6)
[民國]續修懷德縣志十二卷
孫潤蒼修,孫雲章纂
民國二十三年(1934,僞滿康德元年)鉛印本
六册
備註:今公主嶺市

007994403　3119 2427.9
[民國]雙山縣鄉土志不分卷
牛爾裕编
民國十三年(1924)重印本
二册

007994527　3118 5521 88
[光緒]奉化縣志十四卷末一卷
(清)錢開震修,錢文焯纂
清光緒十一年(1885)刻本
四册
備註:今梨樹縣

遼源市

007982959　3118 1634.89
[宣統]西安縣志略十一卷
(清)雷飛鵬等修,段盛梓等纂
清宣統三年(1911)石印本
二册

007994341　3118 5921.9
[民國]東豐縣志四卷
邢麟章、王瀛杰修,李耦等纂
民國二十一年(1932)鉛印本
四册

通化市

007994525　3118 3501.9
[民國]海龍縣志二十五類不分卷
白永貞纂修
民國二年(1913)石印本
一册
備註:今梅河口市

007994343　3118 3501.91
[民國]海龍縣志二十二卷
王永恩修,王春鵬纂
民國二十六年(1937,僞滿康德四年)鉛印本
十册
備註:今梅河口市

007994389　3119 5434.9
[民國]輯安縣鄉土志
吴光國編纂,于會清校正
民國四年(1915)鉛印本
二册
備註:今集安市

008016725　3118 3321.9
[民國]增修通化縣志四卷
李春雨原修;劉天成增修,李鎮華、邵芳齡增纂
民國二十四年(1935,僞滿康德二年)鉛印本
六册

007994528　3118 9542.89
[宣統]輝南廳志二卷
(清)薛德履修,張見田、于龍辰纂
清宣統二年(1910)修,抄本
二册

白山市

007994380　3118 5343
[民國]撫松縣志五卷首一卷
張元俊修,車焕文等纂
民國十九年(1930)鉛印本
四册

黑龍江省

007994407　3124 921
[民國]黑龍江志稿六十二卷首一卷地圖一卷附大事志四卷
萬福麟修,張伯英等纂
民國二十一年(1932)鉛印本
三十二册

007994532　3124 0024
[民國]黑龍江鄉土録二十五章
郭克興編
民國十五年(1926)鉛印本
四册

005594530　3052 2382
東北縣治紀要
熊知白編著
民國二十二年(1933)北平立達書局鉛印本
一册

哈爾濱市

007994409　3125 6442.9
[宣統]呼蘭府志十二卷
(清)黄維翰编
民國四年(1915)鉛印本
八册

009268175　3126 6442.9
[民國]呼蘭縣志十六卷首一卷
廖飛鵬修,柯寅等纂
民國十九年(1930)哈爾濱新華印書館鉛印本
八册

007994385　3122 1932.9
[民國]珠河縣志二十卷首一卷
孫荃芳修,宋景文纂
民國十八年(1929)鉛印本
六册
備註:今尚志市

007995645　3122 2342.9
[民國]吉林依蘭縣志不分卷
楊步墀纂修
民國十年(1921)吉林吉東印刷社鉛印本
一册

007994347　3122 3069.9
[民國]賓縣縣志四卷
趙汝楳等修,朱衣點等纂
民國十八年(1929)鉛印本
四册

齊齊哈爾市

007995650　3126 0232.94
[民國]訥河縣志十二卷
崔福坤修,叢紹卿等纂
民國二十年(1931)雙城縣精益書局鉛印本
六册

佳木斯市

007994408　3122 4520.94
[民國]樺川縣志六卷
鄭士純等修,朱衣點等纂
民國十七年(1928)鉛印本

六册

牡丹江市

007994345 3122 3234.9

[民國]寧安縣志四卷

王世選修,梅文昭總纂,魏聲龢、單友軒協纂

民國十三年(1924)鉛印本

六册

黑河市

007995651 3126 1415.9

[民國]璦琿縣志十四卷

孫蓉圖修,徐希廉纂

民國九年(1920)鉛印本

四册

綏化市

007995649 3126 0141.9

[民國]望奎縣志四卷

嚴兆霖修,張玉書纂

民國八年(1919)鉛印本

四册

附録

007494870 3501 0512

[民國]庫頁島志略四卷

石榮暲編

民國二十四年(1935)陽新蓉城仙館鉛印本

二册

備註:今屬俄羅斯

上海市

007468646 3205 4502.5

[紹熙]雲間志三卷

(宋)楊潛撰

清嘉慶十九年(1814)華亭沈氏古倪園刻本

四册

007467073 3204 4331.7

[民國]雲間雜識二卷

李紹文撰

民國二十五年(1936)瑞華印務局鉛印本

一册

007467085 T 3204 4331.81

[康熙]松江府志五十四卷附圖一卷

(清)郭廷弼修,包爾庚等纂

清康熙二年(1663)刻本

二十册

007466948 3204 4331.84

[嘉慶]松江府志八十四卷首二卷圖一卷

(清)宋如林修,孫星衍、莫晉等纂

清嘉慶二十二年至二十三年(1817—1818)刻本,府學明倫堂藏板

四十册

007466947 3204 4331.88

[光緒]松江府續志四十卷首一卷圖一卷

(清)博潤修,姚光發等纂

清光緒十年(1884)刻本

二十四册

007468497 3205 2135.7B

[弘治]上海志八卷

(明)郭經修,唐錦纂

民國二十九年(1940)中華書局據明弘治十七年(1504)刻本影印本

二册

007468656 3205 2135.7

[嘉靖]上海縣志八卷

(明)鄭洛書修,高企纂
民國二十一年(1932)上海傳真社影印本
三册

007468658 3205 2135.84
[嘉慶]上海縣志二十卷
(清)王大同修,李林松主纂
清嘉慶十九年(1814)刻本
二十四册

007469240 3205 2135.87
[同治]上海縣志三十二卷圖説一卷叙録一卷補遺一卷
(清)應寶時修,俞樾、方宗誠纂
清同治十年(1871)原刻,同治十一年(1872)南園志局重校刻本
十六册

007469324 3205 2135.87B
[同治]上海縣志札記六卷
(清)秦榮光撰
清光緒二十八年(1902)鉛印本
六册

007469326 3205 2135.9
[民國]上海縣志二十卷
吴馨、江家嵋等修,姚文枏等纂
民國二十五年(1936)上海縣政府鉛印本
六册

005577114 3069 2135.94
上海市自治志
楊逸編
民國四年(1915)鉛印本
八册

007468621 T 3205 3827.83
[乾隆]寶山縣志十卷首一卷
(清)趙酉修,章鑰纂
清乾隆十一年(1746)刻本
五册

007468512 3205 3827.88
[光緒]寶山縣志十四卷首一卷
(清)梁蒲貴、吴康壽修,朱延射等纂
清光緒八年(1882)刻本,學海書院藏板
八册

007468513 3205 3827.9
[民國]寶山縣續志十七卷首一卷末一卷
張允高等修,錢淦、袁希濤纂
民國十年(1921)鉛印本
五册

007469591 3206 7232.9
[民國]寶山縣月浦里志十五卷首一卷附録一卷
陳應康總纂,郭永芬等分纂
民國二十三年(1934)南京國華印書館鉛印本
二册

007469633 3206 6106.88
[光緒]羅店鎮志八卷文徵一卷
(清)王樹芬修,潘履祥等纂
清光緒十五年(1889)鉛印本
五册

007468661 T 3205 4638.81
[康熙]嘉定縣志二十四卷
(清)趙昕修,蘇淵等纂
清康熙十二年(1673)刻本
二十四册

007468531 3205 4638.87
[光緒]嘉定縣志三十二卷首一卷補遺一卷
(清)程其玨修,楊震福等纂
清光緒七年至八年(1881—1882)刻本,尊

經閣藏板
十六册

007468518 3205 4638.9
[民國]嘉定縣續志十五卷首一卷末一卷附録一卷
陳傳德等修,金念祖、黄世祚纂
民國十九年(1930)鉛印本
八册

007469787 3206 4282.84
[嘉慶]南翔鎮志十二卷首一卷
(清)張承先撰,程攸熙訂正
清嘉慶十二年(1807)刻本,尋樂草堂藏板
四册

007469796 3206 5446.84
[光緒]婁塘志九卷附婁塘風雅一卷
(清)陳曦編
民國二十五年(1936)梅祖德鉛印本,據光緒十七年(1891)修補嘉慶十年(1805)刻本
二册

007469239 3205 2232.9
[民國]川沙縣志二十四卷首一卷
方鴻鎧、陸炳麟修,黄炎培纂
民國二十六年(1937)國光書局鉛印本
十二册

007469241 3205 2232.88
[光緒]川沙廳志十四卷首一卷末一卷
(清)陳方瀛修,俞樾等纂
清光緒五年(1879)刻本
六册

007468638 T 3205 4271.83
[乾隆]南匯縣新志十五卷首一卷
(清)胡志熊修,吴省欽等纂
清乾隆五十八年(1793)刻本
十册

007469805 3205 327.88
[光緒]南匯縣志二十二卷首一卷末一卷
(清)金福曾、顔思賢修,張文虎等纂
清光緒五年(1879)原刻,民國十六年(1927)重印本
十二册

007468637 3205 4271.9
[民國]南匯縣續志二十二卷首一卷
嚴偉修,秦錫田纂
民國十七年至十八年(1928—1929)刻本
八册

007468664 T 3205 5232.83
[乾隆]青浦縣志四十卷
(清)孫鳳鳴修,王昶纂
清乾隆五十三年(1788)刻本
二十册

007468665 3205 5232.88
[光緒]青浦縣志三十卷首一卷末一卷
(清)汪祖俊、陳其元等修,熊其英、沈誠燾等纂
清光緒五年(1879)刻本
二十四册

007469765 3206 0429.9
[民國]章練小志八卷
(清)高如圭原纂;(民國)萬以增重輯
民國七年(1818)鉛印本
六册

007491139 3205 8127.7
[正德]金山衛志六卷
(明)張奎修,夏有文等纂
民國二十一年(1932)上海傳真社据明正德十二年刻本影印,《松江府屬舊志二種》

之一
四册

007469581　3205 8127.83
[乾隆]金山縣志二十卷首一卷
(清)常琬修,焦以敬等纂
清乾隆十七年(1752)刻本,民國十八年(1929)影印乾隆刻本
四册

007469621　3205 8127.88
[光緒]金山縣志三十卷首一卷
(清)龔寶琦、崔廷鏞修,黄厚本等纂
清光緒四年(1878)刻本
八册

007469584　3206 2931.84
[嘉慶]朱涇志十卷
(清)朱棟撰
清嘉慶九年(1804)修,民國五年(1916)鉛印本
四册

007469777　3206 1441.84
[嘉慶]干巷志六卷首一卷
(清)朱棟撰
民國二十二年(1933)重印嘉慶六年(1801)刻本
二册

007469625　3206 1341.9
[民國]重輯張堰志十二卷首一卷末一卷
姚裕廉、范炳垣纂修
民國九年(1920)松韻草堂鉛印本
二册

007468648　T 3205 4502.83
[乾隆]華亭縣志十六卷
(清)馮鼎高、程明愫修,王顯曾等纂
清乾隆五十六年(1791)刻本
六册

007468514　3205 4502.88
[光緒]重修華亭縣志二十四卷首一卷末一卷
(清)楊開第修,姚光發纂
清光緒四年至五年(1878—1879)刻本
十册

007469323　T 3205 5469.83
[乾隆]婁縣志三十卷首二卷
(清)謝庭薰修,陸錫熊纂
清乾隆五十三年(1788)刻本
十四册

007469235　3205 5469.88
[光緒]婁縣續志二十卷
(清)汪坤厚、程其玨修,張雲望纂
清光緒五年(1879)刻本
六册

007469592　3206 3345.9
[民國]法華鄉志八卷首一卷末一卷
王鍾原撰,胡人鳳續輯
民國十一年(1922)鉛印本
四册

007469236　3205 5578.88
[光緒]重修奉賢縣志二十卷首一卷末一卷
(清)韓佩金修,張文虎等纂
清光緒四年(1878)志書局刻本
六册

007469366　T 3205 2962.82
[雍正]崇明縣志二十卷首一卷
(清)張文英修,沈龍翔纂
清雍正五年(1727)刻本
十册

007469370　T 3205 2962.83
[乾隆]崇明縣志二十卷首一卷
(清)趙廷健修,韓彦曾等纂
清乾隆二十五年(1760)刻本
十册

007469232　3205 2962.88
[光緒]崇明縣志十八卷
(清)林達泉等修,李聯琇等纂
清光緒七年(1881)刻本
十二册

007469627　3206 3132.9
[民國]江灣里志十五卷首一卷附刊一卷
錢淦、張寶鑑等纂
民國十年(1921)纂,民國十三年(1924)鉛印本
二册

007469628　3206 4131.89
[宣統]續修楓涇小志十卷首一卷
(清)程兼善纂
清宣統三年(1911)鉛印本
四册

007469629　3206 4361.89
[光緒]蒸里志略十二卷
(清)葉世熊纂
清光緒九年(1883)纂,宣統二年(1910)鉛印本
二册

江蘇省

008094743　T 3203 4225.7
[嘉靖]南畿志六十四卷
(明)聞人詮修,陳沂等纂
明嘉靖十三年(1534)刻本
二十八册
備註:約合今江蘇、安徽兩省

007466780　T 3203 3142.81
[康熙]江南通志七十六卷
(清)王新命、于成龍等修,張九徵等纂
清康熙二十三年(1684)刻本
四十册

007466688　T 3203 3142.83
[乾隆]江南通志二百卷序目一卷首四卷
(清)尹繼善等修,黄之雋等纂
清乾隆元年(1736)刻本
一百零一册

007466657　3203 2498
[民國]江蘇六十一縣志二卷
殷惟龢編
民國二十五年(1936)上海商務印書局鉛印本
一册

005574005　3069 1149
江蘇省鄉土志不分卷
王培棠著
民國二十七年(1938)長沙商務印書館印本
二册

南京市

007466771　3202 0.5
[景定]建康志五十卷
(宋)馬光祖修,周應合纂
南宋景定二年(1261)修,清嘉慶六年(1801)刻本

二十四册

007466572　3202 0.9
[民國]首都志十六卷
葉楚傖、柳詒徵主編,王焕鑣編纂
民國二十四年(1935)南京正中書局鉛印本
二册

007467064　T 3204 3132.81
[康熙]江寧府志三十四卷
(清)陳開虞纂修
清康熙七年(1668)刻本
二十册

007466941　3204 3132.84
[嘉慶]江寧縣志五十六卷首一卷
(清)吕燕昭修,姚鼐等纂
清光緒六年(1880)據嘉慶十六年(1811)刻本重刊本
十二册

007466995　3204 3132.88
[同治]續纂江寧府志十五卷首一卷
(清)蔣啓勳、趙佑宸修,汪士鐸等纂
清同治十三年(1874)修,光緒六年至七年(1880—1881)刻本
十二册

007468540　3205 2131.87
[同治]上江兩縣志二十八卷首一卷附叙録一卷
(清)莫祥芝、甘紹盤修,汪士鐸等纂
清同治十三年(1874)刻本
十二册

005584722　3069 4209.4
[光緒]江寧府七縣地形考略不分卷
黄起鳳等同校
清光緒間(1875—1908)江楚書局刻本
一册

007468541　3205 2131.89
[宣統]上元江寧鄉土志六卷
(清)陳作霖編
清宣統二年(1910)江楚編譯書局刻本
一册

007469374　3205 3132.88
[光緒]江浦埤乘四十卷首一卷
(清)侯宗海、夏錫寶纂輯
清光緒十七年(1891)刻本
十四册

007469631　3206 4414
[民國]棲霞新志
陳邦賢編
民國二十三年(1934)上海商務印書鉛印《史地小叢書》本
十册

007469631　3206 4414C.2
[民國]棲霞新志
陳邦賢編
民國二十三年(1934)上海商務印書局《史地叢書》本
十二册

007468538　3205 0886.88
[光緒]六合縣志八卷圖説一卷附録一卷
(清)謝延庚、吕憲秋修,賀廷壽、唐毓和纂
清光緒九年至十年(1883—1884)刻本
十册

007468647　3205 0886.9
[民國]六合縣續志稿十八卷首一卷
鄭耀烈修,汪昇遠等纂
民國九年(1920)石印本
六册

007468516 3205 3913.88
[光緒]溧水縣志二十二卷首一卷
(清)傅觀光、施春膏修,丁維誠纂
清光緒八年至九年(1882—1883)刻本
十二册

007468533 3205 0236.88
[光緒]高淳縣志二十八卷首一卷
(清)楊福鼎修,陳嘉謀等纂
清光緒七年(1881)刻本,學山書院藏板
十册

007468643 3205 0234.9
[民國]高淳縣志二十八卷首一卷末一卷
劉春堂修,吴壽寬纂
民國七年(1918)原刻,民國二十三年(1934)重印本
十册

009066189 30697902
[民國]鍾南淮北區域志三卷
陳詒紱編輯,陳作霖鑒定
民國六年(1917)石印本
一册

007467056 3202 7921 (1)
運瀆橋道小志一卷
(清)陳作霖撰
清光緒二十六年(1900)刻本,《金陵瑣志五種》之一
一册

007467057 3202 7921 (1-2)
鳳麓小志四卷
(清)陳作霖撰
清光緒二十六年(1900)刻本,《金陵瑣志五種》之一
二册

007467059 3202 7921 (3)
東城志略一卷
(清)陳作霖撰
清光緒二十六年(1900)刻本,《金陵瑣志五種》之一
一册

007467060 3202 7921 (3)
金陵物產風土志一卷
(清)陳作霖撰
清光緒二十六年(1900)刻本,《金陵瑣志五種》之一
一册

007467061 3202 7921 (4-6)
南朝佛寺志二卷
(清)陳作霖撰
清光緒二十六年(1900)刻本,《金陵瑣志五種》之一
三册

無錫市

008081826 T 3205 8382.83
[乾隆]無錫縣志四十二卷首一卷
(清)王鎬修,華希閔纂
清乾隆十六年(1751)刻本
十六册

007469759 3205 8382.84
[嘉慶]無錫金匱縣志四十卷首一卷
(清)韓履寵、齊彦槐修,秦瀛纂
清嘉慶十七年(1812)修,嘉慶十八年(1813)刻本
二十册

007469762 3205 8382.85
[道光]無錫金匱續志十卷首一卷
(清)李彭齡修,楊熙之等纂
清道光二十年(1840)刻本

二十册

007469655　3205 8382.88
[光緒]無錫金匱縣志四十卷首一卷附編二卷
(清)裴大中、倪咸生修,秦緗業等纂
清光緒七年(1881)刻本
十八册

009203646　3205 8281.83
[乾隆]錫金識小録十二卷
(清)黄印輯
清光緒二十二年(1896)王念祖活字本
十册

009024816　3205 3888.9
[民國]錫金續識小録六卷
竇鎮編纂
民國十四年(1925)竇氏活字印本
二册

007469630　3206 5322.88
[光緒]泰伯梅里志八卷
(清)吴熙編輯
清光緒二十三年(1897)無錫市廟東院刻本
四册

008105136　TNC 3205 3173.7
[崇禎]江陰縣志八卷首一卷
(明)馮士仁修,徐遵湯、周高超纂
明崇禎十三年(1640)刻本
十册

007469786　T 3205 3173.83
[乾隆]江陰縣志二十四卷首一卷
(清)蔡澍等纂修
清乾隆九年(1744)刻本
二十册

007469788　3205 3173.85
[道光]江陰縣志二十八卷首一卷
(清)陳延恩修,李兆洛等纂
清道光二十年(1840)刻本
十六册

007469615　3205 3173.88
[光緒]江陰縣志三十卷首一卷
(清)盧思誠等修,季念詒、夏煒如纂
清光緒四年(1878)刻本
二十册

007469789　3205 3173.9
[民國]江陰縣續志二十八卷附江陰近事録三卷
陳思修,繆荃孫纂
民國十年(1921)刻本
十二册

007469792　3205 3178.82
[嘉慶]增修宜興縣舊志十卷首一卷末一卷
(清)李先藻原本;阮升基增修,寧楷等增纂
清嘉慶二年(1797)原刻,光緒八年(1882)刻《宜興荆溪舊志五種》本,書名題《重刊宜興縣舊志》
十册

007469793　3205 3178.84
[嘉慶]新修宜興縣志四卷首一卷
(清)阮升基修,寧楷等纂
清光緒八年(1882)重刻本,書名題《重刊宜興縣志》
四册

007468634　3205 4233.84
[嘉慶]荆溪縣志四卷首一卷
(清)唐仲冕修,寧楷纂
清嘉慶二年(1797)修,光緒八年(1882)重刻本

二册
備註:書名題《重刊荆溪縣志》

007469582 3205 3178.89
[光緒]宜荆續志十二卷首一卷
(清)陳善謨、祖福廣督修,徐保慶主修,周志靖總纂,蔣兆蘭協纂
民國十年(1921)刻本
六册

007469794 3205 3178.88
[光緒]宜興荆溪縣新志十卷首一卷末一卷
(清)施惠、錢志澄修,吴景牆等纂
清光緒八年(1882)刻本
八册

徐州市

007467063 T 3204 294.83
[乾隆]徐州府志三十卷首一卷
(清)王峻、石杰纂修
清乾隆七年(1742)刻本
十二册

007466943 3204 294.87
[同治]徐州府志二十五卷
(清)朱忻等修,劉庠等纂
清同治十三年(1874)刻本
二十册

007469755 3205 8227.85
[道光]銅山縣志二十四卷首一卷
(清)崔志元等纂修
清道光十年(1830)刻本
十二册

007469623 3205 8227.9
[民國]銅山縣志七十六卷
余家謨等修,王嘉詵等纂
民國十五年(1926)刻本
十册
備註:書名頁題《銅山縣圖志廿一篇》,卷七十五未刻

007490905 3206 8222
[光緒]徐州府銅山縣鄉土志不分卷
(清)袁國鈞等修、楊世楨等纂
清光緒三十年(1904)刻本
一册

007468649 3205 1232.84
[嘉慶]邳州志十八卷首一卷
(清)丁觀堂修,陳燓等纂
清嘉慶十七年(1812)刻本
四册

007468539 3205 1232.85
[咸豐]邳州志二十卷首一卷
(清)董用威、馬軼群修,魯一同纂
清咸豐元年 (1851)刻本
四册

007469233 3205 2169.88
[光緒]豐縣志十六卷首一卷
(清)姚鴻杰纂修
清光緒二十年(1894)刻本
八册

007469803 T 3205 3269.83
[乾隆]沛縣志十卷首一卷
(清)李棠修,田實發纂
清乾隆五年(1740)刻本
十册

007469804 3205 3269.9
[民國]沛縣志十六卷附新志一卷
于書雲修,趙錫蕃纂
民國九年(1920)上海商務印書館鉛印本
七册

007469200　3205 6132.81
[康熙]睢寧縣舊志十卷
(清)葛之莫修,陳哲等纂
清康熙二十二年(1683)原刻,民國十八年(1929)睢寧王玉樹鉛印本
四册

007469238　3205 6134.88
[光緒]睢寧縣志稿十八卷
(清)侯紹瀛修,丁顯纂
清光緒十二年(1886)刻本
六册

常州市

008080647　T 3204 9232.81
[康熙]常州府志三十八卷首一卷
(清)于琨修,陳玉璂纂
清康熙三十四年(1695)刻本
十六册
備註:鈐有"海上武陵季子少梅氏珍藏書畫印"

007468651　3205 1433.85
[道光]武進陽湖縣合志三十六卷首一卷
(清)孫琬、王德茂等修,李兆洛等纂
清道光二十二年至二十三年(1842—1843)刻本
三十二册

007468536　3205 1433.88
[光緒]武進陽湖縣志三十卷首一卷
(清)王其淦、吴康壽修,湯成烈等纂
清光緒五年(1879)刻本
二十册

007468511　3205 1433.88b
[光緒]武陽志餘十二卷首一卷附團練紀實二卷
(清)莊毓鋐、陸鼎翰纂修
清光緒十四年(1888)活字本
十五册

007468627　3205 3972.84
[嘉慶]溧陽縣志十六卷
(清)李景嶧修,史炳纂
清嘉慶十八年(1813)原刻,嘉慶二十年(1815)校訂本
十册

007468628　3205 3972.88
[光緒]溧陽縣續志十六卷末一卷
(清)宋峻等修,馮煦等纂
清光緒二十五年(1899)活字本
八册

007469622　3205 8141.88
[光緒]金壇縣志十六卷首一卷
(清)夏宗彝修,汪國鳳纂
清光緒十一年(1885)活字本
十二册

007469751　3205 8141.9
[民國]金壇縣志十二卷首一卷
(清)馮煦等纂修
民國十二年(1923)修,民國十五年(1926)鉛印本
四册

蘇州市

008094744　T 3204 4649.7
[正德]姑蘇志六十卷
(明)林世遠修,王鏊等纂
明正德元年(1506)原刻,嘉靖間(1522—1566)增修本
二十册

007467086　T 3204 4932
[乾隆]蘇州府志八十卷首一卷

(清)習寯等纂修
清乾隆十三年(1748)刻本
四十册

007467087　3204 4932.85
[道光]蘇州府志一百五十卷首十卷
(清)宋如林、羅琦修,石韞玉等纂
清道光四年(1824)刻本
四十八册

007466998　3204 4932.87
[同治]蘇州府志一百五十卷首三卷
(清)李銘皖等修,馮桂芬等纂
清光緒九年(1883)江蘇書局刻本
八十一册

008080656　T 3205 1129.83
[乾隆]元和縣志三十六卷首一卷
(清)許治修,沈德潛、顧詒禄纂
清乾隆二十六年(1761)刻本
二十册

007469229　3205 2369.9
[民國]吴縣志八十卷
曹允源、李根源等纂修
民國二十二年(1933)文新公司鉛印本
四十册

007469588　3206 4938
[民國]木瀆小志六卷首一卷
張郁文輯
民國十七年(1928)蘇州利蘇印書社鉛印本
二册

007469589　3206 4945.9
[民國]相城小志六卷首一卷
陶惟坻總纂,沈惟驥協纂,施兆麟編輯
民國十九年(1930)上藝齋活字本
二册

007469586　3206 4843.9
[民國]黄埭志四卷
朱福熙修,程錦熙纂
民國十一年(1922)蘇州振新書社石印本
二册

007469624　3206 9136.9
[光緒]光福志十二卷首一卷補編一卷
(清)徐傅等編纂
清道光二十六年(1846)原修,光緒二十三年(1897)補修,民國十八年(1929)鉛印本
二册

007469781　3206 2124.83
[乾隆]虎阜志十卷首一卷
(清)陸肇域、任兆麟纂修
民國十四年(1925)蘇州永昌祥據乾隆五十七年(1892)刻本仿古石印本
十册

007469800　3206 6102.85
[道光]元和唯亭志二十卷首一卷末一卷
(清)沈藻采等纂
清道光二十八年(1848)原刻,民國二十二年(1933)元和沈三益堂鉛印本
四册

008094665　T 3205 9203.6
[寶祐]重修琴川志十五卷
(宋)孫應時原纂,鮑廉增補;(元)盧鎮續修
明末毛氏汲古閣刻本
四册
備註:鈐"紅豆齋攷藏"、"惠棟之印"、"蘇小園讀書記"、"小息阿玉"等印,書中有(清)歸天圻録,(清)陸貽典校并跋,又録(明)龔立本跋,序後附摹繪圖五幅

008094755　T 3205 9203.7a
[嘉靖]常熟縣志十三卷
(明)馮汝弼修,鄧韍纂

明嘉靖十八年(1539)刻本
八册

008132417　T 3205 9203.7
[萬曆]常熟縣私志十四卷
(明)姚宗儀撰
明萬曆間(1573—1620)稿本
十四册
備註:有題識、批點

008081828　T 3205 9203.81
[康熙]常熟縣志二十六卷首一卷末一卷
(清)高士鸃、楊振藻修,錢陸燦等纂
清康熙二十六年(1687)刻本
十册
備註:鈐"常熟翁同龢藏本"印,有翁同龢批點

007466783　T 3203 926.83
[乾隆]常昭合志十二卷首一卷
(清)王錦、楊繼熊等修,言如泗等纂
清光緒二十四年(1898)丁祖蔭活字印本
十四册

007466971　3203 926.88
[光緒]常昭合志稿四十八卷首一卷末一卷
(清)鄭鍾祥、張瀛修,龐鴻文等纂
清光緒三十年(1904)活字本
十六册

007469409　T 3205 6604.82
[雍正]昭文縣志十卷首一卷
(清)勞必達修,陳祖範等纂
清雍正九年(1731)刻本
十册

007469639　3205 9203.88
[道光]琴川三志補記十卷補記續八卷
(清)黄廷鑑纂
清道光十一年(1831)原刻,光緒二十四年(1898)活字本
四册

007469790　3206 4286.88
[光緒]楊舍堡城志稿十四卷
(清)葉長齡、葉鍾敏纂輯
清光緒九年(1883)活字本
四册

007467078　3204 4386.7 (3-4)
[淳祐]玉峰志三卷附校勘記
(宋)凌萬頃纂修;(民國)繆荃孫撰校勘記
清宣統元年(1909)太倉繆氏刊《彙刻太倉舊志五種》本
二册

007467079　3204 4386.7 (4)
[咸淳]玉峰續志一卷附校勘記
(宋)邊實纂修;(民國)繆荃孫撰校勘記
清宣統元年(1909)太倉繆氏刊《彙刻太倉舊志五種》本
一册

007467081　3204 4386.7 (5)
[至正]崑山縣志六卷
(元)楊譓撰
清宣統元年(1909)太倉繆氏刊《彙刻太倉舊志五種》本
一册

008132412　T 3205 2102.7b
[嘉靖]崑山縣志十六卷
(明)楊逢春修,方鵬纂
抄本,據明嘉靖十七年(1538)刻本傳抄
八册

008094667　T 3205 2102.7
[萬曆]崑山縣志八卷
(明)周世昌等修

明萬曆四年(1576)刻本
八册
備註:鈐有"八千卷樓藏書之記"、"嘉惠堂丁氏藏書之記"印章

007468653　3205 2102.85
[道光]崑新兩縣志四十卷首一卷末一卷
(清)張鴻、來汝緣修,王學浩等纂
清道光六年(1826)刻本,板藏敦善堂
十六册

007468510　3205 2102.88
[光緒]崑新兩縣續修合志五十二卷首一卷末一卷
(清)金吴瀾、李福沂等修,汪堃、朱成熙纂
清光緒六年(1880)刻本,光緒二十三年(1897)重印本,板存敦善堂
二十四册

007469651　3206 724.88
[光緒]周莊鎮志六卷首一卷附庚申見聞録二卷
(清)陶煦重輯
清光緒八年(1882)刻本
六册

007469783　3206 2685.89
[宣統]信義志稿二十一卷首一卷末一卷
(清)趙詒翼纂
清光緒三十四年至宣統二年(1908—1910)修,抄本
八册

008094750　T 3205 2331.7
[嘉靖]吴江縣志二十八卷首一卷
(明)曹一麟等修,徐師曾等纂
明嘉靖四十年(1561)刻本
二十册

007469345　T 3205 2331.83
[乾隆]吴江縣志五十八卷首一卷
(清)丁元正等修,倪師孟、沈彤纂
清乾隆十二年(1747)刻本
十六册

007469228　3205 2331.88
[光緒]吴江縣續志四十卷首一卷
(清)金福曾修,熊其英等纂
清光緒五年(1879)刻本
八册

007469347　3205 2331.85
[道光]松陵見聞録十卷首一卷
(清)王鯤輯
清道光九年(1829)刻本,話雨樓藏板
十二册

007468509　T 3205 1435.83
[乾隆]震澤縣志三十八卷首一卷
(清)陳和志修,倪師孟、沈彤纂
清光緒十九年(1893)重刻本
八册

007469774　3206 1334.85
[道光]震澤鎮志十四卷首一卷末一卷
(清)紀磊、沈眉壽纂修
清道光二十四年(1844)刻本
十册

007469585　3206 5032.9 (1-6)
[同治]盛湖志十四卷首一卷末一卷
(清)仲廷機纂
清同治十三年(1874)修,民國十四年(1925)周慶雲覆刻吴江仲氏本
八册

007469585　3206 5032.9 (7-8)
[光緒]盛湖志補四卷

(清)仲虎騰續纂
清光緒二十六年(1900)修,民國十四年(1925)周慶雲覆刻吴江仲氏本
八册

007379009　3206 236.84
[嘉慶]黎里志十六卷首一卷
(清)徐達源纂輯
清光緒二十五年(1899)禊湖書院據嘉慶十年(1805)刻本重印
四册

007469626　3206 2361.88
[光緒]黎里續志十六卷首一卷
(清)蔡丙圻纂輯
清光緒二十五年(1899)禊湖書院刻本
六册

009096572　3206 8232
[道光]分湖小識六卷
(清)柳樹芳輯録
清道光二十七年(1847)刻本,勝谿草堂藏板
四册

007467077　3204 4386.7 (1-2)
中吴紀聞六卷附校勘記一卷
(宋)龔明之撰;(民國)繆荃孫撰校勘記
清宣統元年(1909)太倉繆氏刊《彙刻太倉舊志五種》本
二册

007467082　3204 4386.7 (6-8)
[弘治]太倉州志十卷附校勘記一卷
(明)李端修,桑悦纂;(民國)繆荃孫撰校勘記
清宣統元年(1909)太倉繆氏刊《彙刻太倉舊志五種》本
三册

007467083　3204 4386.84
[嘉慶]直隸太倉州志六十五卷
(清)鰲圖、汪廷昉等修,王昶等纂
清嘉慶七年(1802)刻本
二十四册

007468515　3205 4386.9 (1-15)
[民國]太倉州志二十八卷首一卷末一卷
王祖畬纂
民國八年(1919)刻本
二十册
備註:書名頁題"太倉州志三十卷鎮洋縣志十二卷"

007468642　T 3205 4386.83
[乾隆]鎮洋縣志十四卷首一卷末一卷
(清)金鴻修,李鏻纂
清乾隆十年(1745)刻本
八册

007468515　3205 4386.9 (16-20)
[民國]鎮洋縣志十一卷末一卷附録一卷
王祖畬纂
民國八年(1919)刻本
二十册
備註:書名頁題"太倉州志三十卷鎮洋縣志十二卷"

004704773　2260.28 8531
[咸豐]壬癸志稿二十八卷
(清)錢寶琛輯
清光緒六年(1880)刻本
四册
備註:即太倉、鎮洋合志人物傳

004704773　3204 4386.88
[咸豐]壬癸志稿二十八卷
(清)錢寶琛輯
清光緒六年(1880)刻本

四册
備註:即太倉、鎮洋合志人物傳

007468644 3205 4386.91
[民國]乙亥志稿四卷
唐文治、王慧言纂修
民國二十四年(1935)鉛印本
一册

007469779 3206 1831.85
[道光]璜涇志稿八卷
(清)施若霖纂
清道光十年(1830)修,民國二十九年(1940)《璜水叢書》鉛印本
二册

007469806 3206 7261.84
[嘉慶]同里志二十四卷
(清)周登雲修,周之楨纂輯
清嘉慶十七年(1812)修,民國六年(1917)鉛印本
四册

007469810 T 3206 7871.81
[康熙]具區志十六卷
(清)翁澍纂修
清康熙二十八年(1689)刻本
八册

南通市

008080645 T 3205 3332.83
[乾隆]直隸通州志二十二卷
(清)王繼祖修,夏之蓉等纂
清乾隆二十年(1755)刻本
十六册

007467071 3205 3323.88
[光緒]通州直隸州志十六卷首一卷末一卷
(清)梁悦馨、莫祥芝修,季念詒、沈鍠纂
清光緒元年(1875)刻本
十六册

005591442 3069 4233.2
崇川咫聞録十二卷
(清)徐縉、楊廷選同輯
清道光十年(1830)徐氏芸暉閣刻本
十二册

007468650 T 3205 4624.83
[乾隆]如皋縣志三十二卷附録一卷
(清)鄭見龍修,周植等纂
清乾隆十五卷(1750)刻本
十六册

007468652 3205 4624.84 (1-10)
[嘉慶]如皋縣志二十四卷
(清)楊受廷、左元鎮修,馬汝舟、江大鍵纂
清嘉慶十三年(1808)刻本
十八册

007468652 3205 4624.84 (11-12)
[道光]如皋縣續志十二卷
(清)范仕義修,吴鎧纂
清道光十七年(1837)刻本
十八册

007468652 3205 4624.84 (13-18)
[同治]如皋縣續志十六卷
(清)周際霖、胡維蕃修,周項、吴開陽纂
清同治十二年(1873)刻本
十八册

007469807 3205 3572.88
[光緒]海門廳圖志二十卷首一卷
(清)劉文澂、王賓等修,孫壽祺、王汝騏、周家禄等纂
清光緒二十六年(1900)刻本
四册

007469798 3206 5535.85
[道光]静海鄉志三卷附大事記
(清)丁鹿壽纂
清道光十四年(1834)刻本
三册

連雲港市

007658627 3204 3532.84
[嘉慶]海州直隸州志三十二卷首一卷
(清)唐仲冕等纂修
清嘉慶十六年(1811)刻本
十册

005471570 3035 134.85
[道光]雲臺新志二十卷
(清)謝元淮修,徐喬林輯
清道光十六年(1836)刻本,郁州書院藏版
六册

007468645 3205 0842.84
[嘉慶]增修贛榆縣志四卷首一卷
(清)王城修,周萃元等纂
清嘉慶元年 (1796)刻本
四册

007468537 3205 0842.88
[光緒]贛榆縣志十八卷
(清)王豫熙修,張謇纂
清光緒十四年(1888)刻本
四册

007468489 3205 0842.9
[民國]贛榆縣續志四卷附編二卷
王佐良修,王思衍、蔣夢元纂
民國十三年(1924)鉛印本
二册

淮安市

008080646 T 3204 3234.81
[康熙]淮安府志十三卷首一卷
(清)高成美修,劉光業、胡從中等纂
清康熙二十四年(1685)刻本
二十四册

010258128 3204 3234.86
[乾隆]淮安府志三十二卷
(清)衛哲治等修,葉長揚、顧棟高纂
清咸豐二年(1852)重刻本
十六册

007466996 3204 3234.88
[光緒]淮安府志四十卷首一卷
(清)孫雲錦修,吴昆田、高延第纂
清光緒十年(1884)刻本
十六册

007469359 T 3205 277.83
[乾隆]山陽縣志二十二卷首一卷
(清)張鴻烈原纂;金秉祚續修,丁一燾等續纂
清乾隆十四年(1749)刻本
二十四册

007469362 3205 277.87
[同治]山陽縣志二十一卷圖一卷
(清)張兆棟、孫雲修,何紹基、丁晏等纂
清同治十二年(1873)刻本
八册

007469363 3205 277.9
[宣統]續纂山陽縣志十六卷
(清)邱沅修,段朝端纂
民國十年(1921)刻本
四册

007469616 3205 3232.86
[咸豐]清河縣志二十四卷首一卷附編二卷
(清)吴棠修,魯一同等纂

民國八年(1919)再補刻本
八册

007469797　3205 3232.87
[同治]清河縣志再續編二卷
(清)劉咸修,吴昆田纂
清同治十二年(1872)刻本
一册

007469617　3205 3232.88
[光緒]丙子清河縣志二十六卷
(清)胡裕燕修,吴昆田、魯蕡纂
清光緒二年(1876)修,光緒五年(1879)刻本
六册

007469799　3205 3232.9
[民國]續纂清河縣志十六卷
劉槼壽等修,范冕等纂
民國八年至十年(1919—1921)修,民國十四年(1925)刻本
四册

007469234　3205 3050.88
[光緒]安東縣志十五卷首一卷
(清)金元烺修,吴昆田、魯蕡纂
清光緒元年(1875)刻本
四册
備註:今漣水縣

007467107　T 3200 6466.83
[乾隆]盱眙縣志二十四卷首一卷
(清)郭起元修,秦懋紳等纂
清乾隆十二年(1747)刻本
十二册

007467110　3200 6466.87
[同治]盱眙縣志六卷
(清)崔秀春、方家藩修,傅紹曾纂
清同治十二年(1873)刻本
四册

007467106　3200 646.88
[光緒]盱眙縣志稿十七卷首一卷
(清)王錫元等修,高延第等纂
清光緒十七年(1891)刻,光緒二十九年(1903)重校本
八册

007550636　T 4548 2527 (1-6)
[乾隆]淮關統志十四卷
(清)伊齡阿修等修纂
清乾隆四十三年(1778)刻本
六册

007550637　T 4548 2527 (7-11)
[嘉慶]續纂淮關統志十三卷
(清)元成纂
清嘉慶二十一年(1816)刻本
五册

鹽城市

007469415　3205 7145.88
[光緒]鹽城縣志十七卷首一卷
(清)劉崇照修,陳玉樹、龍繼棟纂
清光緒二十一年(1895)刻本
八册

007469416　3205 7145.9
[民國]續修鹽城縣志十四卷首一卷
林懿均修,胡應庚、陳鍾凡纂
民國二十五年(1936)鉛印本
四册

007469237　3205 594.84
[嘉慶]東臺縣志四十卷
(清)周右等修,蔡復午等纂
清嘉慶二十二年(1817)刻本

十册

007469351　3205 2432.88
[光緒]阜寧縣志二十四卷首一卷
(清)阮本焱修,陳肇礽、殷自芳纂
清光緒十二年(1886)刻本,阜邑小蘭溪南首陸氏刻字修譜局刊印
十册

007469230　3205 2432.9
[民國]阜寧縣新志二十卷首一卷末一卷
焦忠祖修,龐友蘭纂
民國二十三年(1934)鉛印本
十册

008081830　T 3206 3142.81
[康熙]淮南中十場志十卷
(清)汪兆璋修,楊大經纂
清康熙十二年(1673)刻本
四册

008474593　T 3206 9035
[乾隆]小海場新志十卷
(清)林正青纂
抄本,據清乾隆四年(1739)刻本傳抄
三册

揚州市

007467092　T 3204 5232.82
[雍正]揚州府志四十卷
(清)尹會一等修,程夢星等纂
清雍正十一年(1733)刻本
十二册

007466946　3204 5232.84
[嘉慶]揚州府志七十二卷首一卷
(清)阿克當阿、張世浣等修,姚文田等纂
清嘉慶十五年(1810)刻本
四十八册

007467090　3204 522.87 (1-24)
[嘉慶]揚州府志七十二卷首一卷
(清)阿克當阿、張世浣等修,姚文田等纂
清嘉慶十五年(1810)原刻,同治十三年(1874)刻本
三十二册

007467090　3204 522.87 (25-32)
[同治]續纂揚州府志二十四卷
(清)方濬頤修,晏端書、錢振倫等纂
清同治十三年(1874)刻本
三十二册

007466942　3204 5232.87
[同治]續纂揚州府志二十四卷
(清)方濬頤等修,晏端書、錢振倫等纂
清同治十三年(1874)刻本
八册

007488872　3155 4723.84
[嘉慶]甘泉縣續志十卷首一卷
(清)陳觀國修,李保泰纂
清嘉慶十五年(1810)刻本
四册

007468662　3205 4723.88
[光緒]增修甘泉縣志二十四卷首一卷圖一卷
(清)吴鶚峙原本;徐成敟等修,陳浩恩等增纂
清光緒七年(1881)修,光緒十一年(1885)刻本
二十一册

007468663　3205 4723.9
[民國]甘泉縣續志二十九卷首一卷
錢祥保修,桂邦傑纂
民國十年(1921)刻,民國二十六年(1937)重印本
八册

008080643　T 3205 3142.82
[雍正]江都縣志二十卷圖一卷
(清)陸朝璣修,程夢星、蔣繼軾纂
清雍正七年(1729)刻本
十六册

007469379　3205 3142.83
[乾隆]江都縣志三十二卷
(清)五格、黄湘等修,程夢星等纂
清乾隆八年(1743)原刻,光緒七年(1881)劉汝賢重刻本
十二册

007469380　3205 3142.84
[嘉慶]江都縣續志十二卷首一卷
(清)王逢源修,李保泰纂
清嘉慶十六年(1811)修,嘉慶二十四年(1819)刻本
四册

007469381　3205 3142.88
[光緒]江都縣續志三十卷首一卷
(清)謝延庚修,劉壽曾等纂
清光緒七年(1881)修,光緒十年(1884)刻本
八册

007469784　3205 3142.91
[民國]江都縣續志三十卷首一卷
錢祥保等修,桂邦傑等纂
民國十年至十五年(1921—1926)刻本,民國二十六年(1937)重印本,板存旌忠寺梁昭明太子文選樓
十册

007469614　3205 3142.92
[民國]江都縣新志十二卷末一卷
陳肇燊修,陳懋森纂
民國二十一年(1932)修,民國二十六年(1937)刻本
四册

010111112　3205 7634
[民國]江都縣續志稿鈔
佚名纂修
民國間(1912—1949)抄本
一册

007469632　3206 4799.86
[咸豐]甘棠小志四卷首一卷末一卷
(清)董醇著
清咸豐五年(1855)刻本
四册

007469587　3206 1133.9
[民國]王家營志六卷
張震南纂
民國二十二年(1933)揚州勝業印刷所鉛印本
一册

007469197　3205 7332.84
[嘉慶]瓜州志八卷首一卷
(清)吴耆德、王養度總纂,馮錦編輯
民國十二年(1923)瓜洲于氏凝暉堂鉛印本
四册

007469198　3205 7332.9
[民國]瓜州續志二十八卷首一卷
于樹滋纂
民國十六年(1927)瓜洲于氏凝暉堂鉛印本
十二册

007469354　T 3205 2524.81
[康熙]儀徵縣志二十二卷
(清)陸師纂修
清康熙五十七年(1718)刻本
十册

007469356　3205 2524.84
[嘉慶]儀徵縣續志十卷
(清)顔希源、邵光鈐纂修
清嘉慶十三年(1808)刻本
四册

007469231　3205 2524.85
[道光]重修儀徵縣志五十卷首一卷
(清)王檢心修,劉文淇等纂
清光緒十六年(1890)刻本
二十四册

007468639　T 3205 0222.82
[雍正]高郵州志十二卷
(清)張德盛修,鄧紹焕等纂
清雍正二年(1724)刻本
六册

007468640　T 3205 0222.83
[乾隆]高郵州志十二卷首一卷
(清)楊宜崙修,夏之蓉等纂
清乾隆四十八年(1783)刻本
十册

007468532　3205 0222.84
[嘉慶]高郵州志十二卷首一卷
(清)夏之蓉原本;馮馨增修,王念孫、夏味堂增纂
清嘉慶二十年(1815)增刻本,板藏儒學書庫
十八册

007468534　3205 0222.85
[道光]續增高郵州志六册不分卷
(清)左輝春等纂修
清道光二十三年(1843)刻本
六册

007468519　3205 0222.88
[光緒]再續高郵州志八卷首一卷
(清)金元烺、龔定瀛修,夏子鐊等纂
清光緒九年(1883)刻本
八册

007467119　3205 3803.85
[道光]寶應縣志二十八卷首一卷
(清)孟毓蘭修,喬載繇等纂
清道光二十年(1840)刻本,湯氏沐華堂藏板
十册

007466969　3205 3803.88
[道光]寶應圖經六卷首二卷
(清)劉寶楠撰
清光緒九年(1883)淮南書局刻本
四册

007467122　3205 3803.85B
[道光]寶應圖經六卷首二卷
(清)劉寶楠撰
清道光三年(1823)修,道光二十八年(1848)王國賓刻本
四册

007468618　3205 3803.9
[民國]寶應縣志三十三卷首一卷
戴邦楨等修,馮煦纂;周敦禮增纂
民國二十三年(1934)鎮江江南印書館鉛印本
一册

鎮江市

007467094　3204 8831.5
[嘉定]鎮江志二十二卷首一卷附録一卷校勘記二卷
(宋)盧憲纂;(清)劉文淇、劉毓崧父子附録、校勘

清宣統二年(1910)刻本
八册

007467096 3204 8831.6
[至順]鎮江志二十一卷首一卷附録一卷校勘記二卷
(元)脱因修,俞希魯撰,陳慶年校勘
民國十二年(1923)冒廣生刻本
八册

007468657 T 3204 8831.83
[乾隆]鎮江府志五十五卷首一卷
(清)朱霖等纂修
清乾隆間(1736—1795)刻本
三十二册

007469419 T 3205 7428.81
[康熙]丹徒縣志十卷首一卷
(清)鮑天鍾修,何絜、程世英纂
清康熙二十二年(1683)刻本
三十二册

007469743 3205 7428.84
[嘉慶]丹徒縣志四十七卷首四卷
(清)貴中孚、萬承紀等修,蔣宗海、茅元銘等纂
清嘉慶十年(1805)刻本
十六册

007469620 3205 7428.88
[光緒]丹徒縣志六十卷首四卷
(清)何紹章修,吕耀斗等纂
清光緒五年(1879)刻本
三十二册

007469745 3205 7428.88B
[民國]丹徒縣志摭餘二十一卷
李恩綬纂;李丙榮續輯
民國六年(1917)刻本,板藏郡城繼撫塾
十二册

007469583 3205 7428.9
[民國]續丹徒縣志二十卷首一卷
張玉藻、翁有成修,高覲昌等纂
民國十九年(1930)刻本
十二册

007469619 3205 7472.88
[光緒]丹陽縣志三十六卷首一卷
(清)劉誥、凌焯等修,徐錫麟等纂
清光緒十一年(1885)刻本,鳴鳳書院藏板
十六册

008190724 3206 7432.9
[宣統]開沙志二卷
(清)王錫極纂輯;丁時霈增修,王之瑚續纂
清宣統三年(1911)鉛印本
二册

007469338 3205 2236.83
[乾隆]句容縣志十卷首一卷末一卷
(清)曹襲先纂修
清乾隆十五年(1750)原刻,光緒二十六年(1900)楊世沅刻本
八册
備註:附校勘紀略,楊世沅撰

007469227 3205 2236.88
[光緒]續纂句容縣志二十卷首一卷末一卷
(清)張紹棠修,蕭穆纂
清光緒三十年(1904)刻本
十六册

泰州市

007468666 T 3205 5330.82
[雍正]泰州志十卷首一卷
(清)褚世暄修,陳九昌等纂
清雍正六年(1728)刻本

十册

007469321　3205 5330.85 (1–9)
[道光]泰州志三十六卷首一卷
(清)王有慶等修,陳世鎔等纂
清道光七年(1827)刻本
十一册

007469321　3205 5330.85 (10–11)
泰州新志刊謬二卷首一卷
(清)任鈺、宫錫祚等纂輯
清道光十年(1830)刻本
十一册

007472178　3223 7821.7
[弘治]興化府志五十四卷
(明)陳效修,周瑛、黄昭等纂
清同治十年(1871)興化林慶貽據明弘治間刻本重刊本
二十四册

007469410　T 3205 7021.81
[康熙]興化縣志十四卷
(清)張可立纂修
清康熙二十三年(1684)刻本
十二册

007469242　3205 7021.86
[咸豐]重修興化縣志十卷
(清)梁園棣、鄭之僑修,趙彦俞纂
清咸豐二年(1852)刻本
八册

008080648　T 3205 0231.81
[康熙]靖江縣志十八卷首一卷
(清)鄭重原纂;胡必蕃續纂
清康熙二十二年(1683)刻本
十册

007468535　3205 0231.88
[光緒]靖江縣志十六卷首一卷
(清)葉滋森修,褚翔等纂
清光緒五年(1879)刻本
八册

007469406　3205 5378
[嘉慶]重修泰興縣志八卷
(清)凌圻、張先甲修,張福謙纂
清嘉慶十八年(1813)縣署刻本
八册

007469322　3205 5378.88
[光緒]泰興縣志二十六卷首一卷末一卷
(清)楊激雲修,顧曾烜纂
清光緒十一年至十二年(1885—1886)刻本
十册

宿遷市

007469809　3205 363.87
[同治]宿遷縣志十九卷
(清)李德溥修,方駿謨纂
清同治十三年(1874)刻本,板存鍾吾書院,淮安張淦泉刊
八册

007469618　3205 363.94
[民國]宿遷縣志二十卷
嚴型修,馮煦纂
民國二十四年(1935)鉛印本,宿遷會文齋印刷局承印
八册

007468631　T 3205 4139.83
[乾隆]桃源縣志十卷首一卷
(清)眭文焕纂修
清乾隆三年(1738)刻本
十册
備註:今泗陽縣

浙江省

007469816　T 3208 3231.81
[康熙]浙江通志五十卷首一卷
(清)王國安等修,張衡等纂
清康熙二十三年(1684)刻本
三十六册

003221757　3208 3231.82
[雍正]浙江通志二百八十卷首三卷
(清)嵇曾筠等修,沈翼機等纂
清光緒二十五年(1899)浙江書局重刊本
一百二十册

007469601　3208 3231.83B
[雍正]浙江通志二百八十卷首三卷
(清)稽曾筠等修,沈翼機等纂
清雍正十三年(1735)原刻,光緒二十五年(1899)重刻,民國二十三年(1934)上海商務印書館縮印光緒重刻本
四册

007469590　3208 0.9
[民國]浙江新志三編
姜卿雲編
民國二十五年(1936)杭州正中書局排印本
二册

杭州市

007472222　T 3209 4132.83
[乾隆]杭州府志一百一十卷首六卷
(清)鄭澐修,邵晋涵纂
清乾隆四十九年(1784)刻本
三十八册

007471984　3209 4132.9
[民國]杭州府志一百七十八卷首八卷
齊耀珊修,吴慶坻纂
民國十一年至十五年(1922—1926)鉛印本
八十册

007475527　3210 8546.88
[萬曆]錢塘縣志十紀
(明)聶心湯修,虞淳熙纂
明萬曆三十七年(1609)修,清光緒十九年(1893)武林丁氏刻本
六册

008081867　T 3210 8546.81
[康熙]錢塘縣志三十六卷首一卷
(清)魏㟲修,裘璉纂
清康熙五十七年(1718)刻本
三十册

007472225　3210 2126.88
[嘉靖]仁和縣志十四卷
(明)沈朝宣纂輯
清光緒十九年(1893)武林丁氏刻本
十册

007472224　T 3210 2126.81
[康熙]仁和縣志二十八卷
(清)趙世安纂修
清康熙二十六年(1687)刻本
十册

007474587　T 3210 4227.81
[康熙]蕭山縣志二十一卷
(清)鄒勷修,蔡時敏、蔡含生纂;劉儼續修,張崇文續纂
清康熙三十二年(1693)刻本
四册

008081866　T 3210 4227.83
[乾隆]蕭山縣志四十卷
(清)黄鈺修
清乾隆十六年(1751)刻本
二十四册

007473265　3210 4227.9
[民國]蕭山縣志稿三十三卷首一卷末一卷
彭延慶、張宗海等修,楊鍾羲、姚瑩俊、楊士龍纂
民國二十四年(1935)鉛印本
十六册

007475853　3210 894.84
[嘉慶]餘杭縣志四十卷
(清)張吉安修,朱文藻纂,崔應榴、董作棟續纂
清嘉慶十三年(1808)修,民國八年(1919)上海聚珍仿宋印書局鉛印本
八册

007379010　3210 894.88
[光緒]餘杭縣志稿不分卷
(清)褚成博纂
清光緒三十二年(1906)刻本
一册

007474450　3211 064.88
[光緒]唐棲志二十卷
(清)王同輯
清光緒十六年(1890)刻本
八册

005587013　3070 3261
[光緒]湖墅小志四卷
(清)高鵬年撰
清光緒二十二年(1896)石印本
四册

005683268　3070 3118
龍井見聞録十卷
汪孟鋗纂
清光緒十年(1884)錢塘嘉惠堂丁氏刻本
四册

008081835　T 3209 6432.83
[乾隆]嚴州府志三十五卷首一卷
(清)吴士進修,胡書源等纂
清乾隆二十一年(1756)刻本
十六册

007472231　3209 6432.88
[光緒]嚴州府志三十八卷首一卷
(清)吴士進等原本;吴世榮等增修,鄒伯森等增纂
清光緒八年至九年(1882—1883)增刻本
一册

007466796　3200 1423.85
[道光]建德縣志二十卷首一卷
(清)陳葵修,管森等纂
清道光五年(1825)刻本
十册

007469811　3210 1023.88
[光緒]建德縣志二十一卷首一卷
(清)謝仁樹、吴俊修,俞觀旭等纂
清光緒十八年(1892)刻本
十册

007466656　3200 1423.89
[宣統]建德縣志二十卷首一卷
(清)張贊巽、張翊六修,周學銘等纂
清宣統二年(1910) 湖北官刷印局鉛印本
十册

007469635　3210 1023.9
[民國]建德縣志十五卷首一卷附二卷

夏曰瑚、張良楷修，王韌纂
民國八年(1919)金華朱集成堂鉛印本
十二册

007473263　3210 4460.9
[民國]壽昌縣志十卷首一卷
陳煥、潘紹雋修，李飪、陳舉愷等纂
民國十九年(1930)金華大同印務局鉛印本
八册
備註：今入建德市

007473485　3210 3672
[光緒]富陽縣志二十四卷首一卷
(清)汪文炳等修，蔣敬時、何鎔等纂
清光緒二十八年至三十二年(1902—1906)刻本
十六册

008132423　T 3210 3672.2
[光緒]富陽縣新舊志校記二卷
(清)朱壽保撰
清光緒三十三年(1907)修，抄本
二册

007469641　3210 0210.9
[民國]新登縣志二十一卷首一卷
徐士瀛修，張子榮、史錫永纂
民國十一年(1922)鉛印本
八册
備註：今富陽市

007473389　3210 413.5
[咸淳]臨安志一百卷缺卷六十四、九十、九十八至一百
(宋)潛説友撰
清道光十年(1830)錢塘汪氏振綺堂仿宋重刻本
二十四册

007475518　3210 7634.5
[淳祐]臨安志存卷五至卷十
(宋)施諤纂
清光緒七年(1881)錢塘丁氏校刊本
四册

007474443　3210 7634.89
[宣統]重修臨安縣志八卷首一卷末一卷
(清)彭循堯修，董運昌、周鼎纂
清宣統二年(1910)活字本
六册

007469643　3210 0336.84
[嘉慶]於潛縣志十六卷首一卷末一卷
(清)蔣光弼修，張夑纂
清嘉慶十七年(1812)活字本
十二册

008086994　3210 6621.85
[道光]昌化縣志二十卷
(清)于尚齡修，王兆杏纂
清道光三年(1823)修，民國間(1912—1949)抄本
十二册

007474442　3210 6621.9
[民國]昌化縣志十八卷首一卷
陳培珽、曾國霖等修，許昌言等纂
民國十三年(1924)鉛印本
八册

007474577　T 3210 4201.83
[乾隆]桐廬縣志十六卷
(清)嚴正身等修，金嘉琰等纂
清乾隆二十一年(1756)刻本
八册

007475523　3210 8213.88
[光緒]分水縣志十卷首一卷末一卷

(清)陳常鏵、馮圻修,臧承宣纂
清光緒三十二年(1906)刻本
六册
備註:今入桐廬縣

007472025　3210 3430.88
[光緒]淳安縣志十六卷首一卷
(清)劉世寧原本;李詩續修,陳中元、竺士彦續纂
清光緒十年(1884)淳安縣署刻本
八册

007471967　3210 3334.83
[乾隆]遂安縣志十卷首一卷
(清)鄒錫疇、孫斯盛修,方引彦等纂
民國十七年(1928)羅柏麓重印活字本
八册

寧波市

008105119　TNC 3209 3234.7
[嘉靖]寧波府志四十二卷
(明)張時徹纂修,周希哲訂正
明嘉靖三十九年(1560)刻本
十五册

007472215　T 3209 3234.82
[雍正]寧波府志三十六卷首一卷
(清)曹秉仁纂修
清雍正十一年(1733)刻本
十六册

005586968　3070 4269
明州繫年録七卷
(清)董沛撰
清光緒四年(1878)石印本
三册

007475532　T 3210 8835.83
[乾隆]鎮海縣志八卷
(清)王夢弼修纂
清乾隆十七年(1752)刻本
八册

007474448　3210 8835.88
[光緒]鎮海縣志四十卷
(清)于萬川修,俞樾等纂
清光緒五年(1879)刻本,鯤池書院藏板
十六册

007475533　3210 8835.9 (1–22)
[民國]鎮海縣志四十五卷首一卷附圖一册
洪錫範、盛鴻燾修,王榮商、楊敏曾纂
民國二十年(1931)上海蔚文印刷局鉛印本
二十四册

007475533　3210 8835.9 (23–24)
[民國]鎮海縣新志備稿二卷
董祖羲纂
民國二十年(1931)上海蔚文印刷局鉛印本
二十四册

007474591　T 3210 4269.83
[乾隆]鄞縣志三十卷首一卷
(清)錢維喬修,錢大昕纂
清乾隆五十三年(1788)刻本
十六册

007474592　3210 4269.86
[咸豐]鄞縣志三十二卷首一卷
(清)張銑修,周道遵等纂
清咸豐六年(1856)刻本
十六册

007473360　3210 4269.88
[同治]鄞縣志七十五卷
(清)戴枚修,張恕、董沛等纂
清光緒三年(1877)刻本
三十四册

007473264 3210 4269.9
[民國]鄞縣通志五十一編
張傳保、趙家蓀修,陳訓正、馬瀛纂
民國二十六年(1937)鄞縣通志館鉛印本
十七册

007475534 T 3210 8941.83
[乾隆]餘姚志四十卷
(清)唐若瀛修,邵晉涵纂
清乾隆四十六年(1781)刻本
二十册

007474449 3210 8941.88
[光緒]餘姚志二十七卷首一卷末一卷
(清)周炳麟修,邵友濂、孫德祖纂
清光緒二十五年(1899)刻本
十六册

007475525 T 3210 8326.82
[雍正]慈溪縣志十六卷
(清)楊正筍等修,馮鴻模等纂
清雍正九年(1731)刻本
八册

007474445 3210 8326.88
[光緒]慈溪縣志五十六卷列傳附編一卷
(清)楊泰亨、馮可鏞纂修
清光緒十四年(1888)修,光緒二十五年(1899)劉一柱校補,德潤書院刻本
十二册

007474609 T 3210 5521.83
[乾隆]奉化縣志十四卷首一卷
(清)曹膏等修,陳琦等纂
清乾隆三十八年(1773)刻本
十二册

003502252 3210 5521.88
[光緒]奉化縣志四十卷首一卷
(清)李前泮修,張美翊等纂
清光緒三十二年至三十四年(1896—1898)刻本
十二册

007475365 3211 9239.88
[光緒]剡源鄉志二十四卷首一卷
(清)趙霈濤纂
民國五年(1916)剡曲草堂鉛印本
四册

008081849 T 3210 2327.83
[乾隆]象山縣志十二卷
(清)史鳴皋修,姜炳璋等纂
清乾隆二十四年(1759)刻本,有抄配
十二册

007472232 3210 2327.85
[道光]象山縣志二十二卷首一卷附象山文類二卷
(清)童立成、吴錫疇等修,馮登府等纂
清道光十一年(1831)修,道光十四年(1834)刻本
十六册

007474589 3210 4260
[民國]南田縣志三十五卷首一卷
吕耀鈐、厲家禎修,吕芝延、施仁緯纂
民國十九年(1930)華達印刷公司鉛印本
六册
備註:今入象山縣

007473302 3210 4260.9
[民國]南田縣志三十五卷首一卷
吕耀鈐、厲家禎修,吕芝延、施仁緯纂
民國十九年(1930)華達印刷公司鉛印本
二册
備註:今入象山縣

007473474　T 3210 3235.81
[康熙]寧海縣志十二卷首一卷
(清)崔秉鏡修,華大琰纂
清康熙十七年(1678)刻本
十册

007473475　3210 3235.88
[光緒]寧海縣志二十四卷首一卷
(清)王瑞成、程雲驥等修,張濬等纂
清光緒二十八年(1902)刻本
十二册

温州市

007472208　3209 312.87
[乾隆]温州府志三十卷首一卷
(清)李琬修,齊召南、汪沅纂
清同治五年(1866)據清乾隆二十七年(1762)刻版增刻本
十六册

007469814　3210 1230.84
[嘉慶]瑞安縣志十卷首一卷
(清)張德標等修,黄徵義等纂
清嘉慶十四年(1808)刻本
十六册

007473468　3210 2932.7
[隆慶]樂清縣志七卷
(明)胡用賓修,侯一元纂
明隆慶六年(1572)修,民國七年(1918)温州務本石印公司仿古石印本
八册

007473470　3210 2932.88
[光緒]樂清縣志十六卷首一卷
(清)李登雲、錢寶鎔等修,陳珅等纂
清光緒二十七年(1901)原刻,民國元年(1912)高誼校補刻印本
十六册

007473476　3210 3346.88
[光緒]永嘉縣志三十八卷首一卷
(清)張寶琳修,王棻、孫詒讓等纂
清光緒八年(1882)刻本
十八册

005591398　3070 3347
永嘉聞見録二卷
(清)孫同元撰
清光緒十四年(1888)刻本
二册

008081844　T 3210 1472.83
[乾隆]平陽縣志二十卷首一卷
(清)徐恕等修,孫謙等纂
清乾隆二十五年(1760)刻本
十二册

007469647　3210 1072.9
[民國]平陽縣志九十八卷首一卷
王理孚修,符璋、劉紹寬等纂
民國十四年(1926)刻本
三十一册

007474607　T 3210 5328.82
[雍正]泰順縣志十卷首一卷
(清)朱國源修,朱廷琦等纂
清雍正七年(1729)刻本
十册

007473308　3210 5328.87
[同治]泰順分疆録十二卷首一卷
(清)林鶚纂修,林用霖續纂
清光緒四年至五年(1878—1879)刻本,林氏望山堂藏板
六册

嘉興市

008132422　T 3209 4678.6
[至元]嘉禾志三十二卷

(元)單慶修,徐碩纂
抄本,據元至元二十五年(1288)刻本傳抄
十二册

007472226　T 3209 4678.81
[康熙]嘉興府志十六卷
(清)吴永芳修,錢以塏等纂
清康熙六十年(1721)刻本
二十册

007472229　3209 4678.85
[道光]嘉興府志六十卷首三卷
(清)于尚齡等纂修
清道光二十年(1840)刻本
四十册

007472047　3209 4678.88
[光緒]嘉興府志八十八卷首二卷
(清)許瑶光修,吴仰賢等纂
清光緒三年至四年(1877—1878)刻,光緒五年(1879)重印本,板藏鴛湖書院
四十八册

007473304　3210 4678.88
[光緒]嘉興縣志三十七卷首二卷末一卷
(清)趙惟嵛修,石中玉、奚受福纂
清光緒三十四年(1908)刻本
二十四册

007474600　3210 4678.9
[民國]嘉興新志上編
閻幼甫修,陸志鴻等纂
民國十八年(1929)嘉興建設委員會鉛印本
二册

007472228　3210 2213.7
[萬曆]秀水縣志十卷
(明)李培修,黄洪憲等纂
民國十四年(1925)鉛印本
四册

007472227　T 3210 2213.81
[康熙]秀水縣志十卷
(清)任之鼎修,范正輅纂
清康熙二十四年(1685)刻本
十册

007475536　3211 0271.9
[民國]新塍鎮志二十六卷首一卷
朱士楷等纂輯
民國十二年(1923)平湖綺春閣鉛印本
四册

007475299　3211 8249.9
[民國]竹林八圩志十二卷首一卷
祝廷錫纂
民國二十一年(1932)石印本
四册

007475364　3211 456.9
[民國]梅里備志八卷首一卷
余霖徵輯
民國十一年(1922)閱滄楼刻本
三册

007473479　3210 3530.7
[嘉靖]海寧縣志九卷首一卷
(明)蔡完纂修
明嘉靖三十六年(1557)修,清光緒二十四年(1898)李圭重刊本
二册

008081865　T 3210 3530.717
[崇禎]寧志備考十二卷
(明)趙維寰纂修
明崇禎三年(1630)修,抄本
十二册

007473480　T 3210 3530. 81
［康熙］海寧縣志十三卷附圖一卷
（清）許三禮等纂修；黄承璉等續纂修
清康熙二十二年（1683）刻本
十二册

010259507　T 3210 3530. 83
［乾隆］海寧州志十六卷首一卷
（清）戰效曾修，高瀛洲纂
清乾隆四十一年（1776）刻本
六册

007473481　T 3210 3530. 83b
［乾隆］海寧州志十六卷首一卷
（清）戰效曾修，高瀛洲纂
清道光二十八年（1848）朱緒曾補刻本
十二册

007473482　T 3210 3530. 833
［乾隆］寧志餘聞八卷
（清）周廣業纂修
清乾隆五十四年（1789）清代張氏小清儀閣抄本
十册

007710474　3210 3530. 9
［民國］海寧州志稿四十一卷首一卷末一卷附志餘
李圭修，許傳沛纂；劉蔚仁續修，朱錫恩續纂
民國十一年（1922）續修鉛印本
三十二册

007472022　3210 3566. 85
［道光］海昌備志五十二卷圖一卷附録二卷
（清）錢泰吉等纂修
清道光二十六年至二十七年（1846—1847）刻本
八册

007475962　3211 1322. 84
［嘉慶］硤川續志二十卷
（清）王德浩、王簡可纂輯，曹宗載重訂
清嘉慶十七年（1842）刻本
十二册

008081843　T 3210 1432. 83
［乾隆］平湖縣志十卷首一卷末一卷
（清）王恒修，張誠等纂
清乾隆五十五年（1790）刻本
二十册

007472049　3210 1432. 88
［光緒］平湖縣志二十五卷首一卷末一卷附平湖殉難録一卷
（清）彭潤章等修，葉廉鍔等纂
清光緒十二年（1886）刻本
十三册

007474580　T 3210 4222. 81
［康熙］桐鄉縣志五卷
（清）徐秉元修，仲弘道纂
清康熙十七年（1678）刻本
十册

007474581　3210 4222. 84
［嘉慶］桐鄉縣志十二卷
（清）李廷輝修，徐志鼎纂
清嘉慶四年（1799）刻本
十六册

007474585　3210 4222. 88
［光緒］桐鄉縣志二十四卷首四卷
（清）嚴辰撰
清光緒（1875—1908）刻本
二十册
備註：附沈白富輯《楊園源淵録》四卷

008081847　T 3210 1672.81
[康熙]石門縣志十二卷
(清)杜森纂;鄺世培續纂;徐原增校
清康熙十六年(1677)刻本
十二册

007472050　3210 1672.88
[光緒]石門縣志十一卷首一卷
(清)余麗元纂修
清光緒五年(1879)刻本
十二册

007475360　3211 2252.83
[乾隆]烏青鎮志十二卷
(清)董世寧纂
民國七年(1918)鉛印本
二册

007475939　3211 2252.9
[民國]烏青鎮志四十四卷首一卷
盧學溥修,朱辛彝、張惟驤等纂
民國二十五年(1936)刻本
十三册

007475964　3211 3371.9
[民國]濮院志三十卷
夏辛銘纂輯
民國十六年(1927)刻本
六册

008132428　T 3210 4686.7
[正德]嘉善縣志六卷
(明)倪璣修,孫璧、沈漑纂
明正德十二年(1517)修,抄本
六册

007474605　3210 4686.84
[嘉慶]嘉善縣志二十卷首一卷
(清)萬相賓纂修
清嘉慶五年(1800)刻本
十二册

007473305　3210 4686.88
[光緒]重修嘉善縣志三十六卷首一卷
(清)江峰青修,顧福仁纂
清光緒二十年(1894)刻本
十七册

007473483　T 3210 357.7
[天啓]海鹽縣圖經十六卷
(明)樊維城修,胡震亨纂
清乾隆十二年(1747)補刻本
十三册

007473484　T 3210 357.83
[乾隆]海鹽縣續圖經七卷
(清)王如珪修,陳世倕等纂
清乾隆十三年(1748)刻本
十三册

007472023　3210 357.88
[光緒]海鹽縣志二十二卷首一卷末一卷
(清)王彬修,徐用儀纂
清光緒三年(1877)刻本,蔚文書院藏板
十六册

007475967　3211 3413 (1)
[紹定]澉水志八卷
(宋)羅叔韶修,常棠纂
民國二十五年(1936)澉川吴氏鉛印本
一册

007475968　3211 3413 (2)
[嘉靖]續澉水志九卷
(明)董穀纂修
民國二十五年(1936)澉川吴氏鉛印本
一册

007475969　3211 3413 (3-5)
[道光]澉水新志十二卷
(清)方溶纂修;萬亞蘭補遺
民國二十五年(1936)澉川吴氏鉛印本
三册

007475970　3211 3413 (6)
[民國]澉志補録不分卷
程煦元纂
民國二十五年(1936)澉川吴氏鉛印本
一册

湖州市

008081833　T 3209 3232.83
[乾隆]湖州府志四十八卷首一卷
(清)胡承謀纂修;李堂等增纂
清乾隆二十三年(1758)補刻本
二十四册

007472212　3209 3232.87
[同治]湖州府志九十六卷首一卷
(清)宗源瀚、楊榮緒等修,周學濬、陸心源等纂
清同治十三年(1874)愛山書院原刻,光緒九年(1883)重印本
四十册

008084556　T 3210 2378.5
[嘉泰]吴興志二十卷
(宋)談鑰纂修
宋嘉泰元年(1201)修,民國三年(1914)吴興劉氏刻本
六册

007472248　3210 2378.5B
[嘉泰]吴興志二十卷
(宋)談鑰撰
民國三年(1914)南林劉氏嘉業堂刻本
四册

007472249　3210 2378.7
[天啓]吴興備志三十二卷
(明)董斯張編纂
民國三年(1914)南林劉氏嘉業堂刻本
十册

008062526　3070 2378
[乾隆]吴興合璧四卷
(清)陳文煜纂輯,楊知新、潘翥参訂
清光緒四年(1878)活字本
一册

007472051　3210 2230.88
[光緒]歸安縣志五十二卷首一卷
(清)李昱修,陸心源纂
清光緒八年(1882)刻本
十二册

007472052　3210 2221.88
[光緒]烏程縣志三十六卷
(清)潘玉璿、馮健修,周學濬、汪曰楨纂
清光緒七年(1881)刻本
十六册

007472230　T 3210 2221.83
[乾隆]烏程縣志十六卷
(清)羅愫修,杭世駿纂
清乾隆十一年(1746)刻本
十二册

007475976　3211 423.86
[咸豐]南潯鎮志四十卷首一卷
(清)汪曰楨撰
清咸豐八年(1858)刻本
二十四册

007475977　3211 4234.9
[民國]南潯志六十卷首一卷
周慶雲纂修

民國十一年(1922)刻本
十六册

007475298 3211 2449.9
[民國]雙林鎮志三十二卷首一卷
(清)蔡蓉升原纂;(民國)蔡松、蔡蒙等續纂
民國六年(1917)上海商務印書館鉛印本
四册

007475979 3211 443.88
[光緒]菱湖鎮志四十四卷
(清)孫志熊撰
清光緒十九年(1893)孫氏刻本
六册

007475975 3211 3882.84
[嘉慶]寶前兩溪志略十二卷
(清)吴玉樹纂輯
民國十一年(1922)吴興劉氏嘉業堂刻《吴興叢書》本
二册

007472239 3210 2332.81 (1-8)
[康熙]德清縣志十卷
(清)侯元棐修,王振孫等纂
清康熙十二年(1673)修,民國元年(1912)石印本
八册

007472241 3210 2332.81 (9-12)
[嘉慶]德清縣續志十卷
(清)周紹濂等修,徐養原等纂
清嘉慶十三年(1808)修,民國元年(1912)石印本
四册

007472242 3210 2332.9
[民國]德清縣新志十四卷
吴翯皋、王任化修,程森纂
民國十二年(1923)修,民國二十一年(1932)鉛印本
四册

007472209 3210 1403.81
[康熙]武康縣志八卷
(清)馮聖澤修,駱維恭纂
清康熙十一年(1672)修,民國間(1912—1949)抄本
八册
備註:今入德清縣

007475513 3210 7378.88 (1-15)
[同治]長興縣志三十二卷
(清)趙定邦等修,周學濬、丁寶書等纂
清光緒元年(1875)原刻,光緒十八年(1892)邵同珩、孫德祖增補重校刻本,郡城文光齋刊刻
十六册

007475513 3210 7378.88 (16)
[光緒]長興志拾遺二卷首一卷
(清)朱鎮纂
清光緒二十三年(1897)刻本
十六册

007473478 3210 3446.87
[同治]安吉縣志十八卷首一卷
(清)汪榮等修,張行孚等纂
清同治十三年(1874)刻本
十六册

007473303 3210 4421.88
[同治]孝豐縣志十卷首一卷
(清)劉濬修,潘寶仁等纂
清光緒五年(1879)刻本
十册

紹興市

007472204　T 3209 2670.81
[康熙]紹興府志五十八卷
(清)王之賓修,董欽德纂
清康熙二十二年(1683)刻本
四十册

007472076　T 3209 2670.83
[乾隆]紹興府志八十卷首一卷
(清)李亨特修,平恕纂
清乾隆五十七年(1792)刻本
八十册

007472250　3210 2678.9
紹興縣志資料第一輯
紹興縣修志委員會輯
民國二十六至二十八年(1937—1939)鉛印本
十六册

007472253　T 3210 2773.82
[康熙]山陰縣志三十八卷
(清)高登先修,沈麟趾等纂;丁弘補修,魯曾煜補纂
清雍正二年(1724)增刻本
十六册

007473467　3210 2773.84
[嘉慶]山陰縣志三十卷首一卷
(清)徐元梅修,朱文翰、陳石麟等纂
清嘉慶八年(1803)刻本
八册

007472016　3210 2773.9
[嘉慶]山陰縣志三十卷首一卷
(清)徐元梅修,朱文翰、陳石麟等纂
民國二十五年(1936)紹興縣修志委員會鉛印本
七册

007472254　3210 2773.83B
乾隆山陰縣志校記不分卷
(清)李慈銘撰
民國十九年(1930)鉛印本
一册

007475784　3210 8626.5 (1-9)
[嘉泰]會稽志二十卷
(宋)沈作賓修,施宿等纂
民國十五年(1926)影印清嘉慶採鞠軒重刊本
十二册

007475784　3210 8626.5 (10-12)
[寶慶]續會稽志八卷
(宋)張淏纂修
民國十五年(1926)影印清嘉慶採鞠軒重刊本
十二册

008094666　T 3210 8626.7
[萬曆]會稽縣志十六卷
(明)楊維新修,張元忭、徐渭纂
明萬曆三年(1575)刻本
十册

007475529　T 3210 8626.81
[康熙]會稽縣志二十八卷首一卷
(清)王元臣修,董欽德等纂
清康熙二十二年(1683)刻本
十册

007475531　3210 8626.81B
[康熙]會稽縣志二十八卷首一卷
(清)王元臣修,董欽德等纂
清康熙二十二年(1683)修,民國二十五年(1936)紹興縣修志委員會鉛印本
四册

007475938 3210 8626.85
[道光]會稽縣志稿二十五卷首一卷
(清)王藩、沈元泰纂
清道光二十五年(1845)修,民國二十五年(1936)紹興縣修志委員會鉛印本
五册
備註:卷二至卷五、卷十至卷十三、卷二十至卷二十二原闕

007469645 3210 0671.88
[光緒]諸暨縣志六十卷首一卷
(清)陳遹聲修,蔣鴻藻纂
清光緒三十四年(1908)修,宣統二年(1910)刻本
十八册

007472216 T 3210 2123.81
[康熙]上虞縣志二十卷首一卷
(清)鄭僑纂修
清康熙十年(1671)刻本
十六册

007472217 3210 2123.84
[嘉慶]上虞縣志十四卷首一卷
(清)崔鳴玉修,李方湛、朱文紹纂
清嘉慶十二至十四年(1807—1809)修,嘉慶十六年(1811)刻本
二十册

007472014 3210 2123.88
[光緒]上虞縣志四十八卷首一卷末一卷附録一卷
(清)唐煦春修,朱士黻纂
清光緒十七年(1891)刻本
二十册

007472220 3210 2123.881
[光緒]上虞縣志校續五十卷首一卷末一卷
(清)儲家藻修,徐致靖等纂
清光緒二十四年至二十五年(1898—1899)刻本
二十册

007473472 3210 2969.85
[道光]嵊縣志十四卷首一卷末一卷
(清)李式圃修,朱淥等纂
清道光八年1828)刻本
八册

007472018 3210 2969.87
[同治]嵊縣志二十六卷首一卷末一卷
(清)嚴思忠、陳仲麟修,蔡以瑺纂
清同治九年(1870)刻本
十二册

007472053 3210 2969.9
[民國]嵊縣志三十二卷首一卷
牛蔭麟、羅毅修,丁謙、余重耀纂
民國二十三年(1934)鉛印本
二十册

008081841 T 3210 0260.81
[康熙]新昌縣志十八卷
(清)劉作樑修,吕曾枏等纂
清康熙十年(1671)刻本
十册

007469642 3210 0260.9
[民國]新昌縣志二十卷附沃洲詩存一卷沃洲文存一卷新昌農事調查一册
金城修,陳畬等纂
民國八年(1919)鉛印本
十一册

金華市

007472233 3209 8145.81
[康熙]金華府志三十卷首一卷
(清)張藎修,沈麟趾等纂

清宣統元年(1909)石印本
十二册

007475522　3210 8145.85
[道光]金華縣志十二卷首一卷
(清)黄金聲主修,李林松总纂
清道光四年(1824)刻本
八册

007474444　3210 8145.88
[光緒]金華縣志十六卷首一卷
(清)鄧鍾玉等編纂
民國四年(1915)鉛印本
十册

008081861　T 3210 3233.83
[乾隆]湯溪縣志十卷首一卷
(清)陳鍾炅修,馮宗城等纂
清乾隆四十八年(1783)刻本
十二册

007471968　3210 3233.9
[民國]湯溪縣志二十卷首一卷
丁燮、薛達等修,戴鴻熙總纂
民國二十年(1931)鉛印本
十二册

007472210　3210 1485.89
[嘉慶]武義縣志十二卷首一卷
(清)張營堠修,周家駒纂
清嘉慶九年(1804)修,宣統二年(1910)石印本
十册

007472020　3210 3131.88
[光緒]浦江縣志十五卷首一卷附咸同殉難録二卷
(清)善廣修,張景青纂
民國五年(1916)黄志璠再增補鉛印本
十六册

007474446　3210 852.84
[嘉慶]義烏縣志二十二卷首一卷
(清)諸自穀修,程瑜、李錫齡纂
民國間(1912—1949)灌聰圖書館石印本,據清嘉慶七年(1802)刻本翻印
十二册

007475510　3210 5972.85
[道光]東陽縣志二十七卷首一卷
(清)黨金衡修,王恩注等纂
民國三年(1914)石印本
十册

008132427　T 3210 3303.7
[正德]永康縣志八卷
(明)吴宣濟、胡楷修,陳泗等纂
抄本,據明嘉靖三年(1524)刻本傳抄
八册

007472021　3210 3303.88
[光緒]永康縣志十六卷首一卷
(清)李汝爲、郭文翹修,潘樹棠等纂
清光緒十八年(1892)刻本
十二册

衢州市

007472044　3209 2232.81
[康熙]衢州府志四十卷首一卷
(清)楊廷望纂修
清光緒八年(1882)劉國光重刊本
十二册

007472213　3210 1634.84
[嘉慶]西安縣志四十八卷首一卷
(清)姚寶煃修,范崇楷等纂
清嘉慶十六年(1811)刻本
十册

007474447 3210 9227.88
[光緒]常山縣志六十八卷首一卷末一卷
(清)李瑞鍾修,朱昌泰等纂
清光緒十二年(1886)刻本
十二册

007475516 3210 7421.88
[光緒]開化縣志十四卷首一卷
(清)徐名立、潘紹詮修,潘樹棠等纂
清光緒二十四年(1898)刻本
十册

007491087 3210 0134.89
[民國]龍游縣志初稿不分卷
余紹宋纂
民國十二年(1923)鉛印本
二册
備註:本書僅含職官表、名宦傳、選舉表三種

007469640 3210 0134.9
[民國]龍游縣志四十卷首一卷末一卷
余紹宋撰
民國十四年(1925)北京京城印書局鉛印本
二册

007473299 3210 3127.87
[同治]江山縣志十二卷首一卷末一卷
(清)王彬、孫晉梓修,朱寶慈等纂
清同治十二年(1873)文溪書院刻本
八册

舟山市

007472026 3210 3835.88
[光緒]定海廳志三十卷首一卷
(清)史致馴修,陳重威等纂
清光緒十一年(1885)刻本,御書楼藏板
十册

007472027 3210 3835.9
[民國]定海縣志十六卷首一卷
陳訓正、馬瀛纂修
民國十三年(1924)鉛印本
六册

007475945 3211 2727.9
[民國]岱山鎮志二十卷首一卷
湯濬撰
民國十六年(1927)定海一某軒活字本
四册

台州市

007469817 T 3209 2030.81
[康熙]台州府志十八卷首一卷
(清)張聯元修,方景濂纂
清康熙六十一年(1722)刻本
十八册

005683267 3070 2632
[嘉慶]台州外書二十卷
(清)戚學標輯
清嘉慶四年(1799)刻本,南墅藏版
八册

007472198 3209 2030.88
[光緒]台州府志一百卷
(清)趙亮熙、郭式昌修,王舟瑶纂,王佩瑶校
民國十五年(1926)台州旅杭同鄉會鉛印本
六十册

007472046 3209 2030.9
[民國]台州府志一百四十卷首一卷
喻長霖修,柯華威、褚傳誥等纂
民國十五年(1926)修,民國二十五年(1936)上海游民習勤所鉛印本
三十六册

007475507　3210 4824.88
[光緒]黄巖縣志四十卷首一卷
(清)陳寶善、孫憙修,王棻纂;陳鍾英、鄭錫滜續修,王詠霓續纂
清光緒三年(1877)刻本
十八册

007473306　3210 4824.88B
[光緒]黄巖縣志四十卷首一卷附黄巖集三十二卷
(清)陳寶善、孫憙修,王棻纂;陳鍾英、鄭錫滜續修,王詠霓續纂
清光緒三年(1877)刻本
三十册

007475980　3211 6642.9
[民國]路橋志略六卷
楊晨編;楊紹翰增補
民國二十四年(1935)楊氏《崇雅堂叢書》本
二册

007469813　3210 1113.88
[光緒]玉環廳志十四卷首一卷補遺一卷
(清)杜冠英、胥壽榮修,吕鴻燾纂
清光緒六年(1880)刻本
八册

007472200　T 3210 1320.81
[康熙]天台縣志十五卷首一卷
(清)趙廷錫、李德耀等纂修
清康熙二十三年(1684)刻本
十六册

007472017　3210 2776.88
[光緒]仙居縣志二十四卷首一卷附仙居集二十四卷
(清)王壽頤、潘紀恩修,王棻、李仲昭纂
清光緒二十年(1894)活字本
十八册

007474594　T 3210 4314.81
[康熙]太平縣志八卷
(清)曹文珽等修,林槐等纂
清康熙二十二年(1683)刻本
三册
備註:今温嶺市

003507181　3210 4314.84
[嘉慶]太平縣志十八卷首一卷
(清)慶霖修,戚學標纂
清嘉慶十六年(1811)刻本
十二册
備註:今温嶺市

007473301　3210 4314.88
[光緒]太平續志十八卷首一卷
(清)陳汝霖、鄧之鏌修,王棻等纂
清光緒二十二年(1896)刻本
八册
備註:今温嶺市

007491088　T 3210 763.81
[康熙]臨海縣志十五卷首一卷
(清)洪若臯等纂修
清康熙二十二年(1683)刻本
八册

007475520　3210 7635.9
[民國]臨海縣志稿四十二卷首一卷
孫熙鼎修,張寅續修,何奏簧纂
民國二十四年(1935)鉛印本
二十二册

麗水市

007472045　3209 2432.88
[光緒]處州府志三十卷首一卷末一卷
(清)潘紹詒修,周榮椿等纂
清光緒三年(1877)刻本
二十八册

007469812 3210 1113.87
[同治]麗水縣志十五卷
(清)彭潤章等纂修
清同治十三年(1874)刻本
八册

007469646 3210 1113.9
[民國]麗水縣志十四卷
李鍾岳、李郁芬修,孫壽芝纂
民國十五年(1926)麗水啓明印刷所鉛印本
十册

007473307 3210 4264.88
[光緒]青田縣志十八卷首一卷
(清)雷銑修,王棻纂
清光緒元年至二年(1875—1876)刻本
十二册

007472015 3210 261.88
[光緒]縉雲縣志十六卷首一卷末一卷
(清)何乃容、葛華修,潘樹棠纂
清光緒二年(1876)修,光緒七年(1881)刻本
十册

007473477 3210 3366.85
[道光]遂昌縣志十二卷首一卷
(清)朱煌等修,鄭培椿等纂
清道光十五年(1835)刻本
十二册

007472024 3210 3366.88
[光緒]遂昌縣志十二卷首一卷外編四卷
(清)胡壽海、史恩緯修,褚成允纂
清光緒二十二年(1896)刻本
十二册

007474597 3210 4372.88
[光緒]松陽縣志十二卷
(清)支恒椿修,樊芝生等纂
清光緒元年(1875)刻本
六册

007474599 3210 4372.9
[民國]松陽縣志十四卷首一卷末一卷
(清)吕耀鈐修,高焕然等纂
民國十五年(1926)活字本
二十册

007472019 3210 3114.88
[光緒]宣平縣志二十卷首一卷
(清)皮樹棠、祝鳳梧修,潘澤鴻纂
清光緒四年(1878)刻本
十二册

007472048 3210 1326.87
[同治]雲和縣志十六卷首一卷末一卷
(清)伍承吉修,涂冠續修,王士鈖纂
清同治三年(1864)續修刻本
六册

007469644 3210 0412.88
[光緒]慶元縣志十二卷首一卷
(清)林步瀛、史恩緯修,史恩緒纂
清光緒三年(1877)刻本
十册

007475512 3210 6932.87
[同治]景寧縣志十四卷首一卷末一卷
(清)周杰修,嚴用光、葉篤貞纂
清同治十一年(1872)修,十二年(1873)刻本
十四册

008081837 T 3210 0123.83
[乾隆]龍泉縣志十二卷首一卷
(清)蘇遇龍修,沈光厚纂
清乾隆二十七年(1762)刻本

四册

007469634　3210 0123.88
[光緒]龍泉縣志十二卷首一卷
(清)顧國詔修,張世堉纂
清光緒三年至四年(1877—1878)刻本
六册

安徽省

007080655　T 3199 3404.83
[乾隆]皖典類編八卷
(清)潘才纂
清乾隆三十八年(1773)刻本
四册

007465069　3198 2918.85
[道光]皖省志略四卷附録一卷
(清)朱雲錦輯
清道光元年(1821)刻本
四册

007465073　3198 0.85
[道光]安徽通志二百六十卷首六卷
(清)鄧廷楨修,李振庸、韓玫纂
清道光五年至九年(1825—1829)修,道光十年(1830)刻本
一百册

007464863　3198 3424.88
[光緒]重修安徽通志三百五十卷補遺十卷
(清)沈葆楨、吴坤修等修,何紹基、楊沂孫等纂
清光緒四年(1878)原刻,光緒七年(1881)馮焯校補刻本
一百二十册

007466650　3198 4401.88
[光緒]皖志便覽六卷
(清)李應珏著
清光緒二十八年(1902)續刻本,鏤雲閣藏板
二册

007466742　3198 3425.9
[民國]安徽通志稿不分卷
安徽通志館纂輯
民國二十三年(1934)鉛印本
一百〇九册

合肥市

007466745　3199 0132.84
[嘉慶]廬州府志五十四卷
(清)張祥雲修,孫星衍等纂
清嘉慶八年(1803)刻本
十六册

007466647　3199 0132.88
[光緒]續修廬州府志一百卷首一卷末一卷
(清)黄雲等修,林之望等纂
清光緒十一年(1885)刻本
四十八册

0035022503200 8671.84
[嘉慶]合肥縣志三十六卷首一卷
(清)左輔纂修
清嘉慶九年(1804)刻本
二十册

007466773　3200 0131.84
[嘉慶]廬江縣志十五卷首一卷
(清)魏紹源等修,儲嘉珩等纂

清嘉慶八年(1803)刻本
八册

007466651 3200 0131.88
[光緒]廬江縣志十六卷首一卷
(清)錢鑅修,盧鈺等纂
清光緒十一年(1885)活字本
十六册

007467040 3200 2069.85
[道光]巢縣志二十卷附録一卷
(清)舒夢齡纂修
清道光八年(1828)修,民國間(1912—1949)抄本
五册

蕪湖市

007467089 3200 4332.84
[嘉慶]蕪湖縣志二十四卷首一卷
(清)梁啓讓修,陳春華等纂
清嘉慶十二年(1807)修,民國二年(1913)活字印本
八册

007466932 3200 4332.9
[民國]蕪湖縣志六十卷
余誼密等修,鮑寔等纂
民國八年(1919)石印本
八册

007467080 3200 4274.88
[光緒]南陵小志四卷首一卷
(清)宗能徵纂修
清光緒二十五年(1899)活字本
六册

007467084 3200 4274.9
[民國]南陵縣志四十八卷首一卷末一卷
徐乃昌纂修
民國十三年(1924)鉛印本
二十四册

蚌埠市

007466660 3200 9333.84
[嘉慶]懷遠縣志二十八卷首一卷
(清)孫讓修,李兆洛纂
清嘉慶二十四年(1819)活字本
十二册

007466786 3200 1132.84
[嘉慶]五河縣志二十卷首一卷
(清)王啓聰修,言尚煒、陳瑜纂
清嘉慶八年(1803)刻本
六册

007466654 3200 1132.88
[光緒]重修五河縣志二十卷首一卷末一卷
(清)賴同晏、孫玉銘修,俞宗誠等纂
清光緒二十年(1894)刻本
八册

淮南市

007466992 3200 7140.88
[光緒]鳳臺縣志二十五卷首一卷
(清)李师沆、石成之修,葛蔭南、周爾儀纂
清光緒十八年(1892)活字本
十册

馬鞍山市

007466767 T 3200 9030.83
[乾隆]當塗縣志三十三卷
(清)張海等修,萬櫄等纂
清乾隆十五年(1750)刻本
八册

007466994 3200 2632.84
[乾隆]歷陽典録三十四卷附補編六卷
(清)陳廷桂纂輯

清同治六年(1867)和州官舍重刻本
十二册

008080653　T 3200 3632.84 (1-10)
[嘉慶]歷陽典録三十四卷
(清)陳廷桂纂修
清同治六年(1867)新化游氏和州官舍重刊本
十二册
備註:原巢湖市,今入馬鞍山市

008080653　T 3200 3632.84 (11-12)
[道光]歷陽典録補六卷
(清)陳廷桂纂修
清同治六年(1867)新化游氏和州官舍重刊本
十二册
備註:原巢湖市,今入馬鞍山市

007466645　T 3199 4314.81
[康熙]太平府志四十卷
(清)黄桂修,宋驤等纂
清康熙十二年(1673)修,四十六年(1707)增修,光緒二十九年(1903)知府周炳據康熙刻本用活字重印
二十册

銅陵市

0074666583200 8274.83
[乾隆]銅陵縣志十四卷
(清)李青巖、朱成阿等修,史應貴等纂
清乾隆二十二年(1757)原刻,民國十九年(1930)鉛印本
四册

安慶市

007466753　T 3199 3404.81
[康熙]安慶府志三十二卷
(清)張楷纂修
清康熙六十年(1721)刻本
十六册

007467076　T 3200 4245.81
[康熙]安慶府桐城縣志八卷
(清)胡必選原修,倪傳等原纂;王凝命增修
清康熙二十三年(1684)增刻本
十六册

007466768　3200 9332.85
[道光]懷寧縣志二十八卷首一卷末一卷
(清)王毓芳、趙梅修,江爾雅等纂
清道光五年(1825)刻本
十册

007466577　3200 933.89
[民國]懷寧縣志三十四卷首一卷
朱之英修,舒景蘅等纂
民國四年(1915)鉛印本
十二册

007467070　T 3200 3627.83
[乾隆]潛山縣志二十四卷首一卷
(清)李載陽修,游端友等纂
清乾隆四十六年(1781)刻本
二十册

007466931　3200 3627.9
[民國]潛山縣志三十卷首一卷
吴蘭生、王用霖修,劉廷鳳纂
民國九年(1920)鉛印本
十六册

007467093　3200 4337.87
[同治]太湖縣志四十六卷首一卷末一卷
(清)符兆鵬修,趙繼元等纂
清同治九年(1870)修,同治十一年(1872)刻本,熙湖書院藏板
二十四册

007466989　3200 4337.9
[民國]太湖縣志四十卷首一卷末一卷
高壽恒修,李英纂
民國十一年(1922)活字本
十六册

007466777　T 3200 0731.83
[乾隆]望江縣志八卷
(清)鄭交泰修,曹京纂
清乾隆三十三年(1768)刻本
八册

黄山市

007466746　3199 0234
[淳熙]新安志十卷
(宋)趙不悔修,羅願纂
清光緒十四年(1888)黟邑李氏重刊本
四册

007466747　T 3199 2432.81
[康熙]徽州府志十八卷圖一卷
(清)丁廷楗等修,趙吉士等纂
清康熙三十八年(1699)刻本
十二册

007466649　3199 2432.85
[道光]徽州府志十六卷首一卷
(清)馬步蟾纂修
清道光七年(1827)刻本
三十册

007466659　3200 8718.9
[民國]歙縣志十六卷
石國柱、樓文釗修,許承堯纂
民國二十六年(1937)歙縣旅滬同鄉會鉛印本
十六册

007466764　T 3200 8718.83
[乾隆]歙縣志二十卷首一卷
(清)張佩芳修,劉大櫆纂
清乾隆三十六年(1771)刻本
八册

007466765　3200 8718.85
[道光]歙縣志十卷首一卷
(清)勞逢源修,沈伯棠等纂
清道光八年(1828)刻本
十六册

007467054　T 3200 2932.81
[康熙]休寧縣志八卷首一卷
(清)廖騰煃修,汪晋徵等纂
清康熙三十二年(1693)刻本
十六册

007467055　3200 2932.84
[道光]休寧縣志二十四卷圖説一卷
(清)何應松修,方崇鼎等纂
清嘉慶二十年(1815)修,道光三年(1823)刻本
三十二册

007467103　3200 6229.84 (1-15)
[嘉慶]黟縣志十六卷首一卷
(清)吴甸華等修,程汝翼、俞正燮纂
清嘉慶十七年(1812)修,同治十年(1871)刻本
十五册

007467105　3200 6229.84 (16)
[道光]黟縣續志一卷
(清)吕子珏、詹錫齡纂修
清道光五年(1825)修,同治十年(1871)刻本
一册

008438360　3200 6229.84（17-32）
[同治]黟縣三志十六卷首一卷末一卷
(清)謝永泰等修,程鴻沼等纂
清同治八年(1869)修,同治十年(1871)刻本
十六册

007466987　3200 327.87
[同治]祁門縣志三十六卷首一卷
(清)周溶修,汪韻珊纂
清同治十二年(1873)刻本
十二册

滁州市

007466988　3200 3930.88
[光緒]滁州志十卷首一卷末一卷
(清)熊祖詒纂修
清光緒二十三年(1897)活字本
十册

007466576　3200 8144.9
[民國]全椒縣志十六卷首一卷
張其濬修,江克讓等纂
民國九年(1920)活字本
八册

007466652　3199 7172.88
[光緒]鳳陽府志二十一卷
(清)馮煦修,魏家驊等纂;張德霈續纂
清光緒三十四年(1908)活字本
二十四册

007467113　3200 7172.83
[光緒]鳳陽縣志十六卷首一卷
(清)于萬培等原本;謝永泰續修,王汝琛等續纂
清光緒十三年(1887)刻本
十二册

007467114　3200 7172.9
[民國]鳳陽縣志略不分卷
易季和纂修
民國二十五年(1936)鉛印本
一册

007466791　T 3200 1373.81
[康熙]天長縣志四卷
(清)江映鯤修,張振先等纂
清康熙十二年(1672)刻本
八册

阜陽市

007466749　T 3199 2832.83
[乾隆]潁州府志十卷首一卷
(清)王歛福修,潘遇莘纂
清乾隆十七年(1752)刻本
十二册

007467041　T 3200 2472.83
[乾隆]阜陽縣志二十卷首一卷
(清)潘世仁纂修
清乾隆二十年(1755)刻本
十四册

007467044　3200 2472.85
[道光]阜陽縣志二十四卷首一卷
(清)劉虎文、周天爵修,李復慶纂
清道光六年(1826)修,道光九年(1829)刻本
十二册

007467088　T 3200 4326.83
[乾隆]太和縣志四卷
(清)成兆豫修,吴中最、洪朝元纂
清乾隆十七年(1752)刻本
四册

007467050　T 3200 2821.83
[乾隆]潁上縣志十二卷首一卷
(清)許晋纂修
清乾隆十八年(1753)刻本
十册

007467051　3200 2821.85
[道光]潁上縣志十三卷首一卷
(清)劉燿椿修,李同纂
清道光六年(1826)刻本
八册

007466985　3200 2821.88
[同治]潁上縣志十二卷首一卷
(清)都寵錫等修,李道章、鄭以莊纂
清同治九年(1870)原刻,光緒四年(1878)補刻本
八册

宿州市

007467072　3200 3632.88
[光緒]宿州志三十六卷
(清)何慶釗修,丁遜之等纂
清光緒十五年(1889)刻本
十六册

007468544　T 3205 1222.83
[乾隆]碭山縣志十四卷
(清)劉王瑗纂修
清乾隆三十二年(1767)刻本
五册

007468635　3205 4269.84
[嘉慶]蕭縣志十八卷首一卷
(清)潘鎔修,沈學淵、顧翰纂
清嘉慶二十年(1815)刻本
十册

007468517　3205 4269.88
[同治]續蕭縣志十八卷首一卷
(清)顧景濂修,段廣瀛纂
清光緒元年(1875)刻本
六册

007466678　T 3200 1171.83
[乾隆]靈璧縣志略四卷首一卷附河防録一卷河渠原委三卷
(清)貢震纂修
清乾隆二十五年(1760)此君草堂刻本
六册

007466646　3199 3651.88
[光緒]泗虹合志十九卷
(清)方瑞蘭修,江殿颺、許湘甲纂
清光緒十四年(1888)刻本
十六册

007467074　3200 3669.9
[民國]泗縣志略不分卷
魯佩章纂修
民國二十五年(1936)鉛印本
一册

六安市

007466784　3200 0834.87
[同治]六安州志六十卷首一卷
(清)李蔚等修,吴康霖纂
清光緒二十一年(1895)據清同治十一年(1872)刻本刻版重印本
二十四册

007467097　T 3200 4430.83
[乾隆]壽州志十二卷首一卷末一卷
(清)席芑纂修
清乾隆三十二年(1767)刻本
六册

007466990　3200 4432.88
[光緒]壽州志三十六卷首一卷末一卷
(清)曾道唯修,葛蔭南等纂

清光緒十六年(1890)活字本
十六册

007466761　3200 8245.88
[光緒]續修舒城縣志五十卷首一卷末一卷
(清)吕林鐘、崔保齡修,趙鳳詔等纂
清光緒三十三年(1907)活字本
十六册

007466653　3200 1227.88
[光緒]霍山縣志十五卷首一卷
(清)秦達章修,何國祐等纂
清光緒三十一年(1905)活字本
六册

亳州市

007466769　3200 0130.85
[道光]亳州志四十三卷首一卷
(清)任壽世修,劉開、陳恩德纂
清道光五年(1825)古譙官舍刻本
二十四册

007466770　3200 0130.88
[光緒]亳州志二十卷首一卷
(清)鍾泰、宗能徵纂修
清光緒二十年(1894)刻本
十四册

007466959　3200 3272.9
渦陽風土記十六卷首一卷
黄佩蘭修,王佩箴等纂
民國十三年(1924)活字本
八册

007467065　3200 3272.93
[民國]渦陽縣志略不分卷
朱國衡等纂
民國二十五年(1936)鉛印本
一册

007467095　3200 4345.9
[民國]重修蒙城縣志十二卷
汪篪修,于振江等纂
民國四年(1915)鉛印本
十四册

池州市

007466993　3200 5831.88
[光緒]貴池縣志四十四卷首一卷
(清)陸延齡修,桂迓衡等纂
清光緒九年(1883)活字本
二十册

007467035　3200 1643.94b (1-4)
[康熙]石埭縣志八卷
(清)姚子莊修,周體元纂
清康熙十五年(1676)修,民國二十四年(1935)鉛印本
六册

007467035　3200 1643.94b (5)
[乾隆]續石埭縣志四卷
(清)石瑶燦纂修
清乾隆十四年(1749)修,民國二十四年(1935)鉛印本
六册

007467035　3200 1643.94b (6)
[道光]石埭縣志採訪録
(清)董汝成編
民國二十四年(1935)鉛印本
六册

007467037　3200 1643.94
[民國]石埭備志彙編五卷
陳惟壬纂輯
民國二十七年(1938)修,民國三十年(1941)鉛印本
三册

007467098 3200 5931.84
[嘉慶]東流縣志三十卷
(清)吴篪修,李兆洛纂
清嘉慶二十三年(1818)刻本
十二册
備註:今與至德縣合併爲東至縣

007466991 3200 5272.88
[光緒]青陽縣志十二卷
(清)廖光珩、華椿修,周贇纂
清光緒十七年(1891)活字本
十二册

宣城市

007467058 T 3200 3145.83
[乾隆]宣城縣志三十二卷首一卷
(清)吴飛九修,楊廷棟等纂
清乾隆四年(1739)刻本
十八册

007466986 3200 3145.88
[光緒]宣城縣志四十卷首一卷附志餘二卷
(清)李應泰等修,章綬纂
清光緒十四年(1888)活字本
二十四册

007466781 T 3200 0823.83
[乾隆]廣德州志五十卷首一卷
(清)胡文銓修,周廣業纂
清乾隆五十七年(1792)刻本
三十册

007466648 3200 0823.88
[光緒]廣德州志六十卷首一卷末一卷
(清)胡有誠修,丁寶書等纂
清光緒七年(1881)刻本
二十册

007467062 3200 3169.85 (1-14)
[嘉慶]涇縣志三十二卷首一卷
(清)李德淦、周鶴立修,洪亮吉纂
民國三年(1914)涇縣翟氏石印本
十六册

007467062 3200 3169.85 (15-16)
[道光]涇縣續志九卷
(清)阮文藻修,趙懋曜等纂
民國三年(1914)涇縣翟氏石印本
十六册

007466760 T 3200 0123.83
[乾隆]旌德縣志十卷
(清)李瑾等修,葉長揚纂
清乾隆十九年(1754)刻本
八册

007466762 3200 0123.84
[嘉慶]旌德縣志十卷補遺一卷附訂一卷
(清)陳柄德修,趙良霨纂
民國十四年(1925)旌德吕氏據嘉慶十三年(1808)刻本縮印石印本
十一册

007466763 3200 0123.85
[道光]旌德縣續志十卷附兩江忠義録二卷
(清)王椿林修,胡承珙纂
民國十四年(1925)旌德吕氏據道光六年(1826)刻本縮印石印本
四册

007466751 3199 3065.84
[嘉慶]寧國府志三十六卷首一卷末一卷
(清)魯銓等修,洪亮吉等纂
民國八年(1919)涇縣翟氏據嘉慶十三年(1808)刻本影印本
三十二册

福建省

007475981　T 3222 0.83.1
[乾隆]福建通志七十八卷首一卷
(清)郝玉麟等修,謝道承等纂
清乾隆二年(1737)刻本
六十册

007475982　T 3222 0.83.2
[乾隆]福建續志九十二卷首一卷
(清)楊廷璋、定長等修,沈廷芳等纂
清乾隆三十四年(1769)刻本
四十册

0033206903222 0.85
[道光]重纂福建通志二百七十八卷首七卷附續採列女志
(清)孫爾準等修,陳壽祺纂;程祖洛續修,魏敬中續纂
清同治七年至十年(1868—1871)刻本,正誼書院藏板
一百八十册

007491089　T 3222 0.721
[道光]福建通志政事略十五卷
(清)劉建韶撰
稿本
十七册

005591411　3072 0132
閩雜記十二卷
(清)施鴻保輯
清光緒四年(1878)鉛印本
四册

007475983　3222 0.9
[民國]福建通志六百一十一卷
陳衍、沈瑜慶纂修
民國三十一年(1942)改進出版社据民國二十七年(1938)刻本重印本
一百册

福州市

007475984　3222 1102
[萬曆]閩都記三十三卷
(明)王應山纂輯
清道光十一年(1831)求放心齋刻本
六册

007472258　T 3223 3630.83
[乾隆]福州府志七十六卷首一卷
(清)徐景熹修,魯曾煜等纂
清乾隆十九年(1754)刻本
三十二册

007475369　3224 7223.88
[光緒]閩縣鄉土志不分卷
(清)朱景星等修,鄭祖庚等纂
清光緒三十二年(1906)鉛印本
四册

007474458　3224 2337.88
[光緒]侯官縣鄉土志八卷
(清)胡之楨等修,鄭祖庚等纂
清光緒二十九年(1903)修,光緒三十二年(1906)鉛印本
四册

007475370　3224 7223.9
[民國]閩侯縣志一百〇六卷
歐陽英修,陳衍纂
民國二十二年(1933)刻本
十六册

007474613　3224 3331.84
[嘉慶]連江縣志十卷首一卷

(清)李苿等修,章朝栻纂
清嘉慶十年(1805)刻本
十册

007475511 T 3224 6139.8
[康熙]羅源縣志十卷
(清)王楠修,林喬蕃等纂
清康熙六十一年(1722)刻本
八册

007475519 3224 6139.85
[道光]羅源縣志三十卷首一卷附補遺
(清)盧鳳棽修,林春溥纂
清道光十一年(1831)刻本
十册

007490631 T 3224 7331.83
[乾隆]閩清縣志十卷首一卷
(清)姚循義纂修
清乾隆七年(1742)修,抄本
三册

007474641 3224 3632.83
[乾隆]福清縣志二十卷
(清)饒安鼎修,林昂、李修卿纂
清光緒二十四年(1898)劉玉璋刻本
十二册

007474616 T 3224 3336.83
[乾隆]永福縣志十卷
(清)陳焱等修,俞荔等纂
清乾隆十四年(1749)刻本
四册
備註:今永泰縣

007474619 3224 3353.9
[民國]永泰縣志十二卷
金章、董秉清等修,王紹沂等纂
民國十一年(1922)鉛印本
八册

007472062 3224 1434.9
[民國]平潭縣志三十四卷
黄履思等纂修
民國十二年(1923)葉于飛鉛印本
八册

007475528 3224 7329.87
[同治]長樂縣志二十卷首一卷
(清)彭光藻、王家駒修,楊希閔、黄見三等纂
清同治八年(1869)刻本
十二册

007475297 3224 7329.9
[民國]長樂縣志三十卷首一卷
孟昭涵修,李駒等纂
民國六年(1917)福建印刷所鉛印本
十二册

厦門市

007475526 3224 7241.83
[乾隆]馬巷廳志十八卷首一卷
(清)萬友正纂修
清乾隆四十一年(1776)修,光緒九年(1883)重刊本
十册

007475537 3224 747.85
[道光]厦門志十六卷附載二卷
(清)周凱等修
清道光十九年(1839)刻本
十二册

007475524 3224 7234.84
[嘉慶]同安縣志三十卷首一卷
(清)吴堂修,劉光鼎等纂
清嘉慶三年(1798)刻本

十六册

007475368　3224 7234.9
[民國]同安縣志四十二卷首一卷
林學增等修,吴錫璜纂
民國十八年(1929)鉛印本
十二册

莆田市

007474457　3224 4264.83
[乾隆]興化府莆田縣志三十六卷首一卷
(清)宫兆麟、汪大經、王恒等修,廖必琦、林黌纂
清乾隆二十三年(1758)原刻,光緒五年(1879)潘文鳳補刻本
二十册

007473316　3224 2133.83
[乾隆]仙遊縣志五十三卷首一卷
(清)胡啓植、王椿修,葉和侃等纂
清同治十二年(1873)吴森重刻本
十六册

三明市

007490627　3224 3231.85
[道光]清流縣志十卷首一卷
(清)喬有豫修,雷可升、伍嘉猷等纂
抄本,據清道光九年(1829)刻本抄
二册

007474586　3224 3221.81
[康熙]寧化縣志七卷
(清)祝文郁修,李世熊纂
清同治八年(1869)重刻本,汀城上十字街李忠和軒藏板
六册

007474608　3224 3269.85
[道光]沙縣志二十卷首一卷末一卷
(清)孫大焜等修,徐逢盛等纂
清道光十四年(1834)原刻,同治十年(1871)鍾觀濂鋟版補刻本
十四册

007474604　3224 3269.94
[民國]沙縣志十二卷
梁伯蔭修,羅克涵纂
民國十七年(1928)鉛印本
十二册

007472291　3224 1433.9
[民國]建寧縣志二十八卷首一卷末一卷
錢江修,范毓桂纂;吴海清補修,張書簡續纂
民國八年(1919)續修鉛印本
十二册

泉州市

003483935　3223 2332.83
[乾隆]泉州府志七十六卷首一卷
(清)懷蔭布修,黄任、郭賡武纂
清同治九年(1870)章倬標刻本,民國間(1912—1949)泉山書社重印
四十八册

007474629　T 3224 3433.83
[乾隆]安溪縣志十二卷首一卷
(清)莊成修,沈鍾、李疇同纂
清乾隆二十二年(1757)刻本
十二册

003488413　T 3224 3350.83
[乾隆]永春州志十六卷首一卷
(清)鄭一崧修,顔璹等纂
清乾隆五十二年(1787)刻本
十二册

007474622 3224 3356.9
[民國]永春縣志二十八卷
鄭翘松等纂修
民國十九年(1930)中華書局鉛印本
六册

漳州市

007472255 3223 342.83
[乾隆]漳州府志四十六卷首一卷
(清)李維鈺修,官獻瑶纂
清乾隆四十一年(1776)原刻,嘉慶十一年(1806)特通阿補刻本
二十四册

007472252 3223 3432.89
[光緒]漳州府志五十卷首一卷
(清)沈定鈞修,吴聯薰纂
清光緒三年(1877)刻本,芝山書院藏板
三十二册

007472059 3224 1312.84
[嘉慶]雲霄廳志二十卷附録一卷
(清)薛凝度修,吴文林纂
清嘉慶二十一年(1816)修,民國二十四年(1935)雷壽彭鉛印本
十二册

007474625 T 3224 3432.81
[康熙]漳浦縣志十九卷續志一卷
(清)陳汝咸修,林登虎等纂;陳夢林續纂
清康熙三十九年(1700)修,康熙四十七年(1708)增刻本
八册

007474627 3224 3432.88
[光緒]漳浦縣再續志二卷
(清)施錫衛續修,林善亭續纂
清光緒十一年(1885)刻本
八册

007472275 T 3224 0634.81
[康熙]詔安縣志十二卷志餘一卷
(清)秦炯纂修
清康熙三十三年(1694)原刻,同治十三年(1874)翻刻本
十二册

007475371 3224 7353.83
[乾隆]長泰縣志十二卷首一卷
(清)張懋建、賴翰顒等纂
民國二十一年(1932)謝梅年校訂鉛印本
六册

007474635 T 3224 3531.83
[乾隆]海澄縣志二十四卷首一卷
(清)陳鍈等修,葉廷推、鄧來祚纂
清乾隆二十七年(1762)刻本
八册

007472269 T 3224 0133.83
[乾隆]龍溪縣志二十四卷
(清)吴宜燮修,黄惠、李疇纂
清乾隆二十七年(1762)修,光緒五年(1879)續志纂成增刻本,附增刻二卷
十二册

007472272 3224 0133.88
[乾隆]龍溪縣志二十四卷附增補一卷
(清)吴宜燮修,黄惠、李疇纂;吴聯薰增補
清乾隆二十七年(1762)修,光緒五年(1879)吴聯薰增補重刻本
十一册

南平市

007475986 T 3223 1432.81
[康熙]建寧府志四十八卷
(清)張琦修,鄒山等纂
清康熙三十二年(1693)增刻本
二十六册

007475367　3223 141.83

[乾隆]延平府志四十六卷首一卷

(清)傅爾泰修,陶元藻纂

清同治十二年(1873)徐震耀補刻本

十六册

007474645　3224 4214.84

[嘉慶]南平縣志三十八卷首三卷末一卷

(清)楊桂森修,應丹詔纂

清同治十一年(1872)重校補刻本

二十四册

007474456　3224 4214.9

[民國]南平縣志二十四卷

吴栻等修,蔡建賢等纂

民國八年(1919)修,民國十七年(1928)鉛印本

二十册

007474579　3224 2866.85

[嘉慶]順昌縣志十卷

(清)許庭梧修,謝鍾瑾纂;陸嗣淵、賈懋功續修,游全通等續纂

清光緒七年至九年(1881—1883)吴恩慶重刊本

六册

007474601　3224 3245.88

[光緒]續修浦城縣志四十二卷首一卷

(清)翁天祜、吕渭英修,翁昭泰纂

清光緒二十六年(1900)刻本,南浦書院藏板

二十册

007474651　T 3224 4333.81

[康熙]松溪縣志十卷首一卷末一卷

(清)潘拱辰纂修,黄鑒等補遺

清康熙三十九年(1700)刻本

八册

備註:卷末附補遺志

007472061　3224 1426.94

[民國]政和縣志三十五卷首一卷末一卷

錢鴻文、黄休震修,李熙纂

民國八年(1919)鉛印本

十二册

007475985　T 3223 1214.81

[康熙]邵武府續志十卷

(清)汪麗日修,王侯聘、吴迪化纂

清康熙九年(1670)刻本

四册

007472278　3224 1214.86

[咸豐]邵武縣志十九卷首一卷

(清)李正芳修,張葆森纂

清咸豐五年(1855)刻本

十一册

007475366　3223 1214.88

[光緒]重纂邵武府志三十卷首一卷

(清)王琛、徐兆豐修,張景祁、張元奇等纂

清光緒二十三年至二十四年(1897—1898)刻本,樵川書院藏板

二十册

007472279　3224 1214.94

[民國]重修邵武縣志三十七卷首一卷

秦振夫、張燦修,朱書田等纂

民國二十六年(1937)福建邵武永生堂鉛印本

四册

007472296　T 3224 1471.81B

[康熙]甌寧縣志十三卷

(清)鄧其文纂修

清康熙三十三年(1694)刻本

八册

007472298 T 3224 1741.81
[康熙]建安縣志十卷
(清)崔銑修,陸登選等纂
清康熙五十二年(1713)刻本
六册

007472063 3224 1471.9
[民國]建甌縣志三十七卷首一卷
詹宣猷、劉達潛修,蔡振堅等纂
民國十八年(1929)建甌芝新印刷所鉛印本
十二册

007471969 3224 1472.9
[民國]建陽縣志十二卷
趙模、姚有則修,王寶仁、羅應辰纂
民國十八年(1929)建甌新明印刷所鉛印本
十二册

龍巖市

007472262 3224 0124.85
[道光]龍巖州志二十卷首一卷
(清)彭衍堂、袁曦業修,陳文衡等纂
清道光十五年(1835)修,光緒十六年(1890)張文治補刻本
十二册

007472265 3224 0124.9
[民國]龍巖縣志三十七卷首一卷附補遺
馬龢鳴、陳丕顯修,杜翰生纂
民國九年(1920)商務印書館鉛印本
十册

007472058 3223 322.83
[乾隆]汀州府志四十五卷首一卷
(清)曾曰瑛等修,李紱等纂
清乾隆十七年(1752)原刻,同治六年(1867)延楷翻刻本
二十册

007475535 3224 7332.88
[光緒]長汀縣志三十三卷首一卷末一卷
(清)王壘原本;劉國光、謝昌霖再續修
清光緒五年(1879)刻本
十四册

007473453 3224 2141.87
[乾隆]上杭縣志十二卷首一卷末一卷
(清)顧人驥等修,沈成國纂;郭應階增補
清乾隆二十五年(1760)修,同治三年(1864)增補重刊本
八册

007472285 T 3224 1414.81
[康熙]武平縣志十卷
(清)劉旷纂修;趙良生續纂修
清康熙三十八年(1699)刻本,有抄配
四册

007474595 3224 3235.88
[同治]寧洋縣志十二卷首一卷
(清)董鍾驥修,陳天樞、吴正南纂
清光緒元年(1875)刻本
八册

007474455 3224 3414.85
[道光]漳平縣志十卷首一卷補編一卷
(清)蔡世鈸修,林得震等纂
清道光十年(1830)修,民國二十四年(1935)福州許進記印刷所鉛印本
四册

寧德市

007474452 3224 3630.83
[乾隆]福寧府志四十四卷首一卷
(清)李拔等纂修
清乾隆二十七年(1762)修,光緒六年(1880)張其曜重刊本
十四册

007472060　3224 1432.9

[民國]霞浦縣志四十卷首一卷

羅汝澤、劉以臧修,徐友梧纂

民國十五年(1926)修,民國十八年(1929)鉛印本

八册

008094766　T 3224 4660.7

[崇禎]玉田識略八卷

(明)楊德周纂修

明崇禎六年(1633)纂,崇禎間(1628—1644)刻本

六册

007474653　T 3224 4660.83

[乾隆]古田縣志八卷

(清)辛竟可修,林咸吉、藍孫璿等纂

清乾隆十六年(1751)刻本

八册

007475506　T 3224 5432.81

[康熙]壽寧縣志八卷

(清)趙廷璣等修,柳上芝等纂

清康熙二十五年(1686)刻本

三册

江西省

007468614　T 3193 0.81

[康熙]西江志二百〇六卷

(清)白潢修,查慎行等纂

清康熙五十九年(1720)刻本

一百册

007468498　T 3193 0.82

[雍正]江西通志一百六十二卷首三卷

(清)高其倬、謝旻等修,陶成等纂

清雍正十年(1732)刻本

八十册

0033151273193 0.88b

[光緒]江西通志一百八十卷首五卷

(清)曾國藩、劉坤一等修,劉鐸、趙之謙等纂

清光緒七年(1881)刻本

一百二十四册

005577396　3067 7996

[光緒]江西要覽二十卷

陳炳星纂輯,陳增玉校

清光緒二十六年(1900)肇喻書屋刻本

四册

南昌市

007468623　T 3194 4260.83

[乾隆]南昌府志七十六卷首一卷末一卷

(清)陳蘭森等修,謝啓昆等纂

清乾隆五十四年(1789)刻本

三十二册

007468526　3194 4260.87

[同治]南昌府志六十六卷首一卷末一卷

(清)許應鑅、王之藩等修,曾作舟、杜防等纂

清同治十二年(1873)刻本,南昌縣學文昌祠藏版

四十册

007465032　3195 4266.85

[道光]南昌縣志三十九卷首一卷末一卷

(清)慶雲、張賦林修,吴啓楠、姜曾纂

清道光二十九年(1849)刻本,縣學文昌祠

藏板
五十六册

007465033 3195 4266.87
[同治]南昌縣志三十六卷首一卷末一卷
(清)陳紀麟、汪世澤修,劉于潯、曾作舟纂
清同治九年(1870)刻本
三十八册

007464904 3195 4266.88 (1-40)
[民國]南昌縣志六十卷首一卷附文徵二十四卷詩徵五卷
江召棠、汪浩修,魏元曠纂
民國八年(1919)刻本
四十四册

007464904 3195 4266.88 (41-44)
[民國]南昌民國初元紀事十四卷首一卷
汪浩修,周德華纂
民國九年(1920)活字本
四十四册

007464897 3195 3485.87
[同治]安義縣志十六卷首一卷末一卷
(清)杜林修,彭斗山等纂
清同治十年(1871)活字本
八册

007472193 3195 0214.88
[乾隆]新建縣志序言十四卷
(清)曹秀先撰
清光緒間(1875—1908)刻本
二册

007472030 3195 0214.87
[同治]新建縣志九十九卷首一卷末一卷
(清)承霈修,杜友棠、楊兆崧纂
清同治十年(1871)刻本
四十册

007465016 3195 3378.87
[同治]進賢縣志二十五卷首一卷
(清)江璧等修,胡景辰等纂
清光緒二十四年(1898)據同治十年(1871)刻版補刻本
十六册

景德鎮市

007472040 3195 2010.87
[同治]樂平縣志十卷首一卷
(清)梅毓翰修,汪元祥等纂
清同治九年(1870)刻本,板藏翥山書院
十二册

萍鄉市

007465042 3195 4422.87
[同治]萍鄉縣志十卷首一卷
(清)錫榮等纂修
清同治十一年(1872)刻本,尊經堂藏板
八册

007465044 3195 4422.9
[民國]昭萍志略十二卷首一卷末一卷
劉洪闢等纂輯
民國二十四年(1935)萍鄉私立邑志館活字本
十二册

上饒市

007468615 T 3194 0826.83
[乾隆]廣信府志二十六卷首一卷
(清)連柱等纂修
清乾隆四十八年(1783)刻本
二十册

007468523 3194 0826.87
[同治]廣信府志十二卷首一卷
(清)蔣繼洙修,李樹藩纂
清同治十一年(1872)刻本

三十册

007472043　3195 2181.87
[同治]上饒縣志二十六卷首一卷
(清)王恩溥、邢德裕修,李樹藩等纂
清同治十二年(1873)刻本
二十六册

007472033　3195 0821.87
[同治]廣豐縣志十卷首一卷尾一卷
(清)雙全、王麟書修,顧蘭生、林廷杰等纂
清同治十一年(1872)刻本
十册

007472270　3195 1027.85
[道光]玉山縣志三十二卷首一卷
(清)武次韶等纂修
清道光三年(1823)刻本
八册

007472036　3195 1027.87
[同治]玉山縣志十卷首一卷附補遺一卷
(清)黄壽祺修,吴華辰、任廷槐纂
清同治十二年(1873)刻本
十册

007464912　3195 8627.87
[同治]鉛山縣志三十卷
(清)張廷珩等修,華祝三纂
清同治十二年(1873)刻本,文昌宫藏板
十六册

007464910　3195 7834.87
[同治]興安縣志十六卷首一卷
(清)李賓暘修,趙桂林纂
清同治十年(1871)刻本,岑陽書院藏板
六册
備註:今横峰縣

007464900　3195 4072.87
[同治]弋陽縣志十四卷首一卷
(清)俞致中修,汪炳熊等纂
清同治十年(1871)刻本,疊山書院藏板
十四册

007464913　3195 8910.87
[同治]餘干縣志二十卷首一卷末一卷
(清)區作霖、馮蘭森修,曾福善等纂
清同治十一年(1872)刻本,東山書院藏板
八册

007469637　3194 813.87
[同治]饒州府志三十二卷首一卷
(清)錫德修,石景芬纂
清同治十一年 (1872)刻本
十六册

007468633　3194 813.84
[嘉慶]番郡璅録四卷
(清)王朝榘纂
清嘉慶七年(1802)修,同治九年(1870)活字本
四册
備註:記録鄱陽府事

007472297　3195 2272.85
[道光]鄱陽縣志三十二卷首一卷末一卷
(清)陳驤等修,張瓊英纂
清道光四年(1824)刻本
三十册

007472042　3195 2272.87
[同治]鄱陽縣志二十四卷首一卷末一卷
(清)項珂、陳志培掌修,王廷鑑、程迓衡總修,邱棵等纂修
清同治十年(1871)刻本
十二册

007465036 3195 4285.87
[同治]萬年縣志十二卷首一卷
(清)項珂修,劉馥桂等纂
清同治十年(1871)刻本
十二册

008712233 T 3200 1439.81
[康熙]婺源縣志十二卷
(清)蔣燦等纂修
清康熙三十三年(1694)刻本
二十册

007466798 T 3200 1439.83
[乾隆]婺源縣志三十九卷首一卷
(清)俞雲耕等修,潘繼善等纂
清乾隆二十二年(1757)刻本
三十二册

007466800 3200 1439.85
[道光]婺源縣志三十九卷首一卷
(清)黄應昀、朱元理纂修
清道光六年(1826)刻本
十六册

007466805 3200 1439.88
[光緒]婺源縣志六十四卷首一卷
(清)吴鶚修,汪正元纂
清光緒九年(1883)刻本
二十四册

007466809 3200 1439.88b
[光緒]婺源鄉土志不分卷
(清)董鍾琪等原撰,王鴻椿校正
清光緒三十四年(1908)活字印本
一册

007473311 3195 2378.87
[同治]德興縣志十卷首一卷末一卷
(清)孟慶雲修,楊重雅纂
清同治十一年(1872)刻本,板存興賢書院
十二册

九江市

007468525 3194 4131.87
[同治]九江府志五十四卷首一卷末一卷
(清)達春布修,黄鳳樓等纂
清同治十三年(1874)刻本,九江府學文昌宫藏板
二十四册

007473309 3195 2321.87
[同治]德化縣志五十四卷首一卷
(清)陳鼒修,吴彬等纂
清同治十一年(1872)刻本
十六册
備註:今九江縣

007472039 3195 1432.87
[同治]武寧縣志四十四卷首一卷末一卷
(清)何慶朝纂修
清同治九年(1870)刻本
二十册

007465067 3195 8532.87
[同治]義寧州志四十卷首一卷
(清)王維新等修,涂家杰等纂
清同治十年(1871)修,同治十二年(1873)刻本
二十六册

007473310 3195 2334.87
[同治]德安縣志十五卷
(清)沈建勳修,程景周等纂
清同治十年(1871)刻本,蒲亭官廨藏板
八册

007464898 3195 611.87
[同治]星子縣志十四卷首一卷

(清)藍煦、徐鳴皋修,曹徵甲等纂
清同治十年(1871)刻本
十二册

007465031　3195 4260.87
[同治]都昌縣志十六卷首一卷
(清)狄學耕修,黄昌蕃等纂
清同治十一年(1872)刻本
十册

007464662　3195 3260.84
[嘉慶]湖口縣志十八卷首一卷
(清)宋庚修,洪宗訓等纂
清嘉慶二十三年(1818)刻本
十册

007464522　3195 3260.87
[同治]湖口縣志十卷首一卷
(清)殷禮、張興言修,周謨等纂
清同治十三年(1874)刻本
十二册

007465026　T 3195 4236.83
[乾隆]彭澤縣志十六卷
(清)吴會川、何炳奎纂修
清乾隆二十一年(1756)刻本
八册

007464901　3195 4236.87
[同治]彭澤縣志十八卷首一卷補遺一卷
(清)趙宗耀、陳文慶修,歐陽燾等纂
清同治十二年(1873)刻本,文昌閣藏板
十六册

007472276　T 3195 1266.83
[乾隆]瑞昌縣志二十二卷
(清)蔣有道修,聶師焕纂
清乾隆二十年(1755)刻本
八册

007472037　3195 1266.87
[同治]瑞昌縣志十卷首一卷
(清)姚暹修,馮士傑等纂
清同治十年(1871)瀼溪試院刻本
十二册

新余市

007472264　3195 0262.85
[道光]新喻縣志十四卷首一卷附詩存一卷文存一卷
(清)陸堯春等纂修
清道光五年(1825)刻本
十二册

007472032　3195 0262.87
[同治]新喻縣志十六卷首一卷
(清)祥安修,吴增逵纂
清同治十二年(1873)刻本,板存瀛洲書院
十二册

007465066　3195 8231.87
[同治]分宜縣志十卷首一卷
(清)李寅清、夏琮鼎修,嚴升偉等纂
清同治十年(1871)刻本
二十册

鷹潭市

007464878　3195 3421.87
[同治]安仁縣志三十六卷首一卷末一卷
(清)朱潼修,徐彦楠等纂
清同治十一年(1872)刻本,有抄配
十册
備註:今余江縣

007464906　3195 5833.88
[同治]貴溪縣志十卷首一卷
(清)楊長杰等修,黄聯珏等纂
清同治十年(1871)刻本
十四册

贛州市

007468522 3194 0832.87
[同治]贛州府志七十八卷首一卷
(清)魏瀛修,魯琪光、鍾音鴻等纂
清同治十二年(1873)贛州府署刻本
十八册

007465023 T 3195 4234.83
[乾隆]南安府志二十二卷
(清)蔣有道修,史珥纂
清乾隆三十三年(1768)刻本
十六册

007464894 3195 4234.87 (1-22)
[同治]南安府志三十二卷首一卷
(清)黄鳴珂修,石景芬纂;徐福炘續纂
清同治七年(1868)刻本
二十二册

007464895 3195 4234.87 (23-28)
[光緒]南安府志補正十二卷首一卷
(清)楊錞纂修
清光緒元年(1875)南安府署刻本
六册

007472034 3195 0869.87
[同治]贛縣志五十四卷首一卷
(清)黄德溥、崔國榜修,褚景昕纂
清同治十一年(1872)刻本
十八册

007473461 T 3195 2621.83
[道光]信豐縣志續編十六卷
(清)游法珠原本;許夔、袁曦業續修,謝肇漣續纂
清乾隆十六年(1751)修,道光三年(1823)續修,道光四年(1824)刻本
六册

007465037 T 3195 4303.86 (1-8)
[乾隆]南安府大庾縣志二十卷首一卷
(清)余光璧纂修
清乾隆十三年(1748)刻本
十册
備註:今大余縣

007465037 T 3195 4303.86 (9-10)
[咸豐]大庾縣續志二卷
(清)汪報閏續修,譚習篆等續纂
清咸豐元年(1851)刻本
十册

007465038 3195 4303.9
[民國]大庾縣志十六卷
吴寶炬修,劉人俊纂
民國八年(1919)原刻,十二年(1923)重印
十六册

007472295 3195 2146.88
[光緒]上猶縣志十八卷首一卷
(清)葉滋蘭修,李臨馴纂
清光緒七年(1881)修,光緒十九年(1893)校補刻本
八册

007473465 3195 2985.87
[同治]崇義縣志十二卷
(清)汪寶樹等修,胡友梅纂
清同治六年(1867)刻本
五册

007473314 3195 2985.88
[光緒]崇義縣志八卷續增一卷
(清)廖鼎璋纂修
清光緒二十一年(1895)贛城古香齋刻本
八册

007465018　3195 3433.85
[道光]安遠縣志三十二卷首一卷
(清)黄文燮修,徐必藻纂
清道光三年(1823)刻本
五册

007464896　3195 3433.87
[同治]安遠縣志十卷首一卷
(清)黄瑞圖修,丁珮、歐陽鐸等纂
清同治十一年(1872)刻本
十册

008191628　3195 0142.85
[道光]龍南縣志八卷首一卷
(清)王所舉等修,徐思諫等纂
清道光六年(1826)刻本
十二册

007464899　3195 3842.87
[同治]定南廳志八卷
(清)王大枚修,黄正琅、黄正紱纂
清同治十一年(1872)刻本
十册

007472274　3195 1242.85
[道光]雩都縣志三十二卷
(清)黄濬纂修
清道光十年(1830)刻本
十册
備註:今于都縣

007472038　3195 1242.87
[同治]雩都縣志十六卷首一卷
(清)顔壽芝、王穎修,何戴仁等纂
清同治十二年(1873)雩陽書院刻本,板存雩都縣學明倫堂
十二册

007464887　3185 786.88
[光緒]興國州志三十六卷首一卷
(清)陳光亨原本;王鳳池、劉鳳綸續纂修
清光緒十五年(1889)刻本,板藏富川書院之奎光閣
十六册

007465060　3195 7865.85
[道光]興國縣志四十六卷首一卷
(清)蔣敘倫等修,蕭朗峰纂
清道光四年(1824)刻本
十二册

007465062　3195 7865.87
[同治]興國縣志四十六卷首一卷
(清)崔國榜修,金益謙等纂
清同治十一年(1872)刻本
十二册

007465055　3195 7332.86
[咸豐]長寧縣志四卷首一卷末一卷
(清)蘇霈芬等修,曾撰等纂
清咸豐五年(1855)刻本
七册
備註:今尋烏縣

007472277　3195 1281.87
[光緒]瑞金縣志十六卷首一卷
(清)張國英修,陳方纂
清光緒元年(1875)刻本
十六册

007468620　3194 4203.87
[同治]南康府志二十四卷首一卷
(清)盛元纂修
清同治十一年(1872)刻本
十三册

007464909　3195 420.87
[同治]南康縣志十四卷首一卷
(清)沈恩華修,盧鼎峋等纂

清同治十一年(1872)刻本
十二册

吉安市

007468625　T 3194 4634.85
[乾隆]吉安府志七十四卷首一卷
(清)盧崧等修,朱承煦纂
清乾隆四十一年(1776)原刻,道光二十二年(1842)李鎔經補刻本
四十册

007468528　3194 4634.88
[光緒]吉安府志五十三卷首一卷
(清)定祥、特克紳布等修,劉繹、周立瀛等纂
清光緒元年至二年(1875—1876)刻本
四十册

007468529　3194 763.87
[同治]臨江府志三十二卷首一卷
(清)德馨等修,朱孫詒等纂
清同治十年(1871)刻本
六册

007472191　3195 0174.85
[道光]廬陵縣志四十八卷首一卷
(清)梅大鶴等修,王錦芳等纂
清道光五年(1825)刻本,有抄配
二十册

007472192　3195 0174.87
[同治]廬陵縣志五十六卷首一卷附補編一卷
(清)陳汝楨等修,匡汝諧等纂
清同治十一年(1872)修,同治十二年(1873)刻本
二十四册

007469636　3195 017.93
[民國]廬陵縣志二十八卷首一卷末一卷
(清)王補修,曾燦材纂
民國九年(1920)刻本
二十册

007465047　3195 4613.85
[道光]吉水縣志三十二卷首一卷
(清)周樹槐纂修
清道光五年(1825)刻本
四十册

007465048　3195 4613.87
[光緒]吉水縣志六十六卷首一卷附尚義録
(清)彭際盛等修,胡宗元纂
清光緒元年(1875)刻本
二十二册

007473312　3195 2331.87
[同治]峽江縣志十卷首一卷
(清)暴大儒修,廖其觀纂
清同治十年(1871)刻本
八册

007472196　3195 0231.87
[同治]新淦縣志十卷首一卷
(清)王肇賜等修,陳錫麟等纂
清同治九年(1870)修,同治十二年(1873)活字本
十六册
備註:今新干縣

007465013　3195 3321.87
[同治]永豐縣志四十卷
(清)雙貴、王建中修,劉繹等纂
清同治十三年(1874)刻本
二十册

007465049　3195 5326.85
[道光]泰和縣志四十八卷首一卷
(清)楊訒纂修;徐迪惠訂正

清道光四年(1824)刻,道光六年(1826)徐迪惠訂正補修本
二十册

007464908　3195 5326.88
[光緒]泰和縣志三十卷首一卷
(清)宋瑛、彭啓瑞原本,周之鏞續修
清光緒四年至五年(1878—1879)刻本
十六册

007464523　3195 3022.87
[同治]龍泉縣志十八卷首一卷末一卷
(清)王肇渭等修,郭崇煇等纂
清同治十二年(1873)刻,民國間(1912—1949)重印本
十二册
備註:今遂川縣,原名龍泉縣。此爲民國間重印本,有挖改。題簽爲"遂川縣志"

007464903　3195 4230.87
[同治]萬安縣志二十卷首一卷末一卷
(清)歐陽駿修,周之鏞纂
清同治十二年(1873)原刻,光緒三年(1877)重校正刻本
十二册

007464521　3195 3036.87
[同治]安福縣志十八卷首一卷末一卷
(清)姚濬昌修,周立瀛等纂
清同治十一年(1872)刻本
十二册

007465008　T 3195 3302.83
[乾隆]永新縣志十卷
(清)王翰修,陳善言等纂
清乾隆十一年(1746)刻本
八册

007465009　3195 3302.87
[乾隆]禾川書二十卷
(清)譚尚書纂
清乾隆四十年(1775)修,同治十一年(1872)永新譚氏春草堂刻本
四册

007464438　3195 3272.9
[民國]寧岡縣志六卷附後志四卷
鄧南驤修,鄒代藩纂;丁國屏續修,陳家駿續纂
民國二十六年(1937)鉛印本
八册
備註:今併入井岡山市

宜春市

007468527　3194 432.87
[同治]袁州府志十卷首一卷
(清)駱敏、黄恩浩等修,蕭玉銓等纂
清同治十三年(1874)刻本
三十六册

007464905　3195 5502.87
[同治]奉新縣志十六卷首一卷末一卷
(清)吕懋先修,帥方蔚等纂
清同治十一年(1872)刻本
十二册

007472289　3195 2102.87
[同治]重修上高縣志十四卷首一卷末一卷
(清)馮蘭森修,陳卿雲等纂
清同治九年(1870)刻本
十四册

007472199　3195 0260.87
[同治]新昌縣志三十二卷首一卷末一卷
(清)朱慶萼、謝雲龍等纂修
清同治九年(1870)年修,同治十一年(1872)活字本

二十册
備註:今宜豐縣

007472197 3195 0234.87
[同治]靖安縣志十六卷首一卷
(清)徐家瀛修,舒孔恂纂
清同治九年(1870)活字本
十二册

007472284 3195 2045.85
[道光]豐城縣志二十四卷首一卷
(清)徐清選等修,毛輝鳳等纂
清道光五年(1825)刻本
十二册

007472041 3195 2145.87
[同治]豐城縣志二十八卷首一卷
(清)王家傑等修,周文鳳、李庚纂
清同治十二年(1873)刻本
十六册

007464524 3195 3231.87
[同治]清江縣志十卷首一卷
(清)潘懿等修,朱孫詒等纂
清同治九年(1870)刻本
十册
備註:今樟樹市

007468521 3194 122.87
[同治]瑞州府志二十四卷首一卷
(清)黄廷金修,蕭浚蘭、熊松之等纂
清同治十二年(1873)刻本
十四册

007472029 3195 023.87
[同治]高安縣志二十八卷首一卷
(清)孫家鐸修,熊松之、蕭浚蘭等纂
清同治十年(1871)刻本
二十册

撫州市

007468629 T 3194 5332.82
[雍正]撫州府志四十五卷首一卷
(清)羅復晋修,李茹旻等纂
清雍正七年(1729)刻本
二十二册

007468530 3194 5332.88
[光緒]撫州府志八十六卷首一卷
(清)許應鑅、朱澄瀾等修,謝煌等纂
清光緒二年(1876)刻本
三十六册

007468616 T 3194 1466.83
[乾隆]建昌府志六十四卷首一卷
(清)孟炤修,黄祐等纂
清乾隆二十四年(1759)刻本
十六册

007468524 3194 1466.87
[同治]建昌府志十卷首一卷
(清)鄧子彝等修,魯琪光等纂
清同治十一年(1872)刻本
三十册

007465058 3195 7622.84
[嘉慶]臨川縣續志十二卷
(清)秦沆纂修
清嘉慶二十一年(1816)修,二十四年(1819)刻本
四册

007464865 3195 7622.87
[同治]臨川縣志五十四卷圖一卷首一卷末一卷
(清)童範儼修,陳慶齡等纂
清同治九年(1870)刻本,縣學尊經閣藏板
二十四册

007464902　3195 4245.87
［同治］南城縣志十卷首一卷
（清）李人鏡等修，梅體萱纂
清同治十二年（1873）刻本
二十四册

007465030　3195 4251.87
［同治］南豐縣志四十六卷首一卷末一卷
（清）柏春修，魯琪光等纂
清同治十年（1871）刻本
二十八册

007464853　3195 4251.93
［民國］南豐縣志三十六卷首一卷末一卷附南豐節孝録一卷
包發鸞總修，趙惟仁總纂
民國十三年（1924）南豐擒華刷印公司鉛印本
十六册

007473313　3195 293.87
［同治］樂安縣志十二卷首一卷
（清）朱奎章修，胡芳杏纂
清同治十年（1871）刻本
八册

007464520　3195 314.87
［同治］宜黄縣志五十卷首一卷
（清）張興言修，謝煌等纂
清同治十年（1871）刻本，鳳岡書院藏板
二十四册

007465064　3195 8126.85
［道光］金溪縣志二十六卷首一卷
（清）松安等纂修
清道光六年（1826）刻本
十册

007464911　3195 8126.87
［同治］金溪縣志三十六卷首一卷末一卷
（清）程芳修，鄭浴修等纂
清同治十年（1871）刻本
十六册

007464907　3195 5922.87
［同治］東鄉縣志十六卷首一卷末一卷
（清）李士棻、王維新修，胡業恒等纂
清同治八年（1869）刻本
十册

007472035　3195 0866.87
［同治］廣昌縣志十卷首一卷
（清）曾毓璋等纂修
清同治六年（1867）刻本
十册

007472031　3195 0245.87
［同治］江西新城縣志十二卷首一卷末一卷
（清）劉昌岳、金時宜修，鄧家祺等纂
清同治十年（1871）刻本
十六册

山東省

010246182　T 3138 1488
［至元］齊乘六卷附考證釋音
（元）于欽纂修，于潛釋音；（清）周嘉猷考證
清乾隆四十六年（1781）刻本
四册

005638891　3057 4942
山東考古録一卷續編三十二卷
（明）顧炎武著，（清）葉圭綬著
清光緒八年（1882）山東書局刻本

七册

010246151　T 3138 0.81
[康熙]山東通志六十四卷
(清)趙祥星修,錢江纂
清康熙十七年(1678)刻本
二十四册

010246511　T 3138 2759.82
[雍正]山東通志三十六卷首一卷
(清)岳濬、法敏修,杜詔等纂
清乾隆元年(1736)刻,道光十七年(1837)補刻本
四十二册

007482282　3138 2759.89
[宣統]山東通志二〇〇卷首九卷附録一卷補遺一卷
(清)楊士驤等修,孫葆田等纂
民國四年(1915)山東通志刊印局鉛印本
一百二十八册

濟南市

007785288　3139 3242.85
[道光]濟南府志七十二卷首一卷
(清)王贈芳、王鎮修,成瓘、冷烜等纂
清道光二十年(1840)刻本
四十册

008094721　T 3140 714.7
[崇禎]歷城縣志十六卷
(明)宋祖法修,葉承宗纂
明崇禎十三年(1640)刻本
八册

010249534　T 3140 714.83
[乾隆]歷城縣志五十卷首一卷
(清)胡德琳修,李文藻、周永年等纂
清乾隆三十六年(1771)刻本
十六册

010249578　T 3140 714.83B
[乾隆]歷城縣志五十卷首一卷存五卷
(清)胡德琳修,李文藻等纂
抄本,據清乾隆三十六年(1771)刻本傳抄
五册

007480711　3140 714.93
[民國]續修歷城縣志五十四卷
毛承霖等纂修
民國十三年(1924)修,民國十五年(1926)濟南大公印務公司鉛印本
二十册

007480611　3140 7332.85
[道光]長清縣志十六卷首四卷末二卷
(清)舒化民修,徐德城等纂
清道光十五年(1835)刻本
八册

007480593　3140 7332.9
[民國]長清縣志十六卷首一卷末一卷
李起元等修,王連儒等纂
民國二十四年(1935)鉛印本
十二册

010247591　T 3140 1473.80
[順治]平陰縣志八卷首一卷
(清)陳秉直修,趙貫臺纂
清康熙十三年(1674)刻本
六册

007462484　T 3140 1473.84
[嘉慶]平陰縣志四卷
(清)喻春林修,朱續孜纂
清嘉慶十三年(1808)刻本
四册

007462336　3140 1473.85
[道光]平陰縣志續刻二卷
(清)張樸修,熊衍學纂
清道光二十八年(1848)刻本
二册

007462326　3140 1473.88
[光緒]平陰縣志八卷首一卷
(清)李敬修纂修
清光緒二十一年(1895)刻本,板存雲門書院
八册

007480706　T 3140 3272.83
[乾隆]濟陽縣志十四卷首一卷
(清)胡德琳修,何明禮、章承茂纂
清乾隆三十年(1765)刻本
八册

007480589　3140 3272.9
[民國]濟陽縣志二十卷首一卷
盧永祥、李國慶等修,王嗣鋆纂
民國二十三年(1934)上海中華書局聚珍仿宋版鉛印本
十二册

007482283　3140 0032.85
[道光]商河縣志八卷首一卷
(清)龔廷煌等纂修
清道光十六年(1836)刻本
八册

007482300　3140 0032.9
[民國]重修商河縣志十五卷首一卷
石毓嵩修,王錫恩等纂
民國二十五年(1936)鉛印本
十六册

008668201　T 3140 0471.81
[康熙]章邱縣志十二卷首一卷
(清)鍾運泰纂修
清康熙三十年(1691)刻本
十册

009480972　T 3140 0471.83
[乾隆]章邱縣志十三卷首一卷
(清)張萬青纂修
清乾隆二十一年(1756)刻本
十册

007462473　3140 0472.85
[道光]章邱縣志十六卷首一卷末一卷
(清)吴璋修,曹楙堅等纂
清道光十三年(1833)修,道光十五年(1835)刻本
八册

007462330　3140 0472.88
[光緒]章邱縣鄉土志二卷
(清)楊學淵修,李洪鈺等纂
清光緒三十三年(1907)石印本
二册

青島市

010249715　T 3140 7232.83
[乾隆]膠州志八卷首一卷
(清)周於智、宋文錦修,劉恬纂
清乾隆十七年(1752)刻本
八册

007480718　3140 7232.85
[道光]膠州志四十卷
(清)張同聲修,李圖等纂
清道光二十五年(1845)刻本
八册

007480528　3140 7232.9
[民國]增修膠志五十五卷首一卷
葉超英、謝錫文等修,匡超等纂

民國二十年(1931)膠縣大同印刷社鉛印本
十六册

007480609 3140 7234.9
[民國]膠澳志十二卷附圖一卷
趙琪修,袁榮叜纂
民國十七年(1928)青島華昌大印刷局鉛印本
十册

010249724 T 3140 7261.83
[乾隆]即墨縣志十二卷首一卷
(清)尤淑孝修,李元正纂
清乾隆二十九年(1764)刻本
六册

007480610 3140 7261.87
[同治]即墨縣志十二卷
(清)林溥修,周翕鐄等纂
清同治十二年(1873)刻本
八册

008608961 T 3140 1404.81
[康熙]平度州志十二卷
(清)李世昌纂修
清康熙五年(1666)刻本
十册

007480712 3140 1404.85
[道光]重修平度州志二十七卷
(清)保忠、鄒崇孟等修,李圖等纂
清道光二十八年至二十九年(1848—1849)刻本
八册

淄博市

008627932 T 3140 3622.83
[乾隆]淄川縣志八卷首一卷
(清)張鳴鐸修,張廷寀等纂
清乾隆四十一年(1776)刻本
八册

008607889 T 3140 3622.83B
[乾隆]淄川縣志八卷首一卷
(清)王康修,臧岳等纂
清乾隆八年(1743)刻本
八册

008627933 T 3140 4427.83
[乾隆]博山縣志十卷首一卷
(清)富申修,田士麟纂
清乾隆十八年(1753)刻本
四册

009216051 T 3140 4427.8
[乾隆]博山志稿八卷
(清)洪鑾纂修
清乾隆後期(1775—1795)刻本
一册

007481860 3140 4427.9
[民國]續修博山縣志十五卷首一卷
王蔭桂修,張新曾等纂
民國二十六年(1937)博山三元堂書店鉛印本
八册

010249787 T 3140 7636.81
[康熙]臨淄縣志十六卷
(清)鄧性修,李焕章纂
清康熙十一年(1672)刻本
六册

008607868 T 3141 0832.81
[康熙]顔神鎮志五卷
(清)葉先登纂輯
清康熙九年(1670)刻本
四册

010246817　T 3140 0245.81 (1–5)
[康熙]新城縣志十四卷首一卷
(清)崔懋修,嚴濂曾纂
清康熙三十二年(1693)刻本
六册
備註:今桓臺縣

010246817　T 3140 0245.81 (6)
[康熙]新城縣續志二卷
(清)孫元衡修,王啓涑編
清康熙三十二年(1693)刻本
六册
備註:今桓臺縣

007461097　3140 0245.9
[民國]新城縣志二十六卷首一卷
袁勵傑、張儒玉修,王寀廷、陳長舉、宋敬臣纂
民國二十二年(1933)鉛印本
十二册
備註:今桓臺縣

010246771　T 3140 0241.83
[乾隆]高苑縣志十卷
(清)張耀璧纂修
清乾隆二十三年(1758)刻本
六册

010249337　T 3140 5245.84
[乾隆]青城縣志十二卷
(清)方鳳修,周珹等纂
清乾隆二十四年(1759)刻本
四册

007482306　3140 5245.9
[民國]青城續修縣志四卷
楊啓東修,趙梓湘纂
民國二十四年(1935)濟南五三美術印刷社鉛印本
六册
備註:今高青縣

007461318　T 3140 0259.81
[康熙]齊東縣志八卷圖一卷
(清)余爲霖修,郭國琦等纂
清康熙二十四年(1685)刻,嘉慶八年(1803)增刻本
六册

棗莊市

010247766　T 3140 2469.83
[乾隆]嶧縣志十卷首一卷
(清)忠璉纂修
清乾隆二十六年(1761)刻本
六册

007482301　3140 2469.88
[光緒]嶧縣志二十五卷首一卷
(清)王振録、周鳳鳴修,王寶田纂
清光緒三十年(1904)刻本,嶧縣義塾藏板
十二册

007481960　3140 7369.85
[道光]滕縣志十四卷首一卷
(清)王政修,王庸立、黄來麟纂
清道光二十六年(1846)刻本
八册

007482119　3140 7369.9
[民國]續滕縣志五卷
崔公甫等修,高熙喆等纂;生克中、高延柳等續纂
民國三十年(1941)法源寺刻本
五册

007482298　3141 7369.88
[光緒]滕縣鄉土志不分卷
(清)高熙喆編

清光緒三十三年(1907)石印本
一册

東營市

007462500 T 3140 2931.81 (1-2)
[康熙]利津縣新志十卷
(清)韓文焜等纂修
清康熙十二年修,乾隆二十三年(1758)刻本
二册

008627877 T 3140 2931.81 (3)
[乾隆]利津縣志續編十卷
(清)劉文確修,劉永祚纂
清乾隆二十三年(1758)刻本
二册

008627877 T 3140 2931.81 (4)
[乾隆]利津縣志補六卷
(清)程士範纂修
清乾隆三十五年(1770)刻本
二册

007462488 3140 2235.88
[光緒]利津縣志十卷文徵五卷
(清)盛贊熙修,余朝棻等纂
清光緒九年(1883)刻本
四册

007481949 3140 2235.9
[民國]利津縣續志九卷附利津文徵五卷利津文徵續編五卷
王廷彦修,蓋爾佶纂
民國二十四年(1935)鉛印本
四册

010247655 T 3140 2030.82
[雍正]樂安縣志二十卷
(清)李方膺纂修
清雍正十一年(1733)刻本
四册
備註:今廣饒縣

007462295 3140 0881.9
[民國]續修廣饒縣志二十八卷首一卷
王文彬、潘萊峰修,王寅山等纂
民國二十四年(1935)廣饒縣志局鉛印本
八册

煙臺市

010248881 T 3140 362.83
[乾隆]福山縣志十二卷
(清)何樂善修,蕭劼、王積熙纂
清乾隆二十八年(1763)刻本
八册

007480604 3140 3627.9
[民國]福山縣志稿十卷附黌門録一卷民國志一卷
王陵基等修,于宗潼、蕭鴻藻等纂
民國二十年(1931)煙臺福裕東書局鉛印本
十四册

010248801 T 3140 3235.81
[康熙]寧海州志十卷
(清)楊引祚等纂修
清康熙十一年(1672)刻本
二册

007480606 3140 3235.87
[同治]寧海州志二十六卷
(清)舒孔安修,王厚階纂
清同治三年(1864)刻本,牟平書院藏板
八册

010249308 T 3140 486.83
[乾隆]黄縣志十二卷
(清)袁中立修,毛贄纂

清乾隆二十一年(1756)刻本,敬慎堂藏板
四册
備註:今龍口市

007482288 3140 486.87
[同治]黄縣志十四卷首一卷末一卷
(清)尹繼美纂修
清同治十年(1871)刻本
四册
備註:今龍口市

010249331 T 3140 4972.81
[康熙]萊陽縣志十卷
(清)萬邦維、衛元爵修,張重潤纂
清康熙十七年(1678)刻本
四册

007482303 3140 4972.9
[民國]萊陽縣志三卷首一卷末一卷
楊西桂、梁秉錕修,王丕煦纂
民國二十四年(1935)鉛印本
十二册

007482556 3139 4030.7
[萬曆]萊州府志八卷
(明)龍文明修,趙燿等纂
明萬曆三十一年(1603)修,民國二十八年(1939)青島東萊趙氏永厚堂重刊本
八册

010246661 T 3139 4030.83
[乾隆]萊州府志十六卷首一卷
(清)嚴有禧纂修
清乾隆五年(1740)刻本
八册

010249374 T 3140 5469.83
[乾隆]掖縣志八卷
(清)張思勉修,于始瞻纂
清乾隆二十三年(1758)原刻,嘉慶十二年(1807)重印本
八册

007482304 T 3140 5469.84
[嘉慶]續掖縣志四卷
(清)張彤修,張詡纂
清嘉慶十二年(1807)刻本
四册
備註:今屬萊州市

007482305 3140 5469.88
[光緒]三續掖縣志四卷首一卷
(清)魏起鵬修,王續藩、林鍾柱等纂
清光緒十九年(1893)刻本
十六册

007482495 3140 5469.94
[民國]四續掖縣志六卷首一卷
劉國斌修,劉錦堂等纂
民國二十四年(1935)鉛印本
六册

010246276 T 3139 1132.83 (1-8)
[順治]登州府志二十二卷
(清)施閏章、楊奇列等纂修
清順治十七年(1660)刻本
十二册

010246276 T 3139 1132.83 (9-12)
[乾隆]續登州府志十二卷
(清)永泰纂修
清乾隆七年(1742)刻本
十二册

007482281 3139 1132.88
[光緒]增修登州府志六十九卷首一卷
(清)方汝翼、賈瑚修,周悦讓、慕榮榦纂
清光緒七年(1881)刻本
二十册

010249249 T 3140 4349.81
[康熙]蓬萊縣志八卷
(清)高崗修,蔡永華纂
清康熙十二年(1673)刻本
四册

007481854 3140 434.85
[道光]蓬萊縣志十四卷
(清)王文燾修,張本等纂
清道光十九年(1839)刻本
八册

007481953 3140 434.88
[光緒]蓬萊縣續志十四卷
(清)鄭錫鴻、江瑞采修,王爾植等纂
清光緒八年(1882)刻本
四册

010249415 T 3140 5633.80
[順治]招遠縣志十二卷
(清)張作礪修,張鳳羽纂
清順治十七年(1660)刻本
四册

007482309 3140 5633.85
[順治]招遠縣志十二卷
(清)張作礪修,張鳳羽纂
清道光二十六年(1846)刻本
八册

007482309 3140 5633.85
[道光]招遠縣續志四卷
(清)邊象曾修,李蔭等纂
清道光二十六年(1846)刻本
八册

010249283 T 3140 4414.83
[乾隆]棲霞縣志十卷
(清)衛萇纂修
清乾隆十九年(1754)刻本
八册

007481936 3140 4414.88
[乾隆]棲霞縣志十卷
(清)衛萇纂修
清光緒五年(1879)刻本
八册

007481936 3140 4414.88
[光緒]棲霞縣志十卷首一卷
(清)黄麗中修,于如川纂
清光緒五年(1879)刻本
八册
備註:光緒志各卷附于乾隆志各卷之後

007480710 T 3140 3572.83(1-4)
[乾隆]海陽縣志八卷
(清)包桂纂修
清乾隆七年(1742)刻本
十册

007480710 T 3140 3572.83(5-10)
[光緒]海陽縣續志十卷首一卷
(清)王敬勳修,李爾梅纂
清光緒六年(1880)刻本
十册

007462294 3140 2514.9
[民國]牟平縣志十卷首一卷
宋憲章修,于清泮纂
民國二十五年(1936)濟南山東印刷局鉛印本
十册

濰坊市

008044483 T 3140 7672.81
[康熙]臨朐縣志書四卷
(清)屠壽徵、張申立修,尹所遴等纂

清康熙十一年(1672)刻本
四册

007482313　3140 7672.88
[光緒]臨朐縣志十六卷首一卷
(清)姚延福修,鄧嘉緝、蔣師轍纂
清光緒十年(1884)刻本,光緒十一年(1885)紅色印本
六册

007482313　3140 7672.88B
[光緒]臨朐縣志十六卷首一卷
(清)姚延福修,鄧嘉緝、蔣師轍纂
清光緒十年(1884)刻本
六册

007479050　3140 6020.84
[嘉慶]昌樂縣志三十二卷首一卷
(清)魏禮焯、時銘修,閻學夏、黄方遠等纂
清嘉慶十四年(1809)刻本
六册

007479216　3140 6020.9
[民國]昌樂縣續志三十八卷
王金岳等修,趙文琴等纂
民國二十三年(1934)鉛印本
六册

007482557　T 3139 5230.81
[康熙]青州府志二十二卷
(清)陶錦修,王昌學等纂
清康熙六十年(1721)刻本
八册

007482295　3139 5230.86
[咸豐]青州府志六十四卷
(清)李廷揚、毛永柏修,李圖、劉耀椿纂
清咸豐九年(1859)刻本
十六册

010249829　T 3140 8142.81
[康熙]益都縣志十四卷首一卷
(清)陳食花修,鍾諤等纂
清康熙十一年(1672)刻本
六册

007482310　3140 814.88
[光緒]益都縣圖志五十四卷首一卷
(清)張承燮修,法偉堂等纂
清光緒三十三年(1907)刻本
十六册

008040242　T 3140 0645.83
[乾隆]諸城縣志四十六卷
(清)宫懋讓修,李文藻等纂
清乾隆二十九年(1764)刻本
八册

007462332　3140 0645.85
[道光]諸城縣續志二十三卷
(清)劉光斗修,朱學海纂
清道光十四年(1834)刻本
四册

007462333　3140 0645.88
[光緒]增修諸城縣續志二十二卷
(清)劉嘉樹修,苑棻池、邱濬恪纂
清光緒十八年(1892)刻本
六册

007462477　3140 0645.881
[光緒]諸城縣鄉土志二卷
(清)陳觀圻修,王熙昭等纂
清末鉛印本
二册

007481955　3140 4491.84
[嘉慶]壽光縣志二十卷
(清)劉翰周纂修

清嘉慶五年(1800)刻本
七册

007482287　3140 5491.9
[民國]壽光縣志十六卷首一卷
宋憲章修,鄒允中、崔亦文纂
民國二十五年(1936)鉛印本
十二册

008094720　T 3140 3070.7
[萬曆]安邱縣志二十八卷
(明)熊元修,馬文煒纂
明萬曆十七年(1589)刻本
四册

009479165　T 3140 3070.80
[康熙]續安邱縣志二十五卷
(清)任周鼎修,王訓纂
清康熙二年(1663)年刻本
四册

010249105　T 3140 4121.81
[康熙]杞紀二十二卷
(清)張貞纂
清康熙五十五年(1716)刻本
六册

010246758　T 3140 0237.83
[乾隆]高密縣志十卷首一卷末一卷
[清]張乃史修,錢廷熊纂
清乾隆十九年(1754)刻本
四册

007482284　3140 0237.88
[光緒]高密縣志十卷首一卷末一卷
(清)傅賫予修,李勷運等纂
清光緒二十二年(1896)刻本
八册

007482237　3140 0237.9
[民國]高密縣志十六卷首一卷
余有林、曹夢九修,王照青等纂
民國二十四年(1935)鉛印本
十二册

010249517　T 3140 6661.83
[乾隆]昌邑縣志八卷
(清)周來邰纂修
清乾隆七年(1742)刻本
四册

007479221　3140 6061.88
[光緒]昌邑縣續志八卷
(清)陳嘉楷等修,韓天衢等纂
清光緒三十三年(1907)刻本
六册

010248503　T 3140 3169.83
[乾隆]濰縣志六卷首一卷末一卷
(清)張耀璧修,王頌芬等撰
清乾隆二十五年(1760)刻本
六册

007462331　3140 3169.88
[光緒]濰縣鄉土志不分卷
(清)宋朝楨修,陳傳弼等纂
清光緒三十三年(1907)石印本
一册

007482012　3140 1404.9
[民國]平度縣續志十二卷首一卷末一卷
丁世平、刁承襄修,尚慶翰纂
民國二十五年(1936)鉛印本
八册

濟寧市

008607899　T 3140 3232.81
[康熙]濟寧州志十卷

(清)廖有恒修,楊通睿等纂
清康熙十二年(1673)刻本
十册

010246437　T 3139 3232.83
[乾隆]濟寧直隸州志三十四卷首一卷
(清)胡德琳、藍應桂修,周永年、盛百二纂
清乾隆五十年(1785)增刻本
二十册

007516304　3139 3232.85 (1-20)
[咸豐]濟寧直隸州志十卷首一卷末一卷
(清)徐宗幹修,盧朝安續修,許瀚纂
清咸豐九年(1859)刻本
二十册

007516505　3139 3232.85 (21-24)
[咸豐]濟寧直隸州續志四卷
(清)徐宗幹等修
清咸豐九年(1859)刻本
四册

007482229　3139 3232.9
[民國]濟寧直隸州續志二十四卷首一卷末一卷
潘守廉修,唐烜、徐金銘纂
民國十六年(1927)鉛印本
十二册

007480525　3140 3232.9
[民國]濟寧縣志四卷首一卷
潘守廉修,袁紹昂纂
民國十六年(1927)鉛印本
四册

008607903　T 3140 2341.83
[乾隆]魚臺縣志十三卷首一卷末一卷
(清)馮振鴻等纂修
清乾隆二十九年(1764)刻本
四册

007462341　3140 2341.88
[光緒]魚臺縣志四卷首一卷末一卷
(清)趙英祚纂修
清光緒十五年(1889)刻本
四册

008607870　T 3140 8122.83
[乾隆]金鄉縣志二十卷
(清)王天秀修,孫巽纂
清乾隆三十三年(1768)刻本
八册

007482314　3140 8122.86
[咸豐]金鄉縣志十二卷首一卷
(清)李壘纂修
清同治元年(1862)刻本
四册

007482128　T 3140 4635.83
[乾隆]嘉祥縣志四卷首一卷
(清)倭什布纂修
清乾隆四十三年(1778)刻本
四册

007481937　3140 4635.88
[光緒]嘉祥縣志四卷首一卷
(清)章文華、官擢午纂修
清光緒三十四年(1908)修,宣統元年(1909)刻本
四册

010248980　T 3140 3421.7 (1-2)
[萬曆]汶上縣志八卷
(明)栗可仕修,王命新纂
明萬曆三十六年(1608)原刻,清康熙五十六年(1717)補修本
四册

010248980 T 3140 3421.7 (3-4)
[康熙]續修汶上縣志六卷
(清)聞元炅纂修
清康熙五十六年(1717)刻本
四册

008627873 T 3140 3613.81
[順治]泗水縣志十二卷
(清)劉桓修,杜燦然纂
清康熙元年(1662)刻本
二册

007480587 3140 3613.88
[光緒]泗水縣志十五卷首一卷
(清)趙英祚修,黄承𦢊等纂
清光緒十八年(1892)刻本
八册

010249389 T 3140 5624.83
[乾隆]曲阜縣志一百卷
(清)潘相等纂修
清乾隆三十九年(1774)刻本
十二册

007482233 3140 5624.9
[民國]續修曲阜縣志八卷
孫永漢修,李經野、孔昭曾等纂
民國二十三年(1934)濟南同志印刷所鉛印本
八册

007482508 3141 2261.88
[嘉慶]續修仲里志六卷
(清)仲貽熙重纂
清嘉慶二十至二十一年(1815—1816)修,光緒二年(1876)刻本
五册

010246633 T 3139 0130.83
[乾隆]兖州府志三十二卷首二卷圖考一卷
(清)覺羅普爾泰修,陳顧瀰纂
清乾隆三十五年(1770)刻本
十六册

010248825 T 3140 337.81
[康熙]滋陽縣志四卷
(清)李濙修,仲弘道纂
清康熙十一年(1672)刻本
五册

007480586 3140 337.88
[光緒]滋陽縣志十四卷
(清)莫熾修,黄恩彤纂;李兆霖等續修,黄師誾等續纂
清光緒十四年(1888)刻本
十册

010247714 T 3140 2269.81
[康熙]鄒縣志三卷
(清)婁一均、周翼等纂修
清康熙五十五年(1716)刻本
四册

007481948 3140 2269.81B
[光緒]鄒縣續志十二卷首一卷
(清)董純原纂,吴若灝續纂
清光緒十八年(1892)刻本
四册

007462338 3140 2269.88
[光緒]鄒縣鄉土志一卷
(清)胡煒修
清光緒三十三年(1907)山東國文報館石印本
一册

005635587 3057 2269
山東鄒縣地理志
張丕矩編

民國六年(1917)鉛印本
一册

泰安市

007482492　3140 5334.7
[康熙]泰安州志四卷
(明)任弘烈原本;(清)鄒文郁增修,朱衣點增纂
民國二十五年(1936)鉛印本
一册

010246696　T 3139 5334.83
[乾隆]泰安府志三十卷卷前一卷卷首二卷
(清)顔希深等修,成城纂
清乾隆二十五年(1760)刻本
二十册

007482307　3140 5334.85
[道光]泰安縣志十二卷首一卷末一卷
(清)徐宗幹修,蔣大慶纂
清道光八年(1828)刻本
十二册

007482494　3140 5334.87
[道光]泰安縣志十二卷首一卷末一卷
(清)徐宗幹修,蔣大慶等纂
清同治六年(1867)刻本
十四册

007482308　3140 5334.9
[民國]重修泰安縣志十四卷
葛延瑛、吴元禄修,孟昭章等纂
民國十八年(1929)鉛印本
十四册

007480590　3140 3277.88
[光緒]寧陽續志二十四卷
(清)高陞榮修,黄恩彤等纂
清光緒十三年 (1887)重刊本
十二册

007480607　3140 327.88
[光緒]寧陽縣鄉土志一卷
(清)曹倜修,李廣文、李椿齡等纂
清光緒三十三年(1907)石印本
一册

008607881　T 3140 5914.83
[乾隆]東平州志二十卷首一卷補遺一卷
(清)沈維基修,胡彦昇等纂
清乾隆三十六年(1771)刻本
十册

007479202　3140 5914.85
[道光]東平州志三十卷首二卷
(清)周雲鳳修,唐鑑等纂
清道光五年(1825)刻本
十六册

007479052　3140 5914.88
[光緒]東平州志二十七卷首一卷
(清)左宜似等修,盧崟等纂
清光緒七年(1881)刻本
二十册

007479206　3140 5914.9
[民國]東平縣志十七卷附輿圖
張志熙等修,劉靖宇等纂
民國二十五年(1936)鉛印本
六册

010246844　T 3140 0253.83
[乾隆]新泰縣志二十卷首一卷
(清)江乾達修,牛士瞻等纂
清乾隆五十年(1785)刻本
六册

007516305　3140 0253.88
[乾隆]新泰縣志二十卷首一卷
(清)江乾達修,牛士瞻等纂

清乾隆四十九年(1784)修,光緒十七年(1891)徐致愉據乾隆五十年(1785)刻本增刻
六册

007482299 3141 0253.88b
[光緒]新泰縣鄉土志不分卷
(清)湯宗幹編纂
清光緒三十四年(1908)石印本
一册

010249662 T 3141 7145.81
[康熙]肥城縣志二卷
(清)尹任修,尹足法等纂
清康熙十一年(1672)刻本
四册

007486810 3140 7145.84
[嘉慶]肥城縣新志十九卷首一卷
(清)曾冠英等修,李基熙纂
清嘉慶二十年(1815)裕德堂刻本
三册

007480713 3140 7145.88
[光緒]肥城縣志十卷首一卷
(清)凌紱曾修,邵承照纂
清光緒十七年(1891)刻本
八册

007480602 3140 7145.88b
[光緒]肥城縣鄉土志九卷
(清)鍾樹森續修,李傳煦纂
清光緒三十四年(1908)石印本
一册

威海市

007481939 3140 7532.83
[乾隆]威海衛志十卷首一卷
(清)畢懋第修;郭文大續修;王兆鵬增訂
清康熙十一年(1672)修,乾隆七年(1742)續修,民國十八年(1929)威海九華小學校鉛印本
六册

007461319 3140 0411.85
[道光]文登縣志十卷
(清)歐文修,林汝謨等纂
清道光十九年(1839)刻本
四册

007462472 3140 0411.88
[光緒]文登縣志十四卷首一卷
(清)李祖年等修,于霖逢纂
清光緒二十三年(1897)修,民國十一年(1922)鉛印本
十册

007482289 3140 9050.85
[道光]榮成縣志十卷
(清)李天騭修,岳賡廷等纂
清道光二十年(1840)刻本
四册

日照市

007482010 3140 4632.84
[嘉慶]莒州志十六卷首一卷
(清)許紹錦纂修
清嘉慶元年(1796)刻本
六册

007482235 3140 4669.9
[民國]重修莒縣志七十七卷首一卷
盧少泉、牛介眉修,莊陔蘭纂
民國二十五年(1936)莒縣新成印務局鉛印本
二十册

010249469 T 3140 6163.81
[康熙]日照縣志十二卷

(清)楊士雄、丁時原本;成永健續纂修
清康熙五十四年(1715)增刻本
四册

007486809　3140 6163.88
[光緒]日照縣志十二卷首一卷
(清)陳懋修,張庭詩、李堉纂
清光緒九年(1883)修,光緒十二年(1886)刻本
四册

萊蕪市

008040298　T 3140 4943.81
[康熙]新修萊蕪縣志十卷
(清)鍾國義等纂修
清康熙十二年(1673)刻本
五册

臨沂市

010248520　T 3140 323.81
[康熙]沂州志八卷
(清)邵士修,王墉等纂
清康熙十三年(1674)刻本
八册

009271521　T 3139 3230.83
[乾隆]沂州府志三十六卷首一卷
(清)李希賢修,潘遇莘、丁愷曾纂
清乾隆二十五年(1760)刻本
十二册

007481938　3140 763.9
[民國]臨沂縣志十四卷首一卷
陳景星、沈兆禕等修,王景祜纂
民國六年(1917)刻本
六册

007482493　3140 9245.84
[嘉慶]續修郯城縣志十卷
(清)吴階等修,陸繼輅撰
清嘉慶十五年(1810)刻本
五册
備註:附清光緒二十二年(1896)郯城縣賦役全書不分卷

007462342　3140 3213.85
[道光]沂水縣志十卷
(清)張燮修,劉承謙等纂
清道光七年(1827)刻本
四册

008642811　T 3140 5869.81
[康熙]費縣志十卷首一卷
(清)黄學勲等纂修
清康熙二十八年(1689)刻本
四册

007479198　3140 5869.88
[光緒]費縣志十六卷一卷
(清)李敬修修,楊佑廷等纂
清光緒二十五年(1899)增刻本
十二册

德州市

010247729　T 3140 2332.81
[康熙]德州志十卷
(清)金祖彭修,程先貞纂
清康熙十二年(1673)刻本
四册

010247740　T 3140 2332.83
[乾隆]德州志十二卷首一卷
(清)王道亨修,張慶源纂
清乾隆五十三年(1788)刻本
八册

007462340　3140 2332.9
[民國]德縣志十六卷

李樹德修,董瑶林等纂
民國二十四年(1935)鉛印本
十六册

010249765 T 3140 7469.81
[康熙]陵縣志六卷
(清)史颺廷纂修
清康熙十二年(1673)刻本
四册

007482120 3140 7469.85
[道光]陵縣志二十二卷首一卷
(清)沈淮修,李圖纂
清道光二十六年(1846)刻本
八册

007482121 3140 7469.85b
[道光]陵縣志二十二卷首一卷
(清)沈淮修,李圖纂
民國二十五年(1936)鉛印本,據清光緒元年(1875)刊本排印
六册

007481961 3140 7469.9
[民國]陵縣續志四卷首一卷
苗恩波修,劉蔭岐纂
民國二十四年(1935)鉛印本
四册

007457599 3134 3235.88
[光緒]寧津縣志十二卷首一卷
(清)祝嘉庸修,吴潯源纂
清光緒二十六年(1900)刻本
八册

007453973 3134 0413.84
[嘉慶]慶雲縣志十二卷首一卷末一卷
(清)潘國詔修,崔旭纂
清嘉慶十二年(1807)修,嘉慶十四年(1809)刻本
六册

007453974 3134 0413.86
[咸豐]慶雲縣志三卷首一卷末一卷
戴絅孫修,崔光笏纂
清咸豐五年(1855)刻,民國二十三年(1934)重印本,海雲堂藏板
三册

007453947 3134 0413.9
[民國]慶雲縣志四卷
秦夏聲等總修,劉鴻逵等編纂
民國三年(1914)慶雲藏拙堂刻本
四册

007482123 3140 7661.85
[道光]臨邑縣志十六卷首一卷末一卷
(清)沈淮修,李文賁等纂
清道光十七年(1837)刻本
八册

007481959 3140 7661.87
[同治]臨邑縣志十六卷首一卷末一卷
(清)沈淮原本;陳鴻翽、趙敏功續修
清同治十三年(1874)續補刻本
八册

007481865 3140 7661.9
[民國]續修臨邑縣志四卷首一卷
崔公甫修,王孟戍纂
民國二十五年(1936)鉛印本
五册

007462367 3140 2310.84
[嘉慶]德平縣志十卷首一卷
(清)鍾大受纂修
清嘉慶元年(1796)刻本
四册

007462357　3140 2310.88
[光緒]德平縣志十二卷首一卷
(清)凌錫祺修,李敬熙纂
清光緒十九年(1893)刻本
六册

007462339　3140 2310.9
[民國]德平縣續志十二卷首一卷
吕學元修,嚴綏之等纂
民國二十四年(1935)修,二十五年(1936)刻本
四册

010246744　T 3140 0232.83
[雍正]齊河縣志十卷
(清)上官有儀修,許琰纂
清乾隆二年(1736)刻本
四册

008627868　3140 0232.9
[民國]齊河縣志三十四卷首一卷
楊豫修、閻廷獻修,郝金章、孫秀堃等纂
民國二十二年(1933)鉛印本
十六册

008105113　T 3140 636.7 (1-3)　TNC 3140 636.7 (1-3)
[萬曆]恩縣志六卷
(明)孫居相修,雷金聲纂
明萬曆二十七年(1599)原刻,清順治間(1644—1661)補刻本
三册

008105113　T 3140 636.7 (4)　TNC 3140 636.7 (4)
[雍正]恩縣續志五卷
(清)陳學海修,韓天篤纂
清雍正元年(1722)刻本
三册

007480619　3140 6369.89
[宣統]重修恩縣志十卷首一卷
(清)汪鴻孫修,劉儒臣、王金階纂
清宣統元年(1909)刻本
四册

007480709　3140 6369.9
[民國]重修恩縣志十四卷首一卷
張遵孟修,曹明詳纂
民國三十一年(1942)鉛印本
十四册

010247649　T 3140 1479.83
[乾隆]平原縣志十卷首一卷
(清)黄懷祖修,黄兆熊纂
清乾隆十四年(1749)刻本
四册

007462298　3140 1479.9
[民國]續修平原縣志十二卷首一卷
曹夢九修,趙祥俊、張元鈞纂
民國二十五年(1936)鉛印本
四册

010246913　T 3140 1435.83
[乾隆]夏津縣志十卷首一卷
(清)方學成修,梁大鯤纂
清乾隆六年(1741)刻本
六册

007462481　3140 1435.839 (1-6)
[乾隆]夏津縣志十卷首一卷
(清)方學成修,梁大鯤纂
清乾隆六年(1741)修,民國二十三年(1934)鉛印本
十四册

007462481　3140 1435.839 (7-14)
[民國]夏津縣志續編十卷首一卷

謝錫文修，許宗海等纂
民國二十三年(1934)鉛印本
十四册

007462483　3140 1445.85
[道光]武城縣志續編十四卷首一卷
(清)厲秀芳纂修
清道光二十一年(1841)刻本
四册

010248420　T 3140 2974.83B
[乾隆]樂陵縣志八卷首一卷末一卷
(清)王謙益修，鄭成中纂
清乾隆二十七年(1762)刻本
八册

008474553　T 3140 2245.81
[康熙]禹城縣志八卷
(清)王表纂修
清康熙十二年(1673)刻本
八册

007462492　3140 2245.84
[嘉慶]禹城縣志十二卷
(清)董鵬翱修，牟應震纂
清嘉慶十三年(1808)刻本
四册

007482297　3141 2245.88
[光緒]禹城縣鄉土志不分卷
(清)王汝漢修，張青蓮纂
清光緒三十四年(1908)石印本
一册

聊城市

007482296　3139 5060.84
[嘉慶]東昌府志五十卷首三卷
(清)嵩山修，謝香開、張熙先等纂
清嘉慶十三年(1808)刻本
二十四册

010246899　T 3140 1245.81
[康熙]聊城縣志四卷
(清)何一傑纂修
清康熙七年(1668)補刻本
四册

007462325　3140 1245.89
[宣統]聊城縣志十二卷首一卷耆獻文徵三卷
(清)陳慶藩修，葉錫麟、靳維熙纂
清宣統二年(1910)刻本
八册

007462334　3140 1245.88
[光緒]聊城縣鄉土志一卷
(清)向植編
清光緒三十四年(1908)石印本
一册

007480723　3140 7244.9
[光緒]陽穀縣志十六卷
(清)王時來修，杭雲龍等纂，孔廣海續纂；(民國)董正華督修
清光緒十六年(1890)修，民國三十一年(1942)增補鉛印本
八册

008607886　T 3140 4413.81
[康熙]壽張縣志八卷
(清)滕永禎修，馬珩纂
清康熙五十六年(1717)刻本
四册
備註：今部分入陽穀縣，部分劃歸河南省

007481950　3140 4413.88
[光緒]壽張縣志十卷首一卷
(清)莊洪烈修，劉文煃、王守謙纂

清光緒二十六年(1900)刻本,壽良書院藏板
六册
備註:今部分入陽穀縣,部分劃歸河南省

008607888　T 3140 4069.81
[康熙]莘縣志八卷
(清)劉蕭纂修
清康熙五十六年(1717)刻本
四册

007480592　3140 4069.88
[光緒]莘縣志十卷
(清)張朝瑋修,孔廣海纂
清光緒十三年(1887)刻本
六册

007481954　3140 4440.88
[光緒]莘縣鄉土志不分卷
(清)孔廣文編
清宣統元年(1909)石印本
二册

007481934　3140 4145.85
[道光]觀城縣志十卷首一卷
(清)孫觀纂修
民國二十二年(1933)濟南逢源閣書店鉛印本
四册
備註:今併入莘縣

007683948　3140 4245.81 (1-4)
[康熙]朝城縣志十卷
(清)祖植桐修,趙昶等纂
清康熙十三年(1674)修,民國九年(1920)刻《朝城縣舊志》本
四册
備註:今併入莘縣

007482485　3140 4245.81 (5-6)
[民國]朝城縣續志二卷
杜子楙修,賈銘恩纂
民國九年(1920)刻《朝城縣舊志》本
二册
備註:今併入莘縣

007482484　3140 4245.81 (7)
[光緒]朝城縣鄉土志一卷
(清)吴玉書纂修
清光緒二十六年(1900)修,民國九年(1920)刻《朝城縣舊志》本
一册
備註:今併入莘縣

010249073　T 3140 4110.83
[康熙]茌平縣志五卷
(清)王世臣修,孫克緒纂
清康熙四十九年(1710)刻本
五册

007481864　3140 4110.9
[民國]茌平縣志十二卷首一卷
牛占誠修,周之楨等纂
民國二十四年(1935)濟南五三美術印刷社鉛印本
八册

007481951　3140 4414.85
[道光]博平縣志六卷
(清)楊祖憲修,烏竹芳纂
清道光十一年(1831)刻本
六册
備註:今併入茌平縣

007479051　3140 5972.85
[道光]東阿縣志二十四卷首一卷
(清)李賢書修,吴怡等纂
清道光九年(1829)刻本

十二册

007479210 3140 5972.88
[光緒]東阿縣鄉土志八卷
(清)孫方墜修,姜漢章等纂
清光緒三十三年(1907)鉛印本
四册

007462297 3140 316.85
[道光]冠縣志十卷
(清)梁永康修,王懷曾增修,趙錫書纂
清道光十年(1830)修,民國二十二年(1933)鉛印本,濟南逢源閣書店發行,濟南平民日報社印刷
四册

007462501 3140 316.9
[民國]冠縣志十卷首一卷
侯光陸修,陳熙雍等纂
民國二十三年(1934)刻本
十册

007482558 T 3140 0206.85
[道光]高唐州志八卷
(清)徐宗幹修,陳僟等纂
抄本,據清道光十五年(1835)刻本抄
六册

007482294 3140 0206.88
[光緒]高唐州志八卷首一卷末一卷
(清)周家齊修,鞠建章纂
清光緒三十三年(1907)刻本
六册

007462502 3140 3214.84
[嘉慶]清平縣志十七篇
(清)萬承紹修,周以勳等纂
清嘉慶三年(1798)刻本
五册
備註:今劃歸臨清市與高唐縣

007480605 3140 3214.89
[宣統]增輯清平縣志十六卷首一卷
(清)陳鉅前、傅秉鑑修,張敬承纂
清宣統三年(1911)刻本
八册
備註:今劃歸臨清市與高唐縣

007480529 3140 3214.9
[民國]清平縣志九卷首一卷
梁鍾亭等修,張樹梅等纂
民國二十五年(1936)濟南文雅齋鉛印本
十册
備註:今劃歸臨清市與高唐縣

010246712 T 3139 7632.83
[乾隆]臨清直隸州志十一卷首一卷
(清)張度、鄧希曾纂修
清乾隆五十年(1785)刻本
十一册

007481962 3140 7632.9
[民國]臨清縣志十六卷首一卷
徐子尚、張自清等修,張樹梅、王貴笙纂
民國二十三年(1934)鉛印本
十四册

007482290 3140 9061.81
[康熙]堂邑縣志二十卷
(清)盧承琰修,劉淇等纂
清康熙五十年(1711)修,光緒十八年(1892)重刻本,雀城書院藏板
三册

濱州市

008094719 T 3139 1433.7
[萬曆]武定州志十五卷
(明)桑東陽修,邢侗纂

明萬曆十六年(1588)原刻,清修補印本
四册

008607864　T 3139 1438.83
[乾隆]武定府志三十八卷首一卷
(清)赫達色修,莊肇奎、沈中行纂
清乾隆二十四年(1759)刻本
二十册

007482293　3139 1433.86
[咸豐]武定府志三十八卷首一卷
(清)李熙齡纂修
清咸豐九年(1859)刻本
二十四册

010249039　T 3140 38.81
[康熙]濱州志八卷首一卷
(清)楊容盛修,杜曬等纂
清康熙四十年(1701)刻本
四册

007480588　3140 3832.86
[咸豐]濱州志十二卷首一卷
(清)李熙齡纂修
清咸豐十年(1860)刻本
四册

010249351　T 3140 5374.83
[乾隆]惠民縣志十卷首一卷
(清)倭什布修,劉長靈、周中規纂
清乾隆四十七年(1782)刻本
六册

007482302　3140 537.88
[光緒]惠民縣志三十卷首一卷末一卷
(清)沈世銓修,李勗纂
清光緒十二年(1886)原刻,光緒二十五年(1899)重校刻本
六册

010249694　T 3140 7226.83
[乾隆]陽信縣志八卷首一卷
(清)王允深修,沈佐清等纂
清乾隆二十四年(1759)刻本
五册

007480608　3140 7226.9
[民國]陽信縣志八卷附補遺
朱蘭等修,勞迺宣等纂
民國十五年(1926)鉛印本
八册

008627875　T 3140 3521.81
[康熙]海豐縣志十二卷首一卷
(清)胡公著修,張克家纂
清康熙九年(1670)刻本
四册
備註:今無棣縣

007482232　3140 8343.9
[民國]續修無棣縣志二十四卷首一卷末一卷
侯蔭昌修,張方墀纂
民國十四年(1925)山東商務印刷所鉛印本
六册

007462337　3140 1621.88
[光緒]霑化縣志十六卷首一卷
(清)張會一、聯印修,耿翔儀纂
清光緒十七年(1891)刻本
四册

007462335　3140 1621.9
[民國]霑化縣志八卷首一卷
梁建章、徐中晟修,于清泮纂
民國二十四年(1935)濟南山東印刷局鉛印本
八册

007481956 3140 4478.85
[道光]重修博興縣志十三卷
(清)周壬福修,李同纂
清道光二十年(1840)刻本
四册

007482126 3140 4478.9
[民國]重修博興縣志十七卷首一卷
張其丙修,張元鈞等纂
民國二十五年(1936)鉛印本
六册

008627874 T 3140 424.83
[乾隆]蒲臺縣志四卷首一卷
(清)嚴文典修,任相纂
清乾隆二十八年(1763)刻本
四册
備註:今入博興縣

008607917 T 3140 2210.81
[康熙]鄒平縣志八卷
(清)程素期修,程之芳等纂
清康熙三十五年(1696)刻本
八册

007462327 3140 2210.85
[道光]鄒平縣志十八卷
(清)羅宗瀛修,成瓘纂
清道光十六年(1836)刻本
八册

007462487 3140 2210.9
[民國]鄒平縣志十八卷
欒鍾垚等修,趙仁山等纂
民國三年(1914)刻本,官庫藏板
十四册

010249743 T 3140 7327.81
[康熙]長山縣志十卷首一卷
(清)孫衍纂修
清康熙五十五年(1716)刻本
八册
備註:今入鄒平縣

007480612 3140 7327.84
[嘉慶]長山縣志十六卷首一卷
(清)倪企望修,鍾廷瑛等纂
清嘉慶六年(1801)刻本
十册
備註:今入鄒平縣

008607902 T 3140 2210.81b
[康熙]鄒平縣景物志十六卷
(清)成晋徵纂
清康熙三十一年(1692)刻本
六册

菏澤市

008627871 T 3140 56.81
[康熙]曹州志二十卷
(清)佟企聖修,蘇毓眉等纂
清康熙十三年(1674)刻本
十册

008627876 T 3139 5030.83
[乾隆]曹州府志二十二卷
(清)周尚質修,李登明纂
清乾隆二十一年(1756)刻本
十二册

007482124 3140 4234.88
[光緒]菏澤縣志十八卷首一卷
(清)葉道源纂修
清光緒十年(1884)刻本
六册

007481947 3140 4234.883
[光緒]菏澤縣鄉土志不分卷

(清)汪鴻孫修,楊兆焕等纂
清光緒三十三年(1907)石印本
一册

007479196　T 3140 5669.81
[康熙]曹縣志十八卷
(清)朱琦修,藍庚生纂
清康熙五十五年(1716)郭道生增補刻本
八册

007479044　3140 56.88
[光緒]曹縣志十八卷首一卷
(清)陳嗣良修,孟廣來、賈迺延纂
清光緒十年(1884)居敬書院刻本
十二册

007479223　3140 6069.83
[乾隆]單縣志十二卷附莅單防河紀略一卷
(清)覺羅普爾泰等纂修
清乾隆二十四年(1759)修,嘉慶元年(1796)刻本
十三册

007479047　3140 6069.9
[民國]單縣志二十四卷首一卷
項葆禎等修,李經野纂
民國十八年(1929)石印本
十二册

007481957　3140 4514.85
[道光]城武縣志十四卷首一卷
(清)袁章華修,劉士瀛纂
清道光十年(1830)刻本
八册

007482311　3140 8101.85
[道光]鉅野縣志二十四卷首一卷
(清)黄維翰纂修;袁傳裘續纂修
清道光二十年(1840)修,二十六年(1846)續修刻本
十六册

007480725　T 3140 7245.81
[康熙]鄆城縣志八卷
(清)張盛銘修,趙肅等纂
清康熙五十五年(1716)刻本
四册

007480613　3140 7245.88
[光緒]鄆城縣志十六卷首一卷
(清)畢炳炎、胡建樞修,趙翰鑾等纂
清光緒十九年(1893)刻本,宣文書院藏板
八册

007480603　3140 3372.83
[乾隆]定陶縣志十卷首一卷
(清)雷宏宇修,劉珠等纂
清乾隆十七年(1752)修,光緒二年(1876)周忠修補刻本
四册

008032937　T 3134 5062.83
[乾隆]東明縣志八卷
(清)儲元升纂修
清乾隆二十一年(1756)刻本
十六册

007479192　3134 5062.89
[宣統]東明縣續志四卷
(清)朱佑保修,李曾裕纂,周保琛修訂
清宣統三年(1911)修,民國十三年(1924)鉛印本
二册

007480694　3134 5062.9
[民國]東明縣新志二十二卷首一卷
任傳藻修,穆祥仲纂
民國二十二年(1933)鉛印本
八册

河南省

007482513　T 3143 3242.80
[順治]河南通志五十卷
(清)賈漢復修,沈荃等纂
清順治十七年(1660)刻本
三十册

007482509　T 3143 0.81
[康熙]河南通志五十卷
(清)顧汧等修,張沐等纂
清康熙三十四年(1695)刻本
十六册

007499230　3143 3242.82 (1-40)
[雍正]河南通志八十卷
(清)田文鏡等修,孫灝等纂
民國三年(1914)河南教育司重印歷次補修本
五十五册

007499242　3143 3242.82 (41-64)
[乾隆]續河南通志八十卷首四卷
(清)阿思哈等纂修
民國三年(1914)河南教育司重印歷次補修本
二十四册

007499424　3143 3242.82c (1-40)
[雍正]河南通志八十卷
(清)田文鏡等修,孫灝等纂
清光緒二十八年(1902)補刻本
四十册

007499425　3143 3242.82c (41-60)
[乾隆]續河南通志八十卷首四卷
(清)阿思哈等纂修
清光緒二十八年(1902)補刻本
二十册

005599297　3039 1172
[道光]河北採風録四卷
(清)王鳳生撰
清道光六年(1826)刻本,河朔官舍藏版
四册
備註:"河北"指河南北部彰德、衛輝、懷慶三府

005643115　3058 2918
豫乘識小録二卷
(清)朱雲錦撰
清同治十二年(1873)刻本
二册

鄭州市

007482095　T 3145 8232.83
[乾隆]鄭州志十二卷首一卷
(清)張鉞修,毛如詵纂
清乾隆十三年(1748)刻本
六册

007482096　3145 8269.9
[民國]鄭縣志十八卷首一卷
周秉彝等修,劉瑞璘等纂
民國五年(1916)刻本
十二册

007480724　T 3145 5025.83
[乾隆]中牟縣志十一卷首一卷
(清)孫和相修,王廷宣纂
清乾隆十九年(1754)刻本
十二册

007480726　3145 5025.87
[同治]中牟縣志十二卷首一卷末一卷
(清)吴若烺等纂修
清同治九年(1870)刻本
六册

007478985　3145 5025.9
[民國]中牟縣志五編
蕭德馨修,熊紹龍纂
民國二十五年(1936)中牟明德堂石印本
八册

007490341　3145 15.7
[嘉靖]鞏縣志八卷
(明)周泗修,康紹第纂
民國二十四年(1935)涇川圖書館刻本
一册
備註:今鞏義市

007491109　T 3145 15.83
[乾隆]鞏縣志二十卷首一卷
(清)李述武纂修
清乾隆五十四年(1789)刻本
六册
備註:今鞏義市

007490243　3145 15.9
[民國]鞏縣志二十六卷首一卷
楊保東、王國璋修,劉蓮青、張仲友纂
民國二十六年(1937)鞏縣涇川圖書館刻本
二十册
備註:今鞏義市

007482103　T 3145 997.83
[乾隆]滎陽縣志十二卷
(清)李煦修,李清纂
清乾隆十二年(1747)刻本
四册

007480625　3145 997.9
[民國]續滎陽縣志十二卷
盧以洽、張炘等纂修
民國十三年(1924)河南商務印刷所鉛印本
六册

007480635　T 3145 9334.83
[乾隆]滎澤縣志十四卷圖一卷
(清)崔淇修,王博、李維墧纂
清乾隆十三年(1748)刻本
四册

007493641　T 3145 3273.81
[康熙]河陰縣志四卷
(清)申奇彩修,毛泰徵等纂
清康熙三十年(1691)刻本
四册
備註:今入滎陽市

007493642　3145 3273.9
[民國]河陰縣志十七卷附金石考二卷文徵三卷
高廷璋、胡荃修,蔣藩纂
民國七年(1918)刻本
十二册
備註:今入滎陽市

007493630　T 3145 3113.83
[乾隆]汜水縣志二十二卷
(清)許勉燉修,禹殿鰲纂
清乾隆九年(1744)刻本
八册
備註:今入滎陽市

007490816　3145 3113.9
[民國]汜水縣志十二卷
趙東階、張登雲纂修
民國十七年(1928)上海世界書局鉛印本
八册

備註:今入滎陽市

007494935　T 3145 3369.81
[康熙]密縣志六卷
(清)袁良怡修,李士招纂
清康熙三十四年(1695)刻本
四册
備註:今新密市

007494936　3145 3369.84
[嘉慶]密縣志十六卷
(清)景綸修,謝增纂
清嘉慶二十二年(1817)刻本
四册
備註:今新密市

007494937　3145 3369.9
[民國]密縣志二十卷
汪忠修,吕林鐘、閻鳳舞纂
民國十三年(1924)鉛印本
六册
備註:今新密市

007478090　T 3145 0282.81
[康熙]新鄭縣志四卷
(清)朱廷獻修,劉曰烓等纂
清康熙三十三年(1694)刻本
四册

007477930　T 3145 028.83
[乾隆]新鄭縣志三十一卷首一卷
(清)黄本誠纂修
清乾隆四十一年(1776)刻本
十二册

007478118　T 3145 1144.81
[康熙]登封縣志十卷
(清)張聖浩修,焦欽寵纂
清康熙三十五年(1696)刻本
八册

007477929　T 3145 1144.83
[乾隆]登封縣志三十二卷
(清)陸繼蕚修,洪亮吉纂
清乾隆五十二年(1787)刻本
八册

開封市

007487008　T 3144 7244.81
[康熙]開封府志四十卷
(清)管竭忠修,張沐浴纂
清康熙三十四年(1695)刻本
十册

007486807　3144 7244.81b
[康熙]開封府志四十卷
(清)管竭忠修,張沐纂
清康熙三十四年(1695)原刻,同治二年(1863)修録本
十册

007493461　T 3145 4169.83
[乾隆]杞縣志二十四卷
(清)周璣修,朱璿纂
清乾隆五十三年(1788)刻本
十二册

007493644　T 3145 330.83
[乾隆]通許縣志十卷
(清)阮龍光修,邵自祐纂
清乾隆三十五年(1770)刻本
六册

007482092　T 3145 7474.80
[順治]尉氏縣志四卷首一卷
(清)高桂修,馬羲則等纂
清順治十六年(1659)刻本
六册

007480719　3145 4474.85
[道光]尉氏縣志二十卷首一卷
(清)劉厚滋、沈湝修,王觀潮等纂
清道光十一年(1831)刻本
六册

007490895　3145 3220.84
[嘉慶]洧川縣志八卷首一卷
(清)何文明修,李紳纂
清嘉慶二十三年(1818)刻本
四册
備註:今併入尉氏縣

007478096　T 3145 058.83
[乾隆]祥符縣志二十二卷
(清)魯曾煜等修
清乾隆四年(1739)刻本
十二册
備註:今開封縣

007491198　3145 3584.88
[光緒]祥符縣志二十四卷首一卷
(清)沈傳義等修,黄舒昺等纂
清光緒二十四年(1898)刻本
二十册
備註:今開封縣

007482094　T 3145 7976.81
[康熙]陳留縣志四十二卷首一卷
(清)鍾定纂修
清康熙三十年(1691)刻本
八册

007480622　3145 7976.89
[宣統]陳留縣志四十二卷首一卷
(清)鍾定纂修;武從超續修,趙文琳續纂
清宣統二年(1910)石印本
四册

007495570　3145 4277.81 (1-4)
[康熙]蘭陽縣志十卷
(清)高世琦修,王旦、傅上襄纂
清康熙三十四年(1695)修,民國二十四年(1935)鉛印本
六册
備註:今入蘭考縣

007495570　3145 4277.81 (5-6)
[乾隆]蘭陽縣續志八卷
(清)涂光範修,王壬纂
民國二十四年(1935)鉛印本
六册
備註:今入蘭考縣

007493625　3145 2540.83
[乾隆]儀封縣志十二卷首一卷末一卷
(清)紀黄中、王續修,宋宣等纂
清乾隆二十九年(1764)原刻,民國二十四年(1935)河南建華印刷所鉛印本
六册
備註:今入蘭考縣

007495563　T 3145 4245.81
[康熙]考城縣志四卷
(清)陳德敏修,王貫三纂
清康熙三十七年(1698)刻本
四册
備註:今入蘭考縣

007495564　3145 4245.9
[民國]考城縣志十四卷
趙華亭修,李盛謨纂
民國三十年(1941)鉛印本
四册
備註:今入蘭考縣

洛陽市

007482515　T 3144 3242.81
[康熙]河南府志二十八卷
(清)孫居湜等修,董正等纂

清康熙三十四年(1695)刻本
十四册

007486812 3144 3242.87
[乾隆]河南府志一百一十六卷首四卷
(清)施誠修,童鈺、裴希純纂
清乾隆四十四年(1779)原刻,同治六年(1867)陳肇鏞補刻本
二十四册

007493421 3145 3672.83
[乾隆]重修洛陽縣志二十四卷首一卷
(清)龔崧林等修,汪堅等纂
民國十三年(1924)石印本,據清乾隆十年(1745)刻本石印
二十册

007493389 3145 3672.84
[嘉慶]洛陽縣志六十卷
(清)魏襄修,陸繼輅纂
清嘉慶十八年(1813)刻本
二十二册

007494982 3145 3672.88
[同治]洛陽龍門志不分卷
(清)路朝霖纂修
清光緒十三年(1887)刻本
二册

007478114 T 3145 1135.81
[康熙]孟津縣志四卷
(清)孟常裕纂修,徐元燦增補
清康熙四十八年(1709)增刻本
四册

007477818 3145 0230.83
[乾隆]新安縣志十四卷首一卷末一卷
(清)邱峩修,吕宣曾纂
清乾隆三十年(1765)修,民國三年(1914)曾炳章石印本
八册

007493619 T 3145 2269.81
[康熙]嵩縣志十卷首一卷
(清)盧志遜修,李滋纂
清康熙三十二年(1693)刻本
四册

007490924 T 3145 2269.83
[乾隆]嵩縣志三十卷首一卷
(清)康基淵纂修
清乾隆三十二年(1767)刻本
六册

007493626 T 3145 2572.83
[乾隆]伊陽縣志四卷首一卷
(清)李章堉修,張施仁、趙先第纂
清乾隆三十一年(1766)刻本
四册
備註:今汝陽縣

007493627 3145 2572.85
[道光]伊陽縣志六卷首一卷末一卷
(清)張道超修,馬九功纂
清道光十八年(1838)刻本
六册
備註:今汝陽縣

007493633 T 3145 3176.83
[乾隆]宜陽縣志四卷
(清)王道成、周洵修,汪堅纂
清乾隆十二年(1747)刻本
四册

007490899 3145 3176.88
[光緒]宜陽縣志十六卷
(清)謝應起修,劉占卿等纂
清光緒七年(1881)刻本

八册

007493635　3145 3176.9
[民國]宜陽縣志十卷
張浩源、林裕燾修，王鳳翔纂
民國七年(1918)鉛印本
十册

007494932　T 3145 3332.83
[乾隆]永寧縣志八卷首一卷
(清)張楷纂修
清乾隆五十五年(1790)刻本
八册
備註:今洛寧縣

007491199　3145 3632.9
[民國]洛寧縣志八卷首一卷
賈毓鶚、車雲修，王鳳翔纂
民國六年(1917)河南官印刷局鉛印本
八册

007509551　T 3145 217.83
[乾隆]偃師縣志三十卷首一卷
(清)湯毓倬修，孫星衍、武億纂
清乾隆五十四年(1789)刻本
十六册

平頂山市

007494985　3145 3821.84
[嘉慶]寶豐縣志二十四卷
(清)路蓉修，武億纂
清嘉慶二年(1797)刻本
四册

007494986　3145 3821.85
[道光]寶豐縣志十六卷首一卷
(清)李彷梧修，耿興宗、鮑桂徵纂
清道光十七年(1837)刻本
七册

007480721　3145 492.87
[同治]葉縣志十卷首一卷
(清)歐陽霖修，倉景恬、胡廷楨纂
清光緒二十二年(1896)據同治十一年(1872)刻版重印本
八册

007491119　T 3145 2027.84
[乾隆]魯山縣志二十六卷
(清)武億、董作棟纂修
清嘉慶元年(1796)刻本
六册

007495565　T 3145 4269.81 (1-4)
[康熙]郟縣志四卷
(清)金世純纂修
清康熙三十三年(1694)刻，乾隆七年(1743)重印
四册

007495566　T 3145 4269.81 (5)
[乾隆]郟縣續志一卷
(清)張楣修，聶憲纂
清乾隆八年(1743)刻本
一册

007493444　3145 4269.87
[同治]郟縣志十二卷
(清)姜篪原本；張熙瑞續修，郭景泰續纂
清同治四年(1865)增刻本
四册

007491195　3145 343.85
[道光]汝州全志十卷首一卷
(清)白明義、趙林成纂修
清道光二十年(1840)刻本
十册

安陽市

008094722 T 3144 0223.7
[嘉靖]彰德府志八卷
(明)崔銑纂修
明嘉靖元年(1522)刻本
八册

008094674 T 3144 0223.71
[萬曆]彰德府續志三卷
(明)常存仁修,郭樸纂
明萬曆九年(1581)刻本
八册

007482358 3144 042.83
[乾隆]彰德府志三十二卷首一卷
(清)盧崧修,江大鍵纂
清乾隆五十二年(1787)刻本
二十四册

007494948 3145 3472.84C
[嘉慶]安陽縣志十四卷首一卷
(清)趙希璜修,武億纂
清嘉慶四年(1799)刻本
六册

007494947 3145 3472.84
[嘉慶]安陽縣志二十八卷首一卷
(清)貴泰修,武穆淳纂
清嘉慶二十四年(1819)刻本
十册

007491200 3145 3472.84B
[嘉慶]安陽縣志二十八卷首一卷附金石録十二卷
(清)貴泰修,武穆淳纂
清嘉慶二十四年(1819)原刻,民國二十二年(1933)北平文嵐簃古宋印書局鉛印本
八册

007491197 3145 3472.9
[民國]續安陽縣志十六卷首一卷末一卷附續金石録一卷甲骨文一卷
方策、王幼僑修,裴希度、董作賓等纂
民國二十二年(1933)北平文嵐簃古宋印書局鉛印本
六册
備註:有甲骨文圖文對照

007493639 T 3145 3269.83
[乾隆]滑縣志十四卷一卷
(清)吴喬齡纂修;吕文光增修
清乾隆二十五年(1760)刻本
八册

007493638 3145 3269.87
[同治]滑縣志十二卷
(清)姚錕修,徐光第纂
清同治六年(1867)刻本
十四册

007493640 3145 3269.9
[民國]滑縣志二十卷首一卷附藝文録十二卷金石録十二卷
馬子寬等修,王蒲園等纂
民國二十一年(1932)鉛印本
十七册

007495574 T 3145 4248.83
[乾隆]内黄縣志十八卷首一卷
(清)李湞修,黄之徵纂
清乾隆四年(1739)刻本
六册

007490923 T 3145 3273.83
[乾隆]湯陰縣志十卷
(清)楊世達纂修
清乾隆三年(1738)刻本
四册

007480722　T 3145 4969.83

[乾隆]林縣志十卷首一卷末一卷

(清)楊潮觀等修

清乾隆十七年(1752)刻本

四册

007478986　3145 4969.9

[民國]重修林縣志十八卷首一卷

王澤溥、王懷斌等修,李見荃、李芳階等纂

民國二十一年(1932)石印本

十册

鶴壁市

007494949　3145 3669.84

[嘉慶]濬縣志二十二卷附補遺、金石録別編二卷

(清)熊象階修,武穆淳纂

清嘉慶六年(1801)刻本

六册

007494950　3145 3669.88

[光緒]續濬縣志八卷

(清)黄璟修,李作霖、喬景濂纂

清光緒十三年(1887)刻本

二册

007493462　T 3145 3869.80

[順治]淇縣志十卷圖一卷

(清)王謙吉修,白龍躍纂

清順治十七年(1660)刻本

二册

新鄉市

007478063　T 3145 0222.83

[乾隆]新鄉縣志三十四卷

(清)趙開元等修,暢俊纂

清乾隆十二年(1747)刻本

六册

007477819　3145 0222.9

[民國]新鄉縣續志六卷

韓邦孚、蔣澮川等修,田芸生、杜常立等纂

民國十二年(1923)刻本

六册

007495561　T 3145 4446.83

[乾隆]獲嘉縣志十六卷首一卷

(清)吴喬齡修,李棟纂

清乾隆二十一年(1756)刻本

六册

007480616　T 3145 7914.83

[乾隆]原武縣志十卷

(清)吴文炘修,何遠纂

清乾隆十二年(1747)刻本

五册

備註:今與陽武縣合併爲原陽縣

007480732　T 3145 7214.83

[乾隆]陽武縣志十二卷

(清)談諟修,楊仲震等纂

清乾隆九年(1744)刻本

六册

備註:今與原武縣合併爲原陽縣

007479062　3145 7214.9

[民國]陽武縣志六卷

竇經魁等修,耿愔等纂

民國二十五年(1936)豫成印刷所鉛印本

六册

備註:今與原武縣合併爲原陽縣

007479188　T 3145 1435.81

[康熙]延津縣志十卷

(清)余心孺纂修

清康熙四十一年(1702)刻本

四册

007480731 T 3145 7145.80
[順治]胙城縣志四卷
(清)劉純德修,郭金鼎纂
清順治十六年(1659)刻本
四册
備註:今入延津縣

007495562 T 3145 4472.80 (1-5)
[順治]封邱縣志九卷首一卷
(清)余縉修,李嵩陽纂
清順治十六年(1659)刻本
五册

010250819 T 3145 4472.80 (6)
[康熙]封邱縣續志
(清)王賜魁修,李會生、宋作賓纂
清康熙十九年(1680)刻本
一册

007480717 T 3145 4472.80 (7)
[康熙]封邱縣續志五卷存二卷(卷四、五)
(清)耿紘祚等修,李承紱纂
清康熙三十六年(1697)刻本
二册

007480717 T 3145 4472.81
[康熙]封邱縣續志五卷
(清)耿紘祚等修,李承紱纂
清康熙三十六年(1697)刻本
二册

007482109 3134 7341.84
[嘉慶]長垣縣志十六卷
(清)李于垣修,楊元錫纂
清嘉慶十五年(1810)刻本
八册

007482110 3134 7341.85
[道光]續修長垣縣志二卷
(清)葛之鏞等修,蔣庸等纂
清道光二十九年(1849)刻本
二册

007486998 3144 2295.83
[乾隆]衛輝府志五十三卷首一卷末一卷
(清)德昌等纂修
清乾隆五十三年(1788)刻本
三十册

007494945 T 3145 346.83
[乾隆]汲縣志十四卷首一卷末一卷
(清)徐汝瓚修,杜崐纂
清乾隆二十年(1755)刻本
六册
備註:今衛輝市

007495602 3145 346.9
[民國]汲縣今志二十章
魏青�撰
民國二十四年(1935)鉛印本
一册
備註:今衛輝市

007480624 3145 9569.85
[道光]輝縣志二十卷首一卷末一卷
(清)周際華修,戴銘纂
清道光十五年(1835)原刻,光緒十四年(1888)郭藻、光緒二十一年(1895)易釗兩次補刻本
八册

焦作市

007487014 T 3144 9304.81
[康熙]懷慶府志十八卷
(清)劉維世修,喬騰鳳纂
清康熙三十四年(1695)刻本
十八册

007487015　T 3144 9304.83
[乾隆]懷慶府志三十二卷首一卷圖經一卷
(清)唐侍陛、布顏等修,洪亮吉等纂
清乾隆五十四年(1789)刻本
十八册

007491120　3145 2214.85
[道光]修武縣志十卷首一卷
(清)馮繼照修,金皋、袁俊纂
清道光十九年(1839)刻本
十册

007490894　3145 2214.9
[民國]修武縣志十六卷
蕭國楨等修,焦封桐等纂
民國二十年(1931)鉛印本
八册

007491095　3145 1472.85
[道光]武陟縣志三十六卷
(清)王榮陛等修,方履籛纂
清道光九年(1829)刻本
八册

007490343　3145 1472.9
[民國]續武陟縣志二十四卷
史延壽修,王士傑纂
民國二十年 (1931)刻本
六册

007490926　T 3145 3169.83
[乾隆]温縣志十二卷首一卷
(清)王其華修,苗于京纂
清乾隆二十四年(1759)刻本
四册

007493637　T 3145 3242.81
[康熙]河内縣志五卷
(清)李橒修,蕭家蕙、史璉纂
清康熙三十二年(1693)刻本
五册
備註:今沁陽市

007490893　3145 3242.85
[道光]河内縣志三十六卷
(清)袁通修,方履籛、吴育纂
清道光五年(1825)刻本
十册
備註:今沁陽市

007478121　T 3145 1169.82
[乾隆]孟縣志十卷
(清)仇汝瑚修,馮敏昌纂
清乾隆五十五年(1790)刻本
十册

007477900　3145 1169.9
[民國]孟縣志十卷首一卷
阮藩儕修,宋立梧等纂
民國二十一年(1932)刻本
十册

濮陽市

008040392　T 3140 3332.83
[乾隆]濮州志六卷
(清)邵世昌修,柴揆纂
清乾隆二十年(1755)刻本
六册

007480591　3140 3332.88
[宣統]濮州志八卷
(清)高士英修,榮相鼎纂
清宣統元年(1909)刻本
八册

008088450　T 3134 3221.81
[康熙]清豐縣志十卷首一卷
(清)楊燝纂修

清康熙十五年(1676)刻本
四册

007479199 3134 3221.87
[同治]清豐縣志十卷首一卷
(清)楊燝原本,高俊續纂修
清同治十年(1871)刻本
八册

007457596 3134 3221.9
[民國]清豐縣志十卷首一卷
劉朝陞修,胡魁鳳纂
民國三年(1914)鉛印本
二册

008088467 T 3134 4229.81
[康熙]南樂縣志一五卷
(清)王培宗修,邱性善等纂
清康熙五十年(1711)刻本
四册

007457591 3134 4229.88
[光緒]南樂縣志十卷首一卷
(清)施有方、陸維炘修,武勳朝纂
清光緒二十九年(1903)刻本
四册

007497119 3140 416.84
[嘉慶]范縣志四卷
(清)唐晟纂修
清嘉慶十四年(1809)刻本
四册

007481935 3140 416.9
[民國]范縣志六卷
張振聲修,余文鳳纂
民國二十四年(1935)濟南志達印刷局鉛印本
六册

007482105 3134 7232.84
[嘉慶]開州志八卷
(清)李符清修,沈樂善纂
清嘉慶十一年(1806)刻本
六册
備註:今濮陽縣

007481945 3134 7232.88
[光緒]開州志八卷首一卷
(清)陳兆麟纂修
清光緒八年(1882)刻本
八册
備註:今濮陽縣

許昌市

007477889 3145 04.85
[道光]許州志十六卷首一卷
(清)蕭元吉纂修
清道光十八年(1838)刻本
十二册

007478095 3145 0466.9
[民國]許昌縣志二十卷
王秀文等修,張庭馥等纂
民國十二年(1923)石印本
十二册

007477902 3145 1274.85
[道光]鄢陵縣志十八卷
(清)何鄂聯修,洪符孫纂
清道光十三年(1833)刻本
八册

007477901 3145 1274.87
鄢陵文獻志四十卷補遺一卷
(清)蘇源生纂
清同治元年至四年(1862—1865)刻本
二十册

007478091　T 3145 0345.83
[乾隆]襄城縣志十四卷首一卷
(清)汪運正纂修
清乾隆十一年(1746)刻本
十册

007493615　T 3145 2232.83
[乾隆]禹州志十四卷
(清)邵大業修,孫廣生纂
清乾隆十二年(1747)刻本
十二册

007493617　3145 2232.85
[同治]禹州志二十六卷增續二卷
(清)朱煒修,姚椿等纂;宫國勳增修,楊景純、趙甲祥增纂
清道光十五年(1835)原刻,同治九年(1870)增刻道光本
十三册

008040394　TNC 3145 734.83
[乾隆]長葛縣志十卷
(清)阮景咸纂修
清乾隆十二年(1747)刻本
四册

007479063　3145 7342.9
[民國]長葛縣志十卷首一卷末一卷
陳鴻疇修,張蔚蘭、劉盼遂纂
民國二十年(1931)鉛印本
二册

漯河市

007480733　T 3145 7245.83
[乾隆]郾城縣志十八卷
(清)傅豫纂修
清乾隆十九年(1754)刻本
六册

007478983　3145 7245.9
[民國]郾城縣記三十卷
陳金臺、周世臣纂修
民國二十三年(1934)刻本
十二册

007480526　T 3145 7628.80 (1-4)
[順治]臨潁縣志八卷
(清)李馥先修,吴中奇纂
清順治十七年(1660)刻本
四册

010252095　T 3145 7628.80 (5-6)
[乾隆]臨潁縣續志八卷
(清)劉沇纂修
清乾隆十二年(1747)刻本
二册

007480623　3145 8572.85
[道光]舞陽縣志十二卷
(清)王德瑛纂修
清道光十五年(1835)刻本
四册

三門峽市

007493636　3145 323.84
[嘉慶]澠池縣志十六卷
(清)甘揚聲修,劉文運纂
清嘉慶十五年(1810)刻本
八册

007490812　3145 323.9
[民國]澠池縣志二十卷首一卷
陸紹治修,楊堃、李鳳翔等纂
民國十七年(1928)石印本
八册

007487011　3144 7330.83 (1-22)
[乾隆]重修直隸陝州志二十卷首一卷

(清)龔崧林等纂修
清乾隆十六年(1751)修,同治六年(1867)重印本
二十四册

007487011　3144 7330.83 (23-24)
[同治]增直隸陝州志二卷
(清)周仁壽纂修
清同治六年(1867)刻本
二十四册

007479045　3145 724.88
[光緒]陝州直隸州志十五卷首一卷
(清)趙希曾等纂修
清光緒十七年(1891)刻本
十二册

007490342　3145 2174.88
[光緒]重修盧氏縣志十八卷首一卷
(清)郭光澍修,李旭春纂
清光緒十九年(1893)刻本,莘原書院藏板
十册

007478105　T 3145 1030.83
[乾隆]重修靈寶縣志六卷
(清)周慶增修,敖啓潛、許宰等纂
清乾隆十二年(1747)刻本
六册

007478106　3145 1030.88
[光緒]重修靈寶縣志八卷
(清)周淦、方胙勛修,高錦榮、李鏡江纂
清光緒二年(1876)刻本
八册

007479064　3145 7422.9
[民國]新修閿鄉縣志二十四卷首一卷
黄覺等修,韓嘉會等纂
民國二十一年(1932)鉛印本
八册
備註:今入靈寶縣

007480735　3145 742.88
[光緒]閿鄉縣志十二卷首一卷末一卷
(清)劉思恕、汪鼎臣修,王維國、王守恭纂
清光緒二十年(1894)刻本
八册
備註:今入靈寶縣

南陽市

007486811　3144 4272.84
[嘉慶]南陽府志六卷
(清)孔傳金纂修
清嘉慶十二年(1807)刻本
十二册

007495568　T 3145 4272.81
[康熙]南陽縣志六卷首一卷
(清)張光祖修,宋景愈、徐永芝纂
清康熙三十二年(1693)刻本
六册

007495569　3145 4272.88
[光緒]南陽縣志十二卷首一卷
(清)潘守廉修,張嘉謀、張鳳岡纂
清光緒三十年(1904)刻本
八册

007480615　T 3146421.83
[乾隆]南召縣志四卷
(清)陳之熉修,張睿、曹鵬翊纂
清乾隆十一年(1746)刻本
四册

007927095　3145 8814.88
[光緒]鎮平縣志六卷
(清)吴聯元等纂修,王翊運纂
清光緒二年(1876)刻本

四册

007927095　3145 8814.88B
[光緒]鎮平縣志六卷
(清)吴聯元等纂修,王翊運纂
清光緒二年(1876)刻本
四册

007495573　T 3145 4222.81
[康熙]内鄉縣志十二卷
(清)竇鼎望修,高佑釲纂
清康熙三十二年(1693)刻本
四册

007490900　3145 3222.86
[咸豐]淅川廳志四卷
(清)徐光第纂修
清咸豐十一年(1861)刻本
四册

007478102　T 3145 0669.81
[康熙]唐縣志八卷首一卷
(清)平鄗鼎修,李璜等纂
清康熙三十五年(1696)刻本
四册
備註:今唐河縣

007478103　T 3145 0669.83
[乾隆]唐縣志十卷
(清)黄文蓮修,吴泰來纂
清乾隆五十二年(1787)刻本
四册
備註:今唐河縣

007478078　T 3145 0262.83
[乾隆]新野縣志九卷首一卷
(清)徐金位等纂修
清乾隆十九年(1754)刻本
四册

007493463　T 3145 424.83
[乾隆]桐柏縣志八卷首一卷
(清)鞏敬緒修,李南暉纂
清乾隆十八年(1753)刻本
四册

008040335　T 3145 1712.83
[乾隆]鄧州志二十四卷首一卷末一卷
(清)蔣光祖修,姚之琅纂
清乾隆二十年(1755)刻本
十二册

商丘市

007486816　3144 2223.83
[乾隆]歸德府志三十六卷首一卷
(清)陳錫輅、永泰修,查岐昌等纂
清光緒十九年(1893)重刻本
十册

007478071　T 3145 0272.81
[康熙]商邱縣志二十卷首一卷
(清)劉德昌重修,葉澐纂
清光緒十一年(1885)刻本
六册

007480727　T 3145 6132.80
[順治]睢州志七卷首一卷
(清)戴斌等纂修
清順治十五年(1658)刻本
八册

007480729　T 3145 6132.81
[康熙]睢州志七卷首一卷
(清)馬士英等纂修
清康熙三十二年(1693)刻本
四册

007479061　3145 6132.88
[光緒]睢州志十二卷首一卷

(清)王枚纂修
清光緒十八年(1892)刻本
八册

008040393　T 3145 3074.81
[康熙]寧陵縣志十二卷首一卷
(清)王圖寧纂修
清康熙三十二年(1693)刻本
四册

007493643　3145 3274.89
[宣統]寧陵縣志十二卷首一卷末一卷
(清)蕭濟南修,吕敬直纂
清宣統三年(1911)刻本
八册

007480720　T 3145 4645.83
[乾隆]柘城縣志十八首一卷
(清)李志魯纂修
清乾隆三十八年(1773)刻本
八册

007479059　3145 4645.88
[光緒]柘城縣志十卷首一卷
(清)元淮等纂修
清光緒二十二年(1896)刻本
十册

007490896　3145 2345.88
[光緒]虞城縣志十卷
(清)張元鑑原本;李淇增修,席慶雲增纂
清光緒二十一年(1895)刻本
六册

007486727　3145 1461.9
[民國]夏邑縣志九卷首一卷
韓世勛、金鍾麟修,黎德芬纂,趙倜鑒定
民國九年(1920)石印本
八册

007494934　T 3145 3345.81
[康熙]永城縣志八卷
(清)周正紀修,侯良弼纂
清康熙三十六年(1697)刻本
十册

007491196　3145 3345.88
[光緒]永城縣志三十八卷首一卷
(清)岳廷楷修,胡贊采、吕永輝纂
清光緒二十七年至二十九年(1901—1903)刻本
八册

信陽市

007493628　T 3145 267.83
[乾隆]信陽州志十二卷首一卷
(清)張鉞修,萬侯纂
清乾隆十四年(1749)刻本
八册

007490813　3145 2672.9
[民國]重修信陽縣志三十一卷首一卷
方廷漢、謝隨安修,陳善同等編輯
民國二十五年(1936)漢口洪興印書館鉛印本
八册

008040257　T 3145 6127.83
[乾隆]羅山縣志八卷
(清)葛荃修,李之杜纂
清乾隆十一年(1746)刻本
十册

007480527　3145 9127.9
[民國]光山縣志約稿四卷首一卷
許希之修,晏兆平編纂
民國二十五年(1936)光山謙記商務印刷所鉛印本
四册

007477893　T 3145 0245.84
[嘉慶]商城縣志十四卷首一卷末一卷
(清)武開吉修,周之驟纂
清嘉慶八年(1803)刻本
十二册

007480730　T 3145 6646.83
[乾隆]重修固始縣志二十六卷首一卷
(清)謝聘修,洪亮吉等纂
清乾隆五十一年(1786)刻本
十六册

007482099　T 3145 9132.81
[康熙]光州志十五卷
(清)繆發修,龔質生纂
清康熙三十一年(1692)刻本
六册
備註:今潢川縣

007482102　T 3145 9132.83
[乾隆]光州志六十八卷附志餘十二卷
(清)高兆煌等纂修
清乾隆三十五年(1770)刻本
三十二册
備註:今潢川縣

007480594　3145 9132.88
[光緒]光州志十二卷首一卷忠節志四卷節孝志二卷
(清)楊修田修,馬佩玖纂
清光緒十三年(1887)刻本
十六册
備註:今潢川縣

007493620　T 3145 2369.80
[順治]息縣志十卷
(清)邵光胤修,宣洪猷纂
清順治十五年(1658)刻本
八册

007493621　T 3145 2369.81
[康熙]息縣續志八卷
(清)鄭振藻、蔣彪修,何朝宗纂
清康熙三十二年(1693)刻本
四册

007493624　3145 2369.84
[嘉慶]息縣志八卷首一卷
(清)劉光輝修,任鎮及纂
清嘉慶四年(1799)刻本
八册

周口市

007995585　3145 5334.85
[道光]扶溝縣志十三卷
(清)王德瑛纂修
清道光十三年(1833)刻本
四册

007479060　3145 5334.88
[光緒]扶溝縣志十六卷首一卷
(清)熊燦修,張文楷纂
清光緒十九年(1893)刻本,大程書院藏板
六册

007491113　T 3145 1645.83
[乾隆]西華縣志十四卷首一卷
(清)宋恂修,于大猷纂
清乾隆十九年(1754)刻本
六册

007491117　3145 1645.9
[民國]西華縣續志十四卷首一卷附後記
凌甲烺、吕應南修,張嘉謀等纂
民國二十七年(1938)鉛印本
四册

007478059　3145 0213.83
[乾隆]商水縣志十卷首一卷

(清)董榕修、張崇樸等修,郭熙纂
清乾隆十二年(1747)原刻,乾隆四十八年(1783)牛問仁增刻本
八册

007477895 3145 0213.9
[民國]商水縣志二十五卷首一卷
徐家琳等修,楊凌閣、施景舜等纂
民國七年(1918)刻本
十册

007493631 T 3145 3172.83
[乾隆]沈邱縣志十二卷首一卷
(清)何源洙修,魯之璠纂
清乾隆十一年(1746)刻本
五册

007490897 3145 3172.85
[道光]淮寧縣志二十七卷
(清)永銘纂修
清道光六年(1826)刻本
十二册
備註:今淮陽縣

007493632 3145 3172.9B
[民國]淮陽縣志二十卷首一卷
嚴緒鈞修,朱撰卿纂
民國五年(1916)刻本
十二册

007490898 3145 3172.9
[民國]淮陽縣志八卷附文徵内集二卷外集二卷
鄭康侯修,朱撰卿纂
民國二十三年(1934)鉛印本
八册

007495572 3145 4303.85
[道光]太康縣志八卷
(清)戴鳳翔修,高崧、江練纂
清道光七年至八年(1827—1828)刻本
八册

007493445 3145 4303.9
[民國]太康縣志十二卷首一卷
杜鴻斌修,劉盼遂纂
民國二十二年(1933)鉛印本
四册

007479065 3145 4303.931
[民國]太康縣志十二卷首一卷
郭成章修,謝延祉纂
民國三十一年(1942)鉛印本
四册

007478055 T 3145 016.83
[乾隆]鹿邑縣志十二卷首一卷
(清)許菼等修
清乾隆十八年(1753)刻本
四册

007477892 3145 0161.88
[光緒]鹿邑縣志十六卷首一卷
(清)蔣師轍修,于滄瀾、馬家彦等纂
清光緒二十二年(1896)刻本
六册

007491118 T 3145 1845.83
[乾隆]項城縣志十卷首一卷
(清)張延福等纂修
清乾隆十一年(1746)刻本
六册

007490340 3145 1845.89
[宣統]項城縣志三十二卷
(清)張鎮芳修,施景舜編纂
清宣統三年(1911)修,民國三年(1914)石印本

十二册

007486869　T 3144 7930.83
[乾隆]陳州府志三十卷首一卷
(清)崔應階修,姚之琅纂
清乾隆十二年(1747)刻本
二十四册

007487012　T 3144 7930.81
[康熙]續修陳州志四卷
(清)王清彦、張喆修,莫爾漼纂
清康熙三十四年(1695)刻本
四册

駐馬店市

007486842　3144 3430.84
[嘉慶]汝寧府志三十卷首一卷
(清)德昌修,王增纂
清嘉慶元年(1796)刻本
十二册

007491112　3145 1614.87
[康熙]西平縣志十卷
(清)沈荃纂修;李弘植續修
清康熙三十一年(1692)刻,後世重印本
四册
備註:後世重印時改"李弘植"爲"李植"

007490339　3145 1614.9
[民國]西平縣志四十卷首一卷末一卷附編八卷
李毓藻修,陳銘鑑纂
民國二十三年(1934)北平文華齋刻本
十册

007490363　T 3145 214.81
[康熙]上蔡縣志十五卷
(清)楊廷望修,張沐纂
清康熙二十九年(1690)刻本
八册

007478124　3145 1172.84
[嘉慶]正陽縣志十卷
(清)彭良弼修,吕元灝等纂;楊德容補修,賀祥等補纂
清嘉慶元年(1796)刻本
四册

007477815　3145 1172.9
[民國]重修正陽縣志八卷首一卷末一卷
劉月泉、劉炎光修,魏松聲、陳全三纂
民國二十五年(1936)鉛印本
八册

007478109　T 3145 1127.83
[乾隆]確山縣志四卷
(清)周之瑚等修,嚴克嶟纂
清乾隆十一年(1746)刻本
八册

007477894　3145 1127.9
[民國]確山縣志二十四卷
張縉璜纂修
民國二十年(1931)鉛印本
四册

007494940　T 3145 3372.8
[康熙]泌陽縣志四卷
(清)程儀千修,馬之起纂
清康熙五十三年(1714)刻本
二册

007494943　3145 3372.85
[道光]泌陽縣志十二卷首一卷
(清)倪明進修,粟郢纂
清道光八年(1828)刻本
六册

007494946　T 3145 347.81
[康熙]汝陽縣志十卷
(清)邱天英修,李根茂纂
清康熙二十九年(1690)刻本
八册
備註:今汝南縣

007490925　T 3145 3314.83
[乾隆]遂平縣志十六卷首一卷
(清)金忠濟修,祝暘、魏弘謨等纂
清乾隆二十四年(1759)刻本
四册

007477931　T 3145 0249.83
[乾隆]新蔡縣志十卷
(清)莫璽章修,王增纂
清乾隆六十年(1795)刻本
四册

濟源市

007490913　T 3145 3239.83
[乾隆]濟源縣志十六卷首一卷末一卷
(清)蕭應植纂修
清乾隆二十六年(1761)刻本
六册

007490901　3145 3239.85
[嘉慶]續纂濟源縣志十二卷
(清)何荇芳修,劉大觀纂
清嘉慶十八年(1813)刻本
四册

湖北省

007461103　T 3183 0.81
[康熙]湖廣通志八十卷圖考一卷
(清)徐國相等修,宫夢仁、姚淳燾纂
清康熙二十三年(1684)刻本
二十四册

007461110　3183 0.84
[嘉慶]湖北通志一百卷首五卷
(清)吴熊光等總裁,陳詩等纂
清嘉慶九年(1804)修刊本
六十四册

003211879　3183 3211.9
[宣統]湖北通志一百七十二卷首一卷末一卷
(清)張仲炘、楊承禧纂修
清宣統三年(1911)修,民國十年(1921)刻本,板存湖北省長公署
一百〇八册

007461086　3183 3211.9B
[宣統]湖北通志一百七十二卷首一卷末一卷
(清)吕調元、劉承恩修,張仲炘、楊承禧纂
民國二十三年(1934)上海商務印書館據民國十年(1921)刻本縮印本
三册

007461289　3183 0.83
[乾隆]湖北下荆南道志二十八卷
(清)魯之裕修,靖道謨纂
清乾隆五年(1740)原刻,嘉慶二十一年(1816)補刻本
十六册
備註:轄今安陸、襄陽、鄖陽

武漢市

007462479　T 3184 1460.81
[康熙]武昌府志十二卷
(清)裴天錫修,羅人龍等纂

清康熙二十六年(1687)刻本,有抄配
十六册

007462491　T 3185 146.83
[乾隆]武昌縣志十卷首一卷
(清)邵遐齡等修,談有典纂
清乾隆二十八年(1763)刻本
十册

007462369　3185 146.88
[光緒]武昌縣志二十六卷首一卷末一卷
(清)鍾桐山修,柯逢時、劉鳳華等纂
清光緒十一年(1885)刻本
十册

007463457　3185 3372.87
[同治]續輯漢陽縣志二十八卷
(清)黄式度、王庭楨等修,王柏心等纂
清同治七年(1868)刻本
二十册

007463621　3185 3372.88 (6)
[同治]漢陽縣志校一卷漢陽縣志沿革表疑一卷
(清)許盛春、張行簡撰
清光緒十年(1884)刻本
六册

007463621　3185 3372.88 (1-5)
[光緒]漢陽縣識十卷首一卷(缺卷四至卷七,卷九至卷十)
(清)濮文昶修,張行簡纂
清光緒十年(1884)原刻,光緒十五年(1889)改刻本,景賢書塾藏板
六册

007463462　3185 3114.87
[同治]江夏縣志八卷
(清)王庭楨修,彭崧毓纂
清同治八年(1869)刻本
八册

007462296　3185 1460.9
[民國]夏口縣志二十二卷首一卷附補遺一卷
侯祖畬修,吕寅東等纂
民國九年(1920)刻本
十册

007464506　3185 487.87
[同治]黄陂縣志十六卷
(清)劉昌緒修,徐瀛纂
清同治十年(1871)刻本
十二册

007465029　3186 6212.87
[同治]鸚鵡洲小志四卷首一卷
(清)胡鳳丹撰
清同治十三年(1874)退補齋刻本
二册

黄石市

007464490　3185 4336.87
[同治]大冶縣志十八卷首一卷
(清)胡復初修,黄昺杰纂
清同治六年 (1867)刻本
八册

007464513　3185 4336.88
[光緒]大冶縣志續編七卷首一卷末一卷
(清)林佐修,陳鼇纂
清光緒十年(1884)刻本
二册

十堰市

007462482　3184 6272.84
[嘉慶]鄖陽志十卷首一卷
(清)王正常修,謝攀雲等纂

清嘉慶二年(1797)刻本
六册

007462359 3184 6272.87
[同治]鄖陽志八卷首一卷
(清)吴葆儀修,王嚴恭等纂
清同治九年(1870)刻本,鄖山書院藏板
十二册

007464510 3185 6269.87
[同治]鄖縣志十卷首一卷
(清)周瑞、定熙修,崔誥、余瀥廷纂
清同治五年(1866)刻本,文昌宫藏板
八册

007464656 T 3185 6216.83
[乾隆]鄖西縣志二十卷首一卷
(清)張道南纂修
清乾隆四十二年(1777)刻本
八册

007464658 3185 6216.84
[嘉慶]鄖西縣續志四卷首一卷
(清)孔繼擀纂修
清嘉慶十年(1805)刻本
四册

007464509 3185 6216.87
[同治]鄖西縣志二十卷首一卷
(清)程光第修,葉年棻、李登鰲等纂
清同治五年(1866)刻本
十二册

007465019 T 3185 8222.83
[乾隆]竹山縣志二十七卷
(清)常丹葵修,鄧光仁等纂
清乾隆五十年(1785)刻本
四册

007465020 3185 8222.84
[嘉慶]竹山縣志十卷首一卷
(清)范繼昌纂修
清嘉慶十二年(1807)刻本
四册

007464889 3185 8222.87
[同治]竹山縣志二十九卷首一卷
(清)周士楨修,黄子遂纂
清同治四年(1865)刻本
六册

007464890 3185 8226.87
[同治]竹溪縣志十六卷首一卷
(清)陶壽嵩修,楊兆熊纂
清同治六年(1867)刻本
八册

007462370 3185 3022.87
[同治]房縣志十二卷首一卷祀典志一卷
(清)楊延烈修,郁方董、劉元棟纂
清同治五年(1866)刻本
六册

007464493 3185 4232.88
[光緒]續輯均州志十六卷首一卷
(清)馬雲龍修,賈洪詔纂
清光緒十年 (1884)均州志局刻本
十四册
備註:今丹江口市

宜昌市

007469257 3184 316.87
[同治]宜昌府志十六卷首一卷
(清)李佐宸、聶光鑾等修,王柏心等纂
清同治五年(1866)刻本
十八册

007463611 3185 3166.9
[同治]續修東湖縣志三十卷首一卷續補藝

文一卷
(清)金大鏞修,王柏心纂
清同治三年(1864)原刻,民國二十年(1931)鉛印本,封面題名“續修宜昌縣志”
一册
備註:今宜昌市夷陵區

007464500　3185 5932.87
[同治]續修東湖縣志三十卷首一卷續補藝文一卷
(清)金大鏞修,王柏心纂
清同治三年(1864)刻本
十册

007463468　3185 3334.87
[同治]遠安縣志八卷首一卷
(清)鄭燡林修,周葆恩纂
清同治五年(1866)刻本
八册

007465017　3185 7827.87
[同治]興山縣志十卷首一卷
(清)伍繼勛修,范昌棣等纂
清同治四年(1865)刻本
六册

007464886　3185 7827.88
[光緒]興山縣志二十二卷
(清)黄世崇纂修
清光緒十年(1884)經心書院刻本
四册

007464885　3185 7372.87
[同治]長陽縣志七卷首一卷
(清)陳惟模修,譚大勳纂
清同治五年(1866)刻本
六册

007465014　3185 7329.87
[同治]長樂縣志十六卷首一卷末一卷
(清)李焕春修,賴榮光纂;龍兆霖補修
清同治九年(1870)據咸豐二年(1852)刻版增補刻本
八册
備註:今五峰土家族自治縣

007463605　T 3185 314.81
[康熙]宜都縣志十二卷首一卷末一卷
(清)劉顯功纂修
清康熙三十六年(1697)刻本,卷三至卷七爲抄配本
八册

007463463　3185 314.87
[同治]宜都縣志四卷首一卷末一卷
(清)崔培元、朱甘霖修,龔紹仁纂
清同治五年(1866)刻本,板藏清江書院
四册

007465024　3185 9672.87 (1-10)
[同治]當陽縣志十八卷首一卷末一卷
(清)阮恩光修,王柏心等纂
清同治五年(1866)刻本
十四册

007465024　3185 9672.87 (11-14)
[光緒]當陽縣補續志四卷首一卷
(清)李元才修,李葆貞纂
清光緒十五年(1889)刻本
十四册

007465025　3185 9672.88
[光緒]當陽縣補續志四卷首一卷
(清)李元才修,李葆貞纂
清光緒十五年(1889)刻本
四册

007464515　3185 4431.87
[同治]枝江縣志二十卷首一卷

(清)查子庚修,熊文瀾纂
清同治五年(1866)刻本
八册

007462493 3185 2232.87
[嘉慶]歸州志十卷
(清)李炘修,陸仲達纂;余思訓增修,陳鳳鳴等增纂
清同治五年(1866)增刻本
四册
備註:今秭歸縣

007462354 3185 2232.88A
[光緒]歸州志十卷首一卷
(清)沈雲駿修,劉玉森纂
清光緒八年(1882)刻本
六册
備註:今秭歸縣

007469385 3185 2232.88
[光緒]歸州志十七卷
(清)黄世崇等纂修
清光緒二十七年(1901)刻本
四册
備註:今秭歸縣

襄陽市

007461295 T 3184 0372.83
[乾隆]襄陽府志四十卷首一卷
(清)陳鍔纂修
清乾隆二十五年(1760)刻本
十六册

007461133 3184 0372.88
[光緒]襄陽府志二十六卷附志餘一卷國朝襄郡忠義録一卷
(清)恩聯等修,王萬芳等纂
清光緒十一年至十二年(1885—1886)刻本
十六册

007462362 3185 0372.87
[同治]襄陽縣志七卷首一卷
(清)楊宗時修,崔淦纂;吴耀斗續修,李士彬續纂
清同治十三年(1874)刻本
八册

007464635 3185 423.87
[同治]南漳縣志集鈔二十六卷首一卷
(清)胡正楷原本;沈兆元修,胡心悦增纂
清同治四年(1865)刻本
十册

007464514 3185 444.87
[同治]穀城縣志八卷
(清)承印修,蔣海澄等纂
清同治六年(1867)刻本
八册

007462495 3185 2903.87
[同治]保康縣志七卷首一卷末一卷
(清)林讓昆、宋熙曾修,楊世霖纂
清同治五年(1866)原刻,同治十年(1871)補刻本
四册

007464892 3185 9121.87
[光緒]光化縣志八卷首一卷
(清)鍾桐山、葉樹南修,段映斗纂
清光緒十年(1884)原刻,光緒十三年(1887)補修刻本
八册
備註:今老河口市

007464654 3185 5972.86
[咸豐]重修棗陽縣志十五卷首一卷
(清)陳子飭等修,王樹滋等纂
清咸豐四年(1854)刻本

八册

007464655　3185 5972.87
［同治］棗陽縣志三十卷首一卷末一卷
（清）史策先纂修
清同治四年（1865）刻本
八册

007464440　3185 5972.9
［民國］棗陽縣志三十四卷首一卷
梁汝澤等修，王榮先等纂
民國十二年（1923）武昌正信印務館鉛印本
八册

007463606　3185 3145.87
［同治］宜城縣志十卷
（清）程啓安修，張炳鐘等纂
清同治五年（1866）刻本
八册

007463608　3185 3145.88
［光緒］宜城縣續志二卷
（清）李連騎修，姚德華纂
清光緒九年（1883）刻本
二册

007465027　3186 3145.88
［光緒］湖北襄陽府宜城縣鄉土志四篇
（清）楊文勳修，望炳麟等纂
清光緒三十二年（1906）刻本
二册

鄂州市

009067224　3185 4466
［寶祐］壽昌乘不分卷
（宋）佚名纂；（清）文廷式輯自《永樂大典》
清光緒三十三年（1907）武昌柯氏息園刻本
一册

荆門市

007462478　T 3184 4272.83
［乾隆］荆門州志三十六卷首一卷
（清）舒成龍修，李法孟等纂
清乾隆十九年（1754）刻本
八册

007462358　3184 4272.87
［同治］荆門直隸州志十二卷首一卷
（清）恩榮修，張圻纂
清同治七年（1868）明倫堂刻本
十六册

007462350　3185 092.87
［光緒］京山縣志二十七卷首一卷
（清）沈星標修，曾憲德等纂
清光緒八年（1882）刻本
十六册

007464888　3185 8135.87
［同治］鍾祥縣志二十卷附補编二卷
（清）許光曙、孫福海纂修
清同治六年（1867）刻本
十四册

孝感市

007464516　3185 4450.88
［光緒］孝感縣志二十四卷附續補一卷
（清）朱希白等修，沈用增、屠道鏞纂
清光緒九年（1883）刻本
十三册

007462364　3185 1342.85
［道光］雲夢縣志略十二卷首一卷末一卷附刻一卷
（清）吕錫麟等修，程懷璟纂
清道光二十年（1840）刻本
十册

007462365 3185 1342.88
[光緒]續雲夢縣志略十卷首一卷末一卷
(清)吴念椿修,程壽昌等纂
清光緒九年(1883)刻本
四册

007462361 3185 0345.88
[光緒]應城縣志十四卷首一卷
(清)羅緗、陳豪修,王承禧纂
清光緒八年(1882)刻本,蒲陽書院藏板
八册

007462347 3184 2334.88
[光緒]德安府志二十卷首一卷末一卷
(清)賡音布修,劉國光等纂
清光緒十四年(1888)刻本
二十册

007462497 3185 3071.85
[道光]安陸縣志四十卷首一卷
(清)蔣炯等修,李延錫等纂
清道光二十三年(1843)修,咸豐三年(1853)刻本
十二册

007463604 3185 3071.87
[同治]安陸縣志補正二卷
(清)陳廷鈞輯
清同治十一年(1872)刻本,太史第藏版
二册

007463613 3185 3320.87
[同治]漢川縣志二十二卷首一卷
(清)德廉等修,林祥瑗等纂
清同治十二年原刻,光緒二十四年(1898)重印本
十二册

007463615 3185 3320.88
[光緒]漢川圖記徵實六册不分卷
(清)田宗漢纂修
清光緒二十一年(1895)刻本,漢川對古樓藏版
六册

荆州市

007462480 T 3184 4232.83
[乾隆]荆州府志五十八卷首一卷
(清)葉仰高等修,施廷樞等纂
清乾隆二十二年(1757)刻本
二十册

007462349 3184 4232.88
[光緒]荆州府志八十卷首一卷
(清)倪文蔚、蔣銘勳修,顧嘉蘅、李廷鉽纂
清光緒六年(1880)刻本
二十四册

007464891 3185 8334.87
[同治]公安縣志八卷首一卷
(清)周承弼、袁鳴珂修,王慰纂
清同治十三年(1874)刻本,板藏南平書院
十二册

007464512 3185 7122.87
[同治]監利縣志十二卷首一卷
(清)林瑞枝等修,王柏心纂
清同治十一年(1872)刻本
十册

007463612 3185 3174.84
[嘉慶]江陵縣志刊誤六卷
(清)劉士璋編
清道光九年(1829)沙市劉氏家刻本
一册

007463466 3185 3174.88
[光緒]江陵縣志六十五卷首一卷
(清)蒯正昌、吴耀斗修,胡九皋、劉長謙纂

清光緒二年(1876)刻本,賓興館藏板
二十四册

007462373　3185 1686.87
[同治]石首縣志八卷
(清)朱榮實修,傅如筠等纂
清同治五年(1866)刻本
十二册

007464517　3185 4333.87
[同治]松滋縣志十二卷首一卷
(清)吕縉雲、李勗修,羅有文、朱美燮纂
清同治八年(1869)刻本
十册

黄岡市

007462366　3184 4832.88
[光緒]黄州府志四十卷首一卷
(清)英啓等修,鄧琛等纂
清光緒十年(1884)刻本,黄州府官廨藏板
四十册

007464648　3185 4872.85
[道光]黄岡縣志二十四卷首一卷
(清)俞昌烈修,謝茇等纂
清道光二十八年(1848)刻本
二十四册

007464505　3185 4872.88
[光緒]黄岡縣志二十四卷首一卷
(清)戴昌言修,劉恭冕纂
清光緒八年(1882)刻本
二十四册

007464644　3185 4834.85
[道光]黄安縣志十卷首一卷
(清)林縉光纂修
清道光二年(1822)刻本
十册
備註:今紅安縣

007479204　3185 4834.88
[光緒]黄安縣志十卷首一卷
(清)陳瑞瀾、陶大夏修,吴言昌等纂
清光緒八年(1882)刻本
十六册
備註:今紅安縣

007464508　3185 616.88
[光緒]羅田縣志八卷首一卷
(清)管貽葵修,陳錦纂
清光緒二年(1876)刻本,板存義川書院
十四册

007466934　3200 4322.9
[民國]英山縣志十四卷首一卷
徐錦修,胡鑑瑩纂
民國九年(1920)毛青雲堂活字本
二十册

007463461　3185 4213.88
[光緒]蘄水縣志二十二卷首一卷末一卷
(清)多祺修,王鴻舉等纂
清光緒六年(1880)刻本
二十册
備註:今浠水縣

007464640　3185 4256.86
[咸豐]蘄州志二十六卷
(清)潘克溥等纂修
清咸豐二年(1852)修,同治二年(1863)刻本
十二册

007464491　3185 4256.88
[光緒]蘄州志三十卷
(清)封蔚礽修,陳廷揚纂
清光緒八年(1882)麟山書院重刻本
十八册

007463465　3185 4045.88
[光緒]黄梅縣志四十卷首一卷
(清)覃瀚元、袁瓚修,宛名昌、余邦士等纂
清光緒二年(1876)刻本
十二册

007463460　3185 3945.88
[光緒]麻城縣志四十卷首一卷末一卷附書院學宫田畝彙册一卷
(清)陸祐勤、朱榮椿修,余士珩纂
清光緒八年(1882)刻本
二十三册

007462485　3185 0945.89
[民國]麻城縣志前編十五卷首一卷
鄭重修,余晋芳等纂
民國二十四年(1935)漢口中亞印書館鉛印本
十册

007462486　3185 0945.9
[民國]麻城縣志續編十五卷首一卷末一卷附一卷
鄭重修,余晋芳等纂
民國二十四年(1935)漢口中亞印書館鉛印本
六册

007462363　3185 0832.87
[同治]廣濟縣志十六卷首一卷
(清)劉宗元、朱榮實修,劉燡纂
清同治十一年(1872)刻本
十二册
備註:今武穴市

咸寧市

007464504　3185 4623.87
[同治]重修嘉魚縣志十二卷
(清)鍾傳益修,俞焜纂
清同治五年(1866)刻本
十二册

007463619　3185 3345.87
[同治]通城縣志二十四卷首一卷附補遺一卷
(清)鄭莢修,郭亦棠、杜煦明等纂
清同治六年(1867)活字本
十册

007462355　3185 2972.87
[同治]崇陽縣志十二卷首一卷
(清)高佐廷修,傅燮鼎纂
清同治五年(1866)活字本
十二册

007463618　3185 3327.85
[同治]通山縣志八卷首一卷
(清)羅登瀛、胡昌銘修,朱美燮、乐纯青纂
清同治七年(1868)心田局活字本
十六册

007464492　3185 4242.87
[同治]蒲圻縣志八卷
(清)顧際熙等修,文元音、張承齡等纂
清同治五年(1866)刻本,朝陽書院藏板
八册
備註:今赤壁市

隨州市

007465015　T 3185 7332.81
[康熙]隨州志四卷
(清)劉霖修,何藩等纂
清康熙六年(1667)刻本
十二册

007464884　3185 7332.87
[同治]隨州志三十二卷首一卷
(清)文齡等修,史策先等纂

清同治八年(1869)刻本
十六册

007462360　3185 0327.87
[同治]應山縣志三十六卷首一卷
(清)劉宗元等修,吴天錫纂
清同治十年(1871)刻本,板藏文明宫
十五册
備註:今廣水市

恩施土家族苗族自治州

007461132　3184 0142.87
[同治]增修施南府志三十卷首一卷
(清)松林、周慶榕修,何遠鑒等纂
清同治十年(1871)刻本
十四册

007462348　3184 0142.88
[光緒]施南府志續編十卷
(清)王庭楨、李謙修,雷春沼等纂
清光緒十一年(1885)刻本
四册

007464511　3185 6301.87
[同治]恩施縣志十二卷首一卷
(清)多壽修,羅凌漢纂
清同治七年(1868)朱三恪校訂刻本,麟溪書院藏板
六册

007462353　3185 2222.88
[光緒]利川縣志十四卷首一卷
(清)黄世崇纂修
清光緒二十年(1894)鍾靈書院刻本
四册

007462490　3185 1446.85
[道光]建始縣志四卷首一卷
(清)袁景暉纂修
清道光二十二年(1842)刻本
四册

007462368　3185 1446.87
[同治]建始縣志八卷首一卷
(清)熊啓詠纂修
清同治五年(1866)刻本
四册

007465012　3185 7150.87
[同治]巴東縣志十六卷首一卷
(清)廖恩樹修,蕭佩聲纂
清同治五年(1866)修,光緒六年(1880)刻本
六册

007463610　3185 3163.87
[同治]宣恩縣志二十卷首一卷
(清)張金瀾修,張金圻等纂
清同治二年(1863)刻本
六册

007464652　3185 5221.87
[同治]咸豐縣志二十卷首一卷
(清)張梓修,張光杰纂
清同治四年(1865)刻本,板存蔚文書院
四册

007464507　3185 5971.87
[同治]來鳳縣志三十二卷首一卷末一卷
(清)李勗修,何遠鑒、張鈞纂
清同治五年(1866)刻本
八册

007464628　3185 4220.85
[同治]鶴峰州志續修十四卷首一卷
(清)洪先燾、吉鍾潁原本;雷春沼、徐澍楷續纂修
清同治六年(1867)刻本四册

007464633 3185 4220.88
[光緒]鶴峰州志續修十四卷首一卷
(清)長庚修,陳鴻漸纂
清光緒十一年(1885)刻本
一册

仙桃市

007463617 3185 3272.7
[嘉靖]沔陽州志十八卷
(明)童承叙纂修
明嘉靖十年(1531)修,民國十五年(1926)沔陽盧氏慎始基齋據舊抄本重刻本
四册
備註:今仙桃市

007374886 9110 3272 (01-04)
[嘉靖]沔陽州志十八卷
(明)童承叙撰
民國十五年(1926)沔陽盧氏慎始基齋校刻本
四册
備註:今仙桃市

007463467 3185 3272.88
[光緒]沔陽州志十二卷首一卷
(清)葛振元修,楊鉅纂
清光緒二十年(1894)刻本
十六册
備註:今仙桃市

潛江市

007463458 3185 3631.81
[康熙]潛江縣志二十卷首一卷
(清)劉焕修,朱載震纂;史致謨續刊
清康熙三十三年(1694)修,光緒五年(1879)傳經書院重刻本
八册

007463459 3185 3631.88
[光緒]潛江縣志續二十卷首一卷
(清)史致謨修,劉恭冕等纂
清光緒五年(1879)傳經書院刻本
八册

天門市

007462489 3185 1372.9
[乾隆]天門縣志二十四卷首一卷
(清)胡翼修,章鑣等纂
清乾隆三十年(1765)修,民國十一年(1922)石印本
十册

湖南省

007479205 T 3188 0.83
[乾隆]湖南通志一百七十四卷首一卷
(清)陳宏謀等修,范咸等纂
清乾隆二十二年(1757)刻本
一百二十册

007464864 3188 0.84
[嘉慶]湖南通志二百一十九卷首三卷末六卷
(清)翁元圻等修,王煦等纂
清嘉慶二十五年(1820)刻本,布政使司衙門藏板
八十册

007464893 3188 3242.88
[光緒]湖南通志二百八十八卷首八卷末十九卷
(清)李瀚章、卞寶第等修,曾國荃、郭嵩燾

等纂
清光緒五年至十一年(1879—1885)刻本,府學宫尊經閣藏板
一百六十八册

005577438　3066 2428
湖南地理志
傅角今編著
民國二十二年(1933)武昌亞新地學社鉛印本
一册

長沙市

007466758　T 3189 7332.82
[乾隆]長沙府志五十卷首一卷
(清)吕肅高修,張雄圖、王文清纂
清乾隆十二年(1747)刻本
二十四册

007467102　3190 7332.84
[嘉慶]長沙縣志二十八卷首一卷
(清)趙文在原本;陳光詔續修,艾以清、熊授南續纂
清嘉慶十五年(1810)原刻,嘉慶二十二年(1817)增刻本
二十八册

007466981　3190 7332.87
[同治]長沙縣志三十六卷首一卷
(清)劉采邦等修,張延珂等纂
清同治六年(1867)續修,同治九年至十年(1870—1871)刻本
二十册

007466984　3190 8621.88
[光緒]善化縣志三十四卷首一卷
(清)吴兆熙等修,張先掄等纂
清光緒三年(1877)刻本
二十册
備註:今併入長沙縣

007464882　3190 3222.87
[同治]續修寧鄉縣志四十四卷首一卷
(清)郭慶颺修,童秀春纂
清同治六年(1867)刻本
十八册

007465053　3190 327.84
[嘉慶]瀏陽縣志四十卷首一卷附志餘備考二卷
(清)謝希閔等修,王顯文等纂;《志餘備考》李長春纂
清嘉慶二十三至二十四年(1818—1819)刻本
十册

007464883　3190 327.87
[同治]瀏陽縣志二十四卷
(清)王汝惺等修,鄒焌杰等纂
清同治十二年(1873)刻本
十二册

株洲市

007465040　3190 2469.87
[同治]攸縣志五十五卷
(清)王元凱、嚴鳴琦纂修
清同治十年(1871)刻本
二十册

007466790　T 3190 4074.81
[康熙]茶陵州志二十三卷首一卷
(清)趙國宣等纂修
清康熙三十四年(1695)刻本
八册

007464499　3190 1269.87
[同治]酃縣志二十卷首一卷
(清)唐榮邦等修,楊岳方、周作翰等纂

清同治十二年(1873)刻本
八册
備註:今炎陵縣

007464498 3190 1174.87
[同治]醴陵縣志十四卷首一卷末一卷
(清)徐淦等修,江普光等纂
清同治九年(1870)刻本
六册

007468612 3191 1174.9
[民國]醴陵鄉土志八章
傅熊湘編
民國十五年(1926)醴泉小學商社鉛印本
一册

湘潭市

007466787 T 3190 363.83
[乾隆]湘潭縣志二十五卷首一卷
(清)吕正音修,歐陽正焕纂
清乾隆二十一年(1756)刻本
十二册

007466789 3190 363.84
[嘉慶]湘潭縣志四十卷
(清)張雲璈等修,周系英纂
清嘉慶二十三年(1818)刻本
十八册

007466631 3190 363.88
[光緒]湘潭縣志十二卷
(清)陳嘉榆等修,王闓運等纂
清光緒十五年(1889)刻本
十册

007466633 3190 3622.87
[同治]湘鄉縣志二十三卷首一卷末一卷
(清)齊德五等修,黄楷盛等纂
清同治十三年(1874)刻本
二十四册

衡陽市

007466634 3189 223.83
[乾隆]衡州府志三十三卷首一卷
(清)饒佺修,曠敏本纂
清光緒元年(1875)據乾隆二十八年(1763)刻版增刻,三學公局藏板
二十册

007465039 3190 2272.84
[嘉慶]衡陽縣志四十卷首一卷
(清)閶肇烺等修,馬倚元等纂
清嘉慶二十五年(1820)刻本
十六册
備註:記事至道光二年(1822),當爲後世增補刻本

007464877 3190 227.87
[同治]衡陽縣志十二卷
(清)羅慶薌修,彭玉麟等纂
清同治十三年(1874)刻本
七册

007465050 3190 3223.87
[同治]清泉縣志十卷首一卷末一卷
(清)王開運等修,張修府等纂
清同治八年(1869)刻本
二册
備註:民國間併入衡陽縣

007465007 3190 2227.7
[弘治]衡山縣志六卷
[明]劉熙修,何紀纂;周鎧續修
明弘治元年(1488)修,弘治十年至十二年(1497—1499)續修,民國十三年(1924)長沙湘益印刷公司鉛字重印本
二册
備註:題名"重印明弘治衡山縣志"

007465010　3190 2227.84
[道光]衡山縣志五十五卷首一卷
(清)侯鈐、張富業等修,張孝齡、蕭鳳翥等纂
清道光三年(1823)刻本
二十册

007466978　3190 5912.88
[光緒]耒陽縣志八卷首一卷
(清)鄭優伍、於學琴修,宋世煦纂
清光緒十一年至十二年(1885—1886)刻本
十册

007468609　3190 9230.84
[嘉慶]常寧縣志三十二卷
(清)楊純道等修,王紳、段紹章等纂
清嘉慶四年(1799)刻本
二十六册

007468611　3190 9230.87
[同治]常寧縣志十六卷首一卷
(清)玉山修,李考經等纂
清同治九年(1870)刻本
四册

邵陽市

007466752　3189 3004.85
[道光]寶慶府志一百四十三卷首六卷末三卷
(清)張鎮南等修,鄧顯鶴等纂
清道光二十五年至二十九年(1845—1849)邵州濂溪書院刻本
六十册

007464660　3190 1272.88
[光緒]紹陽縣志十卷
(清)黄文琛等纂修
清光緒二年至三年(1876—1877)刻本
六册

007464486　3190 1272.88b
[光緒]邵陽縣鄉土志四卷首一卷
(清)陳吴萃等修,姚炳奎纂
清光緒三十三年(1907)刻本
四册

007466977　3190 4523.87
[同治]城步縣志十卷
(清)盛鐸源修,戴聯璧等纂
清同治六年(1867)原刻,民國十九年(1930)永德堂活字本
十册

岳陽市

007466759　T 3189 7732.83
[乾隆]岳州府志三十卷首一卷
(清)黄凝道修,謝仲坃纂
清乾隆十一年(1746)刻本
二十四册

007467052　3190 7174.87
[同治]巴陵縣志三十卷首一卷
(清)嚴鳴琦等修,吴敏樹等纂
清同治十一年(1872)刻本
十册
備註:今岳陽縣

007466980　3190 717.88
[光緒]巴陵縣志六十三卷首一卷附洞庭、君山、岳陽樓詩文集十八卷
(清)姚詩德、鄭桂顯修,杜貴墀等纂
清光緒十七年(1891)刻本
十六册
備註:今岳陽縣

007467038　3190 4536.88
[光緒]華容縣志十五卷首一卷

(清)孫炳煜等修,熊紹庚等纂
清光緒八年(1882)刻本
八册

007466632　3190 3673.88
[光緒]湘陰縣圖志三十四卷首一卷末一卷
(清)郭嵩燾纂修
清光緒六年(1880)刻本
十四册

007464488　3190 1431.87
[同治]平江縣志五十五卷首二卷末一卷
(清)張培仁修,李元度纂
清同治十三年至光緒元年(1874—1875)刻本
十六册

007466982　3190 7636.87
[同治]臨湘縣志十三卷首一卷末一卷
(清)盛慶紱、恩榮等修,熊興傑、歐陽恩霖等纂
清同治十一年(1872)刻本
六册

常德市

007466635　3189 922.84
[嘉慶]常德府志四十八卷文徵九卷叢談三卷
(清)應先烈修,陳楷禮纂
清嘉慶十八年(1813)刻本
二十二册

007464489　3190 1474.87
[同治]武陵縣志三十二卷首一卷文徵二卷詩徵二卷
(清)歐陽列等修,楊丕復纂;楊彝珍續纂
清同治七年(1868)刻本,郎江書院藏板
十册

007464663　3190 1474.87A
[同治]武陵縣志四十八卷
(清)惲世臨、孫翹澤修,陳啓邁等纂
清同治二年(1863)刻本
十二册

007466736　T 3190 3422.83
[乾隆]安鄉縣志八卷
(清)張綽等纂修
清乾隆十三年(1748)刻本
十册

007466754　T 3189 3130.83
[乾隆]澧志舉要三卷附補編
(清)潘相纂;潘承煒續纂
清乾隆五十四年(1789)初刻,乾隆六十年(1795)續補刻本
二册

007466755　3189 3130.87
[同治]直隸澧州志二十六卷首一卷
(清)何玉芬修,魏式曾等纂
清同治七年(1868)修,同治十三年(1874)增刻本
十八册

007466810　3190 4139.85
[道光]桃源縣志二十卷首一卷
(清)譚震修,方堃、文運陞等纂
清道光三年(1823)刻本
二十八册

007467033　3190 4139.88
[光緒]桃源縣志十七卷首一卷末一卷
(清)余良棟修,劉鳳苞等纂
清光緒十八年(1892)刻本
十六册

007464664　3190 1672.84

[嘉慶]石門縣志五十五卷首一卷

(清)蘇益馨等修,梅嶧等纂

清嘉慶二十三年(1818)刻本

六册

007465005　3190 1672.87

[同治]石門縣志十四卷首一卷

林葆元、陳煊等修,申正颺、袁相綬等纂

清同治十三年(1874)據同治七年(1868)刻版補刻本

十四册

張家界市

007467115　3190 8322.87

[同治]續修慈利縣志十四卷首一卷

(清)嵇有慶、蔣恩澍修,魏湘纂

清同治八年(1869)刻本

十四册

007467117　3190 8322.88

[光緒]慈利縣志十卷首一卷

(清)吴恭亨撰

清光緒二十二年(1896)刻本

二册

007466933　3190 8322.9

[民國]慈利縣志二十卷首一卷

田興奎等修,吴恭亨纂

民國十二年(1923)鉛印本

四册

007467112　3190 7941.87

[同治]桑植縣志八卷首一卷

(清)周來賀纂修

清同治十二年(1873)刻本

四册

益陽市

007466983　3190 8172.87

[同治]益陽縣志二十五卷首一卷

(清)姚念楊、吕懋恒等修,趙裴哲等纂

清同治十三年(1874)刻本

二十二册

007465041　3190 3131.84

[嘉慶]沅江縣志三十卷

(清)唐古特修,駱孔僎等纂

清嘉慶二十二年(1817)增刻本

八册

郴州市

007466963　3190 4172.87

[同治]桂陽直隸州志二十七卷首一卷

(清)汪敩灝修,王闓運纂

清同治七年(1868)刻本

十三册

007466741　3190 3445.9

[民國]汝城縣志三十五卷首一卷末一卷

陳必聞、宛方舟修,盧純道、范大濰等纂

民國二十一年(1932)華文齋刻本

十册

007467034　3190 4159.87

[同治]桂東縣志二十卷首一卷

(清)劉華邦纂修

清同治五年(1866)

八册

007467109　3190 7832.88

[光緒]興寧縣志十八卷首一卷末一卷

(清)郭樹馨修,黄榜元纂

清光緒元年(1875)刻本

十二册

備註:今資興市

永州市

007466639　3189 3330.85
[道光]永州府志十八卷首一卷
(清)吕恩湛修,宗績辰纂
清道光八年(1828)原刻,同治六年(1867)重校刻本
二十六册

007464661　3190 137.84 (1-10)
[嘉慶]零陵縣志十六卷
(清)武占熊修,劉方璿、蔣濂纂
清嘉慶二十二年(1817)據嘉慶十五年(1810)刻本重印本
十二册

007464661　3190 137.84 (10-12)
[嘉慶]零志補零三卷
(清)宗霈纂修
清嘉慶二十二年(1817)刻本
十二册

007464487　3190 137.88
[光緒]零陵縣志十五卷附補遺一卷
(清)嵇有慶、徐保齡修,劉沛纂
清光緒二年(1876)刻本
八册

008959914　T 3190 3936
[乾隆]浯溪新志十四卷首一卷
(清)宋溶纂修
清乾隆三十五年(1795)刻本
四册

007465057　3190 3272.84
[嘉慶]祁陽縣志二十四卷首一卷
(清)萬在衡修,甘慶增等纂
清嘉慶十七年(1812)刻本
十六册

007464880　3190 3272.87
[同治]祁陽縣志二十四卷首一卷
(清)陳玉祥修,劉希關等纂
清同治九年(1870)刻本,濂溪祠藏板
十六册

007467042　3190 5934.88
[光緒]東安縣志八卷
(清)黄心菊等纂修
清光緒二年(1876)刻本
四册

007465065　3190 333.84
[嘉慶]道州志十二卷首一卷
(清)張元惠修,黄如穀纂
清嘉慶二十五年(1820)刻本
四册

007466630　3190 3332.88
[光緒]道州志十二卷
(清)李鏡蓉等修,許清源等纂
清光緒三年(1877)修,光緒四年(1878)刻本
八册

007465051　3190 3233.84
[嘉慶]寧遠縣志十卷首一卷
(清)曾鈺纂修
清嘉慶十六年(1811)刻本,考棚藏板
六册

007465052　3190 3233.88
[光緒]寧遠縣志八卷
(清)張大煦修,歐陽澤闓纂
清光緒二年(1876)刻本
四册

007466793　3190 4127.87
[同治]藍山縣志十六卷末一卷

(清)胡鶚薦、洪錫綬等修，鍾範纂
清同治六年(1867)刻本
十册

007464626　3190 0260.86
[嘉慶]新田縣志十卷
(清)張厚郿、黄應培等修，樂明紹等纂
清嘉慶十七年(1812)刻，咸豐七年(1857)增刊本
四册

007464879　3190 3145.87
[同治]江華縣志十二卷首一卷
(清)劉華邦修，唐爲煌等纂
清同治九年(1870)刻本
六册

懷化市

007464881　3190 3174.87
[同治]沅陵縣志五十卷首一卷
(清)守忠等修，許光曙等纂
清光緒二十八年(1902)據清同治十二年(1873)刻本增刻補板重印本
十二册

007467099　3190 7326.84
[道光]辰溪縣志四十卷首一卷末一卷
(清)徐會雲修，劉家傳纂
清道光元年(1821)刻本
十册

007466739　T 3190 3432.83
[乾隆]溆浦縣志二十卷首一卷末一卷
(清)陶金諧修，楊鴻觀纂
清乾隆二十七年(1762)刻本
六册

007466737　3190 3432.87
[同治]溆浦縣志二十四卷首一卷
(清)齊德五修，舒其錦纂
清同治十二年(1873)刻本
八册

007467121　3190 8672.88
[光緒]重修會同縣志十四卷首一卷
(清)孫炳煜等修，黄世昌等纂
清光緒二年(1876)刻本
八册

007466785　T 3190 0972.81 (1-5)
[康熙]麻陽縣志十卷
(清)陳輝璧修，田長盛等纂
清康熙三十三年(1694)刻本
六册

007466785　T 3190 0972.81 (6)
[乾隆]續麻陽縣志二卷
(清)趙弘儀原本；秦周增修
清乾隆十二年(1747)刻本
六册

007464497　3190 0972.87
[同治]新修麻陽縣志十四卷首一卷
(清)姜鍾琇修，劉士先等纂
清同治十二年至十三年(1873—1874)刻本
十册

007466808　3190 4131.87
[同治]芷江縣志六十四卷首一卷
(清)盛慶紱等修，盛一林纂
清同治八年至九年(1869—1870)刻本
十六册

007466748　3189 0232.85
[道光]直隸靖州志十二卷附靖州學宫志四卷
(清)魏德畹纂修；覺羅隆恩續修，汪尚友續纂

清道光十七年(1837)續修刻本
十八册

007466750　3189 0232.88
[光緒]靖州直隸州志十二卷首一卷末一卷
(清)吴起鳳等修,唐際虞等纂
清光緒五年(1879)刻本
十册

007464496　3190 024.88
[光緒]靖州鄉土志四卷首一卷
(清)金蓉鏡纂輯
清光緒三十四年(1908)刻本,板藏警務局
二册

007466756　3189 3132.87
[同治]沅州府志四十卷首一卷
(清)張官五等纂修;吴嗣仲等續修
清同治十二年(1873)刻本
二十册

007467048　T 3190 6272.83
[乾隆]黔陽縣志四十二卷首一卷
(清)姚文起修,危元福纂
清乾隆五十四年(1789)刻本
十册

007466979　3190 6272.87
[同治]黔陽縣志六十卷首一卷
(清)陳鴻作等修,易燮堯等纂
清同治十三年(1874)刻本
十二册

婁底市

007464495　3190 0221.87
[同治]新化縣志三十五卷首二卷
(清)關培鈞修,劉洪澤等纂
清同治十一年(1872)刻本
十六册

湘西土家族苗族自治州

007467053　3190 7171.85
[道光]鳳凰廳志二十卷首一卷
(清)黄應培修,孫均銓等纂
清道光四年(1824)刻本
十二册

007465059　3190 3324.87
[同治]永綏直隸廳志六卷
(清)周玉衡等修,楊瑞珍等纂
清同治元年(1862)修,同治七年(1868)刻本
六册
備註:今花垣縣

007467039　3190 4654.88
[光緒]古丈坪廳志十六卷
(清)董鴻勳纂修
清光緒三十三年(1907)仿鉛字聚珍版印本
十册

007466757　T 3189 3328.83
[乾隆]永順府志十二卷首一卷
(清)張天如纂輯
清乾隆二十八年(1763)刻本
六册

007465063　T 3190 3328.83
[乾隆]永順縣志四卷首一卷
(清)黄德基修,關天申纂
清乾隆五十八年(1793)刻本
五册

007468613　3191 3328.9
[民國]永順縣風土志不分卷
劉正學撰
民國十二年(1923)鉛印本
一册

007464624　3190 0127.84
[嘉慶]龍山縣志十六卷首一卷
(清)繳繼祖修,洪際清纂
清嘉慶二十三年(1818)刻本
五册

007464494　3190 0127.88
[光緒]龍山縣志十六卷首一卷附補刊一卷
(清)符爲霖、吕懋恒修,劉沛纂;謝寶文續修,劉沛續纂
清光緒四年(1878)刻本
六册

廣東省

007473439　T 3228 0.82
[雍正]廣東通志六十四卷
(清)郝玉麟修,魯曾煜等纂
清雍正九年(1731)刻本
五十册

003259974　3228 0859.84
[道光]廣東通志三百三十四卷首一卷
(清)阮元等修,陳昌齊等纂
清同治三年(1864)廣州萃文堂重刊本
一百二十册

007496612　3228 87
[同治]廣東圖説九十二卷附廣東圖二十三卷
(清)毛鴻賓等修,桂文燦等纂
清同治九年至十年(1870—1871)刻本,廣州龍藏街萃文堂承刊
二十一册

007473278　3228 0.9
[民國]廣東通志列傳
温廷敬輯纂,鄒魯鑑定
民國間中山大學排印本
四册

廣州市

007473445　T 3229 0832.83
[乾隆]廣州府志六十卷首一卷
(清)金烈、張嗣衍修,沈廷芳等纂
清乾隆二十四年(1759)刻本
三十二册

005635179　3073 0832
[嘉慶]羊城古鈔八卷首一卷
(清)仇池石輯
清嘉慶十一年(1806)刻本
四册

007473392　3229 0832.88
[光緒]廣州府志一百六十三卷
(清)戴肇辰、蘇佩訓修,史澄、李光廷纂
清光緒五年(1879)廣州粤秀書院刻本
六十册

007475378　3230 2662.87
[同治]番禺縣志五十四卷首一卷附録一卷
(清)李福泰修,史澄、何若瑶纂
清同治十年(1871)光霽堂刻本
十六册

007475374　3230 2662.89
[宣統]番禺縣續志四十四卷首一卷
(清)梁鼎芬等修,丁仁長、吴道鎔等纂
民國二十年(1931)據清宣統三年(1911)刻本重印本
十六册

007475505　3230 2662.9
[宣統]番禺縣續志四十四卷首一卷
(清)梁鼎芬等修,丁仁長、吴道鎔等纂
民國二十年(1931)據清宣統三年(1911)刻本重印本
十六册

007475993　3230 4169.81
[康熙]花縣志四卷
(清)王永名修,黄士龍、黄虞纂
清同治五年(1866)刻本
四册

007475994　3230 4169.9
[民國]花縣志十三卷
孔昭度等修,利璋等纂
民國十三年(1924)刻本鉛印本
十三册

007478050　3230 4645.84
[嘉慶]增城縣志二十卷首一卷
(清)趙俊、熊學源等修,李寶中、黄應桂等纂
清嘉慶二十五年(1820)廣州市龍藏街萃文堂刻本
八册

007478051　3230 4645.89
[民國]增城縣志三十一卷首一卷
王思章修,賴際熙、陳念典等纂
民國十年(1921)刻本
十三册

韶關市

007473489　T 3229 0632.81
[康熙]韶州府志十八卷
(清)唐宗堯修,秦嗣美纂
清康熙二十六年(1687)刻本
十八册

007473322　3229 0632.87
[同治]韶州府志四十卷
(清)額哲克等修,單興詩等纂
清同治十三年(1874)刻本
二十四册

007478093　T 3230 5631.81
[康熙]重修曲江縣志四卷
(清)秦熙祚纂修
清康熙二十六年(1687)刻本
八册

007477914　3230 5631.87
[光緒]曲江縣志十六卷
(清)張希京修,歐樾華、馮翼之等纂
清光緒元年(1875)刻本
六册

007478062　3230 8239.84
[嘉慶]翁源縣新志十二卷首一卷末二卷
(清)謝崇俊修,顔爾樞纂
清嘉慶二十五年(1820)刻本
六册

007474636　3230 2122.88
[同治]仁化縣志八卷首一卷
(清)陳鴻等修,劉鳳輝等纂
清光緒九年(1883)刻本
二十册

007474632　3230 2121.9
[民國]仁化縣志八卷首一卷
何烱璋修,譚鳳儀等纂
民國二十三年(1934)鉛印本
四册

007475544　3230 2966.87
[同治]樂昌縣志十二卷
(清)徐寶符、段綎傳修,李穠、陳其藻纂

清同治十年(1871)刻本
六册

007475373　3230 2966.9
[民國]樂昌縣志二十二卷首一卷
劉運鋒修,陳宗瀛纂
民國二十年(1931)鉛印本,廣州市西湖街廣益承刊
四册

007473317　3229 4241.85
[道光]直隸南雄州志三十四卷首一卷
(清)余保純等修,黄其勤纂;戴錫倫續纂修
清嘉慶二十四年(1819)修,道光四年(1824)續修刻本
十六册

汕頭市

007475860　3230 3272.88
[光緒]潮陽縣志二十二卷首一卷
(清)周恒重修,張其翻纂
清光緒十年(1884)刻本
十册

007475865　3230 3135.84
[嘉慶]澄海縣志二十六卷首一卷
(清)李書吉、王愷纂修
清嘉慶二十年(1815)刻本
八册

007475989　3230 3572.88
[光緒]海陽縣志四十六卷首一卷
(清)盧蔚猷修,吴道鎔纂
清光緒二十六年(1900)潮城謝存文館刻本
十二册

007475995　3230 4233.83
[乾隆]南澳志十二卷附一卷
(清)齊翀纂修
清道光二十一年(1841)據乾隆四十八年(1783)刻版增刻本
十二册

佛山市

007475900　3230 4235
[道光]南海縣志四十四卷首一卷末一卷
(清)潘尚楫等修,鄧士憲等纂
清道光十五年(1835)修,同治八年(1869)重刊本
二十册

007475996　3230 4235.87
[同治]南海縣志二十六卷首一卷
(清)鄭夢玉等修,梁紹獻等纂
清同治十一年(1872)刻本
十二册

007475867　3230 4235.89
[宣統]南海縣志二十六卷首一卷末一卷
(清)張鳳喈、鄭榮等修,桂坫等纂
清宣統二年(1910)刻本
十六册

007919865　3230 4235.89c
[宣統]南海縣志二十六卷首一卷末一卷
(清)張鳳喈、鄭榮等修,桂坫等纂
清宣統二年(1910)刻本
十六册

007475431　3230 2823.86
[咸豐]順德縣志三十二卷
(清)郭汝誠修,馮奉初等纂
清咸豐三年(1853)刻本
十六册

007475377　3230 2823.9
[民國]順德縣志二十四卷附郭志刊誤二卷
周之貞、馮葆熙修,周朝槐等纂

民國十八年(1929)刻本
十册

007474465 3230 1113.84
[嘉慶]三水縣志十六卷首一卷
(清)李友榕、汪雲任等修,鄧雲龍、董思誠纂
清嘉慶二十三年(1818)修,民國十二年(1923)據嘉慶二十四年(1819)心簡齋刻本影印
八册

007474573 3230 0262.88
[光緒]高明縣志十六卷首一卷
(清)鄒兆麟、蔡逢恩等修,梁廷棟、區爲樑等纂
清光緒十五年(1889)修,光緒二十年(1894)刻本,民國二十二年(1933)何晏清翻印光緒二十年(1894)刻本
六册

007475822 3231 2227.85
[道光]佛山忠義鄉志十四卷
(清)吴榮光纂修
清道光十年(1830)刻本
七册

007475782 3231 2227.9
[民國]佛山忠義鄉志十九卷首一卷
汪宗準等修,冼寶幹纂
民國十五年(1926)刻本
十二册

007478066 3231 7966
[同治]桑園圍志十四卷
(清)明之綱等纂
清同治九年(1870)刻本,河神廟公所藏板

0091277413231 4131.88
[光緒]九江儒林鄉志二十一卷
(清)馮栻宗修,黎璿纂
清光緒九年(1883)刻本
十册

007478065 3231 0127.9
[民國]龍山鄉志十五卷
周廷幹倡修,温肅等纂
民國十九年(1930)刻本
十一册

江门市

007474518 3230 0286.85
[道光]新會縣志十四卷首一卷
(清)林星章修,黄培芳、曾釗纂
清道光二十年至二十一年(1840—1841)刻本
十二册

007474612 3230 0286.88
[光緒]新會鄉土志十五篇
(清)蔡垚爔修,譚鑣等纂
清光緒三十四年(1908)粤東編譯公司鉛印本
一册

007473324 3230 0232.88
[光緒]新寧縣志二十六卷首一卷
(清)何福海、鄭守昌修,林國賡、黄榮熙纂
清光緒十九年(1893)刻本
八册
備註:今臺山市

007473359 3230 0232.88B
[光緒]新寧縣志二十六卷首一卷
(清)何福海、鄭守昌修,林國賡、黄榮熙纂
清光緒十九年(1893)修,民國十年(1921)校印本
一册
備註:今臺山市

007475866　3230 4333.9
[民國]赤溪縣志八卷首一卷
王大魯修,賴際熙等纂
民國九年(1920)刻本
五册
備註:今臺山市赤溪鎮

007478119　3230 7214.85
[道光]開平縣志十卷
(清)王文驤修,李科等纂
清道光三年(1823)刻本
六册

007477915　3230 7214.9
[民國]開平縣志四十五卷首一卷
余棨謀修,張啓煌等纂
民國二十二年(1933)香港民聲印書局鉛印本
八册

007478101　T 3230 6314.83
[乾隆]恩平縣志十卷首一卷
(清)曾萼修,周書等纂
清乾隆三十一年(1766)刻本
十二册

007478104　3230 6314.85
[道光]恩平縣志十八卷首一卷末一卷
(清)楊學顔、石臺修,楊秀拔等纂
清道光五年(1825)刻本
六册

007478108　3230 6314.9
[民國]恩平縣志二十五卷首一卷
余丕承修,桂坫纂
民國二十三年(1934)光華書局鉛印本
十六册

007478112　3230 6314.9b
[民國]恩平縣志補遺六卷附録一卷
聶崇一輯
民國十八年(1929)廣州西湖街墨寶樓鉛印本
二册

007475798　3231 3233
[民國]潮連鄉志七卷首一卷
盧子駿編輯
民國三十五年(1946)九龍林瑞英印務局鉛印本
一册

湛江市

007474626　3230 1643.84
[嘉慶]石城縣志六卷首一卷
(清)張大凱、周國泰纂修
清嘉慶二十四年(1819)刻本
十四册
備註:今廉江市

007474472　3230 1645.88
[光緒]石城縣志九卷首一卷末一卷
(清)蔣廷桂修,陳蘭彬等纂
清光緒十八年(1892)高城聯經刊印
八册
備註:今廉江市

007473443　3229 1632.84
[嘉慶]雷州府志二十卷首一卷
(清)雷學海修,陳昌齊等纂
清嘉慶十六年(1811)刻本
十册

007490638　3230 3503.84
[嘉慶]海康縣志八卷
(清)劉邦柄修,陳昌齊纂
清嘉慶十七年(1812)刻本

七册
備註:今雷州市

007474649　3230 2320.85
[道光]吴川縣志十卷
(清)李高魁修,林泰雯纂
清道光五年(1825)刻本
十二册

007474650　3230 2320.88
[光緒]吴川縣志十卷首一卷
(清)毛昌善修,陳蘭彬纂
清光緒十八年(1892)刻本
十册

茂名市

007476008　3230 4526.88
[光緒]茂名縣志八卷首一卷附補遺訂訛
(清)鄭業崇、潘泰謙修,楊頤纂
清光緒十四年(1888)刻本
七册

007474617　3230 1126.85
[道光]電白縣志二十卷末一卷
(清)章鴻、葉廷芳修,邵詠、崔翼周纂
清道光五年(1825)廣州西湖街文寶齋刻本
五册

007473442　3229 0232.85
[道光]高州府志十六卷
(清)葉申萬、黄安濤等修,潘眉纂
清道光七年(1827)富文樓刻本
十六册

007474467　3230 2132.88
[光緒]化州志十二卷
(清)彭貽蓀、章毓桂修,彭步瀛等纂
清光緒十四年至十六年(1888—1890)高城聯經號刻本
十二册

007475504　3230 2631.88
[光緒]信宜縣志八卷拾餘一卷
(清)敖式槱修,梁安甸、李再榮等纂
清光緒十五年(1889)修,十七年(1891)刻本
八册

肇慶市

007473497　3229 340.85
[道光]肇慶府志二十二卷首一卷
(清)屠英等修,胡森、江藩等纂
清道光十三年(1833)刻本
二十二册

007473319　3229 3504.84
[道光]肇慶府志二十二卷首一卷
(清)屠英等修,胡森、江藩等纂
清光緒二年(1876)重刻本
二十二册

007474614　3230 0832.85
[道光]廣寧縣志十七卷首一卷
(清)黄思藻等纂修
清道光四年(1824)刻本
十册

007479076　3238 9329.9
[民國]懷集縣志十卷附勘誤表一卷
周贊元等纂修
民國五年(1916)廣州石經堂鉛印本
十册

007474643　T 3230 2304.83
[乾隆]德慶州志十八卷
(清)宋錦、李麟洲纂修
清乾隆十九年(1754)刻本
六册

007474646　3230 2304.88
[光緒]德慶州志十五卷首一卷末一卷
(清)楊文駿修,朱一新、黎佩蘭纂
清光緒二十五年(1899)刻本
十八册

007473321　3230 0214.85 (1-5)
[道光]高要縣志二十二卷首一卷
(清)韓際飛修,何元等纂
清道光六年(1826)原刻,民國間鉛字補板重印本
十二册

007473321　3230 0214.85 (6-12)
[同治]續修高要縣志稿二卷首一卷
(清)吴信臣修,黄登瀛纂
清同治二年(1863)原刻,民國間鉛字補板重印本,增補卷三"列女傳"
十二册

007477917　3230 6186.88
[光緒]新修四會縣志十編首一編末一編
(清)陳志喆、劉德恒等修,吴大猷纂
清光緒二十二年(1896)刻本
十二册

惠州市

007473499　3229 5332.7
[萬曆]惠州府志二十一卷
(明)林國相等修,龍國禄補修,楊起元等纂
明萬曆二十三年(1595)修,萬曆四十七年(1619)補修,民國三十年(1941)哈佛大學漢和圖書館抄本
十册

003507177　3229 5332.88
[光緒]惠州府志四十五卷首一卷
(清)劉溎年等修,鄧掄斌等纂
清光緒七年(1881)刻本,文昌宫藏板
二十册

007474640　T 3230 2286.83
[乾隆]歸善縣志十八卷首一卷附事紀二卷
(清)章壽彭修,陸飛纂
清乾隆四十八年(1783)刻本
八册
備註:今惠陽縣

007476004　T 3230 4461.83
[乾隆]博羅縣志十四卷
(清)陳裔虞等纂修
清乾隆二十八年(1763)刻本
八册

007473500　3230 0177.87
[道光]龍門縣志十六卷首一卷末一卷
(清)毓雯、張經贊修,張維屏等纂
清咸豐元年(1851)刻本
八册

007473318　3230 0177.9
[民國]龍門縣志二十卷首一卷
鄔慶時等編纂
民國二十五年(1936)廣州漢元樓排印本
四册

梅州市

007476010　3230 4603.88
[光緒]嘉應州志三十二卷首一卷
(清)吴宗焯、李慶榮等修,温仲和纂
清光緒二十四年(1898)修,民國二十二年(1933)彭精一補板重印本
十四册

007474638　3230 2128.83
[光緒]豐順縣志八卷首一卷
(清)葛曙纂修;許普濟等續修,吴鵬等續纂
清光緒十年(1884)刻本
六册

007478060 3230 7329.85
[道光]長樂縣志十卷首一卷
(清)侯坤元修,温訓等纂
清道光二十五年(1845)修,民國間(1912—1949)鉛印本
八册
備註:今五華縣

007475868 3230 7832.86
[咸豐]興寧縣志十二卷
(清)仲振履原本;張鶴齡增修,曾士梅增纂
民國十八年(1929)興寧書店鉛印本
四册

汕尾市

007475988 T 3230 3521.83
[乾隆]海豐縣志十卷末一卷
(清)于卜熊修,史本等纂
清乾隆十五年(1750)刻本
四册

007478117 T 3230 7120.83
[乾隆]陸豐縣志十二卷
(清)王之正等修,沈展才等纂
清乾隆十年(1745)刻本
四册

河源市

007475961 3230 3334.84
[道光]永安縣三志五卷首一卷末一卷圖四十五幅
(清)宋如楠、葉廷芳修,賴朝侶纂
清道光二年(1822)刻本
八册
備註:今紫金縣

007490633 3230 0120.84
[嘉慶]龍川縣志四十卷
(清)胡瑃修,勒殷山纂
清嘉慶二十三年(1818)刻本,粵東省城學院前心簡齋承刻
六册

陽江市

007478122 T 3230 7231.83
[乾隆]陽江縣志八卷
(清)莊大中、林聞譽等纂修
清乾隆十一年(1746)刻本
八册

007478054 3230 7231.85
[道光]陽江縣志八卷
(清)李澐修,區啓科纂;李應均、胡椿續纂修
清道光二年(1822)刻本
六册

007478057 3230 7231.9
[民國]陽江志三十九卷首一卷
張以誠、梁培忠修,梁觀喜等纂
民國十四年(1925)廣州留香齋刻本
十册

007478058 3230 7250.85
[道光]陽春縣志十四卷首一卷
(清)陸向榮等修,劉彬華纂
清道光元年(1821)廣州六書齋刻本
六册

清遠市

007475956 3230 3233.88
[光緒]清遠縣志十六卷首一卷
(清)李文烜、羅煒修,朱潤芳、秦瑞芳纂
清光緒六年(1880)廣州翰元樓刻本
八册

007474517 3230 2272.85
[道光]佛岡直隸軍民廳志四卷

(清)龔耿光纂輯
清咸豐元年(1851)刻本
四册

007478120　3230 7227.85
[道光]陽山縣志十五卷首一卷
(清)陸向榮修,劉彬華纂
清道光三年(1823)刻本
十二册

007475862　3230 3327.85
[道光]連山綏猺廳志不分卷
(清)姚柬之纂
清道光十七年(1837)刻本
一册

007475998　3230 4323.85
[道光]英德縣志十六卷首一卷
(清)黄培燦、劉濟寬修,陸殿邦等纂
清道光二十三年(1843)刻本
十册

007476000　3230 4323.9
[民國]英德縣續志十七卷首一卷末一卷
鄧士芬修,凌鶴書等纂
民國二十年(1931)鉛印本
八册

007475864　3230 3030.87
[同治]連州志十二卷
(清)袁泳錫、覺羅祥瑞修,單興詩纂
清同治九年(1870)刻本
八册

東莞市

007478036　3230 5941.84
[嘉慶]東莞縣志四十六卷缺卷十五
(清)彭人傑、范文安修,黄時沛纂
清嘉慶三年(1798)刻本
八册

007477921　3230 5941.89
[民國]東莞縣志一百〇二卷首一卷
陳伯陶修,黄時沛纂
民國十六年(1927)東莞縣養和印務局鉛印本
二十一册

中山市

007475500　3230 2627.85
[道光]香山縣志八卷附録一卷
(清)祝淮修,黄培芳纂
清道光七年(1827)修,八年(1828)刻本
九册

007475501　3230 2627.88
[光緒]香山縣志二十二卷
(清)田明曜等修,陳澧等纂
清光緒五年(1879)刻本
十二册

007475502　3230 2627.9b (7–10)
[光緒]香山縣志二十二卷存卷十六至卷二十二
(清)田明曜等修,陳澧等纂
清光緒五年(1879)刻本
十册

007474469　3230 2627.9
[民國]香山縣志續編十六卷首一卷末一卷
厲式金修,汪文炳、張丕基纂
民國十二年(1923)廣州西湖街墨寶樓刻本
六册

007475502　3230 2627.9b (1–6)
[民國]香山縣志續編十六卷首一卷
厲式金修,汪文炳、張丕基纂
民國十二年(1923)刻本

十册

潮州市

007473323　3229 3232.83
[乾隆]潮州府志四十二卷首一卷
(清)周碩勳纂修
清光緒十九年(1893)珠蘭書屋重刻本
二十五册

007473356　3229 3232.9
[民國]潮州府志略不分卷附録三種
潘載和著
民國二十三年(1934)汕頭文藝書店鉛印本
六册
備註:附録 1. 南澳考略 2. 汕頭考略 3. 潮汕現狀

007473355　3229 3232.938
[民國]潮州志不分卷
饒宗頤纂
民國三十八年(1949)汕頭潮州修志館鉛印本
十二册

007478061　T 3230 8114.81
[康熙]饒平縣志二十四卷
(清)劉抃纂修
清康熙二十六年(1687)刻本
八册

揭陽市

007478052　T 3230 5272.83
[乾隆]揭陽縣志八卷首一卷
(清)劉業勤修,凌魚等纂
清乾隆四十四年(1779)刻本
八册

007478053　3230 5272.88
[光緒]揭陽縣續志四卷首一卷
(清)王崧等修,李星輝等纂
清光緒十六年(1890)刻本
三册

007478092　T 3230 5349.82
[雍正]惠來縣志十八卷首一卷
(清)張玿美、謝元選等纂修
清同治五年(1866)補刻本
八册

雲浮市

007477916　3230 6138.9
[民國]羅定志十卷
周學仕修,馬呈圖纂;陳樹勛續纂修
民國二十四年(1935)廣州大中工業社鉛印本
六册

廣西壯族自治區

007475869　3236 0816.84
[嘉慶]廣西通志二百七十九卷首一卷
(清)謝啓昆修,胡虔纂
清嘉慶七年(1802)原刻,同治四年(1865)補刊,光緒十七年(1891)桂垣書局再補刻本
八十册

007475884　3236 0816.88
[光緒]廣西通志輯要十七卷
(清)蘇宗經輯,羊復禮、夏敬頤增輯
清光緒十五年至十六年(1889—1890)桂林唐九如堂刻本
十三册

備註：附廣西昭忠録八卷，（清）蘇鳳文輯；股匪總録三卷，（清）蘇宗經輯；平桂紀略四卷，（清）蘇鳳文輯；堂匪總録十二卷，（清）蘇宗經輯；廣西道里表一卷，（清）蘇宗經輯

008094774　T 3236 0.7
［嘉靖］廣西通志六十卷
（明）林富修，黄佐纂
明嘉靖十年（1531）刻本
三十册

南寧市

007478074　T 32374232.83
［乾隆］南寧府志五十六卷
（清）蘇士俊等纂修
清乾隆八年（1743）刻本
十六册

007478083　3238 1423.89
［光緒］武緣縣圖經八卷附勘誤表一卷
（清）黄君鉅、黄誠沅編撰
民國十年（1921）鉛印本
四册
備註：今武鳴縣

007479237　3238 7134.9
［民國］隆安縣志六卷首一卷
陽壽祺修，黄誠沅等纂
民國二年（1913）玫瑰印書局鉛印本
六册

007479212　3238 2149.88
［光緒］上林縣志十卷首一卷末一卷
（清）徐衡紳修，周世德纂
清光緒二年（1876）刻本
七册

007477918　3238 2149.9
［民國］上林縣志十六卷首一卷
楊盟、李毓傑修，黄誠沅纂
民國二十三年（1934）鉛印本
十六册

007479231　T 3238 4832.88
［乾隆］横州志十二卷
（清）謝鍾齡修，朱秀纂
清乾隆十一年（1746）刻本
八册
備註：今横縣

柳州市

007926823　3238 4232.83
［乾隆］馬平縣志十卷首一卷
（清）舒啓修，吴光昇纂
清乾隆二十七年（1762）修，民國二十一年（1932）鉛印本
一册
備註：此爲民國重印本，題名爲《柳州縣志》

007479209　3238 2136.9
［民國］雒容縣志二卷
臧進巧修，唐本心纂
民國二十三年（1934）印本
一册
備註：今入鹿寨縣

桂林市

007479238　3238 7641.84
［嘉慶］臨桂縣志三十二卷
（清）蔡呈韶、金毓奇修，胡虔、朱依真纂
清嘉慶九年（1804）修，光緒十八年（1892）桂垣書局據嘉慶刻本補刻
三十册

007476057　3238 0172.85
［道光］龍勝廳志不分卷
（清）周誠之著
民國二十五年（1936）餐秀簃影印清道光二

十六年(1846)好古堂刻本
一册

007478086　3238 1614.85
[道光]西延軼志十卷首一卷末一卷
(清)程慶齡修,蔣崧、唐元等纂
清道光二十年(1840)修,光緒二十六年(1900)刻本
六册
備註:今資源縣

007475886　3237 1429.84
[嘉慶]平樂府志四十卷首一卷
(清)清桂、王人作纂修
清光緒三年(1877)景雲重刻本
十二册

007476063　3238 1020.88
[光緒]平樂縣志十卷
(清)全文炳纂修
清光緒十年(1884)刻本
六册

007479226　3238 4345.88
[光緒]恭城縣志四卷
(清)陶壿修,陸履中、莫遠恂等纂
清光緒十五年(1926)刻本,鳳巖書院藏板
四册

梧州市

007478077　T 3237 4632.83
[乾隆]梧州府志二十四卷首一卷
(清)吴九齡修,史鳴皋纂
清乾隆三十五年(1770)刻本
十六册

007479228　3238 4646.87
[同治]蒼梧縣志十八卷首一卷
(清)蒯光焕、李百齡原修,羅勛、嚴寅恭原纂;黄玉柱、王鋲紳續修,王棟續纂
清同治十三年(1874)刻本
十二册

欽州市

007478064　3230 8830.85
[道光]欽州志十二卷首一卷附地圖
(清)朱椿年修,杜以寬、葉輪纂
清道光十四年(1834)刻本
八册

007473444　3229 0330.85
[道光]廉州府志二十六卷首一卷
(清)張堉春修,陳治昌等纂
清道光十三年(1833)刻本
二十七册

007474623　3230 1127.9
[民國]靈山縣志二十二卷
劉墩修,劉運熙等纂
民國三年(1914)鉛印本
十册

貴港市

007479232　3238 5080.88
[光緒]貴縣志八卷
(清)王仁鍾等修,梁吉祥等纂
清光緒二十年(1894)刻本
五册

007477919　3238 5080.9
[民國]貴縣志十八卷附刊誤表
歐仰羲等修,梁崇鼎編纂
民國二十四年(1935)鉛印本
八册

007478084　3238 1442.85
[道光]平南縣志二十二卷
(清)張顯相修,黎士華纂

清道光十五年(1835)刻本,板存武城書院
六册

007478072　3237 3432.85
[道光]潯州府志七十六卷首一卷
(清)孫世昌修,光昭等纂
清道光六年(1826)刻本
十六册

007478073　3237 3432.87
[同治]潯州府志三十八卷首一卷
(清)魏篤修,王俊臣纂
清同治十三年(1874)刻本
二十册

玉林市

007478075　T 3237 4249.83
[乾隆]鬱林州志十卷
(清)邱桂山修,劉玉麟、秦兆鯨纂
清乾隆五十七年(1792)刻本
四册

007478076　3237 4249.88
[光緒]鬱林州志二十卷首一卷
(清)馮德材、全文炳修,文德馨、牟懋圻纂
清光緒二十年(1894)刻本
十六册

007479236　3238 7122.9
[民國]陸川縣志二十四卷
古濟勛修,吕濬堃纂
民國十三年(1924)刻本,民國二十四年(1935)重印本
十册

007479227　3238 4426.85
[道光]博白縣志十六卷
(清)任士謙等修,朱德華等纂
清道光十二年(1832)刻本,環玉書院藏板
五册

007479234　3238 7030.84
[嘉慶]興業縣志十卷
(清)蘇勒通阿修,彭焜基等纂
清嘉慶十六年(1811)修,民國年間(1912—1949 抄本
四册

007478082　T 3238 1131.83
[乾隆]重修北流縣志十卷
(清)張允觀纂修
清乾隆十三年(1748)刻本,儒學明辨堂藏板
八册

007478069　3237 1131.88
[光緒]北流縣志二十四卷
(清)許作梅等修,李士琨等纂
清光緒六年(1880)刻本
十二册

百色市

007479208　3238 1621.88
[光緒]百色廳志八卷首一卷
(清)陳如金修,華本松纂
清光緒十七年(1891)刻本
四册

007478070　3237 2228.88
[光緒]歸順直隸州志六卷
(清)顔嗣徽等纂修
清光緒二十五年(1899)刻本
十册

007478079　3237 8834.88
[光緒]鎮安府志二十五卷首一卷
(清)羊復禮纂修
清光緒十八年(1892)刻本

十二册

賀州市

007479229　3238 4680.88
[光緒]賀縣志八卷
(清)全文炳修,蘇煜坡、李熙駿等纂
清光緒十六年(1890)刻本
六册

007477924　3238 4680.9
[民國]賀縣志十卷
韋冠英修,梁培煐、龍先鈺纂
民國二十三年(1934)賀縣華美商店鉛印本
十册

007477925　3238 6614.9
[民國]昭平縣志八卷
李樹枏修,吴壽崧、梁材鴻等纂
民國二十三年(1934)鉛印本,廣州市西關洪壽街大明承印
八册

007479075　3238 8127.9
[民國]鍾山縣志十六卷
潘寶疆、盧世標纂修
民國二十二年(1933)鉛印本
一册

007479219　3238 3622.88
[光緒]富川縣志十二卷
(清)顧國誥等修,劉樹賢等纂
清光緒十六年(1890)刻本,板藏富江書院
六册

007479233　3238 6614.83
[乾隆]昭平縣志八卷
(清)陸焞纂修
清乾隆二十五年(1760)原刻,同治八年(1869)補刻,光緒十七年(1891)再補刻本
八册

河池市

007478068　3237 0433.85
[道光]慶遠府志二十卷首一卷
(清)英秀、恒悟等修,唐仁等纂
清道光九年(1829)刻本,有抄配
十二册

來賓市

007479213　T 3238 2332.83
[乾隆]象州志四卷
(清)李宏湑修,蔣曰萊纂
清乾隆二十九年(1764)刻本
四册

007479239　3238 2332.87
[同治]象州志二卷
(清)李世椿修,鄭獻甫纂
清同治十年(1871)刻本
四册

007479214　3238 3331.88
[光緒]遷江縣志四卷
(清)顏嗣徽修、黄飛鯤等纂
清光緒十七年(1891)刻本,板存桂林書局
四册

007479217　3238 3331.9
[民國]遷江縣志十編
黎祥品、韋可德修,劉宗堯纂
民國二十四年(1935)鉛印本
一册

007476055　3238 1431.9
[民國]武宣縣志八編
朱昌奎修,龐賡辛纂
民國二十三年(1934)鉛印本
六册

崇左市

007478080　3238 0232.88

[光緒]新寧州志六卷首一卷

(清)戴焕南修,張燦奎纂

清光緒五年(1879)刻本

十二册

備註:今扶綏縣

海南省

007473492　T 3229 1432.81

[康熙]海表奇觀八卷附安政三略

(清)牛天宿修纂

清康熙十一年(1672)刻本

五册

005638962　3073 3542.04

[民國]瓊崖志略五章

許崇灝編著

民國三十六年(1947)正中書局印本

一册

005650644　3073 3542.9

[民國]海南島志二十四章附録四

陳銘樞修,曾蹇纂

民國十九年(1930)修,民國二十二年(1933)上海神州國光社鉛印本

一册

005650779　3073 3542.79

[民國]海南島新志十一章

陳植編著

民國三十八年(1949)上海商務印書館鉛印本

一册

海口市

007473354　3229 1432.85

[道光]瓊州府志四十四卷

(清)明誼修,張岳崧纂

清道光二十一年(1841)修,光緒十六年(1890)補刻本

二十八册

007595243　3229 1432.88

[道光]瓊州府志四十四卷首一卷圖一卷存圖一卷

(清)明誼修,張岳崧纂

民國十二年(1923)海口海南書局據清光緒十六年(1890)補刊本鉛印

一册

007474621　3230 1427.86

[咸豐]瓊山縣志三十卷首一卷

(清)李文烜修,鄭文彩、蔡藩纂

清咸豐七年(1857)刻本

十六册

瓊海市

007467118　3190 8672.84

[嘉慶]會同縣志十卷

(清)陳述芹纂修

清嘉慶二十五年(1820)刻本

四册

007475952　T 3230 2986.81

[康熙]樂會縣志四卷

(清)程秉慥等纂修

清康熙二十六年(1687)修,崇文齋傳抄本

四册

儋州市

007475296　3230 2669.9

[民國]儋縣志十八卷首一卷

曾友文、彭元藻修,王國憲纂
民國二十四年(1935)瓊州海口海南書局鉛印本
十册

萬寧市

007476002 3230 4442.85
[道光]萬州志十卷
(清)胡端書修,楊士錦等纂
清道光八年(1828)刻本
十册

東方市

007477920 3230 5363.9
[民國]感恩縣志二十卷首一卷
周文海修,盧宗棠、唐之瑩纂
民國二十年(1931)海口海南書局鉛印本
四册

澄邁縣

007475953 3230 3133.84
[嘉慶]澄邁縣志十卷
(清)謝濟韶等纂修
清嘉慶二十五年(1820)刻本
十册

定安縣

200074759 913230 3834.88
[光緒]定安縣志十卷首一卷
(清)吴應廉等修,王映斗纂
清光緒四年(1878)刻本
二十册

臨高縣

007475861 3230 7602.88
[光緒]臨高縣志二十四卷
(清)聶緝慶、張延修,桂文熾、汪瑔纂
清光緒十八年(1892)刻本,臨江書院藏板
十册

昌江黎族自治縣

007478113 3230 6621.88
[光緒]昌化縣志十一卷首一卷
(清)李有益纂修
清光緒二十三年(1897)刻本
四册

重慶市

007456680 3179 2004.85
[道光]重慶府志九卷
(清)王夢庚修,寇宗纂
清道光二十三年(1843)刻本
十册

007457728 3179 842.85
[道光]夔州府志三十六卷首一卷
(清)恩成修,劉德銓纂
清光緒十七年(1891)補刻本
二十二册

005563252 3064 2104.9
重慶要覽
重慶市政府編
民國三十四年(1945)鉛印本
一册

007462318 T 3180 7169.83
[乾隆]巴縣志十七卷首一卷
(清)王爾鑑纂修,周開豐校閲
清乾隆二十六年(1761)刻本

十二册

007462346　3180 7169.87

[同治]巴縣志四卷

(清)霍爲菜等修,熊家彦等纂

清同治六年(1867)刻本

六册

007462409　3180 7169.9

[民國]巴縣志二十三卷附文徵四卷

羅國鈞、朱之洪修,向楚等纂

民國二十八年(1939)刻本

二十四册

007479203　3180 3111.85

[道光]江北廳志八卷首一卷

(清)福珠朗阿修,宋煊、黄雲衢等纂

清道光二十四年(1844)修刊,民國間(1912—1949)重慶中西鉛石印局鉛印本

八册

007459098　3180 4229.87

[同治]增修萬縣志三十六卷首一卷附典禮備考八卷

(清)王玉鯨、張琴修,范泰衡等纂

清同治五年(1866)刻本

十册

007459104　3180 3632.87

[同治]重修涪州志十六卷首一卷附義勇彙編一卷

(清)吕紹衣等修,王應元、傅炳墀等纂

清同治八年至九年(1869—1870)刻本

八册

007458559　3179 3632.9

[民國]涪陵縣續修涪州志二十七卷首一卷附民國紀事一卷

劉湘、王鑑清修,施紀雲等纂

民國十七年(1928)重慶德新公司鉛印本

五册

007462503　3180 6231.86(1-4)

[咸豐]黔江縣志四卷首一卷

(清)張紹齡纂修

清咸豐元年(1851)刻本

五册

007462503　3180 6231.86(5)

[同治]續增黔江縣志一卷

(清)張鋭堂修,程尚川等纂

清同治三年(1864)抄本

五册

006329179　3180 6231.88

[光緒]黔江縣志五卷首一卷

(清)張九章等修,陳藩垣等纂

清光緒二十年(1894)刻本

五册

007462524　3180 7344.88

[光緒]重修長壽縣志十卷

(清)張永熙修,周澤溥等纂

清光緒元年(1875)刻本

四册

007463590　3180 7344.9

[民國]長壽縣志十二卷首一卷

湯化培修,李鼎禧等纂

民國十七年(1928)石印本

六册

007461115　3180 3135.88

[光緒]江津縣志十二卷附志存一卷

(清)王煌修,袁方城總纂

清光緒元年(1875)刻本

八册

007461094 3180 3135.9
[民國]江津縣志十六卷首一卷
聶述文、程德音修,宋嘉俊、劉譯嘉等纂
民國十三年(1924)刻本
十册

007459111 3180 4220.9
[民國]南川縣志十四卷首一卷
柳琅聲等修,韋麟書等纂
民國二十年(1931)明明印刷局鉛印本
十三册

007459132 3180 4031.87
[道光]綦江縣志十二卷首一卷
(清)宋灝修,羅星纂;楊銘補修,伍濬祥補纂
清道光六年(1826)原刻,同治十二年(1873)增補刻本
十二册

007461283 3180 3320.88
[光緒]永川縣志十卷首一卷
(清)許曾蔭等修,馬慎修等纂
清光緒二十年(1894)刻本
十册

007461300 3180 4368.88
[光緒]大足縣志八卷
(清)王德嘉修,高雲從等纂
清光緒元年(1875)修,光緒三年(1877)刻本
六册

007463432 3180 8239.88
[光緒]銅梁縣志十六卷首一卷
(清)韓清桂、邵坤等修,陳昌等纂
清光緒元年(1875)刻本
八册

007464623 3180 9966.87
[同治]榮昌縣志二十二卷
(清)文康修,廖朝翼纂
清同治四年(1865)刻本
八册

007464462 3180 9966.88
[光緒]榮昌縣志二十二卷
(清)施學煌修,敖册賢纂
清光緒十年(1884)增刊本
八册

007466592 3180 7027.87
[同治]璧山縣志十卷首一卷末一卷
(清)寇用平等修,陳錦堂等纂
清同治四年(1865)刻本
六册

007459129 3180 3927.84
[嘉慶]梁山縣志十八卷首一卷
(清)符永培等纂修
清嘉慶十三年(1808)刻本
十二册
備註:今梁平縣

007459105 3180 3922
[光緒]梁山縣志十卷首一卷
(清)朱言詩纂修
清光緒二十年(1894)刻本,板藏學宫
十二册
備註:今梁平縣

007461130 3180 4560.85
[道光]城口廳志二十卷首一卷
(清)劉紹文修,洪錫疇纂
清道光二十四年(1844)刻本
六册

007458586　3180 2242.88
[光緒]酆都縣志四卷首一卷
(清)田秀栗等修,徐昌緒等纂;蔣履泰等續纂修
清光緒二十年(1894)刻本
六册

007458561　3180 2242.9
[民國]重修酆都縣志十四卷
黄光輝等修,郎承詵、余樹堂等纂
民國十六年(1927)重慶新文化社鉛印本
六册

009249572　3180 4131.88
[光緒]墊江縣志十卷
(清)謝必鏗修,李炳靈纂
清光緒(1875—1908)刻本
八册

007457559　3179 5332.85
[道光]忠州直隸州志八卷
(清)吴友篪修,熊履青纂
清道光六年(1826)刻本
八册

007457724　3179 5332.87
[同治]忠州直隸州志十二卷首一卷
(清)侯若源、慶徵修,柳福培纂
清同治十二年(1873)刻本
九册

007463455　3180 7744.85
[咸豐]開縣志二十七卷首一卷
(清)李肇奎等修,陳昆等纂
清咸豐三年(1853)刻本
六册

007457556　3180 1372.86
[咸豐]雲陽縣志十二卷
(清)江錫麒修,陳昆總纂
清咸豐四年(1854)刻本
十二册

007457520　3180 1372.9
[民國]雲陽縣志四十四卷首一卷
朱世鏞修,劉貞安等纂
民國二十四年(1935)鉛印本
十册

006329218　3180 5082.88
[光緒]奉節縣志三十六卷首一卷
(清)曾秀翹修,楊德坤等纂
清光緒十九年(1893)刻本
八册

007457561　3180 1127.88
[光緒]巫山縣志三十二卷首一卷
(清)連山等修,李友粱等纂
清光緒十九年(1893)刻本
八册

007458598　3180 1641.85
[道光]補輯石砫廳新志十二卷
(清)王槐齡纂修
清道光二十三年(1843)刻本
四册

007458574　3180 2227.88
[光緒]秀山縣志十四卷首一卷
(清)王壽松修,李稽勳纂
清光緒十七年至十八年(1891—1892)刻本
四册

007459136　3180 4213.88
[光緒]彭水縣志四卷首一卷
(清)莊定域修,支承祜纂
清光緒元年(1875)刻本
八册

四川省

007456664 T 3178 6122.82
[雍正]四川通志四十七卷首一卷
(清)黄廷桂等修,張晉生等纂
清雍正七年至十三年(1729—1735)修,乾隆元年(1736)刻本
四十九册

007458690 3178 6122.84
[嘉慶]四川通志二百〇四卷首二十二卷
(清)常明等修,楊芳燦等纂
清嘉慶十七年至十九年(1812—1814)修,二十一年(1816)刻本
一百二十册

005563246 3064 1334
[嘉慶]蜀典十二卷
(清)張澍纂
清光緒二年(1876)刻本
八册

005566539 3064 8272
[民國]四川新地志不分卷
鄭勵儉著
民國三十六年(1947)上海正中書局印本
一册

007456715 3178 9.086
[民國]四川郡縣志十二卷
龔煦春撰
民國二十四年(1935)古美堂刻本
五册

成都市

007457720 3179 5242.81
[康熙]成都府志八卷
(清)佟世雍修,何如偉等纂
清康熙二十五年(1686)修,民國二十九年(1940)抄本
八册
備註:目録曰八卷,實際三十五卷

007461107 3180 5042.84
[嘉慶]成都縣志六卷首一卷
(清)王泰雲等修,衷以壎等纂;楊芳燦續修
清嘉慶二十一年(1816)原刻,咸豐十年(1860)補刻本
八册

007457560 3180 0242.85
[道光]新都縣志十八卷首一卷
(清)張奉書修,張懷洵纂
清道光二十四年(1844)刻本,尊經閣藏板
十二册

006317394 3180 5042.87
[同治]成都縣志十六卷首一卷末一卷
(清)衷興鑑等纂修
清同治十二年(1873)刻本,節孝祠藏板
十六册

007457519 3180 0242.9
[民國]新都縣志六編
陳習删等修,閔昌術等纂
民國十八年(1929)鉛印本
六册

005577475 3064 5242
新成都
周芷穎編著
民國三十二年(1943)成都復興書局鉛印本
一册

007457541　3180 0289.87
[同治]新繁縣志十六卷首一卷
(清)張文珍、李應觀等修,楊益豫等纂
清同治十二年(1873)刻本
八册

007457744　3180 0289.88
[光緒]新繁縣鄉土志十卷
(清)余慎、陳彦升纂修
清光緒三十三年(1907)鉛印本
二册

007458994　3180 3131.84
[嘉慶]温江縣志三十六卷首一卷
(清)李紹祖、沈學詩等修,徐文賁等纂
清嘉慶二十年(1815)刻本
六册

007461111　3180 3131.9
[民國]温江縣志十二卷首一卷
張驥等修,曾學傳等纂
民國十年(1921)刻本,温江縣圖書館藏板
八册

007458995　3180 3131.88
[宣統]温江縣鄉土志十二卷
(清)曾學傳輯
清宣統元年(1909)刻本,板存官高小學堂
四册

007463419　3180 8090.84 (1-8)
[嘉慶]金堂縣志九卷首一卷末一卷
(清)謝惟傑修,陳一津、黄烈纂
清嘉慶十六年(1811)刻,民國二年(1913)補刻本
八册

007463419　3180 8090.84 (9-10)
[同治]續金堂縣志八卷首一卷末一卷
(清)王樹桐、徐璞玉修,米繪裳等纂
清同治六年(1811)刻本
二册

007463420　3180 8090.9
[民國]金堂縣續志十卷首一卷
王暋英修,曾茂林纂
民國十年(1921)刻本
八册

007458578　3180 2031.84
[嘉慶]雙流縣志四卷首一卷
(清)汪士侃纂修
清嘉慶十九年(1814)刻本
八册

007458585　3180 2031.88
[光緒]雙流縣志二卷
(清)彭琬纂修,吴特仁增訂
清光緒二十年(1894)吴特仁據光緒三年(1877)彭琬纂修本增訂重刻本
四册

007458715　3180 2031.9
[民國]雙流縣志四卷首一卷
劉佶等修,劉咸滎等纂
民國十年(1921)鉛印本
八册

007461306　3180 4572.84
[嘉慶]華陽縣志四十四卷首一卷
(清)董淳修,潘時彤纂
清嘉慶二十一年(1816)刻本
十二册
備註:今入雙流縣

007461096　3180 4572.9
[民國]華陽縣志三十六卷首一卷
曾鑑等纂修

民國二十三年(1934)刻本
十六册
備註:今入雙流縣

007458843 3180 2742.84
[嘉慶]郫縣志四十四卷首一卷
(清)朱鼎臣、錢枚等修,盛大器等纂
清嘉慶十八年(1813)刻本
八册

007458850 3180 2742.87
[同治]郫縣志四十四卷
(清)陳慶熙修,高升之纂
清同治九年(1870)刻本,墨韻堂藏板
八册

007458982 3180 2932.84
[嘉慶]崇寧縣志四卷
(清)劉壇等纂修
清嘉慶十八年(1813)修,二十一年(1816)刻本
四册
備註:今入郫縣

007458840 3180 2934.9
[民國]崇寧縣志八卷首一卷
陳邦倬修,易象乾等纂
民國十三年(1924)刻本,板存考棚縣議會處
六册
備註:今入郫縣

007461112 3180 4361.87
[同治]大邑縣志二十卷
(清)趙霦等纂修;林嘉澍增修
清光緒二年(1876)林嘉澍增刊本
八册

007461095 3180 4361.9
[民國]大邑縣志十四卷
王銘新、解汝襄等修,鍾毓靈、龔維錡等纂
民國十九年(1930)鉛印本
六册

007459138 T 3180 4230.83
[乾隆]蒲江縣志四卷
(清)紀曾蔭修,黎攀桂、馬道亨纂
清乾隆四十九年(1784)原刻,同治五年(1866)重刊本
八册

007459109 3180 4230.88
[光緒]蒲江縣志四卷
(清)孫清士、陸汝衡修,解璜、徐元善纂
清光緒四年(1878)刻本,板存文昌宫
四册

007457739 3180 0235.85
[道光]新津縣志四十卷首一卷
(清)陳霽學修,葉芳模纂
清道光九年(1829)修,民國間(1912—1949)石印本
六册

007461273 T 3180 3169.83
[乾隆]灌縣志十二卷首一卷
(清)孫天寧纂修
清乾隆五十一年 (1786)刻本
四册
備註:今都江堰市

007461122 3180 3169.88
[光緒]增修灌縣志十四卷首一卷
(清)莊思恒等修,鄭珶山纂
清光緒十二年(1886)刻本
十册
備註:今都江堰市

007461275　3180 3169.88B
［光緒］灌記初稿四卷
（清）彭洵纂
清光緒十三年（1887）修，光緒二十年（1894）彭氏種書堂刻本
四册
備註：今都江堰市

007461278　3180 3169.9
［民國］灌縣志十八卷附灌志文徵十四卷灌志掌故四卷
葉大鏘等修，羅駿聲等纂
民國二十二年（1933）成都美利利印刷公司鉛印本
十四册
備註：今都江堰市

007461123　3180 3169.883
［光緒］灌縣鄉土志二卷
（清）鍾文虎修，徐昱等纂
清光緒三十三年（1907）刻本
二册
備註：今都江堰市

007461251　3180 4269.84
［嘉慶］彭縣志四十二卷
（清）王鍾鈁修，彭以懋等纂
清嘉慶十九年（1814）刻本
六册

007459099　3180 4229.88
［光緒］彭縣志十三卷首一卷末一卷附補遺一卷
（清）張龍甲修，吕調陽等纂
清光緒四年（1878）修，六年（1880）刻本，文廟藏版
十册

007456717　3179 1232.84
［嘉慶］邛州直隸州志四十六卷首一卷
（清）葉文馥、吴鞏修，王來遴纂
清嘉慶二十三年（1818）刻本
十二册

007457755　3180 1229.9
［民國］邛崍縣志四卷首一卷
劉復、羅金元修，寧緗纂
民國十一年（1922）鉛印本
四册

007458976　3180 2904.84
［嘉慶］崇慶州志十卷首一卷
（清）丁榮表等修，衛道凝等纂
清嘉慶十八年（1813）刻本
六册

007458978　3180 2904.88
［光緒］增修崇慶州志十二卷首一卷
（清）沈恩培等修，胡麟等纂
清光緒三年（1877）刻，光緒十年（1884）重印本
十册

007458864　3180 2904.9
［民國］崇慶縣志十二卷附文徵四卷
謝汝霖等修，羅元黼等纂
民國十五年（1926）鉛印本
十册

自貢市

007464622　3180 9929.85
［道光］榮縣志三十八卷首一卷
（清）王培荀等修
清道光二十五年（1845）修，光緒三年（1877）刻本
八册

007464451　3180 9929.9
［民國］榮縣志十五卷附叙録一卷圖表一卷

廖世英修,趙熙、虞兆清等纂
民國十八年(1929)刻本
八册

007458855 3180 3628.83
[乾隆]富順縣志五卷首一卷
(清)李芝、段玉裁等纂修
清光緒八年(1882)據乾隆四十二年(1777)刻本重刻,釜江書社藏板
五册

007459126 3180 3628.85
[道光]富順縣志三十八卷
(清)張利貞、宋廷楨等修,黄靖圖等纂
清道光七年(1827)刻本,道光九年(1829)補印本
十二册

007459128 3180 3628.87
[同治]富順縣志三十八卷
(清)羅廷權等修,吕上珍纂
清同治十一年(1872)刻本
八册

007459100 3180 3628.9
[民國]富順縣志十七卷首一卷
彭文治等修,盧慶家等纂
民國二十年(1931)刻本
十二册

瀘州市

007456678 3179 3132.88
[光緒]直隸瀘州志十二卷
(清)田秀栗等修,華國清等纂
清光緒八年(1882)刻本
十二册

007461282 3180 3269.9
[民國]瀘縣志八卷
王禄昌等修,高覲光等纂
民國二十七年(1938)鉛印本
八册

007464465 3180 8631.87
[同治]合江縣志五十四卷首一卷
(清)瞿樹蔭等修,羅增垣等纂
清同治十年(1871)增刻本
八册

007464439 3180 8631.9b
[民國]合江縣志六卷附文徵四卷
王玉璋修,劉天錫、張開文纂
民國十八年(1929)重慶啓文印刷公司鉛印本
六册

007464615 3180 8433.88
[光緒]續修叙永永寧廳縣合志五十四卷首一卷
(清)鄧元鏸修,萬慎等纂
清光緒三十四年(1908)鉛印本
十二册

007464618 3180 8433.9
[民國]叙永縣志八卷
賴佐唐修,宋曙纂
民國二十二年至二十四年(1933—1935)鉛印本
六册

德陽市

007458733 3180 2372.85
[道光]德陽縣新志十二卷首一卷末一卷
(清)裴顯忠纂修
清道光十七年(1837)刻本
五册

007458738 3180 2372.87
[同治]德陽縣志四十四卷首一卷

(清)何慶恩修,劉宸楓等纂
清同治十三年(1874)刻本
十六册

007458599　3180 2372.88
[光緒]德陽縣志續編十卷首一卷末一卷補遺一卷
(清)鈕傳善修,李炳靈、楊藻纂
清光緒三十一年(1905)德邑宏道閣公書局刻本
四册

007466744　3180 5031.85 (1-4)
[道光]中江縣新志八卷首一卷
(清)楊霈修,李福源等纂
清道光十九年(1839)刻本
四册

007466744　3180 5031.85 (5)
[同治]中江縣志補遺續編二卷
(清)李星根纂修
清同治五年(1866)刻本
一册

007461316　3180 5031.9
[民國]中江縣志二十四卷首一卷
譚毅武、蘇洪寬修,陳品全纂
民國十九年(1930)鉛印本
八册

007462314　3180 6131.84
[嘉慶]羅江縣志十卷
(清)李調元撰
清嘉慶七年(1802)刻本
二册

007462476　3180 6131.84B
[嘉慶]羅江縣志三十六卷
(清)李桂林修,鄧林等纂
清嘉慶二十年(1815)刻本
八册

007462352　3180 6131.87
[同治]續修羅江縣志二十四卷
(清)馬傳業修,劉正慧等纂
清同治四年(1865)刻本
二册

007461285　3180 3330.84
[嘉慶]漢州志四十卷首一卷末一卷
(清)劉長庚修,侯肇元纂
清嘉慶十七年(1812)修,二十二年(1817)刻本
十二册
備註:今廣漢市

007461124　3180 3330.87
[同治]續漢州志二十四卷首一卷
(清)張超等修,曾履中、張敏行纂
清同治八年(1869)刻本,講道書院藏板
八册
備註:今廣漢市

007458741　3180 2402.84
[嘉慶]什邡縣志五十四卷
(清)紀大奎修,王道和、林時春等纂
清嘉慶十八年(1813)刻本
十册

007458602　3180 2402.9
[民國]重修什邡縣志十卷
王文照修,曾慶奎、吴江纂
民國十八年(1929)鉛印本
八册

007458579　3180 2282.84
[嘉慶]綿竹縣志四十四卷
(清)沈壤等纂修

清嘉慶十八年(1813)刻本
六册

007458584 3180 2282.85
[道光]綿竹縣志四十六卷
(清)劉慶遠纂修
清道光二十九年(1849)刻本
十册

007458582 3180 2282.9
[民國]綿竹縣志十八卷
王佐、文顯謨等修,黄尚毅等纂
民國八年至九年(1919—1920)刻本,孔廟存板
十册

007458581 3180 2282.88
[光緒]綿竹縣鄉土志不分卷
(清)田明理等修,黄尚毅等纂
清光緒三十四年(1908)刻本,綿竹小北街鄧述古齋刊
一册

綿陽市

007458580 3179 2232.87
[同治]直隸緜州志五十五卷
(清)文棨等修,伍肇齡等纂
清同治十二年(1873)刻本
二十四册

007458728 3180 2272.9
[民國]綿陽縣志十卷首一卷
蒲殿欽修,崔映棠等纂
民國二十一年(1932)刻本,板存圖書館
十二册

007456716 3179 0134.85
[道光]龍安府志十卷
(清)鄧存詠等纂修
清道光二十一年(1841)修,二十二年(1842)刻本
八册

007456835 T 3179 3122.83
[乾隆]潼川府志十二卷首一卷
(清)張松孫修,李芳穀等纂
清乾隆五十一年 (1786)刻本
十二册
備註:今三臺縣

007456671 3179 3122.88
[光緒]新修潼川府志三十卷
(清)阿麟修,王龍勳等纂
清光緒二十三年(1897)刻本
十六册
備註:今三臺縣

007457557 3180 1166.84
[嘉慶]三臺縣志八卷
(清)沈昭興等纂修
清嘉慶十九年(1814)刻本
八册

007457568 3180 1141.9
[民國]三臺縣志二十六卷
林志茂、甘梯雲等修,張樹勳等纂
民國二十年(1931)三臺新民印刷公司鉛印本
十二册

007462505 T 3180 7102.83
[乾隆]鹽亭縣志八卷首一卷
(清)張松孫修,雷懋德、胡光琦纂
清乾隆五十一年(1786)刻本
八册

007462506 3180 7102.88
[光緒]鹽亭縣志續編四卷首一卷

(清)邢錫晉修,趙宗藩纂
清光緒八年(1882)刻本
四册

007459004　3180 3469.84
[嘉慶]安縣志三十卷首一卷
(清)楊英燦纂修
清嘉慶十八年(1813)刻本
四册

007459009　3180 3469.9 (1–12)
[民國]安縣志六十卷
夏時行修,劉公旭等纂
民國二十七年(1938)石印本
十三册

007459009　3180 3469.9 (13)
[民國]安縣續志六卷
成雲章修,陳紹欽纂
民國二十七年(1938)石印本
十三册

007461128　3180 4431.86
[咸豐]梓潼縣志六卷
(清)張香海修,楊曦等纂
清咸豐八年(1858)刻本
六册

007457750　3180 1120.9
[民國]北川縣志八卷首一卷
江爾鱗修,黄尚毅纂
民國二十一年(1932)石印本
九册

007461266　3180 3136.85
[道光]江油縣志四卷首一卷
(清)桂星纂修
清道光二十年(1840)刻本
四册

007461108　3180 3136.88
[光緒]江油縣志二十四卷
(清)武丕文修,歐培槐纂
清光緒二十九年(1903)刻本,板藏官立小學堂
六册

006329211　3180 0212.87
[同治]彰明縣志五十七卷首二卷
(清)牛樹梅原本;何慶恩等增修,李朝棟等增纂
清同治十三年(1874)刻本,霞蔭堂藏板
十册
備註:今江油市

廣元市

007457745　T 3180 0811.83
[乾隆]四川保寧府廣元縣志十三卷首一卷
(清)張賡謨纂修
清乾隆二十二年(1757)刻本
四册

007462504　3180 6621.85
[道光]昭化縣志四十八卷
(清)張紹齡纂修,曾寅光重修
清道光二十五年(1845)修,同治三年(1864)增補刻本
六册

007463428　3180 8232.87
[同治]劍州志十卷
(清)李榕纂修
清同治十二年(1873)刻本
四册

007463414　3180 8232.9
[民國]劍閣縣續志十卷
張政等纂修
民國十六年(1927)鉛印本

八册

遂寧市

007458927　T 3180 3332.83
[乾隆]遂寧縣志十二卷首一卷
(清)張松孫修,寇賚言等纂
清乾隆五十二年(1787)刻本
十二册

007458853　3180 3332.88
[光緒]遂寧縣志六卷首一卷
(清)田秀栗、孫海等修,李星根纂
清光緒五年(1879)刻本
六册

007458868　3180 3332.9
[民國]遂寧新志八卷
甘燾等修,王懋昭等纂
民國十八年(1929)刻本,縣教育局藏板
八册

007459133　3180 4033.85
[道光]蓬溪縣志十六卷首一卷
(清)吴章祁等修,顧士英等纂
清道光二十四年(1844)刻本
八册

007458959　3180 2438.84
[嘉慶]射洪縣志十八卷首一卷
(清)陳廷鈺等修,聶厚盟等纂
清嘉慶二十五年(1820)刻本
八册

007458991　3180 2438.88
[光緒]射洪縣志十八卷首一卷
(清)黄允欽、謝廷鈞等修,張尚溎、羅錦城等纂
清光緒十二年(1886)原刻,民國二十五年(1936)重印本
十册

内江市

007459140　3180 4231.87
[同治]内江縣志十五卷首一卷
(清)張兆蘭等修,黄覺等纂
清同治十年(1871)增刻本
十册

007459106　3180 4231.88
[光緒]内江縣志十五卷首一卷
(清)陸爲棻等修,熊玉華等纂
清光緒九年(1883)刻本
十册

007459141　3180 4231.9
[民國]内江縣志十二卷
曾慶昌纂修
民國十四年(1925)刻本
十二册

007463426　T 3180 7533.83
[乾隆]威遠縣志八卷首一卷
(清)李南暉修,張翼儒纂
清乾隆四十年(1775)刻本,三費局藏板
八册

007462317　3180 5233.84
[嘉慶]威遠縣志六卷
(清)陳汝秋纂修
清嘉慶十八年(1813)刻本,三費局藏板
六册

007463596　3180 7533.88
[光緒]威遠縣志三編四卷
(清)吴曾輝修,吴容等纂
清光緒三年(1877)刻本,民國二十六年(1937)補版石印本
四册

007457718　3179 3832.84
[嘉慶]資州直隸州志三十卷首四卷
(清)劉炯修,張懷渭等纂
清嘉慶二十年(1815)刻本
二十册

007462516　3180 7166.85
[道光]隆昌縣志四十一卷首一卷
(清)張聘三修,耿履端等纂
清道光三年(1823)刻本
六册

007462520　3180 7166.86
[同治]隆昌縣志四十二卷末一卷
(清)花映均纂修
清同治元年(1862)刻本
六册

樂山市

007458857　3180 2927.84
[嘉慶]樂山縣志十六卷首一卷
(清)龔傳黻、劉銘篚等纂修
清嘉慶十七年(1812)刻本
八册

007458858　3180 2927.9
[民國]樂山縣志十二卷
唐受潘修,黄鎔等纂
民國二十三年(1934)成都美利利印刷公司鉛印本
八册

007458576　3180 2432.84
[嘉慶]犍爲縣志十卷首一卷
(清)吕朝恩、王夢庚纂修,張希珝等編
清嘉慶十九年至二十一年(1814—1816)刻本
四册

007458605　3180 2432.9
[民國]犍爲縣志十四卷首一卷
陳世虞等修,羅綬香、印焕門等纂
民國二十六年(1937)鉛印本
八册

007461315　3180 5014.84 (1-5)
[嘉慶]井研縣志十卷
(清)張宁陽等修,陳獻瑞等纂
清嘉慶元年(1796)刻本,光緒八年(1882)重印
六册

007461315　3180 5014.84 (6)
[光緒]續修井研縣志二卷
(清)王琅然等續修,廖錫藩續纂
清光緒八年(1882)刻本
六册

007461131　3180 5014.88
[光緒]井研志四十二卷首一卷
(清)高承瀛、葉桂年等修,吴嘉謨、龔煦春等纂
清光緒二十六年(1900)刻本
十二册

007461109　3180 4831.84
[嘉慶]夾江縣志十二卷首一卷
(清)王佐修,涂崧纂
清嘉慶十八年(1813)刻本
四册

007458969　3180 2533.9
[民國]峨邊縣志四卷首一卷
李宗鍠修,李仙根纂
民國四年(1915)大昌公司鉛印本
四册

007462522　3180 7233.84
[嘉慶]馬邊廳志略六卷首一卷

(清)周斯才編,淡士灝鑒定
清嘉慶十年至十二年(1805—1807)刻本
十册

007458973　3180 2576.84
[嘉慶]峨眉縣志十卷首一卷
(清)王燮修,張希縉等纂
清嘉慶十八年(1813)刻本
四册

007458852　3180 2576.89
[宣統]峨眉縣續志十卷
(清)李錦成修,朱榮邦纂
清宣統三年(1911)原刻,民國二十四年(1935)趙明松補刻本
五册

南充市

007458977　3179 2804.81
[康熙]順慶府志十卷增續一卷
(清)李成林修,羅承順等纂;袁定遠補修
清康熙二十五年(1686)原修,康熙四十六年(1707)增補,嘉慶十二年(1807)補刻本
十册

007459134　3180 4201.86
[嘉慶]南充縣志八卷首一卷
(清)袁鳳孫修,陳榕等纂;洪璋補纂修
清嘉慶十八年(1813)修,咸豐七年(1857)洪璋增刻,光緒三年(1877)增補印本
六册

007459096　3180 4201.9
[民國]南充縣志十六卷
李良俊修,王荃善等纂
民國十八年(1929)刻本
十六册

007459107　3180 4202.85
[道光]南部縣志三十卷首一卷
(清)王瑞慶修,徐暢達、李咸若纂
清道光二十九年(1849)刻本
十册

007459135　3180 4202.88
[光緒]南部縣輿圖考不分卷
(清)袁用賓等編
清光緒二十二年(1896)刻本,南隆縣署藏板
四册

007458930　3180 3334.88
[光緒]蓬州志十五卷
(清)方旭修,張禮傑等纂
清光緒二十三年(1897)重修,民國二十四年(1935)益友石印社石印本
三册
備註:民國二年(1913)改蓬州爲蓬安,印本題名"蓬安縣志"

007458971　3180 2571.87
[同治]儀隴縣志十卷
(清)曹紹樾、胡晉熙修,胡輯瑞等纂
清光緒三十三年(1907)補刻本
六册

007458597　3180 1601.88
[光緒]西充縣志十四卷圖一卷
(清)高培穀修,劉藻纂
清光緒二年(1876)刻本
六册

007456718　3179 2932.85
[道光]保寧府志六十二卷
(清)黎學錦、徐雙桂等修,史觀等纂
清道光元年(1821)刻本
十六册

007463433　3180 7350.86
[咸豐]閬中縣志八卷
(清)徐繼鏞修,李惺纂
清咸豐元年(1851)刻本
四册

眉山市

007463598　3180 7630.84
[嘉慶]眉州屬志十九卷
(清)涂長發修,王昌年等纂
清嘉慶五年(1800)刻本
十册

007463597　3180 7627.9
[民國]眉山縣志十五卷
王銘新等修,郭慶琳等纂
民國十二年(1923)鉛印本
八册

007458716　3180 2144.84
[嘉慶]仁壽縣志六卷首二卷
(清)姚令儀等纂修;李元續纂修
清嘉慶八年(1803)刻本
八册

009249669　3180 2144
[道光]仁壽縣新志八卷
(清)馬百齡修,魏崧、鄭宗垣纂
清道光十七年(1837)刻本
八册

007458718　3180 2144.87
[同治]仁壽縣志十五卷首一卷
(清)羅廷權等修,馬凡若纂
清同治五年(1866)刻本
十四册

007458600　3180 2144.88
[光緒]補纂仁壽縣志六卷末一卷
(清)翁植、楊作霖等修,陳韶湘纂
清光緒七年(1881)刻本
六册

007459137　3180 4227.84
[嘉慶]彭山縣志六卷
(清)趙來震修,史欽義纂
清嘉慶十九年(1814)刻本
六册

007459097　3180 3811.88
[光緒]洪雅縣志十二卷首一卷
(清)郭世棻修,鄧敏修等纂
清光緒十年 (1884)刻本
五册

007463591　3180 7424.88
[光緒]丹稜縣志十卷首一卷
(清)顧汝蕚、袁桂芳修,朱文瀚等纂
清光緒十八年(1892)刻本,板藏巽崖書院
八册

007463456　3180 7424.9
[民國]丹稜縣志八卷首一卷
劉良模等修,羅春霖等纂
民國十二年(1923)石印本
八册

007462474　3180 5235.88
[光緒]青神縣志五十四卷首一卷
(清)郭世棻修,文筆超纂
清光緒三年(1877)刻本
六册

宜賓市

007457608　3179 8432.88
[光緒]敘州府志四十三卷首一卷末一卷
(清)王麟祥等纂修
清光緒二十一年(1895)刻本

二十八册

007461233 3180 4233.84
[嘉慶]南溪縣志十卷首一卷
(清)胡之富纂修
清嘉慶十七年(1812)刻本
八册

007461126 3180 4233.87
[同治]南溪縣志八卷
(清)福倫修,胡元翔、唐毓彤纂
清同治十三年(1874)刻本,板藏校士館
八册

007461236 3180 4233.9
[民國]南溪縣志六卷附南溪文徵四卷
李凌霄等修,鍾朝煦纂
民國二十六年(1937)鉛印本
八册

008191627 3180 3138.84
[嘉慶]宜賓縣志五十四卷首一卷
(清)劉元熙修,李世芳等纂
清嘉慶十七年(1812)修,民國二十一年(1932)鉛印本
六册

007461256 3180 3134.84
[嘉慶]江安縣志六卷
(清)趙模修,鄭存仁等纂
清嘉慶十七年(1812)刻本
六册

007461258 3180 3134.85
[道光]江安縣志二卷首一卷
(清)高學濂纂修
清道光九年(1829)刻本
二册

007461114 3180 3134.9
[民國]江安縣志四卷附文徵二卷
嚴希慎修,陳天錫纂
民國十二年(1923)瀘縣牖群書局鉛印本
五册

007465054 3195 733.88
[光緒]長寧縣志五卷
(清)劉丕城纂修
清光緒七年(1881)重刊本
八册

007457742 3180 0269.87
[同治]高縣志五十四卷首一卷
(清)敖立榜等修,曾毓佐等纂
清同治五年(1866)刻本
八册

009255206 3180 0499.88
[光緒]慶符縣志五十五卷
(清)孫定揚修,胡錫祜等纂
清光緒二年(1876)刻本
八册
備註:今併入高縣

007458711 3180 1869.88
[同治]珙縣志十五卷首一卷
(清)姚廷章原本,冉瑞桐、郭肇林增修
清光緒九年(1883)增刻本
八册

007463629 3180 8233.87
[同治]筠連縣志十六卷
(清)程熙春修,文爾炘纂
清同治十二年(1873)刻本
六册

007463600 3180 7804.88
[光緒]興文縣志六卷首一卷

(清)江亦顯纂修
清光緒十三年(1887)刻本
六册

007461312　3180 4639.9
[民國]古宋縣志初稿十一卷
佚名纂修
民國二十四年(1935)古宋清宴慈善會石印本
四册
備註:今興文縣

007463430　3180 7427.84
[乾隆]屏山縣志八卷首一卷附續編一卷
(清)張曾敏纂修,敬大科輯
清嘉慶五年(1800)增刊本
八册
備註:原志於乾隆四十三年(1778)修刊,續編於嘉慶五年(1800)修刊,附與原志各卷後

007463595　3180 7427.88
[光緒]屏山縣續志二卷首一卷
(清)張九章修,陳藩垣等纂
清光緒二十四年(1898)刻本
四册

廣安市

007457747　3180 0834.86
[咸豐]廣安州志八卷
(清)王兆僖修,廖朝翼等纂
清咸豐十年(1860)刻本
八册

007457525　3180 0834.88
[民國]廣安縣志四十三卷首一卷
周克堃撰
民國十六年(1927)刻本
十册

007466600　3180 7731.88
[光緒]岳池縣志二十卷首一卷
(清)何其泰等修,吴新德纂
清光緒元年(1875)刻本,板存鳳山書院
十册

007458985　3180 3033.88
[光緒]定遠縣志六卷
(清)姜由範修,王鏞、范元音等纂
清光緒元年 (1875)刻本
六册
備註:今武勝縣

007458692　3180 1472.9
[民國]新修武勝縣志十三卷首一卷
羅興志修,孫國藩等纂
民國二十年(1931)鉛印本
八册

007464484　3180 9213.85
[道光]鄰水縣志六卷首一卷
(清)曾燦奎、劉光第修,甘家斌等纂
清道光十五年(1835)刻本
六册

達州市

007458854　3180 3369.84
[嘉慶]達縣志五十二卷
(清)魯鳳輝等修,王廷偉等纂
清嘉慶二十年(1815)刻本
六册

007458932　3180 3369.9
[民國]達縣志二十卷首一卷末一卷補遺二卷
藍炳奎等修,吴德準等纂
民國二十七年(1938)袁濟安增補鉛印本
五册

007457738 3180 0220.87
[同治]新寧縣志八卷
(清)復成修,周紹鑾等纂
清同治八年(1869)刻本
八册
備註:今開江縣

007461106 3180 4382.85
[道光]大竹縣志四十卷末一卷
(清)翟瑔修,王懷孟纂;蔡以修續修,劉漢昭續纂
清道光二年(1822)重修刻本
六册

007461301 3180 4382.9
[民國]續修大竹縣志十六卷
鄭國翰等修,陳步武等纂
民國十七年(1928)鉛印本
八册

007459130 3180 3969.84
[嘉慶]渠縣志五十二卷
(清)王來遴等修,譚承恩等纂
清嘉慶十七年(1812)刻本
八册

007459131 3180 3969.87
[同治]渠縣志五十二卷首一卷
(清)何慶恩修,賈振麟、金傳培纂
清同治三年(1864)刻本
十二册

007461127 3180 4314.88
[光緒]太平縣志十卷首一卷
(清)楊汝偕等纂修
清光緒十九年(1893)刻本
四册
備註:今萬源市

007461239 3180 4239.9
[民國]萬源縣志十卷首一卷末一卷
劉子敬修,賀維翰等纂
民國二十一年(1932)鉛印本
六册

雅安市

007457611 3179 7130.83
[乾隆]雅州府志十六卷
(清)曹掄彬修,曹掄翰纂
清光緒十三年(1887)補刻本
十二册

007457562 3180 1134.9
[民國]雅安縣志六卷
胡榮湛修,余良選纂
民國十七年(1928)石印本
六册

007458851 3180 2627.88
[光緒]名山縣志十五卷
(清)趙怡、趙懿纂輯
清光緒十八年(1892)刻本
八册

007458839 3180 2627.9
[民國]名山縣新志十六卷首一卷末一卷
胡存琮等纂
民國十九年(1930)刻本,板存通俗圖書館
六册

007464620 T 3180 9321.83
[乾隆]滎經縣志九卷末一卷
(清)勞世沅纂修
清乾隆十年(1745)刻本
六册

007464452 3180 9321.9
[民國]滎經縣志二十卷首一卷

賀澤修,張趙才等纂
民國四年(1915)修,民國十八年(1929)增刻本
十册

007458856　3180 3339.84
[嘉慶]清溪縣志四卷
(清)劉傳經修,陳一沺纂
清嘉慶五年(1800)刻本
六册
備註:今漢源縣

巴中市

007462320　3180 7132.85
[道光]巴州志十卷首一卷
(清)朱錫穀修,陳一津等纂
清道光十三年(1833)刻本
四册

007462507　3180 7132.9
[民國]巴中縣志四編
張仲孝等修,馬文燦等纂;余震等續纂
民國十六年(1927)石印本
四册

007459108　3180 4232.9
[民國]南江縣志四編
董珩修,岳永武纂
民國十一年(1922)成都聚昌公司鉛印本
四册

資陽市

007458987　3180 3072.86
[咸豐]資陽縣志四十八卷首二卷
(清)范涞清修,何華元等纂
清咸豐十年(1860)刻本,文昌宫藏板
十册

006317358　3180 3850.9
[民國]資中縣續修資州志十卷首一卷附民國實録一卷
吴鴻仁等修,黄清亮纂
民國十八年(1929)鉛印本
六册

007459016　3180 3477.85
[道光]安岳縣志十六卷首一卷
(清)濮瑗修,周國頤纂
清道光十六年(1836)刻本
八册

007458869　3180 3477.88
[光緒]續修安岳縣志四卷
(清)陳其寬修,鄒宗垣等纂
清光緒二十三年(1897)刻本,板藏公局
四册

007458865　3180 2911.85
[道光]樂至縣志十六卷首一卷
(清)裴顯忠修,劉碩輔纂
清道光二十年(1840)刻本,本衙藏板
四册

007458866　3180 2911.88
[光緒]續增樂至縣志四卷首一卷
(清)胡書雲等修,鄧瑛等纂
清光緒九年(1883)刻本,板存賓興局
四册

007458867　3180 2911.9
[民國]樂至縣志又續四卷首一卷
楊祖唐等修,蔣德勳等纂
民國十八年(1929)刻本,板存慈善會
四册

007463431　3180 8232.86(1-10)
[咸豐]簡州志十四卷
(清)濮瑗修,陳治安、黄樸纂
清咸豐三年(1853)刻本,板存鳳山書院

十册

007463427　3180 8232.86(11-12)
[光緒]簡州續志二卷
(清)易家霖修,傅爲霖纂
清光緒二十三年(1897)刻本,板存鳳山書院
二册

007463632　3180 8272.916
[民國]簡陽縣志二十四卷首一卷末一卷附詩文存八卷又詩文存續二卷
汪金相等修,胡忠閥等纂
民國十六年(1927)四川官印刷局鉛印本
十八册

007463429　3180 8272.9
[民國]簡陽縣續志十卷首一卷末一卷附簡陽縣詩文存二卷
李青廷修,汪金相纂
民國二十年(1931)大中印務局印
六册

阿垻藏族自治州

007457612　3180 1126.87
[同治]直隸理番廳志六卷
(清)吴羹梅修,周祚嶧纂
清同治七年(1868)刻本
六册

007458935　3180 3422.88
[光緒]汶志紀略四卷
(清)李錫書纂修
清光緒二十二年(1896)增刻本
四册

007461129　3180 4532.85
[道光]茂州志四卷首一卷
(清)楊迦懌等修,劉輔廷纂
清道光十一年(1831)刻本
四册

007461125　3180 4336.9
[民國]松潘縣志八卷首一卷
張典等修,徐湘等纂
民國十三年(1924)刻本
八册

甘孜藏族自治州

007456833　3175 8111.88
[光緒]四川新設鑪霍屯志略不分卷
(清)李之河纂修
清光緒三十二年(1906)鉛印本
二册

涼山彝族自治州

007458708　3180 1666.9
[民國]西昌縣志十二卷首一卷
楊露修,傅光遜纂;楊肇基續纂
民國三十一年(1942)西昌寧遠印刷公司鉛印本
四册

007462508　3180 7139.88
[光緒]鹽源縣志十二卷首一卷
(清)辜培源修,曹永賢纂
清光緒十七年至十九年(1891—1893)刻本
十二册

007466593　3180 8611.88 (1-16)
[同治]會理州志十二卷
(清)鄧仁垣、楊昶修,王繼會、吴鍾崙纂
清同治九年至十三年(1870—1874)刻本,板藏金江書院
八册

007466593　3180 8611.88 (17-18)
[光緒]會理州續志二卷

(清)蔣金生修,徐昱纂
清光緒三十一年(1905)刻本
八册

007462319　3180 6671.9
[宣統]昭覺縣志稿四卷首一卷
(清)徐懷璋纂
清宣統三年(1911)修,民國九年(1920)鉛印本
二册

007462498　3180 6134.88
[咸豐]冕寧縣志十二卷首一卷末一卷
(清)李英燦原修,李昭原纂;林駿元續修,林茂光續纂
清咸豐七年(1857)修,光緒十七年(1891)刻本
六册

007458709　3180 1834.88
[光緒]雷波廳志三十六卷首一卷
(清)秦雲龍修,萬科進纂
清光緒十九年(1893)刻本
六册

007461113　3180 4322.88
[光緒]越嶲廳全志十二卷
(清)馬忠良原纂;孫鏘等增修,馬湘等增纂
清光緒三十二年(1906)鉛印本
六册

貴州省

007486975　T 3243 5832.81
[康熙]貴州通志三十七卷
(清)衛既齊修,薛載德等纂
清康熙三十六年(1697)刻本
三十册

007487020　T 3243 0.83
[乾隆]貴州通志四十六卷首一卷
(清)鄂爾泰等修,靖道謨等纂
清乾隆六年(1741)刻本
三十二册

005584742　3076 6125
[道光]黔南職方紀略九卷
(清)羅繞典輯
清道光二十七年(1847)刻本
六册

貴陽市

007486778　3244 5072.85
[道光]貴陽府志八十八卷首編二卷餘編二十卷
(清)周作楫等修,蕭琯等纂
清道光三十年至咸豐二年(1850—1852)朱德璲刊本
四十册

六盤水市

007488812　3245 8634.88
[光緒]普安直隸廳志二十二卷
(清)曹昌祺修,覃夢榕纂
清光緒十五年(1889)刻本
八册

遵義市

007486862　3244 3485.85
[道光]遵義府志四十八卷首一卷
(清)平翰等修,鄭珍、莫友芝纂
清道光二十一年(1841)刻本
二十册

007488789 3245 2472.9
[民國]綏陽縣志八卷附大事表一卷
胡仁修,李培枝纂
民國十七年(1928)鉛印本
八册

007488796 3245 3634.88
[光緒]湄潭縣志八卷首一卷
(清)吴宗周修,歐陽曙等纂
清光緒二十五年(1899)刻本,板存本城文昌宫
六册

安順市

007487026 3244 3428.86
[咸豐]安順府志五十四卷首一卷
(清)常恩修,鄒漢勳、吴寅邦纂
清咸豐元年(1851)刻本,板存府署藏書樓
十六册

007488794 3245 3414.85
[道光]安平縣志十卷首一卷
(清)劉祖憲修,何思貴等纂
清道光七年(1827)修,抄本
十二册
備註:今平壩縣

007488788 3245 1442.9
[民國]平壩縣志不分卷
江鍾岷等修,陳廷棻、陳楷等纂
民國二十一年(1932)貴陽文通書局鉛印本
六册

007488793 3245 3332.85
[道光]永寧州志十二卷首一卷
(清)黄培杰纂修
清道光十七年(1837)刻本
十二册
備註:今關嶺布依族苗族自治縣

畢節市

007488784 3245 1030.85
[道光]平遠州志二十卷圖一卷
(清)徐豐玉、周溶修,諶厚光纂
清道光二十五年(1845)修,光緒十六年(1890)黄紹先重刻本
六册

007488785 3245 1030.88
[光緒]平遠州續志八卷首一卷
(清)黄紹先修,申雲根、諶顯模纂
清光緒十六年(1890)刻本
八册

007488801 3245 6216.84
[嘉慶]黔西州志八卷
(清)劉永安等修,徐文璧等纂
清嘉慶八年(1803)刻本
八册

007488802 3245 6216.88
[光緒]黔西州續志六卷
(清)白建鋆修,諶焕模纂
清光緒十年(1871)刻本
四册

銅仁市

007488804 3245 7231.85
[道光]印江縣志二卷
(清)鄭士範纂修
清道光十七年(1837)刻本
二册

黔東南苗族侗族自治州

007487023 3244 2310.88
[光緒]黎平府志八卷首一卷
(清)俞渭修,陳瑜纂

清光緒十八年(1892)刻本
十四册

007488791　3245 3233.81
[康熙]清浪衛志略不分卷
(清)朱黼纂修
清康熙二十三年(1684)修,抄本
一册
備註:今岑鞏縣

007488787　T 3245 1341.81
[康熙]天柱縣志二卷
(清)王復宗彙輯
清康熙二十二年(1683)刻本
四册

黔南布依族苗族自治州

007486854　3244 0828.85
[道光]廣順州志十二卷首一卷末一卷
(清)金臺修,但明倫纂
清道光二十七年(1847)刻本,版存廣陽書院
五册
備註:今長順縣

007486875　3245 0130.9
[民國]甕安縣志二十一卷
李退谷修,朱勛等纂
民國四年(1915)貴陽文通書局鉛印本
十册

雲南省

007488489　3248 0.7
[萬曆]雲南通志十七卷
(明)鄒應龍修,李元陽纂
民國二十三年(1934)昆明龍氏靈源別墅據明萬曆本排印
八册

007488487　T 3248 1342.83
[雍正]雲南通志三十卷首一卷
(清)尹繼善、鄂爾泰等修,靖道謨等纂
清乾隆元年(1736)刻本
三十二册

009262208　3248 4144
[嘉慶]滇海虞衡志十三卷
(清)檀萃編
民國間(1912—1949)雲南圖書館重校刊本
二册

007488472　3248 1342.84
[嘉慶]滇繫不分卷
(清)師範纂輯
清光緒十三年(1887)雲南通志局刻本,板存雲南圖書館
四十册

007488498　3248 1342.85
[道光]雲南通志稿二百一十六卷首三卷
(清)阮元、伊里布等修,王崧、李誠纂
清道光十五年(1835)刻本
一百一十二册

007488819　3248 1342.851
[道光]雲南備徵志二十一卷
(清)王崧纂輯
民國三年(1914)雲南圖書館刻本
十八册

007488488　3248 1342.88b
[光緒]雲南通志二百四十二卷首四卷附忠義録三十二卷忠義備考一卷列女録八卷
(清)岑毓英等修,陳璨等纂

清光緒二十年(1895)刻本
二百二十册

007490354　3248 1342.88c
[光緒]續雲南通志稿一百九十四卷首六卷
(清)王文韶、唐炯等纂修
清光緒二十七年(1901)刻本
一百册

007488648　3248 0.9
[民國]雲南省地志六種
雲南學會編
民國十年(1921)《雲南學會徵刊》鉛印本
一册
備註:爲六縣縣志彙總。分别爲:
1. 宣威縣志不分卷,寧學易編
2. 寧洱縣志不分卷,朱錦文編
3. 嵩明縣志不分卷,嵩明勸學所編
4. 思茅縣志不分卷,趙國興編
5. 玉溪縣志不分卷,闕名編
6. 鎮康縣志不分卷,沈實鋆編

005577506　3075 4344
滇繹四卷
袁嘉穀撰
民國十二年(1923)排印本
一册

昆明市

007490275　T 3249 1342.81
[康熙]雲南府志二十六卷
(清)張毓碧等修,謝儼等纂
清康熙三十五年(1696)刻本,後印本
二十册

007491062　3250 6162.88
[道光]昆明縣志十卷
(清)戴絅孫纂修
清道光二十一年(1841)修,光緒二十七年(1901)刻本
六册

007493477　3251 6162.94
[民國]昆明市志不分卷
張維翰、童振藻編纂
民國十三年(1924)昆明市政公所總務課鉛印本
一册

007490835　3250 6010.88
[光緒]呈貢縣志八卷
(清)朱若功原本;李明鋆續修,李蔚文等續纂
清光緒十一年(1885)刻本,本衙藏板
八册

007491050　T 3250 3674.81
[康熙]富民縣志不分卷
(清)彭兆逵修,楊搗秀等纂
清康熙五十一年(1712)修,抄本
二册

007490264　3250 3133.9
[民國]宜良縣志十卷首一卷
王槐榮等修,許實纂
民國十年(1921)昆明雲南官印局鉛印本
十二册

007490272　3250 2262.88
[光緒]續修嵩明州志八卷
(清)胡緒昌、葉如桐修,王沂淵、梁恩明纂
民國十五年(1926)據清光緒十三年(1887)刻本重印
四册

曲靖市

007490587　T 3249 5922.83
[乾隆]東川府志二十卷首一卷

(清)方桂修,胡蔚纂
清乾隆二十六年(1761)刻本
八册

007490856　3250 6114.81
[康熙]羅平州志四卷
(清)黄德巽修,胡承灝、周啓先等纂
民國抄本,據清康熙五十七年(1718)刻本傳抄
四册

007490269　3250 3175.9
[民國]宣威縣志稿十二卷首一卷
王鈞國、陳其棟等修,繆果章纂
民國二十三年(1934)昆明雲南開智印刷公司鉛印本
六册

玉溪市

007490253　T 3249 3431.81
[康熙]澂江府志十六卷
(清)蔣陳錫、柳正芳修,李應綬纂
清康熙五十八年(1719)刻本
十二册

007490590　3250 0214.85
[道光]新平縣志八卷
(清)李誠修,羅宗璉纂
清道光七年(1827)刻本,有抄配
八册

007490263　3250 0214.9
[民國]新平縣志八卷首一卷
吴永立、王志高修,馬太元纂
民國二十二年(1933)昆明金蘭石印館石印本
八册

007490277　3250 1131.9
[民國]元江志稿三十卷首一卷末一卷
黄元直修,劉達武、婁際泰纂
民國十一年(1922)昆明開智印刷有限公司鉛印本
十二册

保山市

007490616　3250 3366.88
[光緒]永昌府志六十六卷首一卷
(清)劉毓珂纂修
清光緒十一年(1885)修刊,民國二十五年(1936)重印本
十四册

007490278　3249 7243.83
[乾隆]騰越州志十三卷
(清)屠述濂纂修
清乾隆五十五年(1790)修,光緒二十三年(1897)黄丙堃重刻,民國二十年(1931)萬興和重印光緒刻本,板藏騰衝圖書館
六册

007490279　3249 7243.88
[光緒]騰越廳志稿二十卷首一卷
(清)革焕章等原本;陳宗海修,趙端禮等纂
清光緒十三年(1887)刻本,來鳳書院藏板
十二册

007490282　3250 0174.9
[民國]龍陵縣志十六卷首一卷
張鑑安、修名傳修,寸開泰纂
民國六年(1917)刻本
六册

昭通市

007490854　3250 6633.9
[民國]昭通縣志十二卷
符廷銓修,楊履乾編輯
民國十三年(1924)排印本
十册

007491064 3250 6633.9A
[民國]昭通縣志稿九卷
盧金錫修,楊履乾、包鳴泉同纂
民國二十六年至二十七年(1937—1938)昭通新民書局鉛印本
九册

007493409 3250 8841.88
[光緒]鎮雄州志六卷
(清)吴光漢、成占春修,宋成基、張璥纂
清光緒十三年(1887)刻本
八册

楚雄彝族自治州

007491054 T 3250 4234.81
[康熙]南安州志六卷
(清)張倫至纂修
清康熙四十八年(1709)修,傳抄本
三册
備註:今雙柏縣

007491057 3250 4341.85
[道光]大姚縣志十六卷圖一卷
(清)黎恂修,劉榮黼纂
清道光二十五年(1845)刻本
八册

007493611 3250 8842.88
[光緒]鎮南州志略十一卷
(清)李毓蘭修,甘孟賢等纂
清光緒十八年(1892)刻本
十册
備註:今南華縣

007490601 T 3250 1371.83
[乾隆]琅鹽井志四卷
(清)孫元相修,趙淳纂
清乾隆二十一年(1756)刻本
八册

007490858 3250 7151.88
[光緒]續修白鹽井志十一卷首一卷
(清)李訓鋐等修,羅其澤等纂
清光緒二十七年(1901)修,光緒三十三年(1907)刻本
十二册

紅河哈尼族自治州

007490855 3250 4326.83
[乾隆]續修蒙自縣志六卷
(清)李焜纂修
清乾隆五十六年(1791)修,抄本
六册

007493610 3250 7233.84
[嘉慶]阿迷州志十三卷
(清)張大鼎修,張爔、趙焞等纂
清嘉慶元年(1796)修,傳抄本
六册
備註:今開遠市

007490274 T 3249 1674.83
[乾隆]石屏州志八卷
(清)管學宣等纂修
清乾隆二十四年(1759)刻本
八册

007490589 3249 7634.84
[嘉慶]臨安府志二十卷
(清)江濬源修,羅會恩等纂
清嘉慶四年(1799)刻本
十六册
備註:今建水縣

文山壯族苗族自治州

007493416 3250 7211.9
[民國]邱北縣志十二卷

徐孝喆修,繆雲章纂
民國十年(1921)修,抄本
十四册

清康熙三十七年(1698)刻本
八册

007490852　3250 4321.9
[民國]蒙化志稿二十六卷
李春曦、李瑗等修,梁友檍纂
民國九年(1920)昆明雲南崇文書館鉛印本
十册

大理白族自治州

007490851　3250 4311.9
[民國]大理縣志稿三十二卷首一卷
張培爵等修,周宗麟等纂,周宗洛總校
民國六年(1917)鉛印本
十六册

007490276　3250 1342.88
[光緒]雲南縣志十二卷
(清)項聯晉修,黄炳堃等纂
清光緒十六年(1890)刻本,板存九峰書院
五册

007490585　T 3249 4321.81
[康熙]蒙化府志六卷首一卷
(清)蔣旭等纂修

007490600　T 3250 1301.81
[康熙]雲龍州志十二卷首一卷
(清)王㳽等纂修
清康熙五十五年(1716)刻本
四册

007490596　3250 1222.86
[咸豐]鄧川州志十六卷一卷末一卷
(清)侯允欽纂修
清咸豐三年(1853)楊炳锃刻本
十二册

西藏自治區

008640668　3079.7 7281
[乾隆]三藏志略二卷
(清)沈宗衍撰
清抄本
四册
備註:序爲乾隆六十年,書中記有嘉慶、道光年間事,應爲後人增補

007488457　T 3290 0.8323
[乾隆]西藏志不分卷
(清)允禮撰
清乾隆五十七年(1792)和寧刻本,有抄配
二册
備註:附焦應旂撰《藏程紀略》

007285923　3290 0.8821
[乾隆]衛藏通志十六卷首一卷附校字記
(清)和琳纂
清光緒二十二年(1896)漸西村舍刻本
八册

007488490　3290 0.8821B
[乾隆]衛藏通志十六卷首一卷附校字記
(清)和琳纂
民國二十六年(1937)上海商務印書館鉛印《國學基本叢書》本
二册

007378977　3290 0.729
[乾隆]衛藏圖識四卷蠻語一卷

(清)馬揭修,盛繩祖纂
清乾隆五十七年(1792)刻本
四册

007488492 3290 0.8843
[光緒]西藏圖考八卷首一卷
(清)黄沛翹纂
清光緒十二年(1886)李培榮刻本
四册

007488504 3290 0.893
[宣統]西藏新志三卷
(清)許光世、蔡晉成編
清宣統三年(1911)上海自治編輯社鉛印本
一册

007456830 31732429.9
[民國]西康建省記
傅嵩炑著,陳棟樑重刊
民國二十一年(1932)南京中華印刷公司鉛印本
一册

005642413 3063 8234
西康之實況
翁之藏編
民國十九年(1930)上海民智書局鉛印本
一册

005643140 3063 7946
西康沿革考
陳志明撰
民國二十二年(1933)南京拔提書店鉛印本
一册

陝西省

008094664 T 3153 7316.7
[嘉靖]雍大記三十六卷
(明)何景明撰
明嘉靖元年(1522)刻本
十六册
備註:鈐有“春艸閑房”、“惠棟之印”、“紅豆書屋”、“柯逢時印”等印章

007490358 T 3153 7316.82
[雍正]陝西通志一百卷首一卷
(清)劉於義修,沈青崖纂
清雍正十三年(1735)原刻,乾隆間(1735—1795)補修本
一百册

007490344 3153 1143
[道光]陝西志輯要六卷首一卷附秦疆治略一卷關中漢唐存碑跋一卷漢南遊草一卷
(清)王志沂纂
清道光七年(1827)賜書堂刻本
八册

009118536 3153 2145
[道光]秦疆治略不分卷
(清)盧坤編
清道光間(1821—1851)刻本
四册

007490244 3153 7316.9
[民國]續修陝西通志稿二百二十四卷首一卷
楊虎城、邵力子修,宋伯魯、吴廷錫纂
民國二十三年(1934)鉛印本
一百二十二册

西安市

007491075　T 3154 7334.5
[熙寧]長安志二十卷圖三卷
(宋)宋敏求纂;(元)李好文繪圖;(清)畢沅校
清乾隆四十九年(1784)靈巖山館刻本
八册

007490891　3154 7334.5B
[熙寧]長安志二十卷附圖三卷
(宋)宋敏求纂;(元)李好文繪圖;(清)畢沅校
民國二十年(1931)長安縣志局鉛印本
四册

007490574　T 3154 1634.83
[乾隆]西安府志八十卷首一卷
(清)舒其紳修,嚴長明纂
清乾隆四十四年(1779)刻本
三十七册

007490611　T 3155 7334.81
[康熙]長安縣志八卷
(清)梁禹甸纂修
清康熙七年(1668)刻本
四册

007490332　3155 7334.84
[嘉慶]長安縣志三十六卷
(清)張聰賢纂修
清嘉慶二十年(1815)刻本
六册

007488875　T 3155 503.81
[康熙]咸寧縣志八卷
(清)黄家鼎修,陳大經、楊生芝纂
清康熙七年(1668)刻本
四册

007490597　3155 503.84
[嘉慶]咸寧縣志二十六卷
(清)高廷法修,陸耀遹、董祐誠纂
清嘉慶二十四年(1819)刻本
八册

007490612　T 3155 7631.83
[乾隆]臨潼縣志九卷圖一卷
(清)史傳遠等修
清乾隆四十一年(1776)刻本
六册

007490333　3155 7631.83B
[乾隆]臨潼縣志九卷圖一卷
(清)史傳遠修纂
民國十一年(1922)鉛印本
六册

007490613　3155 7631.88
[光緒]臨潼縣續志四卷
(清)楊彦修原本;施劭修,譚麐纂
清光緒二十一年(1895)刻本
四册

007488837　3155 416.84
[嘉慶]藍田縣志十六卷
(清)高昱原修,王開沃原纂;馬學賜修,王芾纂
清嘉慶元年(1796)刻本
四册

007488840　3155 416.85
[道光]藍田縣志十六卷附輞川志六卷文徵四卷
(清)胡元煐修,蔣湘南纂
清道光十九年(1839)刻本
九册

007488557　3155 416.88
[光緒]藍田縣志十六卷附輞川志六卷文徵

録四卷
(清)吕懋勳修,袁廷俊纂
清光緒元年(1875)刻本
六册

007488851 T 3155 4171.83
[乾隆]盩厔縣志十五卷
(清)楊儀修,王開沃纂;鄧秉編補修
清乾隆五十八年(1793)補刻本
六册
備註:今周至縣

007488423 3155 4171.9
[民國]重修盩厔縣志八卷
龐文中修,任肇新、路孝愉纂
民國十四年(1925)鉛印本
四册
備註:今周至縣

007490922 T 3155 1269.83
[乾隆]鄠縣新志六卷
(清)汪以誠修,孫景烈纂
清乾隆四十二年(1777)刻本
四册

007453743 3156 0.9 (01)
[光緒]鄠縣鄉土志三卷
(清)佚名纂
民國二十六年(1937)燕京大學圖書館編《鄉土志叢編》第一集,鉛印本
一册
備註:今户縣

007491079 3155 027.84
[嘉靖]高陵縣志七卷
(明)吕柟纂修
清嘉慶三年(1798)重刻本
四册

007491082 3155 027.88 (1-2)
[嘉靖]高陵縣志七卷
(明)吕柟纂修
清光緒十年(1884)刻本
二册

007491082 3155 027.88 (3-4)
[光緒]高陵縣續志八卷
(清)程維雍續修,白遇道續纂
清光緒十年(1884)刻本
二册

銅川市

008080660 T 3155 913.7 (1-2)
[嘉靖]喬三石耀州志十一卷附一卷
(明)李廷寶修,喬世寧纂
明嘉靖三十六年(1557)修,清乾隆二十七年(1762)刻本
二册

007491047 T 3155 913.7 (3-4)
[乾隆]續耀州志十一卷
(清)汪灝等修,鍾研齋纂
清乾隆二十七年(1762)刻本,光緒十六年(1890)重印
二册

007490331 3155 7236.9
[民國]同官縣志三十卷首一卷末一卷
余正東修,黎錦熙等纂
民國三十三年(1944)鉛印本
四册

008082253 T 3155 3116.82
[雍正]宜君縣志不分卷
(清)查遴纂修,沈華訂正
清雍正十年(1732)刻本
一册

寶雞市

007491073　T 3154 7282.832
[乾隆]鳳翔府志略三卷
(清)劉組曾纂修
清乾隆二十七年(1762)刻本
四册

007490921　T 3154 7282.83
[乾隆]重修鳳翔府志十二卷首一卷
(清)達靈阿修,周方炯、高登科纂
清乾隆三十一年(1766)刻本
十二册

008080679　T 3155 3821.81
[康熙]寶雞縣志三卷
(清)周愃原本;何錫爵、吴之翰增修
清順治十四年(1657)修,清康熙二十年(1681)重刊本
一册
備註:記事止于康熙二十八年(1689)

008080684　T 3155 3821.83
[乾隆]寶雞縣志十六卷
(清)鄧夢琴修,董詔等纂
清乾隆五十年(1785)刻本
四册

007490591　T 3155 718.83
[乾隆]鳳翔縣志八卷
(清)羅鰲修,周方炯等纂
清乾隆三十二年(1767)刻本
八册

008082250　T 3155 2427.80
[順治]重修岐山縣志四卷
(清)王𣪥修,王業隆纂
清順治十四年(1657)刻本
二册

008082251　T 3155 2427.83
[乾隆]岐山縣志八卷
(清)平世增、郭履恒修,蔣兆甲纂
清乾隆四十四年(1779)刻本
四册

007486821　3155 2427.88
[光緒]岐山縣志八卷
(清)胡昇猷修,張殿元纂
清光緒十年(1884)刻本
四册

007487090　3155 2427.9
[民國]岐山縣志十卷
田惟均重修,白岫雲等纂
民國二十四年(1935)鉛印本
四册

007453746　3156 0.9(04)
[光緒]岐山縣鄉土志三卷
(清)佚名纂
民國二十六年(1937)燕京大學圖書館編《鄉土志叢編》第一集,鉛印本
一册

008080668　T 3155 5371.82
[雍正]扶風縣志四卷
(清)張婁度修,于開泰纂
清雍正九年(1731)刻本
四册

008080671　T 3155 5371.83
[乾隆]扶風縣志十八卷首一卷
(清)熊家振修,張塤纂
清乾隆四十六年(1781)刻本
四册

007490328　3155 5371.84
[嘉慶]扶風縣志十八卷首一卷

(清)宋世犖修,吴鵬翺、王樹棠纂
清嘉慶二十四年(1819)刻本
四册

007490603　T 3155 7269.82
[雍正]郿縣志十卷首一卷
(清)張素修,張執中等纂
清雍正十一年(1733)刻本
五册

007490602　T 3155 726.83
[乾隆]郿縣志十八卷首一卷
(清)李帶雙修,張若纂
清乾隆四十三年(1778)刻本
四册

007490360　T 3155 7132.81
[康熙]隴州志八卷首一卷
(清)羅彰彝修纂
清康熙五十二年(1713)刻本
四册

007490361　T 3155 7132.83
[乾隆]隴州續志八卷首一卷末一卷
(清)吴炳纂修
清乾隆三十一年(1766)刻本
四册

008080675　T 3155 3472.82
[雍正]增補汧陽縣志
(清)王國瑋輯;吴宸梧補修;管旆再增修
清順治九年(1652)修,康熙五十五年(1716)補修,雍正十年(1732)再增修合刊本
二册
備註:今千陽縣

007488554　3155 3472.85
[道光]重修汧陽縣志十二卷首一卷
(清)羅曰璧編輯,郭維城參訂
清道光二十一年(1841)刻本
八册
備註:今千陽縣

007491085　T 3155 043.81
[康熙]麟遊縣志五卷
(清)吴汝爲、劉元泰原本;范光曦續修,羅魁續纂
清順治十四年(1657)原刻,康熙四十七年(1708)增刻本
二册

007490909　3155 053.88
[光緒]麟遊縣新志草十卷首一卷
(清)彭洵纂修
清光緒九年(1883)刻本
四册

007490330　3155 71.88
[光緒]鳳縣志十卷首一卷
(清)朱子春修,段澍霖纂
清光緒十八年(1892)刻本
四册

咸陽市

007490359　T 3155 823.83
[乾隆]直隸邠州志二十五卷
(清)王朝爵等修,孫星衍纂
清乾隆四十九年(1784)原刻,道光二十四年(1844)增刻本
四册

007490581　T 3155 5072.83 (1-3)
[乾隆]咸陽縣志二十二卷首一卷末一卷
(清)臧應桐纂修
清乾隆十六年(1751)刻本
三册

007490581　T 3155 5072.83 (4)
[道光]續修咸陽縣志一卷
(清)陳堯書纂修
清道光十六年(1836)刻本
一册

007491105　T 3155 1179.83
[乾隆]三原縣志十八卷首一卷
(清)劉紹攽纂修
清乾隆四十八年(1783)刻本
十二册

007491108　3155 1179.88
[光緒]三原縣新志八卷
(清)焦雲龍修,賀瑞麟纂
清光緒六年(1880)刻本
四册

007488799　T 3155 3172.83
[乾隆]涇陽縣志十卷
(清)葛晨修纂
清乾隆四十三年(1778)刻本
六册

007488800　3155 3172.89
[宣統]涇陽縣志十六卷首一卷末一卷
(清)劉懋官修,宋伯魯、周斯億纂
清宣統三年(1911)修,民國三年(1914)鉛印本
四册

008094737　T 3155 4132.7
[崇禎]乾州志二卷
(明)楊殿元纂修
明崇禎六年(1633)刻本,清康熙間(1662—1722)補版印本
四册

008080689　T 3155　4132.84
[雍正]重修陝西乾州志六卷
(清)拜斯呼主修
清雍正五年(1727)刊本
五册

007488572　3155 4132.88
[光緒]乾州志稿十四卷首一卷附別録四卷乾陽殉難士女録一卷
(清)周銘旂纂修
清光緒十年(1884)刻本,乾陽書院藏板
六册

007490920　T 3155 1123.83
[乾隆]醴泉縣志十四卷圖一卷
(清)蔣騏昌、孫星衍修纂
清乾隆四十九年(1784)刻本
四册

007491103　3155 1123.9
[民國]醴泉縣志稿十四卷
張道芷等修,曹驥觀等纂
民國二十四年(1935)鉛印本
六册

007488552　3155 335.88
[光緒]永壽縣重修新志十卷首一卷
(清)鄭德樞修,趙奇齡等纂
清光緒十四年(1888)刻本
六册

007490604　T 3155 731.83
[乾隆]長武縣志十二卷附續刊一卷
(清)洪亮吉等修,李泰交纂;李大成續刊
清乾隆四十八年(1783)原刻,嘉慶二十四年(1819)增刻本
四册

007490608　3155 731.83 B
[乾隆]長武縣志十二卷附續刊一卷
(清)洪亮吉等修,李泰交纂;李大成續刊

清乾隆四十八年(1783)原刻,嘉慶二十四年(1819)增刻本
八册

007490609 3155 731.89
[宣統]長武縣志十二卷
(清)沈錫榮修,王錫璋等纂
清宣統二年(1910)鉛印本
四册

007491097 T 3155 1113.83
[乾隆]三水縣志十一卷
(清)朱廷模、葛德新修,孫星衍等纂
清乾隆五十年(1785)刻本
四册
備註:今旬邑縣

007490908 3155 1113.87
[同治]三水縣志十二卷首一卷
(清)姜桐岡修,郭四維纂
清同治十一年(1872)刻本
八册
備註:今旬邑縣

007488820 T 3155 342.83
[乾隆]淳化縣志三十卷
(清)萬廷樹修,洪亮吉纂
清乾隆四十九年(1784)刻本
四册

008105115 TNC 3155 141.7
[正德]武功縣志三卷
(明)康海纂修
明正德十四年(1519)馮瑋刻本
三册

007490831 T 3155 1412.7 B
[正德]武功縣志三卷首一卷
(明)康海撰;(清)孫景烈評註,瑪星阿參訂
清乾隆二十六年(1761)刻本
一册

007490831 T 3155 1412.7 B c.2
[正德]武功縣志三卷首一卷
(明)康海撰;(清)孫景烈評註,瑪星阿參訂
清乾隆二十六年(1761)刻本
一册

007490987 3155 1412.7
[正德]武功縣志三卷
(明)康海撰
清同治十二年(1873)湖北崇文書局重刻本
一册

007491114 T 3155 1412.81
[康熙]武功縣重校續志三卷
(清)張文熙原纂;康吕賜校補
清康熙元年(1662)刻,雍正十二年(1734)補刻本
二册

007491116 T 3155 1412.82
[雍正]武功縣後志四卷
(清)沈華修,崔昭等纂
清雍正十二年(1734)刻本
四册

007490910 3155 1412.88
[光緒]武功縣續志二卷
(清)張世英修,巨國桂纂
清光緒十四年(1888)刻本
四册

007490583 3155 7010.83
[乾隆]興平縣志二十五卷附[光緒]興平縣士女續志三卷
(清)顧聲雷修,張塤纂;王權續修,張炯續纂

清乾隆四十二年(1777)修,光緒二年(1876)續修刻本
七册

007490617　3155 7814.9
[民國]興平縣志八卷
王廷珪修,張元際等纂
民國十二年(1923)西安藝林印書局鉛印本
四册

007490586　3155 7010.88
[光緒]興平縣鄉土志六卷
(清)張元際纂修
清光緒三十三年(1907)活字本
六册

005619764　3060 7224
[光緒]馬嵬志十六卷首一卷
(清)胡鳳丹纂修
清光緒三年(1877)永康胡氏退補齋刻本
六册

渭南市

007490578　T 3154 722.83a
[乾隆]同州府志二十卷首一卷
(清)張奎祥修,李之蘭等纂
清乾隆六年(1741)刻本
二十册

007490579　T 3154 722.83
[乾隆]同州府志六十卷首一卷
(清)閔鑑修,吴泰來纂
清乾隆四十六年(1781)刻本
二十二册

007490346　3154 722.87
[咸豐]同州府志三十四卷首一卷附文徵録三卷
(清)李恩繼、文廉修,蔣湘南纂
清咸豐二年(1852)刻本
二十四册

007490347　3154 7222.88
[光緒]同州府續志十六卷首一卷
(清)饒應祺修,馬先登等纂
清光緒七年(1881)刻本
六册

007488806　T 3155 3242.83
[乾隆]渭南志十四卷
(清)汪以誠纂修
清乾隆四十四年(1778)刻本
八册

007488809　3155 3242.85
[道光]重輯渭南縣志十八卷
(清)何耿繩修,姚景衡纂
清道光九年(1829)刻本
六册

007488548　3155 3242.8
[光緒]新續渭南縣志十二卷
(清)焦聯甲等纂輯
清光緒十八年(1892)刻本
十册

007488563　3155 45.88 (1-5)
[隆慶]華州志二十四卷
(明)李可久修,張光孝纂
清光緒八年(1882)合刻《華州志》本
五册

007488563　3155 45.88 (6-8)
[康熙]續華州志四卷
(清)馮昌奕修,劉遇奇纂
清光緒八年(1882)合刻《華州志》本
三册

007488563 3155 45.88 (9-10)
[乾隆]再續華州志十二卷
(清)汪以城修,史蓴纂
清光緒八年(1882)合刻《華州志》本
二册

007488563 3155 45.88 (11-16)
[光緒]三續華州志十二卷
(清)吴炳南修,劉城纂
清光緒八年(1882)合刻《華州志》本
六册

007453744 3156 0.9 (09)
[光緒]華州鄉土志不分卷
(清)褚成昌纂修
民國二十六年(1937)燕京大學圖書館編《鄉土志叢編》第一集,鉛印本
一册

007488871 3155 4532
[光緒]華州鄉土志不分卷
(清)褚成昌纂修
清光緒間(1875—1908)修,民國間(1919—1949)抄本
二册

007488797 T 3155 317.8 (1-2)
[康熙]潼關衛志三卷
(清)康咨伯修,楊端本纂
清康熙二十四年(1685)刻本,嘉慶二十二年(1817)重印
二册
備註:分上中下三卷,又細分九類,故又有九卷之説,"衛"字重印時被剜去

007488797 T 3155 317.8 (3-4)
[嘉慶]續潼關廳志三卷
(清)向淮修,王森文纂
清嘉慶二十二年(1817)刻本
二册

007488546 3155 317.84
[嘉慶]續潼關廳志三卷
(清)向淮修,王森文纂
清嘉慶二十二年(1817)刻本
二册

007488865 3155 434.85
[道光]大荔縣志十六卷首一卷附足徵録四卷
(清)熊兆麟等修
清道光三十年(1850)刻本
六册

007488562 3155 4342.88
[光緒]大荔縣續志十二卷首一卷附足徵録四卷
(清)周銘旂修,李志復纂
清光緒五年(1879)修,十一年(1885)刻本,馮翊書院藏板
六册

008080666 T 3155 4261.7
[正德]朝邑縣志二卷
(明)王道修,韓邦靖纂
明正德十四年(1519)刻本
一册
備註:今併入大荔縣

007488861 T 3155 426.81
[康熙]朝邑縣後志八卷
(清)王兆鰲等修纂
清康熙五十一年(1712)刻本
六册
備註:今併入大荔縣

007488591 T 3155 426.83
[乾隆]朝邑縣志十一卷首一卷

(清)金嘉琰、朱廷模修,錢坫纂
清乾隆四十五年(1780)刻本
四册
備註:今併入大荔縣

007488560　3155 426.86
[咸豐]咸豐初朝邑縣志三卷附志例一卷志例後録一卷
(清)李元春纂修
清咸豐元年(1851)刻本,華原書院藏板
四册
備註:今併入大荔縣

007453750　3156 0.9 (08)
[光緒]朝邑縣鄉土志
(清)佚名纂
民國二十六年(1937)燕京大學圖書館編《鄉土志叢編》第一集,鉛印本
一册
備註:今併入大荔縣

007490620　T 3155 827.80
[順治]重修郃陽縣志七卷
(清)葉子循纂修
清順治十年(1653)刻本
二册

007490362　T 3155 8272.83
[乾隆]郃陽縣全志四卷
(清)席奉乾修,孫景烈纂
清乾隆三十四年(1769)刻本
四册

007488790　T 3155 3145.7
[顺治]澄城縣志二卷首一卷
(明)石道立原纂;(清)姚欽明增修,路世美增纂
清順治六年(1649)刻本
四册

007488792　T 3155 3145.83
[乾隆]澄城縣志二十卷
(清)洪亮吉、孫星衍修纂
清乾隆四十九年(1784)刻本
四册

007488854　T 3155 4245.81
[康熙]蒲城縣志四卷
(清)鄧永芳修,李馥蒸纂
清康熙五年(1666)刻本
四册

007488857　T 3155 4245.83
[乾隆]蒲城縣志十五卷
(清)張心鏡修,吴泰來纂
清乾隆四十七年(1782)刻本
六册

007488559　3155 4245.88
[光緒]蒲城縣新志十三卷首一卷
(清)李體仁修,王學禮纂
清光緒三十一年(1905)刻本
四册

007487093　T 3155 2613.83
[乾隆]白水縣志四卷首一卷
(清)梁善長修纂
清乾隆十九年(1754)刻本
四册

007488831　T 3155 3614.83
[乾隆]富平縣志八卷
(清)吴六鰲修,胡文銓纂
清乾隆四十三年(1778)刻本
六册

007488555　3155 3614.88
[光緒]富平縣志十卷首一卷
(清)樊增祥、劉鋸修,譚麐纂

清光緒十七年(1891)刻本
十册

007488866 3155 4445.83 (1-6)
[乾隆]韓城縣志十六卷首一卷
(清)傅應奎修,錢坫纂
清乾隆四十九年(1784)刻,嘉慶二十三年(1818)重印本
六册

007488867 3155 4445.83 (7)
[嘉慶]韓城縣續志五卷
(清)冀蘭泰修,陸耀遹纂
清嘉慶二十三年(1818)刻本
一册

008094741 T 3155 4573.7 TNC 3155 4573.7
[萬曆]華陰縣志九卷
(明)王九疇修,張毓翰等纂
明萬曆四十二年(1614)刻本,清康熙年間(1662—1722)增補重印本
四册

007488424 3155 4573.83
[乾隆]華陰縣志二十二卷首一卷
(清)陸維垣、許光基修,李天秀等纂
民國十七年(1928)西安藝林印書社鉛印本
十二册

延安市

007512871 T 3154 1434.81
[康熙]延安府志十卷首一卷
(清)陳天植修,趙廷颺、劉爾㭿等纂
清乾隆二年(1737)刻本
八册

007490573 3154 1434.84
[嘉慶]延安府志八十卷
(清)洪蕙重修;劉本植補刊
清嘉慶七年(1802)修,光緒十年(1884)刻本
十六册

007488824 3155 3438.85
[道光]安定縣志八卷首一卷
(清)姚國齡修,米毓璋纂
清道光二十六年(1846)刻本
四册
備註:今子長縣

007488822 3155 3431.9
[民國]安塞縣志十二卷首一卷
楊元焕修,郭超群纂
民國十四年(1925)鉛印本
六册

007453742 3156 0.9 (02)
[宣統]甘泉縣鄉土志一卷
(清)佚名纂
民國二十六年(1937)燕京大學圖書館編《鄉土志叢編》第一集,鉛印本
一册

007488833 3155 3620.84
[嘉慶]洛川縣志二十卷首一卷
(清)劉毓秀纂修
清嘉慶十一年(1806)刻本
八册

007488493 3155 3620.9
[民國]洛川縣志二十六卷首一卷末一卷
余正東修,黎錦熙等纂
民國三十三年(1944)鉛印本
四册

007488786 T 3155 3020.83
[乾隆]宜川縣志八卷首一卷末一卷
(清)吴炳纂修

清乾隆十八年(1753)刻本
六册

007453741　3156 0.9 (03)
[光緒]宜川縣鄉土志一卷
(清)佚名纂
民國二十六年(1937)燕京大學圖書館編
《鄉土志叢編》第一集,鉛印本
一册

007488565　3155 5002.84
[嘉慶]中部縣志四卷首一卷
(清)丁翰修,張永清等纂
民國二十四年(1935)鉛印本
四册
備註:今黄陵縣

007453745　3156 0.9 (10)
[光緒]中部縣鄉土志
(清)佚名纂
民國二十六年(1937)燕京大學圖書館編
《鄉土志叢編》第一集,鉛印本
一册
備註:今黄陵縣

漢中市

007490576　3154 3350.84
[嘉慶]漢南續修郡志三十二卷首一卷附一卷
(清)嚴如熤修纂
清嘉慶十六至十八年(1811—1813)修,民國十四年(1925)重刻本
十六册

007488859　T 3155 4282.83
[乾隆]南鄭縣志十六卷
(清)王行儉纂修
清乾隆五十九年(1794)刻本
四册

007488561　3155 4282.9
[民國]續修南鄭縣志七卷
郭鳳洲等修,劉定鐸等纂
民國十年(1921)刻本
七册

007488564　3155 4566.88
[康熙]城固縣志十卷
(清)王穆纂修
清光緒四年(1878)徐德懷重刊本
四册

007453747　3156 0.9 (05)
[光緒]城固縣鄉土志
(清)佚名纂
民國二十六年(1937)燕京大學圖書館編
《鄉土志叢編》第一集,鉛印本
一册

007488829　3155 3569.88
[光緒]洋縣志八卷
(清)張鵬翼纂修
清光緒二十四年(1898)刻本
七册

007488547　3155 32.88
[光緒]沔縣志四卷
(清)孫銘鐘等修,彭齡纂
清光緒九年(1883)刻本
四册
備註:今勉縣

008126407　T 3155 3281.7
[萬曆]重修寧羌州志八卷
(明)盧大謨、楊堂纂修
抄本,據萬曆二十五年(1597)刻本傳抄
二册

007488551　3155 3281.88
[光緒]重修寧羌州志五卷
(清)馬毓華修,鄭書香、曹良楧纂
清光緒十四年(1888)刻本
五册
備註:今寧強縣

007453748　3156 0.9 (06)
[光緒]寧羌州鄉土志不分卷
(清)陳芑芬修,黎彩彰纂
民國二十六年(1937)燕京大學圖書館編《鄉土志叢編》第一集,鉛印本
一册
備註:今寧強縣

007490329　3155 6672.85
[道光]重修略陽縣志四卷
(清)譚瑀修,黎成德等纂
清道光十六年(1936)修,光緒三十年(1904)刻本
四册

007488556　3155 3833.88
[光緒]定遠廳志二十六卷首一卷
(清)余修鳳纂修
清光緒五年(1879)刻本
六册
備註:今鎮巴縣

007490334　3155 764.85
[道光]留壩廳志十卷足徵録四卷
(清)賀仲瑊修,蔣湘南纂
清道光二十二年(1842)刻本
四册

007490889　3155 2244.88
[光緒]佛坪廳志二卷首一卷
(清)劉煐纂修
清光緒九年(1883)刻本
二册

榆林市

007490345　3154 4249.85
[道光]榆林府志五十卷首一卷
(清)李熙齡修
清道光二十一年(1841)刻本
十二册

007453869　T 3156 1424.81
[康熙]延綏鎮志六卷
(清)譚吉璁纂修
清康熙十二年(1673)刻本
六册

007453749　3156 0.9 (07)
[民國]神木鄉土志四卷
(清)佚名纂
民國二十六年(1937)燕京大學圖書館編《鄉土志叢編》第一集,鉛印本
一册

007491096　T 3155 0486.83
[乾隆]府谷縣志四卷
(清)鄭居中、麟書纂修
清乾隆四十八年(1783)刻本
四册

007488874　3155 4827.85
[道光]懷遠縣志四卷
(清)蘇其炤原纂;何丙勳增纂
清道光二十二年(1842)修,民國十七年(1928)石印本
四册
備註:今衡山縣

007490907　3155 0233.88
[光緒]靖邊志稿四卷
(清)丁錫奎修,白翰章纂

清光緒二十五年(1899)刻本
四册

007490575　3154 2423.88
[光緒]綏德直隸州志八卷首一卷
(清)孔繁樸修,高維岳纂
清光緒三十一年(1905)刻本
十册

007491048　T 3155 9976.81
[康熙]米脂縣志八卷
(清)寧養氣纂修
清康熙二十年(1681)刻本
二册

007490890　3155 9976.88
[光緒]米脂縣志十二卷
(清)高照煦編纂
清光緒三十三年(1907)鉛印本
四册

007490577　3154 4430.84
[嘉慶]葭州志二卷
(清)高珣、龔玉麟纂修
清嘉慶十五年(1810)刻本
四册
備註:今佳縣

007488422　3155 4469.9
[民國]葭縣志二卷附鄉賢傳一卷
陳琯修,趙思明纂
民國二十二年(1933)石印本
三册
備註:今佳縣

007486820　3155 2321.85
[道光]吴堡縣志四卷首一卷
(清)譚瑀纂修
清道光二十七年(1847)刻本
四册

007488805　3155 3232.85
[道光]清澗縣志八卷首五卷
(清)鍾章元纂修
清道光八年(1828)刻本
四册

安康市

007491077　T 3154 7834.83
[乾隆]興安府志三十卷
(清)李國麒纂修
清乾隆五十三年(1788)刻本
六册

007491078　3154 7834.84
[嘉慶]續興安府志八卷
(清)葉世倬修,岳震川纂
清嘉慶十七年(1812)刻本
四册

007488818　3155 3403.84
[嘉慶]安康縣志二十卷
(清)鄭谦修,王森文等纂
清嘉慶二十年(1815)刻本
六册

007488553　3155 3373.84
[嘉慶]漢陰廳志十卷首一卷
(清)錢鶴年修,董詔纂
清嘉慶二十三年(1818)刻本
六册

007490914　3155 162.85
[道光]石泉縣志四卷
(清)舒鈞修纂
清道光二十九年(1849)刻本
二册

007488550　3155 327.85
[道光]寧陜廳志四卷
(清)林一銘修,焦世官、胡官清纂
清道光九年(1829)刻本
四册

007487097　3155 2972.88
[道光]紫陽縣志八卷首一卷
(清)陳僅、吴純修,楊家坤、曹補山纂
清光緒八年(1882)吴世澤補刻本
四册

007487098　3155 2972.9
[民國]重修紫陽縣志六卷首一卷
楊家駒修,陳振紀等纂
民國十四年(1925)石印本
六册

007487085　T 3155 242.83
[乾隆]平利縣志四卷
(清)黄寬纂修
清乾隆二十一年(1756)刻本
二册

007487088　3155 242.88
[光緒]續修平利縣志十卷
(清)李聯芳等纂
清光緒二十三年(1897)刻本
四册

007488814　3155 327.87
[乾隆]洵陽縣志十四卷
(清)鄧夢琴纂修
清同治九年(1870)增刻本
四册

007488549　3155 327.88
[光緒]洵陽縣志十四卷
(清)劉德全修,郭焱昌、姜善繼纂
清光緒二十八年(1902)修,二十九年(1903)刻本
四册

007486822　3155 2632.88
[光緒]白河縣志十三卷
(清)顧騄修,王賢輔、李宗麟纂
清光緒十九年(1893)刻本
四册

商洛市

007490571　T 3154 0232.83
[乾隆]直隸商州志十四卷首一卷
(清)王如玖修纂
清乾隆九年(1744)刻本
十册

007490571　T 3154 0232.83
[乾隆]續商州志十卷
(清)羅文思修纂
清乾隆二十三年(1758)刻本
十册

007490919　T 3155 2142.83
[乾隆]雒南縣志十二卷
(清)范啓源重纂,薛韫訂正
清乾隆十一年(1746)原刻,同治七年(1867)增刻本
四册
備註:附乾隆五十二年(1787)附志一卷,同治七年(1867)藝文附刻八景

008080661　T 3155 8834.83
[乾隆]鎮安縣志十卷首一卷末一卷
(清)聶燾纂修
清乾隆二十年(1755)刻本
六册

008107941　TNC 3155 8834.881
[光緒]鎮安縣志一卷

(清)佚名纂修
清光緒間(1875—1908)稿本
一册

007491046　3155 8834.88B
[光緒]鎮安縣鄉土志二卷
(清)李麟圖纂修
清光緒三十四年(1908)鉛印本
一册

007488558　3155 448.88
[光緒]孝義廳志十二卷首一卷
(清)常毓坤修,李開甲等纂
清光緒九年(1883)刻本
四册
備註:今柞水縣

甘肅省

007453870　T 3158 4752.83
[乾隆]甘肅通志五十卷首一卷
(清)許容等修,李迪等纂
清乾隆元年(1736)刻本
四十八册

007453728　3158 4752.89
[光緒]甘肅新通志一百卷首五卷
(清)昇允、長庚修,安維峻纂
清光緒三十四年(1908)修,宣統元年(1909)刻本
八十册

蘭州市

007453710　3159 4232.85
[道光]蘭州府志十二卷首一卷
(清)陳士楨修,涂鴻儀纂
清道光十三年(1833)刻本
八册

007455923　T 3160 2042.83
[乾隆]皋蘭縣志二十卷
(清)吴鼎新修,黄建中纂
清乾隆四十三年(1777)刻本
十二册

007455927　3160 2042.85
[道光]皋蘭縣續志十二卷
(清)黄璟修,秦維岳纂;陸芝田續修,張廷選續纂
清道光二十七年(1847)刻本
四册

007455702　3160 2042.88
[光緒]重修皋蘭縣志三十卷首一卷末一卷
(清)張國常纂修
清光緒十八年(1892)修,民國六年(1917)隴右樂善書局交甘肅政報局石印本
十四册

白銀市

007456828　3160 8632.85
[道光]會寧縣志十二卷首一卷
(清)畢光堯纂修
清道光十一年(1834)刻本
四册

天水市

007456818　T 3159 5932.83
[乾隆]直隸秦州新志十二卷首一卷末一卷
(清)費廷珍修,胡釴、陶奕曾等纂
清乾隆二十九年(1764)刻本
十六册

007456677　3160 5932
[光緒]重纂秦州直隸州新志二十四卷首一卷
(清)余澤春等修,王權等纂
清光緒十五年(1889)刻本,隴南書院藏板
十六册

007455955　T 3160 3213.83
[乾隆]清水縣志十六卷
(清)朱超纂修
清乾隆六十年(1795)刻本
四册

007456820　T 3160 5934.7
[嘉靖]秦安志九卷
(明)胡纘宗纂修
清嘉靖十四年(1535)亢世英刻本,有抄配
四册

007456669　3160 5934.85
[道光]秦安縣志十四卷
(清)嚴長宦修,劉德熙纂
清道光十八年(1838)刻本
三册

007455932　3160 2381.83 (1-4)
[乾隆]伏羌縣志十四卷
(清)周銑修,葉芝等纂
清乾隆三十五年原刻本,同治十一年(1872)重印
四册
備註:今甘谷縣

007455940　3160 2381.83 (5-6)
[同治]續伏羌縣志六卷
(清)侯新嚴修,方承宣纂
清同治十一年(1872)刻本
二册
備註:今甘谷縣

007455954　T 3160 3034.81 (1-2)
[康熙]寧遠縣志六卷
(清)馮同憲修,李樟纂
清康熙四十九年(1710)刻本
二册
備註:今武山縣

007455954　T 3160 3034.81 (3-4)
[乾隆]寧遠縣志續略八卷
(清)胡奠域修,于纘周纂
清乾隆二十七年(1762)原刻,道光十五年(1835)增刻本
二册
備註:今武山縣,附續刻書院原委一册

武威市

007453713　T 3160 1134.83
[乾隆]五涼考治六德集全志五卷
(清)張玿美修,張之浚鑒定,曾鈞等纂
清乾隆十四年(1749)刻本
五册
備註:五涼爲武威、鎮番、永昌、古浪、平番的統稱。具體内容爲:第一卷,武威縣志七篇,曾鈞、蘇暻纂;第二卷,鎮番縣志七篇,曾鈞、王有德等纂;第三卷,永昌縣志七篇,沈紹祖等纂;第四卷,古浪縣志七篇,趙璘等纂;第五卷,平番縣志七篇,曾鈞纂

007458705　T 3160 8826.83
[乾隆]鎮番縣志一卷
(清)張玿美等修,曾鈞等纂
清乾隆十四年刻(1749)《五涼考治六德集全志》本
一册

007456689　3160 8826.85
[道光]重修鎮番縣志十卷首一卷
(清)許協等修,謝集成等纂
清道光五年(1825)刻本

五册
備註:今民勤縣

張掖市

007461296　T 3159 4730.83
[乾隆]甘州府志十六卷首一卷
(清)鍾賡起纂修
清乾隆四十四年(1779)刻本
十六册

007453703　3160 0241.9
[民國]新纂高臺縣志八卷首一卷
徐家瑞、錢昌緒等纂
民國十四年(1925)鉛印本
四册

平涼市

007455949　T 3160 3130.83
[乾隆]涇州志二卷
(清)張延福修,李瑾纂
清乾隆十九年(1754)刻本
四册

007456816　T 3160 5532.83
[乾隆]静寧州志八卷首一卷
(清)王烜纂修
清乾隆十一年(1746)刻本
四册

酒泉市

007453876　T 3159 5232.83
[乾隆]重修肅州新志三十卷
(清)黄文煒、沈青崖纂修
清乾隆二年(1737)刻本,有抄配
二十四册

007455919　3160 1172.84
[嘉慶]玉門縣志不分卷
(清)闕名纂修
清嘉慶間(1796—1820)修,抄本
一册

007453701　3160 0491.85
[道光]敦煌縣志七卷首一卷
(清)蘇履吉修,曾誠纂
清道光十一年(1831)刻本
四册

慶陽市

007455956　T 3160 3230.81
[康熙]寧州志五卷
(清)晉顯卿修,王星麟等纂
清康熙二十六年(1687)刻本
六册

007453882　T 3160 1132.83
[乾隆]正寧縣志十八卷
(清)折遇蘭纂修
清乾隆二十八年(1763)刻本
六册

007456829　3160 8879.85
[道光]鎮原縣志二十二卷首一卷
(清)李從圖纂修
清道光二十七年(1847)刻本
十二册

007456649　3160 8879.9
[民國]重修鎮原縣志十九卷首一卷
錢史彤、鄒介民修,焦國理、慕壽祺纂
民國二十四年(1935)蘭州俊華印書館鉛印本
二十册

定西市

007453714　T 3159 1060.81
[康熙]鞏昌府志二十八卷
(明)楊恩原纂;(清)紀元續纂

清康熙二十七年(1688)刻本,據明天啓元年(1621)楊恩修刊本補訂重刊
二十四册

007455945 T 3160 3010.81
[康熙]安定縣志八卷
(清)張爾介纂修
清康熙十九年(1680)刻本
三册

007455701 3160 3334.88
[光緒]重修通渭縣新志十二卷首一卷補遺一卷
(清)高蔚霞修,苟廷誠纂
清光緒十九年(1893)刻本
四册

007456822 T 3160 7116.83
[乾隆]隴西縣志十二卷
(清)魯廷琰等纂修
清乾隆元年(1736)原刻,乾隆三十七年(1772)補刻本
六册

007456674 3160 4833.83
[乾隆]狄道州志十六卷
(清)呼延華國編輯,吴鎮校訂
清宣統元年(1909)重刊本,據乾隆二十八年(1763)刻本重刻
八册
備註:今臨洮縣

007456673 3160 4833.89
[宣統]狄道州續志十二卷首一卷
(清)聯瑛編輯,李鏡清校訂
清宣統元年(1909)刊本
八册
備註:今臨洮縣

隴南市

007456675 3160 7630
[嘉慶]武階備志二十二卷
(清)吴鵬翱輯
清同治十二年(1873)刻本
八册

007456825 3160 7630.88
[光緒]階州直隸州續志三十三卷首一卷
(清)葉恩沛修,吕震南等纂
清光緒十二年(1886)刻本
十六册

007456656 T 3160 7569.83
[乾隆]成縣新志四卷
(清)黄泳修,汪于雍纂
清乾隆間(1736—1795)刻本
四册

007453700 3160 0469.88
[光緒]文縣志八卷首一卷末一卷
(清)長贇修,劉健纂
清光緒二年(1876)刻本
六册

007455922 T 3160 1626.83
[乾隆]西和縣志四卷
(清)邱大英纂修
清乾隆三十九年(1774)刻本
八册

007455959 3160 3521.88
[光緒]重纂禮縣新志四卷首一卷
(清)雷文淵修,王思温等纂
清光緒十六年(1890)刻本
八册

007455943 3160 2469.84
[嘉慶]徽縣志八卷

(清)張伯魁纂修
清嘉慶十四年(1809)刻本
八册

007455921　T 3160 1296.83
[乾隆]兩當縣志四卷
(清)秦武域纂修
清乾隆三十二年(1767)修,抄本
二册

青海省

005631605　3079.5 0423
青海志略
許崇灝編
民國三十二年(1943)重慶商務印書館
一册

西寧市

008971390　T 3283 1632.83
[乾隆]西寧府新志四十卷
(清)楊應琚纂修
清乾隆二十七年(1762)刻本
十二册

玉樹藏族自治州

005635632　3079.5 7241
[民國]玉樹調查記二卷附寧海紀行一卷
周希武撰
民國九年(1920)上海商務印書館鉛印本
一册

寧夏回族自治區

008105120　TNC 3271 8202.74
[萬曆]朔方新志五卷
(明)楊壽修,黄機等纂
明萬曆四十五年(1617)原刻,清順治間(1644—1661)增補本
四册

007486864　3271 8202.9
[民國]朔方道志三十一卷首一卷
馬福祥、陳必淮修,王之臣纂
民國十六年(1927)天津華泰印書館鉛印本
八册

銀川市

007490569　3271 1130.84
[嘉慶]靈州志跡四卷
(清)楊芳燦修,郭楷纂
清嘉慶三年(1798)修,抄本
八册
備註:今靈武市

吴忠市

007509553　3271 1438.84
[光緒]平遠縣志十卷
(清)魏光燾修,陳日新纂
清光緒五年(1879)修,抄本
二册
備註:今同心縣

固原市

008094742　T 3160 6679.7　TNC 3160 6679.7
[萬曆]固原州志二卷

(明)劉敏寬纂修,董國光校
明萬曆四十四年(1616)劉汝桂刻本
二册

007456679 3160 6679.89
[宣統]新修固原直隸州志十一卷附硝河城志一卷
(清)王學伊、錫麒纂修
清宣統元年(1909)官報書局鉛印本
十二册

中衛市

007490572 T 3271 5022.83
[乾隆]中衛縣志十卷
(清)黄恩錫纂修
清乾隆二十六年(1762)刻本
六册

007456813 3160 3579.88
[光緒]海城縣志十卷
(清)楊金庚修,陳廷珍纂
清光緒三十四年(1908)鉛印本
二册
備註:今海原縣

新疆維吾爾自治區

007488583 3275 0.85
[乾隆]欽定新疆識略十二卷首一卷
(清)松筠等撰
清道光元年(1821)武英殿刻本
十册

005615423 3079 4141.1
[乾隆]西域總志四卷
(清)椿園七十一著,周宅仁編輯
清嘉慶二十三年(1818)刻本,強恕堂藏板
四册

008026736 3079 4141.3
[乾隆]新疆紀略一卷附録外藩紀略新疆道里表一卷回疆風土記一卷叛亡紀略投誠紀略二卷
(清)椿園氏著
清刻本
四册

008082044 T 3275 8327
[乾隆]欽定皇輿西域圖志四十八卷首四卷
(清)傅恒、劉統勳、英廉等修,褚廷璋等纂
清乾隆四十七年(1782)武英殿刻本
二十四册

007488497 3275 0.8423
[嘉慶]回疆通志十二卷
(清)和寧撰
民國十四年(1925)據清嘉慶九年(1804)刻本排印本
一册

008082053 T 3275 0.84
[嘉慶]伊犁總統事略十二卷附西陲竹枝詞一卷
(清)松筠修,汪廷楷原輯,祁韻士增纂
清嘉慶十四年(1809)程振甲刻本
四册
備註:又名《西陲總統事略》

007490630 3275 0.84 B
[嘉慶]西陲總統事略十二卷綏服紀略圖詩一卷附西陲竹枝詞一卷
(清)松筠修,汪廷楷原輯,祁韻士增纂
民國間(1912—1949)重印清嘉慶十四年

(1809)程振甲刻本
八册
備註:又名《伊犁總統事略》

007490630　3275 0.84 B c.2
[嘉慶]西陲總統事略十二卷附綏服紀略圖詩一卷
(清)松筠修,汪廷楷原輯,祁韻士增纂
民國間(1912—1949)重印清嘉慶十四年(1809)程振甲刻本
八册
備註:又名《伊犁總統事略》

009255038　3275 3204
[嘉慶]西陲要略四卷
(清)祈韻士輯
清嘉慶十二年(1807)修,光緒四年(1878)同文馆铅印,光緒八年(1882)重印本
四册

007488509　3275 3204B
[嘉慶]西陲要略四卷
(清)祈韻士輯
清道光十七年(1837)祈氏筠渌山房原刊本
二册

007488538　3275 0.88
[光緒]新疆大記六卷首一卷
(清)闞鳳樓著,闞鐸校
清光緒三十三年至三十四年(1907—1908)鉛印本
一册

007490632　3275 0.9
[光緒]新疆建置志四卷
(清)宋伯魯著
民國三年(1914)海棠仙館鉛印本
四册

007488584　3275 0.89
[宣統]重校訂新疆圖志一百十六卷
(清)袁大化修,王樹枏等纂
民國十二年(1923)東方學會重校鉛印本
三十二册

005619312　3079.1 0423
新疆志略
許崇灝編
民國三十三年(1944)重慶正中書局鉛印本
一册

007493388　3260 8236
西域考古録十八卷
(清)俞浩撰
清道光二十七年至二十八年(1847—1848)刻本
八册

哈密地區

005683197　3079 3311 (2-3)
[道光]哈密志五十一卷
(清)鍾方編纂
民國二十六年(1937)北平禹貢學會鉛印本
二册

澳門

008026688　T 3073.37 7292
[乾隆]澳門紀略二卷首一卷末一卷
(清)印光任、張汝霖纂修
清乾隆十六年(1751)刻本
二册

008026688 4385 4474
[乾隆]澳門記略二卷首一卷末一卷
(清)印光任、張汝霖纂修
清乾隆十六年(1751)修,嘉慶五年(1800)刻本
二册

臺灣省

009254688 3226 4132.838
[乾隆]續修臺灣府志二十六卷首一卷
(清)覺羅四明、余文儀修,黄佾等纂
清光緒十四年(1888)李鴻銘補刻本
十二册

007475902 3226 4132.838b
[乾隆]續修臺灣府志二十六卷首一卷
(清)覺羅四明、余文儀修,黄佾等纂
清光緒十四年(1888)李鴻銘補刻本
十二册

007475957 3226 4380 (1-2)
[乾隆]臺灣府志二十六卷首一卷
(清)覺羅四明、余文儀修,黄佾等纂
日本大正十一年(1922)臺灣經世新報社排印《臺灣全志》本
二册

005611773 3072.8 1222
[道光]東瀛識略八卷
(清)丁紹儀纂
清同治十二年(1873)福州吴玉田刻本
四册

007475854 3226 7249
[民國]臺灣郡縣建置志六章附臺灣方志一覽表
周蔭棠編著
民國三十四年(1944)臺灣正中書局鉛印本
一册

007475873 3226 8224
[民國]臺灣新志
鄭伯彬編著
民國三十六年(1947)上海中華書局鉛印本
一册

007475974 3226 4380 (8)
[嘉慶]臺灣縣志八卷
(清)薛志亮修,謝金鑾纂
清嘉慶十二年(1807)修,日本大正十一年(1922)臺灣經世新報社排印《臺灣全志》本
一册

007475855 3227.1 3813.87
[同治]淡水廳志十六卷
(清)陳培桂等纂修
清同治十年(1871)刻本
八册

007475959 3226 4380 (3)
[同治]淡水廳志十六卷
(清)陳培桂等纂修
清同治十年(1871)原刻,日本大正十一年(1922)臺灣經世新報社排印《臺灣全志》本
一册

007475958 3226 4380 (2)
[康熙]諸羅縣志十二卷首一卷
(清)周鍾瑄修,陳夢林纂
清康熙五十六年(1717)原刻,日本大正十一年(1922)臺灣經世新報社排印《臺灣全志》本

一册

007475960　3226 4380（4）

[乾隆]鳳山縣志十二卷

（清）王瑛曾纂修

清乾隆二十九年（1764）原刻，日本大正十一年（1922）臺灣經世新報社排印《臺灣全志》本

一册

007476012　3227.1 6214.86

[咸豐]噶瑪蘭廳志八卷

（清）薩廉修、董正官修，陳淑均纂；李祺生續纂

清咸豐二年（1852）刻本，仰山書院藏板

八册

007475963　3226 4380（5）

[咸豐]噶瑪蘭廳志八卷

（清）薩廉修、董正官修，陳淑均纂；李祺生續纂

清咸豐二年（1852）原刻，日本大正十一年（1922）臺灣經世新報社排印《臺灣全志》本

一册

007475992　3227.1 0221.85

[道光]彰化縣志十二卷首一卷

（清）李廷璧修，周璽纂

清道光十四年（1834）刻本

十二册

007475973　3226 4380（7）

[道光]彰化縣志十二卷首一卷

（清）李廷璧等修，周璽纂修

清道光十四年（1834）原刻，日本大正十一年（1922）臺灣經世新報社排印《臺灣全志》本

一册

007475999　3227.1 3232.88

[光緒]澎湖廳志十四卷首一卷

（清）蔡麟祥、潘文鳳等修，林豪纂

清光緒二十年（1894）刻本，文石書院藏板

十册

007475971　3226 4380（6）

[光緒]澎湖廳志十四卷首一卷

（清）蔡麟祥、潘文鳳等修，林豪纂

清光緒二十年（1894）原刻，日本大正十一年（1922）臺灣經世新報社排印《臺灣全志》本

一册

縮微方志[1]

北京市

008350659　FC4876（326）

[萬曆]順天府志六卷

(明)沈應文、譚希思等修,張元芳等纂

明萬曆二十一年(1593)刻本

十二册

008351941　FC4876（325）

[萬曆]懷柔縣志四卷

(明)周仲士纂修

明萬曆三十二年(1604)刻本

三册

008356890　FC4876（333）

[萬曆]永寧縣志六卷存卷一至卷四

(明)李體嚴修,張士科纂

明萬曆三十年(1602)刻本

一册

備註:今延慶縣永寧鎮

008356892　FC4876（418-419）

[嘉靖]西關志三十二卷

(明)王士翹纂修

明嘉靖二十七年(1548)刻本

十六册

備註:明代長城居庸關、紫荆關、倒馬關、固關並稱“京西四大名關”

---

[1]　按:此處僅收録以膠捲或膠片爲唯一存在形式的縮微方志,不包括以燕京圖書館藏原本方志拍攝而成的縮微方志。

天津市

008351940 FC4876 (333)
[嘉靖]薊州志十八卷存十四卷(缺卷十五至卷十八)
(明)熊相纂修
明嘉靖三年(1524)刻本
三册

河北省

石家莊市

008351957 FC4876 (323-324)
[嘉靖]真定府志三十三卷
(明)唐臣修,雷禮纂
明嘉靖二十八年(1549)刻本
十六册

008351958 FC4876 (332)
[萬曆]真定縣志八卷
(明)周應中修,楊芳纂
明萬曆五年(1577)刻本
一册

008351961 FC4876 (333)
[嘉靖]藁城縣志十卷
(明)李正儒纂修
明嘉靖十三年(1534)刻本
二册

唐山市

008351951 FC4876 (500)
[嘉靖]灤州志五卷存卷四
(明)陳士元纂修
明嘉靖間(1522—1566)刻本
一册

008351953 FC4876 (334)
[隆慶]豐潤縣志十三卷
(明)王納言、石邦政等纂修
明隆慶四年(1570)刻本
二册

邯鄲市

008351973 FC4876 (335)
[萬曆]廣平縣志五卷
(明)陳鎜纂修,王一龍增刻
明萬曆十九年(1591)原刻,三十六年(1608)增刻本
二册

008351974 FC4876 (351)
[萬曆]邯鄲縣志八卷存卷一至卷四
(明)張第修,張成教纂
明萬曆元年(1573)刻本,清順治三年(1646)增補本
一册

008352105 FC4876 (482)
[萬曆]丘縣志二卷存卷上
(明)侯國安修,楊時中纂;郭爵補修
明萬曆四年(1576)刻本
一册

邢臺市

008345450 FC4876 (350)
[嘉靖]清河縣志四卷續録一卷
(明)孟仲遴撰
明嘉靖三十年(1551)刻本
二册

008351960　FC4876（393）
［隆慶］任縣志八卷存卷五至卷八
（明）衛鈞修，楊來游等纂
明隆慶間（1567—1572）刻本
一册

008351968　FC4876（332）
［弘治］順德府志十卷存六卷（存卷二、卷三、卷七至卷十）
（明）林恭纂修
明弘治間（1488—1505）刻本
二册

008351969　FC4876（350）
［萬曆］廣宗縣志八卷
（明）馬協纂修
明萬曆二十六年（1598）刻本
一册

008351970　FC4876（350）
［崇禎］内邱縣志八卷
（明）喬中和纂修
明崇禎十五年（1642）刻本
二册

008351975　FC4876（335）
［萬曆］威縣志八卷
（明）張蒙正修，姜允清等纂
明萬曆四十八年（1620）刻本
二册

008352085　FC4876（334）
［嘉靖］南宫縣志五卷
（明）葉恒嵩修，劉濂纂
明嘉靖十四年（1535）修，嘉靖三十八年（1559）刻本
一册

008352086　FC4876（336）
［嘉靖］新河縣志六卷
（明）蔡懋昭、徐應解纂修
明嘉靖四十三年（1564）刻本
一册

008352087　FC4876（334）
［崇禎］隆平縣志九卷
（明）陳所學纂修
明崇禎二年（1629）刻本
一册

保定市

008351939　FC4876（333）
［嘉靖］涿州志十二卷存九卷（缺卷五至卷七）
（明）史直臣纂修
明嘉靖間（1522—1566）刻本
三册

008351955　FC4876（332）
［萬曆］雄乘二卷存卷下
（明）王元修等纂修
明萬曆十四年（1586）刻本
一册

008351933　FC4876（318-319）
［萬曆］保定府志四十卷存三十七卷（缺卷三至卷五）
（明）馮惟敏等纂修；王國楨等續修，王政熙續纂
明隆慶五年（1571）修，萬曆三十五年（1607）續修刻本
十一册

張家口市

008356895　FC4876（403）
［嘉靖］宣府鎮志四十二卷
（明）孫世芳修，欒尚約纂
明嘉靖四十年（1561）刻本
十二册

滄州市

008630569 FC5362
[嘉靖]河間府志二十八卷
(明)郜相修,樊深纂
明嘉靖十九年(1540)刻本
十二册

008351944 FC4876 (332)
[萬曆]河間乘史存卷四及附録一卷
(明)趙完璧纂修
明萬曆間(1573—1620)刻本
一册

008351945 FC4876 (317-318)
[萬曆]河間府志十五卷存十三卷(缺卷四、卷八)
(明)杜應芳修,陳士彦等纂
明萬曆四十三年(1615)刻本
十四册

008351943 FC4876 (332)
[萬曆]滄州志八卷存六卷(缺卷五、卷六)
(明)李夢熊修,顧震宇纂
明萬曆三十一年(1603)刻本
三册

008351947 FC4876 (326)
[萬曆]交河縣志七卷
(明)馬中良修,蔣守倫纂
明萬曆十六年(1588)刻本
二册

廊坊市

008351934 FC4876 (325)
[嘉靖]固安縣志九卷
(明)蘇志皋纂修
明嘉靖四十四年(1565)刻本
一册

008351935 FC4876 (325)
[崇禎]固安縣志九卷
(明)秦士奇等修,侯奉職等纂
明崇禎五年(1632)刻本
四册

008351936 FC4876 (325)
[萬曆]香河縣志十一卷
(明)沈惟炳纂修
明萬曆四十八年(1620)刻本
二册

008351942 FC4876 (333)
[崇禎]文安縣志八卷存卷二至卷八
(明)紀大綱等修
明崇禎間 (1628—1644)刻本
六册

衡水市

008351950 FC3630 FC4876 (335)
[萬曆]故城縣志五卷
(明)周世選、夏維藩纂修;李元忠增修,沈元昌等增纂
明萬曆二十二年(1594)修刊,萬曆四十二年(1614)增刻
五册

山西省

008354048 FC4876 (365-367)
[成化]山西通志十七卷
(明)李侃修,胡謐等纂
明成化十年(1474)刻本

十四册

008354050　FC4876（380-381）
［嘉靖］山西通志三十二卷存二十七卷（缺卷六至卷十）
（明）周斯盛等纂修
明嘉靖四十三年（1564）刻本
十四册

大同市

008354059　FC4876（482）
［萬曆］渾源州志二卷存卷一
（明）趙之韓修，王濬初纂
明萬曆三十九年（1611）刻本
一册

長治市

008354054　FC4876（374）
［弘治］潞州志十二卷
（明）馬暾等纂修
明弘治八年（1495）刻本
八册

008354055　FC4876（393）
［正德］長子縣志二卷存卷二
（明）王希賢等纂修
明正德八年（1513）刻本
一册

007486990　FC481（N）
［康熙］黎城縣志四卷
（清）程大夏修，李御、李吉纂
清康熙二十一年（1682）刻本
四册

晉城市

008354056　FC4876（377）
［萬曆］澤州志十八卷
（明）傅淑訓修，閻期壽等纂；鄭際明等續修
明萬曆間（1573—1620）刻本
六册

朔州市

008354058　FC4876（482）
［萬曆］懷仁縣志二卷
（明）楊守介撰，黨炤增修
明萬曆二十九年（1601）刻本
二册

008354060　FC4876（389）
［萬曆］應州志六卷
（明）王有容修，田蕙纂
明萬曆二十七年（1599）刻本
二册

008354945　FC4876（483）
［萬曆］馬邑縣志二卷
（明）宋子質修，王繼文纂
明萬曆三十六年（1608）刻本
二册

晉中市

008354051　FC4876（389）
［萬曆］榆次縣志十卷
（明）張鶴騰修，褚鈇等纂
明萬曆三十七年（1609）刻本
三册

008354951　FC4876（386）
［萬曆］靈石縣志四卷
（明）路一麟撰
明萬曆二十九年（1601）刻本
一册

運城市

008617026　FC3626
［正德］絳州志七卷
（明）吕經、李文浩修，王珂等纂
明正德十六年（1521）刻，嘉靖間（1522—1566）修補本

五册
備註:清黄丕烈手書題跋

008354952 FC4876 (388)
[嘉靖]蒲州志三卷
(明)邊像等纂修
明嘉靖三十八年(1559)刻本
三册

忻州市

008354057 FC4876 (388)
[萬曆]代州志書二卷
(明)周弘禴纂修
明萬曆十四年(1586)刻本
二册

008354946 FC4876 (394)
[萬曆]忻州志四卷存三卷(缺卷二)
(明)楊維岳等纂修
明萬曆間(1573—1620)刻本
三册

008354947 FC4876 (392)
[嘉靖]崞縣志八卷
(明)尹際可等修,徐麟趾纂
明嘉靖四十五年(1566)刻本
一册

臨汾市

008354948 FC4876 (364-365)
[萬曆]平陽府志十卷
(明)傅淑訓修,曹樹聲等纂
明萬曆四十三年(1615)刻,清順治二年(1645)修補本
十二册

008354949 FC4876 (386)
[萬曆]臨汾縣志九卷
(明)邢雲路等纂修
明萬曆十九年(1591)刻本
三册

008354950 FC4876 (386)
[隆慶]襄陵縣志十二卷
(明)宋之韓修,吕調元等纂
明隆慶二年(1568)刻本
四册

吕梁市

008354053 FC4876 (383)
[萬曆]汾州府志十六卷
(明)王道一等纂修
明萬曆三十七年(1609)刻本
六册

008354052 FC4876 (393)
[萬曆]興縣志二卷
(明)朱學介修,緱純纂,楊震訂正
明萬曆五年(1577)刻本
二册

008406840 FC4876 (688)
吕梁洪志一卷
(明)馮世雍撰
明嘉靖間(1522—1566)刻本
一册

遼寧省

008356888 FC4876 (385)
[嘉靖]重修全遼志六卷
(明)李輔等修,陳絳等纂
明嘉靖四十五年(1566)刻本
六册

上海市

008630571　FC4965
[正德]松江府志三十二卷存十五卷
(明)陳盛、喻時修,顧清纂
明正德七年(1512)刻本
七册

008345421　FC4876 (337)
[正德]松江府志三十二卷存十五卷(存卷一至卷四,卷九至卷十,卷十三至卷十八,卷二十七至卷二十九)
(明)陳盛、喻時修,顧清纂
明正德七年(1512)刻本
七册

008346502　FC4876 (294)
[天啓]雲間志略二十四卷志餘一卷
(明)何三畏撰
明天啓四年(1624)刻本
十二册
備註:專輯松江一府人物傳記

008579116　FC4966 (1-5)
[崇禎]松江府志五十八卷
(明)方岳貢修,陳繼儒等纂
明崇禎四年(1631)刻本
二十八册

008579039　FC4934
[弘治]上海縣志八卷
(明)郭經修,唐錦纂
明弘治十七年(1504)修,民國二十九年(1940)上海中華書局影印本
二册

008345422　FC4876 (340)　FC4935
[萬曆]上海縣志十卷存五卷
(明)顧洪範等修,張之象纂
明萬曆十六年(1588)刻本
二册

008345423　FC4876 (373)
[正德]華亭縣志十六卷首一卷
(明)聶豹修,沈錫等纂
明正德十六年(1521)刻本
三册

008345424　FC4876 (370)
[萬曆]青浦縣志八卷存四卷(存卷五至卷八)
(明)卓鈿修,王圻撰
明萬曆二十六年(1598)刻本
二册

011495530　FC9935
[康熙]青浦縣志十卷
(清)魏球修,諸嗣郢、張有光纂
清康熙八年(1669)刻本
十册

008345427　FC4876 (342-343)　FC2249
[萬曆]嘉定縣志二十二卷
(明)韓浚修,張應武纂
明萬曆三十三年(1605)刻本
八册

008345428　FC4876 (495)
[正德]崇明縣重修志十卷
(明)陳文等修,黄章纂
明正德八年(1513)刻本

008345429　FC4876 (342)
[萬曆]新修崇明縣志十卷
(明)張世臣等修,陳宇俊等纂
明萬曆三十二年(1604)刻本
八册

江蘇省

南京市

008344301　FC4876（305-306）
［至正］金陵新志十五卷存八卷（缺卷三、五、七、八、九、十、十二）
（元）張鉉撰
元至正四年（1344）刻本
六册

008344302　FC4876（354）
［至正］金陵新志十五卷存二卷（存卷三、卷十二）
（元）張鉉撰
元至正四年（1344）刻本
三册

008563888　FC2821
［至正］金陵新志十五卷
（元）張鉉纂修
元至正四年（1344）刻本，明正德間修補
十六册

008579111　FC4963
［萬曆］應天府志三十二卷
（明）王一化等纂修
明萬曆五年（1577）刻本
十二册

008344304　FC4876（322）
［萬曆］上元縣志十二卷
（明）程三省修，李登等纂
明萬曆二十二年（1594）刻本
四册

008344305　FC4876（352）
［萬曆］江寧縣志十卷存四卷
（明）石允珍修，盛敏畊、李登等纂
明萬曆二十六年（1598）刻本
二册

008579090　FC4954
［萬曆］江浦縣志十二卷
（明）沈孟化修，張夢柏纂
明萬曆三十五年（1607）補刻本
四册

008345414　FC4876（353）
［崇禎］江浦縣志十二卷
（明）李維樾修，沈中孚纂
明崇禎十四年（1641）刻本
四册

008345415　FC4876（334）
［嘉靖］六合縣志八卷
（明）董邦政修，黄紹文等纂
明嘉靖三十二年（1553）刻本
三册

008345416　FC4876（323）
［萬曆］六合縣志八卷
（明）黄驊等纂修；張啓宗等增補
明萬曆二年（1574）原刻，萬曆四十三年（1615）增刻本
四册

008344308　FC4876（370）
［萬曆］溧水縣志八卷
（明）吴仕詮、黄汝金等纂修
明萬曆七年（1579）刻本
二册

無錫市

008345439　FC4876（349）
［萬曆］無錫縣志二十四卷圖一卷
（明）周邦傑修，秦梁等纂

明萬曆二年(1574)刻本
四册

008345445　FC4876 (379)
[嘉靖]江陰縣志二十一卷
(明)趙錦修,張衮等纂
明嘉靖二十六年(1547)刻,萬曆間修補本
四册

008345440　FC4876 (381)
[萬曆]宜興縣志十卷
(明)陳遴瑋修,王升等纂
明萬曆十八年(1590)刻本
五册

徐州市

008346519　FC4876 (393)
[弘治]重修徐州志十卷存卷一、卷二
(明)馬暾纂修
明弘治七年(1494)刻本
一册

008617018　FC3525
[嘉靖]徐州志十二卷
(明)梅守德等修,任子龍纂
明嘉靖間(1522—1566)刻本
六册

008579099　FC4958
[萬曆]徐州志六卷
(明)姚應龍纂修
明萬曆五年(1577)刻本
六册

008346520　FC4876 (350)
[嘉靖]重修邳州志十卷
(明)楊輔等纂修
明嘉靖十六年(1537)刻本
二册

008346518　FC4876 (376)
[隆慶]豐縣志二卷
(明)尹梓等纂修
明隆慶三年(1569)刻,萬曆間增補本
二册

008579108　FC4962
[萬曆]沛志二十五卷
(明)羅士學修,符令儀纂
明萬曆二十四年(1596)刻本
五册

常州市

008617022　FC3526
[成化]重修毗陵志四十卷
(明)卓天錫修,孫仁增修,朱昱纂
明成化五年(1469)修,成化二十年(1484)增修刻本
十三册

008565110　FC3540
[正德]常州府志續集八卷
(明)張愷撰
明正德八年(1513)刻本
三册

008345437　FC4876 (337-339)
[萬曆]重修常州府志二十卷
(明)劉廣生修,唐鶴徵纂
明萬曆四十六年(1618)刻本
二十册

008345438　FC4876 (339-340)
[萬曆]武進縣志八卷
(明)晏文輝修,唐鶴徵撰
明萬曆三十三年(1605)刻本
八册

008345420　FC4876 (349)
[弘治]溧陽縣志五卷

(明)符觀、汪淮等纂修
明弘治十一年(1498)刻本

蘇州市

008568199　FC3704
[紹定]吴郡志五十卷
(宋)范成大撰;汪泰亨等增補
宋紹熙三年(1192)修,紹定二年(1229)續修刻本
十六册

008344293　FC4876（307-308）　FC5429
[紹定]吴郡志五十卷
(宋)范成大撰;汪泰亨等增補
明末海虞毛氏汲古閣刻本,清宋定國手校,無名氏朱筆校註
六册

008562723　FC2717
[淳祐]玉峰志三卷續志一卷
(宋)凌萬頃撰;邊實續
清道光二十年(1840)抄本
二册

008345431　FC4876（327）
[洪武]蘇州府志五十卷圖一卷
(明)盧熊撰
明洪武十二年(1379)刻本
備註:清道光二十年(1840)黄廷鑑手跋二則
二十册

008345433　FC4876（328-329）
[崇禎]吴縣志五十四卷首一卷存五十二卷(缺卷五、卷六)
(明)牛若麟等修,王焕如纂
明崇禎十五年(1642)刻本
十九册

008579046　FC4941
[隆慶]長洲縣志十四卷
(明)張德夫修,皇甫汸纂
明隆慶五年(1571)修,萬曆二十六年(1598)刻本
十册

008345432　FC4876（344）
[隆慶]長洲縣志二十四卷
(明)張德夫修,皇甫汸纂;張鳳翼補輯
明萬曆二十六年(1598)刻,明崇禎八年(1635)印本,卷九—卷十四影抄配
六册

008579093　FC4955
[嘉靖]太倉州志十卷
(明)周士佐修,張寅纂
明嘉靖二十七年(1548)修,崇禎二年(1629)劉彦心重刻本
四册

008345426　FC4876（372）
[崇禎]太倉州志十五卷
(明)錢肅樂修,張采等纂
明崇禎十五年(1642)原刻,清康熙十七年(1678)補刻本
六册

008345434　FC4876（342）
[嘉靖]常熟縣志十三卷
(明)馮汝弼修,鄧韍纂
明嘉靖十八年(1539)刻本,配補影抄本,卷六、七爲抄配
八册

008579119　FC4969
[嘉靖]崑山縣志十六卷
(明)楊逢春修,方鵬纂
明嘉靖十七年(1538)刻本

八册

008571964　FC5379
［萬曆］重修崑山縣志八卷
（明）周世昌撰
明萬曆四年（1576）刻本
四册

008345435　FC2445　FC4876（392）
［弘治］吴江志二十二卷存卷一至卷五
（明）莫旦纂
明弘治元年（1488）刻本
一册

008345436　FC4876（343–344）
［嘉靖］吴江縣志二十八卷首一卷
（明）曹一麟修，徐師增等纂
明嘉靖三十七年（1558）修，嘉靖四十年（1561）刻本
四册
備註：清光緒三十四年（1908）羅振玉手書題記

南通市

008345446　FC4876（373）
［嘉靖］通州志六卷
（明）鍾汪修，林穎等纂
明嘉靖九年（1530）刻本
二册

008345447　FC4876（372）
［萬曆］通州志八卷
（明）林雲程修，沈明臣等纂
明萬曆六年（1578）刻本
四册

008579101　FC4959
［嘉靖］重修如皋縣志十卷
（明）謝紹祖纂修
明嘉靖三十九年（1560）修，隆慶二年（1568）刻本
三册

008345448　FC4876（391）
［萬曆］如皋縣志十卷存七卷（存卷一、卷二、卷四至卷八）
（明）李廷材等修，吕克孝等纂
明萬曆四十六年（1618）刻本
四册

008345430　FC4876（373）
［嘉靖］海門縣志集六卷
（明）吴宗元修，崔桐纂
明嘉靖十六年（1537）刻本
二册

淮安市

008345451　FC4876（336）
［正德］淮安府志十六卷圖一卷
（明）薛鎏修，陳艮山等纂
明正德十三年（1518）刻本
六册

008579106　FC4961
［萬曆］淮安府志二十卷
（明）郭大綸修，陳文燭纂
明萬曆元年（1573）刻本
八册

008345453　FC4876（348）
［天啓］淮安府志二十四卷
（明）宋祖舜修，方尚祖纂
明天啓六年（1626）刻，崇禎間（1628—1644）增刻，清順治五年（1648）印本
五册

008351977　FC4876（351）
［嘉靖］清河縣志四卷

(明)吴宗吉修,紀士範纂
明嘉靖四十四年(1565)刻本
二册

008579040 FC4937
[乾隆]清河縣志十四卷存卷一至卷九
(清)朱元豐纂修
清乾隆十五年(1750)刻本
二册

鹽城市

008346509 FC4876 (352)
[萬曆]鹽城縣志十卷
(明)楊瑞雲等修,夏應星纂
明萬曆十一年(1583)刻本,清順治十四年(1657)補修本
二册

揚州市

008359123 FC4876 (346)
[嘉靖]惟揚志三十八卷存十八卷(缺卷四至卷六,卷十三至卷十六,卷二十三至卷三十一,卷三十四至卷三十六)
(明)朱懷幹修,盛儀纂
明嘉靖二十一年(1523)刻,清光緒二十一年(1895)影抄本
七册

008346511 FC4876 (346-347)
[萬曆]揚州府志二十七卷首一卷
(明)楊洵等修,徐鑾、陸君弼等纂
明萬曆二十九年(1601)修,三十三年(1605)刻本
二十册

008579095 FC4957
[萬曆]江都縣志二十三卷
(明)張寧修,陸君弼纂
明萬曆二十七年(1599)刻本
四册

008346512 FC4876 (352)
[隆慶]儀真縣志十四卷
(明)申嘉瑞等修,李文、陳國光等纂
清光緒十八年(1892)據明隆慶元年(1567)刻本影抄
四册

008346516 FC4876 (370)
[隆慶]高郵州志十二卷
(明)范惟恭等修,王應元纂
明隆慶六年(1572)刻本
四册

鎮江市

008579104 FC4960
[嘉定]鎮江志二十二卷首一卷
(宋)史彌堅修,盧憲纂
清抄本
八册

008344306 FC4876 (375-376)
[萬曆]重修鎮江府志三十六卷圖一卷
(明)王應麟修,王樵纂
明萬曆二十五年(1597)刻本

008344307 FC4876 (378)
[正德]丹徒縣志四卷
(明)李東修,楊琬等纂
明正德十六年(1521)刻本

008345417 FC4876 (349)
[隆慶]丹陽縣志十二卷
(明)馬豸修,丁華陽等纂
明隆慶三年(1569)刻本

泰州市

008346515 FC4876 (351)
[崇禎]泰州志十卷圖一卷

(明)李自滋修,劉萬春等纂
明崇禎六年(1633)刻本
七册

008579044　FC4940
[嘉靖]靖江縣志八卷
(明)王叔杲修,朱得之纂
明嘉靖四十四年(1565)修,隆慶四年(1570)刻本
四册

008579043　FC4939
[萬曆]靖江縣志十二卷
(明)朱家栻纂修
明萬曆四十七年(1619)刻本
四册

008346513　FC4876(350)
[嘉靖]興化縣志四卷
(明)胡順華纂修
明嘉靖三十八年(1559)刻本
四册

008346514　FC4876(341)　FC5228
[萬曆]興化縣志十卷
(明)歐陽東鳳等修,嚴錡纂
明萬曆十九年(1591)刻本
九册

浙江省

008346522　FC2243　FC4876(394-395)
[嘉靖]浙江通志七十二卷
(明)胡宗憲修,薛應旂等纂
明嘉靖辛四十年(1561)刻本
二十册
備註:(清)方濬師手書題記

008570211　FC2396
[民國]重修浙江通志初稿存財務略第二章
余紹宋、孫延釗等纂修
民國三十七年(1948)鉛印本
三册

杭州市

008346525　FC4876(419)
[正統]重修富春志七卷
(明)吴堂纂修
明正統五年(1440)修,正德十六年(1521)劉初重刻本
三册

008346523　FC4876(406)
[成化]杭州府志六十三卷首一卷存九卷(存卷一至卷三,卷七至卷十,卷六十至卷六十一)
(明)陳讓等修,夏時正等纂
明成化十一年(1475)刻本
三册

008570605　FC5224(1-4)
[萬曆]杭州府志一百卷
(明)劉伯縉修,陳善等纂
明萬曆七年(1579)刻本
四十册

008573531　FC5433
[天啓]武林旌德全志二卷
(明)顧鈐纂修;楊廷筠重修,李唐重編
明天啓六年(1626)刻,清順治間(1644—1661)增補本
六册
備註:今杭州市及安徽省旌德縣

008562720 FC2711
新定續志十卷(一名《景定嚴州續志》)
(宋)錢可則修,方仁榮、鄭瑶纂
宋咸淳間(1265—1274)刻本
四册

008570704 FC5347
[萬曆]續修嚴州府志二十四卷補遺一卷
(明)吕昌期修,俞炳然纂
明萬曆四十二年(1614)刻,清順治間(1644—1661)修補本
二十四册

008348442 FC4876 (445)
[嘉靖]重修壽昌縣志十二卷
(明)李思悦等修,洪一鰲纂;李世芳增修,易文增纂
明嘉靖四十年(1561)修,明萬曆十四年(1586)增補刻本
四册

008579054 FC4943
[萬曆]新城縣志四卷
(明)温朝祚修,方廉纂
清抄本
四册

008579068 FC4945
[萬曆]遂安縣志四卷
(明)韓晟修,毛一鷺纂
明萬曆四十年(1612)修,清抄本
六册

008348440 FC4876 (421)
[嘉靖]淳安縣志十七卷
(明)姚鳴鸞修,余坤等纂
明嘉靖三年(1524)刻,後世修補本
四册

寧波市

008627353 FC2397
[天順]寧波郡志十卷
(明)張瓚修,楊寔纂
明成化四年(1468)刻本
十八册

008348432 FC2701
[萬曆]新修餘姚縣志二十四卷
(明)史樹德修,楊文焕等纂
明萬曆二十九年(1601)刻本
四册

008348432 FC4876 (419)
[萬曆]新修餘姚縣志二十四卷
(明)史樹德修,楊文焕等纂
明萬曆二十九年(1601)刻本
四册

008348428 FC2699
[天啓]慈溪縣志十六卷
(明)李逢申、姚宗文等修
明天啓四年(1624)刻本
六册

008348428 FC4876 (420)
[天啓]慈溪縣志十六卷
(明)李逢申、姚宗文等修
明天啓四年(1624)刻本
六册

008348429 FC2704 FC4876 (422)
[萬曆]象山縣志十六卷存六卷(存卷一至卷三,卷十四至卷十六)
(明)吴學周修,陸應陽等纂
明萬曆三十六年(1608)刻本
二册

008562711 FC2702
[崇禎]寧海縣志十二卷

(明)宋奎光撰
明崇禎五年(1632)刻本
六册

温州市

008348443　FC4876（414）　FC4946
[萬曆]温州府志十八卷首一卷存十六卷(缺卷十四、卷十七)
(明)湯日昭等修,王光蘊等纂
明萬曆三十二年(1604)刻本
十册

008579085　FC4952
[嘉靖]永嘉縣志九卷
(明)程文箸修,王叔杲纂
明嘉靖四十五年(1566)修,萬曆十年(1582)刻本
四册

嘉興市

008346526　FC4876（419-420）
[嘉靖]嘉興府圖記二十卷
(明)趙瀛修,趙文華撰
明嘉靖二十八年(1549)刻本
五册

008346527　FC2252　FC4876（410-411）
[萬曆]嘉興府志三十二卷
(明)劉應鈳修,沈堯中等纂
明萬曆二十八年(1600)刻本
十册

008579059　FC4944
[正德]嘉善縣志六卷
(明)倪璣修,沈概纂
明正德十二年(1517)修,清嘉慶間(1796—1820)抄本
六册

008562722　FC2713
[紹定]澉水志八卷
(宋)羅叔韶修,常棠纂
宋紹定三年(1230)修,明嘉靖三十六年(1557)刻本
一册

008571963　FC5377
[紹定]澉水志二卷
(宋)羅叔韶修,常棠纂
清乾隆間(1736—1795)傳抄重編本
一册

008630384　FC5343
[天啓]海鹽縣圖經十六卷
(明)樊維城修,胡震亨、姚士粦纂
明天啓二年(1624)刻本
八册
備註:部分印刷不清

008346524　FC4876（411）
[嘉靖]海寧縣志九卷首一卷
(明)蔡完等修,董穀纂
明嘉靖三十六年(1557)刻本
二册
備註:清吴騫及唐翰題名手書題記

008579051　FC4942
[崇禎]海昌外志八卷
(明)談遷纂修
清抄本
十六册

湖州市

008579073　FC4948
[嘉靖]湖州府志十六卷
(明)張鐸修,浦南金纂
明嘉靖二十一年(1542)刻本
十册

008348427 FC4876（431） FC4947
［嘉靖］安吉州志八卷
（明）江一麟修，陳敬則纂
明嘉靖三十六年（1557）刻本
二册

紹興市

008344295 FC2715 FC4876（308）
［嘉泰］會稽志二十卷
（宋）沈作賓修，施宿等纂
宋嘉泰元年（1201）修，明正德五年（1510）刻本（卷一至卷四、卷七、卷十一、卷十三、卷十四爲抄配）
八册

008348431 FC4876（397-398）
［萬曆］紹興府志五十卷
（明）蕭良幹修，張元忭、孫鑛等撰
明萬曆十五年（1587）刻本
十六册

008593050 FC3500
乾隆紹興府志校記不分卷
（清）李慈銘撰
清稿本
四册

008348433 FC4876（412）
［成化］新昌縣志十六卷
（明）李楫修，莫旦纂
明成化十三年（1477）修，正德十六年（1521）刻本
四册

008562713 FC2703
［萬曆］上虞縣志二十卷首一卷存卷十六至卷十八
（明）徐待聘修，馬明瑞、葛曉車纂
明萬曆三十四年（1606）刻本
一册

008630580 FC5358
［崇禎］苧蘿志七卷
（明）張夬纂修
明崇禎六年（1633）刻本
四册

金華市

008630989 FC5833（1-2）
［乾隆］浦江縣志二十卷首一卷
（清）薛鼎銘修，胡廷槐等纂
清乾隆四十四年（1779）刻本
一册

008607919 FC5842
金華縣志十卷
（清）王世功序
清顺治十二年（1655）刻本
六册

008710952 FC6987
金華文徵二十卷
（明）阮元聲、高倬選評，楊德周輯訂，戴應鰲編次
明崇禎五年（1632）刻本
十六册

008579081 FC4950
［萬曆］金華縣志十卷
（明）凌堯倫修，胡頌纂
明萬曆二十六年（1598）修，民國間（1912—1949）抄本
四册

008579088 FC4953
［萬曆］湯溪縣志八卷
（明）汪文璧、羅元齡等纂
明萬曆三十二年（1604）刻本

六册
備註:今併入金華縣

008579083　FC4951
[崇禎]義烏縣志二十卷
(明)熊人霖纂修
明崇禎十三年(1640)刻本
六册

衢州市

008348436　FC4876（399-400）
[嘉靖]衢州府志十六卷
(明)楊準等修,趙鏜等纂
明嘉靖四十三年(1564)刻本
五册

008348437　FC4876（400-401）
[天啓]衢州府志十六卷缺首册序目
(明)林應翔修,葉秉敬撰
明天啓三年(1623)刻本
十一册

008348439　FC4876（404）
[萬曆]常山縣志十五卷
(明)傅良言修,詹萊纂
明萬曆十三年(1585)原刻,清順治十七年(1660)句曲王明道補刻本
四册

008348441　FC4876（495）
[天啓]江山縣志十卷存卷一至卷八
(明)張鳳翼修,徐日葵纂
明天啓三年(1623)刻本
三册

008579041　FC4938
[崇禎]開化縣志十卷
(明)朱朝藩修,汪慶百纂
明崇禎四年(1631)刻本
四册

008348438　FC4876（420）
[萬曆]龍游縣志十卷首一卷
(明)萬廷謙等修,曹聞禮、鍾相業纂
明萬曆四十年(1612)刻本
四册

008579077　FC4949
[萬曆]龍游縣志十卷首一卷
(明)萬廷謙修,曹聞禮、鍾相業纂
明萬曆二十六年(1598)修,民國十二年(1923)余紹宋鉛印本
一册

舟山市

008348430　FC2700　FC4876（421）
[嘉靖]定海縣志十三卷
(明)何愈修,張時徹等纂
明嘉靖四十二年(1563)刻本
四册

台州市

008344296　FC4876（308-309）
[嘉定]赤城志四十卷
(宋)黄㽦、齊碩修,陳耆卿纂
明弘治十年(1497)太平謝鐸校刻,萬曆天啓間遞修本
六册

008348434　FC4876（416）
[弘治]赤城新志二十三卷
(明)陳相修,謝鐸等纂
明弘治十年(1497)刻本
四册
備註:清乾隆十二年(1748)無名氏朱筆手跋

008348435　FC4876（495）
[萬曆]黄巖縣志七卷存卷一至卷四
(明)袁應祺修,牟汝忠纂

明萬曆七年(1579)刻本
二册

麗水市

008348444 FC4876 (411)
[成化]處州府志十八卷首一卷存十二卷(存卷三、卷四、卷七至卷十,卷十三至卷十八)
(明)郭忠修,劉宣纂
明成化二十二年(1486)刻本,卷三卷四爲抄配本
五册

008348445 FC4876 (423)
[嘉靖]宣平縣志四卷
(明)蕭彦修,鄭禧纂
明嘉靖二十五年(1546)刻本
一册
備註:今劃歸蓮都區、松陽縣、武義縣

008348446 FC4876 (432)
[萬曆]景寧縣志六卷
(明)姜師閔修,賴汝霖纂
明萬曆十一年(1583)修,萬曆十六年(1588)刻本
一册

安徽省

合肥市

008348448 FC4876 (373-374)
[萬曆]廬州志十三卷
(明)吴道明修,杜璁等纂
明萬曆三年(1575)刻本
六册

008348449 FC4876 (341)
[萬曆]合肥縣志二卷
(明)胡時化等修,魏豫之等纂
明萬曆元年(1573)刻本
二册

008568184 FC3682
[正德]廬陽志三十卷存卷十七至卷二十一
(明)潘鎧撰
明正德嘉靖間(1506—1566)刻本
一册

008348451 FC4876 (485)
[隆慶]巢縣志七卷存四卷(缺卷一至卷三)
(明)柳應侯等修,陳九春纂
明隆慶六年(1572)刻本
一册

蕪湖市

008349417 FC4876 (495)
[弘治]太平府志二十卷存二卷(存卷十九、卷二十)
(明)鍾珹纂修
明弘治十年(1497)刻本
二册

008349418 FC4876 (344)
[嘉靖]廣德州志十卷
(明)朱麟等纂修
明嘉靖十五年(1536)刻本
四册

008348452 FC4876 (393)
[正德]無爲州志十卷存九卷(缺卷十)
(明)吴臻修,洪晅纂,李玻補正
明正德十五年(1520)刻,嘉靖七年(1528)補刻本

三册

008349419　FC4876（393）
［嘉靖］建平縣志九卷存卷六至卷九
（明）連鑛修，姚文爗等纂
明嘉靖十年（1531）刻本
一册

蚌埠市

008349435　FC4876（369）
［嘉靖］懷遠縣志二卷
（明）孫維禮、楊鈞、鮑閣等纂修
明嘉靖十八年（1539）原刻，嘉靖三十六年（1557）增修
二册

008349436　FC4876（325）
［萬曆］懷遠縣志十二卷
（明）王存敬修，孫秉陽纂
明萬曆三十三年（1605）刻本
三册

馬鞍山市

008348453　FC4876（378）
［正統］和州志五卷
（明）朱沅修，陳鈞等纂
明正統六年（1441）刻本
四册

008348454　FC4876（378）
［萬曆］和州志八卷
（明）唐誥修，齊珂、劉娖纂
明萬曆三年（1575）刻本
四册

008349415　FC4876（365）
［嘉靖］含山邑乘三卷
（明）牟蓁修，蔣椿等纂
明嘉靖三十四年（1555）刻本
三册

銅陵市

008349428　FC4876（376）
［萬曆］銅陵縣志十卷
（明）熊藎臣修，何自謙等纂
明萬曆十五年（1587）刻本
四册

安慶市

008617023　FC3528
［嘉靖］安慶府志三十一卷
（明）李遜等修
明嘉靖三十三年（1554）刻本
二十四册

008348447　FC4876（379）
［弘治］桐城縣志二卷
（明）陳勉修，許浩等纂
明弘治三年（1490）刻本
一册

黄山市

008344294　FC4876（309-310）　FC5380
［淳熙］新安志十卷附録一卷
（宋）羅願撰
清嘉慶間（1796—1820）刻本

008349421　FC4876（341）
［嘉靖］新安志補八卷
（明）方信撰
明嘉靖四十一年（1562）刻本
四册

008349420　FC4876（321-322）　FC701
［弘治］徽州府志十二卷
（明）彭澤修，汪舜民等纂
明弘治十五年（1502）刻本
六册

008571911 FC5364
[嘉靖]徽州府志二十二卷
(明)何東序修,汪尚寧等纂
明嘉靖四十五年(1566)刻本
十六册

008349422 FC4876 (377)
[嘉靖]徽州府志二十二卷存十卷(存卷二至卷六,卷十四至卷十六,卷十九至卷二十)
(明)何東序修,汪尚寧等纂
明嘉靖四十五年(1566)刻本
五册

008349423 FC4876 (341)
[萬曆]祁門縣志四卷
(明)余士奇修,謝存仁等纂
明萬曆二十八年(1600)刻本
二册

008489446 FC4876 (346)
[萬曆]祁門縣志四卷
(明)余世奇修,謝存仁等纂
明萬曆二十七年(1599)刻,清順治十年(1653)補刻本
二册

008349424 FC4876 (353)
[萬曆]績溪縣志十二卷
(明)陳嘉策修,何棠等纂
明萬曆九年(1581)刻本
三册

滁州市

008349432 FC4876 (336-337)
[成化]中都志十卷
(明)柳瑛撰
明弘治元年(1488)刻,隆慶萬曆間遞修刻本
六册

008617009 FC3536
[成化]中都志十卷
(明)柳瑛纂
明隆慶三年(1569)周汝德遞修刻本
二十四册

008349434 FC4876 (332)
[萬曆]鳳陽縣志六卷存卷四至卷六
(明)張雲翔修,趙學之纂
明萬曆六年(1578)刻本
一册

008349444 FC4876 (334)
[嘉靖]皇明天長志七卷
(明)邵時敏修,王心纂
明嘉靖二十九年(1550)刻本
二册

008349445 FC4876 (376)
[萬曆]滁陽志十四卷
(明)戴瑞卿等纂修
明萬曆四十二年(1614)刻本
六册

008571914 FC5365
[天啓]新修來安縣志十卷
(明)周之冕修,王懋續纂
明天啓元年(1621)刻本
五册

008349446 FC4876 (494)
[天啓]新修來安縣志十卷存卷三至卷十
(明)周之冕等纂修;王懋續纂
明天啓元年(1621)刻本
三册

阜陽市

008349440　FC4876（325）
[嘉靖]潁州志二卷
(明)李宜春纂修
明嘉靖二十六年(1547)刻本
二册

008349441　FC4876（352）
[萬曆]太和縣志七卷
(明)劉玠、陳琯等纂修
明萬曆二年(1574)刻本
三册

宿州市

008349438　FC4876（392）
[弘治]直隸鳳陽府宿州志二卷存卷上
(明)曾顯纂修
明弘治十二年(1499)原刻,後世修補本
一册

008349439　FC4876（351）
[萬曆]宿州志二十六卷
(明)崔維岳等修,汪文奎等纂
明萬曆二十四年(1596)刻本
三册

六安市

008349416　FC4876（379）
[嘉靖]六安州志三卷
(明)喻南岳修,邵悳久等纂
明嘉靖三十四年(1555)刻本
三册

008349437　FC4876（326）
[嘉靖]壽州志八卷
(明)栗永禄等纂修
明嘉靖二十九年(1550)刻本
三册

008348450　FC4876（380）
[萬曆]舒城縣志十卷存六卷(缺卷四至卷七)
(明)陳魁士、劉大烈等纂修
明萬曆八年(1580)刻本
四册

亳州市

008349442　FC4876（393）
[嘉靖]亳州志四卷存三卷(缺卷二)
(明)李先芳纂修
明嘉靖四十三年(1564)刻本
三册

池州市

008349426　FC4876（377）
[正德]池州府志十二卷存九卷(存卷一至卷七,卷十一至卷十二)
(明)何紹正修,孫溥等纂
明正德十三年(1518)刻本
三册

008349427　FC4876（381–382）
[萬曆]池州府志十卷
(明)李思恭等修,丁紹軾等纂
明萬曆四十年(1612)刻本
八册

008349429　FC4876（349）
[嘉靖]石埭縣志八卷
(明)黄鎣、馮光浙等纂修
明嘉靖二十六年(1547)刻本
四册

008617017　FC3683
[萬曆]石埭縣志六卷
(明)熊應煌等修
明萬曆三十二年(1604)刻本
六册

008349430 FC4876（380）
[萬曆]東流縣志十二卷
(明)陳春修,汪文纂
明萬曆二年(1574)刻本
二册

008349431 FC4876（379）
[萬曆]青陽縣志六卷
(明)蔡立身撰
明萬曆二十二年(1594)刻本
二册

福建省

008603292 FC1233-FC1234
[弘治]八閩通志八十七卷
(明)陳道修,黄仲昭纂
明弘治四年(1491)刻本
一册

008355930 FC4876（459-464）
[萬曆]閩書一百五十四卷存一百四十八卷(缺卷一至卷三,卷一百五十二至卷一百五十四)
(明)何喬遠撰
明崇禎間(1628—1644)刻本,有抄配
五十八册

008630382 FC698
[萬曆]福建運司志十六卷
(明)林熞等總裁,江大鯤等主修,謝肇淛等纂修
明萬曆四十一年(1613)刻本
六册

福州市

008355931 FC4876（407-408）
[萬曆]福州府志七十六卷存七十五卷(缺卷六)
(明)喻政修,林熞、謝肇淛等纂
明萬曆四十一年(1613)刻本
二十四册

008355933 FC4876（486）
[弘治]長樂縣志八卷
(明)王涣修,劉則和、潘援纂
明弘治十六年(1503)刻本
二册

008355934 FC4876（485-486）
[嘉靖]羅川志四卷
(明)高相纂修
明嘉靖二十四年(1545)刻本
二册

008355935 FC4876（495）
[萬曆]羅源縣志八卷存卷五至卷八
(明)陳良諫纂修
明萬曆間(1573—1620)刻本
一册

008570209 FC2393
[崇禎]長樂縣志十一卷
夏允彝編纂
明崇禎十四年(1641)刻本
六册

三明市

008355944 FC4876（496）
[正德]歸化縣志書十卷
(明)楊縉纂修
明正德間(1506—1521)刻本

一册

008355947 FC4876 (416)
[萬曆]將樂縣志十二卷首一卷
(明)黄仕禎修,黄元美等纂
明萬曆十三年(1585)刻本
四册

008355948 FC4876 (486)
[嘉靖]尤溪縣志七卷
(明)田頊、李文兗纂修
明嘉靖六年(1527)刻本
二册

泉州市

008355939 FC3538 FC4876 (495)
[嘉靖]惠安縣志十三卷
(明)莫尚簡修,張岳纂
明嘉靖九年(1530)刻本
二册

008355941 FC4876 (426)
[嘉靖]德化縣志十卷
(明)許仁修,蔣孔煬等纂
明嘉靖十年(1531)刻本
二册

漳州市

008617028 FC3629
[正德]漳州府志三十四卷
(明)陳洪謨修,周瑛等纂
明正德八年(1513)刻本
二十六册

008627319 FC2238
[萬曆]漳州府志三十三卷
(明)羅青霄等纂修
明萬曆元年(1573)刻本
三十册

008355945 FC4876 (496)
[萬曆]南靖縣志十卷存卷一至卷六
(明)陳宗愈修,王人聘、蔡克恭等纂
明萬曆二十六年(1598)刻本
一册

南平市

008355949 FC4876 (486)
[弘治]建寧府志六十卷存二十八卷(存卷一至卷二十三,卷二十八至卷三十二)
(明)劉璵修,賈暹等纂
明弘治六年(1493)刻本
六册

008355951 FC4876 (415)
[萬曆]邵武府志六十四卷
(明)韓國藩修,侯衮、吴起龍等纂
明萬曆四十七年(1619)刻本
十二册

008355950 FC4876 (496)
[萬曆]政和縣志八卷
(明)車鳴時纂修
明萬曆二十七年(1599)刻本
二册

龍巖市

008355942 FC4876 (485)
[嘉靖]龍巖縣志二卷
(明)湯相、莫元等纂修
明嘉靖三十七年(1558)刻本
二册

008355943 FC4876 (487)
[弘治]汀州府志十七卷附録一卷存卷九至卷十七
(明)吴文度等修,杜觀光纂
明弘治十年(1497)刻本
三册

寧德市

008355932 FC4876 (422)
[萬曆]古田縣志十四卷
(明)劉曰暘纂修;王繼祀增修
明萬曆二十八年(1600)刻,萬曆三十四年(1606)增補本
五册

008355937 FC4876 (485)
[嘉靖]寧德縣志四卷
(明)閔文振纂修
明嘉靖十七年(1538)刻本
二册

008355938 FC4876 (426)
[萬曆]寧德縣志八卷
(明)舒應元、陳琯等纂修
明萬曆十九年(1591)刻本
四册

江西省

008350625 FC4876 (425)
[嘉靖]江西通志三十七卷存八卷(存卷八至卷十三,卷三十至卷三十一)
(明)林廷棉等修,周廣纂
明嘉靖四年(1525)刻本
五册

九江市

008350635 FC4876 (426)
[萬曆]彭澤縣志九卷存七卷(存卷一至卷四,卷七至卷九)
(明)葉朝榮修,戴振亨纂
明萬曆十年(1582)刻本
二册

008350636 FC4876 (427)
[萬曆]建昌縣志十卷存七卷(缺卷二、卷三、卷七)
(明)蒲秉權等纂修
明萬曆四十六年(1618)刻本
四册
備註:今永修縣

贛州市

008350632 FC4876 (422)
[嘉靖]崇義縣志二卷
(明)王廷耀修,鄭喬纂
明嘉靖三十一年(1552)刻本
一册

008350633 FC4876 (425)
[萬曆]寧都縣志八卷
(明)莫應奎、王光蘊修,吴天德纂
明萬曆二十年(1592)刻本
三册

008350634 FC4876 (432)
[萬曆]瑞金縣志十一卷存卷一至卷九
(明)堵奎臨修,鍾譔纂
明萬曆三十一年(1603)刻本
二册

008608980 FC-M3554
[乾隆]大庾縣志二十卷首一卷
(清)余光璧纂修
清咸豐元年(1851)刻本
八册
備註:與咸豐志合裝

008608980 FC-M3554
[咸豐]大庾縣續志二卷
(清)蔣子瀟、譚习篆、周禮等纂修

清咸豐元年(1851)刻本
八册
備註:與乾隆志合裝

吉安市

008350627 FC4876 (422)
[萬曆]泰和志十卷存卷六至卷十
(明)唐伯元等修,梁庚等纂
明萬曆七年(1579)刻本
三册

宜春市

008350628 FC4876 (414)
[嘉靖]臨江府志九卷
(明)徐顥等修,楊鈞、陳德文纂
明嘉靖十五年(1536)刻本
四册

008350630 FC4876 (423-424)
[崇禎]瑞州府志二十四卷
(明)陶履中等修,徐登瀛纂
明崇禎元年(1628)刻本
十册

008565132 FC3559
[嘉靖]袁州府志存卷十五卷十六卷十九
(明)陳德文等纂修
明嘉靖二十二年(1543)刻本
一册

008350629 FC4876 (418)
[崇禎]清江縣志八卷
(明)秦鏞纂修
明崇禎十五年(1642)刻本
六册

008350631 FC4876 (426)
[嘉靖]上高縣志二卷
(明)陳廷舉修,鄭廷俊纂
明嘉靖三十三年(1554)刻本
一册

008350637 FC4876 (496)
[嘉靖]靖安縣志六卷
(明)趙公輔等修,吳琯纂
明嘉靖四十四年(1565)刻本
二册

撫州市

008573709 FC4716
[嘉靖]撫州府志十六卷
(明)黃顯修,陳九川、徐良傅等纂
明嘉靖三十三年(1554)刻本
十六册

008350626 FC4876 (423)
[嘉靖]進賢縣志八卷
(明)汪集修,萬浩纂
明嘉靖四十二年(1563)刻本
二册

山東省

008352088 FC4876 (362-363)
[嘉靖]山東通志四十卷
(明)陸釴等纂修
明嘉靖十二年(1533)刻本
三十二册

濟南市

008608958 FC6512
[順治]平陰縣志八卷首一卷
(清)陳秉直修,趙貫臺纂

清順治十一年(1654)修,康熙十三年(1674)刻本
六册

青島市

008607878 FC6653
[乾隆]膠州志八卷首一卷
(清)周於智修,劉恬纂
清乾隆十七年(1752)刻本
八册

008352111 FC4876(388)
[萬曆]即墨志十卷
(明)許珽修,杜爲棟等纂
明萬曆七年(1579)刻本
二册

008607876 FC6541
[乾隆]即墨縣志十二卷首一卷
(清)尤淑孝修,李元正纂
清乾隆二十九年(1764)刻本
六册

淄博市

008352090 FC4876(391)
[萬曆]淄川縣志三十七卷存三十六卷(缺卷三十五)
(明)朱萬春纂修
明萬曆間(1573—1620)刻本
三册

008607872 FC6501
[康熙]臨淄縣志十六卷
(清)鄧性修,李煥章纂
清康熙十一年(1672)刻本
六册

008608978 FC6535
[乾隆]博山志稿八篇
(清)洪鑾輯
清乾隆四十年(1775)刻本
一册

東營市

008607901 FC-M3659
[康熙]利津縣新志十卷
(清)韓文焜纂修
清康熙十二年(1673)刻本
一册
備註:與乾隆志合裝一函

008607901 FC-M3659
[乾隆]利津縣志補六卷
(清)程士範等纂修
清乾隆三十五年(1770)刻本
一册
備註:與康熙志合裝一函

煙臺市

008627872 FC6958
[乾隆]福山縣志十二卷
(清)何樂善修,蕭劼、王積熙纂
清乾隆二十八年(1763)刻本
八册

008607885 FC6490
[康熙]萊陽縣志十卷
(清)萬邦維修,衛元爵、張重潤纂
清康熙十七年(1678)刻本
四册

008352108 FC4876(382)
[萬曆]萊州志八卷
(明)龍文明修,趙燿、董基等纂
明萬曆三十二年(1604)刻本
八册

008607865 FC6508
[康熙]寧海州志十卷

(清)楊引祚等纂修
清康熙十一年(1672)刻本
二册

008607867　FC6510
[康熙]蓬萊縣志八卷
(清)高崗修,蔡永華纂
清康熙十二年(1673)刻本
四册

濰坊市

008352112　FC4876 (384)
[嘉靖]青州府志十八卷存十四卷(缺卷十二,卷十五至卷十七)
(明)馮惟訥等纂修
明嘉靖四十四年(1565)刻本
九册

008352113　FC4876 (374–375)　FC5223
[萬曆]青州府志二十卷
(明)王家賓修,鍾羽正等纂
明萬曆四十三年(1615)刻,清康熙十二年(1673)增刊本
十二册

008607869　FC6677
[康熙]益都縣志十四卷首一卷
(清)陳食花修,鍾諤等纂
清康熙十二年(1673)刻本
六册
備註:今青州市

008607887　FC6959
[康熙]杞紀二十二卷
(清)張貞纂
清康熙五十五年(1716)刻本
六册
備註:今安丘市

008352109　FC4876 (390)
[萬曆]諸城縣志十二卷存卷七至卷十二
(明)王之臣修,陳燁纂
明萬曆間(1573—1620)刻本
二册

008352110　FC4876 (431)
[萬曆]濰縣志十卷
(明)劉廷錫纂修
明萬曆間(1573—1620)刻本
二册

008607871　FC6502
[康熙]臨朐縣志四卷
(清)屠壽徵修,尹所遴纂
清康熙十一年(1672)刻本
四册

濟寧市

008352099　FC4876 (380)
[萬曆]汶上縣志八卷
(明)栗可仕修,王命新纂
明萬曆三十六年(1608)刻本
二册

008607890　FC6460
[康熙]滋陽縣志四卷
(清)李瀠修,仲弘道纂
清康熙十一年(1672)刻本
五册

008352098　FC4876 (365)
[嘉靖]新修兖州府鄒縣地理志四卷圖一卷
(明)戴光、謝秉秀等纂修
明嘉靖四年(1525)刻本
三册

008583091　FC4307(N)(1–2)
[萬曆]兖州府志五十二卷

(明)于慎行纂修
明萬曆二十四年(1596)刻本
一册

008346485　FC4502　FC4876 (457)
闕里志十三卷
(明)陳鎬撰
明弘治十八年(1505)刻本
八册

泰安市

008352092　FC4876 (394)
[弘治]泰安州志十卷存卷一至卷七
(明)胡瑄修,李錦等纂
明弘治元年(1488)刻本
一册

008607879　FC6955
[康熙]肥城縣志書二卷
(清)尹任修,尹足法等纂
清康熙十一年(1672)刻本
四册

008352089　FC4876 (340)
[萬曆]章丘縣志三十四卷
(明)董復亨等纂修
明萬曆二十四年(1596)刻本
五册

臨沂市

008352100　FC4876 (389)
[萬曆]沂州志十卷存九卷(缺卷九)
(明)徐汝冀等纂修
明萬曆三十六年(1608)刻本
九册

德州市

008607866　FC6475
[康熙]德州志十卷
(清)金祖彭修,程先貞纂
清康熙十二年(1673)刻本
四册

008352096　FC4876 (365)
[萬曆]商河縣志十卷
(明)曾一侗修,詹應陽纂
明萬曆間(1573—1620)刻,崇禎十年(1637)增補
二册

008351948　FC4876 (333-334)
[萬曆]寧津縣志八卷
(明)余鏜修,王良貴撰,張一通訂補
明萬曆十六年(1588)刻本

008351962　FC4876 (333)
[萬曆]慶雲縣志十卷存卷一至卷四
(明)柯一泉修,楊州鶴纂
明萬曆六年(1578)刻本
二册

008352103　FC4876 (391)
[萬曆]恩縣志六卷
(明)孫居相等修,雷金聲纂
明萬曆二十六年(1598)刻本
三册
備註:今劃歸平原、夏津、武城三縣

008352107　FC4876 (365)
[萬曆]平原縣志二卷
(明)高知止纂修
明萬曆十八年(1590)刻本
二册

008607873　FC6505
[康熙]陵縣志六卷首一卷
(清)史颺廷修,康嚴采等纂
清康熙十二年(1673)刻本
四册

聊城市

008352104　FC4876（388）
[嘉靖]高唐州志七卷
(明)金江等纂修
明嘉靖三十二年(1553)刻本
二册

008617024　FC3625
[嘉靖]朝城志八卷
(明)謝註纂
明嘉靖十九年(1540)刻本
四册
備註:今分别劃歸山東莘縣、河南范縣和壽張縣

007482280　FC-M3766
[康熙]朝城縣志十卷
(清)祖植桐修,趙昶纂
民國九年(1920)刻本
備註:今分别劃歸山東省莘縣、河南省范縣和壽張縣

007482280　FC-M3766
[民國]朝城縣續志二卷
杜子楙修,賈銘恩纂
民國九年(1920)刻本
備註:今分别劃歸山東省莘縣、河南省范縣和壽張縣

007482280　FC-M3766
朝城縣鄉土志一卷
(清)袁大啓修,吴玉書、吴式基等纂
民國九年(1920)刻本
備註:今分别劃歸山東莘縣、河南范縣和壽張縣

008617005　FC3628
[嘉靖]冠縣志五卷
(明)姚本等纂修
明嘉靖二十四年(1545)刻本
二册

008352102　FC4876（388-389）
[萬曆]冠縣志六卷
(明)談自省修,杜華先等纂
明萬曆三十六年(1608)刻本
二册

濱州市

008352093　FC4876（431）
[萬曆]濱州志四卷
(明)艾梅修,毛似徐等纂
明萬曆十一年(1583)刻本
四册

008607891　FC6494
[康熙]濱州志八卷首一卷
(清)楊容盛修,杜曬等纂
清康熙四十年(1701)刻本
四册

008352094　FC4876（379）
[萬曆]新修霑化縣志七卷
(明)段展修,丁懋遜等纂
明萬曆四十七年(1619)刻本
四册

008352095　FC4876（483）
[萬曆]蒲臺志十二卷
(明)李時芳修,王爾彦等纂
明萬曆十九年(1591)刻本
二册

008352091　FC4876（386）
[萬曆]齊東縣志二十九卷存卷一至卷十七
(明)劉希夔等纂修
明萬曆四十五年(1617)刻本
三册

008607874　FC6681
[康熙]長山縣志十卷首一卷
(清)孫衍纂修
清康熙五十六年(1717)刻本
八册
備註:今入鄒平縣

008607883　FC6676
[乾隆]惠民縣志十卷首一卷
(清)倭什布修,劉長靈纂
清乾隆四十七年(1782)刻本
六册

菏澤市

008352101　FC4876 (385)
[萬曆]東昌府志二十二卷
(明)王命爵等修,王汝訓等纂
明萬曆二十八年(1600)刻本
八册

河南省

008352114　FC4876 (368-369)
[成化]河南總志十九卷圖一卷
(明)胡謐等纂修
明成化二十年(1484)刻本
三十册

008352115　FC4876 (367-368)　FC5222
[嘉靖]河南通志四十五卷
(明)鄒守愚修,李濂等纂
明嘉靖三十五年(1555)刻本
十二册

鄭州市

008354041　FC4876 (387)
[隆慶]登封縣志十卷圖一卷
(明)鄧南金修,李明通等纂
明隆慶三年(1569)刻本
二册

008352118　FC4876 (370)
[正德]中牟縣志七卷
(明)韓思忠纂修
明正德十年(1515)刻本
二册

008354021　FC4876 (369)
[天啓]中牟縣志五卷
(明)段燿然修,張民表纂
明天啓六年(1626)刻本
二册

開封市

008352116　FC4876 (484)
[萬曆]開封府志三十四卷存十卷(存卷一至卷六,卷十一至卷十四)
(明)朱睦㮮等撰
明萬曆十三年(1585)刻本
二册

008352117　FC4876 (484)
[嘉靖]尉氏縣志五卷
(明)曾嘉誥修,汪心纂
明嘉靖二十七年(1548)刻本
五册

平頂山市

008354046　FC4876 (388)
[嘉靖]葉縣志四卷
(明)邵苾修,牛鳳纂
明嘉靖二十一年(1542)刻本
二册

安陽市

008354032　FC4876 (483)
[萬曆]林縣志八卷存卷三至卷八
(明)謝思聰修,郝持、李若杞纂;(清)楊聲煥續補
明萬曆間(1573—1620)刻,清順治間(1644—1661)增刻本
三册

008567205　FC3627
[嘉靖]滑縣志六卷
(明)張佳胤撰;孫應魁續修
明嘉靖三十三年(1554)刻,三十六年(1557)增補本
一册

鶴壁市

008354035　FC4876 (491)
[嘉靖]淇縣志十卷
(明)方員、劉鉅等修;劉伯璋續修增訂
明嘉靖十年(1531)修,嘉靖二十四年(1545)增刻
二册

008567198　FC3624
[嘉靖]濬縣志二卷
(明)王璜纂修
明嘉靖八年(1529)刻本
二册

新鄉市

008351965　FC4876 (350)
[正德]長垣縣志九卷
(明)杜緯修,劉芳等纂,王崇慶訂正
明嘉靖二十年(1541)重刻,嘉靖三十四年(1555)增補本
一册

008354034　FC4876 (491)
[萬曆]獲嘉縣志十卷存八卷志餘一卷(缺卷一至卷二)
(明)張蘊道修,陳禹謨纂
明萬曆間(1573—1620)刻本
三册

008354036　FC4876 (391)
[萬曆]新刻胙城縣志八卷存卷一至卷五
(明)楊嘉言等修
明萬曆九年(1581)刻本
一册
備註:今入延津縣

008354038　FC4876 (387)
[萬曆]原武縣志二卷
(明)張祥修,閻邦寧等纂
明萬曆二十二年(1594)刻本
二册
備註:今與陽武縣合併爲原陽縣

008354040　FC4876 (483)
[萬曆]陽武縣志八卷存卷六至卷八
(明)王時泰修,王東魯等纂
明萬曆十九年(1591)刻本
一册
備註:今與原武縣合併爲原陽縣

焦作市

008567192　FC3620
[正德]懷慶府志十二卷
(明)何瑭修,鄭芝等纂
明正德十三年(1518)刻本
六册

008354037 FC4876 (386)
[嘉靖]懷慶府志十三卷
(明)孟重修,劉涇等纂
明嘉靖四十五年(1566)刻本
二册

008354031 FC4876 (387)
[萬曆]武陟志七卷
(明)秦之英修,趙五臣等纂
明萬曆十九年(1591)刻本
一册

008354039 FC4876 (483)
[萬曆]温縣志二卷
(明)張第纂修
明萬曆五年(1577)刻本
二册

濮陽市

008351967 FC4876 (350)
[嘉靖]開州志十卷
(明)孫巨鯨修,王崇慶撰
明嘉靖十三年(1534)刻本
二册
備註:今濮陽縣

008351954 FC4876 (335-336)
[嘉靖]新修清豐縣志十六卷
(明)李汝寬修,晁瑮纂
明嘉靖三十七年(1558)刻本
四册

許昌市

008354027 FC4876 (491)
[永樂]潁川郡志十七卷存卷九至卷十七
(明)陳璉纂修
明永樂十一年(1413)刻本
一册

008354028 FC4876 (387)
[嘉靖]臨潁志八卷
(明)盧鏜纂修,杜柟增纂
明嘉靖八年(1529)刻,嘉靖二十年(1541)增刻本
二册

008571962 FC5375
[順治]襄城縣志八卷
(清)佟昌年修,傅廷獻纂
清顺治八年(1651)刻本
四册

南陽市

008354042 FC4876 (393)
[正統]南陽府志十二卷存八卷附録一卷(缺卷五至卷八)
(明)康孔高修;金福、周遊增修
明正統元年(1436)刻本
二册

008354043 FC4876 (387)
[萬曆]南陽府志十八卷存十四卷(缺卷七至卷十)
(明)李廷龍等修,朱之藩纂
明萬曆五年(1577)刻本
三册

008354045 FC4876 (370)
[嘉靖]裕州志六卷
(明)牛孟耕纂修
明嘉靖間(1522—1566)刻本
二册

008354044 FC4876 (484)
[成化]内鄉縣志六卷
(明)胡匡纂修
明成化二十一年(1485)刻本
一册

商丘市

008354022　FC4876（484）

［嘉靖］歸德府志八卷存卷三至卷八

（明）李嵩纂修

明嘉靖間（1522—1566）刻本

三册

008354023　FC4876（484）

［嘉靖］夏邑縣志八卷

（明）鄭相修，黄虎臣等纂

明嘉靖二十七年（1548）刻本

二册

周口市

008354026　FC4876（490）

［萬曆］項城縣志十卷

（明）王欽誥纂修

明萬曆間（1573—1620）刻本

二册

駐馬店市

008354047　FC4876（483）

［萬曆］新蔡縣志八卷存卷一至卷五

（明）史燦修，劉大恩撰

明萬曆間（1573—1620）新蔡劉氏刻本

一册

湖北省

武漢市

008350640　FC4876（426）

［嘉靖］黄陂縣志三卷

（明）李河圖修，俞貢等纂

明嘉靖三十五年（1556）刻本

二册

荆州市

008350643　FC4876（405）

［嘉靖］荆州府志十二卷圖一卷存八卷（存卷一、卷六至卷十二）

（明）孫存修，王寵懷纂

明嘉靖十一年（1532）刻本

五册

008350644　FC4876（418）

［成化］重刊公安縣志二卷

（明）魏奇修，梁善纂

明成化十六年（1480）修，嘉靖二十二年（1543）鄒廷濟刻本

四册

黄岡市

008350641　FC4876（423）

［萬曆］黄岡縣志十卷存八卷（存卷一至卷四，卷七至卷十）

（明）茅瑞徵等修，吕元音纂

明萬曆三十六年（1608）刻本

三册

咸寧市

008350638　FC4876（497）

［正統］嘉魚縣志三卷

（明）莫震修，孫允恭纂

明正統十四年（1449）刻本

一册

008350639　FC4876（497）

［嘉靖］興國州志七卷存卷二至卷七

（明）唐寧修，林愛民纂

明嘉靖三十三年（1554）刻本

三册

隨州市

008350642 FC2736 FC4876 (412)
[嘉靖]隨志二卷
(明)汪德修,顔木纂
明嘉靖十八年(1539)刻本
二册

恩施土家族苗族自治州

007464629 FC6918
[同治]鶴峰州續志九卷首一卷
(清)徐澍楷修,雷春沼纂
清同治六年(1867)刻本

湖南省

湘潭市

008350646 FC4876 (422)
[嘉靖]湘潭縣志二卷
(明)陳應信等修,鍾世賢纂
明嘉靖三十二年(1553)刻本
二册

008350645 FC4876 (416)
[嘉靖]瀏陽縣志二卷
(明)蕭敷修,劉以身纂
明嘉靖四十年(1561)刻本
二册

衡陽市

008350650 FC4876 (411)
[弘治]衡山縣志六卷
(明)劉熙修,何紀等纂
明弘治元年(1488)刻本
一册

008630581 FC5367
[嘉靖]静谷志不分卷
(明)彭簪撰
明嘉靖十二年(1533)刻本
一册

邵陽市

008625023 FC1015(N)
[光緒]新寧縣志二十六卷首一卷
(清)張葆連修,劉長佑、劉坤一等纂
清光緒十九年(1893)金城書院刻本
一册

岳陽市

008350649 FC4876 (409)
[萬曆]岳州府志十八卷存七卷(存卷五至卷七,卷十一至卷十四)
(明)佚名纂修
明萬曆間(1573—1620)刻本
三册

益陽市

008350647 FC4876 (409)
[嘉靖]安化縣志六卷
(明)陳德寧修,方清纂
明嘉靖二十二年(1543)刻本
二册

永州市

008350651 FC4876 (404)
[洪武]永州府志十二卷存十一卷
(明)虞自銘修,胡璉等纂
明洪武十六年(1383)刻本
四册

008350652 FC4876 (412)
[隆慶]永州府志十七卷
(明)史朝富等纂修

明隆慶五年(1571)刻本
六册

008350653　FC4876 (432)
[萬曆]江華縣志四卷
(明)劉時徽修,滕元慶纂
明萬曆二十九年(1601)刻,清順治十五年(1658)修補本
二册

婁底市

008350648　FC4876 (410)
[嘉靖]新化縣志十一卷
(明)余傑修,劉軒撰
明嘉靖二十八年(1549)刻本
四册

廣東省

007580732　FC2268(N)　FC5154　FC-M1166
廣東全省地方紀要:附圖
廣東省民政廳編
民國二十三年(1934)鉛印本
三册

韶關市

008355957　FC4876 (487)
[嘉靖]韶州府志十卷圖一卷
(明)符錫修,秦志道纂
明嘉靖二十一年(1542)刻本
四册

深圳市

008576818　FC127
[康熙]重修新安縣志十三卷
(清)靳文謨修,黄衮裳、許光岳、鄧文蔚等纂
清康熙二十七年(1688)刻本
四册

汕頭市

008355958　FC4876 (496)
[隆慶]重修潮陽縣志十五卷存卷一至卷五
(明)黄一龍修,林大春纂
明隆慶六年(1572)刻本
一册

佛山市

008355952　FC4876 (496)
[萬曆]南海縣志十三卷存八卷(缺卷五至卷九)
(明)劉廷元等修,王學曾纂
明萬曆三十七年(1609)刻本
三册

008355953　FC4876 (485)
[萬曆]順德縣志十卷
(明)葉初春、葉春纂修
明萬曆十三年(1585)刻本
二册

江門市

008355955　FC4876 (416-417)
[萬曆]新會縣志七卷
(明)王命璿修,黄淳等纂
明萬曆三十七年(1609)刻本
七册

007474568　FC6726
[道光]新會縣志十四卷首一卷
(清)林星章修,黄培芳、曾釗纂
清道光二十年(1840)刻本
二册

雲浮市

008355956 FC4876（497）
[萬曆]西寧縣志十卷
(明)朱潤等纂修
明萬曆二十年(1592)刻本
一册
備註:今郁南縣

廣西壯族自治區

008408046 FC4876(526-528)
桂海虞衡志一卷
(宋)范成大撰
明嘉靖二十三年(1544)雲間陸氏儼山書院刻本
一册

四川省

008350655 FC4876（398-399）
[萬曆]四川總志二十七卷
(明)吴之皥修,杜應芳等纂
明萬曆四十七年(1619)刻本
二十五册

南充市

008350656 FC4876（404-405）
[嘉靖]保寧府志十四卷
(明)楊思震纂修
明嘉靖二十二年(1543)刻本
六册

008608979 FC7245
[同治]營山縣志三十卷
(清)翁道均修,熊毓藩等纂
清同治九年(1870)刻本
八册

008576305 FC6204
[民國]閬中縣志三十卷
岳永武修,鄭鍾靈等纂
民國十五年(1926)石印本
一册

廣安市

007457573 FC7169
[光緒]廣安州新志四十三卷首一卷
(清)周克堃撰
民國十六年(1927)重印本,書名改題爲《廣安縣志》
十册

達州市

008576316 FC6205
[民國]宣漢縣志十六卷
汪承烈修,鄧方達等纂
民國二十年(1931)石印本
一册

008576334 FC6206
[民國]渠縣志六十六卷
楊維中等修,鍾正懋等纂;郭奎銓續纂
民國間(1912—1949)鉛印本
一册

雲南省

003537666　FC2289(N)　FC9244
雲南省農村調查
行政院農村復興委員會編
民國二十三年（1935）上海商務印書館鉛印本

大理白族自治州

008355960　FC4876（487）
[嘉靖]大理府志十卷存卷一至卷二
(明)李元陽修
明嘉靖四十二年(1563)刻本
一册

008355961　FC4876（485）
[隆武]重修鄧川州志十五卷
(明)敖浤貞修，艾自修纂
南明隆武二年(1646)刻本
一册

陝西省

008354953　FC4876（371-372）
[嘉靖]陝西通志四十卷
(明)趙廷瑞修，馬理、吕柟等纂
明嘉靖二十一年(1542)刻本
二十册

008354954　FC4876（383-384）
雍勝略二十四卷
(明)李應祥纂修
明萬曆二十五年(1597)
十二册

西安市

008354958　FC4876（489）
[隆慶]藍田縣志二卷
(明)李東撰；李進思續修
明隆慶五年(1571)續修刻本
二册

008354957　FC4876（482）
[嘉靖]高陵縣志七卷存卷一至卷五
(明)吕柟纂修
明嘉靖二十年(1541)刻本
一册

銅川市

008354963　FC4876（387）
[萬曆]同官縣志十卷
(明)劉澤遠修，寇慎等纂；孔尚標增修
明萬曆四十六年(1618)刻，崇禎十三年(1640)增補本
二册

008354964　FC4876（485）
[嘉靖]耀州志十一卷附五臺山志一卷
(明)李廷寶修，喬世寧纂
明嘉靖三十六年(1557)刻本
三册

咸陽市

008391019　FC4876（490）
[嘉靖]重修三原志十六卷
(明)朱昱撰，林洪博重訂
明嘉靖十四年(1535)刻本
四册

008354960 FC4876（489-490） FC5376
［嘉靖］重修三原志十六卷
（明）朱昱撰，林洪博重訂
明嘉靖十四年（1535）刻本
四册

008570811 FC2448
［成化］重修三原志十六卷
（明）朱昱纂輯
明弘治十七年（1504）刻本
四册

008354959 FC4876（382-383）
［嘉靖］涇陽縣志十二卷
（明）李錦、連應魁等纂修
明嘉靖二十六年（1547）刻本
四册

008354972 FC4876（489）
［崇禎］乾州志二卷
（明）楊殿元纂修
明崇禎六年（1633）刻本
二册

008354962 FC4876（488）
［嘉靖］醴泉縣志四卷
（明）夾璋纂修
明嘉靖十四（1535）劉佐刻本
二册

008354971 FC4876（483）
［隆慶］淳化志八卷
（明）羅廷繡纂修
明隆慶四年（1570）刻本
二册

008630565 FC5446
［正德］武功縣前志三卷
（明）康海纂，（清）孫景烈評註
清乾隆二十六年（1761）瑪星阿刻本
二册

渭南市

008354970 FC4876（489）
［隆慶］華州志二十四卷
（明）李可久修，張光孝纂
明隆慶六年（1572）刻本
四册

008573524 FC5432
［嘉靖］渭南縣志十八卷
（明）南大吉修
明嘉靖二十年（1541）刻本
四册

008354965 FC4876（489）
［天啓］同州志十八卷
（明）馬樸纂修
明天啓五年（1625）刻本
四册
備註：今大荔縣

008354966 FC4876（488）
［萬曆］續朝邑縣志八卷
（明）郭實修，王學謨纂
明萬曆十二年（1584）刻本
二册
備註：今入大荔縣

008354967 FC4876（483）
［嘉靖］郃陽縣志二卷
（明）藺世賢等修，魏廷揆纂
明嘉靖二十年（1541）刻本
二册
備註：今合陽縣

008354968 FC4876（488）
［萬曆］白水縣志六卷存卷一至卷四

(明)劉夢陽纂修
明萬曆三十七年(1609)刻本
一册

008354961 FC4876(391)
[萬曆]富平縣志十卷
(明)孫丕揚纂修
明萬曆十二年(1584)刻本
二册

008354969 FC4876(489)
[萬曆]韓城縣志八卷
(明)張士佩纂修
明萬曆三十五年(1607)刻本
二册

延安市

008355926 FC4876(487-488)
[弘治]延安府志七卷
(明)李宗仁修,楊懷纂修
明弘治十七年(1504)刻本
四册

008355927 FC4876(492)
[萬曆]新修安定縣志存卷一卷二
(明)惲應翼纂修
明萬曆二十五年(1597)刻本
二册
備註:今子長縣

漢中市

008354973 FC4876(733)
[嘉靖]漢中府志十卷
(明)張良知撰
明嘉靖二十三年(1544)刻本
四册

榆林市

008687831 FC9097
[乾隆]葭州志不分卷
(清)張宗商纂
抄本
一册
備註:今佳縣

安康市

008354974 FC4876(492)
[萬曆]重修漢陰縣志六卷
(明)張啓蒙修,柏可用等纂
明萬曆四十六年(1618)刻本
二册

商洛市

008355925 FC4876(483)
[嘉靖]商略商南縣集八卷
(明)任慶雲纂修
明嘉靖三十一年(1552)刻本
一册

甘肅省

平涼市

008355928 FC4876(383)
[嘉靖]平涼府志十三卷
(明)趙時春撰
明嘉靖三十九年(1560)刻本
十册

寧夏回族自治區

008356889 FC4876 (488)
[萬曆]朔方新志五卷
(明)楊應聘、楊壽等纂修
明萬曆四十五年(1617)刻本
五册

008439770 FC4876 (488)
[萬曆]固原州志二卷
(明)劉敏寬、董國光纂修
明萬曆四十四年(1616)劉汝桂刻本
二册

固原市

008355929 FC4876 (485)
[嘉靖]固原州志二卷
(明)楊經纂修
明嘉靖十一年(1532)刻本
二册

009479744 FC9376 FC-M4855
[道光]隆德縣續志
(清)黄璟纂修
清道光六年(1826)刻本
一册

新疆維吾爾自治區

008573360 FC5404
[乾隆]回疆志八卷
(清)永貴纂修
清光緒十九年(1893)順德李氏抄本
一册
備註:清李文田手批并題記

附録：大型影印方志叢書

新修方志叢刊

《新修方志叢刊》，臺灣學生書局 1967 年起影印出版

006265859　3180 2904.9b
崇慶縣志十二卷
謝汝霖等修，羅元黻等纂

006265860　3180 3131.9b
温江縣志十二卷
張驥等修，曾學傳等纂

006265861　3180 4572.9b
華陽縣志
曾鑑等修，林思進等纂

006265862　3180 8272.9b
簡陽縣續志十卷首一卷未一卷
李青廷修，汪金相等纂

006265863　3180 0242.9b
新都縣志
陳習删修，閔昌術等纂

006272993　3180 7627.9b
眉山縣志
郭慶琳等纂修

006272994　3180 4361.9b
大邑縣志十四卷附文徵詩徵
解汝襄修，龔維錡等纂

006272995　3180 3269.9b
瀘縣志八卷
王禄昌等修，高覲光等纂

006272996　3180 1141.9b
三臺縣志二十六卷
張樹勳等纂修

006272997　3180 8433.9b
叙永縣志八卷
宋曙等纂修

006272998　3180 8631.9
合江縣志六卷
張開文等纂修

006272999　3180 3628.9b
富順縣志十七卷
盧慶家等纂

006273000　3180 2402.9b
重修什邡縣志十卷
王文照修,曾慶奎纂

006273001　3180 2272.9b
綿陽縣志十卷
梁兆麒等修,崔映棠等纂

006273002　3160 2042.88b
重修皋蘭縣志
楊昌濬修,張國常纂

006273003　3180 4336.9b
松潘縣志八卷
傳崇榘等修,徐湘等纂

006273004　3180 8232.9b
劍閣縣續志十卷
張政等纂修

006273005　3180 8090.9b
金堂縣續志十卷
王暨英修,曾茂林等纂

006273007　3269 1004.83b
延慶縣志
李鍾俾修,穆元肇纂

006273008　3155 7334.84b
陝西長安縣志
張聰賢修,董曾臣纂

006273009　3155 1269.9
重修鄠縣志
段光世,王汝玉修

006273010　3267 1422.9
武川縣志
文炳勳編

006273011　3155 416.88b
藍田縣志
吕懋勛修,袁廷俊纂

006273012　3155 4827.9
横山縣志
劉濟南修,曹子正纂

006273013　3155 317.81b3155 7236.83
同官縣志
袁文觀纂修

006273014　3155 1474.9
平民縣志
楊瑞霆主修,霍光緡纂修

006273015　3155 5002.84b
中部縣志
丁瀚、趙映奎督修,張永清等纂

006273017　3155 3116.82b
宜君縣志
查遴等纂修

006273018　3154 3350.84b
漢中續修府志三十二卷
嚴如熤修,鄭炳然等纂

006273019　3156 1424.81b
延綏鎮志
許占魁修,譚吉璁纂

006273020　3160 3469.9
漳縣志
楊國楨纂修,李蔭棻分纂,韓世英删訂

006273021　3160 7442.9
民勤縣志
王之臣纂修

006273022　3160 3311.9
永登縣志
周樹清纂，陳鴻寶等鑒訂

006273023　3160 2926.9
崇信縣志四卷
張明道等修，任瀛翰纂

006273024　3159 4232.81
臨洮府志
高錫爵纂修

006273025　3160 3334.88b
通渭縣志
高蔚霞修，苟廷誠纂

006273026　3160 6679.89b
固原州志
王學伊總纂

006273027　3160 7630.88b
階州直隸州續志
葉恩沛纂修

006273028　3159 5232.83b
肅州新志
黄文煒纂修

006273029　3159 1060.81b
鞏昌府志
楊恩纂修，紀元補纂

006273030　3160 3230.81b
寧州志
晉顯卿修，王星麟編纂

006273031　3159 4730.80
甘鎮志
楊春茂纂修

006273033　3160 2774.85
山丹縣志
黄璟、謝述孔纂修

006273034　3160 4502.84
華亭縣志
趙先甲纂修

006273035　3160 1132.83b
正寧縣志
折遇蘭纂修

006273036　3160 3213.83b
清水縣志
朱超纂修

006273037　3160 4133.85
莊浪縣志
邵陸纂修，耿光重訂

006273038　3160 1296.85
兩當縣志
德俊修，韓塘纂

006273039　3140 7636.9
臨淄縣志
舒孝先修，崔象穀纂

006273048　3277 6637.85b
哈密志
鍾方撰

006273049　3275 0.919
新疆志稿
鍾廣生著

006273050　3154 7282.83b
鳳翔府志
周方炯纂修

006273062　3155 823.9
邠州新志二十卷
劉必達、姚開第纂修

006273071　3155 1179.83b
三原縣志十八卷首一卷
劉紹攽纂修

006317356　3144 4272.81
南陽府志
朱璘纂修

006317357　3145 7628.9
重修臨潁縣志
陳垣等纂修

006317360　3180 4231.9b
内江縣志十二卷
朱襄虞、曾慶昌等纂

006317361　3180 2242.9b
酆都縣志十四卷
郎承詵、余樹堂等纂

006317362　3180 1372.9b
雲陽縣志四十四卷
朱世镛等修，劉貞安等纂

006317363　3180 1472.9b
武勝縣新志十三卷
孫國藩等纂

006317364　3180 3332.9b
遂寧縣志八卷
王懋昭等纂

006317365　3180 0235.85b
新津縣志四十卷
陳霽學修，葉芳模等纂

006317366　3180 2144.88b
仁壽縣志六卷末一卷
姚令儀原纂；李元等續纂

006317368　3155 0345.85
褒城縣志
光朝魁纂修

006317369　3155 2321.85b
吴堡縣志
譚瑀纂修

006317370　3160 0233.81
重修靖遠衛志
石一焯、李一鵬等纂

006317371　3140 3169.9
濰縣志
劉東侯、陳鶴儕、丁倬千等纂修

006317372　3150 4156.81
垣曲縣志
紀弘謨修，趙葉麟等纂

006317373　3238 6363.9
思恩縣志
梁杓修，吴瑜等纂

006317374　3250 4204.88
鶴慶州志
陳宗海修，楊金和等纂

006317375　3249 2832.88
續修順寧府志
黨蒙修，周宗洛纂

006317376　3205 4624.84b
如皋縣志
馬汝舟、江大鍵纂修

006317377　3180 5042.87b
成都縣志十六卷首一卷
朱襄虞、曾慶昌等纂

006317378　3180 3850.9b
資中縣續修資州志
吴鴻仁等修，黄清亮等纂

006317379　3180 3320.88b
永川縣志十卷首一卷
許曾蔭等修，馬慎修等纂

006317380　3180 7027.87b
璧山縣志十卷首一卷末一卷
寇用平等纂修

006317381　3180 3111.85b
江北廳志八卷首一卷
福珠朗阿修，宋煊纂

006317382　3180 2576.89b
峨眉縣續志十卷
朱榮邦等纂修

006317383　3180 3369.9b
達縣志二十卷首一卷末一卷
吴德準等修

006317387　3269 3021.83b
宣化府志
吴廷華修，王者輔等纂

006317396　3155 8834.83b
鎮安縣志十卷首一卷末一卷
聶燾纂修

006317407　3238 4369.88b
藤縣志二十三卷
邊其晋、胡毓璠等纂

006317408　3238 4631.9b
榴江縣志
蕭殿元修，唐本心纂

006317423　3238 3262.88
寧明州志
黎申産纂修

006329182　3180 3072.86b
資陽縣志四十八卷首一卷
何華元等纂

006329183　3180 6231.88b
黔江縣志五卷首一卷
張九章修，陳藩垣纂

006329184　3180 4233.9b
南溪縣志六卷附南溪文徵
鍾朝煦等纂修

006329185　3180 5082.88b
奉節縣志三十六卷
曾秀翘修，楊德坤等纂

006329186　3179 5332.85b
忠州直隸州志八卷首一卷
吴友篪修，熊履青纂

006329187　3180 0212.87b
彰明縣志五十七卷首一卷
何慶恩修，李朝棟等纂

006329188　3180 2438.88b
射洪縣志十八卷首一卷
張尚溎等纂

006329189 3180 7731.88b
岳池縣志二十卷首一卷
何其泰修,吴新德纂

006329190 3180 4330.88b
大寧縣志八卷首一卷
高維岳修,魏遠猷纂

006340738 3155 4282.83b
南鄭縣志
王行儉纂修

007455787 3160 2430.81
岷州志二十卷
汪元絅修,田而穟纂

007456725 3179 3632.9b
涪陵縣續修涪州志
劉湘等修,施紀雲等纂

007456761 3160 0491.85b
敦煌縣志七卷首一卷
蘇履吉修,曾誠纂

007457547 3180 3834.88b
廣安縣志四十三卷(一名廣安州新志)
周克堃纂修

007457548 3180 1120.9b
北川縣志
黄尚毅等纂

007457549 3180 1229.9b
邛崍縣志四卷
寧緗等纂

007458569 3180 2282.9b
綿竹縣志十八卷
黄尚毅等纂

007458571 3180 2432.9b
犍爲縣志十四卷
羅綬香等纂

007458847 3180 2627.9b
名山縣新志十六卷
趙正和等纂

007458848 3180 2934.9b
崇寧縣志八卷
陳邦卓等纂

007458849 3180 2911.9b
樂至縣志四卷
蔣德勳等纂修

007458860 3180 2927.9b
樂山縣志
黄鎔等纂修

007458897 3180 3469.9b
安縣志六十卷附安縣續志
劉公旭等纂

007459095 3180 4031.9
綦江縣續志四卷
戴綸喆纂

007461116 3180 4331.9(1-2)
夾江縣志
劉作銘等纂修

007461117 3180 5014.88b
井研志四十八卷
高承瀛修,吴嘉謨等纂

007461118 3180 3135.9b
江津縣志十六卷首一卷
聶述文等修,程德音等纂

007462311　3180 5233.88

威遠縣志三編四卷

吴容等修,吴曾輝纂

007462322　3180 7169.9b

巴縣志二十三卷附文徵

王鑑清等修,向楚等纂

007463441　3185 3174.83

江陵縣志

崔龍見修,黄義尊纂

007464457　3180 8622.9

合川縣志七十三卷

張森楷等纂修

007464472　3180 9929.9b

榮縣志

趙熙總纂

007479077　3238 8169.9

全縣縣志

黄崑山等修,唐載生等纂

007486796　3271 1461.84

平羅縣志

佚名纂修

007486853　3271 0.76

寧夏志四卷

石茂華纂修

007490300　3250 1313.82

續修建水州志

祝宏修,趙節等纂

007490301　3250 3216.83

河西縣志

董樞等纂修

007490318　3154 4249.85b

榆林府志

李熙齡纂修

007490321　3155 5072.83b

咸陽縣志

臧應桐纂修

007490871　3250 6114.9

羅平縣志

朱緯修,羅鳳章纂

007490872　3250 7121.9

鹽豐縣志

郭燮熙纂修

007490873　3250 7125.85

趙州志

陳釗鏜修,李其馨等纂

009249636　3180 3169.88c

增修灌縣志十四卷

鄭珶山總纂

011346821　MLC-C

昆明市志

張維翰修,童振藻纂

中國方志叢書

《中國方志叢書》,臺北成文出版社 1967 年起影印出版

002211371　3195 314.85
宜黄縣志
札隆阿等修,程卓樑等纂

002425091　3205 4932
吴郡志
范成大撰

003664787　3075 4398b
南詔野史上下卷
楊慎撰,胡蔚訂正

003905505　3035 2329.88b(1-4)
京口三山志(焦山志)二十六卷首一卷
吴雲輯

003905506　3035 2329.88b
京口三山志(焦山續志)八卷
陳任暘輯

005004636　3230 4169.88
花縣志
王永名修,黄文龍等纂

005004761　3190 3338.9
永定縣鄉土志四卷
王樹人修,侯昌銘纂

005004840　3075 4843b
滇南名勝圖
趙鶴清輯

005005044　3230 4678.9
始興縣志十六卷首一卷
陳及時等纂修

005034202　3140 5633.850
招遠縣志
張雲龍等修,張鳳羽纂輯

005303197　2813 8343
欽定蘭州紀略二十一卷
阿桂修,馮培等纂

005397662　3039.9 7933b
莆田水利志八卷
陳懋列修,陳池養編

005466183　3034 3261
雲南北界勘察記八卷
尹明德編

005471196　3035 8127.8b
京口三山志(金山志)二十卷首二卷
周伯義編,陳任暘訂

005471571　3035.19 212.84
崆峒山志
張伯魁纂修

005489133　3035.18 452.85
華岳志八卷首一卷
李榕原修,郝永茂補刊

005498624　3035.26 012.9
廬山續志稿七卷首一卷
江西省文獻委員會編

005503624　3035.28 216.88
京口三山志(北固山志)十四卷首一卷
周伯義編,陳任暘訂

005558988　3039.828 3134b

淮郡文渠志二卷

吉元、何慶芬等輯

005562988　3039.834 4843

雲南省城六河圖説

黄士傑撰

005573903　3069 096.1

京口山水志十八卷首一卷末一卷

楊棨撰

005573935　3075 0154b

雲南温泉志補四卷

童振藻纂輯

005580697　3076 2433b

黔南識略

愛必達撰

005580705　3077 2228.1

朔方備乘圖説

李鴻章等撰，翰林院編修

005606211　3078.6 3623

科布多政務總册附：光緒三十三年辦理軍營糧餉清册

富俊輯

005619318　3061 7346

隴邊考略

佚名纂

005623323　3079.7 1335

西藏紀述

張海撰

005626479　3056 1340

庚子教案函牘

祝芾纂修

005626479　3056 1340

淶水縣拳匪敉平録

張孝謙纂修

005626587　3056 1453

直隸疆域屯防詳考

于振宗著

005631626　3079.5 7241b

玉樹調查記

周希武著

005631700　3073 0214

廣東輿地圖説

廖廷臣等纂

005635248　3057 4591

東牟守城紀略

戴燮元撰

006074446　DS793.S62 W8 1968X

章谷屯志略

吴德昫輯

006074467　TC502.C4 C44

甬上水利志六卷

周道遵考述

006074549　HJ7271.Z7 H84

淮關統志十四卷

杜琳等修，元成等續纂

006074596　DS793.S62 W28 1968X

新疆國界圖説八卷

王樹枏纂

006074623　DS793.F8 W28 1975

閩部疏

王世懋撰

006074726 DS793. S62 W283 1968
新疆山脈圖志六卷
王樹枏纂

006087700 DS793. Y8 Y85 1967X
雲南備徵志二十一卷
王崧纂

006087721 DS793. H647 S53 1968X
合河政紀
石榮暲編

006340624 DS793. L26 1974x
蘭溪縣志
秦簣修,唐壬森纂

006340626 DS793. Y798 1983x
永康縣志
沈藻等修,朱謹等纂

006497276 UG432. C6 C58
江蘇沿海圖説
朱正元輯

007453702 3134 0042. 81b
慶都縣志六卷
李天璣等纂修

007453708 3160 0369. 9
新纂康縣縣志
王士敏修,吕鍾祥纂

007453719 3158 0. 8
肅鎮志四卷
高彌高、李德魁等纂修

007453727 3160 0233. 85
靖遠縣志八卷首一卷
陳之驥編次

007453936 3134 0810. 94
廣平縣志十二卷
韓作舟等纂修

007453937 3134 0261. 94
高邑縣志十二卷首一卷
王天傑等修,宋文華等纂

007453938 3134 0220. 88b
新樂縣志六卷
雷鶴鳴等修,趙文濂纂

007455680 3134 1669. 94
晉縣鄉土志三章
李席纂

007455683 3134 1335. 81b
新校天津衛志四卷首一卷
薛柱斗纂修

007455684 3134 1369. 94
磁縣縣志二十章
黄希文等纂輯

007455685 3134 1174. 8
元氏縣續志六卷
祖永杰續修

007455690 3160 2614. 9
和政縣志九卷
馬凱祥修,王詔纂

007455696 3160 1141. 9
重修靈臺縣志
楊渠統等修,王朝俊等纂

007455724 3160 1432. 9
夏河縣志十卷
張其昀編

007455725　3160 2469.7
徽郡志八卷
孟鵬年修,郭從道纂

007455726　3160 3239.9
渭源縣志十卷首一卷
陳鴻寶等纂修

007456652　3134 2134.83
雞澤縣志二十卷
王錦林等纂修

007456654　3134 2369.86
初續獻縣志
李昌祺等纂修

007456655　3134 2445.82b
阜城縣志二十二卷首一卷
陸福、宜時珍等纂修

007456657　3160 7123.9
隆德縣志四卷
桑丹桂修,陳國棟纂

007456658　3160 4502.9
華亭縣志
鄭震谷等修,幸邦隆總纂

007456660　3134 2445.81
重修阜志二卷
雷鶴鳴等修,趙文濂纂

007456662　3134 2821.88
贊皇縣志三十九卷首一卷
周晉堃等修,趙萬泰等纂

007456688　3175 1146.8
里塘志略二卷
陳登龍編

007456691　3160 763.9
臨澤縣志
王存德修,高增貴纂

007456710　3160 7634.88
洮州廳志十八卷首一卷
張彦篤修,包永昌等纂

007456711　3160 7123.81
隆德縣志二卷
常星景等纂輯

007456712　3160 4250.81
金縣志二卷
耿喻修,郭殿邦等纂

007456713　3160 8613.83
合水縣志二卷
陶奕曾纂修

007456714　3160 8632.852
會寧縣志二卷
徐敬等纂修

007456720　3175 4822.88
越巂廳志十二卷
孫鏘增修,馬忠良原纂

007457530　3134 4269.9
薊縣志十卷首一卷
仇錫廷等纂修

007457534　3180 0494.87
慶符縣志三十七卷
佚名纂修

007457535　3134 4262.91
邯鄲縣志十七卷首一卷末一卷
李世昌等纂修

007457537 3134 3230.883
安國縣新志稿
宋蔭桐等纂修

007457538 3134 4045.93
藁城縣鄉土地理二册
林翰儒纂

007457539 3134 3230.88b
祁州續志四卷
趙秉恒等修,劉學海等纂

007457542 3134 4226.83
南和縣志十二卷首一卷
周章焕等纂修

007458842 3180 2716.84
納溪縣志十卷
趙炳然等修,徐行德等纂

007458845 3180 3339.84b
清溪縣志四卷
劉傳經修,陳一沺纂

007458877 3180 3422.94
汶川縣志
祝世德等纂修

007459094 3180 3969.93
渠縣志十二卷
陳銘勳修

007461101 3140 0259.89
齊東縣鄉土志二卷
袁馥村等纂修

007461102 3140 0259.9
齊東縣志六卷首一卷
梁中權修,于清泮纂

007461104 3180 4368.93
大足縣志九卷
郭鴻厚、陳習珊等纂修

007462266 3140 1473.88b
平陰縣鄉土志
黄篤瓚、朱焯撰

007462300 3140 1621.94
霑化縣志十六卷
聯印、張會一等撰

007462304 3140 2469.881
嶧縣鄉土志
周鳳鳴修,王寶田纂

007462305 3180 7344.94
長壽縣志十六卷
盧起勳等修,劉君錫等纂

007462306 3140 3070.9
續安邱新志二十五卷
馬步元等纂修

007462308 3140 1445.9
武城縣志十五卷
王鬴銘纂,王延綸總裁

007462316 3185 1342.882
雲夢縣志略十卷首一卷末一卷
吴念椿等修,程壽昌等纂

007462329 3140 2332
德州鄉土志
佚名纂修

007463417 3185 3145.88b
宜城縣續志上下卷
姚德華纂

007463418　3185 3071.85b
安陸縣志四十卷首一卷
王履謙修,李廷錫纂

007463421　3180 8233.94
筠連縣志七卷
祝世德等纂修

007464443　3185 4242.85
蒲圻縣志十卷
勞光泰纂修

007464444　3185 423.9
南漳縣志十九卷首四卷末一卷
向承煜、包安保等纂修

007464446　3185 3372.88b
漢陽縣志三卷
張行簡纂

007464447　3190 0261
晃州廳志四十三卷首一卷
張映蛟等修,俞克振等纂

007464448　3185 487.9
黄陂縣志稿
金國鈞纂,金永森補註

007464449　3190 137.88b
零陵縣志十五卷
嵇有慶修,劉沛纂

007464450　3185 616.76
羅田縣志八卷附録一卷
祝翊修,蔡元偉等纂

007464463　3185 4336.88b
大冶縣志續編七卷首一卷末一卷
林佐修,陳鼇纂

007464543　3185 5032.88
咸寧縣志八卷首一卷
陳樹南修,錢光奎纂

007464544　3185 6216.9
鄖西縣志十四卷首一卷
郭治平纂修

007464854　3190 3223.87b
清泉縣志十卷首一卷末一卷
王闓運等修,張修府等纂

007464855　3195 4266.9
南昌紀事十四卷
周德華輯

007464856　3190 3169.9
澧縣縣志十卷首一卷
張之覺修,孟慶暄等纂

007464857　3195 424.9
萬載縣志
龍賡言纂修

007464858　3195 3302.871
永新縣志二十六卷首一卷
蕭玉春修,李煒纂

007464859　3195 3842.85
定南廳志八卷
賴勳修,黄錫光纂

007464862　3195 8231.9
分宜縣志十六卷首一卷
蕭家修等修,歐陽紹祁纂

007466567　3202 7921.1
金陵通紀十卷
陳作霖編輯

007466567 3202 7921.1
國朝金陵通紀四卷
陳作霖編輯

007466580 3198 8111.9
皖志列傳稿九卷
金天翮撰

007466581 3198 4401.88b
皖志便覽六卷
李應珏著纂

007466582 3190 3422.9
安鄉縣志二十六卷首一卷末一卷
王煙編纂

007466585 3190 4074.87
茶陵縣志二十四卷
梁葆頤等修,譚鍾麟等纂

007466586 3200 0130.9
亳縣志略
劉志堂修

007466587 3200 7623
臨泉縣志略
劉焕東修

007466588 3200 8966.9
繁昌縣志書十八卷首一卷
曹德贊纂,張星焕增纂

007466594 3190 4127.91
藍山縣圖志三十五卷
雷飛鵬等纂修

007466608 3202 7921b
金陵瑣志
陳作霖撰

007466608 3202 7921b
續金陵瑣志
陳詒紱撰

007466655 3200 1373.9
備修天長縣志十卷
張宗泰撰,劉增齡增補

007466935 3190 4629.9
嘉禾縣圖志三十四卷
雷飛鵬等纂修

007466936 3200 3260.9
寧國縣志十四卷首一卷末一卷
楊虎修,李丙麐纂

007466937 3200 4245.9
桐城續修縣志二十四卷首一卷
廖大聞等修,金鼎壽纂

007466940 3200 7172.9b
鳳陽縣志略
易季和修

007466945 3200 3272.9(1970)
渦陽縣志八卷首一卷
黄佩蘭等修,王佩箴等纂

007466955 3200 4326.9
太和縣志十二卷首一卷
丁炳烺修,吴承志等纂

007468491 3194 4634.9
吉安縣紀事五卷
李士梅纂修

007468492 3194 4634.8
吉安府志三十六卷
李興元修,歐陽主生等纂

007468493　3205 1232.9
邳志補二十六卷
竇鴻年修，莊思緘纂

007468500　3205 0222.84b
高郵州志十二卷首一卷
楊宜崙修，夏之蓉等纂

007468502　3205 5232.9
青浦縣續志二十四卷圖一卷附編一卷
張仁静修，錢崇威纂，金詠榴續纂

007468520　3205 3827.91
寶山縣續志附再續志新志備稿
吴葭修，王鍾琦等纂

007469205　3205 2962.9
崇明縣志十八卷附編一卷
王清穆修，曹炳麟纂

007469209　3205 7021.86b
重修興化縣志十卷
梁園棣等纂修

007469211　3205 2135.91
上海縣續志
吴馨等修，姚文枬等纂

007469580　3208 3333
浙江省沿海圖説
朱正元輯

007469593　3208 4401
浙志便覽十卷
李應珏輯

007469594　3195 0142.88
龍南縣志八卷首一卷
胡鴻澤修，鍾益馭纂

007469638　3205 3173.91
江陰近事録三卷
繆荃孫纂

007471959　3210 2929.7
剡録十卷
高似孫撰，徐幹校刊

007471960　3224 142.81
平和縣志十二卷首一卷
李鋐、王柏等修，昌天錦等纂

007471970　3195 0260.9
鹽乘縣志十六卷首一卷
胡思敬纂

007471971　3210 3114.9
宣平縣志十四卷首一卷末一卷
何横等修，鄒家箴纂

007471972　3210 3430.88b
淳安縣志十六卷首一卷
李詩等纂修

007471973　3224 1631.83
晉江縣志十六卷首一卷
方鼎等修，朱升元等纂

007471974　3210 3334.9
遂安縣志十卷首一卷末一卷
羅栢麓修，姚桓等纂

007471993　3224 1312.94
雲霄縣志二十二卷
徐炳文修，鄭豐稔纂

007471996　3195 0245.87b
新城縣志十二卷首一卷末一卷
劉昌岳修，鄧家祺纂

007472013　3210 2327.9
象山縣志三十二卷首一卷
李洣修,陳漢章纂

007473275　3229 0232.88
高州府志
楊霽修,陳蘭彬等纂

007473276　3210 4686.9
校勘光緒嘉善縣志劄記
孫傳樞纂修

007473293　3230 0214.89
高要縣志
馬呈圖纂輯

007474366　3224 3221.814
寧化縣志七卷
李世熊撰

007474396　3224 3630.88
福安縣志三十八卷首一卷終一卷
張景祁等纂修

007474399　3210 6932.9
景寧縣續志十七卷首一卷
吴吕熙等修,柳景元等纂

007474400　3224 4133.93
尤溪縣志十卷首一卷
盧興邦修,洪清芳纂

007474401　3210 7634.88
臨安志一百卷
潛説友原纂修,汪遠孫校補

007474414　3230 0234.84
新安縣志二十四卷
舒懋官修,王崇熙等纂

007474415　3230 1645.9
石城縣志十卷首一卷末一卷
鍾喜焯修,江珣纂

007474416　3224 4364.94
大田縣志六卷首一卷
陳朝宗修,王光張纂

007474417　3224 3622.84
福鼎縣志八卷
譚掄纂修

007474418　3224 2934.94
崇安縣新志三十一卷
劉超然修,鄭豐稔纂

007474419　3224 3334.82
永安縣志十卷
裘樹榮纂修

007474420　3224 3334.85
永安縣續志十卷
孫義修,陳樹蘭纂

007474421　3224 3345.9a
連城縣志三十二卷首一卷
陳一堃修,鄧光瀛纂

007474516　3224 3331.9
連江縣志
曹剛等修,邱景雍纂

007475276　3224 7331.9
閩清縣志八卷首一卷
楊宗彩修,劉訓瑺纂

007475321　3230 2821.9
從化縣志
郭遇熙等纂

007475322　3224 7232.7
周墩區志六卷首一卷
陳贊勳等修

007475323　3224 6233.94
明溪縣志十五卷首一卷
王維樑修，廖立元纂

007475372　3224 9134.88
光澤縣志三十卷
鈕承藩修，何秋淵纂

007475429　3230 2823.9b
順德縣志二十四卷
周之貞修，周朝槐纂

007475789　3237 2228.85
歸順直隸州志
何福祥等纂修

007475793　3231 0131.85
順德龍江鄉志五卷
佚名纂修

007475796　3230 4242.85
西寧縣志十二卷首一卷末一卷
諸豫宗修

007475803　3210 3114.83
宣平縣志十六卷
陳加儒修，雷仁育纂

007475804　3230 4235.85
南海縣志二十六卷
鄭夢玉等修，梁紹獻等纂

007475806　3230 3521.83b
海豐縣志
于卜熊纂修

007475830　3230 333.85
遂溪縣志十二卷
喻炳榮、趙鈞謨等纂

007475831　3230 4422.85
封川縣志十卷
温恭修，吴蘭修纂

007475832　3230 2972.89
徐聞縣志十五卷首一卷
王輔之等纂修

007475833　3230 3503.81
海康縣志上中下卷
鄭俊修，宋紹啓纂

007475859　3230 8632.83
普寧縣志十卷首一卷
蕭麟趾修，梅奕紹纂

007476056　3237 4632.87
梧州府志
吴九齡修，史鳴皋等纂

007476058　3238 113.94
三江縣志
魏任重修，姜玉笙纂

007476059　3238 161.94
雷平縣志
梁明綸等纂修

007476060　3238 1329.94
融縣志
黄志勛修，龍泰任纂

007476061　3238 1122.94
靈川縣志十四卷
李繁滋纂

007476062 3238 1442.94
平南縣鑑
鄭湘疇纂修

007477830 3238 2038.94
岑溪縣志
何夢瑶等修;劉廷棟重修

007477831 3145 0272.94
商邱縣志二十卷首一卷
劉德昌修,葉澐纂

007477832 3238 3262.88b
寧明州志上下卷
黎申產輯

007477833 3238 4114.9
桂平縣志五十六卷
黄占梅修,程大璋纂

007477834 3238 2642.9
信都縣志七卷
羅春芳修,玉崑山纂

007477835 3238 4631.9
榴江縣志
吴國經等修,蕭殿元等纂

007477836 3230 6186.9
四會縣志十編首一編末一編
陳志喆等修,吴大猷纂

007477838 3238 1832.88
天河縣鄉土志
楊家珍總纂

007477840 3238 4369.88
藤縣志二十二卷
邊其晉修,胡毓璠纂

007477845 3145 1030.9
靈寶縣志
孫椿榮修,張象明等纂

007477849 3145 1135.84
孟津縣志
徐元燦、趙擢彤、宋縉等纂修

007477854 3238 4232.83b
馬平縣志六卷首一卷
舒啓修,吴光昇纂

007477865 3230 7227.84
陽山縣志十八卷首一卷
黄瓚修,朱汝珍纂

007477866 3238 6416.94
田西縣志
黄旭初修,岑啓沃纂

007477867 3238 4938.94
來賓縣志
翟富文纂修

007477868 3238 3413.94
凌雲縣志
何景熙修,羅增麒纂

007477869 3238 7282.94
陽朔縣志四卷
張岳靈修,黎啓勳纂

007477870 3238 2986.94
崇善縣志
黄旭初修,吴龍輝纂

007477871 3238 7134.94
隆安縣志六卷
劉振西等纂修

007477872　3238 2132.94
邕寧縣志四十四卷
莫炳奎纂

007477873　3238 6141.94
羅城縣志
江碧秋修,潘實籙纂

007477874　3238 7211.94
同正縣志十卷
楊北岑等編纂

007477897　3238 3111.9
宜北縣志
覃玉成纂

007477898　3145 0230.9
新安縣志十五卷
張鈁修,李希白纂

007477912　3230 5934.85
東安縣志四卷
汪兆柯纂修

007477913　3238 424.94
柳城縣志八卷首一卷
何其英修,謝嗣農纂

007477990　3238 1832.85
天河縣志二卷
林光棣等纂修

007478997　3145 7329.9
陜縣志二十六卷
歐陽珍等修,韓嘉會等纂

007479000　3140 5972.9（2）
東阿縣志十八卷
周竹生修,靳維熙纂

007479001　3140 5972.9
續修東阿縣志十六卷首一卷
周竹生修,靳維熙總纂

007479004　3145 4446.9
獲嘉縣志
鄒古愚纂修

007479007　3145 1274.9
鄢陵縣志三十卷首一卷末一卷
靳蓉镜、晉克昌等修,蘇寶謙纂

007479030　3238 8532.85
義寧縣志六卷
謝澐修

007479049　3140 7245.884
鄆城縣鄉土志
畢炳炎編纂

007480535　3140 3214.94
續修清平縣志九卷首一卷
梁鍾亭等修,張樹梅等纂

007480537　3140 714.93b
續修歷城縣志五十四卷
毛承霖纂修

007480538　3140 3372.92
定陶縣志十二卷首一卷
馮麟溎等修,曹垣纂

007480544　3140 636.88
恩縣鄉土志
汪鴻孫修,劉儒臣等纂

007480546　3140 4069.9
莘縣志十二卷首一卷
王嘉猷修,嚴綏之纂

007480600　3134 5901.88
束鹿縣志十二卷
李中桂等纂修

007481875　3140 7469.88
陵縣鄉土志
錢應顯修,邢寶英編纂

007481876　3134 6610.88b
昌平州志十八卷
吴履福等修,繆荃孫等纂

007481880　3140 7369.89
滕縣續志稿四卷
生克中編輯

007481891　3140 416.88
范縣鄉土志
楊沂等纂修

007481900　3135 1145.93
翟城村志
尹仲材編述

007481915　3150 0374.9
襄陵縣志二十四卷
李世祐修,劉師亮纂

007481942　3134 6634.86b
固安縣志八卷
陳崇砥等纂修

007482003　3150 0810.88
廣靈縣補志十卷首一卷
楊亦銘纂修

007482210　3143 7952
籌豫近言
陳搨編

007482211　3143 0.9
豫北礦務交涉始末記
佚名纂

007482242　3140 7672.9
臨朐續志二十二卷
周鈞英修,劉仞千纂

007482243　3140 8162.93
續修鉅野縣志八卷首一卷
郁濬生纂修

007482244　3140 0206.887
高唐州鄉土志
周家齊纂修

007482246　3150 3434.94
安澤縣志十六卷
王錫禎、宋思本等纂

007482247　3150 3832.92
洪洞縣水利志補二卷
孫奂崙等纂修

007482248　3141 0232
靖海衛志十卷
佚名纂

007482256　3140 4234.883b
曹州府菏澤縣鄉土志
楊兆焕等纂

007482272　3140 9245.83
郯城縣志十二卷首一卷
王植、張金城等纂修

007482273　3143 0.94
河南通志輿地志山脈水系
佚名纂

007482274　3140 8772.9
館陶縣志十二卷
盧少泉纂修

007482278　3140 8772.91
館陶縣志十一卷
丁世恭修,劉清如纂

007482367　3150 2923.81
保德州志
王克昌修,殷夢高纂

007482572　3150 3427.9
浮山縣志四十二卷
任耀先修,張桂書纂

007486703　3243 1334
續黔書八卷
張澍著

007486731　3270 9334.9
懷安縣志十卷首一卷
景佐綱修,張景淵纂

007486733　3150 4245.93
芮城縣志十六卷首一卷末一卷
張亘、蕭光漢等纂修

007486735　3269 2930.9
保安州鄉土志
佚名纂修

007486736　3271 0.7
寧夏新志八卷
胡汝礪撰

007486737　3269 3121.81
宣化鄉土志
陳坦纂修

007486741　3267 4163.88b
土默特志十卷
佚名纂修

007486743　3269 1004.837
延慶衛志略
周碩勳纂修

007486744　3270 7602.7
重修居庸關志六卷
張紹魁纂修

007486749　3155 2632.84
白河縣志十四卷
嚴一青纂修

007486760　3155 2244.9
佛坪縣志上下卷
張機高纂修

007486763　3244 3485.9
續遵義府志三十五卷
周恭壽修,趙愷纂

007488429　3155 3145.9
澄城縣附志十二卷首一卷
王懷斌修,趙邦楹等纂

007488432　3245 1180.94
三合縣志略四十四卷
胡翯纂

007488434　3245 7472.9
開陽縣志稿十三章首一卷末一卷
解幼瑩等修,鍾景賢等纂

007488435　3150 7245.94
陽城縣鄉土志
楊念先撰

007488436 3284 2621.85
循化廳志八卷
李本源纂修,龔景瀚編

007488437 3277 2430.88
綏定縣鄉土志
蕭然奎譔

007488438 3275 4176.8
塔爾巴哈臺事宜
興肇等輯

007488439 3277 7244.88
温宿府鄉土志
佚名纂修

007488440 3275 0.880
新疆四道志四卷
佚名纂修

007488441 3275 4410.88
西陲事略三卷
李雲麟著

007488442 3275 0.831
西陲紀事本末四卷
佚名纂

007488443 3275 4912
新疆回部志
蘇爾德等撰

007488444 3245 5838.94
貴定一覽
徐實圃纂修

007488445 3275 4141.83
新疆輿圖風土考五卷(亦名西域見聞録)
七十一著

007488446 3275 1321.9
新疆地理志
張獻廷初稿

007488448 3284 1144.9
玉樹縣志稿十卷
佚名纂修

007488449 3273 1361.9
豫旺縣志六卷
朱恩昭著

007488450 3275 3204.85
西域釋地
祁韻士輯

007488451 3275 1144.9
新疆小正
王樹枬纂

007488452 3245 8030.94
八寨縣志稿三十卷首一卷
郭輔相修,王世鑫等纂

007488453 3245 0931.9
麻江縣志二十三卷
劉鍾蔭修,周恭壽纂

007488454 3284 4333.9
大通縣志六部
劉運新修,廖徯蘇等纂

007488456 3277 7220.88
新平縣鄉土志
周芳煦纂

007488460 3155 3569.9
洋縣志
張鵬翼總纂

007488464　3155 4445.9
韓城縣續志
趙本蔭修,程仲昭纂

007488465　3155 3020.9
宜川縣志
余正東修纂,黎錦熙校訂

007488473　3155 3403.842
安康縣志二十卷
鄭謙、王森文等原纂修

007488477　3155 3821.9
寶雞縣志十六卷
強振志等編輯

007488478　3245 8904.94
餘慶縣志四卷
毛肇顯纂

007488479　3245 4234.88
荔波縣志十一卷
蘇忠廷修,董成烈纂

007488480　3245 2331.94
德江縣志三卷
伍震修,黎民怡纂

007488481　3155 4342.9
大荔縣志稿十二卷首一卷
聶雨潤等修,李泰等纂

007488482　3290 2300.81
西藏志
焦應旂著

007488483　3245 3632.94
沿河縣志十八卷首一卷
楊化育修,覃夢松纂

007488484　3282 0358.53
青海地志略三卷附喀爾喀地志略、西套厄魯特地志略
康敷鎔纂

007488485　3282 0358.5
青海記
康敷鎔纂

007488486　3282 0358
青海志
康敷鎔纂

007488513　3290 1284.9
衛藏攬要六卷
邵欽權著

007488523　3275 0.83
回疆志
蘇爾德纂修

007488524　3277 6637.84
三州輯略
和寧撰

007488525　3155 5002.9
中部縣志(黄陵縣志)
余正東修,吴致勳總纂,黎錦熙校訂

007488527　3150 4669.88
吉縣志八卷
吴葵之總修,裴國苞纂修

007488528　3150 7623.81
隰州志二十四卷
錢以塏纂修

007488529　3155 3249.82
神木縣志
佚名纂修

007488536 3273 3214.84
寧夏府志二十二卷首一卷
張金城修,楊浣雨輯

007488539 3278 2421.86
新疆孚化志略
保達彙編

007490248 3250 2262.881
嵩明州志四卷
薛渭川等纂修

007490250 3250 3175.85
宣威州志八卷
劉沛霖等修,朱光鼎等纂

007490251 3250 1681.88
霑益州志六卷
陳燕等修,李景賢等纂

007490252 3145 217.94
偃師縣風土志略五編
喬榮筠等撰

007490257 3248 7292.9
滇緬南段未定界調查報告
周光倬編

007490262 3155 5371.88
扶風縣鄉土志四卷
譚紹裘撰

007490265 3155 6672.88
新續略陽縣志
桂超等纂修

007490266 3155 7269.89
郿縣志十八卷首一卷
沈錫榮纂修

007490267 3155 503.89
咸寧長安兩縣續志二十二卷
翁檉修,宋聯奎纂

007490287 3250 3175.9b
宣威縣志稿十二卷
王鈞圖、陳其棟修,繆果章纂

007490288 3250 3321.9
祿豐縣志條目
陽仰修抄

007490289 3250 3342
祿勸縣志十三卷首一卷
許實纂修

007490290 3250 3113.94
瀘水志
段承鈞纂

007490291 3249 0842.88
廣南府志
林則徐等修

007490295 3250 3332.88
浪穹縣志略十三卷
清羅瀛美修,周沆纂

007490296 3250 1233.94
巧家縣志十卷
陸崇仁修,湯祚纂

007490297 3250 2439.82
師宗州志上下卷
管棆纂修

007490298 3250 2329.83
黎縣舊志
佚名纂修

007490299　3250 2262.88b
續修嵩明州志八卷
王沂淵等纂修

007490822　3250 6633.9b
昭通縣志十二卷
楊履乾等編輯

007490823　3145 267.83b
重印信陽州志十二卷首一卷
張鉞纂修,萬侯等編輯

007490825　3155 2124.9
磚坪縣志二卷
佚名纂修

007490826　3250 4841.89
楚雄縣志十二卷
崇謙等修

007490827　3250 4232.86
南寧縣志十卷首一卷
毛玉成修,張翊辰等纂

007490828　3155 1473.9
延長縣志十卷
王崇禮原修

007490829　3155 2142.88
雒南縣鄉土志三卷
陳綬編纂

007490830　3250 6642.9
路南縣志十卷
馬標編訂,楊中潤輯

007490832　3145 3269.9(1968)
重修滑縣志二十卷
王蒲園等纂

007490834　3155 1622.85
西鄉縣志六卷附考徵
薛祥綏編著

007490839　3250 7139.83
陸涼州志
沈生遴纂修

007490840　3145 2232.9
禹縣志三十卷
王琴林等纂修

007490845　3155 0242.9
商南縣志十二卷首一卷
羅傳銘修,路炳文纂

007490847　3154 7334.5c
長安志
宋敏求撰,畢沅校正

007490849　3155 8834.88
鎮安縣鄉土志二卷
李麟圖纂修

007490866　3250 3632.94
富州縣志
甘汝棠修纂

007490867　3250 6950.93
景東縣志稿二十二卷首一卷
侯應中纂

007490869　3250 7121.82
白鹽井志八卷
劉邦瑞纂修

007490870　3250 7201.92
馬龍縣志十卷
王懋昭纂修

007490953　3250 7125.85b
趙州志六卷
陳釗鏜修,李其馨等纂

007491193　3145 347.9
重修汝南縣志二十二卷
陳伯嘉修,李成均等纂

007491194　3145 363.83　3145 363.83b
裕州志六卷
董學禮原本;宋名立增修

007493390　3261 1121.89
西北墾務調查彙册
西北墾務調查局編

007493403　3261 2674
烏里雅蘇臺志略
佚名纂修

007493404　3262 4260
布特哈志略
孟定恭撰著

007493407　3145 4272.883
南陽府南陽縣户口地土物産畜牧表圖説
潘守廉纂

007493408　3267 1179
五原廳志
佚名纂修

007493414　3145 4245.91
考城縣志
張之清修,田春同纂

007493433　3250 8848.94
鎮越縣志
趙思治修,單鏡泉纂

007493434　3251 6162.94b
昆明市志
張維翰修,童振藻纂

007493435　3250 7233.81
阿迷州志二十四卷
王民皞纂修

007493442　3250 7277.9
馬關縣志十卷
張自明修,王富臣等纂

007493465　3261 4169.88
蒙古志
姚明輝輯,夏日琖校

007496460　3238 1020.9
平樂縣志八卷
黄旭初修,張智林纂

007506657　DS793.Y8 F43 1967
滇考上下卷
馮甦纂修

007506658　DS793.Y78 F36 1976
岳陽風土記
范致明撰

007506696　DS793.F8 C497 1975
閩小記上下卷
周亮工撰

007507817　DS740.5.B8 T53 1974
滇緬劃界圖説
薛福成輯

007546886　4398.18 4664
朝邑縣幅員地糧總説
霍勸勳等編

007550357 4490 3673
東道圖説便覽
裕長纂修

007563361 4582.18 7191
陝西省二十七府州縣屯衛賦役全書

007575662 4760.12 4532.1
天台治略十卷
戴兆佳撰

007575663 4758.35 3533
啓東設治彙牘四卷附録一卷
陳弘編輯

007585426 4885 4422
蒙古律例
理藩院纂定

007903872 3118 8216.9b
錦西縣志
郭達編纂

007988698 3238 1329.88
容縣志二十八卷首一卷
易紹惪修,封祝唐纂

007994350 3124 921b
黑龍江大事志四卷
張伯英輯

007994351 3124 1637
黑龍江外記八卷
西清纂,蕭穆等重輯

007994369 3118 8528.91
鐵嶺縣續志十二卷
楊宇齊修,張嗣良纂

007994370 3118 9542.93
輝南縣志四卷
白純義修,于鳳桐纂

007994371 3126 2334.94
依安縣志
梁岩修,何士舉纂

007994372 3128 1972
河北通志稿舊志源流
孫鵬撰

007994372 3128 1972
關隘考
張鴻翔撰

008228450 3145 330.9
通許縣新志
張士傑修,候昆禾纂

008248815 3250 2431.9
徵江縣鄉土資料
徵江政府編

008621214 J3226 0002（213）
基隆志
簡萬火著

008931516 DS797.44.W894 W895 1976x vol.1
武陟縣志
王榮陛修,方履籛纂

008931517 DS797.44.W894 W895 1976x vol.2
續武陟縣志二十四卷
史延壽等纂修

009160955 3090 2194
陝西全省輿地圖
魏光燾編修

009226361 3118 4010.93
蓋平縣鄉土志上下卷
崔正峰修,郭春藻輯

009249377　3190 8672.84a
瓊東縣志十卷(舊名會同縣志)
陳述芹纂修

009249892　3238 3629.88
容縣志二十八卷首一卷
易紹悳修,封祝唐纂

009249932　3245 1134.88
續修正安州志十卷
彭焯修,楊德明纂

009250042　3245 4244.9
桐梓縣志二十卷
周西成等修,犹海龍等纂

009250051　3249 0816.83
廣西府志二十六卷
周埰等修,李綬等纂

009250089　3250 1424.81
平彝縣志十卷
任中宜纂輯

009254920　3230 7120.83b
陸豐縣志十二卷
王之正修,沈展才等纂

009254962　3238 0232.88a
新寧州志六卷
戴焕南修,張粲奎纂

009268431　3122 3466.93
安圖縣志六卷
陳國鈞修,孔廣泉纂

009268450　3126 6422.9
呼倫縣志略
佚名纂修

009268457　3118 7479.94
開原縣志十二卷
李毅纂修

009614217　DS796.D86 D86 1970
敦煌縣志七卷首一卷
蘇履吉修,曾誠纂

011312493　3266 3130.88
清水河廳志二十卷首一卷
阿克達春、文秀等纂修

012090860　3108 4201
舊刊新疆輿圖
(清)佚名纂修

012101272　3086 2574
畿輔輿地全圖
(清)佚名纂修

012624465　3202 4164.7
南樞志
范景文撰

中國省志彙編

《中國省志彙編》,臺北華文書局 1967 年影印出版

007466569　3203 3142.83b
江南通志二百卷
黄之雋等撰

007464830　3198 0.88
安徽通志三百五十卷補遺十卷
何紹基等撰

007468485　3193 0.88
江西通志一百八十卷首五卷
趙之謙等撰

007464840　3188 0.88
湖南通志二百八十八卷首八卷末十九卷
曾國荃等撰

007456633　3178 6122.84b
四川通志二百〇四卷首二十二卷
陳登龍編

007487017　3243 0.83
貴州通志四十六卷首一卷
鄂爾泰等修，靖道謨等纂

007475275　3222 0.85b
福建通志二百七十八卷首六卷
陳壽祺等撰

007480516　3148 0.84
山西通志二百三十卷
王軒等撰

007482202　3143 3242.82b
河南通志續通志
周竹生修，靳維熙總纂

007490221　3153 7316.82b
陝西通志續通志
沈青崖、吴廷錫等撰

007493384　3266 0.88b
綏遠全志附歸綏縣志
高庚恩、鄭裕孚等纂

宋元地方志叢書

《宋元地方志叢書》，臺北大化書局1980年影印出版
（008086976　3110 3140）

008086977　3110 3140（1）
長安志
（宋）宋敏求纂修

008086977　3110 3140（1）
長安志圖
（元）李好文編繪

008086977　3110 3140（1）
雍録
（宋）程大昌纂修，吴琯校

008086977　3110 3140（1）
河南志
（元）佚名纂修

008086977　3110 3140（1）
齊乘
（元）于欽纂修

008086977　3110 3140（1）
新安志
（宋）趙不悔修，羅願纂

008086978　3110 3140（2）
[景定]建康志
（宋）馬光祖修，周應合纂

008086979　3110 3140（3）
[至正]金陵新志
（元）張鉉纂修

008086982 3110 3140 (4)
吴郡圖經續記
(宋)朱長文纂修

008086982 3110 3140 (4)
[紹定]吴郡志
范成大撰

008086982 3110 3140 (4)
[至正]崑山郡志
(元)楊譓纂修

008086982 3110 3140 (4)
琴川志
(宋)孫應時纂修

008086983 3110 3140 (5)
[嘉定]鎮江志
(宋)史彌堅修,盧憲纂

008086983 3110 3140 (5)
[至順]鎮江志
(元)脱因修,俞希魯纂

008086985 3110 3140 (6)
[咸淳]毗陵志
(宋)史能之纂修

008086985 3110 3140 (6)
[紹熙]雲間志
(宋)楊潛纂修

008086985 3110 3140 (6)
[淳祐]玉峰志
(宋)項公澤修,凌萬頃、邊實纂

008086985 3110 3140 (6)
[咸淳]玉峰續志
(宋)謝公應修,邊實纂

008086986 3110 3140 (7)
[咸淳]臨安志
(宋)潛説友纂修

008086987 3110 3140 (8)
[乾道]臨安志
(宋)周淙纂修

008086987 3110 3140 (8)
[淳祐]臨安志
(宋)施諤纂修

008086987 3110 3140 (8)
[乾道]四明圖經
(宋)張津等纂

008086987 3110 3140 (8)
[寶慶]四明志
(宋)胡榘修,方萬里、羅濬纂

008086987 3110 3140 (8)
[開慶]四明續志
(宋)吴潛修,梅應發、劉錫纂

008086988 3110 3140 (9)
[延祐]四明志
(元)馬澤修,袁桷纂

008086988 3110 3140 (9)
[至正]四明續志
(元)王元恭修,王厚孫、徐亮纂

008086988 3110 3140 (9)
[大德]昌國州圖志
(元)馮福京修,郭薦纂

008086989 3110 3140 (10)
[嘉泰]會稽志
(宋)沈作賓修,施宿纂

008086989　3110 3140 (10)
[寶慶]會稽續志
(宋)張淏纂修

008086989　3110 3140 (10)
剡録
史安之修,高似孫纂

008086990　3110 3140 (11)
[嘉泰]吴興志
(宋)談鑰纂修

008086990　3110 3140 (11)
[淳熙]嚴州圖經
(宋)陳公亮修,劉文富纂

008086990　3110 3140 (11)
[景定]嚴州續志
(宋)錢可則修,鄭瑶、方仁榮纂

008086990　3110 3140 (11)
[嘉定]赤城志
(宋)齊碩修,陳耆卿纂

008086991　3110 3140 (12)
[至元]嘉禾志
(元)單慶修,徐碩纂

008086991　3110 3140 (12)
[紹定]澉水志
(宋)羅叔韶修,常棠纂

008086991　3110 3140 (12)
[淳熙]三山志
(宋)梁克家纂修

宋元地方志叢書續編

《宋元地方志叢書續編》,中國地志研究會編印,台北大化書局1990年影印出版(008086712　3110 3140.1)

008086712　3110 3140.1
類編長安志十卷
(元)駱天驤撰,薛延年校正

008086712　3110 3140.1
重修琴川志十五卷
(宋)鮑廉撰;(元)盧鎮補修

008086712　3110 3140.1
無錫縣志四卷
佚名纂修

008086712　3110 3140.1
[淳祐]臨安志輯佚八卷
(宋)施諤撰;(清)胡敬輯

008086712　3110 3140.1
[至元]嘉禾志三十二卷
(元)徐碩撰

008086712　3110 3140.1
[淳熙]三山志四十二卷
(宋)梁克家撰

008086712　3110 3140.1
仙溪志四卷
(宋)黄嚴孫撰

008086712　3110 3140.1
壽昌乘一卷
(宋)佚名撰

008086712 3110 3140.1
[大德]南海志殘五卷
(元)佚名撰

008086712 3110 3140.1
南岳總勝集三卷
(宋)陳田夫撰

008086712 3110 3140.1
金華赤松山志一卷
(宋)倪守約撰

008086712 3110 3140.1
黄山圖經一卷圖一卷
(宋)闕名撰

天一閣藏明代方志選刊

《天一閣藏明代方志選刊》,上海古籍書店1981年影印出版
(008016724 3110 1174)

007989979 3110 1174 (1-2)
[嘉靖]河間府志上下
(明)樊深編纂

007989980 3110 1174 (3)
[正德]大名府志
(明)唐錦編纂

007989981 3110 1174 (4)
[弘治]保定郡志
(明)張才、徐珪編纂

007989982 3110 1174(5)
[嘉靖]廣平府志
(明)陳棐編纂

007993414 3110 1174 (6)
[隆慶]趙州志
(明)蔡懋昭編纂

007993414 3110 1174 (6)
[嘉靖]霸州志
(明)周複俊編纂

007993415 3110 1174(7)
[弘治]易州志
(明)戴銑編纂

007993415 3110 1174(7)
[嘉靖]雄乘
(明)王齊編纂

007993416 3110 1174(8)
[嘉靖]隆慶志
(明)謝庭桂等編纂

007993416 3110 1174(8)
[嘉靖]太原縣志
(明)高汝行編纂

007989983 3110 1174 (9)
[嘉靖]崑山縣志
(明)方鵬編纂

007989984 3110 1174 (10)
[萬曆]通州志
(明)沈明臣編纂

007989985 3110 1174 (11)
[弘治]句容縣志
(明)程文等編纂

007993417　3110 1174（12）
[嘉靖]惟揚志
（明）盛儀編纂

007989986　3110 1174（13）
[嘉靖]江陰縣志
（明）張衮編纂

007993418　3110 1174（14）
[隆慶]海州志
（明）張峰編纂

007993418　3110 1174（14）
[嘉靖]高淳縣志
（明）劉啓東編纂

007993419　3110 1174（15）
[隆慶]儀真縣志
（明）申嘉瑞編纂

007993419　3110 1174（15）
[嘉靖]寶應縣志略
（明）聞人銓編纂

007989987　3110 1174（16）
[嘉靖]淳安縣志
（明）姚鳴鸞編纂

007993420　3110 1174（17）
[嘉靖]温州府志
（明）張孚敬編纂

007993420　3110 1174（17）
[嘉靖]太平縣志
（明）葉良佩編纂

007993421　3110 1174（18）
[萬曆]黄巖縣志
（明）袁應祺編纂

007993421　3110 1174（18）
[嘉靖]海門縣志
（明）崔桐編纂

007993422　3110 1174（19）
[萬曆]新昌縣志
（明）田琯編纂

007993422　3110 1174（19）
[嘉靖]浦江志略
（明）毛鳳韶編纂

007994526　3110 1174（20）
[永樂]樂清縣志
（明）佚名纂修

007994526　3110 1174（20）
[嘉靖]武康縣志
（明）駱文盛編纂

007993423　3110 1174（21-22）
[弘治]徽州府志
（明）汪舜民編纂

007993424　3110 1174（23）
[嘉靖]寧國府志
（明）李默編纂

007993424　3110 1174（23）
[嘉靖]宿州志
（明）余鍧修，徐世用、張體乾等纂

007993425　3110 1174（24）
[嘉靖]池州府志
（明）王崇編纂

007993425　3110 1174（24）
[正德]潁州志
（明）劉節編纂

007993426 3110 1174 (25)
[嘉靖]壽州志
(明)栗永禄編纂

007993426 3110 1174 (25)
[嘉靖]銅陵縣志
(明)李士元等編纂

007993427 3110 1174 (26)
[嘉靖]天長縣志
(明)王心編纂

007993427 3110 1174 (26)
[嘉靖]建平縣志
(明)姚文燁編纂

007993428 3110 1174 (27-28)
[嘉靖]建寧府志
(明)汪佃編纂

007993429 3110 1174 (29)
[嘉靖]延平府志
(明)鄭慶雲編纂

007993430 3110 1174 (30)
[嘉靖]邵武府志
(明)陳讓編纂

007993431 3110 1174 (31)
[嘉靖]建陽縣志
(明)馮繼科編纂

007993432 3110 1174 (32)
[嘉靖]龍溪縣志
(明)劉天授編纂

007993432 3110 1174 (32)
[嘉靖]惠安縣志
(明)張岳編纂

007993433 3110 1174 (33)
[嘉靖]安溪縣志
(明)林有年編纂

007993433 3110 1174 (33)
[嘉靖]尤溪縣志
(明)田頊編纂

007993434 3110 1174 (34)
[正德]建昌府志
(明)夏良勝編纂

007993435 3110 1174 (35)
[隆慶]臨江府志
(明)管大勳等編纂

007993436 3110 1174 (36)
[嘉靖]九江府志
(明)何棐編纂

007993437 3110 1174 (37)
[正德]袁州府志
(明)嚴嵩編纂

007993438 3110 1174 (38)
[嘉靖]贛州府志
(明)董天錫編纂

007993439 3110 1174 (39)
[正德]南康府志
(明)陳霖編纂

007993439 3110 1174 (39)
[嘉靖]永豐縣志
(明)管景編纂

002050781 3110 1174 (40)
[隆慶]瑞昌縣志
(明)劉儲纂修

002050781　3110 1174 (40)
[嘉靖]東鄉縣志
(明)秦鎰修

002050781　3110 1174 (40)
[嘉靖]瑞金縣志
(明)林有年纂修

007993441　3110 1174 (41-42)
[嘉靖]青州府志上下
(明)馮惟訥編纂

002050800　3110 1174 (43)
[嘉靖]夏津縣志
(明)易時中修,王琳纂

002050800　3110 1174 (43)
[嘉靖]臨朐縣志
(明)王家士修,馮惟敏等纂

002050800　3110 1174 (43)
[嘉靖]萊蕪縣志
(明)陳甘雨纂修

002050800　3110 1174 (43)
[嘉靖]淄川縣志
(明)王琮纂修

002050801　3110 1174 (44)
[正德]莘縣志
(明)吴宗器纂修

002050801　3110 1174 (44)
[嘉靖]武城縣志
(明)尤麒修,陳露輯

002050801　3110 1174 (44)
[嘉靖]武定州志
(明)鄭希僑修,劉繼先、崔士偉纂

002050825　3110 1174 (45)
[嘉靖]彰德府志
(明)崔銑輯

002050825　3110 1174 (45)
[嘉靖]襄城縣志
(明)林鸞輯

001690236　3110 1174 (46)
[正德]汝州志
(明)王雄修,承天貴纂

001690236　3110 1174 (46)
[嘉靖]開州志
(明)孫巨鯨修,王崇慶纂

001690241　3110 1174 (47)
[嘉靖]許州志
(明)張良知纂修

001690241　3110 1174 (47)
[嘉靖]光山縣志
(明)沈紹慶修,王家士纂

002050833　3110 1174 (48)
[嘉靖]鄧州志
(明)潘庭楠修

002050833　3110 1174 (48)
[嘉靖]夏邑縣志
(明)鄭相修輯

002050802　3110 1174 (49)
[嘉靖]尉氏縣志
(明)曾嘉誥修,汪心纂

002050802　3110 1174 (49)
[正德]新鄉縣志
(明)儲珊修,李錦纂

007993449 3110 1174 (50)
[嘉靖]魯山縣志
(明)孫鐸編纂

007993449 3110 1174 (50)
[嘉靖]長垣縣志
(明)劉芳編纂

002050795 3110 1174 (51)
[嘉靖]固始縣志
(明)張梯修,葛臣纂

002050795 3110 1174 (51)
[嘉靖]鄢陵志
(明)劉訒修

007994488 3110 1174 (52)
[嘉靖]蘭陽縣志
(明)李希程編纂

007994488 3110 1174 (52)
[弘治]偃師縣志
(明)魏津編纂

007994488 3110 1174 (52)
[嘉靖]内黄縣志
(明)董弦等編纂

007994489 3110 1174 (53)
[弘治]黄州府志
(明)盧浚編纂

002050794 3110 1174 (54)
[嘉靖]漢陽府志
(明)朱衣修

002050794 3110 1174 (54)
[嘉靖]沔陽志
(明)童承叙修,曾儲纂

007994491 3110 1174 (55)
[嘉靖]蘄州志
(明)甘澤編纂

007994491 3110 1174 (55)
[正德]光化縣志
(明)曹璘編纂

007994491 3110 1174 (55)
[嘉靖]應山縣志
(明)顔木編纂

007994492 3110 1174 (56)
[嘉靖]常德府志
(明)陳洪謨編纂

002050804 3110 1174 (57)
[隆慶]岳州府志
(明)鍾崇文纂修

007994494 3110 1174 (58)
[萬曆]郴州志
(明)胡漢編纂

002050834 3110 1174 (59)
[嘉靖]衡州府志
(明)楊珮纂修

002050834 3110 1174 (59)
[萬曆]慈利縣志
(明)陳光前纂修

007994496 3110 1174 (60-61)
[正德]瓊臺志上下
(明)唐胄編纂

007994524 3110 1174 (62)
[嘉靖]惠州府志
(明)楊載鳴編纂

002050796　3110 1174（63）
［隆慶］潮陽縣志
（明）林大春著

002050796　3110 1174（63）
［嘉靖］翁源縣志
（明）李孔明纂修

002050885　3110 1174（64）
［嘉靖］惠志略
（明）楊載鳴纂

002050885　3110 1174（64）
［嘉靖］仁化縣志
（明）胡居安纂修

002050885　3110 1174（64）
［嘉靖］欽州志
（明）林希元纂修

007994499　3110 1174（65）
［正德］夔州府志
（明）吴潛編纂

002050803　3110 1174（66）
［嘉靖］馬湖府志
（明）余承勛纂修

002050803　3110 1174（66）
［嘉靖］洪雅縣志
（明）束載修，張可述纂

002050803　3110 1174（66）
［嘉靖］雲陽縣志
（明）楊鸞修，秦覺纂

002050892　3110 1174（67）
［嘉靖］思南府志
（明）鍾添纂次，田秋删定，洪價校正

002050892　3110 1174（67）
［嘉靖］普安州志
（明）高廷愉纂修

002050892　3110 1174（67）
［嘉靖］尋甸府志
（明）王尚用修輯，張騰編次，祝誠校訂

001690238　3110 1174（68）
［嘉靖］略陽縣志
（明）李遇春纂修

001690238　3110 1174（68）
［嘉靖］寧夏新志
（明）胡汝礪編，李端澄校

天一閣藏明代方志選刊續編

《天一閣藏明代方志選刊續編》，上海書店1990年影印出版
（007914937　3110 1174.1）

007914937　3110 1174.1（1）
［嘉靖］清苑縣志六卷
（明）李廷寶纂修

007914937　3110 1174.1（1）
［嘉靖］蠡縣志五卷
（明）李復初纂修

007914937　3110 1174.1（1）
［嘉靖］獲鹿縣志十二卷
（明）趙惟勤纂修

007914927 3110 1174.1 (2)
[正德]趙州志八卷
(明)程遵纂修

007914927 3110 1174.1 (2)
[嘉靖]威縣志八卷
(明)胡容等纂修

007914940 3110 1174.1 (3)
[弘治]永平府志十卷
(明)吴傑修,張廷綱、吴祺纂

007914940 3110 1174.1 (3)
[正德]臨漳縣志十卷
(明)景芳纂修

007914940 3110 1174.1 (3)
[嘉靖]磁州志四卷
(明)周文龍修,孫紹等纂

007914960 3110 1174.1 (4)
[嘉靖]武安縣志四卷
(明)唐交修,陳瑋纂

007914960 3110 1174.1 (4)
[嘉靖]涉縣志一卷
(明)佚名纂

007914960 3110 1174.1 (4)
[嘉靖]曲沃縣志五卷
(明)劉魯生修,李廷賓纂

007914960 3110 1174.1 (4)
[嘉靖]翼城縣志六卷
(明)鄢桂枝修,楊汝江纂

007914925 3110 1174.1 (5-6)
[正德]松江府志三十二卷
(明)陳威、喻時修,顧清等纂

007914280 3110 1174.1 (7)
[弘治]上海志八卷
(明)郭經修,唐錦纂

007914280 3110 1174.1 (7)
[萬曆]江浦縣志十二卷
(明)沈孟化修,張夢柏等纂

007914280 3110 1174.1 (7)
[嘉靖]六合縣志八卷
(明)黄紹文纂修

007914944 3110 1174.1 (8)
[萬曆]淮安府志二十卷
(明)郭大綸修,陳文燭纂

007914944 3110 1174.1 (8)
[萬曆]宿遷縣志八卷
(明)喻文偉修,劉籌、何儀纂

007914945 3110 1174.1 (9)
[嘉靖]沛縣志十卷
(明)王治修,馬偉纂

007914945 3110 1174.1 (9)
[隆慶]寶應縣志十卷
(明)湯一賢纂修

007914926 3110 1174.1 (10)
[嘉靖]重修如臯縣志十卷
(明)謝紹祖纂修

007914926 3110 1174.1 (10)
[嘉靖]通州志六卷
(明)顧磐編考,林穎重修

007914926 3110 1174.1 (10)
[嘉靖]吴邑志十六卷圖説一卷
(明)楊循吉、蘇祐纂修;圖説,曹自守撰

007914938　3110 1174.1 (11-14)
[正德]姑蘇志六十卷
(明)王鏊等纂

007914939　3110 1174.1 (15-19)
[崇禎]吴縣志五十四卷首一卷
(明)牛若麟修,王焕如纂

007916924　3110 1174.1 (20)
[嘉靖]太倉州志十卷
(明)周士佐修,張寅纂

007914322　3110 1174.1 (21-22)
[正德]常州府志續集八卷
(明)張愷纂修

007914322　3110 1174.1 (21-22)
[成化]重修毗陵志四十卷
(明)卓天錫修,孫仁增修,朱昱纂

007914922　3110 1174.1 (23)
[隆慶]長洲縣志十四卷
(明)張德夫修,皇甫汸纂

007914922　3110 1174.1 (23)
[萬曆]丹徒縣志四卷
(明)何世學纂修

007914936　3110 1174.1 (24-26)
[嘉靖]浙江通志七十二卷
(明)胡宗憲修,薛應旂等纂

007914943　3110 1174.1 (27)
[天啓]平湖縣志十九卷圖一卷
(明)程楷修,楊儁卿纂

007914923　3110 1174.1 (28)
[萬曆]會稽縣志十六卷
(明)楊維新修,張元忭、徐渭纂

007914923　3110 1174.1 (28)
[嘉靖]安吉州志浙江八卷
(明)江一麟修,陳敬則纂

007914942　3110 1174.1 (29)
[嘉靖]蕭山縣志六卷
(明)林策修,張燭纂;魏堂續增

007914942　3110 1174.1 (29)
[嘉靖]定海縣志十三卷
(明)何愈修,張時撤等纂

007914365　3110 1174.1 (30)
[嘉靖]象山縣志十五卷
(明)毛德京修,楊民彝、周茂伯纂

007914365　3110 1174.1 (30)
[正德]永康縣志八卷
(明)吴宣濟、胡楷修,陳泗纂

007916933　3110 1174.1 (31)
[弘治]衢州府志十五卷
(明)沈傑修,吾冔、吴夔纂

007916932　3110 1174.1 (32)
[弘治]温州府志二十二卷
(明)鄧淮修,王瓚、蔡芳纂

007916921　3110 1174.1 (33-34)
[成化]中都志十卷
(明)柳瑛纂

007916951　3110 1174.1 (35)
[嘉靖]懷遠縣志二卷
(明)孫維禮、楊鈞纂修

007916951　3110 1174.1 (35)
[弘治]直隸鳳陽府宿州志二卷
(明)曾顯纂修

007916951 3110 1174.1 (35)
[嘉靖]潁州縣志二十卷
(明)吕景蒙修,胡衮纂

007916948 3110 1174.1 (36)
[嘉靖]涇縣志十一卷
(明)邱時庸修,王廷幹纂

007916948 3110 1174.1 (36)
[嘉靖]寧國縣志四卷
(明)范鎬纂修

007916923 3110 1174.1 (37)
[弘治]將樂縣志十四卷
(明)李敏纂修

007916923 3110 1174.1 (37)
[正德]順昌邑志十卷存八卷
(明)馬性魯纂修

007916950 3110 1174.1 (38)
[嘉靖]清流縣志五卷
(明)陳桂芳纂修

007916950 3110 1174.1 (38)
[嘉靖]建寧縣志七卷附録一卷
(明)何孟倫纂修

007916950 3110 1174.1 (38)
[嘉靖]長泰縣志六卷
(明)佚名纂

007916950 3110 1174.1 (38)
[嘉靖]漳平縣志十卷
(明)朱召修,曾汝檀纂

007916920 3110 1174.1 (39–40)
[嘉靖]汀州府志十九卷
(明)邵有道纂修

007916941 3110 1174.1 (41)
[嘉靖]福寧州志十二卷存九卷(存卷一至卷三,卷七至卷十二)
(明)陳應賓修,閔文振纂

007916941 3110 1174.1 (41)
[嘉靖]寧德縣志四卷
(明)閔文振纂修

007916952 3110 1174.1 (42)
[嘉靖]豐乘十卷存卷一至卷八
(明)李貴纂修

007916952 3110 1174.1 (42)
[嘉靖]武寧縣志六卷
(明)徐麟纂修

007916952 3110 1174.1 (42)
[正德]瑞州府志十四卷
(明)熊相纂修

007916935 3110 1174.1 (43)
[嘉靖]寧州志十八卷
(明)龔暹纂修

007916954 3110 1174.1 (44)
[正德]饒州府志四卷
(明)陳策纂修

007916954 3110 1174.1 (44)
[嘉靖]南康縣志十三卷
(明)劉昭文纂修

007916914 3110 1174.1 (45)
[嘉靖]廣信府志二十卷
(明)張士鎬修,江汝璧纂

007916953 3110 1174.1 (46)
[嘉靖]鉛山縣志十二卷
(明)費寀纂修

007916953　3110 1174.1 (46)
[正德]新城縣志十三卷
(明)黄文鷟纂修

007916922　3110 1174.1 (47-48)
[弘治]撫州府志二十八卷
(明)楊淵纂修

007916916　3110 1174.1 (49)
[嘉靖]臨江府志九卷
(明)徐顥修,楊鈞、陳德文纂

007916916　3110 1174.1 (49)
[嘉靖]袁州府志十卷
(明)陳德文纂修

007916917　3110 1174.1 (50)
[嘉靖]南安府志三十五卷
(明)劉節纂修

007920542　3110 1174.1 (51-52)
[嘉靖]山東通志四十卷
(明)陸釴等纂修

007915533　3110 1174.1 (53-56)
[萬曆]兖州府志五十一卷缺卷三
(明)朱泰、游季勳修,包大爟纂

007916936　3110 1174.1 (57)
[嘉靖]章丘縣志四卷
(明)楊循吉纂修;戴儒補修,宋秉中補纂

007916936　3110 1174.1 (57)
[嘉靖]德州志三卷缺卷一
(明)鄭瀛修,何洪纂

007916936　3110 1174.1 (57)
[嘉靖]昌樂縣志八卷存卷一至卷三
(明)朱木修,高凌雲纂

007916936　3110 1174.1 (57)
[嘉靖]寧海州志二卷
(明)李光先修,焦希程纂

007916995　3110 1174.1 (58)
[嘉靖]通許縣志二卷圖一卷
(明)韓玉纂輯

007916995　3110 1174.1 (58)
[嘉靖]太康縣志十卷
(明)安都纂集,陳尚忠校書

007916995　3110 1174.1 (58)
[嘉靖]陽武縣志七卷
(明)吕枏纂修

007916995　3110 1174.1 (58)
[嘉靖]沈丘縣志五卷
(明)李宗元編

007916929　3110 1174.1 (59)
[嘉靖]儀封縣志不分卷
(明)佚名纂修

007916929　3110 1174.1 (59)
[嘉靖]鄢城縣志十二卷
(明)趙應式修,鄭曜等纂

007916929　3110 1174.1 (59)
[嘉靖]鞏縣志八卷
(明)周泗修,康紹第纂

007916926　3110 1174.1 (60)
[嘉靖]歸德志八卷
(明)李應奎修,黄鈞纂

007916926　3110 1174.1 (60)
[嘉靖]永城縣志六卷
(明)魏有本、葛守禮修,鄭禮、秦時雍纂

007916926 3110 1174.1 (60)
[嘉靖]真陽縣志十卷補遺一卷附録一卷
(明)徐霓修,何麟纂,白應虚補

007916926 3110 1174.1 (60)
[嘉靖]商城縣志八卷圖一卷
(明)萬炯修,張應辰纂

007916927 3110 1174.1 (61)
[嘉靖]輝縣志十卷
(明)張天真纂修

007916927 3110 1174.1 (61)
[嘉靖]濮州志十卷
(明)鄧韍纂修

007916927 3110 1174.1 (61)
[嘉靖]范縣志八卷
(明)東時泰等纂修

007916928 3110 1174.1 (62)
[嘉靖]羅田縣志八卷
(明)祝翊修,蔡元偉等纂

007916928 3110 1174.1 (62)
[弘治]夷陵州志十卷拾遺一卷
(明)劉允修,沈寬纂

007916928 3110 1174.1 (62)
[嘉靖]歸州全志二卷
(明)張時纂修

007916928 3110 1174.1 (62)
[嘉靖]歸州志五卷續集一卷
(明)鄭喬纂修

007916928 3110 1174.1 (62)
[嘉靖]巴東縣志三卷
(明)許周修,楊培之纂

007916930 3110 1174.1 (63)
[弘治]岳州府志十卷
(明)劉璣、劉襲纂修

007916930 3110 1174.1 (63)
[嘉靖]茶陵州志二卷
(明)張治纂修

007916915 3110 1174.1 (64)
[弘治]永州府志十卷
(明)姚昺纂修

007916931 3110 1174.1 (65)
[嘉靖]增城縣志十九卷
(明)文章修,張文海纂

007916931 3110 1174.1 (65)
[嘉靖]德慶州志十六卷
(明)陸舜臣纂修

007916938 3110 1174.1 (66)
[嘉靖]南雄府志二卷
(明)胡永成修,譚大初纂

007916938 3110 1174.1 (66)
[嘉靖]始興縣志二卷
(明)汪慶舟修,袁宗與、黄炳纂

007916938 3110 1174.1 (66)
[嘉靖]惠大記六卷
(明)鄭維新纂修

007916938 3110 1174.1 (66)
[嘉靖]興寧縣志四卷
(明)黄國奎修,盛繼纂

007916937 3110 1174.1 (67)
[嘉靖]南寧府志十卷
(明)郭楠纂修

007916937　3110 1174.1（67）
[萬曆]營山縣志八卷
(明)王廷稷修,李彭年等纂

007916937　3110 1174.1（67）
[正德]蓬州志十卷
(明)吴佩修,徐泰纂

007916918　3110 1174.1（68-69）
[嘉靖]貴州通志十二卷
(明)謝東山修,張道等纂

007916919　3110 1174.1（70-71）
[正德]雲南志四十四卷
(明)周季鳳纂修

007916925　3110 1174.1（72）
[嘉靖]耀州志二卷
(明)張璉纂修

007916925　3110 1174.1（72）
[弘治]寧夏新志八卷
(明)胡汝礪纂修

宋元方志叢刊

《宋元方志叢刊》,北京中華書局1990年影印出版
(009348402　3008 3104)

011817996　3008 3104（1）
[紹熙]雲間志三卷
(宋)楊潛修,朱端常、林至、胡林卿纂

011818008　3008 3104（1）
長安志附元李好文編繪長安志圖
(宋)宋敏求纂修;(清)畢沅校正

011818024　3008 3104（1）
類編長安志十卷
(元)駱天驤纂修,薛延年校正

011818028　3008 3104（1）
雍録十卷
(宋)程大昌纂修;(明)吴琯校

011818030　3008 3104（1）
齊乘六卷附釋音一卷考證六卷
(元)于欽纂修,于潛釋音;(清)周嘉猷考證

011818032　3008 3104（1）
吴郡圖經續記三卷
(宋)朱長文纂修

011818035　3008 3104（1）
吴郡志五十卷
(宋)范成大纂修,汪泰亨等增訂

011818038　3008 3104（1）
[淳祐]玉峰志三卷
(宋)項公澤修,凌萬頃、邊實纂

011818039　3008 3104（1）
[咸淳]玉峰續志一卷
(宋)謝公應修,邊實纂

011818044　3008 3104（1）
[至正]崑山郡志六卷
(元)楊譓纂修;(清)繆朝荃重校

011821746　3008 3104（2）
[寶祐]琴川志十五卷
(宋)孫應時纂修;鮑廉增補;盧鎮續修

011821729 3008 3104 (2)
[景定]建康志五十卷首一卷
(宋)馬光祖修,周應合纂

011821755 3008 3104 (3)
[至正]無錫志四卷
(元)佚名纂修

011821776 3008 3104 (3)
[嘉定]鎮江志二十二卷首一卷
(宋)史彌堅修,盧憲纂

011821784 3008 3104 (3)
[至順]鎮江志二十一卷首一卷
(元)脱因修,俞希魯纂

011821788 3008 3104 (3)
[咸淳]毗陵志三十卷
(宋)史能之纂修

011822128 3008 3104 (4)
[乾道]臨安志十五卷
(宋)周淙纂修

011822141 3008 3104 (4)
[淳祐]臨安志五十二卷
(宋)施諤纂修

011822149 3008 3104 (4)
[咸淳]臨安志一百卷
(宋)潛説友纂修

011822156 3008 3104 (5)
[淳熙]嚴州圖經三卷
(宋)陳公亮修,劉文富纂

011822161 3008 3104 (5)
[景定]嚴州續志十卷
(宋)錢可則修,鄭瑶、方仁榮纂

011822167 3008 3104 (5)
[至元]嘉禾志三十二卷
(元)單慶修,徐碩纂

011822172 3008 3104 (5)
澉水志二卷
(宋)羅叔韶修,常棠纂

011822177 3008 3104 (5)
[嘉泰]吴興志二十卷
(宋)談鑰纂修

011822181 3008 3104 (5)
[乾道]四明圖經十二卷
(宋)張津等纂

011822190 3008 3104 (5)
[寶慶]四明志二十一卷
(宋)胡榘修,方萬里、羅濬纂

011822256 3008 3104 (6)
[至正]金陵新志十五卷
(元)張鉉纂修

011822272 3008 3104 (6)
[開慶]四明續志十二卷
(宋)吴潛修,梅應發、劉錫纂

011822294 3008 3104 (6)
[大德]昌國州圖志七卷
(元)馮福京修,郭薦纂

011822417 3008 3104 (6)
[延祐]四明志二十卷
(元)馬澤修,袁桷纂

011822420 3008 3104 (7)
[至正]四明續志十二卷
(元)王元恭修,王厚孫、徐亮纂

011822422　3008 3104（7）
［嘉泰］會稽志二十卷
（宋）沈作賓修，施宿纂

011822426　3008 3104（7）
［寶慶］會稽續志八卷
（宋）張淏纂修

011822435　3008 3104（7）
剡録十卷
（宋）史安之修，高似孫纂

011822441　3008 3104（7）
［嘉定］赤城志四十卷
（宋）齊碩修，陳耆卿纂

011822452　3008 3104（8）
新安志十卷
（宋）趙不悔修，羅願纂

011822463　3008 3104（8）
［淳熙］三山志四十二卷
（宋）梁克家纂修

011822466　3008 3104（8）
仙溪志四卷
（宋）趙與泌修，黄巖孫纂

011822478　3008 3104（8）
［寶祐］壽昌乘
（宋）佚名纂修；（清）文廷式輯

011822482　3008 3104（8）
［大德］南海志二十卷存卷六至卷十
（元）陳大震纂修

日本藏中國罕見地方志叢刊

《日本藏中國罕見地方志叢刊》，北京書目文獻出版社1992年影印出版

002746200　3229 0232.7
［萬曆］高州府志十卷
（明）曹志遇等纂修

002746200　3229 0232.7
［萬曆］雷州府志二十二卷
（明）歐陽保等纂修

007340678　DS793.C577 K86 1990
［萬曆］賓州志十四卷
（明）郭棐纂修

007340678　DS793.C577 K86 1990
［萬曆］太平府志三卷
（明）蔡迎恩、甘東陽纂修

007340678　DS793.C577 K86 1990
［嘉靖］南寧府志十一卷
（明）方瑜纂輯

002785611　3224 3334.79
［萬曆］永安縣志九卷
（明）蘇民望、蕭時中纂

002785611　3224 3334.79
［萬曆］福安縣志九卷
（明）陸以載等纂修

002785611　3224 3334.79
［萬曆］建陽縣志八卷
（明）魏時應修，田居中、張榜纂

002758408 3224 3630.7
[萬曆]福寧州志十六卷
(明)殷之輅修,朱梅等纂

002758406 3194 4260.7
[萬曆]新修南昌府志三十卷
(明)范淶修,章潢纂

002746199 3209 6432.7
[萬曆]嚴州府志二十五卷
(明)楊守仁修,徐楚纂

002746158 3209 6432.71
[萬曆]續修嚴州府志二十四卷
(明)吕昌期修,俞炳然纂

002745929 3228 0219
[萬曆]粵大記三十二卷
(明)郭棐纂

003638875 3194 4634.7
[萬曆]吉安府志三十六卷
(明)余之禎等纂修

002758405 3230 2632.7
[萬曆]儋州志三集
(清)曾邦泰等纂修

002758405 3230 2632.7
[雍正]揭陽縣志
(清)陳樹芝等纂修

003270195 3190 0972.81(1685)
[康熙]麻陽縣志十卷
(清)黄志璋纂修

003270195 3190 0972.81(1685)
[康熙]安鄉縣志十二卷
(清)王基鞏纂修

003270195 3190 0972.81(1685)
[乾隆]續增城步縣志不分卷
(清)賈構修,易文炳、向宗乾纂

002878137 3195 1281.81
[康熙]瑞金縣志十卷
朱維高修,楊長世纂

002878137 3195 1281.81
[康熙]續修瑞金縣志十一卷
(清)郭一豪修,朱雲映、謝重拔纂

002878137 3195 1281.81
[康熙]上猶縣志十卷
章振萼纂修

002878135 3230 4235.81
[康熙]南海縣志十七卷
(清)郭爾戺、胡雲客纂修

002878135 3230 4235.81
[康熙]瓊山縣志十卷
(清)王贄修,關必登纂

002830118 3229 5332.79
[嘉靖]惠州府志十二卷
(明)李玘修,劉梧纂

002830118 3229 5332.79
[嘉靖]潮州府志八卷
(明)郭春震纂修

002830118 3229 5332.79
[嘉靖]香山縣志八卷
(明)鄧遷修,黄佐纂

006155312 DS793.C47425 C45 1991
[崇禎]嘉興縣志二十四卷
(明)羅炌修,黄承昊纂

002785562　3183 0.7
[嘉靖]湖廣圖經志書二十卷
(明)薛綱等纂修;吴廷舉續修

002925618　3243 0.79
[萬曆]貴州通志二十四卷
(明)王耒賢、許一德纂修

003270197　3190 0232.7
[萬曆]新寧縣志八卷
(明)沈文系纂修

003270197　3190 0232.7
[道光]重輯新寧縣志三十二卷
(清)安舒原輯,張德尊重輯纂修

002758407　3230 0286.81
[康熙]新會縣志十八卷
(清)賈雒英修,薛起蛟等纂

003270196　3145 6646.81
[顺治]固始縣志十卷
(清)包韺纂修

003270196　3145 6646.81
[顺治]光州志十二卷
(清)莊泰弘修,孟俊纂

007441946　DS793.C5658 L5 1990
[萬曆]承天府志二十卷
(明)孫文龍纂輯

007441946　DS793.C5658 L5 1990
[萬曆]桃源縣志二卷
(明)鄭天佐刻修,李徵纂

002785561　3229 1432.7
[萬曆]瓊州府志十二卷
(明)歐陽璨等修,陳于宸等纂

002733007　3204 4331.79
[崇禎]松江府志五十八卷
(明)方岳貢修,陳繼儒纂

002878136　3189 3330.81
[康熙]永州府志二十四卷
(清)劉道著修,錢邦芑纂

002785610　3209 3232.79
[成化]湖州府志二十四卷存十八卷
(明)陳頎修,勞鉞續修,張淵纂

002785610　3209 3232.79
[崇禎]烏程縣志十二卷
(明)劉沂春修,徐守剛纂

002785610　3209 3232.79
[萬曆]六安州志八卷
(明)李懋檜修

002878138　3133 2930.7
[萬曆]保定府志四十卷
(明)馮惟敏纂修;王國楨續修,王政熙續纂

005603306　3140 7369.7
[萬曆]滕縣志八卷
(明)楊承父修,王元賓纂

005603306　3140 7369.7
[萬曆]羅山縣志四卷
(明)李弘道纂修

005603306　3140 7369.7
[康熙]羅山縣志八卷
(清)閻興邦,魯麟纂修

005603306　3140 7369.7
[萬曆]汝州志四卷
(明)方應選修,張維新纂

005603306 3140 7369.7
[崇禎]鄖城縣志十卷
(明)李振纂修

005603310 3224 2133.7
[嘉靖]仙遊縣志八卷
(明)林有年纂

005603310 3224 2133.7
[嘉靖]福清縣志續略十八卷
(明)釋如一纂

005603310 3224 2133.7
[崇禎]海澄縣志二十卷
(明)梁兆陽修,蔡國禎、張燮纂

005603310 3224 2133.7
[崇禎]尤溪縣志九卷
(明)鄧一鼒纂修

005603305 3230 8239.81
[康熙]翁源縣志七卷
(清)劉士騏纂修

005603305 3230 8239.81
[康熙]陽春縣志十八卷
(清)康善述纂修

005603305 3230 8239.81
[康熙]程鄉縣志八卷
(清)劉廣聰纂

005603305 3230 8239.81
[康熙]臨高縣志十二卷
(清)樊庶纂修

003270199 3237 0332.7
[崇禎]廉州府志十四卷
(明)張國經修,鄭抱素纂

003270199 3237 0332.7
[雍正]靈山縣志十二卷
(清)盛熙祚纂修

005626779 3250 4841.7
[隆慶]楚雄府志六卷
(明)徐栻修,張澤等纂

005626779 3250 4841.7
[萬曆]銅仁府志十二卷
(明)陳以躍纂修

005626779 3250 4841.7
[萬曆]合州志八卷
(明)劉芳聲修,田九垓纂

005626779 3250 4841.7
[康熙]涪州志四卷
(清)董維祺修,馮懋柱纂

稀見中國地方志彙刊

《稀見中國地方志彙刊》,中國科學院圖書館選編,北京中國書店 1992 年影印出版
(012334894、3008 2656)

012334894 3008 2656 v.1
宛署杂記二十卷
(明)沈榜纂

012334894 3008 2656 v.1
上海縣志十二卷首一卷
(清)李文耀修

012334894　3008 2656 v.1
重修崇明縣志十四卷
(清)朱衣點修

012334894　3008 2656 v.1
青浦縣志八卷
(明)卓鈿修

012334894　3008 2656 v.2
高邑縣志三卷
(清)薛所本、劉瑜修

012334894　3008 2656 v.2
保定府祁州深澤縣志十卷首一卷
(清)許來音纂修

012334894　3008 2656 v.2
文安縣志四卷
(清)崔啓元修

012334894　3008 2656 v.2
保定府志四十卷
(明)賈淇、章時鸞修

012334894　3008 2656 v.2
唐縣新志十八卷
(清)王政修

012334894　3008 2656 v.3
魏縣志四卷首一卷
(清)李尚斌修

012334894　3008 2656 v.3
河間府志十五卷
(明)杜應芳修

012334894　3008 2656 v.3
纂修景州志四卷
(清)張一魁纂修

012334894　3008 2656 v.3
續補景州志四卷
(清)張鳴珂纂修

012334894　3008 2656 v.3
大名府志十卷
(明)李輅修

012334894　3008 2656 v.3
平鄉縣志六卷
(清)趙弼修

012334894　3008 2656 v.4
太谷縣志六卷
(清)高繼允修

012334894　3008 2656 v.4
山西通志三十卷
(明)李維楨纂修

012334894　3008 2656 v.4
天鎮縣志八卷
(清)胡元朗纂修

012334894　3008 2656 v.4
五臺縣志八卷首一卷
(清)周三進纂修

012334894　3008 2656 v.5
屯留縣志四卷
(清)屠直纂修

012334894　3008 2656 v.5
長子縣志六卷
(清)郭守邦修

012334894　3008 2656 v.5
長子縣志二十卷首一卷末一卷
(清)紀在譜、黄立世纂

012334894 3008 2656 v.5
臨汾縣志八卷
(清)徐三俊纂修

012334894 3008 2656 v.5
翼城縣志二十九卷
(清)李居頤纂修

012334894 3008 2656 v.6
大寧縣志八卷
(清)杜棠修

012334894 3008 2656 v.6
平陽府志三十六卷
(清)劉棨修,孔尚任纂

012334894 3008 2656 v.7
夏縣志四卷
(清)蔣起龍纂修

012334894 3008 2656 v.7
荣河縣志二卷
(明)宋綱纂

012334894 3008 2656 v.7
臨晋縣志十卷首一卷
(清)齐以治修

012334894 3008 2656 v.7
趙城縣志二十四卷首一卷末一卷
(清)李升階纂修

012334894 3008 2656 v.7
鼎修霍州志十卷
(清)黄復生纂修

012334894 3008 2656 v.7
絳縣志五卷藝文一卷
(清)趙士弘修

012334894 3008 2656 v.7
河津縣志十二卷
(清)沈千鑒修

012334894 3008 2656 v.8
重修郃陽縣志七卷
(明)葉梦熊纂

012334894 3008 2656 v.8
鄠縣志十二卷
(清)康如璉修

012334894 3008 2656 v.8
鄠縣重續志五卷
(清)魯一佐纂修

012334894 3008 2656 v.8
寶雞縣志十卷首一卷
(清)許起鳳修

012334894 3008 2656 v.8
武功縣志四卷
(明)康海纂

012334894 3008 2656 v.8
武功縣後志四卷
(清)沈華修

012334894 3008 2656 v.8
鄜州志八卷
(清)顧耿臣修

012334894 3008 2656 v.9
慶陽府志二十卷首一卷
(明)梁明翰修

012334894 3008 2656 v.9
合水縣志二卷
(清)陶奕曾纂修

012334894　3008 2656 v. 9
兩當縣新志十二卷首一卷
（清）德俊修

012334894　3008 2656 v. 9
臨清州志四卷
（清）于睿明修

012334894　3008 2656 v. 9
臨洮府志二十六卷
（明）荆州俊修

012334894　3008 2656 v. 9
兩當縣志四卷拾遺一卷
（清）秦武域纂修

012334894　3008 2656 v. 9
曹州志二十卷
（清）佟企聖修

012334894　3008 2656 v. 10
應天府志三十二卷
（明）王宗伊、程嗣功修

012334894　3008 2656 v. 10
江寧縣志十四卷
（清）佟世燕修

012334894　3008 2656 v. 11
江寧新志二十六卷
（清）袁枚纂修

012334894　3008 2656 v. 11
上元縣志二十四卷
（清）唐開陶纂修

012334894　3008 2656 v. 11
長洲縣志十四卷
（明）張德夫修

012334894　3008 2656 v. 11
長洲縣藝文志十卷
（明）張鳳翼等纂修

012334894　3008 2656 v. 12
高淳縣志二十五卷
（清）李斯佾纂修

012334894　3008 2656 v. 12
武進縣志十四卷首一卷
（清）王祖肅、楊宜侖修

012334894　3008 2656 v. 12
江都縣志二十三卷
（明）張寧修

012334894　3008 2656 v. 13
揚州府志二十七卷首一卷
（清）雷應元纂修

012334894　3008 2656 v. 13
儀徵縣志十二卷
（清）胡崇倫修

012334894　3008 2656 v. 13
新修靖江縣志八卷
（明）王叔果修

012334894　3008 2656 v. 14
靖江縣志十八卷
（清）鄭重修

012334894　3008 2656 v. 14
沛志二十五卷
（明）羅士學修

012334894　3008 2656 v. 14
邳州志九卷
（清）孫居湜修

012334894 3008 2656 v. 14
臨安縣志十卷
(清)陆文焕纂修

012334894 3008 2656 v. 14
杭州府昌化縣志十卷
(清)謝廷璣纂修

012334894 3008 2656 v. 14
建德縣志九卷
(清)戚延裔修

012334894 3008 2656 v. 15
新修壽昌縣志十二卷
(清)曾華蓋修

012334894 3008 2656 v. 15
嘉興府志十八卷首一卷末一卷
(清)袁國梓纂修

012334894 3008 2656 v. 16
平湖縣志十卷
(清)高國楹修

012334894 3008 2656 v. 16
安吉州志十六卷首一卷
(清)劉薊植等修

012334894 3008 2656 v. 16
烏程縣志十二卷
(明)劉沂春修

012334894 3008 2656 v. 17
湯溪縣志不分卷
(明)汪文璧修

012334894 3008 2656 v. 17
武義縣志五卷
(明)林有年修

012334894 3008 2656 v. 17
永康縣志十卷
(清)徐同倫修

012334894 3008 2656 v. 17
義烏縣志二十卷
(明)周士英纂修

012334894 3008 2656 v. 17
開化縣志十卷
(明)朱朝藩修

012334894 3008 2656 v. 18
温州府志十八卷首一卷
(明)湯日昭修

012334894 3008 2656 v. 18
永嘉縣志九卷
(明)程文著修

012334894 3008 2656 v. 18
瑞安縣志十卷
(明)劉畿修

012334894 3008 2656 v. 18
平陽縣志十二卷
(清)金以埈修,吕弘誥等纂

012334894 3008 2656 v. 19
麗水縣志十四卷
(清)張銑纂修

012334894 3008 2656 v. 19
宣平縣志十卷
(清)侯杲修

012334894 3008 2656 v. 19
遂昌縣志十二卷
(清)王彜纂修

012334894　3008 2656 v.19
遂昌縣志十二卷首一卷
(清)朱煌修

012334894　3008 2656 v.19
龍泉縣志十卷
(清)徐可先修

012334894　3008 2656 v.20
合肥縣志二十四卷首一卷
(清)趙良墅修

012334894　3008 2656 v.20
和州志十七卷
(明)易鸞纂修

012334894　3008 2656 v.20
廬江縣志十六卷
(清)吴賓彦修

012334894　3008 2656 v.20
望江縣志九卷
(明)羅希益修

012334894　3008 2656 v.20
安慶府望江縣志十五卷
(清)劉天維修

012334894　3008 2656 v.21
重修六安州志八卷
(明)李懋栓纂修

012334894　3008 2656 v.21
舒城縣志三十二卷
(清)陳守仁修

012334894　3008 2656 v.21
霍山縣志八卷末一卷
(清)甘山修

012334894　3008 2656 v.21
懷遠縣志八卷
(清)唐暄纂修

012334894　3008 2656 v.22
滁陽志十三卷
(明)戴瑞卿修

012334894　3008 2656 v.22
滁州志三十卷
(清)余國楧修

012334894　3008 2656 v.22
滁州續志二卷
(清)王賜魁等纂修

012334894　3008 2656 v.22
重修太平府志十二卷
(明)林鉞修

012334894　3008 2656 v.23
當塗縣志三十二卷
(清)祝元敏修

012334894　3008 2656 v.23
廣德州志三十卷
(清)李國相纂修

012334894　3008 2656 v.23
寧國府志二十卷首一卷
(明)陳俊修

012334894　3008 2656 v.24
宣城縣志三十二卷
(清)陳受培修

012334894　3008 2656 v.24
建德縣志十卷
(清)高寅修

012334894　3008 2656 v.25
新修南昌府志三十卷
(明)范涞修

012334894　3008 2656 v.25
新建縣志三十卷末一卷
(清)楊周憲纂修

012334894　3008 2656 v.26
浮梁縣志九卷首一卷
(清)王臨元纂修

012334894　3008 2656 v.26
瑞昌縣志八卷
(清)郝之芳修

012334894　3008 2656 v.26
湖口縣志十八卷首一卷
(清)宋庚等修

012334894　3008 2656 v.26
萬載縣志十六卷首一卷
(清)常維楨纂修

012334894　3008 2656 v.27
高安縣志十卷
(清)張文旦修

012334894　3008 2656 v.27
新昌縣志二十五卷首一卷末一卷
(清)楊文峰等修

012334894　3008 2656 v.28
新喻縣志十四卷
(清)符執桓纂修

012334894　3008 2656 v.28
豐城縣志十二卷
(清)何士錦修

012334894　3008 2656 v.28
廣信郡志二十卷
(清)孫世昌纂修

012334894　3008 2656 v.29
金溪縣志十三卷
(清)王有年纂修

012334894　3008 2656 v.29
東鄉縣志八卷
(清)沈士秀修

012334894　3008 2656 v.29
南城縣志十二卷
(清)曹養恒修

012334894　3008 2656 v.29
江西新城縣志十四卷首一卷
(清)方懋禄、李珥修

012334894　3008 2656 v.30
吉安府志三十六卷
(明)余之禎修

012334894　3008 2656 v.30
雩都縣志十四卷
(清)李祐之修

012334894　3008 2656 v.30
瑞金縣志十卷
(清)朱維高修

012334894　3008 2656 v.30
續修瑞金縣志十一卷
(清)郭一豪修

012334894　3008 2656 v.31
南安府大庾縣志二十卷首一卷
(清)余光璧纂修

012334894　3008 2656 v.31
南康縣志十六卷
（清）申毓來修

012334894　3008 2656 v.31
上猶縣志十卷
（清）章振萼纂修

012334894　3008 2656 v.31
建陽縣志八卷
（明）魏時應修

012334894　3008 2656 v.31
浦城縣志十二卷
（明）李葆貞修

012334894　3008 2656 v.32
福州府志七十六卷
（明）喻政修

012334894　3008 2656 v.32
崇安縣志八卷
（清）管聲駿纂修

012334894　3008 2656 v.33
福寧州志十卷
（明）史起欽修

012334894　3008 2656 v.33
壽寧待志二卷
（明）馮梦龍纂修

012334894　3008 2656 v.33
福清縣志續略十八卷
（明）釋如一纂

012334894　3008 2656 v.33
海澄縣志二十卷
（明）梁兆陽修

012334894　3008 2656 v.33
寧洋縣志九卷
（清）蕭亮修

012334894　3008 2656 v.33
歸化縣志十卷附一卷
（明）周憲章纂修

012334894　3008 2656 v.33
沙縣志十卷
（明）葉聯芳纂修

012334894　3008 2656 v.33
永安縣志九卷
（明）蘇民望修

012334894　3008 2656 v.33
龍溪縣志九卷
（明）鄧一鼒纂修

012334894　3008 2656 v.34
祥符縣志六卷
（清）張俊哲修

012334894　3008 2656 v.34
新鄭縣志五卷
（清）馮嗣京修

012334894　3008 2656 v.34
新鄭縣志四卷續一卷
（清）朱廷獻修

012334894　3008 2656 v.34
衛輝府志十六卷
（明）侯大節纂修

012334894　3008 2656 v.34
陽武縣志八卷
（清）安如泰修

012334894 3008 2656 v.34
濮州志六卷
(明)李先芳纂

012334894 3008 2656 v.34
濮州續志二卷
(清)郅玠修

012334894 3008 2656 v.35
鹿邑縣志十卷首一卷
(清)吕士鵕纂修

012334894 3008 2656 v.35
汝陽縣志十卷
(清)紀國珍修

012334894 3008 2656 v.35
鄧州志二十卷
(清)陳良玉纂修

012334894 3008 2656 v.35
重修伊陽縣志四卷
(清)李章堉纂修

012334894 3008 2656 v.35
重修嘉魚縣志八卷
(清)汪雲銘修

012334894 3008 2656 v.36
漢陽縣志三十二卷
(清)劉嗣孔修

012334894 3008 2656 v.36
湖廣鄖陽府志四十二卷
(清)劉作霖、楊廷耀纂修

012334894 3008 2656 v.36
鄖陽府志補一卷
(清)江闓纂修

012334894 3008 2656 v.36
襄陽府志五十一卷
(明)吴道邇纂修

012334894 3008 2656 v.37
長沙府志六卷
(明)孫存、潘鎰修

012334894 3008 2656 v.37
長沙府志二十卷
(清)蘇佳纂修

012334894 3008 2656 v.38
岳州府志二十八卷
(清)李遇時修

012334894 3008 2656 v.38
臨湘縣志八卷
(清)楊敬儒修

012334894 3008 2656 v.38
湘陰縣志二卷
(明)張燈纂修

012334894 3008 2656 v.38
茶陵州志二十三卷首一卷
(清)趙國宣纂修

012334894 3008 2656 v.38
宜章縣志二十四卷首一卷
(清)陳永圖修

012334894 3008 2656 v.39
永州府志二十四卷末一卷
(清)劉道著修

012334894 3008 2656 v.39
寶慶府志五卷
(明)陸柬纂修

012334894　3008 2656 v.39
邵陽縣志十六卷首一卷
(清)張起鵾修

012334894　3008 2656 v.40
武岡州志三十卷首一卷
(清)許紹宗修

012334894　3008 2656 v.40
沅州府志五十卷首一卷
(清)瑭珠修

012334894　3008 2656 v.40
麻陽縣志十卷
(清)黄志璋纂修

012334894　3008 2656 v.40
乾州志四卷
(清)王瑋纂修

012334894　3008 2656 v.41
永定衛志四卷
(清)潘義修

012334894　3008 2656 v.41
龍山縣志十六卷首一卷
(清)繳繼祖修

012334894　3008 2656 v.41
龍陽縣志八卷
(清)張在田修

012334894　3008 2656 v.41
安鄉縣志十二卷
(清)王基鞏纂修

012334894　3008 2656 v.42-43
廣東通志七十二卷
(明)陳大科、戴耀修

012334894　3008 2656 v.44
新修翁源縣志七卷
(清)孫可訓修

012334894　3008 2656 v.44
乳源縣志八卷
(清)張洗易修

012334894　3008 2656 v.44
河源縣志八卷
(清)王駒修

012334894　3008 2656 v.44
興寧縣志六卷
(明)劉熙祚修

012334894　3008 2656 v.44
興寧縣志八卷首一卷
(清)王綸部纂修

012334894　3008 2656 v.44
潮州府志八卷
(明)郭春震纂修

012334894　3008 2656 v.44
潮州府志十二卷
(清)吴穎纂修

012334894　3008 2656 v.45
揭陽縣志八卷
(清)陳树芝纂修

012334894　3008 2656 v.45
南海縣志十七卷
(清)郭爾戺、胡雲客修

012334894　3008 2656 v.45
顺德縣志十六卷
(清)陳志儀修

012334894　3008 2656 v.46
新會縣志十八卷首一卷
(清)賈雒英修

012334894 3008 2656 v.46
瓊山縣志十卷
（清）王贄纂修

012334894 3008 2656 v.46
高州府志十卷
（清）蔣應泰纂修

012334894 3008 2656 v.46
陽春縣志十八卷
（清）康善述修

012334894 3008 2656 v.47
雷州府志十卷
（清）吴盛藻修

012334894 3008 2656 v.47
肇慶府志三十二卷
（清）史树駿修

012334894 3008 2656 v.47
羅定州志十卷
（清）劉元禄纂修

012334894 3008 2656 v.48
南寧府志十一卷
（明）方瑜纂修

012334894 3008 2656 v.48
賓州志十四卷
（明）郭棐纂修

012334894 3008 2656 v.48
廣西太平府志三卷
（明）甘東陽纂

012334894 3008 2656 v.48
養利州志不分卷
（清）汪溶日纂修

012334894 3008 2656 v.48
全州志八卷
（清）黄志璋纂修

012334894 3008 2656 v.48
靈山縣志十二卷
（清）盛熙祚纂修

012334894 3008 2656 v.49
廉州府志十四卷
（明）張國經纂修

012334894 3008 2656 v.49
廉州府志十四卷
（清）徐成棟纂修

012334894 3008 2656 v.49
西林縣志不分卷
（清）王維准撰

012334894 3008 2656 v.49
公餘偶吟一卷
（清）王維准撰

012334894 3008 2656 v.50
四川敘州府志二十九卷
（清）何源浚修

012334894 3008 2656 v.50
合州志八卷
（明）劉芳聲修

012334894 3008 2656 v.50
重慶府涪州志四卷
（清）董維祺修

012334894 3008 2656 v.50
餘慶縣志八卷
（清）蔣深纂修

明代孤本方志選

《明代孤本方志選》，國家圖書館地方志和家譜文獻中心編，北京中華全國圖書館文獻縮微複製中心2000年影印出版

（008513916　3110 6214）

008382769　3110 6214（1）
［萬曆］廣宗縣志八卷
（明）馬協纂修

008521874　3110 6214（1）
［萬曆］成安邑乘五卷
（明）賈三策修，王孫昌纂

008382764　3110 6214（2）
［萬曆］棗強縣志四卷
（明）王鶴齡修，陶萬象纂

008525018　3110 6214（2）
［萬曆］安平縣志五卷
（明）王沂修，王三餘纂

008382781　3110 6214（3）
［崇禎］大城縣志八卷
（明）狄同奎修，張弘文纂

008525019　3110 6214（3）
［萬曆］饒陽縣志三卷續志一卷
（明）翟耀修，石徑世纂；秦繼宗續纂

008382787　3110 6214（4）
［天啓］武安縣志卷五至卷七
（明）李椿茂等纂修

008525813　3110 6214（4）
［崇禎］廣昌縣志不分卷
（明）劉世治修，趙文耀纂

008525020　3110 6214（4）
［萬曆］清河縣志十二卷
（明）向日紅纂修

008535049　3110 6214（5）
［天啓］東安縣志卷二至卷六
（明）鄭之城修，邊侖等纂

008382749　3110 6214（5）
［崇禎］元氏縣志六卷
（明）張慎學修，智鋋纂

008382745　3110 6214（6）
［崇禎］永年縣志七卷
（明）宋祖乙修，申佳胤等纂

008382726　3110 6214（7）
［萬曆］鉅野縣志十卷
（明）吕鵬雲修，吕封齊等纂

008529762　3110 6214（7）
［萬曆］欒安縣志二十卷
（明）孟楠修，蔣奇鏄纂

008382740　3110 6214（8）
［崇禎］鄆城縣志八卷
（明）米嘉穗修，孫鯨等纂

008382719　3110 6214（9）
［崇禎］武定州志
（明）王永積修，劉嘉禎纂

008530546 3110 6214 (10)
[萬曆]浮山縣志八卷
(明)許安纂修

008530545 3110 6214 (10)
[萬曆]定襄縣志八卷
(明)安嘉士修,劉紹先纂

008382717 3110 6214 (10)
[萬曆]忻州志四卷
(明)楊維岳纂修

008382559 3110 6214 (11)
[崇禎]醴泉縣志六卷首一卷
(明)苟好善纂修

008535095 3110 6214 (11)
[崇禎]湯陰縣志十九卷
(明)沙蘊金修,蘇育纂

008382587 3110 6214 (12)
[萬曆]重修壽昌縣志十二卷
(明)李思悦修,洪一鰲纂

008535098 3110 6214 (12)
[崇禎]碭山縣志二卷
(明)劉芳修,汪用霖纂

清代孤本方志選

《清代孤本方志選》,中國國家圖書館分館編,北京綫裝書局2001年影印出版
(008682645 3110 3215 ser. 1)

008857885 3110 3215 ser. 1 vol. 1
[康熙]博野縣志四卷
(清)王國泰修,劉聲等纂

008857856 3110 3215 ser. 1 vol. 1
[康熙]遵化州志十二卷
(清)鄭僑生修,葉向升等纂

008857927 3110 3215 ser. 1 vol. 2
[康熙]涉縣志十二卷
(清)黄澤修,竇彝常纂

008858011 3110 3215 ser. 1 vol. 2
[康熙]肅寧縣志
(清)王宏翼纂修

008857980 3110 3215 ser. 1 vol. 2
[康熙]行唐縣新志五卷
(清)王鶴修,薛琇等纂

008858088 3110 3215 ser. 1 vol. 3
[康熙]章邱縣志十二卷首一卷
(清)鍾運泰修,高崇巖纂

008858122 3110 3215 ser. 1 vol. 4
[康熙]棲霞縣志八卷
(清)鄭占春續修,牟國瓏續纂

008858241 3110 3215 ser. 1 vol. 5
[康熙]青州府博興縣志八卷
(清)萬雲修,遲龍賓纂

008858216 3110 3215 ser. 1 vol. 5
[順治]鄒平縣志八卷
(清)徐政修,馬驌纂

008858358 3110 3215 ser. 1 vol. 6
[康熙]慶雲縣志十二卷首一卷
(清)李居一修,崔允貞纂;李興祖增修

008858331　3110 3215 ser. 1 vol. 6
[康熙]纂修即墨縣志二卷
(清)佚名纂修

008858311　3110 3215 ser. 1 vol. 6
[順治]武城縣志四卷
(清)房萬達修,王惟明纂

008858377　3110 3215 ser. 1 vol. 7
[順治]彰德府續志八卷
(清)宋可發修,吳之鏌纂

008858404　3110 3215 ser. 1 vol. 8
[康熙]襄城縣志十卷
(清)佟昌年原修;陳治安增修

008858428　3110 3215 ser. 1 vol. 9
[順治]高平縣志十卷
(清)范繩祖修,龐太樸纂

008858449　3110 3215 ser. 1 vol. 10
[康熙]壽陽縣志八卷
(清)吳祚昌纂修;李敦續修

008859042　3110 3215 ser. 1 vol. 10
[康熙]臨汾縣志九卷
(清)邢雲路纂修;林弘化續纂修

008859108　3110 3215 ser. 1 vol. 11
[康熙]盩厔縣志十卷
(清)章泰纂修

008859100　3110 3215 ser. 1 vol. 11
[康熙]長武縣志二卷
(清)張純儒修,莫琛纂

008859075　3110 3215 ser. 1 vol. 11
[順治]邠州志四卷
(清)姚本修,閻奉恩纂;蘇東柱續修

008859158　3110 3215 ser. 1 vol. 12
[康熙]廣德州志二十六卷
(清)高拱乾修,戈標等纂

008859185　3110 3215 ser. 1 vol. 13
[康熙]池州府志二十二卷
(清)朴懷玉等纂修

008859206　3110 3215 ser. 1 vol. 13
[康熙]定遠縣志五卷
(清)曲震修,王溥等纂

008859238　3110 3215 ser. 1 vol. 14
[康熙]安義縣志十卷
(清)周曰泗纂

008859264　3110 3215 ser. 1 vol. 15
[康熙]南康府志十二卷
(清)廖文英修,熊維典纂

008859294　3110 3215 ser. 1 vol. 16–17
[康熙]鄱陽縣志十六卷
(清)王克生修,王用佐等纂

008859396　3110 3215 ser. 1 vol. 18
[雍正]增修崇仁縣志四卷
(清)謝胤璜修,劉壽祺纂;陳濬續修

008859426　3110 3215 ser. 1 vol. 19
[康熙]信豐縣志十二卷首一卷
(清)張瀚修,黃彬等纂

008859461　3110 3215 ser. 1 vol. 20–21
[康熙]南安府志二十卷首一卷
(清)蔣有道、陳奕禧修,史珥等纂

008859516　3110 3215 ser. 1 vol. 22
[康熙]峽江縣志九卷
(清)佟國才修,謝錫藩等纂

008859558 3110 3215 ser. 1 vol. 22
[康熙]吉安府龍泉縣重修縣志十卷
(清)張揚彩修,李士璜纂

008860115 3110 3215 ser. 1 vol. 23
[康熙]武昌縣志八卷
(清)熊登修,孟振祖纂

008860168 3110 3215 ser. 1 vol. 24
[康熙]蘄州志十二卷
(清)王宗堯修,盧紘纂

008860223 3110 3215 ser. 1 vol. 25
[康熙]歸化縣志十卷首一卷
(清)湯傳榘等纂修

008860250 3110 3215 ser. 1 vol. 26
[康熙]仙遊縣志四十卷
(清)盧學儁修,郭彦俊纂

008860271 3110 3215 ser. 1 vol. 27
[康熙]永春縣志十卷
(清)鄭功勳修,宋祖墀纂

008860283 3110 3215 ser. 1 vol. 28
[康熙]長泰縣志十卷
(清)王珏修,葉先登等纂

008860367 3110 3215 ser. 1 vol. 29
[康熙]續纂光澤縣志九卷
(清)馬璵修,龔駿聲纂

008860339 3110 3215 ser. 1 vol. 29
[康熙]光澤縣志八卷附一卷
(清)金鳴鳳、張彭修,陳南賢纂

008860298 3110 3215 ser. 1 vol. 30
[康熙]上杭縣志十二卷
(清)蔣廷銓纂修

清代孤本方志選第二輯

《清代孤本方志選第二輯》,中國國家圖書館分館編,北京綫裝書局 2001 年影印出版
(3110 3215 ser. 2)

008954601 3110 3215 ser. 2 vol. 1
[雍正]邱縣志八卷
(清)王輅修,韓思聖纂

008954581 3110 3215 ser. 2 vol. 1
[康熙]定州志輯要七卷
(清)佚名纂修

008954555 3110 3215 ser. 2 vol. 1
[康熙]灤志補續灤志補
(清)侯紹岐、馬如龍修,高士麟纂

008954605 3110 3215 ser. 2 vol. 2
[康熙]高唐州志十二卷
(清)劉佑纂修

008954610 3110 3215 ser. 2 vol. 3
[康熙]陽信縣志十卷
(清)周虔森修,張瓚纂

008954616 3110 3215 ser. 2 vol. 4
[康熙]黄縣志八卷
(清)李蕃修,范廷鳳纂

008954620 3110 3215 ser. 2 vol. 4
[康熙]重修清平縣志二卷
(清)王佐纂修

008954634　3110 3215 ser. 2 vol. 5–6
[康熙]滑縣志十卷
(清)姚德聞修,吕夾鍾纂

008954642　3110 3215 ser. 2 vol. 7
[康熙]新修南樂縣志二卷
(清)方元啓纂修

008954640　3110 3215 ser. 2 vol. 7
[順治]温縣志二卷
(清)李若廙修,吴國用纂

008954655　3110 3215 ser. 2 vol. 8
[乾隆]崞縣志續編二卷
(清)顧弼纂修

008954651　3110 3215 ser. 2 vol. 8
[康熙]蒲縣新志八卷
(清)胡必藩修,曹丕振、賀友範纂

008954647　3110 3215 ser. 2 vol. 8
[順治]鄉寧縣志六卷
(清)焦守己纂修;侯世爵續纂修

008954679　3110 3215 ser. 2 vol. 9
[康熙]西鄉縣志十卷
(清)史佐修,陳鵬程等纂

008954670　3110 3215 ser. 2 vol. 9
[順治]清澗縣志四卷
(清)廖元發修,白乃建纂

008954661　3110 3215 ser. 2 vol. 9
[順治]綏德州志八卷
(清)王士元、郝鴻圖纂修

008954686　3110 3215 ser. 2 vol. 10
[順治]寧國縣志六卷
(清)楊名遠等修,黄可縉等纂

008954694　3110 3215 ser. 2 vol. 10
[康熙]霍邱縣志十卷
(清)姬之篔修,李瑾纂

008954705　3110 3215 ser. 2 vol. 11
[雍正]六安州志
(清)李懋仁纂修

008954714　3110 3215 ser. 2 vol. 12
[康熙]廣永豐縣志二十四卷
(清)夏顯煜修,李煜等纂

008954722　3110 3215 ser. 2 vol. 13–14
[康熙]袁州府志二十卷首一卷
(清)李芳春修,袁繼梓纂

008956451　3110 3215 ser. 2 vol. 15–17
[康熙]撫州志三十五卷首一卷
(清)劉玉瓚修,饒昌胤纂

008956457　3110 3215 ser. 2 vol. 18–19
[康熙]南城縣志十二卷
(清)曹養恒修,肖韵纂;羅秉義增補

008956467　3110 3215 ser. 2 vol. 20
[康熙]贛縣志十六卷首一卷
(清)劉瀚芳修,孫麟貴纂

008956477　3110 3215 ser. 2 vol. 21
[順治]石城縣志十卷
(清)郭堯京修,鄭斗光纂

008956474　3110 3215 ser. 2 vol. 21
[順治]吉安府永豐縣志六卷
(清)吴期炤原本;鄧秉恒增修,涂拔尤等增纂

008956482　3110 3215 ser. 2 vol. 22
[康熙]雲夢縣志十二卷
(清)陳夢舟修,張奎華纂

008956493　3110 3215 ser. 2 vol. 23
[康熙]孝感縣志十六卷
(清)胡國佐纂修

008956488　3110 3215 ser. 2 vol. 23
[康熙]通山縣志八卷
(清)任鍾麟修,余廷志等纂

008956502　3110 3215 ser. 2 vol. 24
[康熙]郴州總志十二卷
(清)陳邦器修;范廷謀續修,蔡來儀續纂

008956507　3110 3215 ser. 2 vol. 25-26
[康熙]福清縣志十二卷
(清)李傳甲修,郭文祥纂

008956513　3110 3215 ser. 2 vol. 27
[康熙]清流縣志十卷首一卷
(清)王士俊修,王霖纂

008956518　3110 3215 ser. 2 vol. 28
[康熙]尤溪縣志十卷
(清)劉宗樞修,劉鴻略纂

008956526　3110 3215 ser. 2 vol. 29
[康熙]續纂建寧縣志
(清)甘國埔等修,陳鋐、吴秉芳纂

008956521　3110 3215 ser. 2 vol. 29
[康熙]建寧縣志十四卷
(清)周憬、陳于逵修,陳恂纂

008956534　3110 3215 ser. 2 vol. 30
[康熙]大田縣志十卷首一卷
(清)葉振甲纂修;周世卜續修

國家圖書館藏鄉土志抄稿本選編

《國家圖書館藏鄉土志抄稿本選編》,國家圖書館分館編,北京綫裝書局2002年影印出版
(009078111　DS793. X53 2002x)

009078111　DS793. X53 2002x v. 1
延慶州鄉土志要略
佚名纂修

009078111　DS793. X53 2002x v. 1
寧河縣鄉土志
周登皞纂修

009078111　DS793. X53 2002x v. 1
河北地理雜抄
紀克家撰

009078111　DS793. X53 2002x v. 1
直隸風土記
佚名纂修

009078111　DS793. X53 2002x v. 1
獲鹿縣鄉土志
嚴書勛纂修

009078111　DS793. X53 2002x v. 2
宣化縣鄉土志
謝愷纂修

009078111　DS793. X53 2002x v. 2
昌黎縣鄉土志
童光照纂修

009078111　DS793. X53 2002x v. 2
贊皇縣鄉土志
秦兆階纂修

009078111　DS793. X53 2002x v. 2
永年縣鄉土志
佚名纂修

009078111　DS793. X53 2002x v. 3
趙州鄉土志
佚名纂修

009078111　DS793. X53 2002x v. 3
冀縣鄉土志教科書
馬維周輯

009078111　DS793. X53 2002x v. 3
山東風土記
佚名纂修

009078111　DS793. X53 2002x v. 3
膠州直隸州鄉土志
佚名纂修

009078111　DS793. X53 2002x v. 3
平度州鄉土志
張世卿修，王崧、于蓮纂

009078111　DS793. X53 2002x v. 3
壽光縣鄉土志
佚名纂修

009078111　DS793. X53 2002x v. 4
萊州府鄉土志
熙臣修，董錦章纂

009078111　DS793. X53 2002x v. 4
德州鄉土志
馮翥等纂修

009078111　DS793. X53 2002x v. 4
平原縣鄉土志輯稿
佚名纂修

009078111　DS793. X53 2002x v. 4
武城縣鄉土志略
薩承鈺修，蘇再熏纂

009078111　DS793. X53 2002x v. 4
長山縣鄉土志
佚名纂修

009078111　DS793. X53 2002x v. 4
山東曹州府曹州縣鄉土志
裴景煦纂修

009078111　DS793. X53 2002x v. 5
淅川直隸廳鄉土志
佚名纂修

009078111　DS793. X53 2002x v. 5
吉州鄉土志
佚名纂修

009078111　DS793. X53 2002x v. 5
葭州鄉土志
佚名纂修

009078111　DS793. X53 2002x v. 5
咸陽縣鄉土志
佚名纂修

009078111　DS793. X53 2002x v. 5
韓城縣鄉土志
張瑞機纂修

009078111　DS793. X53 2002x v. 5
平利縣鄉土志
佚名纂修

009078111　DS793. X53 2002x v. 6
高陵縣鄉土志
高陵縣公署纂修

009078111 DS793. X53 2002x v. 6
隴州鄉土志
唐崧森修,丁全斌等纂

009078111 DS793. X53 2002x v. 6
扶風縣鄉土志
譚紹裘纂修

009078111 DS793. X53 2002x v. 6
富平縣鄉土志
佚名纂修

009078111 DS793. X53 2002x v. 6
雒南縣鄉土志
陳綬纂修

009078111 DS793. X53 2002x v. 7
潼關鄉土志稿
潼關採訪局纂修

009078111 DS793. X53 2002x v. 7
陝西商州直隸州鄉土志
佚名纂修

009078111 DS793. X53 2002x v. 7
鎮原縣鄉土志
宋運貢修,王柄樞纂

009078111 DS793. X53 2002x v. 7
鎮番縣鄉土志
劉春堂、聶守仁纂修

009078111 DS793. X53 2002x v. 7
敦煌縣鄉土志
佚名纂修

009078111 DS793. X53 2002x v. 8
華亭縣鄉土志
佚名纂修

009078111 DS793. X53 2002x v. 8
東臺縣栟茶市鄉土志
張正藩、繆文功纂修

009078111 DS793. X53 2002x v. 8
南通縣鄉土志
佚名纂修

009078111 DS793. X53 2002x v. 8
滁縣鄉土志
杭海纂修

009078111 DS793. X53 2002x v. 8
贛縣鄉土志
陳瀛纂修

009078111 DS793. X53 2002x v. 8
騰越鄉土志
寸開泰纂修

009078111 DS793. X53 2002x v. 9
宣威州鄉土志
繆果章纂修

009078111 DS793. X53 2002x v. 9
蒙化縣鄉土志
梁友檍纂修

009078111 DS793. X53 2002x v. 9
安南縣鄉土志
易輔上纂修

009078111 DS793. X53 2002x v. 9
蒲江縣鄉土志
佚名纂修

009078111 DS793. X53 2002x v. 10
金堂縣鄉土志
劉兆烈纂修

009078111　DS793. X53 2002x v. 10
崇寧縣鄉土志
佚名纂修

009078111　DS793. X53 2002x v. 10
新都縣鄉土志
張治新纂修

009078111　DS793. X53 2002x v. 10
羅江縣鄉土志
佚名纂修

009078111　DS793. X53 2002x v. 10
懋功縣鄉土志
興元纂修

009078111　DS793. X53 2002x v. 10
瀘定縣鄉土志
王世瑀、張培恕纂修

009078111　DS793. X53 2002x v. 11
富順縣鄉土志
陳運昌等纂修

009078111　DS793. X53 2002x v. 11
德陽縣鄉土志
佚名纂修

009078111　DS793. X53 2002x v. 11
銅梁縣鄉土志
夏雲程纂

009078111　DS793. X53 2002x v. 12
江北廳鄉土志
佚名纂修

009078111　DS793. X53 2002x v. 12
巴陵鄉土志
佚名纂修

009078111　DS793. X53 2002x v. 13
湘鄉鄉土地理志
成希蕃纂修

009078111　DS793. X53 2002x v. 13
辰州府鄉土志
覺羅清泰纂修

009078111　DS793. X53 2002x v. 13
益陽縣鄉土志
吴美堂纂修

009078111　DS793. X53 2002x v. 14
雞林風土紀聞
瞿梂鄴撰

009078111　DS793. X53 2002x v. 14
遼源縣鄉土志
趙丙南纂修

009078111　DS793. X53 2002x v. 14
東豐縣鄉土志
佚名纂修

009078111　DS793. X53 2002x v. 14
柳河縣鄉土志
張翼延修，張士達纂

009078111　DS793. X53 2002x v. 14
興京鄉土志
孫長清修，劉熙春纂

009078111　DS793. X53 2002x v. 14
奉天省岫巖縣鄉土志
佚名纂修

009078111　DS793. X53 2002x v. 14
鳳凰廳鄉土志
佚名纂修

009078111 DS793. X53 2002x v. 14
法庫廳鄉土志
劉鳴復纂修

009078111 DS793. X53 2002x v. 15
錦西廳鄉土志
于凌霄等纂修

009078111 DS793. X53 2002x v. 15
奉天錦州府錦縣鄉土志
田徵葵纂修

009078111 DS793. X53 2002x v. 15
義州鄉土志
陶應潤、温廣泰纂修

009078111 DS793. X53 2002x v. 15
西寧縣風土調查記
佚名編

009078111 DS793. X53 2002x v. 15
甘肅大通縣風土調查録
聶守仁編

009078111 DS793. X53 2002x v. 15
樂都縣風土概况調查大綱
佚名編

009078111 DS793. X53 2002x v. 15
貴德縣風土調查大綱
張佑周編

009078111 DS793. X53 2002x v. 15
玉樹調查記
周希武編

009078111 DS793. X53 2002x v. 15
互助縣風土調查記
佚名編

009078111 DS793. X53 2002x v. 15
共和縣風土調查記
佚名編

009078111 DS793. X53 2002x v. 15
民和縣風土調查記
佚名編

009078111 DS793. X53 2002x v. 15
亹源縣風土調查記
佚名編

009078111 DS793. X53 2002x v. 16
湖步村鄉土記
錢飛虹纂修

009078111 DS793. X53 2002x v. 16
樂清縣鄉土志稿
高誼纂修

009078111 DS793. X53 2002x v. 16
寧化土産志
李世熊編

009078111 DS793. X53 2002x v. 16
英德縣鄉土志
佚名纂修

009078111 DS793. X53 2002x v. 16
海陽縣鄉土志
翁輝東、黄人熊纂修

009078111 DS793. X53 2002x v. 16
陸豐縣鄉土志
佚名纂修

009078111 DS793. X53 2002x v. 16
德慶鄉土歷史參考書
覃喬芬、梁雲撰

009078111　DS793. X53 2002x v. 16
明江廳上石州鄉土志略
佚名纂修

009078111　DS793. X53 2002x v. 16
定安縣鄉土地理志
莫家桐纂修

明代孤本方志專輯

《明代孤本方志專輯》，南京圖書館編，北京綫裝書局2003影印出版
(3110 4065 ser. 1)

009136181　3110 4065 ser. 1 vol. 1
[嘉靖]登封新志六卷
(明)侯泰修，王玉鉉等纂

009239439　3110 4065 ser. 1 vol. 2
[萬曆]寶應縣志十一卷
(明)陳煃修，吴敏道纂

009239528　3110 4065 ser. 1 vol. 3
[弘治]無錫縣志三十六卷
(明)吴鳳翔修，李舜明纂

009239601　3110 4065 ser. 1 vol. 4
[萬曆]福州府志三十六卷
(明)潘頤龍等修，林燫等纂

009239709　3110 4065 ser. 1 vol. 5
[萬曆]旌德縣志十卷
(明)蘇宇庶纂修

009239841　3110 4065 ser. 1 vol. 6
[萬曆]江西省大志八卷
(明)王宗沐纂修；陸萬垓增修

009252619　3110 4065 ser. 1 vol. 7
[萬曆]常州府志二十卷
(明)唐鶴徵纂修，湯桂禎參訂

009252748　3110 4065 ser. 1 vol. 8
[正德]宣府鎮志十卷
(明)王崇獻編次，楊百之校正

中國地方志集成系列

中國地方志集成・安徽府縣志輯

《中國地方志集成・安徽府縣志輯》，江蘇古籍出版社1998年影印出版
(008249445　3110 1175 (1))

009024322　3110 1175 (1:1)
[嘉慶]廬州府志五十四卷圖一卷
(清)張祥雲修，孫星衍等纂

008443309　3110 1175 (1:2-4)
[光緒]續修廬州府志
(清)黄雲修，林之望、汪宗沂纂

008443310　3110 1175 (1:5)
[嘉慶]合肥縣志三十六卷首一卷
(清)左輔纂修

008443311 3110 1175 (1:6)
[康熙]含山縣志三十卷
(清)趙燦修,唐庭伯等纂

008443312 3110 1175 (1:6)
[道光]巢縣志二十卷首一卷
(清)舒夢齡纂修

008443313 3110 1175 (1:7)
[光緒]直隸和州志四十卷首一卷補遺一卷
(清)朱大紳修,高照纂

008443314 3110 1175 (1:8)
[嘉慶]無爲州志三十六卷首一卷
(清)顧浩修,吴元慶等纂

008443315 3110 1175 (1:8)
[民國]無爲縣小志不分卷
佚名纂

008443316 3110 1175 (1:9)
[光緒]廬江縣志十六卷首一卷
(清)錢鑅修,俞燮奎、盧鈺纂

008443317 3110 1175 (1:10)
[康熙]安慶府志三十二卷
(清)張楷纂修

008443318 3110 1175 (1:11)
[民國]懷寧縣志三十四卷首一卷
朱之英修,舒景蘅等纂

008443319 3110 1175 (1:11)
[民國]懷寧縣志補不分卷
舒景蘅纂

008443320 3110 1175 (1:12)
[康熙]桐城縣志八卷
(清)胡必選原本;王凝命增修

008443321 3110 1175 (1:12)
[道光]續修桐城縣志二十四卷首一卷
(清)廖大聞等修,金鼎壽纂

008443322 3110 1175 (1:13)
[光緒]霍山縣志十五卷首一卷
(清)秦達章修,何國佑、程秉祺纂

008443323 3110 1175 (1:13)
[乾隆]望江縣志八卷
(清)鄭交泰等修,曹京等纂

008443324 3110 1175 (1:14-15)
[民國]宿松縣志五十六卷首一卷末一卷
俞慶瀾、劉昂修,張燦奎等纂

008443326 3110 1175 (1:16)
[民國]太湖縣志四十卷首一卷末一卷
高壽恒修,李英纂

008443327 3110 1175 (1:17)
[民國]潛山縣志十六卷首一卷
吴蘭生、王用霖修,劉廷鳳纂

008443328 3110 1175 (1:18-19)
[同治]六安州志六十卷首一卷
(清)李蔚、王峻修,吴康霖纂

008443330 3110 1175 (1:20)
[同治]霍邱縣志十六卷首一卷
(清)陸鼎斆、王寅清纂修

008443331 3110 1175 (1:21)
[光緒]壽州志三十六卷首一卷末一卷
(清)曾道唯等修,葛蔭南等纂

008443332 3110 1175 (1:22)
[嘉慶]舒城縣志三十六卷
(清)熊載陞、杜茂才修,孔繼序纂

008443333　3110 1175（1:22）
［光緒］續修舒城縣志五十卷首一卷末一卷
（清）吕林鐘等修，趙鳳詔等纂

009024375　3110 1175（1:23）
［道光］阜陽縣志二十四卷首一卷
（清）劉虎文、周天爵修，李復慶等纂

009024395　3110 1175（1:23）
［民國］阜陽縣志續編
南岳峻、郭堅修，李蔭南纂

008443334　3110 1175（1:24）
［乾隆］潁州府志十卷
（清）王斂福纂修

008443335　3110 1175（1:25）
［光緒］亳州志二十卷首一卷
（清）鍾泰、宗能徵纂修

008443336　3110 1175（1:25）
［民國］亳縣志略不分卷
劉治堂纂修

008443338　3110 1175（1:26）
［民國］渦陽風土記十七卷首一卷
黄佩蘭修，王佩箴等纂

008443339　3110 1175（1:26）
［民國］重修蒙城縣志十二卷
汪篪修，于振江、黄與綬纂

008443337　3110 1175（1:26）
［光緒］鳳臺縣志二十五卷首一卷
（清）李師沆、石成之修，葛蔭南、周爾儀纂

008443340　3110 1175（1:27）
［同治］潁上縣志十二卷首一卷
（清）都寵錫等修，李道章、鄭以莊纂

008443341　3110 1175（1:27）
潁上縣志校補一卷
余炳成纂

008443342　3110 1175（1:27）
［民國］臨泉縣志略不分卷
劉焕東纂修

008443343　3110 1175（1:27）
［民國］太和縣志十二卷首一卷
丁炳烺修，吴承志纂

008443344　3110 1175（1:28）
［光緒］宿州志三十六卷
（清）何慶釗修，丁遜之等纂

008443345　3110 1175（1:29）
［乾隆］碭山縣志十四卷
（清）劉王瑷纂修

008443346　3110 1175（1:29）
［嘉慶］蕭縣志十八卷首一卷
（清）潘鎔修，沈學淵、顧翰纂

008443347　3110 1175（1:29）
［同治］續蕭縣志十八卷首一卷
（清）顧景濂、段廣瀛纂修

008443348　3110 1175（1:30）
［乾隆］靈璧縣志略四卷首一卷
（清）貢震纂修

008443349　3110 1175（1:30）
［乾隆］泗州志十一卷
（清）葉蘭纂修

008443350　3110 1175（1:30）
［光緒］泗虹合志十九卷
（清）方瑞蘭修，江殿颺、許湘甲纂

008443351 3110 1175 (1:31)
[嘉慶]懷遠縣志二十八卷
(清)孫讓修,李兆洛纂

008443352 3110 1175 (1:31)
[光緒]重修五河縣志二十卷首一卷末一卷
(清)賴同晏、孫玉銘修,俞宗誠等纂

008443354 3110 1175 (1:32-33)
[光緒]鳳陽府志二十一卷
(清)馮煦修,魏家驊等纂;張德霈續纂

008443356 3110 1175 (1:34)
[嘉慶]備修天長縣志稿十卷
(清)張宗泰纂

008443357 3110 1175 (1:34)
[光緒]滁州志十卷首一卷末一卷
(清)熊祖詒纂修

008443360 3110 1175 (1:35)
[民國]全椒縣志十六卷首一卷
張其濬修,江克讓、汪文鼎纂

008443361 3110 1175 (1:35)
[道光]來安縣志十四卷首一卷末一卷
(清)符鴻、劉廷槐修,歐陽泉、戴宗炬纂

008443364 3110 1175 (1:36)
[道光]定遠縣志十二卷
(清)楊慧修,孔傳慶、朱昆玉纂

008443365 3110 1175 (1:36)
[光緒]鳳陽縣志十六卷首一卷
(清)于萬培纂修;謝永泰續修,王汝琛續纂

008443366 3110 1175 (1:37)
[乾隆]太平府志四十四卷首一卷
(清)朱肇基修,陸綸纂

008443367 3110 1175 (1:38)
[民國]蕪湖縣志六十卷
余誼密修,鮑寔纂

008443368 3110 1175 (1:38)
[雍正]建平縣志二十二卷首一卷
(清)衛廷璞纂修

008443370 3110 1175 (1:39-40)
[民國]當塗縣志
魯式穀等編

008443373 3110 1175 (1:41)
[道光]繁昌縣志十八卷首一卷
(清)曹德贊原本;張星焕增修

008443374 3110 1175 (1:41)
[乾隆]銅陵縣志十四卷圖一卷
(清)朱成阿等修,史應貴等纂

008443375 3110 1175 (1:42)
[光緒]廣德州志六十卷首一卷末一卷
(清)胡有誠修,丁寶書等纂

008443377 3110 1175 (1:42)
[民國]廣德縣志稿五十九卷首一卷末一卷
錢文選纂

008443378 3110 1175 (1:43-44)
[嘉慶]寧國府志三十六卷首一卷末一卷
(清)魯銓、鍾英修,洪亮吉、施晋纂

008443380 3110 1175 (1:45)
[光緒]宣城縣志四十卷首一卷
(清)李應泰等修,章綬纂

008443381 3110 1175 (1:46)
[嘉慶]涇縣志三十二卷首一卷
(清)李德淦、周鶴立修,洪亮吉纂

008443382　3110 1175（1:46）
[道光]涇縣續志九卷
（清）阮文藻修，趙懋曜等纂

008443383　3110 1175（1:47）
[民國]南陵縣志四十八卷首一卷末一卷
余誼密修，徐乃昌纂

008443384　3110 1175（1:48-50）
[道光]徽州府志十六卷首一卷
（清）馬步蟾纂修

009024263　3110 1175（1:50）
徽州府志辨證
（清）黄崇惺纂

009024277　3110 1175（1:50）
徽志補正
（清）邵棠纂

008443386　3110 1175（1:51）
[民國]歙縣志十六卷
石國柱、樓文釗修，許承堯纂

008443388　3110 1175（1:52）
[道光]休寧縣志二十四卷圖一卷
（清）何應松修，方崇鼎纂

008443389　3110 1175（1:53）
[嘉慶]旌德縣志十卷
（清）陳柄德修，趙良霨纂

008443390　3110 1175（1:53）
[道光]旌德縣續志十卷
（清）王椿林修，胡承珙纂

008443391　3110 1175（1:54）
[民國]寧國縣志十四卷首一卷
王式典修，李丙麐纂

008443392　3110 1175（1:54）
[嘉慶]績溪縣志十二卷
（清）清愷修，席存泰纂

008443393　3110 1175（1:55）
[同治]祁門縣志三十六卷首一卷
（清）周溶修，汪韻珊纂

008443394　3110 1175（1:55）
[光緒]祁門縣志補不分卷
（清）倪望重纂

008443395　3110 1175（1:56）
[嘉慶]黟縣志十六卷首一卷
（清）吴甸華修，程汝翼、俞正燮纂

008443395　3110 1175（1:56）
[道光]黟縣續志
（清）吕子珏修，詹錫齡纂

008443398　3110 1175（1:57）
[同治]黟縣三志十六卷首一卷末一卷
（清）謝永泰修，程鴻詔等纂

008443399　3110 1175（1:58）
[民國]黟縣四志十六卷首一卷末一卷
吴克俊、許復修，程壽保、舒斯笏纂

008443400　3110 1175（1:59）
[乾隆]池州府志五十八卷首一卷
（清）張士範纂修

008443401　3110 1175（1:60）
[光緒]青陽縣志十二卷圖一卷
（清）華椿等修，周贇纂

008443402　3110 1175（1:60）
青陽縣志刊誤補遺不分卷
周贇纂

008443403 3110 1175 (1:61)
[光緒]貴池縣志四十四卷首一卷
(清)陸延齡修,桂迓衡等纂

008443405 3110 1175 (1:62)
[嘉慶]太平縣志十二卷首一卷
(清)曹夢鶴等修,孔傳薪、陸仁虎纂

008443406 3110 1175 (1:62)
[嘉慶]東流縣志十六卷
(清)吴篪修,李兆洛等纂

008443407 3110 1175 (1:63)
[民國]石埭備志彙編五卷
陳惟壬等纂

008443408 3110 1175 (1:63)
[宣統]建德縣志二十卷首一卷
(清)張贊巽、張翊六修,周學銘等纂

中國地方志集成·浙江府縣志輯

《中國地方志集成·浙江府縣志輯》,上海書店出版社2000年影印出版
(008249449 3110 1175 (2))

008336639 3110 1175 (2:1-3)
[民國]杭州府志一百七十八卷
陳璚修,王棻纂;屈映光續修,陸懋勳續纂;齊耀珊重修,吴慶坻重纂

008336640 3110 1175 (2:4)
[康熙]錢塘縣志三十六卷首一卷
(清)魏㠾修,裘璉等纂

008336640 3110 1175 (2:4)
[嘉慶]錢塘縣志補
(清)吴允嘉纂

008336785 3110 1175 (2:5)
[康熙]仁和縣志二十八卷
(清)趙世安修,顧豹文、邵遠平纂

008336785 3110 1175 (2:5)
[嘉慶]餘杭縣志四十卷
(清)張吉安修,朱文藻纂;崔應榴、董作棟續纂

008336785 3110 1175 (2:5)
[光緒]餘杭縣志稿
(清)褚成博纂

008336635 3110 1175 (2:6)
[光緒]富陽縣志二十四卷首一卷
(清)汪文炳修,蔣敬時、何鎔纂

008336635 3110 1175 (2:6)
富陽縣新舊志校記三卷
(清)朱壽保纂

008336635 3110 1175 (2:6)
富陽縣新志補正二卷
(清)朱壽保纂

008336635 3110 1175 (2:6)
[民國]昌化縣志十八卷首一卷
陳培珽、曾國霖等修,許昌言等纂

008336633 3110 1175 (2:7)
[宣統]臨安縣志八卷首一卷末一卷
(清)彭循堯修,董運昌、周鼎纂

008336633 3110 1175 (2:7)
臨安縣志補八卷志餘六卷志糾四卷

(清)姚祖義纂

008336634　3110 1175 (2:8)
[光緒]嚴州府志三十八卷首一卷
(清)吴士進原本;吴世榮續修,鄒柏森、馬斯臧等續纂

008336637　3110 1175 (2:9)
[民國]建德縣志十五卷首一卷附録二卷
夏曰璈、張良楷等修,王韌等纂

008336637　3110 1175 (2:9)
[民國]壽昌縣志十卷首一卷
陳焕、潘紹雋修,李飪、陳舉愷纂

008336782　3110 1175 (2:10)
[光緒]於潛縣志二十卷首一卷
(清)陳兼善纂修

008336782　3110 1175 (2:10)
[光緒]淳安縣志十六卷首一卷
(清)劉世宇原本;李詩續修,陳中原、竺士彦續纂

008336782　3110 1175 (2:10)
[民國]遂安縣志十卷首一卷
羅柏麓、周樹美修,姚桓、洪夢雲等纂

008336636　3110 1175 (2:11)
[康熙]蕭山縣志二十一卷
(清)劉儼修,張遠纂

008336636　3110 1175 (2:11)
[民國]蕭山縣志稿三十三卷首一卷末一卷
彭延慶修,姚瑩俊纂;張宗海續修,楊士龍續纂

008336638　3110 1175 (2:12–14)
[光緒]嘉興府志八十八卷首二卷
(清)許瑶光修,吴仰賢等纂

008336783　3110 1175 (2:15)
[光緒]嘉興縣志三十七卷首二卷末一卷
(清)趙惟崳修,石中玉、吴受福纂

008336784　3110 1175 (2:16–18)
[康熙]鄞縣志二十四卷首一卷
(清)汪源澤修,聞性道纂

008336784　3110 1175 (2:16–18)
[民國]鄞縣通志五十一編
張傳保修,陳訓正、馬瀛纂

008336787　3110 1175 (2:19)
[乾隆]桐廬縣志十六卷
(清)嚴正身、王德讓修,金嘉琰等纂

008336787　3110 1175 (2:19)
[光緒]重修嘉善縣志三十六卷首一卷
(清)江峰青修,顧福仁總纂,程兼善等分纂

008336787　3110 1175 (2:19)
校勘光緒嘉善縣志劄記
孫傳樞、唐步雲纂

008336786　3110 1175 (2:20)
[光緒]平湖縣志二十五首一卷末一卷
(清)彭潤章等修,葉廉鍔等纂

008336786　3110 1175 (2:20)
[民國]平湖縣續志十二卷
季新益、柯培鼎纂

008336788　3110 1175 (2:21)
[康熙]海鹽縣志十卷
(清)彭孫貽、童申祉纂

008336788　3110 1175 (2:21)
[康熙]海鹽縣志補遺
(清)張素仁修,彭孫貽、童申祉纂

008336788 3110 1175 (2:21)
[光緒]海鹽縣志二十二卷首一卷末一卷
(清)王彬修,徐用儀纂

008336795 3110 1175 (2:22)
[民國]海寧州志稿四十一卷首一卷末一卷
李圭修,許傳霈纂;劉蔚仁續修,朱錫恩續纂

008336796 3110 1175 (2:23)
[光緒]桐鄉縣志二十四卷首四卷
(清)嚴辰纂

008336797 3110 1175 (2:24-25)
[同治]湖州府志九十六卷首一卷
(清)宗源瀚、郭式昌修,周學濬、陸心源纂

008336798 3110 1175 (2:26)
[光緒]石門縣志十一卷首一卷
(清)余麗元等纂修

008336798 3110 1175 (2:26)
[光緒]烏程縣志三十六卷
(清)潘玉璿、馮健修,周學濬、汪曰楨纂

008336799 3110 1175 (2:27)
[光緒]分水縣志十卷首一卷末一卷
(清)陳常鏵、馮圻修,臧承宣纂

008336799 3110 1175 (2:27)
[民國]續修分水縣志十四卷首一卷
鍾詩傑修,臧承宣纂

008336799 3110 1175 (2:27)
[光緒]歸安縣志五十二卷首一卷
(清)陸心源纂修

008336800 3110 1175 (2:28)
[同治]長興縣志三十二卷
(清)趙定邦修,周學濬、丁寶書纂

008336800 3110 1175 (2:28)
長興志拾遺二卷首一卷
(清)朱鎮纂

008336800 3110 1175 (2:28)
[民國]德清縣新志十四卷
吴翯皋、王任化修,程森纂

008336801 3110 1175 (2:29)
[同治]安吉縣志十八卷首一卷
(清)汪榮、劉蘭敏修,張行孚、丁寶書纂

008336801 3110 1175 (2:29)
[道光]武康縣志二十四卷首一卷
(清)疏筤修,陳殿階、吴敬羲纂

008336791 3110 1175 (2:30)
[同治]孝豐縣志十卷首一卷
(清)劉濬修,潘宅仁等纂

008336791 3110 1175 (2:30)
[雍正]寧波府志三十六卷首一卷
(清)曹秉仁等修,萬經等纂

008336792 3110 1175 (2:31)
[光緒]奉化縣志四十卷首一卷
(清)李前泮修,張美翊等纂

008336792 3110 1175 (2:31)
[民國]奉化新志十一篇
奉化縣政府纂修

008336792 3110 1175 (2:31)
[萬曆]秀水縣志十卷
(明)李培修,黄洪憲等纂

008336792 3110 1175 (2:31)
[康熙]秀水縣志十卷

(清)任之鼎修,范正輅纂

008336793　3110 1175 (2:32)
[民國]天台縣志稿四十卷首一卷
李光益、金城修,褚傳誥纂

008336794　3110 1175 (2:33)
[民國]象山縣志三十二卷首一卷
羅士筠修,陳漢章等纂

008336794　3110 1175 (2:33)
象山縣志志文存疑四卷
樊家楨纂

008368896　3110 1175 (2:34)
[民國]南田縣志三十五卷首一卷
吕耀鈐、厲家楨修,吕芝延、施仁緯纂

008368896　3110 1175 (2:34)
[民國]鎮海縣志四十五卷首一卷
洪錫範、盛鴻燾修,王榮商、楊敏曾纂

008368896　3110 1175 (2:34)
鎮海縣新志備稿
董祖羲纂

008338617　3110 1175 (2:35–36)
[光緒]慈溪縣志五十六卷附編一卷
(清)楊泰亨、馮可鏞纂

008338617　3110 1175 (2:35–36)
[光緒]餘姚縣志二十七卷首一卷末一卷
(清)周炳麟修,邵友濂、孫德祖纂

008338618　3110 1175 (2:37)
[光緒]寧海縣志二十四卷首一卷
(清)王瑞成、程雲驤修,張濬等纂

008338618　3110 1175 (2:37)
[嘉慶]山陰縣志三十卷首一卷
(清)徐元梅修,朱文翰等纂

008338618　3110 1175 (2:37)
山陰縣志校記一卷
(清)李慈銘纂

008338619　3110 1175 (2:38)
[光緒]定海廳志三十卷首一卷
(清)史致馴修,陳重威、黄以周纂

008338619　3110 1175 (2:38)
[民國]定海縣志
陳訓正、馬瀛纂修

008338619　3110 1175 (2:38)
[民國]新昌縣志二十卷
金城修,陳畬等纂

008338636　3110 1175 (2:39–40)
[乾隆]紹興府志八十卷首一卷
(清)李亨特修,平恕、徐嵩纂

008338636　3110 1175 (2:39–40)
乾隆紹興府志校記
(清)李慈銘撰

008338620　3110 1175 (2:41)
[道光]會稽縣志稿二十五卷首一卷
(清)王蓉坡、沈墨莊纂

008338620　3110 1175 (2:41)
[光緒]諸暨縣志六十卷附一卷
(清)陳遹聲修,蔣鴻藻纂

008338621　3110 1175 (2:42)
[光緒]上虞縣志校續五十卷首一卷末一卷
(清)儲家藻修,徐致靖纂

008338622　3110 1175 (2:43)
[康熙]嵊縣志十二卷

(清)張逢歡修,袁尚衷纂

008338622　3110 1175 (2:43)
[民國]嵊縣志三十二卷首一卷
牛蔭麐、羅穀修,丁謙、余重耀纂

008338637　3110 1175 (2:44-45)
[民國]台州府志一百四十卷首一卷
喻長霖、柯驊威等纂修

008338623　3110 1175 (2:46)
[民國]臨海縣志稿四十二卷首一卷
孫熙鼎、張寅修,何奏簧纂

008338623　3110 1175 (2:46)
[光緒]玉環廳志十五卷首一卷
(清)杜冠英、胥壽榮修,吕鴻燾纂

008338624　3110 1175 (2:47)
[民國]新登縣志二十卷首一卷
徐士瀛修,張子榮、史錫永纂

008338624　3110 1175 (2:47)
[光緒]永康縣志十六卷首一卷
(清)李汝爲、郭文翹修,潘樹棠等纂

008338625　3110 1175 (2:48)
[光緒]仙居志二十四卷首一卷附仙居集二十四卷
(清)王壽頤、潘紀恩修,王棻、李仲昭纂

008338625　3110 1175 (2:48)
[光緒]金華縣志十六卷首一卷
(清)鄧鍾玉等纂

008338626　3110 1175 (2:49)
[康熙]金華府志三十卷
(清)張藎修,沈麟趾等纂

008338626　3110 1175 (2:49)
[道光]婺志粹十四卷
(清)盧標纂

008338627　3110 1175 (2:50)
[嘉慶]太平縣志十八卷
(清)慶霖修,戚學標等纂

008338627　3110 1175 (2:50)
[光緒]太平續志十八卷首一卷
(清)陳汝霖修,王棻等纂

008338628　3110 1175 (2:51)
[光緒]黄巖縣志四十二卷首一卷
(清)陳寶善、孫憙修,王棻纂;陳鍾英等續修,王詠霓續纂

008338628　3110 1175 (2:51)
[嘉慶]武義縣志十二卷首一卷
(清)張營堠修,周家駒等纂

008338630　3110 1175 (2:52)
[康熙]湯溪縣志
(清)譚國樞等纂修

008338630　3110 1175 (2:52)
[民國]湯溪縣志二十卷首一卷
丁燮、薛達修,戴鴻熙纂

008338630　3110 1175 (2:52)
[光緒]蘭溪縣志八卷首一卷附補遺一卷
(清)秦簧、邵秉經修,唐壬森纂

008338629　3110 1175 (2:53)
[道光]東陽縣志二十七卷首一卷
(清)黨金衡原本,王恩注重定

008338629　3110 1175 (2:53)
[嘉慶]義烏縣志二十二卷首一卷
(清)諸自穀修,程瑜、李錫齡纂

008338631　3110 1175 (2:54)
[光緒]浦江縣志十五卷首一卷
(清)善廣修,張景青纂

008338631　3110 1175 (2:54)
[光緒]開化縣志十四卷首一卷
(清)徐名立、潘紹詮修,潘樹棠纂

008338638　3110 1175 (2:55-56)
[康熙]衢州府志四十卷首一卷
(清)楊廷望纂修

008338638　3110 1175 (2:55-56)
[民國]衢縣志三十卷首一卷
鄭永禧纂

008338638　3110 1175 (2:55-56)
[光緒]常山縣志六十八卷首一卷末一卷
(清)李瑞鍾修,朱昌泰等纂

008338632　3110 1175 (2:57)
[民國]龍游縣志四十卷首一卷末一卷
余紹宋纂

008338632　3110 1175 (2:57)
[同治]泰順分疆録十二卷首一卷
(清)林鶚纂,林用霖續纂

008338633　3110 1175 (2:58)
[乾隆]温州府志三十卷首一卷
(清)李琬修,齊召南、汪沆纂

008338633　3110 1175 (2:58)
甌乘補二十卷
(清)黄漢纂

008338633　3110 1175 (2:58)
甌乘拾遺二卷
(清)洪守一纂

008338634　3110 1175 (2:59)
[康熙]江山縣志十卷
(清)朱彩修,朱長吟纂

008338634　3110 1175 (2:59)
[同治]江山縣志十二卷首一卷末一卷
(清)王彬、孫晋梓修,朱寶慈等纂

008338634　3110 1175 (2:59)
[康熙]永嘉縣志十四卷
(清)王國泰、鄭廷俊修,林占春、周天錫纂

008338635　3110 1175 (2:60)
[光緒]永嘉縣志三十八卷首一卷
(清)張寶琳修,王棻、孫詒讓纂

008339350　3110 1175 (2:61)
[光緒]樂清縣志十六卷首一卷
(清)李登雲、錢寶鎔修,陳珅等纂

008339350　3110 1175 (2:61)
[民國]麗水縣志十四卷
李鍾岳、李郁芬修,孫壽芝纂

008339351　3110 1175 (2:62)
[民國]平陽縣志九十八卷首一卷
王理孚修,劉紹寬纂

008339352　3110 1175 (2:63)
[光緒]處州府志三十卷首一卷末一卷
(清)潘紹詒修,周榮椿等纂

008339353　3110 1175 (2:64)
[乾隆]瑞安縣志十卷
(清)陳永清修,章昱、吴慶雲纂

008339353　3110 1175 (2:64)
[同治]景寧縣志十四卷首一卷末一卷
(清)周杰修,嚴用光、葉篤貞纂

008339353　3110 1175（2:64）
［民國］景寧縣續志十七卷首一卷
吴吕熙修，柳景元纂

008339354　3110 1175（2:65）
［民國］宣平縣志十四卷首一卷
何横、張高修，鄒家箴等纂

008339354　3110 1175（2:65）
［康熙］青田縣志十二卷
（清）張皇輔修，錢喜選纂

008339354　3110 1175（2:65）
［光緒］青田縣志十八卷首一卷
（清）雷銑修，王棻纂

008339355　3110 1175（2:66）
［康熙］縉雲縣志十卷
（清）曹懋極纂修

008339355　3110 1175（2:66）
［光緒］縉雲縣志十六卷首一卷末一卷
（清）何乃容、葛華修，潘樹棠纂

008339355　3110 1175（2:66）
［光緒］慶元縣志十二卷首一卷
（清）林步瀛、史恩緯修，史恩緒纂

008339356　3110 1175（2:67）
［順治］松陽縣志十卷
（清）佟慶年修，胡世定纂

008339356　3110 1175（2:67）
［民國］松陽縣志十四卷首一卷末一卷
吕耀鈐修，高焕然纂

008339356　3110 1175（2:67）
［光緒］龍泉縣志十二卷首一卷
（清）顧國詔修，張世堉纂

008336641　3110 1175（2:68）
［康熙］遂昌縣志十卷
（清）繆之弼修，程定纂

008336641　3110 1175（2:68）
［光緒］遂昌縣志十二卷首一卷附外編一卷
（清）胡壽海、史恩緯修，褚成允纂

008336641　3110 1175（2:68）
［同治］雲和縣志十六卷首一卷
（清）伍承吉修，涂冠續修，王士鈖纂

中國地方志集成·江西府縣志輯

《中國地方志集成·江西府縣志輯》，江蘇古籍出版社 1996 年影印出版
（008249448　3110 1175（3））

008443306　3110 1175（3:1-3）
［同治］南昌府志六十六卷首一卷末一卷
（清）許應鑅、王之藩修，曾作舟、杜防纂

008443305　3110 1175（3:4）
［光緒］南昌縣志六十卷首一卷
（清）江召棠修，魏元曠等纂

008443303　3110 1175（3:5-6）
［同治］新建縣志九十九卷首一卷末一卷
（清）承霈修，杜友棠、楊兆崧纂

008443302　3110 1175（3:7）
［道光］浮梁縣志二十二卷首一卷
（清）喬溎修，賀熙齡纂；游際盛增補

008443301　3110 1175（3:8）
[民國]昭萍志略十二卷首一卷末一卷
劉洪闢纂修

008443299　3110 1175（3:9–10）
[同治]九江府志五十四卷首一卷末一卷
（清）達春布修，黄鳳樓、歐陽燾纂

008443298　3110 1175（3:11）
[同治]德化縣志五十四卷首一卷
（清）陳鼒修，吴彬等纂

008443297　3110 1175（3:12）
[同治]德安縣志十五卷
（清）沈建勳修，程景周等纂

008443296　3110 1175（3:12）
[同治]瑞昌縣志十卷首一卷
（清）姚暹修，馮士傑等纂

008443295　3110 1175（3:13）
[同治]湖口縣志十卷首一卷
（清）殷禮、張興言修，周謨等纂

008443294　3110 1175（3:14）
[同治]彭澤縣志十八卷首一卷
（清）趙宗耀、陳文慶修，歐陽壽等纂

008443293　3110 1175（3:14）
彭澤縣志補遺一卷
（清）陳友善修，張經畬纂

008443292　3110 1175（3:15）
[同治]義寧州志四十卷首一卷
（清）王維新等修，涂家杰等纂

008443291　3110 1175（3:16）
[同治]武寧縣志四十四卷首一卷末一卷
（清）何慶朝纂修

008443290　3110 1175（3:17）
[同治]南康府志二十四卷首一卷
（清）盛元等纂修

008443289　3110 1175（3:18）
[同治]星子縣志十四卷首一卷
（清）藍煦、徐鳴皋修，曹徵甲等纂

008443288　3110 1175（3:19）
[同治]都昌縣志十六卷首一卷
（清）狄學耕修，劉庭輝、黄昌藩纂

008443287　3110 1175（3:19）
[同治]建昌縣志十二卷首一卷
（清）陳惟清修，閔芳言、王士彬纂

008443285　3110 1175（3:20–21）
[同治]廣信府志十二卷首一卷
（清）蔣繼洙纂修

008443284　3110 1175（3:22）
[同治]上饒縣志二十六卷首一卷
（清）王恩溥、邢德裕修，李樹藩等纂

008443283　3110 1175（3:23）
[同治]弋陽縣志十四卷首一卷
（清）俞致中修，汪炳熊等纂

008443282　3110 1175（3:23）
[同治]玉山縣志十卷首一卷附補遺一卷
（清）黄壽祺修，吴華辰、任廷槐纂

008443281　3110 1175（3:24）
[同治]貴溪縣志十卷首一卷
（清）楊長傑修，黄聯珏等纂

008443280　3110 1175（3:25）
[同治]鉛山縣志十六卷首一卷
（清）張廷珩修，華祝三纂

008443278 3110 1175 (3:26)
[同治]興安縣志十六卷首一卷
(清)李賓暘修,趙桂林纂

008443279 3110 1175 (3:26)
[同治]廣豐縣志十卷首一卷
(清)雙全、王麟書修,顧蘭生、林廷傑纂

008443277 3110 1175 (3:27-28)
[民國]重修婺源縣志七十卷末一卷
葛韻芬等修,江峰青纂

008443275 3110 1175 (3:29)
[同治]饒州府志三十二卷首一卷
(清)錫德修,石景芬等纂

008443274 3110 1175 (3:30)
[同治]鄱陽縣志二十四卷首一卷末一卷
(清)陳志培修,王廷鑑等纂

008443273 3110 1175 (3:30)
[同治]餘干縣志二十卷首一卷末一卷
(清)區作霖、馮蘭森修,曾福善等纂

008443126 3110 1175 (3:31)
[同治]樂平縣志十卷首一卷
(清)董萼榮、梅毓翰修,汪元祥、陳謨纂

008443127 3110 1175 (3:32)
[民國]德興縣志十卷首一卷末一卷
沈良弼修,董鳳笙纂

008443128 3110 1175 (3:32)
[同治]安仁縣志三十六卷首一卷末一卷
(清)朱潼修,徐彦楠、劉兆傑纂

008443129 3110 1175 (3:33)
[同治]萬年縣志十二卷首一卷
(清)項珂修,劉馥桂等纂

008443131 3110 1175 (3:34)
[咸豐]袁州府志十五卷首一卷
(清)陳喬樅纂修

008443132 3110 1175 (3:34)
[民國]宜春縣志二十四卷首一卷
謝祖安修,蘇玉賢纂

008443134 3110 1175 (3:35)
[同治]分宜縣志十卷首一卷
(清)李寅清、夏琮鼎修,嚴升偉等纂

008443135 3110 1175 (3:36)
[民國]萬載縣志十二卷首一卷末一卷
張薌甫修,龍賡言纂

008443137 3110 1175 (3:37)
[同治]瑞州府志二十四卷首一卷
(清)黄廷金修,蕭浚蘭、熊松之等纂

008443138 3110 1175 (3:38)
[同治]高安縣志二十八卷首一卷
(清)孫家鐸修,熊松之纂

008443139 3110 1175 (3:39)
[同治]重修上高縣志十四卷首一卷
(清)馮蘭森修,陳卿雲等纂

008443140 3110 1175 (3:40)
[同治]新昌縣志三十二卷首一卷末一卷
(清)朱慶萼等纂修

008443141 3110 1175 (3:41)
[同治]臨江府志三十二卷首一卷
(清)德馨、鮑孝先修,朱孫詒、陳錫麟纂

008443143 3110 1175 (3:41)
[同治]清江縣志十卷首一卷
(清)潘懿、胡湛修,朱孫詒等纂

008443144　3110 1175（3:42）
［同治］新喻縣志十六卷首一卷
（清）文聚奎、祥安修，吴增逵纂

008443145　3110 1175（3:43）
［同治］安義縣志十六卷首一卷末一卷
（清）杜林修，彭斗山、熊寶善纂

008443146　3110 1175（3:43）
［同治］奉新縣志十六卷首一卷末一卷
（清）吕懋先修，帥方蔚纂

008443148　3110 1175（3:44）
［同治］豐城縣志二十八卷首一卷
（清）王家傑修，周文鳳、李庚纂

008443149　3110 1175（3:45-46）
［光緒］撫州府志八十六卷首一卷
（清）許應鑅、朱澄瀾修，謝煌等纂

008443151　3110 1175（3:47）
［同治］安縣志十六卷首一卷
（清）徐家瀛修，舒孔恂纂

008443152　3110 1175（3:48）
［同治］臨川縣志五十四卷首一卷末一卷
（清）童範儼修，陳慶齡等纂

008443153　3110 1175（3:49）
［同治］崇仁縣志十卷首一卷附編一卷
（清）盛銓等修，黄炳奎纂

008443154　3110 1175（3:50）
［同治］金溪縣志三十六卷首一卷末一卷
（清）程芳修，鄭浴修等纂

008443155　3110 1175（3:51）
［同治］宜黄縣志五十卷首一卷
（清）張興言等修，謝煌等纂

008443156　3110 1175（3:52）
［同治］樂安縣志十一卷首一卷
（清）朱奎章修，胡芳杏纂

008443157　3110 1175（3:52）
［同治］東鄉縣志十六卷首一卷末一卷
（清）李士棻、王維新修，胡業恒纂

008443158　3110 1175（3:53-54）
［同治］建昌府志十卷首一卷
（清）邵子彝修，魯琪光纂

008443160　3110 1175（3:55-56）
［同治］南城縣志十卷首一卷
（清）李人鏡修，梅體萱纂

008443163　3110 1175（3:57）
［同治］江西新城縣志十二卷首一卷末一卷
（清）劉昌岳修，鄧家祺纂

008443164　3110 1175（3:58）
［民國］南豐縣志三十六卷首一卷末一卷
包發鸞修，趙惟仁等纂

008443165　3110 1175（3:59）
［同治］瀘溪縣志十四卷首一卷
（清）楊松兆、孫毓秀修，彭鍾華等纂

008443166　3110 1175（3:59）
［同治］進賢縣志二十五卷首一卷
（清）江璧等修，胡景辰等纂

008443167　3110 1175（3:60-61）
［光緒］吉安府志五十三卷首一卷
（清）定祥、特克紳布修，劉繹、周立瀛纂

008443170　3110 1175（3:62）
［民國］廬陵縣志二十八卷首一卷末一卷
王補、曾燦材纂

008443171 3110 1175 (3:63)
[民國]吉安縣志四十八卷首一卷末一卷
李正誼等修,鄒鵠纂

008443172 3110 1175 (3:64)
[同治]泰和縣志十六卷首一卷
(清)宋瑛等修,彭啓瑞等纂

008443173 3110 1175 (3:65)
[光緒]吉水縣志六十六卷首一卷
(清)彭際盛等修,胡宗元等纂

008443175 3110 1175 (3:66)
[同治]永豐縣志四十卷
(清)雙貴、王建中修,劉繹等纂

008443176 3110 1175 (3:67)
[同治]安福縣志十八卷首一卷末一卷
(清)姚濬昌修,周立瀛、趙廷愷等纂

008443177 3110 1175 (3:67)
[同治]峽江縣志十卷首一卷
(清)暴大儒修,廖其觀等纂

008443073 3110 1175 (3:68)
[同治]龍泉縣志十八卷首一卷末一卷
(清)王肇渭等修,郭崇煇纂

008443074 3110 1175 (3:68)
[同治]萬安縣志二十卷首一卷末一卷
(清)歐陽駿修,周之鏞纂

008443075 3110 1175 (3:69)
[同治]永寧縣志十卷首一卷
(清)楊輔宜修,蕭應乾纂

008443076 3110 1175 (3:69)
[乾隆]蓮花廳志八卷首一卷末一卷
(清)李其昌纂修

008443077 3110 1175 (3:70)
[民國]寧岡縣志六卷後志四卷
鄧南驤修,鄒代藩纂;陳家駿等續纂修

008443078 3110 1175 (3:71)
[同治]永新縣志二十六卷首一卷
(清)蕭玉春、陳恩浩修,李煒、段夢龍纂

008443079 3110 1175 (3:72)
[同治]新淦縣志十卷首一卷
(清)王肇賜修,陳錫麟纂

008443080 3110 1175 (3:73-74)
[同治]贛州府志一百七十八卷首一卷
(清)魏瀛修,魯琪光、鍾音鴻纂

008443082 3110 1175 (3:75)
[同治]贛縣志五十四卷首一卷
(清)黄德溥、崔國榜修,褚景昕纂

008443083 3110 1175 (3:76)
[同治]雩都縣志十六卷首一卷
(清)顔壽芝、王穎修,何戴仁、洪霖纂

008443086 3110 1175 (3:77)
[乾隆]信豐縣志十六卷
(清)游法珠修,楊廷爲等纂

008443086 3110 1175 (3:77)
[道光]信豐縣志續編
(清)許夔修,謝肇漣、張伊纂

008443089 3110 1175 (3:77)
[同治]信豐縣志續編八卷
(清)李大觀修,劉杰光等纂

008443091 3110 1175 (3:77)
[同治]安遠縣志十卷首一卷
(清)黄瑞圖修,歐陽鐸纂

008443093　3110 1175（3:78）
［同治］興國縣志四十六卷首一卷
（清）崔國榜修，金益謙、藍拔奇纂

008443095　3110 1175（3:79）
［同治］會昌縣志三十二卷首一卷
（清）劉長景修，陳良棟、王驥纂

008443099　3110 1175（3:79）
［光緒］長寧縣志四卷首一卷末一卷
（清）沈鎔經、黄光祥修，劉德烑、劉丕誠纂

008443101　3110 1175（3:80）
［道光］寧都直隸州志三十二卷首一卷
（清）黄永綸修，楊錫齡等纂

008443104　3110 1175（3:81）
［道光］瑞金縣志十六卷首一卷
（清）蔣方增纂修

008443107　3110 1175（3:82）
［同治］定南廳志八卷
（清）王大枚、楊邦楝修，黄正琅等纂

008443105　3110 1175（3:82）
［光緒］龍南縣志八卷首一卷
（清）孫瑞徵、胡鴻澤修，鍾益馭纂

008443110　3110 1175（3:83）
［乾隆］石城縣志八卷
（清）楊柏年修，黄鶴雯纂

008443111　3110 1175（3:83）
［同治］廣昌縣志十卷首一卷
（清）曾毓璋纂修

008443112　3110 1175（3:84-85）
［同治］南安府志一百三十二卷首一卷
（清）黄鳴珂修，石景芬、徐福炘纂

008443114　3110 1175（3:85）
［光緒］南安府志補正十二卷首一卷
（清）楊錞纂修

008443118　3110 1175（3:86）
［民國］大庾縣志十六卷
吴寶炬修，劉人俊等纂

008443121　3110 1175（3:86）
［同治］南康縣志十四卷首一卷
（清）沈恩華修，盧鼎峋纂

008443123　3110 1175（3:87）
［光緒］崇義縣志八卷續增一卷
（清）廖鼎璋纂修

008443122　3110 1175（3:87）
［光緒］上猶縣志十八卷首一卷
（清）葉滋瀾修，李臨馴纂

中國地方志集成·臺灣府縣志輯

《中國地方志集成·臺灣府縣志輯》，上海書店2011年影印出版
（008249451　3110 1175（4））

008618911　3110 1175（4:1）
［光緒］臺灣通志不分卷
（清）唐景崧修，蔣師轍、薛紹元纂

008618913　3110 1175（4:1）
［民國］臺灣新志十一章
鄭伯彬編

008618915 3110 1175 (4:1)
臺灣郡縣建置志六章
周蔭棠編

008618916 3110 1175 (4:1)
[康熙]諸羅縣志十二卷首一卷
(清)周鍾瑄修,陳夢林、李欽文纂

008618917 3110 1175 (4:2)
[咸豐]臺灣府噶瑪蘭廳志八卷
(清)薩廉修,陳淑均纂;董正官續修,李祺生續纂

008618918 3110 1175 (4:2)
[同治]淡水廳志十六卷
(清)陳培桂等纂修

008618919 3110 1175 (4:2)
[光緒]新竹縣志初稿六卷
(清)鄭鵬雲、曾逢辰纂

008618920 3110 1175 (4:3)
[乾隆]重修臺灣縣志十五卷
(清)魯鼎梅修,王必昌纂

008618921 3110 1175 (4:3)
[嘉慶]續修臺灣縣志八卷首一卷
(清)薛志亮修,謝金鑾、鄭兼才纂

008618922 3110 1175 (4:4)
[光緒]苗栗縣志十六卷
(清)沈茂蔭纂修

008618923 3110 1175 (4:4)
[道光]彰化縣志十二卷首一卷
(清)李廷璧修,周璽纂

008618924 3110 1175 (4:4)
雲林縣採訪册不分卷
(清)倪贊元纂

008618925 3110 1175 (4:5)
[乾隆]重修鳳山縣志十二卷
(清)王瑛曾纂修

008618927 3110 1175 (4:5)
[光緒]恒春縣志二十二卷首一卷末一卷
(清)陳文緯修,屠繼善纂

008618928 3110 1175 (4:5)
臺東州採訪册不分卷
(清)胡傳纂

008618929 3110 1175 (4:5)
安平縣雜記不分卷
(清)佚名纂

008618931 3110 1175 (4:5)
[光緒]甲午新修臺灣澎湖志十四卷首一卷
(清)蔡麟祥、陳步梯修,林豪纂

中國地方志集成・西藏府縣志輯

《中國地方志集成・西藏府縣志輯》,巴蜀書社 1995 年影印出版
(007305905 3110 1175 (5))

009692945 3110 1175 (5)
[民國]九族縣志
劉贊廷編

009692952 3110 1175 (5)
[民國]冬九縣志
劉贊廷編

009692988 3110 1175 (5)
[民國]恩達縣志
劉贊廷編

009693004　3110 1175 (5)
[民國]定青縣圖志
劉贊廷編

009693027　3110 1175 (5)
[民國]碩都縣志
劉贊廷編

009693037　3110 1175 (5)
[民國]寧静縣志
劉贊廷編

009692232　3110 1175 (5)
[道光]拉薩廳志
(清)李夢皋纂

009692343　3110 1175 (5)
[民國]太昭縣志
劉贊廷編

009692347　3110 1175 (5)
[民國]嘉黎縣志
劉贊廷編

009692449　3110 1175 (5)
[民國]武城縣志
劉贊廷編

009692392　3110 1175 (5)
[民國]昌都縣志
劉贊廷編

009692468　3110 1175 (5)
[民國]察隅縣圖志
劉贊廷編

009692621　3110 1175 (5)
[民國]同普縣志
劉贊廷編

009692487　3110 1175 (5)
[民國]科麥縣志
劉贊廷編

009692737　3110 1175 (5)
[民國]察雅縣圖志
劉贊廷編

009692753　3110 1175 (5)
[民國]鹽井縣志
劉贊廷編

009692895　3110 1175 (5)
[宣統]鹽井鄉土志
(清)段鵬瑞編

009692906　3110 1175 (5)
[民國]波密縣志
劉贊廷編

009692417　3110 1175 (5)
[民國]貢縣志
劉贊廷編

中國地方志集成·鄉鎮志專輯

《中國地方志集成·鄉鎮志專輯》,上海書店 1992 年影印出版
(007801679　3110 1175 (6))

008620200　3110 1175 (6:3)
南翔鎮志十二卷首一卷
張承先纂,程攸熙訂正

008618932　3110 1175 (6:3)
真如里志四卷
陸立纂

008618933 3110 1175 (6:3)
真如里志八卷
洪復章纂

008618936 3110 1175 (6:3)
真如志八卷首一卷末一卷
王德乾纂

008618937 3110 1175 (6:3)
安亭志二十卷
陳樹德、孫岱纂

008618938 3110 1175 (6:3)
婁塘鎮志九卷
陳曦纂

008618939 3110 1175 (6:3)
石岡廣福合志四卷
蕭魚會、趙稷思纂

008618940 3110 1175 (6:3)
方泰志三卷
王初桐纂

008618941 3110 1175 (6:3)
馬陸里志七卷
封導源纂

008618942 3110 1175 (6:3)
黄渡鎮志十卷首一卷
章樹福纂

008618944 3110 1175 (6:3)
黄渡續志八卷首一卷
章圭瑑纂

008618945 3110 1175 (6:3)
望仙橋鄉志稿不分卷
張啓泰輯,陸世益編

008618946 3110 1175 (6:3)
續望仙橋鄉志稿不分卷
楊大璋纂

008618947 3110 1175 (6:4)
錢門塘鄉志十二卷首一卷
童世高纂

008618948 3110 1175 (6:4)
嘉定婁東志不分卷
吕舜祥修,武嘏純纂

008618949 3110 1175 (6:4)
楊行志不分卷
黄程雲纂

008618950 3110 1175 (6:4)
羅店鎮志八卷
王樹棻修,潘履祥纂

008618951 3110 1175 (6:4)
月浦志十卷
張人鏡纂

008618952 3110 1175 (6:4)
月浦里志十五卷首一卷附録一卷
陳應康纂

008618953 3110 1175 (6:4)
盛橋里志八卷
趙同福修,楊逢時纂

008618954 3110 1175 (6:4)
江灣里志十五卷附刊一卷
錢淦纂

008618955 3110 1175 (6:4)
淞南志八卷
秦立纂

008618956　3110 1175（6:4）
淞南續志一卷
陳雲煌纂

008618957　3110 1175（6:4）
二續淞南志二卷
陳至言纂

008618958　3110 1175（6:5）
竹鎮紀略二卷
李敬纂

008618959　3110 1175（6:5）
棲霞新志十章
陳邦賢編

008618960　3110 1175（6:5）
滸墅關志十八卷
凌壽祺纂

008618961　3110 1175（6:5）
橫溪録八卷附溪山咏一卷
徐鳴時纂

008618963　3110 1175（6:5）
吴郡甫里志十二卷首一卷
陳維中纂修

008618964　3110 1175（6:6）
吴郡甫里志二十四卷首一卷
彭方周纂修

008618965　3110 1175（6:6）
甫里志稿不分卷
佚名纂

008618966　3110 1175（6:6）
陳墓鎮志十六卷首一卷
陳尚隆原纂；陳樹穀續纂

008618967　3110 1175（6:6）
貞豐擬乘二卷
章騰龍原本；陳勰增輯

008618968　3110 1175（6:6）
周莊鎮志六卷首一卷附貞豐里庚申見聞録二卷
陶煦纂

008618969　3110 1175（6:7）
光福志十二卷首一卷
徐傅編；王鏞等補輯

008618970　3110 1175（6:7）
元和唯亭志二十卷首末各一卷
沈藻采纂

008618971　3110 1175（6:7）
橫金志二十卷附集文一卷集詩一卷
柳商賢纂；孔陟岵續補

008618972　3110 1175（6:7）
香山小志不分卷
徐翥先纂

008618973　3110 1175（6:7）
木瀆小志六卷首一卷附光福諸山記一卷
張郁文纂

008618974　3110 1175（6:7）
黄埭志四卷
朱福熙等修，程錦熙纂

008618975　3110 1175（6:8）
齊溪小志不分卷
李楚石纂

008618976　3110 1175（6:8）
相城小志六卷
陶惟坻修，施兆麟纂

008618977 3110 1175 (6:8)
鄉志類稿不分卷
葉承慶纂

008618978 3110 1175 (6:8)
菉溪志四卷
諸世器纂

008618979 3110 1175 (6:8)
信義志六卷
陳至言纂,於炳炎重訂

008618980 3110 1175 (6:8)
信義志稿二十一卷首一卷末一卷
趙詒翼纂

008618981 3110 1175 (6:8)
巴溪志不分卷
朱保熙纂修

008618982 3110 1175 (6:8)
沙頭里志十卷
曹焯纂,陸松齡增訂

008618983 3110 1175 (6:8)
茜涇紀略不分卷
倪大臨纂;陶炳曾補輯

008618984 3110 1175 (6:9)
雙鳳里志八卷
時寶臣纂修

008618985 3110 1175 (6:9)
雙鳳鄉不分卷
佚名輯

008618986 3110 1175 (6:9)
璜涇志稿八卷
施若霖纂

008618987 3110 1175 (6:9)
璜涇志略不分卷
趙曜纂

008618988 3110 1175 (6:9)
劉河鎮紀略十四卷
金端表纂

008620201 3110 1175 (6:9)
增修鶴市志略三卷附續志不分卷
林晃纂修;周僩等增纂

008620202 3110 1175 (6:9)
唐市志三卷
倪賜纂;蘇雙翔補纂

008620203 3110 1175 (6:9)
唐市補志三卷附唐市志補遺不分卷
龔文洵再補輯

008620204 3110 1175 (6:10)
支溪小志六卷
顧鎮編輯;周昂增訂

008620205 3110 1175 (6:10)
穿山小識二卷
邵廷烈輯

008620206 3110 1175 (6:10)
穿山志二卷
狄辰纂

008620207 3110 1175 (6:10)
釣渚小志不分卷
單學傅纂

008620208 3110 1175 (6:10)
梅李文獻小志不分卷
潘鎬纂

008620209 3110 1175 (6:10)
梅李文獻小志稿不分卷
黄炳扆纂

008620210 3110 1175 (6:10)
梅李文獻三志稿不分卷
黄岡纂

008620211 3110 1175 (6:10)
梅里志四卷首一卷附一卷
吴存禮編輯

008620212 3110 1175 (6:10)
泰伯梅里志八卷
吴熙編輯

008620213 3110 1175 (6:11)
里睦小志二卷
顧崇善纂

008620214 3110 1175 (6:11)
四鎮略蹟不分卷
馬幼良纂

008620215 3110 1175 (6:11)
金村小志三卷
金鶴翀纂

008620216 3110 1175 (6:11)
雙浜小志三卷
王鴻飛纂

008620217 3110 1175 (6:11)
常熟新莊鄉小志六卷
陸晶生纂

008620218 3110 1175 (6:11)
盛湖志二卷
仲沈洙纂;仲樞增纂;仲周霈再增纂

008620220 3110 1175 (6:11)
盛湖志十四卷首末各一卷附志補四卷
仲廷機纂;仲虎騰續纂

008620221 3110 1175 (6:11)
庉村志不分卷
曹焯纂;曹鄴增纂

008620222 3110 1175 (6:11)
儒林六都志二卷
孫陽顧纂;曹翠亭增纂

008620223 3110 1175 (6:11)
黄溪志十二卷
錢墀纂

008620224 3110 1175 (6:12)
同里志二十四卷首一卷
閻登雲修,周之楨纂

008620225 3110 1175 (6:12)
黎里志十六卷首一卷
徐達源纂

008620226 3110 1175 (6:12)
黎里續志十六卷首一卷
蔡丙圻纂

008620227 3110 1175 (6:13)
平望鎮志四卷首一卷
里人公輯

008620228 3110 1175 (6:13)
平望志十八卷首一卷
翁廣平纂

008620229 3110 1175 (6:13)
平望續志十二卷首一卷
黄兆檉纂

008620230 3110 1175 (6:13)
震澤鎮志十四卷首一卷末一卷
紀磊、沈眉壽纂

008620232 3110 1175 (6:14)
無錫開化鄉志三卷
王抱承纂,蕭焕梁續纂

008620233 3110 1175 (6:14)
瞻橋小志四卷
王鑑纂

008620234 3110 1175 (6:14)
無錫斗門小志不分卷
佚名纂

008620235 3110 1175 (6:14)
分湖小識六卷
柳樹芳纂

008620236 3110 1175 (6:14)
涇里志十卷
程國昶稿,邵燦編訂

008620237 3110 1175 (6:14)
開沙志二卷
李尉纂

008620238 3110 1175 (6:14)
楊舍堡城志稿十四卷首一卷
葉長齡纂;葉鍾敏重輯

008620239 3110 1175 (6:16)
甘棠小志四卷首一卷末一卷
董醇纂

008620240 3110 1175 (6:16)
崔堡小志一卷
王宗筠纂

008620241 3110 1175 (6:16)
西溪鎮志不分卷
佚名纂

008620242 3110 1175 (6:16)
静海鄉志三卷附大事記
丁鹿壽纂

008620243 3110 1175 (6:16)
通海墾牧鄉志一卷
范鎧、張謇纂

008620244 3110 1175 (6:16)
白蒲鎮志十卷
姚際春纂

008620245 3110 1175 (6:16)
淮安河下志十六卷
王光伯纂;程景韓增訂

008620246 3110 1175 (6:16)
吕四場志不分卷
佚名纂修

008620247 3110 1175 (6:16)
兩淮通州金沙場志
邱標纂

008620248 3110 1175 (6:17)
曹甸鎮志十章
郝樹纂

008620249 3110 1175 (6:17)
廣曹甸鎮志不分卷
邵騶纂

008620250 3110 1175 (6:17)
王家營志六卷
張震南纂

008620251　3110 1175（6:17）
時村記二十五卷
馮道立纂

008620252　3110 1175（6:17）
小海場新志十卷
林正清纂

008620253　3110 1175（6:17）
豐南志十卷
吴吉祜纂

008620255　3110 1175（6:17）
沙溪集略八卷
凌應秋輯

008620256　3110 1175（6:18）
唐棲志略稿二卷
何琪纂

008620257　3110 1175（6:18）
唐棲志二十卷
王同纂

008620259　3110 1175（6:18）
臨平記四卷附録一卷補遺四卷續補遺一卷
沈謙纂，張大昌補遺

008620260　3110 1175（6:18）
臨平記再續六卷
陳棠、姚景瀛纂

008620261　3110 1175（6:18）
孝感里志十二卷
張廉纂

008620262　3110 1175（6:18）
新塍瑣志十四卷
鄭鳳鏘纂

008620263　3110 1175（6:18）
新塍鎮志二十六卷首一卷
朱士楷纂

008620264　3110 1175（6:18）
新塍新志初稿二十七卷首一卷存卷首卷一卷二
嚴一萍纂

008620266　3110 1175（6:19）
梅里志十八卷
楊謙纂；李富孫補輯；余楙續補

008620267　3110 1175（6:19）
梅里備志八卷
余霖纂

008620268　3110 1175（6:19）
梅里志校勘記
祝廷錫纂

008620269　3110 1175（6:19）
竹里述略十二卷附録一卷
徐士燕纂

008620270　3110 1175（6:19）
竹林八圩志十二卷首一卷
祝廷錫纂

008620271　3110 1175（6:19）
聞湖志稿二十卷存卷一至卷四
唐佩金纂

008620272　3110 1175（6:19）
新豐鎮志略初稿十九卷附録一卷
梅元鼎纂

008620273　3110 1175（6:20）
乍浦志六卷首一卷末一卷
宋景關纂

008620274 3110 1175 (6:20)
乍浦備志三十六卷首一卷
鄒璟纂

008620275 3110 1175 (6:20)
乍浦續志六卷
許河纂修

008620276 3110 1175 (6:20)
澉水志八卷
羅叔韶修,常棠纂

008620277 3110 1175 (6:20)
續澉水志九卷
董穀纂修

008620278 3110 1175 (6:20)
澉水新志十二卷首一卷
方溶纂修;萬亞蘭補遺

008620279 3110 1175 (6:20)
澉水補録不分卷
程煦元纂

008620280 3110 1175 (6:20)
修川小志二卷
鄒存淦纂

008620281 3110 1175 (6:20)
修川志餘二卷
鍾兆彬纂

008620282 3110 1175 (6:20)
花溪志補遺一卷
許良謨纂

008620283 3110 1175 (6:20)
硤川志二卷
潘廷章纂,王簡可續纂

008620284 3110 1175 (6:20)
硤川續志二十卷
王德浩纂,曹宗載重訂

008620285 3110 1175 (6:20)
硤川續志校勘記一卷
管元耀纂

008620287 3110 1175 (6:20)
硤川志略一卷
蔣宏任纂

008620288 3110 1175 (6:21)
前朱里紀略不分卷
盛熿纂

008620289 3110 1175 (6:21)
濮川志略十四卷
濮孟清纂

008620290 3110 1175 (6:21)
濮川所聞記六卷
金淮纂;濮鑛續纂

008620291 3110 1175 (6:21)
濮院瑣志八卷
楊樹本纂

008620292 3110 1175 (6:21)
濮鎮紀聞四卷
胡琢纂修

008620293 3110 1175 (6:21)
濮録
岳昭垲著

008620294 3110 1175 (6:21)
濮院志十六卷
夏辛銘纂

008620296　3110 1175（6:22）v.1
南潯志六十卷首一卷
周慶雲纂

008620297　3110 1175（6:22）v.1
東西林彙考八卷
茅應奎纂

008620298　3110 1175（6:22）v.1
南潯鎮志十卷首一卷
范來庚纂

008620299　3110 1175（6:22）v.2
南潯鎮志四十卷首一卷
汪曰楨纂

008620300　3110 1175（6:22）v.2
雙林鎮志三十二卷首一卷
蔡蓉升原纂;蔡蒙續纂

008620302　3110 1175（6:22）v.2
雙林鎮志新補不分卷
蔡松纂

008620303　3110 1175（6:22）v.2
東塘市鄉志一卷
佚名纂

008620304　3110 1175（6:22）v.2
無錫富安鄉志二十八卷
奚鉾纂

008620305　3110 1175（6:23）
定鄉小識十六卷
張道纂

008620306　3110 1175（6:23）
重修烏青鎮志五卷
李樂纂

008620307　3110 1175（6:23）
烏青鎮志十二卷
董世寧纂

008620308　3110 1175（6:23）
烏青鎮志四十四卷首一卷
盧學溥修,朱辛彝、張惟驤等纂

008620309　3110 1175（6:24）
新市鎮志八卷
陳霆纂

008620310　3110 1175（6:24）
仙潭後志不分卷
胡道傳、沈戬谷纂修

008620311　3110 1175（6:24）
新市鎮續志八卷補遺一卷
沈赤然纂

008620312　3110 1175（6:24）
桃源鄉志八卷
臧麟炳纂

008620313　3110 1175（6:24）
剡源鄉志二十四卷首一卷
趙霈濤纂

008620314　3110 1175（6:24）
忠義鄉志二十卷首一卷
吴文江纂

008620316　3110 1175（6:24）
菱湖志三卷
姚彦渠纂

008620317　3110 1175（6:24）
菱湖鎮志四十四卷首一卷
孫志熊纂

008620318 3110 1175 (6:24)
晟舍鎮志八卷首一卷
閔寶梁纂

008620319 3110 1175 (6:25)
清湖小志八卷首一卷
張宗禄纂;張統鎬續纂

008620320 3110 1175 (6:25)
石步志一卷
葉維新纂

008620321 3110 1175 (6:25)
金鄉鎮志
佚名纂

008620322 3110 1175 (6:25)
滸山志八卷
高杲、沈煜纂

008620323 3110 1175 (6:25)
餘姚六倉志四十四卷首一卷末一卷
楊積芳纂

008620324 3110 1175 (6:25)
岱山鎮志二十卷首一卷
湯濬纂

008620325 3110 1175 (6:25)
蟕陽志四卷
張拯滋纂

008620326 3110 1175 (6:25)
天樂志
湯叙纂

008620327 3110 1175 (6:25)
曹娥鄉志稿
徐繩宗纂

008620328 3110 1175 (6:25)
瀝海所志稿
楊肇春纂

008620329 3110 1175 (6:25)
三江所志
陳宗洛纂;傅月樵補纂;何留學增訂

008620330 3110 1175 (6:25)
松夏志十二卷
連光樞纂,何鳴宣參訂

008620331 3110 1175 (6:25)
蒲岐所志二卷
倪啓辰纂

008620332 3110 1175 (6:26)
藤山志十卷
蔡人奇纂

008620333 3110 1175 (6:26)
洪塘小志
佚名編

008620336 3110 1175 (6:26)
閩江金山志十二卷
林其蓉纂

008620337 3110 1175 (6:26)
螺洲志四卷
陳澗纂

008620338 3110 1175 (6:26)
五夫子里志稿十五卷存八卷(存卷一至卷五、卷十一至卷十三)
詹繼良纂

008620339 3110 1175 (6:26)
海口特志不分卷
林以采纂

008620340　3110 1175（6:26）
海口續志不分卷
林宜恒纂

008620341　3110 1175（6:26）
梅花志五卷
佚名纂

008620342　3110 1175（6:26）
長樂六里志
李永選纂

008620343　3110 1175（6:26）
琴江志四卷續志三卷
黄曾成纂

008620344　3110 1175（6:26）
安海志不分卷
佚名纂

008620345　3110 1175（6:26）
重修安平志不分卷
柯琮璜纂修

008620346　3110 1175（6:26）
崇武所城志三卷
朱彤纂;陳敬法增補

008620347　3110 1175（6:26）
石碼鎮志十卷
林鳳聲編

008620348　3110 1175（6:26）
南日島志不分卷
薩福榛纂

008620349　3110 1175（6:26）
樹杞林志
林百川、林學源纂

008620350　3110 1175（6:26）
苑里志二卷
蔡振豐編

008621316　3110 1175（6:26）
周墩區志六卷
鄭謨光、陳贊勛纂

008620351　3110 1175（6:27）
西干志七卷
許承堯纂

008620352　3110 1175（6:27）
巖鎮志草四卷
佘華瑞纂

008620353　3110 1175（6:27）
休寧孚潭志四卷
許顯祖纂

008620354　3110 1175（6:27）
善和鄉志八卷
程文翰編

008620355　3110 1175（6:27）
杏花村志十二卷首一卷末一卷
郎遂纂

008620356　3110 1175（6:27）
杏花村續志三卷首一卷末一卷
胡子正纂

008620357　3110 1175（6:27）
橙陽散志十二卷
江登雲纂

008620358　3110 1175（6:28）
天津楊柳青小志一卷
張江裁纂

008620359 3110 1175 (6:28)
翟城村志不分卷
米迪剛、尹仲材編

008620360 3110 1175 (6:28)
涇陽魯橋鎮志不分卷
王介纂

008620361 3110 1175 (6:28)
續修涇陽魯橋鎮城鄉志十二卷
馮庚修,郭思鋭纂

008620362 3110 1175 (6:28)
吉安縣河西坊廊鄉志八卷首一卷
蕭賡韶纂

008620363 3110 1175 (6:28)
高嶢志二卷附二卷
由龍雲纂

008620364 3110 1175 (6:29)
張秋志十二卷
林芃修,馬之驦纂

008620365 3110 1175 (6:29)
顔神鎮志五卷
葉先登修,馮文顯纂

008620366 3110 1175 (6:29)
達縣磐石鄉志四卷
張子履編

008620367 3110 1175 (6:29)
平順鄉志
佚名纂

008620368 3110 1175 (6:29)
清源鄉志十八卷首一卷
王勳祥修,王效尊纂

008620369 3110 1175 (6:29)
思南縣允文鄉採訪録不分卷
吴協昌纂

008620370 3110 1175 (6:29)
成府村志
佚名纂

008620371 3110 1175 (6:30)
佛山忠義鄉志十四卷
吴榮光纂

008620372 3110 1175 (6:30)
佛山忠義鄉志十九卷首一卷
汪宗準修,冼寶幹纂

008620373 3110 1175 (6:30)
順德龍江鄉志五卷
佚名纂

009104239 3110 1175 (6:31)
九江儒林鄉志二十一卷
馮栻宗纂

009104084 3110 1175 (6:31)
南海九江鄉志五卷
黎春曦纂

009104045 3110 1175 (6:31)
龍山鄉志十四卷首一卷
温汝能纂

中國地方志集成・上海府縣志輯

《中國地方志集成・上海府縣志輯》,上海書店 1991 年影印出版

(008334523　3110 1175 (7))

008620125　3110 1175 (7:1-2)

[嘉慶]松江府志

(清)宋如林修,孫星衍、莫晋纂

008620124　3110 1175 (7:3)

[光緒]松江府續志

(清)博潤修,姚光發等纂

008620127　3110 1175 (7:4)

[民國]上海縣志

吴馨、江家嵋修,姚文枬纂

008620127　3110 1175 (7:4)

[光緒]重修華亭縣志

(清)楊開第修,姚光發等纂

008620127　3110 1175 (7:4)

重修華亭縣志拾補校譌

(清)閔萃祥撰

008627047　3110 1175 (7:5)

[乾隆]婁縣志

(清)謝庭薰修,陸錫熊纂

008627047　3110 1175 (7:5)

[光緒]婁縣續志

(清)汪坤厚、程其珏修,張雲望纂

008627047　3110 1175 (7:5)

[光緒]南匯縣志

(清)金福曾、顧思賢修,張文虎等纂

008627047　3110 1175 (7:5)

[民國]南匯縣續志

嚴偉、劉芷芬纂修

008620126　3110 1175 (7:6)

[光緒]青浦縣志

(清)汪祖綬等修,熊其英、邱式金纂

008620126　3110 1175 (7:6)

[民國]青浦縣續志

于定等修,金咏榴等纂

008620128　3110 1175 (7:7)

[民國]川沙縣志

方鴻鎧、陸炳麟修,黄炎培纂

008620128　3110 1175 (7:7)

[康熙]嘉定縣志

(清)趙昕修,蘇淵纂

008620128　3110 1175 (7:7)

[康熙]嘉定縣續志

(清)聞在上修,許自俊等纂

008620172　3110 1175 (7:8)

[光緒]嘉定縣志

(清)程其珏修,楊震福等纂

008620172　3110 1175 (7:8)

[民國]嘉定縣續志

范鍾湘、陳傳德修,金念祖、黄世祚纂

008620131　3110 1175 (7:9)

[光緒]寶山縣志

(清)梁蒲貴、吴康壽修,朱延射、潘履祥纂

008620131 3110 1175 (7:9)
[民國]寶山縣續志
張充高等修,錢淦、袁希濤纂

008620131 3110 1175 (7:9)
[民國]寶山縣再續志
吴葭修,王鍾琦纂

008620131 3110 1175 (7:9)
[光緒]重修奉賢縣志
(清)韓佩金纂修

008620129 3110 1175 (7:10)
[光緒]金山縣志
(清)龔寶琦、崔廷鏞修,黄厚本等纂

008620129 3110 1175 (7:10)
[康熙]崇明縣志
(清)朱衣點修,黄國彝纂

008620129 3110 1175 (7:10)
[民國]崇明縣志
曹炳麟纂修

中国地方志集成·江蘇府縣志辑

《中国地方志集成·江蘇府縣志辑》,江蘇古籍出版社 1991 年影印出版
(008369065 3110 1175 (8))

008627187 3110 1175 (8:1)
[嘉慶]新修江寧府志五十六卷附校勘記一卷
(清)吕燕昭修,姚鼐纂

008627188 3110 1175 (8:2)
[同治]續纂江寧府志十五卷
(清)蔣啓勳、趙佑宸修,汪士鐸等纂

008620379 3110 1175 (8:3)
[道光]上元縣志二十六卷
(清)武念祖修,陳栻纂

008627190 3110 1175 (8:4)
[同治]上江兩縣志二十九卷
(清)莫祥芝、甘紹盤修,汪士鐸等纂

008627191 3110 1175 (8:5)
[光緒]江浦埤乘四十卷首一卷
(清)侯宗海,夏錫寶纂

008627191 3110 1175 (8:5)
[光緒]靖江縣志十六卷首一卷
(清)葉滋森修,褚翔等纂

008627192 3110 1175 (8:6)
[光緒]六合縣志八卷圖説一卷附録一卷
(清)謝延庚、吕憲秋修,賀廷壽、唐毓和纂

008627192 3110 1175 (8:6)
[民國]六合縣續志稿十八卷首一卷
鄭耀烈修,汪昇遠、王桂馨纂

008627192 3110 1175 (8:6)
[民國]棠志拾遺二卷
張官倬纂

008627193 3110 1175 (8:7-10)
[同治]蘇州府志一百五十卷
(清)李銘皖、譚鈞培修,馮桂芬纂

008627063 3110 1175 (8:11-12)
[民國]吴縣志八十卷
曹允源、李根源等纂

0086270633110 1175 (8:12)
[民國]續吴縣志稿

佚名纂修

008627062　3110 1175（8:13）
［乾隆］長洲縣志三十四卷首一卷
（清）李光祚修，顧詒禄等纂

008627061　3110 1175（8:14）
［乾隆］元和縣志三十六卷首一卷
（清）許治修，沈德潛、顧詒禄纂

008627065　3110 1175（8:15）
［道光］崑新兩縣志四十卷首一卷末一卷
（清）張鴻、來汝緣修，王學浩等纂

008627064　3110 1175（8:18）
［宣統］太倉州鎮洋縣志二十八卷末一卷
王祖畬等纂修

008627073　3110 1175（8:16-17）
［光緒］崑新兩縣續修合志四十卷首一卷末一卷
（清）金吴瀾、李福沂修，汪堃、朱成熙纂

008627073　3110 1175（8:17）
［民國］崑新兩縣續補合志二十四卷
連德英修，李傳元纂

008627025　3110 1175（8:19-20）
［民國］鎮洋縣志十一卷卷末一卷附録一卷
王祖畬纂

008627025　3110 1175（8:19-20）
［雍正］昭文縣志十卷首一卷
（清）勞必達修，陳祖範等纂

008627025　3110 1175（8:19-20）
［乾隆］吴江縣志五十八卷
（清）丁元正等纂修

008627066　3110 1175（8:21）
［康熙］常熟縣志二十六卷末一卷
（清）楊振藻等修，錢陸燦等纂

008627072　3110 1175（8:22）
［光緒］常昭合志稿四十八卷首一卷末一卷
（清）鄭鍾祥、張瀛修，龐鴻文等纂

008627071　3110 1175（8:23）
［乾隆］震澤縣志三十八卷首一卷
（清）陳和志修，倪師孟、沈彤纂

008627071　3110 1175（8:23）
震澤縣志續十一卷
佚名纂修

008627071　3110 1175（8:23）
垂虹識小録六卷附江震科第貢舉考、松陵費氏詩集
（清）費善慶纂

008627067　3110 1175（8:24）
［光緒］無錫金匱縣志四十卷首一卷
（清）裴大中、倪咸生修，秦緗業等纂

008627069　3110 1175（8:25）
［光緒］江陰縣志十六卷首一卷
（清）盧思誠、馮壽鏡修，季念貽、夏煒如纂

008627070　3110 1175（8:26）
［民國］江陰縣續志二十八卷附江陰近事録三卷
陳思修，繆荃孫總纂

008627068　3110 1175（8:27-28）
［乾隆］鎮江府志五十五卷首一卷
（清）高得貴修，張九徵纂；朱霖等增纂

008627026　3110 1175（8:29-30）
［光緒］丹徒縣志六十卷首四卷
（清）何紹章、馮壽鏡修，吕耀斗等纂

008627026 3110 1175 (8:29-30)
[民國]續丹徒縣志二十卷首一卷
張玉藻、翁有成修，高覲昌等纂

008627029 3110 1175 (8:31)
[光緒]丹陽縣志三十六卷首一卷
(清)劉誥、凌焯等修，徐錫麟、姜璘纂

008627029 3110 1175 (8:31)
[民國]丹陽縣志補遺二十卷
孫國鈞、周桂榮等纂

008627029 3110 1175 (8:31)
[民國]丹陽縣續志二十四卷首一卷
胡爲和等修，孫國鈞等纂

008627306 3110 1175 (8:32)
[光緒]溧陽縣續志十六卷末一卷
(清)朱畯等修，馮煦等纂

008620383 3110 1175 (8:32)
[嘉慶]溧陽縣志十六卷
(清)李景嶧、陳鴻壽修，史炳、史津纂

008627027 3110 1175 (8:33)
[民國]重修金壇縣志十二卷首一卷
馮煦等修

008627027 3110 1175 (8:33)
[光緒]溧水縣志二十二卷首一卷
(清)傅觀光等修，丁維誠纂

008627028 3110 1175 (8:34)
[民國]高淳縣志二十八卷首一卷
劉春堂修，吴壽寬纂

008627028 3110 1175 (8:34)
[乾隆]句容縣志二十六卷首一卷
(清)曹襲先纂修

008627075 3110 1175 (8:35)
[光緒]續纂句容縣志二十卷首一卷末一卷
(清)張紹棠修，蕭穆等纂

008627074 3110 1175 (8:36)
[康熙]常州府志三十八卷首一卷
(清)于琨修，陳玉璂纂

008627032 3110 1175 (8:37)
[光緒]武進陽湖縣志十六卷首一卷
(清)王其淦、吴康壽修，湯成烈等纂

008627030 3110 1175 (8:38)
[光緒]武陽志餘十二卷首一卷附團練紀實二卷
(清)莊毓鋐、陸鼎翰纂修

008627031 3110 1175 (8:39)
[嘉慶]增修宜興縣舊志十卷首一卷末一卷
(清)李先榮原本；阮升基增修，寧楷等增纂

008627034 3110 1175 (8:40)
[光緒]宜興荆溪縣新志十卷首一卷末一卷
(清)施惠、錢志澄修，吴景牆等纂

008627034 3110 1175 (8:40)
[光緒]宜荆續志十二卷首一卷
(清)陳善謨、祖福廣修，周志靖纂

008627033 3110 1175 (8:41-42)
[嘉慶]重修揚州府志七十二卷首一卷
(清)阿克當阿修，姚文田、江藩等纂

008627033 3110 1175 (8:41-42)
[同治]續纂揚州府志二十四卷
(清)方濬頤修，晏端書、錢振倫等纂

008627037 3110 1175 (8:43-44)
[光緒]增修甘泉縣志二十四卷首一卷圖一卷

(清)徐成敷等修,陳浩恩等纂

008627037　3110 1175 (8:43–44)
[民國]甘泉縣續志二十九卷首一卷
錢祥保修,桂邦傑纂

008627035　3110 1175 (8:45)
[道光]重修儀徵縣志五十卷首一卷
(清)王檢心修,劉文淇、張安保纂

008627036　3110 1175 (8:46)
[嘉慶]高郵州志十二卷首一卷
(清)楊宜侖修,夏之蓉、沈之本等纂

008627036　3110 1175 (8:46)
[道光]續增高郵州志不分卷
(清)左輝春纂修

008627038　3110 1175 (8:47)
[光緒]再續高郵州志八卷首一卷
(清)金元烺、龔定瀛修,夏子鐊纂

008627038　3110 1175 (8:47)
[民國]三續高郵州志八卷補遺一卷附前志正誤一卷
胡爲和、盧鴻鈞修,高樹敏纂

008627038　3110 1175 (8:47)
高郵志餘
宣哲輯

008627038　3110 1175 (8:47)
高郵志餘補
宣哲輯

008627039　3110 1175 (8:48)
[咸豐]重修興化縣志十卷
(清)梁園棣修,鄭之僑、趙彦俞纂

008627039　3110 1175 (8:48)
[民國]續修興化縣志十五卷
李恭簡修,魏儁、任乃賡纂

008627040　3110 1175 (8:49)
[民國]寶應縣志三十二卷首一卷
戴邦楨、趙世榮修,馮煦、朱萇生纂

008627043　3110 1175 (8:50)
[道光]泰州志三十六卷首一卷
(清)王有慶等修,陳世鎔等纂

008627043　3110 1175 (8:50)
泰州新志刊謬二卷首一卷
(清)任鈺、宫錫祚等纂輯

008627043　3110 1175 (8:50)
[民國]續纂泰州志三十五卷首一卷
鄭輔東

008627044　3110 1175 (8:51)
[光緒]泰興縣志二十六卷首一卷末一卷
(清)楊激雲修,顧曾烜纂

008627044　3110 1175 (8:51)
[宣統]泰興縣志續十二卷首一卷志補八卷志校六卷
(清)王元章修,金鉽纂

008627042　3110 1175 (8:52)
[光緒]通州直隸州志十六卷首一卷末一卷
(清)梁悦馨、莫祥芝修,季念詒、沈鍠纂

008627057　3110 1175 (8:53)
[民國]南通縣圖志二十四卷
范鎧纂,張謇續纂

008627057　3110 1175 (8:53)
[光緒]海門廳圖志二十卷首一卷
(清)劉文徹等修,周家禄等纂

008627057 3110 1175 (8:53)
[民國]海門縣圖志十五卷
劉偉纂修

008627057 3110 1175 (8:53)
[民國]續海門廳圖志
劉偉纂修

008627041 3110 1175 (8:54)
[光緒]淮安府志四十卷首一卷
(清)孫雲錦修,吴昆田、高延第纂

008627049 3110 1175 (8:55)
[同治]重修山陽縣志二十一卷圖一卷
(清)張兆棟、孫雲修,何紹基、丁晏等纂

008627049 3110 1175 (8:55)
[民國]續纂山陽縣志十六卷
邱沅、王元章修,段朝端等纂

008627049 3110 1175 (8:55)
[光緒]丙子清河縣志二十六卷
(清)胡裕燕修,吴昆田、魯賁纂

008627046 3110 1175 (8:56)
[光緒]安東縣志十五卷首一卷
(清)金元烺修,吴昆田、魯蕡纂

008627046 3110 1175 (8:56)
[民國]泗陽縣志二十五卷首一卷
李佩恩修,張相文、王聿望纂

008627048 3110 1175 (8:57)
[民國]重修沭陽縣志十六卷首一卷
戴仁修,錢崇威纂

008627048 3110 1175 (8:57)
[乾隆]重修桃源縣志十卷首一卷
(清)眭文焕纂修

008627048 3110 1175 (8:57)
[民國]淮陰志徵訪稿八卷
徐鍾令纂

008627050 3110 1175 (8:58)
[光緒]盱眙縣志稿十七卷首一卷
(清)王錫元修,高延第等纂

008627050 3110 1175 (8:58)
[民國]宿遷縣志二十卷
嚴型修,馮煦纂

008627045 3110 1175 (8:59)
[民國]續修鹽城縣志稿十四卷首一卷
林懿均、李直夫修,胡應庚、陳鍾凡纂

008627045 3110 1175 (8:59)
[光緒]鹽城縣志十七卷首一卷
(清)劉崇照修,陳玉樹、龍繼棟纂

008627045 3110 1175 (8:59)
[民國]續修鹽城縣志
胡應庚纂

008627055 3110 1175 (8:60)
[民國]阜寧縣新志二十卷首一卷末一卷
焦忠祖、龐友蘭纂

008627055 3110 1175 (8:60)
[嘉慶]東臺縣志四十卷
(清)周右修,蔡復午等纂

008627052 3110 1175 (8:61)
[同治]徐州府志二十五卷
(清)吴世熊、朱忻修,劉庠、方駿謨纂

008627054 3110 1175 (8:62)
[民國]銅山縣志七十六卷附編一卷
余嘉謨等纂修

008627059 3110 1175（8:63）
［民國］沛縣志十六卷
于書雲修，趙錫蕃纂

008627059 3110 1175（8:63）
［咸豐］邳州志二十卷首一卷
（清）董用威、馬軼群修，魯一同纂

008627059 3110 1175（8:63）
［民國］邳志補二十六卷
竇鴻年纂

008627056 3110 1175（8:64）
［嘉慶］海州直隸州志三十二卷首一卷
（清）唐仲冕修，汪梅鼎等纂

008627056 3110 1175（8:64）
［道光］雲臺新志十八卷首一卷末一卷
（清）謝元淮修，許喬林纂

008627060 3110 1175（8:65）
［光緒］豐縣志十六卷首一卷
（清）姚鴻傑等纂

008627060 3110 1175（8:65）
［光緒］睢寧縣志稿十八卷
（清）侯紹瀛修，丁顯纂

008627060 3110 1175（8:65）
［光緒］贛榆縣志十八卷
（清）王豫熙修，張謇纂

008627060 3110 1175（8:65）
［民國］贛榆縣續志
王佐良修，王思衍纂

008627053 3110 1175（8:66）
［乾隆］江都縣志三十二卷
（清）五格、黄湘纂修

008627053 3110 1175（8:66）
［嘉慶］江都縣續志十二卷首一卷
（清）王逢源修，李保泰纂

008627058 3110 1175（8:67）
［光緒］江都縣志十六卷首一卷
（清）謝延庚修，劉壽曾纂

008627058 3110 1175（8:67）
［民國］江都縣續志三十卷首一卷
錢祥保修，桂邦傑等纂

008627058 3110 1175（8:67）
［民國］江都縣新志十二卷末一卷
陳肇燊修，陳懋森纂

008627051 3110 1175（8:68）
［民國］泰縣志稿十六卷首一卷
單毓元等纂修

中國地方志集成·四川府縣志輯

《中國地方志集成·四川府縣志輯》,巴蜀書社 1992 年影印出版
(008249446 3110 1175 (9))

008613625 3110 1175 (9:1)
[天啓]新修成都府志五十八卷
(明)馮任修,張世雍等纂

008613627 3110 1175 (9:2)
[同治]重修成都縣志十六卷首一卷
(清)李玉宣等修,衷興鑒等纂

008613629 3110 1175 (9:3)
[民國]雙流縣志四卷首一卷
劉佶等修,劉咸榮等纂

008613628 3110 1175 (9:3)
[民國]華陽縣志三十六卷首一卷
陳法駕、葉大鏘等修,曾鑒、林思進等纂

008613632 3110 1175 (9:4)
[同治]續金堂縣志八卷首一卷末一卷
(清)王樹桐、徐璞玉修,米繪裳等纂

008613630 3110 1175 (9:4)
[嘉慶]金堂縣志九卷首一卷末一卷
(清)謝惟傑修,陳一津、黄烈等纂

008613633 3110 1175 (9:4)
[民國]金堂縣續志十卷
王暨英等修,曾茂林等纂

008613634 3110 1175 (9:5)
[道光]重慶府志九卷
(清)王夢庚修,寇宗纂

008614497 3110 1175 (9:5)
[道光]江北廳志八卷首一卷
(清)福珠朗阿修,宋煊、黄雲衢纂

008614498 3110 1175 (9:6)
[民國]巴縣志二十三卷附文徵四卷
朱之洪等修,向楚等纂

008614508 3110 1175 (9:7)
[民國]四川綦江續志四卷
戴綸喆纂修

008614506 3110 1175 (9:7)
[道光]綦江縣志十二卷首一卷
(清)宋灝修,羅星纂

008614501 3110 1175 (9:7)
[民國]長壽縣志十六卷
陳毅夫等修,劉君錫、張名振纂

008614509 3110 1175 (9:8)
[民國]榮縣志十七篇附圖表
廖世英等修,趙熙等纂

008614511 3110 1175 (9:8)
[民國]郫縣志六卷
李之青等修,戴朝紀等纂

008614510 3110 1175 (9:8)
[民國]温江縣志十二卷首一卷
張驥等修,曾學傳等纂

008614512 3110 1175 (9:9)
[民國]崇寧縣志八卷首一卷
陳邦倬修,易象乾、田樹勛等纂

008614513　3110 1175（9:9）
［民國］灌縣志十八卷首一卷
葉大鏘等修，羅駿聲纂

008614518　3110 1175（9:10）
［民國］重修什邡縣志十卷
王文照修，曾慶奎、吴江纂

008614516　3110 1175（9:10）
［光緒］重修彭縣志十三卷首一卷末一卷補遺一卷
（清）張龍甲修，吕調陽等纂

008614521　3110 1175（9:11）
［民國］新都縣志六
陳習删等修，閔昌術等纂

008614520　3110 1175（9:11）
［同治］續漢州志二十四卷首一卷補志一卷
（清）張超等修，曾履中、張敏行纂

008614519　3110 1175（9:11）
［嘉慶］漢州志四十卷首一卷末一卷
（清）劉長庚修，侯肇元、張懷泗纂

008614525　3110 1175（9:13）
［民國］邛崍縣志四卷首一卷
劉夐等修，寧緗等纂

008614524　3110 1175（9:13）
［嘉慶］邛州直隸州志四十六卷首一卷
（清）吴鞏修，王來遴纂

008614527　3110 1175（9:14）
［民國］大邑縣志十四卷附文徵一卷詩徵二卷
王銘新、解汝襄等修，鍾毓靈、龔維琦等纂

008614529　3110 1175（9:14）
［道光］龍安府志十卷
（清）鄧存詠等纂修

008614528　3110 1175（9:14）
［民國］崇慶縣志十二卷
謝汝霖等修，羅元黼等纂

008614530　3110 1175（9:15）
［光緒］新修潼川府志十六卷
（清）阿麟修，王龍勳等纂

008614531　3110 1175（9:16）
［同治］直隸綿州志五十五卷
（清）文棨、董貽清修，伍肇齡、何天祥纂

008614534　3110 1175（9:17）
［民國］三臺縣志二十六卷
林志茂、謝勷等纂修

008614532　3110 1175（9:17）
［民國］綿陽縣志十卷首一卷
蒲殿欽、袁鈞等修，崔映棠等纂

008614536　3110 1175（9:18）
［同治］彰明縣志五十七卷首二卷
（清）牛樹梅原本；何慶恩等增修，李朝棟等增纂

008614535　3110 1175（9:18）
［光緒］江油縣志二十四卷
（清）武丕文修，歐培槐等纂

008614541　3110 1175（9:19）
［民國］劍閣縣續志十卷
張政等纂修

008614540　3110 1175（9:19）
［同治］劍州志十卷
（清）李溶、余文焕修，李榕等纂

008614539 3110 1175 (9:19)
[道光]重修昭化縣志四十八卷
(清)張紹齡等纂修

008614538 3110 1175 (9:19)
[民國]重修廣元縣志稿二十八卷首一卷
謝開來等修,王克禮、羅映湘纂

008614542 3110 1175 (9:20)
[咸豐]重修梓潼縣志六卷
(清)張香海等修,楊曦等纂

008614545 3110 1175 (9:20)
[光緒]射洪縣志十八卷首一卷
(清)黄允欽等修,羅錦城等纂

008614544 3110 1175 (9:20)
[光緒]鹽亭縣志續編四卷首一卷
(清)邢錫晋修,趙宗藩等纂

008614543 3110 1175 (9:20)
[乾隆]鹽亭縣志八卷首一卷
(清)張松孫等修,雷懋德、胡光琦纂

008615522 3110 1175 (9:21)
[民國]中江縣志二十四卷首一卷
譚毅武修,陳品全等纂

008615521 3110 1175 (9:21)
[民國]蓬溪縣近志十四卷首一卷
伍彝章等修,曾世禮、莊喜泉等纂

008614546 3110 1175 (9:21)
[民國]遂寧縣志八卷
甘燾等修,王懋昭等纂

008615527 3110 1175 (9:22)
[民國]綿竹縣志十八卷
王佐、文顯謨修,黄尚毅等纂

008615525 3110 1175 (9:22)
[同治]續修羅江縣志二十四卷
(清)馬傳業修,劉正慧等纂

008615524 3110 1175 (9:22)
[嘉慶]羅江縣志二十四卷
(清)李桂林等纂修

008615523 3110 1175 (9:22)
[民國]德陽縣志五卷
熊卿雲、汪仲夔修,洪烈森等纂

008615532 3110 1175 (9:23)
[民國]内江縣志八卷
曾慶昌原本;易元明修,朱壽朋、伍應奎纂

008615531 3110 1175 (9:23)
[民國]北川縣志八卷首一卷
楊鈞衡等修,黄尚毅等纂

008615530 3110 1175 (9:23)
[道光]石泉縣志十卷
(清)趙德林等修,張沆等纂

008615529 3110 1175 (9:23)
[民國]安縣續志六卷
成雲章修,陳紹欽纂

008615528 3110 1175 (9:23)
[嘉慶]安縣志三十二卷首一卷
(清)楊英燦纂修;余天鵬續修,陳嘉綉續纂

008615539 3110 1175 (9:24)
[光緒]威遠縣志三編四卷
(清)吴曾輝修,吴容纂

008615537 3110 1175 (9:24)
[光緒]續修安岳縣志四卷
(清)陳其寬修,鄒宗垣等纂

008615536　3110 1175（9:24）
[道光]安岳縣志十六卷首一卷
（清）濮瑗修，周國頤纂

008615535　3110 1175（9:24）
[民國]樂至縣志又續四卷首一卷
蔣德勳等修，楊祖唐等纂

008615534　3110 1175（9:24）
[光緒]續增樂至縣志四卷首一卷
（清）胡書雲修，李星根等纂

008615533　3110 1175（9:24）
[道光]樂至縣志十六卷首一卷
（清）裴顯忠修，劉碩輔纂

008615540　3110 1175（9:25）
[光緒]資州直隸州志十六卷首四卷
（清）劉炯原本；羅廷權續修，何衮等續纂

008615543　3110 1175（9:26）
[民國]資陽縣志稿四卷
佚名纂

008615541　3110 1175（9:26）
[民國]資中縣續修資州志十卷首一卷附實録一卷
吴鴻仁等修，黄清亮等纂

008615542　3110 1175（9:26）
[咸豐]資陽縣志四十八卷首二卷
（清）范涞清等修，何華元等纂

008615544　3110 1175（9:27）
[民國]簡陽縣志二十四卷首一卷末一卷附詩文存八卷補遺二卷詩文存續二卷
林志茂等修，汪金相、胡忠閥等纂

008615565　3110 1175（9:28-29）
[光緒]敘州府志四十三卷首一卷末一卷
（清）王麟祥修，邱晉成等纂

008615546　3110 1175（9:30）
[民國]富順縣志十七卷首一卷
彭文治、李永成修，盧慶家、高光照纂

008615545　3110 1175（9:30）
[嘉慶]宜賓縣志五十四卷首一卷
（清）劉元熙修，李世芳等纂

008615548　3110 1175（9:31）
[民國]南溪縣志六卷文徵四卷
李凌霄等修，鍾朝煦纂

008615547　3110 1175（9:31）
[咸豐]隆昌縣志四十二卷首一卷
（清）魏元燮、花映均修，耿光祜纂

008615551　3110 1175（9:32）
[嘉慶]納溪縣志十卷
（清）趙炳然、陳廷鈺纂修

008615550　3110 1175（9:32）
[民國]江安縣志四卷文徵二卷
嚴希慎修，陳天錫纂

008615554　3110 1175（9:32）
[光緒]瀘州九姓鄉志四卷
（清）任五采、車登衢等纂

008615552　3110 1175（9:32）
[光緒]瀘州直隸州志十二卷
（清）田秀栗等修，華國清、施澤久纂

008615556　3110 1175（9:33）
[民國]瀘縣志八卷
王禄昌、高覲光纂修

008615558　3110 1175（9:33）
[民國]敘永縣志八卷

賴佐唐等修，宋曙等纂

008615557 3110 1175 (9:33)
[民國]合江縣志六卷文徵四卷
王玉璋修，劉天錫、張開文等纂

008615562 3110 1175 (9:34)
[民國]興文縣志三十九卷首一卷
李仲陽等修，何鴻亮纂

008615560 3110 1175 (9:34)
[嘉慶]長寧縣志十二卷
(清)楊庚、曹秉讓纂修

008615559 3110 1175 (9:34)
[民國]古宋縣志初稿十一卷
佚名纂

008615566 3110 1175 (9:35)
[光緒]慶符縣志五十五卷
(清)孫定揚修，胡錫祜等纂

008615564 3110 1175 (9:35)
[同治]高縣志五十四卷首一卷
(清)敖立榜等修，曾毓佐等纂

008615563 3110 1175 (9:35)
[光緒]珙縣志十五卷首一卷
(清)冉瑞桐、郭肇林等纂修

008615567 3110 1175 (9:36)
[同治]筠連縣志十六卷
(清)程熙春修，文爾炘等纂

008615568 3110 1175 (9:36)
[民國]續修筠連縣志七卷
祝世德纂修

008615872 3110 1175 (9:36)
[乾隆]屏山縣志八卷首一卷
(清)張曾敏修，陳琦纂

008615873 3110 1175 (9:36)
[嘉慶]續編屏山縣志一卷
(清)敬大科等纂

008615874 3110 1175 (9:36)
[光緒]屏山縣續志二卷首一卷
(清)張九章修，陳藩垣等纂

008615875 3110 1175 (9:37)
[同治]嘉定府志四十八卷首一卷
(清)文良、朱慶鏞等修，陳堯采等纂

008615876 3110 1175 (9:37)
[民國]樂山縣志十二卷
唐受潘修，黄鎔、謝世瑄等纂；王畏巖補正

008615877 3110 1175 (9:38)
[民國]夾江縣志十二卷
羅國鈞修，劉作銘、薛志清纂

008615878 3110 1175 (9:38)
[嘉慶]洪雅縣志二十五卷首一卷
(清)王好音修，張柱等纂

008615879 3110 1175 (9:38)
[光緒]洪雅縣志十二卷首一卷
(清)郭世棻修，鄧敏修等纂

008615880 3110 1175 (9:38)
[民國]丹稜縣志八卷首一卷
劉良模等修，羅春霖等纂

008615881 3110 1175 (9:38)
[光緒]青神縣志五十四卷首一卷
(清)郭世棻修，文筆超等纂

008615882 3110 1175 (9:39)
[嘉慶]眉州屬志十九卷

(清)涂長發修,王昌年纂

008615884　3110 1175 (9:39)
[嘉慶]續眉州志略不分卷
(清)戴三錫修,王之俊等纂

008615886　3110 1175 (9:39)
[民國]眉山縣志十五卷
王銘新等修,楊衛星、郭慶琳纂

008615887　3110 1175 (9:40)
[民國]重修彭山縣志八卷
劉錫純纂

008615888　3110 1175 (9:40)
[光緒]井研縣志四十二卷
(清)葉桂年等修,吴嘉謨、龔煦春纂

008615889　3110 1175 (9:40)
[光緒]補纂仁壽縣志六卷末一卷
(清)翁植等修,陳韶湘纂

008615890　3110 1175 (9:41)
[民國]犍爲縣志十四卷首一卷
陳謙、陳世虞修,羅綬香、印焕門等纂

008615891　3110 1175 (9:41)
[嘉慶]峨眉縣志十卷首一卷
(清)王燮修,張希縉等纂

008615892　3110 1175 (9:41)
[宣統]峨眉縣續志十卷圖一卷
(清)李錦成修,朱榮邦等纂

008615893　3110 1175 (9:42)
[光緒]永川縣志十卷首一卷
(清)許曾蔭等修,馬慎修等纂

008615894　3110 1175 (9:42)
[民國]重修大足縣志九卷首一卷
郭鴻厚修,陳習删等纂

008615895　3110 1175 (9:42)
[光緒]銅梁縣志十六卷首一卷
(清)韓清桂等修,陳昌等纂

008615896　3110 1175 (9:43-44)
[民國]新修合川縣志八十三卷
鄭賢書等修,張森楷纂

008615897　3110 1175 (9:45)
[民國]潼南縣志六卷首一卷
王安鎮修,夏璜纂

008615898　3110 1175 (9:45)
[同治]璧山縣志十卷首一卷末一卷
(清)寇用平修,陳錦堂、盧有徽纂

008615899　3110 1175 (9:45)
[民國]江津縣志十六卷首一卷志外一卷
聶述文等修,劉澤嘉等纂

008615900　3110 1175 (9:46)
[同治]榮昌縣志二十二卷
(清)文康原本;施學煌續修,敖册賢續纂

008615901　3110 1175 (9:46)
[同治]重修涪州志十六卷首一卷典禮備要八卷義勇匯編一卷
(清)吕紹衣等修,王應元、傅炳墀等纂

008627195　3110 1175 (9:47)
[光緒]墊江縣志十卷
(清)謝必鏗修,李炳靈纂

009111700　3110 1175 (9:47)
[道光]補輯石砫廳新志十二卷
(清)王槐齡纂修

009111673 3110 1175 (9:47)
[民國]重修酆都縣志十四卷
黄光輝等修,郎承詵、余樹堂等纂

008615902 3110 1175 (9:47)
[民國]涪陵縣續修涪州志二十七卷首一卷附民國紀事一卷
王鑑清等修,施紀雲等纂

008615905 3110 1175 (9:48)
[光緒]秀山縣志十四卷首一卷
(清)王壽松等修,李稽勳等纂

008615907 3110 1175 (9:48)
[同治]增修酉陽直隸州總志二十二卷首一卷末一卷
(清)王鱗飛等修,馮世瀛、冉崇文纂

008615909 3110 1175 (9:49)
[光緒]彭水縣志四卷首一卷
(清)莊定域修,支承祜等纂

008615910 3110 1175 (9:49)
[民國]重修南川縣志十四卷首一卷
柳琅聲等修,韋麟書等纂

008615908 3110 1175 (9:49)
[光緒]黔江縣志五卷首一卷
(清)張九章修,陳藩垣、陶祖謙等纂

008615911 3110 1175 (9:50)
[道光]夔州府志三十六卷首一卷
(清)恩成修,劉德銓纂

008615915 3110 1175 (9:51)
[道光]城口廳志二十卷首一卷
(清)劉紹文修,洪錫疇纂

008615914 3110 1175 (9:51)
[咸豐]開縣志二十七卷首一卷
(清)朱肇奎等修,陳昆等纂

008615912 3110 1175 (9:51)
[同治]增修萬縣志十六卷首一卷附典禮備考八卷
(清)王玉鯨、張琴等修,范泰衡等纂

008617942 3110 1175 (9:52)
[光緒]奉節縣志三十六卷首一卷
(清)曾秀翹修,楊德坤等纂

008617941 3110 1175 (9:52)
[光緒]巫山縣志三十二卷首一卷
(清)連山等修,李友梁等纂

008615916 3110 1175 (9:52)
[光緒]大寧縣志八卷首一卷
(清)高維岳修,魏遠猷等纂

008617944 3110 1175 (9:53)
[同治]忠州直隸州志十二卷首一卷
(清)侯若源、慶徵修,柳福培纂

008617943 3110 1175 (9:53)
[民國]雲陽縣志四十四卷首一卷
朱世镛、黄葆初等修,劉貞安等纂

008617945 3110 1175 (9:54)
[光緒]梁山縣志十卷首一卷
(清)朱言詩等纂修

008617946 3110 1175 (9:54)
[康熙]順慶府志十卷增續一卷
(清)李成林修,羅承順等纂

008617947 3110 1175 (9:55)
[民國]新修南充縣志十六卷附圖一卷
李良俊修,王荃善等纂

008617948　3110 1175 (9:56)
[道光]保寧府志六十二卷圖考一卷補遺一卷
(清)黎學錦、徐雙桂等修,史觀等纂

008617950　3110 1175 (9:56)
[民國]閬中縣志十六卷
岳永武修,鄭鍾靈等纂

008617954　3110 1175 (9:57)
[道光]南部縣志十六卷首一卷
(清)王瑞慶等修,徐暢達等纂

008617953　3110 1175 (9:57)
[同治]儀隴縣志六卷
(清)曹紹樾、胡晋熙修,胡輯瑞等纂

008617951　3110 1175 (9:57)
[民國]蒼溪縣志十五卷
熊道琛、鍾俊等修,李靈椿等纂

008617961　3110 1175 (9:58)
[宣統]廣安州新志四十三首一卷
(清)周克堃等纂

008617958　3110 1175 (9:58)
[光緒]蓬州志十五卷
(清)方旭修,張禮傑等纂

008617956　3110 1175 (9:58)
[同治]營山縣志十六卷
(清)翁道均修,熊毓藩等纂

008617955　3110 1175 (9:58)
[光緒]西充縣志十四卷圖一卷
(清)高培穀修,劉藻纂

008617965　3110 1175 (9:59)
[乾隆]直隷達州志四卷
(清)陳慶門纂修,宋名立續纂

008617963　3110 1175 (9:59)
[民國]新修武勝縣志十三卷首一卷
羅興志等修,楊葆田、孫國藩等纂

008617962　3110 1175 (9:59)
[光緒]岳池縣志二十卷首一卷
(清)何其泰等修,吴新德纂

008617968　3110 1175 (9:60)
[民國]達縣志二十卷首一卷末一卷補遺二卷
藍炳奎等修,吴德準、王文熙、朱炳靈纂

008617969　3110 1175 (9:60)
[民國]萬源縣志十卷首一卷末一卷
劉子敬修,賀維翰纂

008617970　3110 1175 (9:60)
[同治]新寧縣志八卷
(清)復成修,周紹鑾、胡元翔纂

008617974　3110 1175 (9:61)
[光緒]鄰水縣續志五卷
(清)鄭傑修,邱錫章纂

008617972　3110 1175 (9:61)
[道光]鄰水縣志六卷首一卷
(清)曾燦奎、劉光第修,甘家斌等纂

008617971　3110 1175 (9:61)
[民國]宣漢縣志十六卷
汪承烈修,鄧方達等纂

008617980　3110 1175 (9:62)
[民國]巴中縣志四編
張仲孝等修,馬文燦等纂;余震等續纂

008617977　3110 1175 (9:62)
[民國]南江縣志四編

董珩修,岳永武等纂

008617976 3110 1175 (9:62)
[民國]渠縣志六十六卷
楊維中等修,鍾正懋等纂,郭奎銓續纂

008617975 3110 1175 (9:62)
[民國]大竹縣志十六卷
鄭國翰、曾瀛藻修,陳步武、江三乘纂

008617985 3110 1175 (9:63)
[乾隆]雅州府志十六卷
(清)曹掄彬等修,曹掄翰修纂

008617982 3110 1175 (9:63)
[道光]通江縣志十五卷
(清)錫檀修,陳瑞生、鄧範之纂

008617990 3110 1175 (9:64)
[民國]名山縣新志十六卷首一卷末一卷
胡存琮等纂修

008617992 3110 1175 (9:64)
[民國]滎經縣志二十卷首一卷
賀澤等修,張趙才等纂

008617989 3110 1175 (9:64)
[民國]蘆山縣志十卷首一卷
宋琅、張宗翩修,劉天倪等纂

008617987 3110 1175 (9:64)
[民國]雅安縣志六卷
胡榮湛修,余良選等纂

008617995 3110 1175 (9:65)
[咸豐]天全州志八卷首一卷
(清)陳松齡纂修

008617993 3110 1175 (9:65)
[民國]漢源縣志四卷
劉裕常修,王琢等纂

008618857 3110 1175 (9:66)
[光緒]打箭廳志二卷
(清)劉廷恕纂

008618856 3110 1175 (9:66)
[民國]崇化屯志略不分卷
劉光永編

008618855 3110 1175 (9:66)
[道光]綏靖屯志十卷首一卷
(清)李涵元修,潘時彤纂

008618854 3110 1175 (9:66)
[民國]撫邊屯志略草案不分卷
劉文增編

008618000 3110 1175 (9:66)
[民國]懋功縣志一卷
佚名纂

008617999 3110 1175 (9:66)
[同治]直隸理番廳志六卷首一卷
(清)吴羹梅修,周祚嶧纂

008617998 3110 1175 (9:66)
[民國]汶川縣志七卷
祝世德纂修

008617997 3110 1175 (9:66)
[道光]茂州志四卷首一卷
(清)楊迦懌等修,劉輔廷纂

008617996 3110 1175 (9:66)
[民國]松潘縣志八卷首一卷
張典等修,徐湘等纂

008618867 3110 1175 (9:67)
[民國]德格縣圖志一卷

劉贊廷編

008618871　3110 1175（9:67）
[民國]瀘定縣圖志一卷
劉贊廷編

008618870　3110 1175（9:67）
[民國]鄧科縣圖志一卷
劉贊廷編

008618878　3110 1175（9:67）
[民國]雅江縣圖志一卷
劉贊廷編

008618876　3110 1175（9:67）
[民國]九龍縣圖志一卷附木里
劉贊廷編

008618874　3110 1175（9:67）
[民國]丹巴縣圖志一卷附淖斯甲
劉贊廷編

008618865　3110 1175（9:67）
[民國]白玉縣圖志一卷
劉贊廷編

008618868　3110 1175（9:67）
[民國]石渠縣圖志一卷
劉贊廷編

008618863　3110 1175（9:67）
[民國]瞻化縣圖志一卷
劉贊廷編

008618861　3110 1175（9:67）
[民國]甘孜縣圖志一卷附俄洛志
劉贊廷編

008618860　3110 1175（9:67）
[民國]鑪霍縣圖志一卷
劉贊廷編

008618859　3110 1175（9:67）
[民國]康定縣圖志一卷
劉贊廷編

008618888　3110 1175（9:67）
[民國]得榮縣圖志一卷
劉贊廷編

008618887　3110 1175（9:67）
[民國]巴安縣圖志一卷
劉贊廷編

008618886　3110 1175（9:67）
[民國]稻城縣圖志一卷
劉贊廷編

008618885　3110 1175（9:67）
[民國]定鄉縣圖志一卷
劉贊廷編

008618884　3110 1175（9:67）
[民國]義敦縣圖志一卷
劉贊廷編

008618881　3110 1175（9:67）
[民國]理化縣圖志一卷
劉贊廷編

008618879　3110 1175（9:67）
[民國]道孚縣圖志一卷附色達
劉贊廷編

0091090953110 1175（9:68）
[咸豐]邛嶲野録七十五卷首五卷
（清）何東銘纂

008618891　3110 1175（9:69）
[民國]西昌縣志十二卷首一卷

鄭少成等修,楊肇基等撰

008618896　3110 1175（9:69）
[光緒]雷波廳志三十六卷首一卷
（清）秦雲龍修,萬科進纂

008618895　3110 1175（9:69）
[嘉慶]馬邊廳志略六卷首一卷
（清）周斯才纂修

008618892　3110 1175（9:69）
[宣統]昭覺縣志稿四卷首一卷
（清）徐懷璋纂修

008618893　3110 1175（9:69）
[民國]峨邊縣志四卷首一卷
李宗鍠等修,李仙根等纂

008618904　3110 1175（9:70）
[咸豐]冕寧縣志十二卷首一卷末一卷
（清）李英粲修,李昭纂

008618902　3110 1175（9:70）
[光緒]鹽源縣志十二卷首一卷
（清）辜培源等修,曹永賢等纂

008618901　3110 1175（9:70）
[光緒]越巂廳全志十二卷
（清）馬忠良修,馬湘等纂;孫鏘等續修

008618899　3110 1175（9:70）
[光緒]會理州續志二卷
（清）蔣金生修,徐昱纂

008618897　3110 1175（9:70）
[同治]會理州志十二卷
（清）鄧仁垣等修,吴鍾崙等纂

中國地方志集成・福建府縣志輯

《中國地方志集成・福建府縣志輯》,上海書店出版社2000年影印出版
（008249454　3110 1175（10））

008612416　3110 1175（10:1-2）
[乾隆]福州府志七十六卷首一卷
（清）徐景熹修,魯曾煜、施廷樞等纂

008612418　3110 1175（10:2）
[民國]閩侯縣志一百〇六卷
歐陽英修,陳衍纂

008612419　3110 1175（10:3）
[民國]厦門市志三十五卷首一卷
厦門市修志局纂修

008612420　3110 1175（10:4）
[民國]同安縣志四十二卷首一卷
林學增修,吴錫璜纂

008612421　3110 1175（10:4）
[乾隆]馬巷廳志十八卷首一卷
（清）萬友正纂修

008612422　3110 1175（10:5）
[康熙]建寧府志四十八卷
（清）張琦修,鄒山、蔡登龍纂

008612423　3110 1175（10:6）
[民國]建陽縣志十二卷首一卷
姚有則、萬文衡等修,羅應辰纂

008612424　3110 1175（10:6）
[民國]建甌縣志三十七卷首一卷
詹宣猷修,蔡振堅等纂

008612425　3110 1175（10:7）
[光緒]續修浦城縣志四十二卷首一卷
（清）翁天祜、吕渭英修，翁昭泰纂

008612428　3110 1175（10:8）
[民國]政和縣志三十五卷首一卷末一卷
錢鴻文、黄體震修，李熙等纂

008612427　3110 1175（10:8）
[康熙]松溪縣志十卷首一卷末一卷
（清）潘拱辰纂修，黄鑒補遺

008612426　3110 1175（10:8）
[民國]崇安縣新志三十一卷首一卷
劉超然等修，鄭豐稔等纂

008612430　3110 1175（10:9）
[民國]南平縣志二十四卷
吴栻等修，蔡建賢纂

008612429　3110 1175（10:9）
[康熙]南平縣志二十五卷
（清）朱夔、文國繡修，鄒廷機、翁兆行纂

008612431　3110 1175（10:10）
[光緒]重纂邵武府志十六卷首一卷
（清）王琛、徐兆豐修，張景祁、張元奇等纂

008612432　3110 1175（10:10）
[民國]重修邵武縣志三十七卷首一卷
秦振夫等修，朱書田等纂

008612435　3110 1175（10:11）
[乾隆]寧德縣志十卷首一卷圖一卷
（清）盧建其修，張君賓、胡家琪纂

008612434　3110 1175（10:11）
[道光]重纂光澤縣志十六卷首一卷
（清）盛朝輔等修，高澎然等纂

008612433　3110 1175（10:11）
[民國]順昌縣志二十四卷首一卷
高登艇、潘先龍修，劉敬等纂

008612436　3110 1175（10:12）
[乾隆]福寧府志四十四卷首一卷
（清）李拔等纂修

008612438　3110 1175（10:13）
[康熙]壽寧縣志八卷
（清）趙廷機修，王錫卤等纂

008612437　3110 1175（10:13）
[民國]霞浦縣志四十卷首一卷
劉以臧修，徐友梧等纂

008612439　3110 1175（10:13）
[光緒]福安縣志三十八卷首一卷
（清）張景祁修，黄錦燦等纂

008612440　3110 1175（10:14）
[嘉慶]福鼎縣志八卷
（清）譚掄修，王錫齡、高昊纂

008612441　3110 1175（10:14）
[康熙]羅源縣志十卷
（清）王楠修，林喬蕃、王世臣纂

008612449　3110 1175（10:14）
[民國]屏南縣志三十一卷
何樹德修，黄恩波、張宗銘纂；陸章銓續纂

008612442　3110 1175（10:14）
[道光]新修羅源縣志十六卷首一卷
（清）盧鳳棽修，林春溥纂

008612452　3110 1175（10:15）
[民國]古田縣志三十八卷首一卷
黄澄淵修，余鍾英等纂

008612451 3110 1175 (10:15)
[民國]連江縣志三十四卷首一卷附紀一卷
曹剛等修,邱景雍等纂

008612454 3110 1175 (10:16–17)
[民國]莆田縣志三十四卷
石有紀修,張琴纂

008612459 3110 1175 (10:18)
[乾隆]仙遊縣志五十三卷首一卷
(清)胡啓植、王椿修,葉和侃等纂

008612461 3110 1175 (10:19)
[民國]閩清縣志八卷首一卷
楊宗彩修,劉訓瑺纂

008612460 3110 1175 (10:19)
[民國]永泰縣志十二卷
金章、董秉清修,王紹沂等纂

008612465 3110 1175 (10:20)
[民國]平潭縣志三十四卷
黄履思等纂修

008612463 3110 1175 (10:20)
[乾隆]福清縣志二十卷圖一卷
(清)饒安鼎修,林昂、李修卿纂

008612466 3110 1175 (10:21)
[民國]長樂縣志十六卷首一卷
孟昭涵修,李駒等纂

008612468 3110 1175 (10:22–24)
[乾隆]泉州府志七十六卷首一卷
(清)懷蔭布修,黄任、郭賡武纂

008612471 3110 1175 (10:25)
[道光]晉江縣志七十七卷首一卷
(清)吴之鋘修,周學曾、尤遜恭等纂

008612478 3110 1175 (10:26)
[民國]永春縣志二十八卷
鄭翹松等纂

008612474 3110 1175 (10:26)
[乾隆]永春州志三十五卷首一卷
(清)杜昌丁修,黄任、黄惠纂

008612473 3110 1175 (10:26)
[道光]惠安縣續志十二卷
(清)婁雲纂修

008612472 3110 1175 (10:26)
[嘉慶]惠安縣志三十六卷首一卷
(清)吴裕仁纂修

008612484 3110 1175 (10:27)
[乾隆]安溪縣志十二卷首一卷
(清)莊成修,沈鍾、李疇纂

008612479 31001175 (10:27)
[康熙]德化縣志十六卷
(清)范正輅纂修

008612482 3110 1175 (10:27)
[民國]德化縣志十九卷
方清芳修,王光張纂

008612487 3110 1175 (10:28)
[民國]金門縣志二十四卷首一卷
左樹夔修,劉敬纂

008612486 3110 1175 (10:28)
[民國]南安縣志四十八卷
蘇鏡潭纂修

008612488 3110 1175 (10:29)
[光緒]漳州府志五十卷首一卷
(清)李維鈺原本;沈定均續修,吴聯薰增纂

008612491　3110 1175（10:30）
[民國]雲霄縣志二十二卷首一卷末一卷
徐炳文修，鄭豐稔纂

008612490　3110 1175（10:30）
[乾隆]海澄縣志二十四卷首一卷
（清）陳鍈、王作霖修，葉廷推、鄧來祚纂

008612489　3110 1175（10:30）
[乾隆]龍溪縣志二十四卷首一卷
（清）吴宜燮修，黄惠、李疇纂

008612495　3110 1175（10:31）
[康熙]詔安縣志十二卷志餘一卷
（清）秦炯纂修

008612496　3110 1175（10:31）
[民國]詔安縣志十六卷首一卷
陳蔭祖修，吴名世纂

008612493　3110 1175（10:31）
[乾隆]銅山志十卷
（清）陳振藻纂

008612492　3110 1175（10:31）
[光緒]漳浦縣志十九卷續志一卷再續志二卷
（清）陳汝咸原本；施錫衛再續纂修

008612500　3110 1175（10:32）
[民國]長泰縣新志二十二卷首一卷
鄭豐稔纂

008612499　3110 1175（10:32）
[乾隆]南靖縣志十卷首一卷
（清）姚循義修，李正曜等纂

008612498　3110 1175（10:32）
[康熙]平和縣志十二卷首一卷
（清）王相修，昌天錦、藍三祝、游宗亨等纂

008613597　3110 1175（10:33）
[乾隆]汀州府志四十五卷首一卷
（清）曾日瑛等修，李紱等纂

008613598　3110 1175（10:34）
[民國]龍巖縣志三十七卷首一卷
馬龢鳴、陳丕顯修，杜翰生等纂

008613599　3110 1175（10:34）
[道光]漳平縣志八卷首一卷
（清）蔡世鈸修，林得震等纂

008613600　3110 1175（10:34）
[同治]寧洋縣志十二卷首一卷
（清）董鍾驥修，陳天樞、吴正南等纂

008613601　3110 1175（10:34）
[康熙]武平縣志十卷
（清）劉旿纂修；趙良生續纂修

008613602　3110 1175（10:35）
[民國]連城縣志三十二卷首一卷
王集吾修，鄧光瀛等纂

008613603　3110 1175（10:35）
[民國]長汀縣志三十五卷首一卷
黄愷元等修，鄧光瀛、丘復等纂

008613604　3110 1175（10:36）
[民國]上杭縣志三十六卷首一卷末一卷
張漢等修，丘復等纂

008613605　3110 1175（10:36）
[民國]永定縣志三十六卷首一卷末一卷
徐元龍修，張超南、林上楠纂

008613606　3110 1175（10:37）
[乾隆]延平府志四十六卷首一卷
（清）傅爾泰修，陶元藻纂

008613607 3110 1175 (10:38)
[民國]明溪縣志十五卷首一卷
王維樑等修,廖立元等纂

008613609 3110 1175 (10:38)
[民國]清流縣志二十七卷
林善慶修,王瓊纂

008613612 3110 1175 (10:38)
[民國]寧化縣志二十卷
黎彩彰等修,黎景曾、黄宗憲纂

008613617 3110 1175 (10:39)
[乾隆]將樂縣志十六卷首一卷
(清)李永錫、程廷栻修,徐觀海等纂

008613613 3110 1175 (10:39)
[民國]沙縣志十二卷
梁伯蔭修,羅克涵纂

008613614 3110 1175 (10:39)
[雍正]永安縣志十卷首一卷
(清)裘樹榮等纂修

008613615 3110 1175 (10:39)
[道光]永安縣續志十卷
(清)孫義修,陳樹蘭、劉承美纂

008613620 3110 1175 (10:39)
[民國]泰寧縣志三十八卷首一卷
陳石、萬心權修,鄭豐稔等纂

008613621 3110 1175 (10:40)
[民國]尤溪縣志十卷
盧興邦、馬傳經修,洪清芳等纂

008613622 3110 1175 (10:40)
[民國]大田縣志六卷首一卷末一卷
陳朝宗修,王光張、林韶光纂

008613623 3110 1175 (10:40)
[民國]建寧縣志二十八卷首一卷末一卷
錢江修,范毓桂纂;吴海清續修,張書簡續纂

中國地方志集成・湖北府縣志輯

《中國地方志集成・湖北府縣志輯》,鳳凰出版社2006年影印出版
(008754085 3110 1175 (11))

008814882 3110 1175 (11:1)
[乾隆]漢陽府志五十卷首一卷
(清)陶士偰修,劉湘煃纂

008818210 3110 1175 (11:2)
[康熙]湖廣武昌府志十二卷
(清)裴天錫修,羅人龍纂

008818282 3110 1175 (11:3)
[光緒]續雲夢縣志略十卷首一卷末一卷
(清)吴念椿修,程壽昌、曾廣浚纂

008818234 3110 1175 (11:3)
[民國]夏口縣志二十二卷首一卷附補遺一卷
侯祖畬修,吕寅東纂

008818255 3110 1175 (11:3)
[道光]雲夢縣志略十二卷首一卷末一卷
(清)吕錫麟修,程懷璟纂

008818351 3110 1175 (11:4)
漢口小志
徐焕斗修,王夔清纂

008818502 3110 1175 (11:4-5)
[同治]漢陽縣志二十八卷
(清)黄式度修,王柏心纂

008818529 3110 1175 (11:5)
[同治]漢陽縣志校
(清)許盛春,張行簡纂

008818548 3110 1175 (11:5)
[光緒]漢陽縣識十卷首一卷
(清)濮文昶修,張行簡纂

008818575 3110 1175 (11:6)
[嘉靖]大冶縣志七卷
(明)趙鼒修,泠儒宗纂

008819298 3110 1175 (11:6)
[同治]大冶縣志十八卷首一卷
(清)胡復初修,黄昺杰纂

008818628 3110 1175 (11:6)
[光緒]大冶縣志後編二卷
(清)陳鼇纂

008818613 3110 1175 (11:6)
[光緒]大冶縣志續編七卷首一卷末一卷
(清)林左修,陳鼇纂

008819699 3110 1175 (11:7)
[光緒]孝感縣志二十四卷續補志一卷
(清)朱希白修,沈用增纂

008819720 3110 1175 (11:8)
[同治]黄陂縣志十六卷附圖
(清)劉昌緒修,徐瀛纂

008819747 3110 1175 (11:9)
[同治]漢川縣志二十二卷首一卷
(清)德廉、袁鳴珂修,林祥瑗纂

008819783 3110 1175 (11:10)
[康熙]應山縣志七卷圖一卷
(清)周祜修,陳聯璧纂

008819794 3110 1175 (11:10)
[同治]應山縣志三十六卷首一卷末一卷
(清)劉宗元等修,吴天錫纂

008819843 3110 1175 (11:11)
[雍正]應城縣志十二卷
(清)李可寀修,羅緗、陳豪、王承禧等纂

008819888 3110 1175 (11:11)
[光緒]應城縣志十四卷首一卷
(清)羅緗、陳豪修,王承禧纂

008819964 3110 1175 (11:12)
[光緒]德安府志二十卷首一卷補遺一卷
(清)賡音布修,劉國光、李春澤纂

008820038 3110 1175 (11:13)
[道光]安陸縣志四十四卷首一卷
(清)蔣炯等纂修;李廷錫增纂

008820061 3110 1175 (11:13)
安陸縣志補二卷
(清)陳廷鈞纂

008820114 3110 1175 (11:14-15)
[光緒]黄州府志一四十卷首一卷
(清)英啓修,鄧琛纂

008820207 3110 1175 (11:16)
[乾隆]黄岡縣志二十卷首一卷
(清)蔡韶清修,胡紹鼎纂

008820235　3110 1175 (11:17–18)
[光緒]黄岡縣志二十四卷首一卷
(清)戴昌言修,劉恭冕纂

008820283　3110 1175 (11:19)
[光緒]黄安縣志十卷首一卷
(清)陳瑞瀾、陶大夏修,吴言昌、王儀吉纂

008820320　3110 1175 (11:20)
[民國]麻城縣志前編十五卷首一卷
鄭重修,余晉芳纂

008820336　3110 1175 (11:20)
[民國]麻城縣志續編十五卷首一卷末一卷
鄭重修,余晉芳纂

008818550　3110 1175 (11:21)
[嘉靖]羅田縣志八卷
(明)祝翀修,楊鸞、蔡元偉等纂

008818581　3110 1175 (11:21)
[光緒]羅田縣志八卷首一卷
(清)管貽葵修,陳錦纂

008818593　3110 1175 (11:22)
[光緒]蘄水縣志二十二卷首一卷末一卷
(清)多琪纂修

008818617　3110 1175 (11:23)
[光緒]蘄州志十六卷
(清)封蔚礽修,陳廷揚纂

008818653　3110 1175 (11:24)
[光緒]黄梅縣志四十卷首一卷
(清)覃瀚元、袁瓚修,宛名昌、余邦士纂

008818674　3110 1175 (11:25)
[康熙]廣濟縣志十八卷
(清)王玉鉉修,王臨纂

008818680　3110 1175 (11:25)
[同治]廣濟縣志十六卷首一卷
(清)劉宗元、朱榮實修,劉燡纂

008818702　3110 1175 (11:26)
[民國]英山縣志十四卷首一卷
徐錦修,胡鑑瑩纂

008818739　3110 1175 (11:27)
[光緒]續輯咸寧縣志八卷首一卷
(清)陳樹楠、諸可權修,錢光奎、余益杞纂

008818719　3110 1175 (11:27)
[同治]咸寧縣志十五卷首一卷
(清)陳怡等修,雷以緘纂

008818754　3110 1175 (11:28)
[光緒]興國州志三十六卷首一卷
(清)吴大訓等修,陳光亨纂;劉鳳綸、王鳳池續纂

008818773　3110 1175 (11:28)
[光緒]續補興國州志三卷首一卷
(清)賀祖蔚修,劉鳳綸纂

008818777　3110 1175 (11:29)
[同治]通山縣志八卷首一卷
(清)羅登瀛、胡昌銘修,朱美爕、樂純青纂

008818808　3110 1175 (11:29)
[同治]通城縣志二十四卷首一卷補遺一卷
(清)鄭葵修,杜煦明、胡洪鼎纂

008822673　3110 1175 (11:30)
[順治]江陵志餘十卷
(清)孔自來纂

008822667　3110 1175 (11:30)
[光緒]續修江陵縣志六十五卷首一卷
(清)蒯正昌、吴耀斗修,胡九皋、劉長謙纂

008818917　3110 1175（11:30）
［同治］重修嘉魚縣志十二卷
（清）鍾傳益修，俞焜纂

008822688　3110 1175（11:31）
［光緒］續修江陵縣志六十五卷首一卷
（清）蒯正昌、吴耀斗修，胡九皋、劉長謙纂

008820400　3110 1175（11:32）
［同治］蒲圻縣志八卷
（清）顧際熙等纂修

008820384　3110 1175（11:32）
［同治］江夏縣志八卷首一卷
（清）王庭禎修，彭崧毓纂

008820454　3110 1175（11:33）
［乾隆］武昌縣志十卷首一卷
（清）邵遐齡修，談有典纂

008820479　3110 1175（11:33）
［光緒］武昌縣志二十六卷首一卷末一卷
（清）鍾桐山修，柯逢時纂

008821060　3110 1175（11:34）
［同治］崇陽縣志十二卷首一卷
（清）高佐廷修，傅燮鼎纂

008821108　3110 1175（11:35）
［康熙］荆州府志四十卷首一卷
（清）郭茂泰修，胡在恪纂

008821176　3110 1175（11:36-37）
［光緒］荆州府志八十卷首一卷
（清）倪文蔚、蔣銘勛修，顧嘉蘅等纂

008821241　3110 1175（11:38）
［乾隆］鍾祥縣志二十卷
（清）張琴修，杜光德纂

008821228　3110 1175（11:38）
［民國］沙市志略十卷
王百川纂；唐祖培校補

008821250　3110 1175（11:39）
［同治］鍾祥縣志二十卷
（清）孫福海等纂修

008821291　3110 1175（11:40）
［乾隆］荆門州志三十六卷
（清）舒成龍修，李法孟、陳榮杰纂

008821376　3110 1175（11:40-41）
［同治］荆門直隸州志十二卷首一卷
（清）恩榮修，張圻纂

008821556　3110 1175（11:42）
［康熙］安陸府志三十六卷首一卷
（清）張尊德修，王吉人、譚篆纂

008821586　3110 1175（11:43）
［光緒］京山縣志二十三卷首一卷
（清）沈星標修，曾憲德、秦有鍠纂

008821571　3110 1175（11:43）
［康熙］京山縣志十卷
（清）吴游龍修，王演、盧前驥纂

008821644　3110 1175（11:44）
［乾隆］天門縣志二十四卷首一卷附修志十議
（清）胡翼修，章鑣、章學誠纂

008821611　3110 1175（11:44）
［同治］監利縣志十二卷首一卷
（清）徐兆英、林瑞枝修，王柏心纂

008821655　3110 1175（11:45）
［同治］石首縣志八卷

(清)朱榮實修,傅如筠纂

008821679 3110 1175 (11:45)
[道光]鶴峰州志十四卷首一卷
(清)吉鍾穎修,洪先燾纂

008823323 3110 1175 (11:45)
[同治]續修鶴峰州志十四卷首一卷
(清)徐澍楷修,雷春沼纂

008823338 3110 1175 (11:45)
[光緒]續修鶴峰州志十四卷首一卷
(清)長庚、厲祥官修,陳鴻漸纂

008823372 3110 1175 (11:46)
[康熙]潛江縣志二十卷首一卷
(清)劉煥修,朱載震纂

008823394 3110 1175 (11:46)
[光緒]潛江縣志續二十卷首一卷
(清)史致謨修,劉恭冕、郭士元纂

008823418 3110 1175 (11:46)
[光緒]潛江縣志稿
(清)佚名纂

008823434 3110 1175 (11:47)
[光緒]沔陽州志十二卷首一卷
(清)葛振元修,楊鉅纂

008823469 3110 1175 (11:48)
[同治]公安縣志八卷首一卷
(清)周承弼修,王慰纂

008823501 3110 1175 (11:48)
[同治]松滋縣志十二卷首一卷
(清)吕縉雲、李畇修,羅有文、朱美燮纂

008823531 3110 1175 (11:49-50)
[同治]宜昌府志一十六卷首一卷
(清)聶光鑾修,王柏心、雷春沼纂

008823573 3110 1175 (11:50)
[同治]遠安縣志八卷首一卷
(清)鄭燡林修,周葆恩纂

008823593 3110 1175 (11:51)
[乾隆]東湖縣志十六卷首一卷
(清)林有席修,嚴思濬、林有彬纂

008823623 3110 1175 (11:51)
[同治]續修東湖縣志十六卷首一卷續補藝文一卷
(清)金大鏞修,王柏心纂

008823768 3110 1175 (11:52)
[同治]當陽縣志十八卷首一卷末一卷
(清)阮恩光修,王柏心等纂

008823788 3110 1175 (11:52)
[光緒]當陽縣補續志四卷首一卷
(清)李元才等修,李葆貞纂

008823804 3110 1175 (11:53)
[同治]枝江縣志二十卷首一卷
(清)查子庚修,熊文瀾等纂

008823820 3110 1175 (11:53)
[同治]宜都縣志四卷首一卷末一卷
(清)崔培元、朱甘霖修,龔紹仁纂

008823839 3110 1175 (11:53)
[光緒]歸州志十卷首一卷
(清)沈雲駿修,劉玉森纂

008823910 3110 1175 (11:54)
[同治]長陽縣志七卷首一卷
(清)陳惟模修,譚大勳纂

008823878 3110 1175 (11:54)
[光緒]長樂縣志十六卷首一卷
(清)李焕春原本;龍兆霖續纂;郭敦祐再續纂

008823858 3110 1175 (11:54)
[光緒]興山縣志二十二卷
(清)黄世崇纂修

008823938 3110 1175 (11:55)
[同治]增修施南府志十六卷首一卷
(清)松林、周慶榕修,何遠鑒、廖彭齡纂

008823958 3110 1175 (11:55)
[光緒]施南府志續編十卷
(清)王庭楨、李謙修,雷春沼、尹壽衡纂

008824059 3110 1175 (11:56)
[同治]恩施縣志十二卷首一卷
(清)多壽修,羅凌漢纂

008824033 3110 1175 (11:56)
[同治]巴東縣志十六卷首一卷
(清)廖恩樹修,蕭佩聲纂

008823990 3110 1175 (11:56)
[同治]建始縣志八卷首一卷
(清)熊啓詠纂修

008823822 3110 1175 (11:57)
[同治]來鳳縣志三十二卷首一卷末一卷
(清)李勗修,何遠鑒、張鈞纂

008823809 3110 1175 (11:57)
[同治]宣恩縣志二十卷首一卷
(清)張金瀾修,蔡景星、張金圻纂

008823777 3110 1175 (11:57)
[同治]咸豐縣志二十卷首一卷附圖一卷
(清)張梓修,張光杰纂

008823870 3110 1175 (11:58)
[光緒]利川縣志十四卷首一卷
(清)黄世崇纂修

008823838 3110 1175 (11:58)
[同治]鄖陽志八卷首一卷
(清)吴葆儀修,王嚴恭纂

008823897 3110 1175 (11:59)
[同治]鄖縣志十卷首一卷
(清)周瑞、定熙修,余瀗廷、崔誥纂

008823935 3110 1175 (11:59)
[同治]房縣志十二卷首一卷
(清)楊延烈修,郁方董、劉元棟纂

008823962 3110 1175 (11:60)
[光緒]光化縣志八卷首一卷
(清)鍾桐山修,段映斗纂

008823952 3110 1175 (11:60)
[同治]竹溪縣志十六卷首一卷
(清)陶壽嵩修,楊兆熊纂

008822752 3110 1175 (11:61)
[同治]竹山縣志二十九卷
(清)周士楨修,黄子遂纂

008822731 3110 1175 (11:61)
[光緒]續輯均州志十六卷首一卷
(清)馬雲龍修,賈洪詔纂

008822825 3110 1175 (11:62)
[民國]南漳縣志十九卷首一卷末一卷
包安保修,向承煜纂

008822802 3110 1175 (11:62)
[同治]保康縣志七卷首一卷
(清)林讓昆、宋熙曾修,楊世霖纂

008822782 3110 1175 (11:62)
[同治]鄖西縣志二十卷首一卷
(清)程光第修,葉年菜、李登鰲纂

008822920 3110 1175 (11:63)
[光緒]襄陽府志二十六卷志餘一卷
(清)恩聯等修,王萬芳等纂

008822982 3110 1175 (11:64)
[同治]襄陽縣志七卷首一卷
(清)楊宗時修,崔淦纂;吴耀斗續修,李士彬續纂

008822959 3110 1175 (11:64)
[光緒]襄陽四略二十五卷
(清)吴慶燾纂修

008823027 3110 1175 (11:65)
[同治]隨州志三十二卷首一卷
(清)文齡、孫文俊修,史策先纂

008823565 3110 1175 (11:66)
[嘉靖]宜城縣志三卷
(明)郝廷璽纂修

008823078 3110 1175 (11:66)
[同治]宜城縣志十卷
(清)程啓安修,張炳鐘、魯喬曾纂

008823090 3110 1175 (11:66)
[光緒]宜城縣續志二卷
(清)李連騎修,姚德華纂

008823053 3110 1175 (11:66)
[同治]穀城縣志八卷
(清)承印修,蔣海澄、黄定鏞纂

008823615 3110 1175 (11:67)
[民國]棗陽縣志三十四卷首一卷
梁汝澤等修,王榮先、謝鴻舉纂

008823594 3110 1175 (11:67)
[乾隆]棗陽縣志二十四卷
(清)甘定遇修,熊天章纂

中國地方志集成·海南府縣志輯

《中國地方志集成·海南府縣志輯》,鳳凰出版社 2008 年影印出版
(008928225 3110 1175 (12))

009032643 3110 1175 (12:1)
[道光]瓊州府志四十四卷首一卷
(清)明誼修,張岳崧纂

009032845 3110 1175 (12:2)
海南諸島地理志略
鄭資約編

009032746 3110 1175 (12:2)
[民國]海南島志二十二章附録四章
陳銘樞修,曾蹇纂

009033035 3110 1175 (12:3)
[民國]瓊山縣志二十八卷首一卷
徐淦等修,李熙、王國憲纂

009032910 3110 1175 (12:3)
[康熙]瓊山縣志十卷
(清)王贄修,關必登纂

009033155　3110 1175（12:4）
[民國]文昌縣志十八卷
林帶英、李鍾岳纂修

009033071　3110 1175（12:4）
[嘉慶]會同縣志十卷
（清）陳述芹纂修

009033209　3110 1175（12:4）
[康熙]樂會縣志十一類
（清）林子蘭修，陳宗琛纂

009033260　3110 1175（12:4）
[宣統]樂會縣志八卷
（清）林大華纂修

009033377　3110 1175（12:5）
[道光]萬州志十卷
（清）胡端書修，楊士錦、吴鳴清纂

009033322　3110 1175（12:5）
[光緒]定安縣志十卷首一卷
（清）吴應廉修，王映斗纂

009033482　3110 1175（12:6）
[乾隆]陵水縣志十卷
（清）瞿雲魁纂修

009033415　3110 1175（12:6）
[光緒]澄邁縣志十二卷首一卷
（清）龍朝翊修，陳所能纂

009033451　3110 1175（12:6）
[民國]儋縣志十八卷首一卷
彭元藻、曾友文修，王國憲纂

009033652　3110 1175（12:7）
[民國]感恩縣志二十卷首一卷
周文海修，盧宗棠等纂

009033589　3110 1175（12:7）
[民國]崖州志二十二卷
鍾元棣修，張雋、邢定綸纂

009033738　3110 1175（12:7）
[光緒]臨高縣志二十四卷
（清）聶緝慶、張延修，桂文熾等纂

009033680　3110 1175（12:7）
[光緒]昌化縣志十一卷首一卷
（清）李有益纂修

中國地方志集成·湖南府縣志輯

《中國地方志集成·湖南府縣志輯》，江蘇古籍出版社 2002 年影印出版
（008976753　3110 1175（13））

009056250　3110 1175（13）v. 1–2
[乾隆]長沙府志
（清）吕肅高修，張雄圖、王文清纂

009056293　3110 1175（13）v. 3–4
[同治]長沙縣志
（清）劉采邦等修，張延珂、袁繼翰纂

009056293　3110 1175（13）v. 4
[同治]臨湘縣志
（清）盛慶黻、恩榮修，熊興傑、歐陽恩霖纂

009056308　3110 1175（13）v. 5
[光緒]善化縣志
（清）吴兆熙、冒沅修，張先掄、韓炳章纂

009056320 3110 1175 (13) v. 6-7
[乾隆]岳州府志
(清)黄凝道修,謝仲坃纂

009056320 3110 1175 (13) v. 6-7
[光緒]巴陵縣志
(清)姚詩德、鄭桂星修,杜貴墀等纂

009060260 3110 1175 (13) v. 8-9
[乾隆]平江縣志
(清)謝仲坃纂修;石文成增修

009060260 3110 1175 (13) v. 9
[同治]平江縣志
(清)張培仁、麻維緒修,李元度等纂

009056359 3110 1175 (13) v. 10
[光緒]湘陰縣圖志
(清)郭嵩燾等纂修

009056375 3110 1175 (13) v. 11
[乾隆]華容縣志
(清)狄蘭標修,羅時暄纂

009056375 3110 1175 (13) v. 11
[光緒]華容縣志
(清)孫炳煜、龍起濤修,熊紹庚、劉乙燃纂

009056491 3110 1175 (13) v. 12-13
[乾隆]湘潭縣志
(清)吕正音修,歐陽正焕纂

009056491 3110 1175 (13) v. 12-13
[光緒]湘潭縣志
(清)陳嘉榆等修,王闓運等纂

009056491 3110 1175 (13) v. 12-13
[同治]瀏陽縣志
(清)王汝惺等修,鄒焌杰等纂

009056517 3110 1175 (13) v. 14-16
[民國]醴陵縣志
陳鯤修,劉謙纂

009058499 3110 1175 (13) v. 17
[同治]攸縣志
(清)趙勷、萬在衡纂修;王元凱、嚴鳴琦續纂修

009058511 3110 1175 (13) v. 18
[同治]茶陵州志
(清)福昌修,譚鍾麟纂

009058511 3110 1175 (13) v. 18
[同治]酃縣志
(清)唐榮邦等修,周作翰等纂

009058523 3110 1175 (13) v. 19-20
[康熙]湘鄉縣志
(清)劉履泰修,劉象賢纂

009058523 3110 1175 (13) v. 19-20
[同治]湘鄉縣志
(清)齊德五、王述恩修,黄楷盛纂

009058542 3110 1175 (13) v. 21-22
[康熙]郴州總志
(清)陳邦器修,李嗣泌、劉帶蕙纂

009058542 3110 1175 (13) v. 21-22
[嘉慶]郴州總志
(清)朱偓修,陳昭謀纂

009060170 3110 1175 (13) v. 23-24
[嘉慶]安仁縣志
(清)侯鈐修,歐陽厚均纂

009060170 3110 1175 (13) v. 23-24
[同治]安仁縣志
(清)張景垣修,張鵬、侯材驥纂

009060170　3110 1175 (13) v.23-24
[同治]嘉禾縣志
(清)高大成修,李光甲纂;陳國仲增修,吴紱榮增纂

009058591　3110 1175 (13) v.25
[乾隆]永興縣志
(清)沈維基修,楚大德纂

009058591　3110 1175 (13) v.25
[光緒]永興縣志
(清)吕鳳藻修,李獻君纂

009058612　3110 1175 (13) v.26
[光緒]興寧縣志
(清)郭樹馨、劉錫九修,黄榜元、許萬松纂

009058633　3110 1175 (13) v.27
[嘉慶]桂東縣志
(清)林鳳儀、曾鈺修,黄性時、李克鈿纂

009058633　3110 1175 (13) v.27
[同治]桂東縣志
(清)劉華邦修,郭岐勳纂

009058644　3110 1175 (13) v.28-29
[乾隆]桂陽縣志
(清)凌魚、黄文理修,朱有斐、李宗纂

009058644　3110 1175 (13) v.28-29
[同治]桂陽縣志
(清)錢紹文、孫光燮修,朱炳元、何俊纂

009059973　3110 1175 (13) v.30
[民國]汝城縣志
陳必聞修,盧純道等纂

009058785　3110 1175 (13) v.31
[同治]臨武縣志
(清)鄒景文原本;吴洪恩續修,陳佑啓、章俊純續纂

009058792　3110 1175 (13) v.32
[同治]桂陽直隸州志
(清)汪斅灝修,王闓運纂

009058798　3110 1175 (13) v.33
[康熙]耒陽縣志
(清)張應星纂修

009058798　3110 1175 (13) v.33
[光緒]耒陽縣志
(清)李師濂、於學琴修,宋世煦纂

009058806　3110 1175 (13) v.34-35
[乾隆]衡州府志
(清)饒佺修,曠敏本纂

009058806　3110 1175 (13) v.34-35
[同治]常寧縣志
(清)玉山修,李孝經、毛詩纂

009058818　3110 1175 (13) v.36
[乾隆]衡陽縣志
(清)陶易修,李德等纂

009058818　3110 1175 (13) v.36
[同治]衡陽縣志
(清)王闓運修,張修府纂

009058828　3110 1175 (13) v.37
[乾隆]清泉縣志
(清)江恂修,江昱纂

009058828　3110 1175 (13) v.37
[同治]清泉縣志
(清)王闓運修,張修府纂

009058828　3110 1175 (13) v.37
清泉縣鄉土志
廖世英編

009058838 3110 1175 (13) v.38-39
[弘治]衡山縣志
(明)劉熙修,何紀纂

009058838 3110 1175 (13) v.38-39
[光緒]衡山縣志
(清)李惟丙、勞銘勳修,文岳英、胡伯第纂

009058895 3110 1175 (13) v.40
[乾隆]祁陽縣志
(清)李蒔修,曠敏本纂

009058895 3110 1175 (13) v.40
[民國]祁陽縣志
李馥纂修

009058905 3110 1175 (13) v.41
[嘉慶]新田縣志
(清)張厚鄘修,樂明紹等纂

009058905 3110 1175 (13) v.41
[光緒]新寧縣志
(清)張葆連修,劉長佑、劉坤一纂

009058905 3110 1175 (13) v.41
[乾隆]浯溪新志
(清)宋溶纂修

009058915 3110 1175 (13) v.42
[康熙]永州府志
(清)姜承基修,常在等纂

009058926 3110 1175 (13) v.43-44
[道光]永州府志
(清)吕恩湛修,宗績辰纂

009058963 3110 1175 (13) v.45
[康熙]零陵縣志
(清)王元弼修,黄佳色等纂

009058963 3110 1175 (13) v.45
[光緒]零陵縣志
(清)嵇有慶、徐保齡修,劉沛纂

009059016 3110 1175 (13) v.46
[光緒]乾州廳志
(清)蔣琦溥纂修;林書勳續修,張先達續纂

009059016 3110 1175 (13) v.46
[光緒]寧遠縣志
(清)張大煦修,歐陽澤闓纂

009059026 3110 1175 (13) v.47
[民國]藍山縣圖志
鄧以權、黎澤泰修,雷飛鵬纂

009059033 3110 1175 (13) v.48
[光緒]道州志
(清)李鏡蓉、盛賡修,許清源、洪廷揆纂

009059033 3110 1175 (13) v.48
[同治]江華縣志
(清)劉華邦修,唐爲煌等纂

009059041 3110 1175 (13) v.49
[康熙]永明縣志
(清)周鶴修,王纘纂

009059041 3110 1175 (13) v.49
[光緒]永明縣志
(清)萬發元修,周誅詒纂

009059050 3110 1175 (13) v.50
[光緒]東安縣志
(清)黄心菊修,席寶田、謝蘭階纂

009059050 3110 1175 (13) v.50
[光緒]邵陽縣志
(清)諸垣修,黄文琛纂

009059058　3110 1175（13）v.51-53
［道光］寶慶府志
（清）黄宅中等修，鄭顯鶴等纂

009059069　3110 1175（13）v.54-55
［康熙］武岡州志
（清）吴從謙修，潘應斗、潘應星纂

009059069　3110 1175（13）v.54-55
［同治］武岡州志
（清）黄維瓚、潘清修，鄧繹纂

009059088　3110 1175（13）v.56
［同治］城步縣志
（清）盛鎰源修，戴聯璧、陳志升纂

009059088　3110 1175（13）v.56
［同治］綏寧縣志
（清）方傳質修，龍鳳翥纂

009059096　3110 1175（13）v.57
［道光］新化縣志
（清）林聯桂纂修

009059102　3110 1175（13）v.58
［同治］新化縣志
（清）甘啓運、關培鈞修，劉洪澤等纂

009059124　3110 1175（13）v.59-60
［乾隆］辰州府志五十卷首一卷
（清）席紹葆等修，謝鳴謙、謝鳴盛纂

009059124　3110 1175（13）v.59-60
［道光］辰溪縣志四十卷首一卷末一卷
（清）徐會雲等修，劉家傳等纂

009059192　3110 1175（13）v.61
［雍正］黔陽縣志
（清）張扶翼纂修；王光電續纂修

009059192　3110 1175（13）v.61
［同治］黔陽縣志
（清）陳鴻作等修，楊大誦、易燮堯纂

009059202　3110 1175（13）v.62
［嘉慶］通道縣志
（清）蔡象衡、羅臨遠修，李逢生纂

009059202　3110 1175（13）v.62
［同治］沅陵縣志
（清）守忠等修，許光曙等纂

009059510　3110 1175（13）v.63
［民國］溆浦縣志
吴劍佩、陳整修，舒立淇纂

009060327　3110 1175（13）v.64
［光緒］會同縣志
（清）孫炳煜等修，黄世昌等纂

009060327　3110 1175（13）v.64
［康熙］靖州志
（清）祝鍾賢修，李大翥纂

009060327　3110 1175（13）v.64
［光緒］靖州直隸州志
（清）吴起鳳、勞銘勳修，唐際虞、李廷森纂

009059542　3110 1175（13）v.65
［道光］晃州廳志
（清）俞克振修，梅嶧纂

009059542　3110 1175（13）v.65
［同治］新修麻陽縣志
（清）姜鍾琇等修，劉士先、王振玉纂

009059549　3110 1175（13）v.66
［同治］沅州府志
（清）張官五等纂修；吴嗣仲續修

009059556　3110 1175 (13) v.67
[同治]芷江縣志
(清)盛慶紱、吴秉慈修,盛一棵纂

009059580　3110 1175 (13) v.68
[同治]永順府志
(清)張天如等纂修;魏式曾增修,郭鑑襄增纂

009059589　3110 1175 (13) v.69
[乾隆]永順縣志
(清)黄德基修,關天申纂

009059589　3110 1175 (13) v.69
[民國]永順縣志
胡履新等修,魯隆盎、張孔修纂

009059598　3110 1175 (13) v.70
[同治]桑植縣志
(清)周來賀修,盧元勳纂

009059598　3110 1175 (13) v.70
[光緒]古丈坪廳志
(清)董鴻勳纂修

009059661　3110 1175 (13) v.71
[嘉慶]永定縣志
(清)趙亨鈐修,熊國夏、王師麟纂

009059661　3110 1175 (13) v.71
[同治]續修永定縣志
(清)萬修廉修,張序枝纂

009059668　3110 1175 (13) v.72
[道光]鳳凰廳志
(清)黄應培修,孫均銓、黄元復纂

009059668　3110 1175 (13) v.72
[光緒]鳳凰廳續志
(清)侯晟、耿維中修,黄河清纂

009059697　3110 1175 (13) v.73
[宣統]永綏廳志
(清)董鴻勳纂修

009059684　3110 1175 (13) v.74
[同治]保靖縣志
(清)林繼欽、龔南金修,袁祖綬纂

009059684　3110 1175 (13) v.74
[乾隆]安鄉縣志
(清)張綽修,曾之亨纂

009059718　3110 1175 (13) v.75
[光緒]龍山縣志
(清)符爲霖修,吕懋恒纂;謝寶文續修,劉沛續纂

009059718　3110 1175 (13) v.75
[同治]武陵縣志
(清)惲世臨、孫翹澤修,陳啓邁纂

009059726　3110 1175 (13) v.76
[嘉慶]常德府志
(清)應先烈修,陳楷禮纂

009059734　3110 1175 (13) v.77
[光緒]龍陽縣志
(清)黄教鎔、黄文桐修,陳保真、彭日曉纂

009059842　3110 1175 (13) v.78
[同治]直隸澧州志
(清)何玉棻修,魏式曾纂

009059846　3110 1175 (13) v.79
[同治]安福縣志
(清)姜大定修,尹龔澍纂

009059854　3110 1175 (13) v.80
[光緒]桃源縣志
(清)余良棟修,劉鳳苞纂

009059858　3110 1175（13）v. 81
[民國]慈利縣志
田興奎等修，吴恭亨纂

009059866　3110 1175（13）v. 82
[嘉慶]沅江縣志
（清）唐古特修，駱孔僎、陶澍纂

009059866　3110 1175（13）v. 82
[嘉慶]石門縣志
（清）蘇益馨修，梅嶧纂

009059866　3110 1175（13）v. 82
[光緒]石門縣志
（清）閻鎮珩纂修

009059872　3110 1175（13）v. 83
[同治]益陽縣志
（清）姚念楊等修，趙裴哲纂

009059885　3110 1175（13）v. 84-85
[民國]寧鄉縣志
周震麟修，劉宗向纂

009059891　3110 1175（13）v. 86
[同治]安化縣志
（清）邱育泉修，何才焕纂

中國地方志集成・北京府縣志輯

《中國地方志集成・北京府縣志輯》，上海書店出版社 2002 年影印出版
（009053869　3110 1175（14））

009600219　3110 1175（14）v. 1-3
[光緒]順天府志
（清）周家楣、萬青黎修，繆荃孫、張之洞纂

009600775　3110 1175（14）v. 4
[康熙]昌平州志
（清）吴都梁修，潘問奇等纂

009600809　3110 1175（14）v. 4
[光緒]昌平州志
（清）吴履福等修，繆荃孫等纂

009600895　3110 1175（14）v. 4
[光緒]昌平外志
（清）麻兆慶纂

009601058　3110 1175（14）v. 5
[康熙]延慶州志
（清）遲日豫修，程光祖纂；于嘉楨等續補

009601078　3110 1175（14）v. 5
[光緒]延慶州志
（清）何道增等修，張惇德纂

009607705　3110 1175（14）v. 5
[康熙]懷柔縣新志
（清）吴景果纂修

009600911　3110 1175（14）v. 5
[康熙]宛平縣志
（清）王養濂修，張采、李開泰纂

009607946　3110 1175（14）v. 6
[民國]通縣志要
金士堅修，徐白纂

009607786　3110 1175（14）v. 6
[民國]密雲縣志
臧理臣等修，宗慶煦纂

009607834　3110 1175（14）v.6
［民國］順義縣志
禮闊泉等修，楊德馨等纂

009607890　3110 1175（14）v.6
［康熙］通州志
（清）吴存禮修，陸茂騰纂

009608155　3110 1175（14）v.7
［民國］房山縣志
馮慶瀾、廖飛鵬修，高書官等纂

009608182　3110 1175（14）v.7
［民國］良鄉縣志
周志中修，吕植、見之深纂

009608052　3110 1175（14）v.7
［乾隆］房山縣志
（清）張世法纂修

009608031　3110 1175（14）v.7
［康熙］大興縣志
（清）張茂節修，李開泰等纂

009607991　3110 1175（14）v.7
［民國］平谷縣志
李興焯修，王兆元纂

中國地方志集成·廣東府縣志輯

《中國地方志集成·廣東府縣志輯》，上海書店2003年影印出版
（009237875　3110 1175（15））

009404075　3110 1175（15）v.1-3
［光緒］廣州府志
（清）蘇佩訓、戴肇辰修，李光廷、史澄纂

009404160　3110 1175（15）v.4
［民國］龍門縣志
招念慈修、鄔慶時纂

009404149　3110 1175（15）v.4
［雍正］從化縣新志
（清）郭遇熙纂修；蔡廷鑣續修，張經綸續纂

009404141　3110 1175（15）v.4
［道光］長寧縣志
（清）高炳文修，馮蘭纂

009404113　3110 1175（15）v.4
［民國］花縣志
符矩存、孔昭度修，利璋纂

009404182　3110 1175（15）v.5
［康熙］增城縣志
（清）蔡淑修，陳輝璧纂

009404194　3110 1175（15）v.5
［民國］增城縣志
王思章修，賴際熙纂

009471937　3110 1175（15）v.6
［同治］番禺縣志
（清）李福泰修，何若瑶、史澄纂

009471964　3110 1175（15）v.7
［宣統］番禺縣續志
（清）梁鼎芬修，吴道鎔、丁仁長等纂

009471990　3110 1175（15）v.7
［民國］續番禺縣志
凌鶴書纂

009472015　3110 1175（15）v. 8
［同治］韶州府志
（清）額哲克等修，單興詩纂

009472246　3110 1175（15）v. 9
［民國］仁化縣志
何炯璋修，譚鳳儀纂

009472227　3110 1175（15）v. 9
［民國］樂昌縣志
劉運鋒修，陳宗瀛纂

009472051　3110 1175（15）v. 9
［光緒］曲江縣志
（清）張希京修，馮翼之、歐樾華纂

009472276　3110 1175（15）v. 10
［乾隆］保昌縣志
（清）陳志儀纂修

009472257　3110 1175（15）v. 10
［道光］直隸南雄州志
（清）余保純等修，黃其勤纂；戴錫綸續纂修

009472327　3110 1175（15）v. 11
［嘉慶］翁源縣志
（清）謝崇俊等修，顏爾樞纂

009472303　3110 1175（15）v. 11
［民國］始興縣志
陳賡虞等修，陳及時纂

009472361　3110 1175（15）v. 11
［康熙］乳源縣志
（清）張洗易纂修

009472496　3110 1175（15）v. 12
［民國］英德縣續志
鄧士芬修，凌鶴書、黃佛頤等纂

009472466　3110 1175（15）v. 12
［道光］英德縣志
（清）劉濟寬等修，陸殿邦纂

009472423　3110 1175（15）v. 12
［道光］佛岡直隸軍民廳志
（清）龔耿光纂修

009472529　3110 1175（15）v. 13
［民國］清遠縣志
余棨謀、吴鳳聲修，朱汝珍纂

009472667　3110 1175（15）v. 14
［道光］連山綏猺廳志
（清）姚柬之纂

009472718　3110 1175（15）v. 14
［同治］連州志
（清）覺羅祥瑞、袁泳錫修，單興詩纂

009472577　3110 1175（15）v. 14
［順治］陽山縣志
（清）熊兆師纂修

009472607　3110 1175（15）v. 14
［民國］陽山縣志
黃瓚等修，朱汝珍纂

009472642　3110 1175（15）v. 14
［民國］連山縣志
何一鸞修，凌錫華增修，臧承宣纂

009472765　3110 1175（15）v. 15
［光緒］惠州府志
（清）張聯桂、劉湝年修，陳新銓、鄧掄斌纂

009478221　3110 1175（15）v. 16
［乾隆］博羅縣志
（清）陳裔虞纂修

009478212　3110 1175（15）v.16
[雍正]歸善縣志
(清)孫能寬等修,葉適等纂

009478263　3110 1175（15）v.17
[同治]河源縣志
(清)彭君穀修,賴以平等纂

009478298　3110 1175（15）v.17
[雍正]連平州志
(清)盧廷俊修,何深、顔希聖纂

009478241　3110 1175（15）v.17
[康熙]河源縣志
(清)王騊纂修

009478349　3110 1175（15）v.18
[嘉慶]龍川縣志
(清)胡春修,勒殷山纂

009478323　3110 1175（15）v.18
[民國]和平縣志
曾樞修,凌開蔚纂

009478391　3110 1175（15）v.18
[道光]永安縣三志
(清)葉廷芳、宋如楠修,賴朝侶纂

009478415　3110 1175（15）v.18
[嘉慶]新安縣志
(清)舒懋官修,王崇熙纂

009478455　3110 1175（15）v.19
[民國]東莞縣志
陳伯陶等纂修

009478512　3110 1175（15）v.20
[光緒]嘉應州志
(清)李慶榮、吴宗焯修,温仲和纂

009478743　3110 1175（15）v.21
[光緒]鎮平縣志
(清)黄釗纂

009478764　3110 1175（15）v.21
[康熙]埔陽志
(清)宋嗣京修,藍應裕等纂

009478776　3110 1175（15）v.21
[民國]新修豐順縣志
劉禹輪修,李唐纂

009478542　3110 1175（15）v.21
[嘉慶]平遠縣志
(清)盧兆鰲修,余鵬舉等纂

009481072　3110 1175（15）v.22
[民國]新修大埔縣志
劉織超修,温廷敬等纂

009481107　3110 1175（15）v.23
[道光]長樂縣志
(清)侯坤元修,温訓等纂

009481090　3110 1175（15）v.23
[康熙]長樂縣志
(清)孫胤光修,李逢祥纂

009481125　3110 1175（15）v.23
[咸豐]興寧縣志
(清)仲振履原本;張鶴齡增修,曾士梅增纂

009481138　3110 1175（15）v.24
[乾隆]潮州府志
(清)周碩勳纂修

009481162　3110 1175（15）v.25
[民國]潮州志
饒宗頤纂修

009481149　3110 1175（15）v. 25
[民國]潮州府志略
潘載和纂修

009481177　3110 1175（15）v. 26
[嘉慶]澄海縣志
(清)李書吉等纂修

009481208　3110 1175（15）v. 26
[光緒]海陽縣志
(清)盧蔚猷修,吴道鎔纂

009481321　3110 1175（15）v. 27
[乾隆]南澳志
(清)齊翀纂修

009481277　3110 1175（15）v. 27
[光緒]饒平縣志
(清)劉抃原本;惠登甲增修,黄德容、翁荃增纂

009481336　3110 1175（15）v. 27
[民國]南澳縣志未成稿
章湣龍修,楊世澤纂

009481350　3110 1175（15）v. 27
[雍正]惠來縣志
(清)張玿美纂修

009481419　3110 1175（15）v. 28
[同治]海豐縣志續編
(清)蔡逢恩修,林光斐纂

009481372　3110 1175（15）v. 28
[光緒]潮陽縣志
(清)周恒重修,張其翻纂

009481400　3110 1175（15）v. 28
[乾隆]海豐縣志
(清)于卜熊修,史本纂

009481548　3110 1175（15）v. 29
[光緒]揭陽縣續志
(清)王崧修,李星煇纂

009481544　3110 1175（15）v. 29
[乾隆]揭陽縣志
(清)劉業勤修,凌魚纂

009481536　3110 1175（15）v. 29
[光緒]普寧縣志稿
(清)盧師識修,賴焕辰纂

009481526　3110 1175（15）v. 29
[乾隆]陸豐縣志
(清)王之正等修,沈展才等纂

009481557　3110 1175（15）v. 30
[宣統]南海縣志
(清)張鳳喈等修,桂坫等纂

009481570　3110 1175（15）v. 30
[嘉慶]三水縣志
(清)李友榕、汪雲任等修,董思誠、鄧雲龍纂

009481659　3110 1175（15）v. 31
[民國]順德縣志附郭志刊誤
周之貞、馮葆熙修,周朝槐纂

009481612　3110 1175（15）v. 31
[康熙]順德縣志
(清)黄培彝修,嚴而舒纂

009481682　3110 1175（15）v. 32
[光緒]香山縣志
(清)田明曜修,陳澧纂

009481722　3110 1175（15）v. 32
[民國]香山縣志續編

厲式金修，汪文炳、張丕基纂

009481778 3110 1175 (15) v. 33
[道光]新會縣志
(清)林星章修，黄培芳、曾釗纂

009481741 3110 1175 (15) v. 33
[乾隆]澳門紀略
(清)印光任、張汝霖纂

009481839 3110 1175 (15) v. 33
[乾隆]鶴山縣志
(清)劉繼纂修

009481801 3110 1175 (15) v. 33
[同治]新會縣續志
(清)彭君穀修，鍾應元、李星煇纂

009481897 3110 1175 (15) v. 34
[民國]開平縣志
余棨謀修、張啓煌纂

009481869 3110 1175 (15) v. 34
[光緒]高明縣志
(清)鄒兆麟、蔡逢恩修，梁廷棟、區爲樑纂

009482126 3110 1175 (15) v. 35
[民國]恩平縣志
余丕承修，桂坫纂

009482087 3110 1175 (15) v. 35
[民國]赤溪縣志
王大魯修，賴際熙等纂

009482104 3110 1175 (15) v. 35
[光緒]新寧縣志
(清)何福海、鄭守昌修，林國賡、黄榮熙纂

009482165 3110 1175 (15) v. 36
[光緒]高州府志
(清)楊霽修，陳蘭彬等纂

009482218 3110 1175 (15) v. 37
[民國]石城縣志
鍾喜焯等修，江珣等纂

009482195 3110 1175 (15) v. 37
[光緒]茂名縣志
(清)鄭業崇修，許汝韶纂

009482276 3110 1175 (15) v. 38
[光緒]信宜縣志
(清)敖式槱修，梁安甸纂

009482239 3110 1175 (15) v. 38
[光緒]化州志
(清)彭貽蓀、章毓桂修，彭步瀛等纂

009482364 3110 1175 (15) v. 39
[道光]遂溪縣志
(清)喻炳榮修，朱德華、楊翊纂

009482325 3110 1175 (15) v. 39
[民國]陽春縣志
藍榮熙等修，吴英華纂

009482300 3110 1175 (15) v. 39
[康熙]陽春縣志
(清)康善述纂修

009482555 3110 1175 (15) v. 40
[康熙]陽江縣志
(清)范士瑾纂修

009482576 3110 1175 (15) v. 40
[民國]陽江縣志
張以誠修，梁觀喜纂

009482625 3110 1175 (15) v. 41
[光緒]重修電白縣志

(清)孫鑄修,邵祥齡纂

009482661　3110 1175 (15) v.41
[民國]電白縣新志稿
邵桐孫等纂

009482806　3110 1175 (15) v.42
[宣統]徐聞縣志
(清)王輔之修,駱克良等纂

009482790　3110 1175 (15) v.42
[光緒]吳川縣志
(清)毛昌善修,陳蘭彬纂

009482832　3110 1175 (15) v.43
[嘉慶]雷州府志
(清)雷學海修,陳昌齊等纂

009482866　3110 1175 (15) v.44
[嘉慶]海康縣志
(清)劉邦柄修,陳昌齊纂

009482912　3110 1175 (15) v.44-45
[民國]海康縣續志
梁成久纂修;陳景棻續修

009482939　3110 1175 (15) v.46
[道光]肇慶府志
(清)屠英等修,江藩等纂

009483384　3110 1175 (15) v.47
[宣統]高要縣志
(清)馬呈圖纂修

009483397　3110 1175 (15) v.47
[民國]懷集縣志
周贊元等纂修

009483459　3110 1175 (15) v.48
[道光]東安縣志
(清)汪兆柯纂修

009483427　3110 1175 (15) v.48
[乾隆]新興縣志
(清)劉芳纂修

009483412　3110 1175 (15) v.48
[道光]廣寧縣志
(清)黄思藻等纂修

009483521　3110 1175 (15) v.49
[光緒]四會縣志
(清)陳志喆、劉德恒修,吳大猷纂

009483607　3110 1175 (15) v.50
[道光]封川縣志
(清)温恭修,吳蘭修纂

009483581　3110 1175 (15) v.50
[民國]羅定志
周學仕修,馬呈圖纂;陳樹勳續修

009483560　3110 1175 (15) v.50
[康熙]羅定直隸州志
(清)劉元禄纂修

009483648　3110 1175 (15) v.50
[道光]開建縣志
(清)余翰修,余楷纂

009483731　3110 1175 (15) v.51
[光緒]德慶州志
(清)楊文駿修,朱一新、黎佩蘭纂

009483705　3110 1175 (15) v.51
[民國]西寧縣志
何天瑞修,桂坫纂

中國地方志集成·山東府縣志輯

《中國地方志集成·山東府縣志輯》，鳳凰出版社 2004 年影印出版
(009929577　3110 1175 (16))

009881888　3110 1175 (16) v.1–3
[道光]濟南府志
(清)王贈芳、王鎮修，成瓘、冷烜纂

009925392　3110 1175 (16) v.4
[乾隆]歷城縣志
(清)胡德琳修，李文藻等纂

009926364　3110 1175 (16) v.5
[民國]續修歷城縣志
毛承霖纂修

009927386　3110 1175 (16) v.6
[乾隆]淄川縣志
(清)張鳴鐸修，張廷寀等纂

009927386　3110 1175 (16) v.6
[宣統]三續淄川縣志
(清)方作霖修，王敬鑄纂

009927776　3110 1175 (16) v.7
[乾隆]博山縣志
(清)富申修，田士麟纂

009927776　3110 1175 (16) v.7
[民國]續修博山縣志
王蔭桂修，張新曾纂

009928443　3110 1175 (16) v.8
[民國]臨淄縣志
舒孝先修，崔象穀纂

009928443　3110 1175 (16) v.8
[光緒]德平縣志
(清)凌錫祺修，李敬熙纂

009928443　3110 1175 (16) v.8
[民國]德平縣續志
吕學元修，嚴綏之纂

009928771　3110 1175 (16) v.9
[光緒]嶧縣志
(清)王振録、周鳳鳴修，王寶田纂

009881965　3110 1175 (16) v.10
[乾隆]德州志
(清)王道亨修，張慶源纂

009881965　3110 1175 (16) v.10
[嘉慶]禹城縣志
(清)董鵬翱修，牟應震纂

009881825　3110 1175 (16) v.11
[光緒]陵縣志
(清)沈淮修，李圖纂；戴杰續纂

009881825　3110 1175 (16) v.11
[民國]陵縣續志
苗恩波修，劉蔭岐纂

009882749　3110 1175 (16) v.12
[民國]德縣志
李樹德修，董瑶林纂

009882786　3110 1175 (16) v.13
[民國]齊河縣志
楊豫修等修，郝金章、孫秀堃纂

009882818　3110 1175 (16) v. 14
[民國]濟陽縣志
盧永祥等修，王嗣鋆纂

009882871　3110 1175 (16) v. 15
[道光]臨邑縣志
(清)沈淮等纂修

009882871　3110 1175 (16) v. 15
[同治]臨邑縣志
(清)陳鴻翩等纂修

009882871　3110 1175 (16) v. 15
[民國]續修臨邑縣志
崔公甫等纂修

009882938　3110 1175 (16) v. 16
[乾隆]平原縣志
(清)黃懷祖修，黃兆熊纂

009882938　3110 1175 (16) v. 16
[民國]續修平原縣志
曹夢九修，趙祥俊、張元鈞纂

009882938　3110 1175 (16) v. 16
[乾隆]樂陵縣志
(清)王謙益修，鄭成中纂

009882977　3110 1175 (16) v. 17
[民國]商河縣志
石毓嵩修，馬忠藩、路程誨纂

009883037　3110 1175 (16) v. 18
[宣統]重修恩縣志
(清)王鴻孫修，劉儒臣、王金階纂

009883037　3110 1175 (16) v. 18
[乾隆]武城縣志
(清)駱大俊纂修

009883037　3110 1175 (16) v. 18
[道光]武城縣志續編
(清)厲秀芳纂修

009883037　3110 1175 (16) v. 18
[民國]增訂武城縣志續編
王延綸修，王鬴銘纂

009883551　3110 1175 (16) v. 19
[乾隆]夏津縣志
(清)方學成修，梁大鯤纂

009883551　3110 1175 (16) v. 19
[民國]夏津縣續志
謝錫文修，許宗海纂

009883667　3110 1175 (16) v. 20
[光緒]寧津縣志
(清)祝嘉庸修，吴潯源纂

009883667　3110 1175 (16) v. 20
[咸豐]慶雲縣志
(清)戴絅孫修，崔光笏纂

009883667　3110 1175 (16) v. 20
[民國]慶雲縣志
鄭希僑修，劉鴻逵纂

009883701　3110 1175 (16) v. 21-22
[咸豐]武定府志
(清)李熙齡修，鄒恒纂

009883745　3110 1175 (16) v. 22
[光緒]惠民縣志
(清)沈世銓修，李勗纂

009883765　3110 1175 (16) v. 23
[民國]陽信縣志
朱蘭修，勞迺宣纂

009883845　3110 1175（16）v. 24
［民國］無棣縣志
侯蔭昌修，張方墀纂

009883845　3110 1175（16）v. 24
［光緒］利津縣志
（清）盛贊熙修，余朝棻等纂

009883845　3110 1175（16）v. 24
［民國］利津縣續志
王廷彦修，蓋爾佶纂

009883906　3110 1175（16）v. 25
［光緒］霑化縣志
（清）聯印修，張會一、耿翔儀纂

009883906　3110 1175（16）v. 25
［民國］霑化縣志
梁健章修，于清泮纂

009883952　3110 1175（16）v. 26
［民國］鄒平縣志
趙咸慶等修，趙仁山纂

009883990　3110 1175（16）v. 27
［民國］重修博興縣志
張其丙修，張元鈞纂

009883990　3110 1175（16）v. 27
［嘉慶］長山縣志
（清）倪企望修，鍾廷瑛、徐果行纂

009884070　3110 1175（16）v. 28
［民國］重修新城縣志
袁勵傑修，張儒玉、王采廷等纂

009884070　3110 1175（16）v. 28
［民國］桓臺志略
王元一修纂

009884070　3110 1175（16）v. 28
［乾隆］蒲臺縣志
（清）嚴文典修，任相纂

009884111　3110 1175（16）v. 29
［民國］續修廣饒縣志
潘莱峰修，王寅山纂

009884111　3110 1175（16）v. 29
［乾隆］青城縣志
（清）方鳳修、戴文熾修，周珹纂

009884111　3110 1175（16）v. 29
［民國］青城續修縣志
楊啓東修，趙梓湘纂

009924310　3110 1175（16）v. 30
［民國］樂安縣志
李傳煦修，陳同善、王永貞纂

009924310　3110 1175（16）v. 30
［康熙］新修齊東縣志
（清）余爲霖修，郭國琦等纂

009924310　3110 1175（16）v. 30
［民國］齊東縣志
梁中權修，于清泮纂

009924340　3110 1175（16）v. 31-32
［咸豐］青州府志
（清）毛永柏修，李圖、劉燿椿纂

009924379　3110 1175（16）v. 33
［光緒］益都縣圖志
（清）張承燮修，法偉堂等纂

009924410　3110 1175（16）v. 34
［民國］壽光縣志
宋憲章修，鄒允中、崔亦文纂

009924436　3110 1175（16）v.35
[嘉慶]昌樂縣志
(清)魏禮焯等纂修

009924436　3110 1175（16）v.35
[民國]昌樂縣續志
王金岳等纂修

009924483　3110 1175（16）v.36
[光緒]臨朐縣志
(清)姚延福修,鄧嘉緝、蔣師轍纂

009924483　3110 1175（16）v.36
[民國]臨朐續志
周鈞英修,劉仞千纂

009924585　3110 1175（16）v.37
[康熙]杞紀
(清)張貞纂修

009924585　3110 1175（16）v.37
[道光]安邱新志
(清)馬世珍纂修

009924585　3110 1175（16）v.37
[民國]續安邱新志
孫維均等纂修

009924585　3110 1175（16）v.37
[咸豐]濱州志
(清)李熙齡纂修

009924653　3110 1175（16）v.38
[乾隆]諸城縣志
(清)宫懋讓修,李文藻等纂

009924653　3110 1175（16）v.38
[道光]諸城縣續志
(清)劉光斗修,朱學海纂

009924653　3110 1175（16）v.38
[光緒]增修諸城縣續志
(清)劉嘉樹修,苑棻池、邱濬恪纂

009924687　3110 1175（16）v.39
[道光]重修膠州志
(清)張同聲修,李圖等纂

009924687　3110 1175（16）v.39
[乾隆]昌邑縣志
(清)周來邰纂修

009924687　3110 1175（16）v.39
[光緒]昌邑縣續志
(清)陳嘉楷修,韓天衢纂

009925813　3110 1175（16）v.40
[乾隆]濰縣志
(清)張耀璧修,王誦芬纂

009925813　3110 1175（16）v.40-41
[民國]濰縣志稿
常之英修,劉祖幹纂

009925853　3110 1175（16）v.41
[民國]高密縣志
余有林等纂修

009925880　3110 1175（16）v.42
[民國]增修膠志
葉鍾英修,匡超纂

009925928　3110 1175（16）v.43
[道光]重修平度州志
(清)保中等纂修

009925928　3110 1175（16）v.43
[民國]平度縣續志
丁世平等纂修

009926042 3110 1175 (16) v.44
[乾隆]萊州府志
(清)嚴有禧纂修

009926042 3110 1175 (16) v.44
[康熙]靖海衛志
(清)佚名纂

009926042 3110 1175 (16) v.44
[乾隆]威海衛志
(清)畢懋第修;郭文大續修;王兆鵬增訂

009926109 3110 1175 (16) v.45
[道光]冠縣志
(清)梁永康修,趙錫書纂

009926109 3110 1175 (16) v.45
[乾隆]掖縣志
(清)張思勉修,于始瞻纂

009926109 3110 1175 (16) v.45
[嘉慶]續掖縣志
(清)張彤修,張詡纂

009926156 3110 1175 (16) v.46
[道光]再續掖縣志
(清)揚祖憲修,侯登岸纂

009926156 3110 1175 (16) v.46
[光緒]三續掖縣志
(清)魏起鵬修,王續藩纂

009926156 3110 1175 (16) v.46
[民國]四續掖縣志
劉國斌修,劉錦堂纂

009926263 3110 1175 (16) v.47
[同治]即墨縣志
(清)林溥修,周翕鐄纂

009926263 3110 1175 (16) v.47
[順治]招遠縣志
(清)張作礪修,張鳳羽纂

009926263 3110 1175 (16) v.47
[道光]招遠縣續志
(清)陳國器等纂修

009926304 3110 1175 (16) v.48-49
[光緒]增修登州府志
(清)方汝翼、賈瑚修,周悦讓、慕榮幹纂

009926334 3110 1175 (16) v.49
[同治]黄縣志
(清)尹繼美纂修

009926395 3110 1175 (16) v.50
[道光]重修蓬萊縣志
(清)王文燾修,張本、葛元昶纂

009926395 3110 1175 (16) v.50
[光緒]蓬萊縣續志
(清)鄭錫鴻、江瑞采修,王爾植等纂

009926675 3110 1175 (16) v.51
[乾隆]棲霞縣志
(清)衛萇纂修

009926675 3110 1175 (16) v.51
[光緒]棲霞縣續志
(清)黄麗中修,于如川纂

009926675 3110 1175 (16) v.51
[乾隆]福山縣志
(清)何樂善修,蕭劼、王積熙纂

009926696 3110 1175 (16) v.52
[民國]福山縣志稿
王陵基修,于宗潼纂

009926743　3110 1175 (16) v.53
[康熙]萊陽縣志
(清)萬邦維修,衛元爵等纂

009926743　3110 1175 (16) v.53
[民國]萊陽縣志
梁秉錕修,王丕煦纂

009926793　3110 1175 (16) v.54
[光緒]文登縣志
(清)李祖年修,于霖逢纂

009926793　3110 1175 (16) v.54
[同治]重修寧海州志
(清)舒孔安修,王厚階纂

009926809　3110 1175 (16) v.55
[民國]牟平縣志
宋憲章修,于清泮纂

009926913　3110 1175 (16) v.56
[乾隆]海陽縣志
(清)包桂纂修

009926913　3110 1175 (16) v.56
[光緒]海陽縣續志
(清)王敬勳修,李爾梅、王兆騰纂

009926913　3110 1175 (16) v.56
[道光]榮成縣志
(清)李天隲修,岳賡廷纂

009926931　3110 1175 (16) v.57
[光緒]費縣志
(清)李敬修纂修

009926931　3110 1175 (16) v.57
[宣統]蒙陰縣志
(清)沈黻清修,陳尚仁纂

009926990　3110 1175 (16) v.58
[民國]臨沂縣志
陳景星、沈兆禕修,王景祜纂

009926990　3110 1175 (16) v.58
[民國]續修臨沂縣志
范築先修,李宗仁纂

009926990　3110 1175 (16) v.58
[光緒]日照縣志
(清)陳懋修,張庭詩、李堉纂

009927317　3110 1175 (16) v.59
[乾隆]郯城縣志
(清)王植纂修,張金城續修

009927317　3110 1175 (16) v.59
[嘉慶]續修郯城縣志
(清)吴堦修,陸繼輅纂

009927317　3110 1175 (16) v.59
[道光]長清縣志
(清)舒化民等修,徐德城等纂

009927418　3110 1175 (16) v.60
[民國]長清縣志
李起元修,連儒纂

009927462　3110 1175 (16) v.61
[乾隆]沂州府志
(清)李希賢修,潘遇莘、丁愷曾纂

009927462　3110 1175 (16) v.61
[嘉慶]莒州志
(清)許紹錦纂修

009927491　3110 1175 (16) v.62
[民國]重修莒志
盧少泉等修,莊陔蘭等纂

009927515　3110 1175 (16) v. 63
[康熙]泰安州志
(明)任弘烈原本;(清)鄒文郁增修,朱衣點增纂

009927515　3110 1175 (16) v. 63-64
[乾隆]泰安府志
(清)顔希深修,成城等纂

009927533　3110 1175 (16) v. 64
[民國]重修泰安縣志
葛延瑛、吴元禄修,孟昭章等纂

009927681　3110 1175 (16) v. 65
[光緒]肥城縣志
(清)凌紱曾修,邵承照纂

009927681　3110 1175 (16) v. 65
[嘉慶]平陰縣志
(清)喻春林修,朱續孜纂

009927681　3110 1175 (16) v. 65
[光緒]平陰縣志
(清)李敬修纂修

009927697　3110 1175 (16) v. 66
[民國]東平縣志
張志熙修,劉靖宇纂

009927697　3110 1175 (16) v. 66
[乾隆]新泰縣志
(清)江乾達修,牛士瞻等纂

009927712　3110 1175 (16) v. 67
[民國]萊蕪縣志
張梅亭、王希曾纂修

009927712　3110 1175 (16) v. 67
[民國]續修萊蕪縣志
李鍾豫修,亓因培等纂

009927728　3110 1175 (16) v. 68
[道光]章邱縣志
(清)吴璋修,曹楙堅纂

009927745　3110 1175 (16) v. 69
[光緒]寧陽縣志
(清)高陞榮修,黄恩彤纂

009927794　3110 1175 (16) v. 70
[光緒]東平州志
(清)左宜似等修,盧崟等纂

009927821　3110 1175 (16) v. 71
[乾隆]兖州府志
(清)覺羅普爾泰修,陳顧㶉纂

009927896　3110 1175 (16) v. 72
[光緒]滋陽縣志
(清)莫熾修,黄恩彤纂;李兆霖等續修,黄師誾等續纂

009927896　3110 1175 (16) v. 72
[康熙]鄒縣志
(清)婁一均修,周翼纂

009927896　3110 1175 (16) v. 72
[光緒]鄒縣續志
(清)吴若灝修,錢抬抬纂

009927919　3110 1175 (16) v. 73
[乾隆]曲阜縣志
(清)潘相等纂修

009927988　3110 1175 (16) v. 74
[民國]續修曲阜縣志
孫永漢修,李經野、孔昭曾纂

009927988　3110 1175 (16) v. 74
[光緒]泗水縣志

(清)趙英祚修,黄承艧纂

009928016　3110 1175 (16) v.75
[道光]滕縣志
(清)王政修,王庸立、黄來麟纂

009928016　3110 1175 (16) v.75
[宣統]滕縣續志
(清)生克中纂

009928016　3110 1175 (16) v.75
[民國]續滕縣志
崔公甫等修,高熙喆等纂;生克中、高延柳等續纂

009928356　3110 1175 (16) v.76–77
[道光]濟寧直隸州志
(清)徐宗幹修,許瀚纂

009928398　3110 1175 (16) v.77
[咸豐]濟寧直隸州續志
(清)盧朝安纂修

009928398　3110 1175 (16) v.77
[民國]濟寧直隸州續志
潘守廉修,袁紹昂、唐烜纂

009928189　3110 1175 (16) v.78
[民國]濟寧縣志
潘守廉修,袁紹昂纂

009928189　3110 1175 (16) v.78
[萬曆]汶上縣志
(明)栗可仕修,王命新纂

009928189　3110 1175 (16) v.78
[康熙]續修汶上縣志
(清)聞元炅纂修

009928189　3110 1175 (16) v.78
[光緒]新修菏澤縣志
(清)凌壽柏修,葉道源纂

009928236　3110 1175 (16) v.79
[光緒]魚臺縣志
(清)馮振鴻纂修

009928236　3110 1175 (16) v.79
[光緒]嘉祥縣志
(清)章文華、官擢午纂修

009928236　3110 1175 (16) v.79
[咸豐]金鄉縣志略
(清)李壘纂修

009928453　3110 1175 (16) v.80
[乾隆]曹州府志
(清)周尚賢修,李登明、謝冠纂

009928638　3110 1175 (16) v.81
[民國]單縣志
項葆禎修,李經野纂

009928660　3110 1175 (16) v.82
[宣統]聊城縣志
(清)陳慶蕃修,葉錫麟、靳維熙纂

009928660　3110 1175 (16) v.82
[宣統]聊城縣志
(清)陳慶蕃修,葉錫麟、靳維熙纂

009928660　3110 1175 (16) v.82
[道光]城武縣志
(清)袁章華修,劉士瀛纂

009928682　3110 1175 (16) v.83
[道光]鉅野縣志
(清)黄維翰纂修;袁傳裘續纂修

009928682 3110 1175（16）v.83
[民國]續修鉅野縣志
郁濬生修,畢鴻賓纂

009928790 3110 1175（16）v.84
[光緒]曹縣志
（清）陳嗣良修,孟廣來、賈迺延纂

009928842 3110 1175（16）v.85
[光緒]鄆城縣志
（清）畢炳炎、胡建樞修,趙翰鑾、李承先纂

009928842 3110 1175（16）v.85
[民國]定陶縣志
馮麟溎修、曹垣纂

009928842 3110 1175（16）v.85
[乾隆]東明縣志
（清）儲元升纂修

009928879 3110 1175（16）v.86
[民國]東明縣新志
任傳藻修,穆祥仲纂

009928879 3110 1175（16）v.86
[道光]博平縣志
（清）楊祖憲修,烏竹芳纂

009928879 3110 1175（16）v.86
[光緒]博平縣續志
（清）李維誠纂修;王用霖、彭寶銘續纂修

009928915 3110 1175（16）v.87-88
[嘉慶]東昌府志
（清）嵩山修,謝香開、張熙先纂

009928951 3110 1175（16）v.88
[光緒]高唐州志
（清）周家齊修,鞠建章纂

009929048 3110 1175（16）v.89
[康熙]堂邑縣志
（清）盧承琰修,劉淇纂

009929048 3110 1175（16）v.89
[民國]清平縣志
梁鍾亭、路大遵修,張樹梅纂

009929062 3110 1175（16）v.90
[民國]茌平縣志
牛占誠修,周之楨纂

009929092 3110 1175（16）v.91
[民國]冠縣志
侯光陆修,陳熙雍纂

009929092 3110 1175（16）v.91
[道光]觀城縣志
（清）孫觀纂修

009929136 3110 1175（16）v.92
[道光]東阿縣志
（清）李賢書修,吴怡等纂

009929136 3110 1175（16）v.92
[民國]續修東阿縣志
周竹生修,靳維熙纂

009929136 3110 1175（16）v.92
[民國]東阿縣志
周竹生修,靳維熙纂

009929204 3110 1175（16）v.93
[康熙]陽穀縣志
（清）王時來修,杭雲龍纂

009929204 3110 1175（16）v.93
[光緒]陽穀縣志
（清）董政華修,孔廣海纂

009929204　3110 1175（16）v.93
[光緒]壽張縣志
(清)劉文煃修,王守謙纂

009929321　3110 1175（16）v.94
[康熙]朝城縣志
(清)祖植桐修,趙昶纂

009929321　3110 1175（16）v.94
[光緒]朝城縣志略
(清)李熤纂修

009929321　3110 1175（16）v.94
[民國]朝城縣續志
杜子楙修,賈銘恩纂

009929321　3110 1175（16）v.94
[乾隆]臨清直隸州志
(清)張度、鄧希曾修,朱鏡纂

009881704　3110 1175（16）v.95
[民國]臨清縣志
張自清修,張樹梅、王貴笙纂

009881704　3110 1175（16）v.95
[光緒]莘縣志
(清)張朝瑋修,孔廣海纂

中國地方志集成·山西府縣志輯

《中國地方志集成·山西府縣志輯》,鳳凰出版社 2005 年影印出版
(009741396　3110 1175（17））

009956988　3110 1175（17）v.1-2
[乾隆]太原府志
(清)費淳、沈樹聲纂修

009957240　3110 1175（17）v.2
[道光]太原縣志
(清)員佩蘭修,楊國泰纂

009957134　3110 1175（17）v.2
[道光]陽曲縣志
(清)戴夢熊修,李方蓁、李方芃纂

009957267　3110 1175（17）v.3
[光緒]續太原縣志
(清)薛元釗修,王效尊纂

009957307　3110 1175（17）v.3
[康熙]徐溝縣志
(清)王嘉謨纂修

009957320　3110 1175（17）v.3
[光緒]補修徐溝縣志
(清)王勳祥修,秦憲纂

009957351　3110 1175（17）v.3
[光緒]清源鄉志
(清)王勳祥修,王效尊纂

009957387　3110 1175（17）v.4
[乾隆]大同府志
(清)吴輔宏修,王飛藻、文光校訂

009957490　3110 1175（17）v.5
[光緒]天鎮縣志
(清)洪汝霖、魯彦光修,楊篤纂

009957462　3110 1175（17）v.5
[道光]大同縣志
(清)黎中輔纂修

009957607 3110 1175 (17) v.6
[光緒]靈邱縣補志
(清)雷棣榮、嚴潤林修,陸泰元纂

009957523 3110 1175 (17) v.6
[崇禎]山陰縣志
(清)劉以守纂修

009957568 3110 1175 (17) v.6
[康熙]靈邱縣志
(清)宋起鳳原本,岳宏譽增訂

009957633 3110 1175 (17) v.6
[光緒]懷仁縣新志
(清)李長華修,姜利仁纂;汪大浣續修,馬蕃續纂

009957659 3110 1175 (17) v.6
[光緒]沁水縣志
(清)秦丙煃修,李疇纂

009957957 3110 1175 (17) v.7
[光緒]渾源州續志
(清)賀澍恩修,程續纂

009957828 3110 1175 (17) v.7
[乾隆]渾源州志
(清)桂敬順纂修

009957817 3110 1175 (17) v.7
[順治]渾源州志
(清)張崇德纂修

009957795 3110 1175 (17) v.7
[雍正]陽高縣志
(清)房裔蘭修,蘇之芬纂

009958283 3110 1175 (17) v.8
[民國]新修岳陽縣志
李鍾珩修,王之哲等纂

009958098 3110 1175 (17) v.8
[光緒]長子縣志
(清)預謙修,楊篤纂

009958063 3110 1175 (17) v.8
[光緒]廣靈縣補志
(清)楊亦銘纂修

009957990 3110 1175 (17) v.8
[乾隆]廣靈縣志
(清)郭磊纂修

009958680 3110 1175 (17) v.9
[雍正]朔平府志
(清)劉士銘修,王霷纂

009958743 3110 1175 (17) v.10
[光緒]左雲縣志
(清)李翼聖原本;余卜頤增修,藺炳章增纂

009958697 3110 1175 (17) v.10
[民國]馬邑縣志
陳廷章修,霍殿鼇纂

009958777 3110 1175 (17) v.10
[雍正]朔州志
(清)汪嗣聖修,王霷纂

009960651 3110 1175 (17) v.11
[咸豐]續寧武府志
(清)常文遴、阿克達春纂修

009960703 3110 1175 (17) v.11
[光緒]代州志
(清)俞廉三修,楊篤纂

009960571 3110 1175 (17) v.11
[乾隆]寧武府志
(清)魏元樞、周景柱纂修

009960769　3110 1175 (17) v.12
[乾隆]忻州志
(清)周人龍原本;竇容邃增訂

009960769　3110 1175 (17) v.12
[光緒]忻州志
(清)方戊昌修,方淵如纂

009961465　3110 1175 (17) v.13
[光緒]定襄縣補志
(清)鄭繼修等修,邢澍田纂

009961428　3110 1175 (17) v.13
[雍正]定襄縣志
(清)王時炯原本;王會隆續纂修

009961557　3110 1175 (17) v.14
[光緒]續修崞縣志
(清)龍朝言、趙冠卿修,潘肯堂纂

009961500　3110 1175 (17) v.14
[光緒]五臺新志
(清)徐繼畬纂修;王步墀、孫如明續修,楊篤續纂

009961529　3110 1175 (17) v.14
[乾隆]崞縣志
(清)邵豐鍭、顧弼修,賈瀛纂

009961599　3110 1175 (17) v.15
[道光]繁峙縣志
(清)吴其均纂修

009961636　3110 1175 (17) v.15
[光緒]繁峙縣志
(清)何才价修,楊篤纂

009961683　3110 1175 (17) v.15
[乾隆]保德州志
(清)王克昌原本;王秉韜纂修

009962016　3110 1175 (17) v.16
[同治]榆次縣志
(清)俞世銓、陶良駿修,王平格、王序賓纂

009962049　3110 1175 (17) v.16
[光緒]榆次縣續志
(清)吴師祁、張承熊修,黄汝梅、王儆纂

009961975　3110 1175 (17) v.16
[同治]河曲縣志
(清)金福增修,張兆魁、金鍾彦纂

009962159　3110 1175 (17) v.17
[康熙]岢嵐州志
(清)何顯祖修,袁鏘珩纂

009962189　3110 1175 (17) v.17
[光緒]岢嵐州志
(清)吴光熊修,史文炳纂

009962127　3110 1175 (17) v.17
[光緒]神池縣志
(清)崔長清修,谷如墉纂

009962070　3110 1175 (17) v.17
[光緒]平遥縣志
(清)恩端修,武達材、王舒萼纂

009962233　3110 1175 (17) v.18
[民國]昔陽縣志
皇甫振清修,李光宇纂

009962244　3110 1175 (17) v.18
[雍正]遼州志
(清)徐三俊修,劉澐纂

009962278　3110 1175 (17) v.18
[民國]重修和順縣志
張夔典修,王玉汝纂

009962281 3110 1175 (17) v.18
[光緒]榆社縣志
(清)王家坊修,葛士達纂

009963733 3110 1175 (17) v.19
[民國]太谷縣志
安恭己等修,胡萬凝纂

009963668 3110 1175 (17) v.19
[乾隆]太谷縣志
(清)郭晋修,管粵秀纂

009963809 3110 1175 (17) v.20
[嘉慶]靈石縣志
(清)王志瀜修,黄憲臣纂

009963854 3110 1175 (17) v.20
[民國]靈石縣志
李凱朋修,耿步蟾纂

009964037 3110 1175 (17) v.21
[光緒]平定州志
(清)張彬、賴昌期纂修

009964058 3110 1175 (17) v.21
[光緒]平定州志補
(清)葛士達編

009964137 3110 1175 (17) v.22
[光緒]壽陽縣志
(清)馬家鼎、白昶修,張嘉言、祁世長纂

009964092 3110 1175 (17) v.22
[光緒]盂縣志
(清)劉鴻逵、張嵐奇等修,劉懋功、武纘緒等纂

009964229 3110 1175 (17) v.23
[乾隆]興縣志
(清)程雲原本;藍山增修

009964295 3110 1175 (17) v.23
[光緒]興縣續志
(清)張啓藴修,温亮珠、孫福昌纂

009964345 3110 1175 (17) v.23
[光緒]祁縣志
(清)劉發岏修,李芬纂

009964428 3110 1175 (17) v.24
[乾隆]介休縣志
(清)王謀文纂修

009964441 3110 1175 (17) v.24
[嘉慶]介休縣志
(清)徐品山、陸元鏸修,熊兆占等纂

009964490 3110 1175 (17) v.25
[光緒]交城縣志
(清)夏肇庸修,許惺南纂

009964478 3110 1175 (17) v.25
[康熙]永寧州志
(清)謝汝霖纂修

009964572 3110 1175 (17) v.25
[乾隆]孝義縣志
(清)鄧必安修,鄧常纂

009966306 3110 1175 (17) v.26
[雍正]石樓縣志
(清)袁學謨修,秦燮纂

009966287 3110 1175 (17) v.26
[光緒]汾陽縣志
(清)方家駒、慶文修,王文員纂

009966320 3110 1175 (17) v.27
[乾隆]汾州府志
(清)孫和相修,戴震纂

009966365　3110 1175 (17) v. 28
[光緒]文水縣志
(清)范啓堃、王焯修，陰步霞纂

009966410　3110 1175 (17) v. 28
[乾隆]長治縣志
(清)吴九齡修，蔡履豫纂

009966334　3110 1175 (17) v. 28
[康熙]文水縣志
(清)傅星修，鄭立功纂

009966503　3110 1175 (17) v. 29
[乾隆]應州續志
(清)吴炳纂修

009966467　3110 1175 (17) v. 29
[光緒]長治縣志
(清)李楨、馬鑑修，楊篤纂

009966532　3110 1175 (17) v. 30-31
[乾隆]潞安府志
(清)張淑渠、姚學瑛等修，姚學甲等纂

009966605　3110 1175 (17) v. 31
[民國]臨縣志
胡宗虞修，吴命新纂

009966583　3110 1175 (17) v. 31
[康熙]寧鄉縣志
(清)吕履恒纂修

009965929　3110 1175 (17) v. 32-33
[雍正]澤州府志
(清)朱樟修，田嘉穀纂

009966145　3110 1175 (17) v. 33
[乾隆]重修襄垣縣志
(清)李廷芳修，徐玨、陳于廷纂

009966035　3110 1175 (17) v. 33
[光緒]續修隰州志
(清)崔澄寰修，王嘉會纂

009965987　3110 1175 (17) v. 33
[康熙]隰州志
(清)錢以塏纂修

009965910　3110 1175 (17) v. 34
[民國]襄垣縣志
嚴用琛、魯宗藩修，王維新、連篤敬纂

009965810　3110 1175 (17) v. 35
[道光]壺關縣志
(清)茹金、申瑶纂修

009965829　3110 1175 (17) v. 35
[康熙]黎城縣志
(清)程大夏修，李御、李吉纂

009965854　3110 1175 (17) v. 35
[光緒]黎城縣續志
(清)鄭灝修，楊恩樹纂

009965560　3110 1175 (17) v. 36
[乾隆]高平縣志
(清)傅德宜修，戴純纂

009965586　3110 1175 (17) v. 36
[同治]高平縣志
(清)龍汝霖纂修

009965625　3110 1175 (17) v. 36
[光緒]續高平縣志
(清)陳學富、慶鍾修，李廷一纂

009965426　3110 1175 (17) v. 37
[乾隆]鳳臺縣志
(清)林荔修，姚學甲纂

009965410 3110 1175 (17) v.37
[光緒]鳳臺縣續志
(清)張貽琯修,郭維垣等纂

009965323 3110 1175 (17) v.38
[乾隆]陽城縣志
(清)楊善慶修,田懋纂

009965365 3110 1175 (17) v.38
[光緒]續陽城縣志
(清)郭學謙纂修

009965348 3110 1175 (17) v.38
[同治]陽城縣志
(清)賴昌期修,譚澐、盧廷棻纂

009965210 3110 1175 (17) v.39
[乾隆]沁州志
(清)葉士寬原本;姚學瑛續修,姚學甲續纂

009965251 3110 1175 (17) v.39
[光緒]沁州復續志
(清)吴承恩纂修

009965153 3110 1175 (17) v.40
[雍正]沁源縣志
(清)韓瑛纂修;王廷掄續纂修

009965038 3110 1175 (17) v.40
[光緒]沁源縣續志
(清)董餘三纂修

009965172 3110 1175 (17) v.40
[民國]沁源縣志
孔兆熊、郭藍田修,陰國垣纂

009964958 3110 1175 (17) v.41
[光緒]潞城縣志
(清)崔曉然、曾雲章修,楊篤纂

009964867 3110 1175 (17) v.41
[乾隆]武鄉縣志
(清)白鶴修,史傳遠纂

009964908 3110 1175 (17) v.41
[民國]武鄉新志
張揚祚修,郝世楨纂

009964760 3110 1175 (17) v.42
[乾隆]陵川縣志
(清)程德炯纂修

009964723 3110 1175 (17) v.42
[民國]平順縣志
石璜纂修

009964678 3110 1175 (17) v.43
[光緒]屯留縣志
(清)劉鍾麟、何金聲修,楊篤、任來僕纂

009964622 3110 1175 (17) v.43
[民國]重修安澤縣志
楊世瑛、史標青修,王錫楨纂

009964416 3110 1175 (17) v.44
[光緒]汾西縣志
(清)曹憲修,周鳳翽纂

009964437 3110 1175 (17) v.44-45
[雍正]平陽府志
(清)章廷珪修,范安治纂

009964475 3110 1175 (17) v.45
[光緒]吉州全志
(清)吴葵之修,裴國苞纂

009964362 3110 1175 (17) v.46
[乾隆]臨汾縣志
(清)高塘、吴士淳修,吕淙、吴克元纂

009964386　3110 1175（17）v.46
[民國]臨汾縣志
劉玉璣、關世熙修，張其昌等纂

009964239　3110 1175（17）v.47
[光緒]翼城縣志
（清）王燿章、龔履坦修，閻奮鵬等纂

009964168　3110 1175（17）v.47
[民國]永和縣志
閻佩禮修，段金成纂

009964084　3110 1175（17）v.48
[乾隆]新修曲沃縣志
（清）張坊修，胡元琢、徐儲纂

009964109　3110 1175（17）v.48
[乾隆]續修曲沃縣志
（清）侯長熺修，王安恭纂

009964047　3110 1175（17）v.49
[民國]新修曲沃縣志
鄔漢章修，仇汝功纂

009964025　3110 1175（17）v.49
[光緒]續修曲沃縣志
（清）張鴻逵、茅丕烈修，韓子泰纂

009963850　3110 1175（17）v.50
[民國]襄陵縣新志
李世祐修，劉師亮纂

009963989　3110 1175（17）v.50
[乾隆]蒲縣志
（清）巫慧修，王居正纂

009963989　3110 1175（17）v.50
[光緒]蒲縣續志
（清）托克托歡修，曹和鈞、羅良柱纂

009963248　3110 1175（17）v.51
[民國]洪洞縣水利志補
孫奂崙撰

009963219　3110 1175（17）v.51
[民國]洪洞縣志
孫奂崙、賀椿壽修，韓坰纂

009963163　3110 1175（17）v.52
[道光]趙城縣志
（清）楊延亮纂修

009963143　3110 1175（17）v.52–53
[道光]太平縣志
（清）李炳彦修，梁棲鸞纂

009963114　3110 1175（17）v.53
[光緒]太平縣志
（清）勞文慶、朱光綬修，婁道南纂

009963036　3110 1175（17）v.54
[道光]直隸霍州志
（清）崔允昭修，李培謙纂

009963060　3110 1175（17）v.54
[光緒]續刻直隸霍州志
（清）揚立旭修，白天章纂

009962940　3110 1175（17）v.55
[同治]浮山縣志
（清）慶鍾纂修

009962966　3110 1175（17）v.55
[光緒]浮山縣志
（清）鹿學典等修，武克明等纂

009962861　3110 1175（17）v.56
[民國]浮山縣志
任耀先修，喬本情、張桂書等纂

009962914 3110 1175 (17) v.56
[光緒]解州志
(清)馬丕瑶、魏象乾修,張承熊纂

009959089 3110 1175 (17) v.57
[乾隆]鄉寧縣志
(清)葛清纂修

009959106 3110 1175 (17) v.57
[光緒]續修鄉寧縣志
(清)馮安瀾修,崔鍾淦纂

009959132 3110 1175 (17) v.57
[民國]鄉寧縣志
趙祖抃修,吴庚、趙意空纂

009959153 3110 1175 (17) v.57
[光緒]大寧縣志
(清)崔同紱修,李華棠纂

009959353 3110 1175 (17) v.57
[道光]偏關志
(清)盧承業原本,馬振文增修

009959016 3110 1175 (17) v.58
[乾隆]解州安邑縣運城志
(清)言如泗修,熊名相、吕瀶纂

009958974 3110 1175 (17) v.58
[光緒]安邑縣續志
(清)趙輔堂修,張承熊纂

009958929 3110 1175 (17) v.58
[乾隆]解州安邑縣志
(清)言如泗修,吕瀶、鄭必揚纂

009958825 3110 1175 (17) v.58
[民國]解縣志
徐嘉清修,曲迺鋭纂

009958761 3110 1175 (17) v.59
[光緒]直隸絳州志
(清)李焕揚修,張于鑄纂

009958791 3110 1175 (17) v.59
[民國]新絳縣志
徐昭儉修,揚兆泰纂

009957527 3110 1175 (17) v.60
[乾隆]聞喜縣志
(清)李遵唐纂修

009957604 3110 1175 (17) v.60
[光緒]聞喜縣志補
(清)陳作哲修,楊深秀纂

009957569 3110 1175 (17) v.60
[光緒]聞喜縣志續
(清)陳作哲修,楊深秀纂

009957578 3110 1175 (17) v.60
[光緒]聞喜縣志斠
(清)陳作哲修,楊深秀纂

009957619 3110 1175 (17) v.60
[民國]聞喜縣志
余寶滋修,楊韍田纂

009957099 3110 1175 (17) v.61
[乾隆]絳縣志
(清)拉昌阿修,王本智纂

009957126 3110 1175 (17) v.61
[光緒]絳縣志
(清)胡延纂修

009957051 3110 1175 (17) v.61
[光緒]垣曲縣志
(清)薛元釗修,張于鑄纂

009957245　3110 1175 (17) v.62
[同治]稷山縣志
(清)沈鳳翔修,鄧嘉紳纂

009957227　3110 1175 (17) v.62
[光緒]河津縣志
(清)茅丕熙、楊漢章修,程象濂、韓秉鈞纂

009957258　3110 1175 (17) v.63
[光緒]續修稷山縣志
(清)馬家鼎纂修

009957280　3110 1175 (17) v.63
[康熙]夏縣志
(清)蔣起龍纂修

009957314　3110 1175 (17) v.63
[乾隆]解州夏縣志
(清)言如泗修,李遵唐纂

009957329　3110 1175 (17) v.63
[乾隆]解州芮城縣志
(清)言如泗修,莫溥纂

009957443　3110 1175 (17) v.64
[光緒]平陸縣續志
(清)劉鴻逵修,沈承恩纂

009957371　3110 1175 (17) v.64
[民國]芮城縣志
牛照藻修,蕭光漢纂

009957410　3110 1175 (17) v.64
[乾隆]解州平陸縣志
(清)言如泗、韓夔典修,杜若拙、荆如棠纂

009956968　3110 1175 (17) v.65
[光緒]夏縣志
(清)黄縉榮、萬啓鈞修,張承熊纂

009957007　3110 1175 (17) v.65
[民國]臨晉縣志
俞家驥、許鑑觀修,趙意空、于廷梁纂

009956984　3110 1175 (17) v.65
[乾隆]臨晉縣志
(清)王正茂纂修

009956992　3110 1175 (17) v.65
[光緒]續修臨晉縣志
(清)艾紹濂、吴曾榮修,姚東濟纂

009956954　3110 1175 (17) v.66
[乾隆]蒲州府志
(清)周景柱纂修

009956941　3110 1175 (17) v.67
[光緒]永濟縣志
(清)李榮和、劉鍾麟修,張元懋纂

009956892　3110 1175 (17) v.68
[光緒]虞鄉縣志
(清)崔鑄善修,陳鼎隆、全謀慥纂

009956901　3110 1175 (17) v.68
[民國]虞鄉縣新志
徐貫之、周振聲修,李無逸等纂

009956873　3110 1175 (17) v.69
[乾隆]榮河縣志
(清)楊令琢纂修

009956873　3110 1175 (17) v.69
[民國]榮河縣志
張柳星、范茂松修,郭廷瑞纂

009956857　3110 1175 (17) v.70
[光緒]續猗氏縣志
(清)徐浩修,潘夢龍纂

009956847 3110 1175 (17) v.70
[同治]續猗氏縣志
(清)周之楨修,崔曾頤纂

009956463 3110 1175 (17) v.70
[民國]萬泉縣志
何桑、程瑶階修,馮文瑞、王景命纂

009956835 3110 1175 (17) v.70
[雍正]猗氏縣志
(清)潘鉞修,吴啓元、高紹烈纂;宋之樹續修,何世勳等續纂

中國地方志集成・天津府縣志輯

《中國地方志集成・天津府縣志輯》,上海書店 2004 年影印出版
(009387621 3110 1175 (18))

009967289 3110 1175 (18) v.1-2
[光緒]重修天津府志
(清)沈家本、榮銓修,徐宗亮、蔡啓盛纂

009972241 3110 1175 (18) v.3
[民國]天津縣新志
王守恂、高凌雯纂修

009972332 3110 1175 (18) v.4
[乾隆]寶坻縣志
(清)洪肇楙修,察寅斗纂

009972291 3110 1175 (18) v.4
[民國]薊縣志
徐葆瑩修,仇錫廷纂

009972457 3110 1175 (18) v.5
[民國]静海縣志
白鳳文修,高毓浵纂

009972390 3110 1175 (18) v.5
[康熙]静海縣志
(清)閻甲胤修,馬方伸纂

009972523 3110 1175 (18) v.6
[光緒]武清縣志
(清)蔡壽臻修,錢錫采纂

009972579 3110 1175 (18) v.6
[光緒]寧河縣志
(清)丁符九修,談松林纂

中國地方志集成・貴州府縣志輯

《中國地方志集成・貴州府縣志輯》,巴蜀書社 2006 年影印出版
(009882615 3110 1175 (19))

010102896 3110 1175 (19) v.1
[嘉靖]貴州通志十二卷
(明)謝東山修,張道纂

010102934 3110 1175 (19) v.1
[宣統]貴州地理志八卷
(清)佚名撰

010102995 3110 1175 (19) v.1
[嘉慶]黔史四卷
(清)猶法賢撰

010102828　3110 1175（19）v. 1
[弘治]貴州圖經新志十七卷
（明）沈庠修，趙瓚纂

010103107　3110 1175（19）v. 2–3
[萬曆]黔記六十卷
（明）郭子章撰

010103134　3110 1175（19）v. 3
[康熙]黔書二卷
（清）田雯撰

010103163　3110 1175（19）v. 3
[嘉慶]續黔書八卷
（清）張澍撰

010103412　3110 1175（19）v. 4–5
[乾隆]貴州通志四十六卷首一卷
（清）鄂爾泰等修，靖道謨、杜詮纂

010103429　3110 1175（19）v. 5
[乾隆]黔南識略三十二卷
（清）愛必達、張鳳孫修撰

010103440　3110 1175（19）v. 5
[嘉慶]黔記四卷
（清）李宗昉撰

010103480　3110 1175（19）v. 6–11
[民國]貴州通志一百七十卷首一卷
劉顯世、谷正倫修，任可澄、楊恩元纂

010103492　3110 1175（19）v. 11
[民國]今日之貴州
京滇公路周覽會貴州分會宣傳部編

010103535　3110 1175（19）v. 12–14
[道光]貴陽府志十卷
（清）周作楫修，蕭琯等纂

010103602　3110 1175（19）v. 14
[光緒]普安直隸廳志二十二卷
（清）曹昌祺修，覃夢榕、李燕頤纂

010103643　3110 1175（19）v. 14
[民國]水城縣志草稿存二卷
趙瑞遠纂

010103827　3110 1175（19）v. 15
[光緒]水城廳採訪册十卷
（清）陳昌言纂修

010103863　3110 1175（19）v. 15
[民國]羊場分縣訪册
黄華清採輯

010103802　3110 1175（19）v. 15
[乾隆]普安州志二十六卷
（清）王粤麟修，曹維祺、曹達纂

010103778　3110 1175（19）v. 15
[嘉靖]普安州志十卷
（明）高廷愉纂修

010103909　3110 1175（19）v. 15
[民國]郎岱縣訪稿
葛詠谷等採訪

010103936　3110 1175（19）v. 15
[康熙]思州府志八卷
（清）蔣深纂

010104044　3110 1175（19）v. 16
[民國]岑鞏縣志十五卷
蔡仁輝纂修

010104072　3110 1175（19）v. 16
[民國]思縣志稿十卷
楊焜修，涂芳藩纂

010104100 3110 1175 (19) v. 16
[民國]爐山物産志稿四卷
毋伯平纂

010104005 3110 1175 (19) v. 16
[乾隆]鎮遠府志二十八卷
(清)蔡宗建修,龔傳坤等纂

010104122 3110 1175 (19) v. 17-18
[光緒]黎平府志八卷首一卷
(清)俞渭修,陳瑜纂

010104436 3110 1175 (19) v. 18
[民國]麻江縣志二十四卷
拓澤忠、周恭壽修,熊繼飛等纂

010104631 3110 1175 (19) v. 18
古州雜記一卷
(清)林溥撰

010104646 3110 1175 (19) v. 18
[民國]榕江縣鄉土教材
李紹良纂

010104909 3110 1175 (19) v. 19
[同治]苗疆聞見録不分卷
(清)徐家幹撰

010104656 3110 1175 (19) v. 19
[乾隆]開泰縣志四卷
(清)郝大成修,王師泰等纂

010104709 3110 1175 (19) v. 19
[光緒]古州廳志十卷首一卷
(清)余澤春修,余嵩慶等纂

010104675 3110 1175 (19) v. 19
[民國]八寨縣志稿三十卷
郭輔相修,王世鑫等纂

010104776 3110 1175 (19) v. 19
[民國]施秉縣志二卷
朱嗣元修,錢光國等纂

010106915 3110 1175 (19) v. 20
[民國]三合縣志略四十四卷
胡翯修纂

010106893 3110 1175 (19) v. 20
[嘉慶]黄平州志十二卷首一卷
(清)李臺修,王孚鏞纂

010107036 3110 1175 (19) v. 20
[民國]臺拱縣文獻紀要
丁尚固修,劉增禮纂

010107426 3110 1175 (19) v. 21-22
[民國]黄平縣志二十五卷
陳紹令等修,李承棟纂

010107634 3110 1175 (19) v. 22
[乾隆]清江志八卷
(清)胡章纂修

010107493 3110 1175 (19) v. 22
[康熙]天柱縣志二卷
(清)王復宗纂修

010107532 3110 1175 (19) v. 22
[光緒]續修天柱縣志八卷首一卷
(清)林佩綸等修,楊樹琪等纂

010107589 3110 1175 (19) v. 22
[民國]天柱縣五區團防志不分卷
劉中焕等修,張德培編輯

010107790 3110 1175 (19) v. 22
[康熙]清浪衛志略
(清)朱黼纂修

010107891　3110 1175（19）v. 22
［民國］都匀府親轄道里册不分卷
佚名纂輯

010107677　3110 1175（19）v. 22
［民國］劍河縣志十二卷存六卷首一卷
阮略纂修

010107955　3110 1175（19）v. 23
［民國］都匀縣志稿二十一卷首一卷
竇全曾修，陳矩纂

010108646　3110 1175（19）v. 23
［民國］獨山縣志文徵志二卷
佚名輯

010108435　3110 1175（19）v. 23
［民國］獨山縣志二十八卷
王華裔修，合幹群等纂

010108714　3110 1175（19）v. 24
［乾隆］獨山州志十卷
（清）劉岱修，艾茂、謝庭薰纂

010108742　3110 1175（19）v. 24
［咸豐］荔波縣志稿未分卷
（清）鄭珍撰

010108769　3110 1175（19）v. 24
［光緒］荔波縣志三十卷
（清）蘇忠廷修，李肇同、董成烈纂

010108874　3110 1175（19）v. 24
［嘉慶］桑梓述聞十卷
（清）傅玉書撰

010109082　3110 1175（19）v. 25
［民國］惠水縣鄉土教材調查報告二章
張少微等撰

010108917　3110 1175（19）v. 25
［民國］甕安縣志二十一卷缺第十八卷
李退谷修，朱勛纂

010108942　3110 1175（19）v. 25
［民國］荔波縣志資料稿
佚名纂輯，潘一志重編

010109096　3110 1175（19）v. 26
［光緒］平越直隸州志四十卷
（清）瞿鴻錫修，賀緒藩纂

010111003　3110 1175（19）v. 27
［道光］廣順州志十二卷末一卷
（清）金臺修，但明倫纂

010110965　3110 1175（19）v. 27
［民國］定番縣鄉土教材調查報告十三章
吴澤霖撰

010111064　3110 1175（19）v. 27
［民國］册亨縣鄉土志略九章
羅駿超纂修

010109131　3110 1175（19）v. 27
［民國］貴定縣志稿不分卷
貴定縣採訪處纂

010111040　3110 1175（19）v. 27
［乾隆］南籠府志八卷首一卷末一卷
（清）李其昌纂修

010109160　3110 1175（19）v. 27
［康熙］定番州志二十一卷
（清）年法堯修，夏文炳纂

010111167　3110 1175（19）v. 28–29
［咸豐］興義府志七十四卷首一卷
（清）張鍈修，鄒漢勛、朱逢甲纂

010111274 3110 1175 (19) v. 29
[民國]普安縣志十八卷
楊學溥修,田昌雯纂

010111239 3110 1175 (19) v. 29
[光緒]興義府志續編二卷
(清)余厚墉輯

010111410 3110 1175 (19) v. 30
[光緒]安南縣鄉土志三編
(清)易輔上編輯

010111349 3110 1175 (19) v. 30
[雍正]安南縣志四卷
(清)何天衢修,郭士信等纂

010111303 3110 1175 (19) v. 30
[民國]興義縣志十四章
盧傑創修,蔣芷澤等纂

010122260 3110 1175 (19) v. 31
[民國]興仁縣補志十五卷
葛天乙修,霍録勤等纂

010122453 3110 1175 (19) v. 31
[民國]興仁縣採訪録六卷
王敬彝纂修

010122489 3110 1175 (19) v. 31
[民國]晴隆縣志六章
耿修業修,錢開先等纂

010117868 3110 1175 (19) v. 31
[民國]興仁縣志二十二卷首一卷
冉晸修,張俊穎纂

010122516 3110 1175 (19) v. 32-33
[道光]遵義府志四十八卷首一卷
(清)平翰等修,鄭珍、莫友芝纂

010122576 3110 1175 (19) v. 33
[光緒]都濡備乘二卷
(清)楊宗瀛纂輯

010122595 3110 1175 (19) v. 33
[康熙]湄潭縣志
(清)楊玉柱纂修

010122553 3110 1175 (19) v. 33
[光緒]餘慶縣志
(清)湯鑒盤增補

010122623 3110 1175 (19) v. 34-35
[民國]續遵義府志三十五卷
周恭壽修,趙愷、楊恩元纂

010122779 3110 1175 (19) v. 36
[民國]遵義新志十一章
張奇昀主編

010122817 3110 1175 (19) v. 36
[乾隆]綏陽志八卷
(清)陳世盛修,傅維澍等纂

010122865 3110 1175 (19) v. 36
[民國]綏陽縣志八卷附録一卷
胡仁修,李培枝纂

010122926 3110 1175 (19) v. 36
[民國]清鎮縣志稿十二卷
方中等修,龍在深、楊永燾等纂

010123833 3110 1175 (19) v. 36
[民國]關嶺縣志訪册八卷
陳鍾華纂輯

010123868 3110 1175 (19) v. 37
[民國]桐梓縣志四十九卷
李世祚修,猶海龍等纂

010123888　3110 1175（19）v.37
[民國]桐梓縣概況八章
孔福民編修

010123949　3110 1175（19）v.37
[民國]紫雲縣社會調查九章
劉國璋等編

010126536　3110 1175（19）v.38
[民國]修文縣志稿存八卷
陳嘉言修，陳矩、孫鸞纂

010126563　3110 1175（19）v.38
[康熙]龍泉縣志草不分卷
（清）張其文纂修

010123982　3110 1175（19）v.38
[嘉慶]仁懷縣草志不分卷
（清）禹坡纂輯

010124049　3110 1175（19）v.38
[光緒]增修仁懷廳志八卷首一卷
（清）崇俊修，王椿纂，王培森校補

010124116　3110 1175（19）v.38
[民國]開陽縣志稿十三章首末各一章
解幼瑩修，鍾景賢撰

010127227　3110 1175（19）v.39
[道光]仁懷直隸廳志二十卷
（清）陳熙晉纂修

010127283　3110 1175（19）v.39
[光緒]湄潭縣志八卷
（清）吴宗周修，歐陽曙纂

010127336　3110 1175（19）v.39
[民國]婺川縣備志存十一卷
婺川縣修治局圖書館彙輯

010127442　3110 1175（19）v.40
[嘉慶]正安州志四卷
（清）趙宜霖修，游玉堂纂

010127473　3110 1175（19）v.40
[咸豐]正安新志四卷
（清）朱百古等纂修

010127734　3110 1175（19）v.40
[光緒]續修正安州志十卷
（清）彭焯修，楊德明等纂

010127773　3110 1175（19）v.40
[道光]永寧州志十二卷首一卷
（清）黄培杰纂修

010128952　3110 1175（19）v.40
[咸豐]永寧州志補遺五卷
（清）修武謨補輯

010129005　3110 1175（19）v.41–42
[咸豐]安順府志五十四卷首一卷
（清）常恩修，鄒漢勳、吴寅邦纂

010129107　3110 1175（19）v.42
[民國]續修安順府志四十卷
黄元操、任可澄等纂輯

010132064　3110 1175（19）v.43
[嘉靖]思南府志八卷
（明）洪价修，鍾添纂，田秋删補

010131950　3110 1175（19）v.43
[民國]息烽縣志三十八卷
王佐、樊昌緒修，顧樅纂

010132370　3110 1175（19）v.43
[民國]思南縣志稿十卷
馬震昆修，陳文燾主纂

010132672 3110 1175 (19) v.44
[光緒]鎮寧州志八卷
(清)李昶元、彭鈺等修纂

010132397 3110 1175 (19) v.44
[道光]安平縣志十卷
(清)劉祖憲修,何思貴等纂

010133228 3110 1175 (19) v.44
[民國]鎮寧縣志四卷首一卷
胡翯修,饒燮乾等纂

010133275 3110 1175 (19) v.45
[民國]沿河縣志十八卷
楊化育修,覃夢松纂

010133244 3110 1175 (19) v.45
[民國]平壩縣志十六卷
江鍾岷修,陳廷棻、陳楷纂

010133263 3110 1175 (19) v.45
[道光]同仁府志十一卷補遺一卷
(清)敬文等修,徐如澍纂

010133388 3110 1175 (19) v.46
[道光]松桃廳志三十二卷
(清)徐鋐修,蕭琯纂

010133371 3110 1175 (19) v.46
[道光]思南府續志十二卷
(清)夏修恕、周作楫修,蕭琯、何廷熙纂

010133702 3110 1175 (19) v.47
[民國]德江縣志三卷
張禮綱修,黎民怡等纂

010133415 3110 1175 (19) v.47
[乾隆]玉屏縣志十卷
(清)趙沁修,田榕纂

010133562 3110 1175 (19) v.47
[民國]玉屏縣概況一卷
夏如賓等撰

010133572 3110 1175 (19) v.47
[民國]玉屏縣志資料二章
李世家纂修

010133596 3110 1175 (19) v.47
[康熙]平溪衛志書不分卷
(清)鄭逢元纂

010133737 3110 1175 (19) v.47
[民國]石阡縣志二十卷首一卷
周國華等修,馮翰先等纂

010133760 3110 1175 (19) v.47
[民國]江口縣志五卷
佚名纂修

010133787 3110 1175 (19) v.48-49
[道光]大定府志六十卷
(清)黄宅中修,鄒漢勳纂

010133988 3110 1175 (19) v.49
[乾隆]畢節縣志八卷
(清)董朱英修,路元升等纂

010134029 3110 1175 (19) v.49
[同治]畢節縣志稿二十卷
(清)王正璽等修,周範纂

010134054 3110 1175 (19) v.49
[乾隆]平遠州志十六卷
(清)李雲龍修,劉再向等纂

010134110 3110 1175 (19) v.50
[乾隆]黔西州志八卷首一卷
(清)馮光宿纂修

010134167　3110 1175（19）v.50
[嘉慶]黔西州志八卷
(清)劉永安修,徐文璧等纂

010134301　3110 1175（19）v.50
[光緒]黔西州續志六卷
(清)白建鋆修,諶焕模、劉德銓纂

010134337　3110 1175（19）v.50
[道光]平遠州志二十卷首一卷
(清)徐豐玉、周溶修,諶厚光撰

010134410　3110 1175（19）v.50
[民國]威寧縣志十八卷
苗勃然、王祖奕纂

中國地方志集成·黑龍江府縣志輯

《中國地方志集成·黑龍江府縣志輯》,鳳凰出版社2006年影印出版
(011378088　3110 1175（20）)

011352734　3110 1175（20）v.1
[民國]雙城縣志
高文垣等修,張鼒銘等纂

011352753　3110 1175（20）v.1
[民國]雙城縣鄉土志
魏紹周修,温廣泰纂

010000024　3110 1175（20）v.1
[宣統]呼蘭府志
(清)黄維翰纂修

011353529　3110 1175（20）v.2
[民國]呼蘭縣志
廖飛鵬修,柯寅纂

011353559　3110 1175（20）v.2
[光緒]阿勒楚喀鄉土志
(清)廖飛鵬編

011353575　3110 1175（20）v.3
[民國]吉林方正縣志
廖楊步墀纂修

011353607　3110 1175（20）v.3
[民國]賓縣縣志
趙汝楳、德壽修,朱衣點纂

011353630　3110 1175（20）v.3
[民國]珠河縣志
孫荃芳修,宋景文纂

011353710　3110 1175（20）v.4
[民國]綏化縣志
常蔭廷修,胡鏡海等纂

011353721　3110 1175（20）v.4
[民國]望奎縣志
嚴兆霖修,張玉書等纂

011353737　3110 1175（20）v.4
[民國]慶城縣志
佚名纂修

011353774　3110 1175（20）v.4
[民國]青岡縣志
兆麟纂修

011353782　3110 1175（20）v.4
[民國]安達縣志
佚名纂

011353796 3110 1175 (20) v.5-6
[民國]寧安縣志
王世選修,梅文昭纂

011353863 3110 1175 (20) v.6
[康熙]寧古塔紀略
(清)吴桭臣纂修

011353852 3110 1175 (20) v.6
[康熙]寧古塔志
(清)方拱乾纂修

011353819 3110 1175 (20) v.6
[民國]安達縣志
高芝秀修,潘鴻威纂

011353833 3110 1175 (20) v.6
[民國]肇州縣志略
張樾纂修

011353982 3110 1175 (20) v.7
[光緒]三姓志
(清)佚名纂修

011353991 3110 1175 (20) v.7
[民國]吉林依蘭縣志
楊步墀纂修

011353998 3110 1175 (20) v.7
[民國]寶清縣志
齊耀珷修,韓大光纂

011354007 3110 1175 (20) v.8
[民國]湯原縣志略
伊雙慶纂修

011354014 3110 1175 (20) v.8
[民國]樺川縣志
鄭士純、朱衣點等纂修

011354064 3110 1175 (20) v.9
[民國]林甸縣志略
伊雙慶纂修

011354079 3110 1175 (20) v.9
[民國]依安縣志
梁巖修,何士舉纂

011354034 3110 1175 (20) v.9
[民國]拜泉縣志
張霖汝修,胡乃新等纂

011354110 3110 1175 (20) v.9
[民國]訥河縣志
崔福坤修,叢紹卿纂

011354130 3110 1175 (20) v.10
[民國]璦琿縣志
孫蓉圖修,徐希廉纂

011354404 3110 1175 (20) v.10
[民國]景星縣狀況
佚名編

011354357 3110 1175 (20) v.10
[民國]嫩江縣志
趙富安纂修

011354382 3110 1175 (20) v.10
[民國]布特哈志略
孟定恭纂

011354345 3110 1175 (20) v.10
[民國]黑龍江通北設治局通志
熊良弼纂修

中國地方志集成·吉林府縣志輯

《中國地方志集成·吉林府縣志輯》,鳳凰出版社 2006 年影印出版
(011378133 3110 1175 (21))

010000012 3110 1175 (21) v.1
[民國]長春縣志
張樹翰、馬仲援修,趙述雲、金毓紱纂

011355420 3110 1175 (21) v.1
[光緒]打牲烏拉鄉土志
(清)打牲烏拉總管衙門纂修

011354482 3110 1175 (21) v.1
[民國]德惠縣鄉土志
石紹廉編

011354499 3110 1175 (21) v.1
[民國]雙陽縣鄉土志
吉人修,吴榮桂、陳永奉纂

011355465 3110 1175 (21) v.2
[民國]延吉縣志
吴録貞修,周維楨纂

011355445 3110 1175 (21) v.2
[民國]農安縣志
鄭士純修,朱衣點纂

011355586 3110 1175 (21) v.3
[民國]琿春縣鄉土志
林珪修,徐宗偉纂

011355718 3110 1175 (21) v.3
[宣統]輝南廳志
(清)薛德履修,張見田、于龍辰纂

011355512 3110 1175 (21) v.3
[民國]磐石縣鄉土志
姚祖訓修,毛祝民纂

011355937 3110 1175 (21) v.4
[民國]安圖縣志
馬空群、陳國鈞等修,孔廣泉、臧文源纂

011355959 3110 1175 (21) v.4
[光緒]柳河縣鄉土志
(清)鄒銘勳、奎斌編

011355961 3110 1175 (21) v.4
[民國]通化縣志
李春雨、李鎮華修,邵芳齡等纂

011355751 3110 1175 (21) v.4
[民國]輝南風土調查録
王瑞之編

011372493 3110 1175 (21) v.5
[民國]臨江縣志
劉維清、張之言修,羅寶書、邱在官纂

011372534 3110 1175 (21) v.5
[民國]臨江縣鄉土志
俞榮慶編

011372443 3110 1175 (21) v.5
[光緒]通化縣鄉土志
(清)佚名編

011373269 3110 1175 (21) v.5
[民國]撫松縣志
張元俊修,車煥文纂

011373280 3110 1175 (21) v.5
[宣統]西安縣志略
(清)雷飛鵬等修,段盛梓等纂

011373295　3110 1175 (21) v.5
[光緒]西安縣鄉土志
(清)孟憲彝、金正元編

011355995　3110 1175 (21) v.6
[光緒]海龍府鄉土志
(清)海龍府勸學所編

011356009　3110 1175 (21) v.6
[民國]海龍縣志
白永貞纂修

011356023　3110 1175 (21) v.6
[民國]海龍縣志
王永恩修,王春鵬纂

011357180　3110 1175 (21) v.7
[宣統]奉天省靖安縣志
(清)朱佩蘭纂修

011357611　3110 1175 (21) v.7
[光緒]靖安縣鄉土志
(清)趙炳南編

011356392　3110 1175 (21) v.7
[光緒]輯安縣鄉土志
(清)吴光國修,于會清纂

011356595　3110 1175 (21) v.7
[民國]雙山縣志
李筠生修,李安仁纂

011357121　3110 1175 (21) v.7
[民國]雙山縣鄉土志
牛爾裕編

011357140　3110 1175 (21) v.7
[光緒]東平縣鄉土志
(清)趙國熙編

011356100　3110 1175 (21) v.7
[民國]輯安縣志
劉天成、蘇顯揚修,張拱垣、于雲峰纂

011358135　3110 1175 (21) v.8
[宣統]遼源州志書
(清)佚名纂

011357759　3110 1175 (21) v.8
[民國]懷德縣志
趙亨萃、李宴春等修,趙晉臣、孫雲章等纂

011358205　3110 1175 (21) v.8
[民國]遼源縣鄉土志
佚名編

011357740　3110 1175 (21) v.8
[宣統]長白彙徵録
(清)張鳳臺等修,劉龍光、王大經纂

011357795　3110 1175 (21) v.8
[光緒]懷德縣鄉土志
(清)孫雲章編

011358731　3110 1175 (21) v.9
[民國]奉天省洮安縣志略
蔣國銓纂修

011358741　3110 1175 (21) v.9
[光緒]開通縣鄉土志
(清)忠林編

011358271　3110 1175 (21) v.9
[光緒]奉化縣志
(清)錢開震修,陳文焯纂

011358386　3110 1175 (21) v.9
[民國]梨樹縣志
佚名纂

011358396　3110 1175（21）v.9
［民國］梨樹縣志
包文峻修，李溶纂；曲廉本續修，范大全續纂

011358350　3110 1175（21）v.9
［光緒］奉化縣鄉土志
（清）陳嘉言編

011358764　3110 1175（21）v.10
［民國］東豐縣志
邢麟章、王瀛傑修，李耦纂

011358801　3110 1175（21）v.10
［宣統］安廣縣鄉土志
（清）佚名編

011358793　3110 1175（21）v.10
［光緒］洮南府鄉土志
（清）孫寶瑨編

011359534　3110 1175（21）v.10
［民國］鎮東縣志
陳占甲修，周渭賢纂

011359552　3110 1175（21）v.10
［光緒］伯都訥鄉土志
（清）伯英纂修

011359573　3110 1175（21）v.10
［民國］扶餘縣志
張其軍纂修

011359526　3110 1175（21）v.10
［民國］大賚縣志
于英蕤纂修

中國地方志集成·遼寧府縣志輯

《中國地方志集成·遼寧府縣志輯》，鳳凰出版社 2006 年影印出版
（010000004　3110 1175（22））

011383734　3110 1175（22）v.1
［宣統］新民府志
（清）管鳳龢纂修

011383745　3110 1175（22）v.1
［民國］新民縣志
王寶善修，張博惠纂

011383776　3110 1175（22）v.1
［民國］遼中縣志
徐維淮修，李植嘉等纂

011383330　3110 1175（22）v.1
［民國］瀋陽縣志十五卷
趙恭寅修，曾有翼等纂

011383303　3110 1175（22）v.1
［宣統］承德縣志書
（清）都林布修，李巨源、徐守常纂；金正元增修，張子瀛、聞鵬齡增纂

011383835　3110 1175（22）v.2
［康熙］遼陽州志
（清）楊鑣修，施鴻纂

011383911　3110 1175（22）v.2-4
［民國］遼陽縣志
裴煥星、王煜斌修，白永貞纂

011384031　3110 1175（22）v.4
［光緒］遼陽鄉土志

(清)洪汝中修,白永貞編

011384169 3110 1175 (22) v.5
[光緒]海城縣志
(清)管鳳龢、陳藝等修,張文藻等纂

011384187 3110 1175 (22) v.5-6
[民國]海城縣志
廷瑞、孫紹宗修,張輔相纂

011384199 3110 1175 (22) v.7
[民國]撫順縣志
張克湘修,周之楨纂

011385434 3110 1175 (22) v.7-8
[民國]海城縣志
陳蔭翹、常守陳修,戚星巖纂

011385472 3110 1175 (22) v.9
[宣統]懷仁縣志
(清)馬俊顯修,劉熙春等纂

011386177 3110 1175 (22) v.9
[民國]桓仁縣志
侯錫爵修,羅明述纂

011386193 3110 1175 (22) v.9
[民國]續修桓仁縣志
常荷禄修,趙國棟纂

011390070 3110 1175 (22) v.10
[宣統]康平縣鄉土志
(清)李紹綱等編

011389988 3110 1175 (22) v.10
[宣統]撫順縣志略
(清)趙宇航、程廷恒修,黎鏡蓉等纂

011390019 3110 1175 (22) v.10
[民國]興京縣志
沈國冕、蘇顯揚修,蘇民等纂

011390035 3110 1175 (22) v.10
[宣統]昌圖府志
(清)洪汝冲纂修

011390043 3110 1175 (22) v.10
[民國]昌圖縣志
程道元修,續文金纂

011390094 3110 1175 (22) v.10
[康熙]鐵嶺縣志
(清)賈弘文修,董國祥纂,李廷榮補輯

011390157 3110 1175 (22) v.11
[民國]鐵嶺縣志
陳藝修,蔣齡益、鄭沛綸纂

011390217 3110 1175 (22) v.11
[民國]鐵嶺縣志
黄世芳、俞榮慶修,陳德懿等纂

011390229 3110 1175 (22) v.11
[民國]鐵嶺縣續志
楊宇齊修,張嗣良纂

011390337 3110 1175 (22) v.12
[萬曆]開原圖説
(清)馮瑗纂

011390370 3110 1175 (22) v.12
[康熙]開原縣志
(清)劉起凡修,周志焕纂

011390386 3110 1175 (22) v.12
[民國]開原縣志
李毅修,王毓琪纂

011390436 3110 1175 (22) v.13
[康熙]蓋平縣志

(清)駱雲纂修

011390460　3110 1175（22）v. 13
[民國]蓋平縣志
石秀峰、辛廣瑞修，王郁雲纂

011390478　3110 1175（22）v. 13
[光緒]蓋平縣鄉土志
(清)張國珍編

011390491　3110 1175（22）v. 13
[民國]蓋平縣鄉土志
章運熺修，崔正峰、郭春藻纂

011390525　3110 1175（22）v. 13
[光緒]盤山廳鄉土志
(清)柴樸編

011390550　3110 1175（22）v. 13
[民國]復縣志略
程廷恒修，張素纂

011390592　3110 1175（22）v. 14
[民國]莊河縣志
廖彭、李紹陽修，宋掄元纂

011390565　3110 1175（22）v. 14
[民國]鳳城縣志
馬龍潭、沈國冕修，蔣齡益纂

011391136　3110 1175（22）v. 15
[宣統]彰武縣志
(清)趙炳燊纂

011391082　3110 1175（22）v. 15
[咸豐]岫巖志略
(清)臺隆阿修，李翰穎纂

011391093　3110 1175（22）v. 15
[民國]岫巖縣志
劉景文、高乃濟修，郝玉璞纂

011391113　3110 1175（22）v. 15
[民國]寬甸縣志略
程廷恒修，陶牧纂

011391150　3110 1175（22）v. 16
[民國]安東縣志
關定保等修，于雲峰等纂

011391191　3110 1175（22）v. 16
[康熙]錦州府志
(清)劉源溥、孫成修，范勳纂

011391227　3110 1175（22）v. 16
[康熙]錦縣志
(清)王奕曾修，范勳等纂

011391256　3110 1175（22）v. 16
[民國]錦縣志略
王文藻修，陳善格、朱顯廷纂

011391289　3110 1175（22）v. 17–21
[民國]義縣志
趙興德等修，薛俊升、王鶴齡等纂

011391550　3110 1175（22）v. 21
[民國]興城縣志
恩麟、王恩士修，楊蔭芳纂

011391492　3110 1175（22）v. 21
[康熙]廣寧縣志
(清)項蕙修，范勳纂

011391502　3110 1175（22）v. 21
[光緒]廣寧縣鄉土志
(清)蕭雨春編

011391533　3110 1175（22）v. 21
[康熙]寧遠州志

(清)馮昌奕修,范勳纂

011391710 3110 1175 (22) v.22
[民國]建平縣志
田萬生修,張滋大纂

011391735 3110 1175 (22) v.22
[民國]錦西縣志
張鑑唐、劉煥文修,郭逵等纂

011391691 3110 1175 (22) v.22
[民國]北鎮縣志
王文璞等修,吕中清纂;楊煥文續修,劉振翩續纂

011391757 3110 1175 (22) v.23
[民國]綏中縣志
文鎰修,范炳勳等纂

011391786 3110 1175 (22) v.23
[民國]朝陽縣志
周鐵錚修,沈鳴詩等纂

011391829 3110 1175 (22) v.23
[乾隆]塔子溝紀略
(清)哈達清格纂

中國地方志集成·河北府縣志輯

《中國地方志集成·河北府縣志輯》,上海書店2006年影印出版
(010287576 3110 1175 (23))

011377983 3110 1175 (23) v.1-2
[乾隆]正定府志
(清)鄭大進纂修

011378044 3110 1175 (23) v.3
[光緒]正定府志
(清)慶之金、賈孝彰修,趙文濂等纂

011378108 3110 1175 (23) v.4
[乾隆]行唐縣新志
(清)吴高增纂修

011378132 3110 1175 (23) v.4
[同治]續修行唐縣新志
(清)崔芩瑞纂修

011378072 3110 1175 (23) v.4
[光緒]獲鹿縣志
(清)俞錫剛修,趙鑅纂

011378280 3110 1175 (23) v.5
[嘉慶]束鹿縣志
(清)李符清修,裴顯相、沈樂善纂

011378317 3110 1175 (23) v.5
[同治]續修束鹿縣志
(清)宋陳壽纂修

011378344 3110 1175 (23) v.5
[民國]晉縣志
孟昭章修,李翰如纂

011378235 3110 1175 (23) v.5
[同治]靈壽縣志
(清)陸隴其原本;劉賡年續纂修

011378561 3110 1175 (23) v.6
[康熙]藁城縣志
(清)賴于宣修,張丙宿纂

011378569　3110 1175（23）v.6
［光緒］藁城縣志續補
（清）朱紹穀修，張毓温纂

011378580　3110 1175（23）v.6
［民國］續修藁城縣志
王炳熙、任傳藻修，于箴等纂

011378613　3110 1175（23）v.6
［光緒］直隸趙州志
（清）孫傳栻修，王景美等纂

011378631　3110 1175（23）v.7
［民國］高邑縣志
張權本修，李湧泉纂

011378650　3110 1175（23）v.7
［雍正］井陘縣志
（清）鍾文英纂修

011378704　3110 1175（23）v.7
［光緒］續修井陘縣志
（清）常善修，趙文濂纂

011378730　3110 1175（23）v.7
［咸豐］深澤縣志
（清）張衍壽修，王肇晉纂

011379261　3110 1175（23）v.8
［乾隆］新樂縣志
（清）麻廷璥纂

011379297　3110 1175（23）v.8
［光緒］重修新樂縣志
（清）雷鶴鳴修，趙文濂纂

011379347　3110 1175（23）v.8
［民國］重修無極縣志
耿之光、王桂照修，王重民等纂

011379375　3110 1175（23）v.9
［乾隆］贊皇縣志
（清）黄岡竹纂修

011379404　3110 1175（23）v.9
［光緒］續修贊皇縣志
（清）史賡雲、周晉堃修，趙萬泰等纂

011379732　3110 1175（23）v.9
［同治］欒城縣志
（清）陳詠修，張惇德纂

011379709　3110 1175（23）v.9
［民國］元氏縣志
王自尊修，李林奎、武儒衡等纂

011380359　3110 1175（23）v.10
［咸豐］平山縣志
（清）王滌心修，郭程先纂

011380377　3110 1175（23）v.10
［光緒］續修平山縣志
（清）郭奇中、唐世禄修，魯述文、畢進纂

011380385　3110 1175（23）v.10
［光緒］平山縣續志
（清）熊壽籛修，周焕章纂

011380403　3110 1175（23）v.10
［民國］宣化縣新志
陳繼曽、陳時雋修，郭維城纂

011380562　3110 1175（23）v.11
［乾隆］宣化府志
（清）王者輔原本；張志奇續修，黄可潤續纂

011380617　3110 1175（23）v.12
［光緒］懷來縣志
（清）朱乃恭修，席之瓚纂

011380578 3110 1175 (23) v. 12
[乾隆]赤城縣志
(清)孟思誼修,張曾炳纂

011380596 3110 1175 (23) v. 12
[同治]赤城縣續志
(清)林牟貽等纂修

011380611 3110 1175 (23) v. 12
[民國]龍關縣志
劉德寬修,何耀慧纂

011380666 3110 1175 (23) v. 13
[光緒]蔚州志
(清)慶之金修,楊篤纂

011380690 3110 1175 (23) v. 13
[民國]張北縣志
陳繼淹修,許聞詩纂

011380709 3110 1175 (23) v. 14
[道光]保安州志
(清)楊桂森纂修

011380729 3110 1175 (23) v. 14
[光緒]保安州續志
(清)尋鑾晉、張毓生纂修

011380886 3110 1175 (23) v. 14
[民國]懷安縣志
景佐綱修,張鏡淵纂

011380913 3110 1175 (23) v. 15
[民國]萬全縣志
路聯逵修,任守恭纂

011380898 3110 1175 (23) v. 15
[民國]陽原縣志
劉志鴻修,李泰棻纂

011381397 3110 1175 (23) v. 15
[民國]隆化縣志
羅則逖修,施畸纂

011381416 3110 1175 (23) v. 16-17
[道光]承德府志
(清)海忠纂修

011381470 3110 1175 (23) v. 18-19
[光緒]永平府志
(清)游智開修,史夢蘭纂

011381625 3110 1175 (23) v. 20
[民國]昌黎縣志
金良驥、汪鴻孫修,張念祖、張錫恩纂;安慶雲續修,田如綉續纂;陶宗奇再續修,張鵬翱再續纂

011381653 3110 1175 (23) v. 20
[民國]盧龍縣志
董天華修,胡應麟纂

011381592 3110 1175 (23) v. 20
[民國]遷安縣志
滕紹周修,王維賢纂

011381882 3110 1175 (23) v. 21
[康熙]玉田縣志
(清)王光謨修,胡維翰纂

011381926 3110 1175 (23) v. 21
[光緒]玉田縣志
(清)夏子鎏修,李昌時纂;丁維續纂

011381959 3110 1175 (23) v. 21
[民國]臨榆縣志
仵墉、高凌霨修,程敏侯等纂

011382120 3110 1175 (23) v. 22
[康熙]遵化州志
(清)鄭僑昇修,葉向昇等纂

011382142　3110 1175（23）v. 22
[光緒]遵化通志
（清）何崧泰修，史樸等纂

011382573　3110 1175（23）v. 23
[光緒]樂亭縣志
（清）蔡志修等修，史夢蘭纂

011382608　3110 1175（23）v. 23
[民國]安次縣志
劉鍾英、馬鍾琇等纂修

011382170　3110 1175（23）v. 23
[光緒]撫寧縣志
（清）張上龢修，史夢蘭纂

011382629　3110 1175（23）v. 24
[民國]灤縣志
袁棻修，張鳳翔、劉祖培纂

011382709　3110 1175（23）v. 25
[康熙]豐潤縣志
（清）羅景泐修，曹鼎望纂

011382723　3110 1175（23）v. 25
[光緒]豐潤縣志
（清）郝增祜等纂修，周晉堃續纂修

011382808　3110 1175（23）v. 26
[康熙]霸州志
（清）朱廷梅修，孫振宗纂

011382839　3110 1175（23）v. 26
[民國]霸縣新志
張仁蠡、劉延昌修，劉崇本、崔汝襄纂

011382773　3110 1175（23）v. 26
[民國]涿縣志
宋大章、馮舜生修，周存培、張星樓纂

011383153　3110 1175（23）v. 27
[乾隆]永清縣志
（清）周震榮修，章學誠纂

011383166　3110 1175（23）v. 27
[光緒]續永清縣志
（清）李秉鈞、吴欽修，魏邦翰纂

011383136　3110 1175（23）v. 27
[民國]香河縣志
王葆安修，馬文焕、陳式諶纂

011383184　3110 1175（23）v. 28
[民國]固安縣志
錢仲仁修，王尚義等纂

011383211　3110 1175（23）v. 28
[光緒]大城縣志
（清）趙炳文、徐國楨修，劉鍾英、鄧毓怡纂

011383274　3110 1175（23）v. 29
[民國]清苑縣志
金良驥、劉雲亭修，姚壽昌纂

011383230　3110 1175（23）v. 29
[民國]文安縣志
陳楨修，李蘭增、陳德沛纂

011383318　3110 1175（23）v. 30-31
[光緒]保定府志
（清）李培祜、朱靖旬修，張豫塏等纂

011383343　3110 1175（23）v. 32
[光緒]淶水縣志
（清）陳杰等纂修

011383358　3110 1175（23）v. 32
[光緒]定興縣志
（清）張主敬等修，楊晨纂

011383375 3110 1175 (23) v. 33
[康熙]三河縣志
(清)陳伯嘉纂修

011383702 3110 1175 (23) v. 33
[民國]三河縣新志
曹楨、蘇士俊修,吴寶銘、韓琛等纂

011383713 3110 1175 (23) v. 33
[民國]容城縣志
王蓮堂修,白葆端纂

011383833 3110 1175 (23) v. 34
[乾隆]新安縣志
(清)高景原本;孫孝芬增修,張鱗甲增纂

011383791 3110 1175 (23) v. 34
[道光]安州志
(清)彭定澤修,俞湘纂

011383991 3110 1175 (23) v. 35
[民國]定縣志
何其章、吕復修,賈恩紱纂

011383904 3110 1175 (23) v. 35
[光緒]蠡縣志
(清)韓志超、何雲誥修,張瑲、王其衡等纂

011383935 3110 1175 (23) v. 35
[乾隆]博野縣志
(清)吴鏊、朱基修,尹啓銓纂

011384174 3110 1175 (23) v. 36
[光緒]廣昌縣志
(清)劉榮纂修

011384155 3110 1175 (23) v. 36
[光緒]唐縣志
(清)陳詠修,張惇德纂

011384026 3110 1175 (23) v. 36
[同治]阜平縣志
(清)勞輔芝修,張錫三纂

011384192 3110 1175 (23) v. 37
[乾隆]直隸易州志
(清)楊芊纂修;張登高續纂修

011384207 3110 1175 (23) v. 37
[民國]新城縣志
張雨蒼等修,王樹枏等纂

011384242 3110 1175 (23) v. 38
[民國]雄縣志
秦廷秀、褚保熙修,劉崇本纂

011384255 3110 1175 (23) v. 38
[民國]徐水縣志
劉延昌修,劉鴻書纂

011384272 3110 1175 (23) v. 38
[民國]高陽縣志
李大本修,李曉泠等纂

011385019 3110 1175 (23) v. 39
[光緒]重修曲陽縣志
(清)周斯億、温亮珠修,董濤纂

011384607 3110 1175 (23) v. 39
[乾隆]祁州志
(清)王以桂、王楷修,張萬銓、刁錦纂

011385013 3110 1175 (23) v. 39
[光緒]祁州續志
(清)趙秉恒等修,劉學海等纂

011385199 3110 1175 (23) v. 40
[民國]完縣新志
彭作楨修,劉玉田等纂

011385182　3110 1175 (23) v.40
[民國]望都縣志
王德乾修，崔蓮峰纂

011385224　3110 1175 (23) v.40
[民國]滿城縣志略
陳寶生修，楊式震、陳昌源纂

011385466　3110 1175 (23) v.41
[乾隆]河間府新志
(清)杜甲、周嘉露修，黄文蓮、胡天游纂

011385496　3110 1175 (23) v.41
[乾隆]河間縣志
(清)吴山鳳修，黄文蓮、梁志恪纂

011385509　3110 1175 (23) v.42
[民國]滄縣志
張鳳瑞、徐國桓修，張坪纂

011385521　3110 1175 (23) v.43
[康熙]鹽山縣志
(清)朱鸞鶱修，錢國壽纂

011385535　3110 1175 (23) v.43
[民國]鹽山新志
賈恩紱纂

011385548　3110 1175 (23) v.43
[乾隆]肅寧縣志
(清)尹侃、范森修，談有典纂

011385618　3110 1175 (23) v.44
[光緒]吴橋縣志
(清)倪昌燮修，馮慶楊纂

011385681　3110 1175 (23) v.44
[乾隆]衡水縣志
(清)陶淑纂修

011385593　3110 1175 (23) v.44
[康熙]吴橋縣志
(清)任先覺修，楊萃纂

011385706　3110 1175 (23) v.45
[光緒]東光縣志
(清)周植瀛修，吴潯源纂

011385797　3110 1175 (23) v.45
[民國]交河縣志
高步青、王恩沛修，苗毓芳、蘇彩河纂

011385826　3110 1175 (23) v.46
[康熙]青縣志
(清)楊霞修，姚景圖纂

011386104　3110 1175 (23) v.46
[民國]青縣志
萬震肖修，高遵章、姚維錦纂

011386114　3110 1175 (23) v.46
[雍正]阜城縣志
(清)陸福宜修，多時珍纂

011386127　3110 1175 (23) v.47
[民國]南皮縣志
王德乾、尹銘績修，劉樹鑫纂

011386146　3110 1175 (23) v.47
[乾隆]饒陽縣志
(清)單作哲纂修

011386185　3110 1175 (23) v.48
[乾隆]任邱縣志
(清)劉統修，劉炳、王應鯨纂

011386211　3110 1175 (23) v.48
[道光]任邱縣志續編
(清)鮑承濤修，瞿光縉、邊士圻纂

011386497 3110 1175 (23) v.49
[康熙]獻縣志
(清)劉徵廉修,鄭大綱纂

011386515 3110 1175 (23) v.49
[民國]獻縣志
薛鳳鳴修,張鼎彝纂

011386548 3110 1175 (23) v.50
[民國]景縣志
耿兆棟、董大年修,張汝漪纂

011386698 3110 1175 (23) v.51
[康熙]安平縣志
(清)陳宗石纂修

011386633 3110 1175 (23) v.51
[嘉慶]棗強縣志
(清)任銜蕙修,楊元錫纂

011386669 3110 1175 (23) v.51
棗強縣志補正
(清)方宗誠纂修

011386751 3110 1175 (23) v.52
[同治]深州風土記
(清)吴汝綸纂

011386763 3110 1175 (23) v.52
[道光]武強縣志重修
(清)翟慎行修,翟慎典纂

011386858 3110 1175 (23) v.53
[雍正]魏縣志
(清)馬襄修,劉翔儀纂

011386839 3110 1175 (23) v.53
[民國]冀縣志
王樹枏纂修

011386804 3110 1175 (23) v.53
[同治]武邑縣志
(清)彭美修,龍文彬纂

011386877 3110 1175 (23) v.54
[雍正]故城縣志
(清)蔡維義修,秦永清等纂

011386975 3110 1175 (23) v.54
[光緒]續修故城縣志
(清)丁燦修,王堉德纂;張煐續修,范翰文續纂

011386991 3110 1175 (23) v.55-56
[光緒]廣平府志
(清)吴中彦修,胡景桂纂

011387015 3110 1175 (23) v.56
[民國]廣平縣志
韓作舟纂修

011387063 3110 1175 (23) v.57-58
[咸豐]大名府志
(清)朱瑛等纂修;武蔚文續修,郭程先續纂;高繼珩增補

011387105 3110 1175 (23) v.59
[民國]大名縣志
張昭芹、程廷恒等修,范鑑古、洪家禄等纂

011387121 3110 1175 (23) v.60
[康熙]元城縣志
(清)陳偉等纂修

011387139 3110 1175 (23) v.60
[同治]續修元城縣志
(清)吴大鏞修,王仲甡纂

011387159　3110 1175 (23) v.60
[民國]邯鄲縣志
楊肇基修,李世昌纂

011387248　3110 1175 (23) v.61
[順治]曲周縣志
(清)李時茂修,趙永吉纂

011387258　3110 1175 (23) v.61
[同治]曲周縣志
(清)存禄修,劉自立纂

011387174　3110 1175 (23) v.61
[光緒]永年縣志
(清)夏詒鈺纂修

011387275　3110 1175 (23) v.62
[雍正]館陶縣志
(清)趙知希纂修;張興宗增修

011387290　3110 1175 (23) v.62
[民國]續修館陶縣志
王華安、丁世恭修,劉清如纂

011387317　3110 1175 (23) v.62
[嘉慶]涉縣志
(清)戚學標纂修

011387353　3110 1175 (23) v.63
[民國]成安縣志
張應麟修,張永和纂

011387441　3110 1175 (23) v.63
[民國]邱縣志
薛儒華修,趙又揚纂

011387459　3110 1175 (23) v.64
[民國]雞澤縣志
李澤遠修,劉國昌纂

011387538　3110 1175 (23) v.64
[民國]武安縣志
杜濟美修,郄濟川纂

011387588　3110 1175 (23) v.65
[光緒]臨漳縣志
(清)周秉彝修,周壽梓、李燿中纂

011387560　3110 1175 (23) v.65
[民國]肥鄉縣志
張仁侃等修,李國鐸等纂,安亮清訂正

011388939　3110 1175 (23) v.66
[民國]磁縣縣志
黄希文等纂修

011388955　3110 1175 (23) v.66
[民國]邢臺縣志
張棟修,薛椿齡纂

011390406　3110 1175 (23) v.66
[民國]西豐縣志
蕭德潤修,張思書纂;曹肇元補修,希廉等補纂

011388978　3110 1175 (23) v.66
[民國]寧晋縣志
蘇毓琦、伊承熙修,張震科纂

011389004　3110 1175 (23) v.67
[乾隆]順德府志
(清)徐景曾纂修

011389044　3110 1175 (23) v.67
[民國]柏鄉縣志
牛寶善修,魏永弼纂

011389069　3110 1175 (23) v.68
[乾隆]隆平縣志
(清)袁文焕纂修

011389178 3110 1175 (23) v.68
[民國]任縣志
王億年續修,劉書旂續纂

011389139 3110 1175 (23) v.68
[光緒]唐山縣志
(清)蘇玉修,杜霱、李飛鳴纂

011389196 3110 1175 (23) v.69
[民國]南宮縣志
黄容惠修,賈恩紱纂

011389280 3110 1175 (23) v.69
[光緒]鉅鹿縣志
(清)凌燮修,赫慎修、夏應麟纂

011389350 3110 1175 (23) v.70
[民國]威縣志
崔正春修,尚希賓纂

011389296 3110 1175 (23) v.70
[民國]沙河縣志
林清揚修,王延升纂

011389412 3110 1175 (23) v.71
[康熙]臨城縣志
(清)楊寬修,喬已百纂

011389437 3110 1175 (23) v.71
[道光]内邱縣志
(清)汪匡鼎原本;施彦士續纂修

011389448 3110 1175 (23) v.71
[民國]新河縣志
傅振倫纂

011389477 3110 1175 (23) v.72
[同治]平鄉縣志
(清)蘇性纂修

011389462 3110 1175 (23) v.72
[民國]清河縣志
張福謙修,趙鼎銘纂

011389522 3110 1175 (23) v.73
[康熙]南和縣志
(清)章兆蕙修,周鐈纂

011389563 3110 1175 (23) v.73
[光緒]南和縣志
(清)王立勳修,李清芝等纂

011389486 3110 1175 (23) v.73
[民國]廣宗縣志
姜檻榮、祁卓如修,韓敏修纂

中國地方志集成·甘肅府縣志輯

《中國地方志集成·甘肅府縣志輯》,鳳凰出版社2008年影印出版
(011878183 3110 1175 (24))

012075630 3110 1175 (24) v.1
[康熙]蘭州志
(清)劉斗修,陳如稷纂

012075649 3110 1175 (24) v.1
[道光]蘭州府志
(清)陳士楨修,涂鴻儀纂

012075682 3110 1175 (24) v.2
[康熙]臨洮府志
(清)高錫爵修,郭巍纂

012075702　3110 1175 (24) v.2
[康熙]鞏昌府志
(清)楊恩原本,紀元續修

012075754　3110 1175 (24) v.3
[乾隆]皋蘭縣志
(清)吴鼎新修,黄建中纂

012075777　3110 1175 (24) v.3-5
[光緒]重修皋蘭縣志
(清)張國常纂修

012075787　3110 1175 (24) v.5
[乾隆]平番縣志
(清)張玿美修,曾鈞纂

012075815　3110 1175 (24) v.6
[萬曆]莊浪彙紀
(明)王之采纂

012075807　3110 1175 (24) v.6
[道光]金縣志
(清)恩福修,冒蕖纂

012075798　3110 1175 (24) v.6
[康熙]金縣志
(清)耿喻修,郭殿邦纂

012075946　3110 1175 (24) v.7
[康熙]安定縣志
(清)張爾介纂修

012075931　3110 1175 (24) v.7
[乾隆]隴西縣志
(清)魯廷琰修,田吕葉纂

012075936　3110 1175 (24) v.7
[光緒]隴西縣志
(清)馬如鑑、劉文炳纂修

012076002　3110 1175 (24) v.8
[光緒]隴西分縣武陽志
(清)周裕杬修,楊學震纂

012075967　3110 1175 (24) v.8
[道光]會寧縣志
(清)畢光堯纂修

012075982　3110 1175 (24) v.8
[道光]續修會寧縣志
(清)徐敬修,周西範纂

012075989　3110 1175 (24) v.8
[光緒]會寧縣鄉土志
(清)佚名編

012076052　3110 1175 (24) v.9
[乾隆]正寧縣志
(清)折遇蘭纂修

012076031　3110 1175 (24) v.9
[乾隆]通渭縣志
(清)何大璋修,張志達纂

012076043　3110 1175 (24) v.9
[光緒]重修通渭縣新志
(清)高蔚霞修,苟廷誠纂

012076072　3110 1175 (24) v.9
[乾隆]直隸階州志
(清)林忠纂;毛琪麟補輯;葛時政重訂

012076107　3110 1175 (24) v.10
[嘉慶]武階備志
(清)吴鵬翱纂修

012076169　3110 1175 (24) v.10
[光緒]階州直隸州續志
(清)葉恩沛修,吕震南纂

012076212 3110 1175 (24) v. 11-12
[乾隆]狄道州志
(清)呼延華國修,吴鎮纂

012076229 3110 1175 (24) v. 12
[宣統]狄道州續志
(清)聯瑛修,李鏡清纂

012076343 3110 1175 (24) v. 13
[嘉靖]平涼府志
(明)趙時春纂修

012076750 3110 1175 (24) v. 13
[民國]平涼縣志
劉興沛修,鄭濬、朱離明纂

012076754 3110 1175 (24) v. 13
[康熙]渭源縣志
(清)張弘斌、張淑孔纂修

012076760 3110 1175 (24) v. 14
[民國]創修渭源縣志
陳鴻寶纂修

012077893 3110 1175 (24) v. 15
[康熙]重纂靖遠衛志
(清)馬文麟等修,李一鵬等纂

012078250 3110 1175 (24) v. 15
[乾隆]續增靖遠縣志
(清)那禮善修,李林等纂

012077872 3110 1175 (24) v. 15
[乾隆]環縣志
(清)高觀鯉纂修

012078256 3110 1175 (24) v. 15-16
[道光]靖遠縣志
(清)陳之驥修,尹世阿纂

012078271 3110 1175 (24) v. 16
[光緒]打拉池縣丞志
(清)廖丙文修,陳希魁等纂

012078301 3110 1175 (24) v. 17
[乾隆]静寧州志
(清)王烜纂修

012078311 3110 1175 (24) v. 18
[康熙]莊浪縣志
(清)王鐘鳴修,盧必培纂

012078322 3110 1175 (24) v. 18
[乾隆]莊浪縣志略
(清)邵陸原本;耿光文增補

012078330 3110 1175 (24) v. 19-20
[民國]重修靈臺縣志
高維岳、張東野修,王朝俊等纂

012078348 3110 1175 (24) v. 20
[乾隆]涇州志
(清)張延福修,李瑾纂

012078352 3110 1175 (24) v. 20
[宣統]涇州採訪新志
(清)楊丙榮纂

012078413 3110 1175 (24) v. 20
[光緒]涇州鄉土志
(清)張元溱編

012078467 3110 1175 (24) v. 21
[民國]永登縣志
周樹清纂修

012078452 3110 1175 (24) v. 21
[民國]重修崇信縣志
張明道修,任瀛翰纂

012078470　3110 1175（24）v.22
［乾隆］禮縣志
（清）方嘉發纂修；唐正邦補輯

012078525　3110 1175（24）v.22
［光緒］重修禮縣新志
（清）雷文淵修，王思温纂

012078543　3110 1175（24）v.22
［乾隆］新修慶陽府志
（清）趙本植纂修

012078560　3110 1175（24）v.23
［乾隆］兩當縣志
（清）秦武域纂修

012078584　3110 1175（24）v.23
［道光］兩當縣新志
（清）德俊修，韓塘纂

012078550　3110 1175（24）v.23
［乾隆］合水縣志
（清）陶奕曾纂修

012078556　3110 1175（24）v.23
［光緒］合水縣志
（清）佚名纂

012078612　3110 1175（24）v.24
［康熙］寧州志
（清）晉顯卿修，王星麟纂

012078597　3110 1175（24）v.24
［道光］秦安縣志
（清）嚴長宦修，劉德熙纂

012078715　3110 1175（24）v.25
［道光］鎮原縣志
（清）李從圖纂修

012078796　3110 1175（24）v.25-28
［民國］重修鎮原縣志
錢史彤、鄒介民修，焦國理、慕壽祺纂

012078829　3110 1175（24）v.29
［乾隆］直隸秦州新志
（清）費廷珍修，胡釴纂

012078869　3110 1175（24）v.30
［光緒］重纂秦州直隸州新志
（清）余澤春修，王權、任其昌纂

012078884　3110 1175（24）v.31
［民國］秦州直隸州新志續編
姚展等修，任承允纂

012079173　3110 1175（24）v.32
［民國］天水縣志
莊以綏修，賈纘緒纂

012079250　3110 1175（24）v.32
［乾隆］西和縣志
（清）邱大英纂修

012079186　3110 1175（24）v.33
［康熙］清水縣志
（清）劉俊聲重修，張桂芳重纂

012079200　3110 1175（24）v.33
［乾隆］清水縣志
（清）朱超纂修

012079221　3110 1175（24）v.34
［康熙］寧遠縣志
（清）馮同憲修，李樟纂

012079241　3110 1175（24）v.34
［乾隆］寧遠縣志續略
（清）胡龑域修，于纘周纂

012079335 3110 1175 (24) v.35
[民國]漳縣志
張鄂原本;韓世英增輯

012079301 3110 1175 (24) v.35
[順治]華亭縣志
(清)武全文、佟希堯修,馬魁選纂

012079330 3110 1175 (24) v.35
[嘉慶]華亭縣志
(清)趙先甲纂修

012079290 3110 1175 (24) v.35
[乾隆]伏羌縣志
(清)周詵修,葉芝纂

012079302 3110 1175 (24) v.35
[同治]續伏羌縣志
(清)侯新嚴修,方承宣纂

012079347 3110 1175 (24) v.36
[嘉靖]徽郡志
(明)孟鵬年修,郭從道纂

012079484 3110 1175 (24) v.36
[乾隆]徽縣志
(清)佚名纂修

012079488 3110 1175 (24) v.36
[嘉慶]徽縣志
(清)張伯魁纂修

012079492 3110 1175 (24) v.36-37
[民國]徽縣新志
董杏林修,趙鍾靈纂

012079549 3110 1175 (24) v.38
[乾隆]永昌縣志
(清)李炳文修,張玿美、沈紹祖纂

012079544 3110 1175 (24) v.38
[乾隆]古浪縣志
(清)蔡青錢修,張玿美、趙璘纂

012079540 3110 1175 (24) v.38
[乾隆]成縣新志
(清)黄泳修,汪于雍等纂

012079498 3110 1175 (24) v.38
[乾隆]續修文縣志
(清)孫巖修,何渾纂

012079535 3110 1175 (24) v.38
[光緒]文縣志
(清)長贇修,劉健纂

012079557 3110 1175 (24) v.39
[康熙]岷州志
(清)汪元絅修,田而穟纂

012079566 3110 1175 (24) v.39
[光緒]岷州鄉土志
(清)佚名編

012079573 3110 1175 (24) v.39
[乾隆]武威縣志
(清)張玿美修,曾鈞、蘇暻纂

012079581 3110 1175 (24) v.40
[嘉靖]河州志
(明)吴禎纂修,劉卓增訂

012079590 3110 1175 (24) v.40
[康熙]河州志
(清)王全臣纂修

012079597 3110 1175 (24) v.40
[民國]和政縣志
馬凱祥修,王詔纂

012079792 3110 1175 (24) v.41-42
[光緒]洮州廳志
(清)張彦篤修,包永昌纂

012079843 3110 1175 (24) v.42
[民國]夏河縣志稿
張其昀纂

012079967 3110 1175 (24) v.43
[乾隆]鎮番縣志
(清)張玿美修,曾鈞、魏奎光纂

012080536 3110 1175 (24) v.43
[道光]重修鎮番縣志
(清)許協修,謝集成纂

012080543 3110 1175 (24) v.43
[光緒]鎮番縣鄉土志
(清)劉春堂,聶守仁編

012080549 3110 1175 (24) v.44
[萬曆]甘鎮志
(明)佚名纂

012080553 3110 1175 (24) v.44
[乾隆]甘州府志
(清)鍾賡起纂修

012080565 3110 1175 (24) v.45
[民國]新修張掖縣志
白冊侯纂;余炳元續纂

012080560 3110 1175 (24) v.45
[民國]東樂縣志
徐傳鈞修,張著常纂

012080570 3110 1175 (24) v.46
[道光]續修山丹縣志
(清)檔行義原本;黄璟續修,朱遜志續纂

012080602 3110 1175 (24) v.47
居延海
董正鈞著

012080586 3110 1175 (24) v.47
[光緒]安西採訪底本
(清)佚名纂修

012080579 3110 1175 (24) v.47
[民國]高臺縣志
徐家瑞纂修

012080603 3110 1175 (24) v.48
[萬曆]肅鎮華夷志
(明)李德魁纂

012080606 3110 1175 (24) v.48
[乾隆]重修肅州新志
(清)黄文煒、沈青崖纂修

012080608 3110 1175 (24) v.48
[光緒]肅州新志
(清)吴人壽、何衍慶纂修

012080618 3110 1175 (24) v.49
[開元]沙州都督府圖經
(唐)佚名纂

012080610 3110 1175 (24) v.49
[乾隆]敦煌縣志
(清)佚名纂

012080613 3110 1175 (24) v.49
[道光]敦煌縣志
(清)蘇履吉修,曾誠纂

012080615 3110 1175 (24) v.49
[民國]民勤縣志
馬福祥修,王之臣等纂

中國地方志集成·寧夏府縣志輯

《中國地方志集成·寧夏府縣志輯》,鳳凰出版社 2009 年影印出版

(011878194　3110 1175 (25))

012081092　3110 1175 (25) v.1
[乾隆]寧夏府志
(清)張金城修,楊浣雨纂

012081118　3110 1175 (25) v.2-4
[民國]朔方道志
馬福祥、陳必淮修,王之臣纂

012081124　3110 1175 (25) v.5
[乾隆]中衛縣志
(清)黄恩錫纂修

012081145　3110 1175 (25) v.5
[民國]豫旺縣志
朱恩昭纂

012081132　3110 1175 (25) v.5
[道光]續修中衛縣志
(清)鄭元吉修,余懋官纂

012081164　3110 1175 (25) v.6
[嘉慶]靈州志跡
(清)楊芳燦修,郭楷纂

012081174　3110 1175 (25) v.6
[光緒]平遠縣志
(清)陳日新纂修

012082718　3110 1175 (25) v.7
[光緒]花馬池志跡
(清)佚名纂

012082723　3110 1175 (25) v.7
[乾隆]銀川小志
(清)汪繹辰纂

012082695　3110 1175 (25) v.7
[光緒]海城縣志
(清)楊金庚修,陳廷珍纂

012082707　3110 1175 (25) v.7
[康熙]隆德縣志
(清)常星景修,張煒纂

012082727　3110 1175 (25) v.8-9
[宣統]新修固原直隸州志
(清)王學伊修,錫麟纂

012082732　3110 1175 (25) v.9
[宣統]硝河城志
(清)楊修德纂修

中國地方志集成·青海府縣志輯

《中國地方志集成·青海府縣志輯》,鳳凰出版社 2008 年影印出版

(011878210　3110 1175 (26))

012082779　3110 1175 (26) v.1
[順治]西鎮志
(清)蘇銑纂修

012082780　3110 1175 (26) v.1
[乾隆]西寧府新志
(清)楊應琚纂修

012083058　3110 1175（26）v.2
[民國]西寧府續志
鄧承偉原本；基生蘭續纂

012083071　3110 1175（26）v.3
[民國]玉樹調查記
周希武纂

012083064　3110 1175（26）v.3
[民國]玉樹縣志稿
周希武纂

012083079　3110 1175（26）v.4
[民國]大通縣志
劉運新修，劉徯蘇纂

012083166　3110 1175（26）v.4
[民國]樂都縣風土概況調查録大綱
佚名編

012083176　3110 1175（26）v.4
[民國]貴德縣志稿
姚鈞修，趙萬卿纂

012083172　3110 1175（26）v.4
[民國]貴德縣風土調查大綱
張祐周編

012083158　3110 1175（26）v.4
[民國]互助縣風土調查記
佚名編

012083184　3110 1175（26）v.5
[乾隆]循化廳志稿
龔景瀚纂修

012083315　3110 1175（26）v.5
[民國]共和縣風土調查記
佚名編

012083323　3110 1175（26）v.5
[民國]民和縣風土調查記
佚名編

012083310　3110 1175（26）v.5
[民國]亹源縣風土調查記
佚名編

012083296　3110 1175（26）v.5
[康熙]碾伯所志
（清）李天祥纂

012083291　3110 1175（26）v.5
[光緒]丹噶爾廳志
（清）張庭武修，楊景昇纂

中國地方志集成·雲南府縣志輯

《中國地方志集成·雲南府縣志輯》，鳳凰出版社2010年影印出版
（012107602　3110 1175（27））

012107602　3110 1175（27）v.1
[康熙]雲南府志
（清）張毓碧修，謝儼等纂

012345710　3110 1175（27）v.2
[道光]昆明縣志
（清）戴絅孫纂修

012345751　3110 1175（27）v.2
[民國]昆明市志
張維翰修，童振藻纂

012345785　3110 1175 (27) v.3
[道光]昆陽州志
(清)朱慶椿纂修

012345770　3110 1175 (27) v.3
[光緒]呈貢縣志
(清)朱若功原本;李明續修,李蔚文等續纂

012345797　3110 1175 (27) v.3
[雍正]安寧州志
(清)楊若椿修,段昕纂

012345822　3110 1175 (27) v.3
[光緒]安寧州續志
(清)郭時郁、孫鳳芝修,郎一榮纂

012345869　3110 1175 (27) v.4
[民國]昭通縣志稿
盧金錫修,楊履乾、包鳴泉纂

012345890　3110 1175 (27) v.5
[康熙]富民縣志
(清)彭兆逵修,楊撝秀纂

012345882　3110 1175 (27) v.5
[宣統]恩安縣志
(清)汪炳謙纂修

012345905　3110 1175 (27) v.6
[康熙]晉寧州志
(清)杜紹先纂修

012346196　3110 1175 (27) v.6-7
[道光]晉寧州志
(清)朱慶椿修,陳金堂纂

012346228　3110 1175 (27) v.8
[光緒]鎮雄州志
(清)吴光漢修,宋成基纂

012346241　3110 1175 (27) v.8-9
[民國]巧家縣志稿
陸崇仁修,湯祚纂

012346268　3110 1175 (27) v.10
[康熙]平彝縣志
(清)任中宜纂修

012346257　3110 1175 (27) v.10
[乾隆]東川府志
(清)方桂修,胡蔚纂

012346287　3110 1175 (27) v.11
[咸豐]南寧縣志
(清)毛玉成修,張翊辰、喻懷信纂

012346298　3110 1175 (27) v.12
[道光]宣威州志
(清)劉沛霖修,朱光鼎等纂

012346329　3110 1175 (27) v.12-13
[民國]宣威縣志稿
王鈞圖、陳其棟修,繆果章纂

012346376　3110 1175 (27) v.14
[嘉慶]阿迷州志
(清)張大鼎纂修

012346365　3110 1175 (27) v.14
[民國]路南縣志
馬標修,楊中潤纂

012346513　3110 1175 (27) v.15
[光緒]嵩明州志
(清)薛渭川纂修

012346535　3110 1175 (27) v.15-16
[民國]嵩明縣志
陳詒孫等修,楊思誠纂

012346544　3110 1175（27）v. 17
[乾隆]霑益州志
(清)王秉韜纂修

012346557　3110 1175（27）v. 17-18
[光緒]霑益州志
(清)陳燕、韓寶琛修,李景賢纂

012346593　3110 1175（27）v. 18
[雍正]師宗州志
(清)管棆原本;夏治源增修

012346613　3110 1175（27）v. 19
[康熙]羅平州志
(清)黄德巽修,胡承灝、周啓先等纂

012346645　3110 1175（27）v. 19-20
[民國]羅平縣志
朱緯修,羅鳳章纂

012346659　3110 1175（27）v. 21-22
[民國]陸良縣志稿
劉潤疇修,俞賡唐纂

012346670　3110 1175（27）v. 22
[乾隆]宜良縣志
(清)王誦芬纂修

012348181　3110 1175（27）v. 23-24
[民國]宜良縣志
王槐榮等修,許實纂

012348193　3110 1175（27）v. 25
[嘉慶]永善縣志略
(清)查樞纂修;鄒昺旃增校

012348187　3110 1175（27）v. 25
[民國]續修馬龍縣志
王懋昭纂修

012348224　3110 1175（27）v. 26
[乾隆]新興州志
(清)任中宜原本;徐正恩續纂

012348210　3110 1175（27）v. 26
[道光]澂江府志
(清)李熙齡纂修

012348268　3110 1175（27）v. 27
[康熙]通海縣志
(清)魏藎臣修,闞禎兆纂

012348293　3110 1175（27）v. 27
[道光]通海縣志
(清)趙自中纂修

012348309　3110 1175（27）v. 27
[光緒]通海縣續志
(清)陳其棟纂修

012348325　3110 1175（27）v. 28-29
[民國]元江志稿
黄元直修,劉達武纂

012348352　3110 1175（27）v. 30
[道光]新平縣志
(清)李誠修,羅宗璉纂

012348445　3110 1175（27）v. 30-31
[民國]新平縣志
吴永立、王志高修,馬太元纂

012348456　3110 1175（27）v. 32
[宣統]寧州志
(清)佚名纂修

012348464　3110 1175（27）v. 32
[康熙]嶍峨縣志
(清)彭學曾原纂;薛祖順增纂

012348488 3110 1175 (27) v.32-34
[民國]景東縣志稿
周汝釗修,侯應中纂

012348554 3110 1175 (27) v.35
[光緒]續順寧府志稿
(清)黨蒙等修,周宗洛等纂

012348535 3110 1175 (27) v.35
[道光]威遠廳志
(清)謝體仁纂修

012348567 3110 1175 (27) v.35
[光緒]騰越鄉土志
(清)寸開泰編

012348573 3110 1175 (27) v.36-37
[民國]順寧縣志初稿
張問德修,楊香池纂

012348584 3110 1175 (27) v.38
[光緒]永昌府志
(清)劉毓珂等纂修

012348596 3110 1175 (27) v.39
[乾隆]騰越州志
(清)屠述濂纂修

012348613 3110 1175 (27) v.39
[光緒]騰越廳志稿
(清)陳宗海修,趙端禮纂

012348675 3110 1175 (27) v.40
[民國]龍陵縣志
張鑑安、修名傳修,寸開泰纂

012349206 3110 1175 (27) v.41
[乾隆]麗江府志略
(清)管學宣修,萬咸燕纂

012349236 3110 1175 (27) v.41
[民國]麗江縣志書
佚名纂修

012349261 3110 1175 (27) v.42
[乾隆]永北府志
(清)陳奇典修,劉慥纂

012349339 3110 1175 (27) v.42
[光緒]蒙化縣鄉土志
(清)梁友檍纂

012349301 3110 1175 (27) v.42
[光緒]續修永北直隸廳志
(清)葉如桐、秦定基修,劉必蘇等纂

012349373 3110 1175 (27) v.43
[道光]廣南府志
(清)李熙齡纂修

012349397 3110 1175 (27) v.44
[民國]廣南縣志
佚名纂

012349419 3110 1175 (27) v.45-46
[民國]馬關縣志
張自明修,王富臣等纂

012349546 3110 1175 (27) v.47
[乾隆]廣西府志
(清)周埰修,李綬等纂

012349439 3110 1175 (27) v.47
[嘉慶]臨安府志
(清)江濬源修,羅惠恩等纂

012349570 3110 1175 (27) v.47
[道光]定遠縣志
(清)李德生等修,李慶元等纂

012349593　3110 1175（27）v. 48
［乾隆］蒙自縣志
（清）李焜纂修

012349615　3110 1175（27）v. 49–50
［宣統］續蒙自縣志
（清）佚名纂

012349643　3110 1175（27）v. 51
［乾隆］石屏州志
（清）管學宣纂修

012349656　3110 1175（27）v. 51
［乾隆］續石屏州志
（清）吕纘先修，羅元琦纂

012349677　3110 1175（27）v. 51–53
［民國］石屏縣志
袁嘉穀纂修

012349715　3110 1175（27）v. 54–55
［雍正］建水州志
（清）祝宏修，趙節等纂

012349742　3110 1175（27）v. 56–57
［民國］續修建水縣志稿
丁國樑修，梁家榮纂

012350056　3110 1175（27）v. 58
［民國］鎮康縣志
納汝珍修，蔣世芳纂

012350021　3110 1175（27）v. 58
［民國］新編麻栗坡特別區資料
陳鍾書等修，鄧昌麒纂

012349863　3110 1175（27）v. 58
［乾隆］彌勒州志
（清）秦仁、王緈修，伍士玠纂；傅騰蛟等增訂

012350077　3110 1175（27）v. 58
［康熙］楚雄府志
（清）張嘉穎修，劉聯聲等纂

012350098　3110 1175（27）v. 59
［嘉慶］楚雄縣志
（清）蘇鳴鶴修，陳璜纂

012350113　3110 1175（27）v. 59–60
［宣統］楚雄縣志
（清）崇謙修，沈宗舜纂

012350125　3110 1175（27）v. 61
［康熙］元謀縣志
（清）莫舜鼐修，彭學曾纂；王弘任增修

012350233　3110 1175（27）v. 62
［光緒］鎮南州志略
（清）李毓蘭修，甘孟賢纂

012350190　3110 1175（27）v. 62
［光緒］羅次縣志
（清）胡毓麒修，楊鍾壁等纂

012350213　3110 1175（27）v. 62
［光緒］武定直隸州志
（清）郭懷禮修，孫澤春纂；孟丕榮箋註

012350330　3110 1175（27）v. 63
［光緒］姚州志
（清）陸宗鄭修，甘雨纂

012350340　3110 1175（27）v. 63–64
［道光］大姚縣志
（清）黎恂修，劉榮黼纂

012350364　3110 1175（27）v. 65–66
［民國］姚安縣志
霍士廉等修，由雲龍等纂

012350386 3110 1175 (27) v.67
[雍正]白鹽井志
(清)劉邦瑞纂修

012350393 3110 1175 (27) v.67
[乾隆]白鹽井志
(清)郭存莊纂修

012350402 3110 1175 (27) v.67
[康熙]琅鹽井志
(清)沈鼒纂修

012350415 3110 1175 (27) v.67-68
[康熙]黑鹽井志
(清)沈懋价修,楊璿纂

012350440 3110 1175 (27) v.69-70
[民國]鹽豐縣志
郭燮熙纂修

012350487 3110 1175 (27) v.71-72
[乾隆]大理府志
(清)傅天祥、李斯佺修,黄元治、張泰交纂

012350505 3110 1175 (27) v.72-75
[民國]大理縣志稿
張培爵等修,周宗麟等纂,周宗洛校訂

012350576 3110 1175 (27) v.76
[咸豐]鄧川州志
(清)鈕方圖修,侯允欽纂

012350619 3110 1175 (27) v.76
[雍正]賓川州志
(清)周鉞纂修

012350536 3110 1175 (27) v.76
[光緒]浪穹縣志略
(清)周沆纂修

012350638 3110 1175 (27) v.77
[乾隆]趙州志
(清)程近仁修,趙淳等纂

012350650 3110 1175 (27) v.77-78
[道光]趙州志
(清)陳釗鏜修,李其馨等纂

012350980 3110 1175 (27) v.79
[乾隆]續修蒙化直隸廳志
(清)劉塏、席慶年修,吴蒲等纂

012350967 3110 1175 (27) v.79
[康熙]蒙化府志
(清)蔣旭修,陳金珏纂

012350996 3110 1175 (27) v.79-80
[民國]蒙化志稿
李春曦修,梁友檍纂

012351009 3110 1175 (27) v.80
[光緒]鶴慶州志
(清)王寶儀修,楊金和、楊金鎧纂

012351027 3110 1175 (27) v.80
[乾隆]雲南縣志
(清)李世保修,張聖功、王在璋纂

012351044 3110 1175 (27) v.81
[光緒]雲南縣志
(清)項聯晉修,黄炳堃纂

012351060 3110 1175 (27) v.82
[雍正]雲龍州志
(清)陳希芳修,胡禹謨纂

012351079 3110 1175 (27) v.82
[光緒]新修中甸廳志書
(清)吴自修修,張翼夔纂

012351107　3110 1175（27）v.83
［民國］維西縣志
李炳臣修，李翰湘纂

012351100　3110 1175（27）v.83
［民國］中甸縣志稿
段綬滋纂修

中國地方志集成·陝西府縣志輯

《中國地方志集成·陝西府縣志輯》，鳳凰出版社2007年影印出版
（012714003　3110 1175（28））

012714003　3110 1175（28）v.1-2
［乾隆］西安府志
（清）舒其紳修，嚴長明纂

012714003　3110 1175（28）v.2
［熙寧］長安縣志
（宋）宋敏求纂；（元）李好文繪；（清）畢沅校

012714003　3110 1175（28）v.2
［嘉慶］長安縣志
（清）張聰賢修，董曾臣纂

012714003　3110 1175（28）v.3
［嘉慶］咸寧縣志
（清）高廷法、沈琮修，陸耀遹、董佑城纂

012714003　3110 1175（28）v.3
［民國］咸寧長安兩縣續志
翁檉修，宋聯奎纂

012714003　3110 1175（28）v.4
［乾隆］鄠縣新志
（清）汪以誠修，孫景烈纂

012714003　3110 1175（28）v.4
［民國］重修鄠縣志
張雲程、趙葆真修，吴繼祖纂

012714003　3110 1175（28）v.4
［乾隆］咸陽縣志
（清）臧應桐纂修

012714003　3110 1175（28）v.4
［道光］續修咸陽縣志
（清）陳堯書纂修

012714003　3110 1175（28）v.5
［民國］重修咸陽縣志
劉安國修，吴廷錫、馮光裕纂

012714003　3110 1175（28）v.6
［乾隆］興平縣志
（清）顧聲雷修，張塤纂

012714003　3110 1175（28）v.6
［民國］重纂興平縣志
王廷珪修，張元際、馮光裕纂

012714003　3110 1175（28）v.6
［嘉靖］高陵縣志
（明）吕柟纂修

012714003　3110 1175（28）v.6
［光緒］高陵縣續志
（清）程維雍修，白遇道纂

012714003　3110 1175（28）v.7
［乾隆］涇陽縣志
（清）葛晨纂修

012714003　3110 1175（28）v. 7
［道光］重修涇陽縣志
（清）胡元煐修，蔣湘南纂

012714003　3110 1175（28）v. 7
［宣統］重修涇陽縣志
（清）劉懋官修，宋伯魯、周斯億纂

012714003　3110 1175（28）v. 8
［嘉靖］重修三原志
（明）張信纂修

012714003　3110 1175（28）v. 8
［乾隆］三原縣志
（清）劉紹攽纂修

012714003　3110 1175（28）v. 8
［光緒］三原縣志
（清）焦雲龍修，賀瑞麟纂

012714003　3110 1175（28）v. 9
［乾隆］盩厔縣志
（清）楊儀修，王開沃纂

012714003　3110 1175（28）v. 9
［民國］盩厔縣志
龐文中修，任肇新、路孝愉纂

012714003　3110 1175（28）v. 9
［隆慶］淳化志
（明）羅廷繡纂修

012714003　3110 1175（28）v. 9
［乾隆］淳化縣志
（清）萬廷樹修，洪亮吉纂

012714003　3110 1175（28）v. 10
［乾隆］醴泉縣志
（清）蔣騏昌修，孫星衍纂

012714003　3110 1175（28）v. 10
［民國］續修醴泉縣志稿
張道芷、胡銘荃修，曹驥觀纂

012714003　3110 1175（28）v. 10
［民國］邠州縣新志稿
劉必達修，史秉貞等纂

012714003　3110 1175（28）v. 10
［乾隆］三水縣志
（清）朱廷模、葛德新修，孫星衍纂

012714003　3110 1175（28）v. 10
［同治］三水縣志
（清）姜桐岡修，郭四維纂

012714003　3110 1175（28）v. 11
［宣統］長武縣志
（清）沈錫榮修，王錫璋纂

012714003　3110 1175（28）v. 11
［光緒］永壽縣志
（清）鄭德樞，趙奇齡纂

012714003　3110 1175（28）v. 11
［光緒］乾州志稿
（清）周銘旗纂修

012714003　3110 1175（28）v. 11
［光緒］乾州志稿補正
（清）周銘旗纂修

012714003　3110 1175（28）v. 11–12
［民國］乾縣新志
田屏軒修，范凝績纂

012714003　3110 1175（28）v. 13
［嘉靖］渭南縣志
（明）南大吉纂修

012714003　3110 1175 (28) v. 13
[道光]重輯渭南縣志
(清)何耿繩修,姚景衡纂

012714003　3110 1175 (28) v. 13
[光緒]新續渭南縣志
(清)嚴書麟修,焦聯甲纂

012714003　3110 1175 (28) v. 14
[乾隆]富平縣志
(清)吴六鰲修,胡文銓纂

012714003　3110 1175 (28) v. 14
[光緒]富平縣志稿
(清)樊增祥、劉錕修,田兆岐纂

012714003　3110 1175 (28) v. 15
[乾隆]臨潼縣志
(清)史傳遠纂修

012714003　3110 1175 (28) v. 15
[光緒]臨潼縣續志
(清)安守和修,楊彦修纂

012714003　3110 1175 (28) v. 15
[民國]臨潼縣志
鄧長耀纂修

012714003　3110 1175 (28) v. 16
[雍正]藍田縣志
(清)郭顯賢原本;李元升增修,李大傑增纂

012714003　3110 1175 (28) v. 16
[光緒]藍田縣志
(清)吕懋勳修,袁廷俊纂

012714003　3110 1175 (28) v. 16–17
[民國]續修藍田縣志
郝兆先修,牛兆濂纂

012714003　3110 1175 (28) v. 18–19
[咸豐]同州府志
(清)李恩繼、文廉修,蔣湘南纂

012714003　3110 1175 (28) v. 19
[光緒]同州府續志
(清)饒應祺修,馬先登、王守恭纂

012714003　3110 1175 (28) v. 20
[道光]大荔縣志
(清)熊兆麟纂修

012714003　3110 1175 (28) v. 20
[光緒]大荔縣續志
(清)周銘旗修,李志復纂

012714003　3110 1175 (28) v. 20
[民國]續修大荔縣舊志存稿
陳少嚴、聶雨潤修,張樹枟、李泰纂

012714003　3110 1175 (28) v. 20
[民國]大荔縣新志存稿
聶雨潤修,李泰纂

012714003　3110 1175 (28) v. 21
[正德]朝邑縣志
(明)王道修,韓邦靖纂

012714003　3110 1175 (28) v. 21
[萬曆]續朝邑縣志
(明)郭實修,王學謨纂

012714003　3110 1175 (28) v. 21
[康熙]朝邑縣後志
(清)王兆鼇修,王鵬翼纂

012714003　3110 1175 (28) v. 21
[乾隆]朝邑縣志
(清)金嘉琰、朱廷模修,錢坫纂

012714003 3110 1175 (28) v.21
[咸豐]朝邑縣志
(清)李元春纂

012714003 3110 1175 (28) v.21
[民國]平民縣志
楊瑞霆修,霍光縉纂

012714003 3110 1175 (28) v.22
[乾隆]郃陽縣志
(清)席奉賢修,孫景烈纂

012714003 3110 1175 (28) v.22
[乾隆]澄城縣志
(清)戴治修,洪亮吉、孫星衍纂

012714003 3110 1175 (28) v.22
[民國]澄城縣附志
王懷斌修,趙邦楹纂

012714003 3110 1175 (28) v.23
[隆慶]華州志
(明)李可久修,張光孝纂

012714003 3110 1175 (28) v.23
[康熙]續華州志
(清)馮昌奕修,劉遇奇等纂

012714003 3110 1175 (28) v.23
[乾隆]再續華州志
(清)汪以誠修,史蓴纂

012714003 3110 1175 (28) v.23
[光緒]三續華州志
(清)吴炳南修,劉域纂

012714003 3110 1175 (28) v.24
[乾隆]華陰縣志
(清)陸維垣、許光基修,李天秀等纂

012714003 3110 1175 (28) v.25
[民國]華陰縣續志
米登岳修,張崇善、王之彦纂

012714003 3110 1175 (28) v.26
[康熙]蒲城縣志
(清)鄧永芳修,李馥蒸纂

012714003 3110 1175 (28) v.26
[乾隆]蒲城縣志
(清)張心鏡修,吴泰來纂

012714003 3110 1175 (28) v.26
[光緒]蒲城縣新志
(清)李體仁修,王學禮纂

012714003 3110 1175 (28) v.26
[乾隆]白水縣志
(清)梁善長纂修

012714003 3110 1175 (28) v.27
[乾隆]韓城縣志
(清)傅應奎修,錢坫纂

012714003 3110 1175 (28) v.27
[嘉慶]韓城縣續志
(清)冀蘭泰修,陸耀遹纂

012714003 3110 1175 (28) v.27
[民國]韓城縣續志
趙本蔭修,程仲昭纂

012714003 3110 1175 (28) v.27
[嘉靖]耀州志
(明)李廷寶修,喬世寧纂

012714003 3110 1175 (28) v.27
[乾隆]續耀州志
(清)汪灝修,鍾麟書纂

012714003 3110 1175 (28) v.27
[乾隆]同官縣志
(清)袁文觀纂修

012714003 3110 1175 (28) v.28
[民國]同官縣志
余正東修,黎錦熙纂

012714003 3110 1175 (28) v.29
[康熙]潼關衛志
(清)唐諮伯修,楊端本纂

012714003 3110 1175 (28) v.29
[嘉慶]續修潼關廳志
(清)向淮修,王森文纂

012714003 3110 1175 (28) v.29
[民國]潼關縣新志
羅傳甲修,趙鵬超纂

012714003 3110 1175 (28) v.29
[乾隆]商南縣志
(清)羅文思纂修

012714003 3110 1175 (28) v.29
[乾隆]鳳翔縣志
(清)羅鼇修,周方炯等纂

012714003 3110 1175 (28) v.30
[乾隆]直隸商州志
(清)王如玖纂修

012714003 3110 1175 (28) v.30
[乾隆]續商州志
(清)羅文思纂修

012714003 3110 1175 (28) v.30
[乾隆]鎮安縣志
(清)聶燾纂修

012714003 3110 1175 (28) v.30
[乾隆]雒南縣志
(清)范啓源纂修,薛韞訂正

012714003 3110 1175 (28) v.31
[乾隆]鳳翔府志
(清)達靈阿修,周芳炯、高登科纂

012714003 3110 1175 (28) v.32
[乾隆]寶雞縣志
(清)許起鳳修,高登科纂

012714003 3110 1175 (28) v.32
[民國]寶雞縣志
(清)鄧夢琴原本;曹驥觀續修,強振志續纂

012714003 3110 1175 (28) v.32
[光緒]孝義廳志
(清)常毓坤修,李開甲等纂

012714003 3110 1175 (28) v.33
[光緒]岐山縣志
(清)胡升猷修,張殿元纂

012714003 3110 1175 (28) v.33
[民國]岐山縣志
田惟均修,白岫雲纂

012714003 3110 1175 (28) v.34
[嘉慶]扶風縣志
(清)宋世葷修,吴鵬翱、王樹棠纂

012714003 3110 1175 (28) v.34
[康熙]麟遊縣志
(清)吴汝爲修,劉元泰纂

012714003 3110 1175 (28) v.34
[光緒]麟遊縣新志草
(清)彭洵纂修

012714003 3110 1175 (28) v.34
[道光]重修汧陽縣志
(清)羅曰璧纂修

012714003 3110 1175 (28) v.34
[光緒]增續汧陽縣志
(清)焦思善修,張元璧、王潤纂

012714003 3110 1175 (28) v.35
[宣統]鄠縣志
(清)李帶雙原本;沈錫榮增補

012714003 3110 1175 (28) v.36
[正德]武功縣志
(明)康海纂;(清)孫景烈評註

012714003 3110 1175 (28) v.36
[雍正]武功縣後志
(清)沈華修,崔昭等纂

012714003 3110 1175 (28) v.36
[嘉慶]續武功縣志
(清)張樹勳修,王森文纂

012714003 3110 1175 (28) v.36
[光緒]武功縣續志
(清)張世英修,巨國桂纂

012714003 3110 1175 (28) v.36
[光緒]鳳縣志
(清)朱子春修,段樹霖纂

012714003 3110 1175 (28) v.36
[道光]增修懷遠縣志
(清)蘇其照原本;何丙勳增補

012714003 3110 1175 (28) v.37
[康熙]隴州志
(清)羅彰彝纂修

012714003 3110 1175 (28) v.37
[乾隆]隴州續志
(清)吴炳纂修

012714003 3110 1175 (28) v.37
[光緒]靖邊縣志稿
(清)丁錫奎修,白翰章、辛居幹纂

012714003 3110 1175 (28) v.37
[雍正]神木縣志
(清)佚名纂修

012714003 3110 1175 (28) v.37
[道光]神木縣志
(清)王致雲修,朱塤纂;張琛增補

012714003 3110 1175 (28) v.38
[康熙]延綏鎮志
(清)譚吉璁纂修

012714003 3110 1175 (28) v.38
[道光]榆林府志
(清)李熙齡纂修

012714003 3110 1175 (28) v.39
[嘉慶]定邊縣志
(清)黄沛修,江廷球纂;宋謙增輯

012714003 3110 1175 (28) v.39
[民國]横山縣志
劉濟南、張門山修,曹子正纂;曹思聰續纂

012714003 3110 1175 (28) v.40
[嘉慶]葭州志
(清)高珣修,龔玉麟纂

012714003 3110 1175 (28) v.40
[民國]葭縣志
(清)陳管修,趙思明纂

012714003　3110 1175（28）v.41
［乾隆］府谷縣志
（清）鄭居中、麟書纂修，胡文銓纂

012714003　3110 1175（28）v.41
［乾隆］綏德州直隸州志
（清）吴忠誥修，李繼嶠纂

012714003　3110 1175（28）v.41
［光緒］綏德直隸州志
（清）孔繁朴修，高維岳纂

012714003　3110 1175（28）v.42
［道光］清澗縣志
（清）鍾章元修，陳第頌等纂

012714003　3110 1175（28）v.42
［道光］吴堡縣志
（清）譚偁纂修

012714003　3110 1175（28）v.42
［民國］安塞縣志
安慶豐修，郭永清纂

012714003　3110 1175（28）v.42
［康熙］米脂縣志
（清）寧養氣纂修

012714003　3110 1175（28）v.42
［光緒］米脂縣志
（清）李炳蓮修，高照煦纂，高增融校訂

012714003　3110 1175（28）v.42-43
［民國］米脂縣志
嚴建章、高仲謙等修，高照初纂

012714003　3110 1175（28）v.44
［嘉慶］重修延安府志
（清）洪蕙纂修

012714003　3110 1175（28）v.45
［道光］安定縣志
（清）姚國齡修，米毓章纂

012714003　3110 1175（28）v.45
［咸豐］保安縣志
（清）彭瑞麟修，武東旭纂

012714003　3110 1175（28）v.45
［光緒］保安縣志略
（清）侯昌銘纂修

012714003　3110 1175（28）v.45
［乾隆］宜川縣志
（清）吴炳纂修

012714003　3110 1175（28）v.45
［康熙］洋縣志
（清）鄒溶修，周忠纂

012714003　3110 1175（28）v.45
［光緒］洋縣志
（清）張鵬翼纂修

012714003　3110 1175（28）v.45
［道光］西鄉縣志
（清）張廷槐纂修

012714003　3110 1175（28）v.46
［民國］宜川縣志
余正東纂修，黎錦熙校訂

012714003　3110 1175（28）v.47
［道光］重修延川縣志
（清）謝長清纂修

012714003　3110 1175（28）v.47
［乾隆］延長縣志
（清）王崇禮纂修

012714003　3110 1175 (28) v.47
[民國]延長縣志書
延長縣公署纂修

012714003　3110 1175 (28) v.47
[道光]鄜州志
(清)吴鳴捷修,譚瑀等纂

012714003　3110 1175 (28) v.47
[嘉慶]洛川縣志
(清)劉毓秀修,賈構纂

012714003　3110 1175 (28) v.48
[民國]洛川縣志
余正東修,黎錦熙、吴致勳纂

012714003　3110 1175 (28) v.49
[嘉慶]續修中部縣志
(清)丁瀚修,張永清等纂

012714003　3110 1175 (28) v.49
[民國]黄陵縣志
余正東修,吴致勳纂

012714003　3110 1175 (28) v.49
[雍正]宜君縣志
(清)查遴纂修,沈華訂正

012714003　3110 1175 (28) v.50
[民國]漢南續修郡志
(清)嚴如熤原本;楊名颺續纂

012714003　3110 1175 (28) v.51
[乾隆]南鄭縣志
(清)王行儉修,余孔捷纂

012714003　3110 1175 (28) v.51
[民國]續修南鄭縣志
郭鳳洲、柴守愚修,劉定鐸等纂

012714003　3110 1175 (28) v.51
[道光]褒城縣志
(清)光朝魁纂修

012714003　3110 1175 (28) v.51
[康熙]城固縣志
(清)王穆纂修

012714003　3110 1175 (28) v.52
[道光]續修寧羌州志
(清)張廷槐纂修

012714003　3110 1175 (28) v.52
[光緒]寧羌州志
(清)馬毓華修,鄭書香、曹良楷纂

012714003　3110 1175 (28) v.52
[康熙]沔縣志
(清)趙世震修,江澤延纂

012714003　3110 1175 (28) v.52
[光緒]沔縣志
(清)孫銘鐘、羅桂銘修,彭齡纂

012714003　3110 1175 (28) v.52
[道光]重修略陽縣志
(清)譚瑀修,黎成德等纂

012714003　3110 1175 (28) v.52
[光緒]新續略陽縣志
(清)桂超修,侯龍光纂

012714003　3110 1175 (28) v.52
[道光]留壩廳志
(清)賀仲瑊修,蔣湘南纂

012714003　3110 1175 (28) v.53
[光緒]定遠廳志
(清)余修鳳纂修

012714003　3110 1175（28）v.53
［光緒］佛坪縣志
（清）劉煐纂修

012714003　3110 1175（28）v.53
［民國］佛坪縣志
張機高纂修

012714003　3110 1175（28）v.53
［嘉慶］安康縣志
（清）鄭謙修，王森文纂

012714003　3110 1175（28）v.53
［乾隆］平利縣志
（清）黄寬纂修

012714003　3110 1175（28）v.53
［光緒］續修平利縣志
（清）楊孝寬修，李聯芳等纂

012714003　3110 1175（28）v.54
［乾隆］興安府志
（清）李國麒纂修

012714003　3110 1175（28）v.54
［嘉慶］續興安府志
（清）葉世倬纂修

012714003　3110 1175（28）v.54
［康熙］漢陰縣志
（清）趙世震修，江澤延纂

012714003　3110 1175（28）v.54
［嘉慶］漢陰廳志
（清）錢鶴年修，董詔纂

012714003　3110 1175（28）v.55
［乾隆］洵陽縣志
（清）鄧夢琴纂修

012714003　3110 1175（28）v.55
［光緒］洵陽縣志
（清）劉德全修，郭焱昌、姜善繼纂

012714003　3110 1175（28）v.55
［嘉慶］白河縣志
（清）嚴一青纂修

012714003　3110 1175（28）v.55
［光緒］白河縣志
（清）顧騄修，王賢輔、李宗麟纂

012714003　3110 1175（28）v.56
［道光］石泉縣志
（清）舒鈞纂修

012714003　3110 1175（28）v.56
［道光］寧陜廳志
（清）林一銘修，焦世官、胡官清纂

012714003　3110 1175（28）v.56
［道光］紫陽縣志
（清）陳僅、吴純修，施鳴鑾纂

012714003　3110 1175（28）v.56-57
［民國］重修紫陽縣志
楊家駒修，陳振紀、陳如墉纂

012714003　3110 1175（28）v.57
［民國］磚坪縣志
佚名纂

中國西北稀見方志

《中國西北稀見方志》,北京中華全國圖書馆文獻缩微複製中心 1994 年影印出版
(005581030　3158 4752.9)

009608728　3158 4752.9 (1-6)
[民國]甘肅通志稿
劉郁芬等修,楊思、張維等纂

009608818　3158 4752.9 (7)
[萬曆]重修通渭縣志
(明)劉世綸修,白我心纂

009609087　3158 4752.9 (7)
[康熙]静寧州志
(清)吴之珽撰次,黄廷鈺修定

009608995　3158 4752.9 (7)
[順治]華亭縣志
(清)馬魁選、楊淳等纂修

009608788　3158 4752.9 (7)
[嘉靖]徽郡志
(明)郭從道編集

009609291　3158 4752.9 (7)
[光緒]肅州新志稿
(清)張維校録

009609114　3158 4752.9 (7)
[康熙]莊浪縣志
(清)王鐘鳴譔輯

009609256　3158 4752.9 (7)
[乾隆]銀川小志
(清)汪繹辰编纂

009609271　3158 4752.9 (7)
[光緒]新修打拉池縣丞志
(清)廖丙文修

009609482　3158 4752.9 (8)
[康熙]三水縣志
(清)文倬天編纂;林逢泰重修

009609516　3158 4752.9 (8)
[乾隆]莊浪縣志略
(清)邵陸纂修

009609659　3158 4752.9 (8)
[乾隆]烏魯木齊政略
(清)佚名纂修

009609631　3158 4752.9 (8)
[萬曆]莊浪彙紀
(明)李作舟

009609605　3158 4752.9 (8)
[光緒]涇州鄉土志
(清)張元溙編

009609526　3158 4752.9 (8)
[光緒]隴西縣志
(清)馬如鑑、劉文炳纂修

009609537　3158 4752.9 (8)
[光緒]隴西分縣武陽志
(清)楊學震纂

009609565　3158 4752.9 (8)
[光緒]合水縣志
(清)佚名纂

009609689　3158 4752.9 (8)
[光緒]新疆回部紀略
(清)慕璋纂

009609379　3158 4752.9 (8)
[康熙]狄道縣志
(清)李觀我纂修

中國西北稀見方志續集

《中國西北稀見方志續集》,北京中華全國圖書馆文獻缩微複製中心 1997 年影印出版
(007848686　DS793. N6 C4964 1994 Suppl.)

009702517　DS793. N6 C4964 1994 Suppl.　vol. 1-2
陕西通志四十卷
(明)趙廷瑞修,馬理纂

009702542　DS793. N6 C4964 1994 Suppl.　vol. 2
同官縣志十卷
(明)劉澤遠修,寇慎纂;孔尚標增修

009702556　DS793. N6 C4964 1994 Suppl.　vol. 2
耀州志十卷
(明)陳仕林纂修

009702565　DS793. N6 C4964 1994 Suppl.　vol. 2
汧陽述古編
(清)李嘉績纂輯

009702611　DS793. N6 C4964 1994 Suppl.　vol. 3
榆林縣鄉土志一卷
佚名編

009702619　DS793. N6 C4964 1994 Suppl.　vol. 3
[康熙]米脂縣志八卷
(清)寧養氣纂修

009702627　DS793. N6 C4964 1994 Suppl.　vol. 3-4
[民國]米脂縣志十卷
嚴建章、高仲謙修,高照初纂

009702632　DS793. N6 C4964 1994 Suppl.　vol. 4
安塞縣志十二卷首一卷
安慶豐修,郭永清纂

009702641　DS793. N6 C4964 1994 Suppl.　vol. 4
延川縣新志不分卷
佚名纂修

009702647　DS793. N6 C4964 1994 Suppl.　vol. 4
延长縣志書十卷
延長縣公署纂修

009702660　DS793. N6 C4964 1994 Suppl.　vol. 4
保安縣鄉土志不分卷
佚名纂修

009702670　DS793. N6 C4964 1994 Suppl.　vol. 5
韓城縣志八卷
(明)蘇進修,張士佩纂

009702680　DS793. N6 C4964 1994 Suppl.　vol. 5
富平縣志十卷
(明)劉兑修,孫丕揚纂

009702700　DS793. N6 C4964 1994 Suppl.　vol. 5
鎮安縣志十卷
滕仲黄纂修

009702705　DS793. N6 C4964 1994 Suppl.　vol. 5
洵陽縣志六卷
(清)葉汭纂修

009702715　DS793. N6 C4964 1994 Suppl.　vol. 6
洵陽縣鄉土志四卷
(清)羅澤南纂修

009702724 DS793. N6 C4964 1994 Suppl. vol. 6
洋縣鄉土志一卷
佚名編纂

009702731 DS793. N6 C4964 1994 Suppl. vol. 6
西鄉縣鄉土志不分卷
閻佐堯等編

009702741 DS793. N6 C4964 1994 Suppl. vol. 6
蘭州志
(清)劉斗修,陳如稷纂

009702764 DS793. N6 C4964 1994 Suppl. vol. 6
永昌縣志十卷
(清)李登瀛修,南齊漢纂

009702771 DS793. N6 C4964 1994 Suppl. vol. 6
安定縣鄉土志
王黼堂纂修

009702781 DS793. N6 C4964 1994 Suppl. vol. 7
金縣志十三卷首一卷
(清)恩福修,冒蕖纂

009702786 DS793. N6 C4964 1994 Suppl. vol. 7
泰安縣志十四卷
(清)嚴長宦修,劉德熙纂

009702802 DS793. N6 C4964 1994 Suppl. vol. 8
平涼府志十三卷
(明)趙時春撰,(民國)張維校補

009702814 DS793. N6 C4964 1994 Suppl. vol. 8
華亭縣志七卷
(清)趙先甲纂

009702830 DS793. N6 C4964 1994 Suppl. vol. 8
涇州採訪新志不分卷
(清)楊丙榮纂

009702837 DS793. N6 C4964 1994 Suppl. vol. 8
崇信縣採訪鄉土志一卷
(清)佚名編

009702844 DS793. N6 C4964 1994 Suppl. vol. 8
徽縣志八卷首一卷附徽縣新志一卷
董杏林修,趙鍾靈纂

009703046 DS793. N6 C4964 1994 Suppl. vol. 9
寧夏新志八卷
(明)胡汝礪纂修

009703055 DS793. N6 C4964 1994 Suppl. vol. 9
隆德縣志二卷
(清)常星景纂輯,張煒編次

009703087 DS793. N6 C4964 1994 Suppl. vol. 9
清藏界圖説一卷(青海圖説)
章光庭纂

009703144 DS793. N6 C4964 1994 Suppl. vol. 10
西域考古録
俞浩撰

009703195 DS793. N6 C4964 1994 Suppl. vol. 10
新疆大記六卷首一卷
(清)闞仲韓著

009703214 DS793. N6 C4964 1994 Suppl. vol. 10
新疆大記補編九卷
吴廷燮撰

009703236 DS793. N6 C4964 1994 Suppl. vol. 10
喀什噶爾英吉沙爾一卷
(清)永保修,范建中纂

009703251 DS793. N6 C4964 1994 Suppl. vol. 10
莎車府志一卷
(清)佚名纂修

009703261 DS793. N6 C4964 1994 Suppl. vol. 10 鄧纘先編纂
烏蘇縣志二卷

中國西北文獻叢書·西北稀見方志文獻

《中國西北文獻叢書·西北稀見方志文獻》,蘭州古籍書店1990年影印出版
(008334534 DS793. N6 C4965 1990)

008592656 DS793. N6 C4965 1990 vol. 1-5
[雍正]敕修陝西通志一百卷首一卷
(清)查郎阿修,沈青崖纂

008627566 DS793. N6 C4965 1990 vol. 6-11
[民國]續修陝西通志稿二百二十四卷
宋伯魯等修,吴廷錫等纂

008592659 DS793. N6 C4965 1990 vol. 12
高陵縣志七卷附續傳一卷
(明)吕柟修

008592660 DS793. N6 C4965 1990 vol. 12
禮泉縣續志三卷首一卷
(清)宫耀亮修

008592661 DS793. N6 C4965 1990 vol. 12
興平縣志二十五卷
(清)胡蛟齡纂修

008592663 DS793. N6 C4965 1990 vol. 12
興平縣士女續志三卷
(清)王權撰

008592664 DS793. N6 C4965 1990 vol. 13
長武縣志十二卷附後續一卷
(清)樊士锋修,洪亮吉撰

008592665 DS793. N6 C4965 1990 vol. 13
續武功縣志五卷
(清)張樹勛修,王森文纂

008592666 DS793. N6 C4965 1990 vol. 14
綏德直隸州志八卷首一卷
(清)孔繁樸修,高維岳纂

008592667 DS793. N6 C4965 1990 vol. 14
府谷縣志四卷
(清)鄭居中撰

008592668 DS793. N6 C4965 1990 vol. 14
鄜州志八卷首一卷
(清)顧耿臣修,任于嶠纂

008592669 DS793. N6 C4965 1990 vol. 14
延長縣志十卷
(清)王崇禮纂修

008592670 DS793. N6 C4965 1990 vol. 14
保安縣志八卷
(清)彭瑞麟修,武東旭纂

008592671 DS793. N6 C4965 1990 vol. 14
澄城縣志二卷
(清)石道立原纂;姚欽明增修,路世美增纂

008592672 DS793. N6 C4965 1990 vol. 15
富平縣志八卷
(清)胡文銓撰,楊著藩校訂

008592673 DS793. N6 C4965 1990 vol. 15
續朝邑縣志八卷
(明)王學謨撰

008592674 DS793. N6 C4965 1990 vol. 15
雒南縣志十二卷附一卷
(清)范啓源重纂,薛馧訂正

008592676 DS793. N6 C4965 1990 vol. 15
鎮安縣志十卷
(清)聶燾撰

008592677 DS793. N6 C4965 1990 vol. 16
紫陽縣志六卷首一卷
陳振紀、陳如墉纂修

008592678 DS793. N6 C4965 1990 vol. 17
磚坪縣志二卷
佚名纂修

008592679 DS793. N6 C4965 1990 vol. 17
白河縣志十四卷
(清)王達心纂

008592681 DS793. N6 C4965 1990 vol. 17
寧陜廳志四卷
(清)林一銘纂修,焦世官、胡官清纂

008592682 DS793. N6 C4965 1990 vol. 18
留壩廳志十卷
(清)賀仲瑊修,蔣湘南纂

008592683 DS793. N6 C4965 1990 vol. 19
城固縣志十卷
(清)王穆纂修

008592684 DS793. N6 C4965 1990 vol. 20
南鄭縣志十六卷
(清)王行儉纂修

008592686 DS793. N6 C4965 1990 vol. 21
洋縣志八卷首一卷
(清)鄒溶修,周忠纂

008592687 DS793. N6 C4965 1990 vol. 22
寧羌州鄉土志不分卷
(清)陳芑芬修,黎彩彰纂

008592688 DS793. N6 C4965 1990 vol. 22
沔縣志四卷
(清)錢兆沆纂修

008592690 DS793. N6 C4965 1990 vol. 22
褒城縣志四卷
(清)光朝魁纂修

008592692 DS793. N6 C4965 1990 vol. 23-26
甘肅新通志一百卷首五卷
(清)升允、長庚修,安維峻纂

008592693 DS793. N6 C4965 1990 vol. 27-29
甘肅通志稿不分卷
劉郁芬修,楊思、張維等纂

008627567 DS793. N6 C4965 1990 vol. 30-32
甘肅省鄉土志稿二十三章
朱允明撰

008627568 DS793. N6 C4965 1990 vol. 33
甘肅省志
白眉著

00827569DS793. N6 C4965 1990 vol. 34
皋蘭縣續志十二卷
(清)黃璟、秦維岳原纂;陸芝田、張廷選續纂

008627570 DS793. N6 C4965 1990 vol. 34
金縣新志不分卷
(清)耿喻修,郭殿邦纂

008627572 DS793. N6 C4965 1990 vol. 35
靖遠縣志八卷首一卷
(清)李一鵬等纂

008592696　DS793. N6 C4965 1990 vol. 36

打拉池縣丞志不分卷

(清)廖丙文修,陳希魁等纂;張維補輯

008592700　DS793. N6 C4965 1990 vol. 36

會寧縣志十二卷

(清)畢光堯纂修

008592701　DS793. N6 C4965 1990 vol. 37

寧遠縣志六卷

(清)馮同憲修,李樟纂

008592703　DS793. N6 C4965 1990 vol. 37

寧遠縣志續略八卷

(清)纘周撰

008592705　DS793. N6 C4965 1990 vol. 37

清水縣志十二卷

(清)劉俊聲修,張桂芳纂

008592706　DS793. N6 C4965 1990 vol. 38

續伏羌縣志六卷

(清)嚴澤生纂

008592707　DS793. N6 C4965 1990 vol. 38

秦安志九卷

(明)胡纘宗纂

008592708　DS793. N6 C4965 1990 vol. 39

安定縣志二卷

(清)惲應翼修,張嘉孚纂

008592709　DS793. N6 C4965 1990 vol. 39

岷州志二十卷

(清)郭京範、田而穟纂

008592710　DS793. N6 C4965 1990 vol. 39

隴西志十二卷

(清)魯廷琰修,田呂葉纂

008592711　DS793. N6 C4965 1990 vol. 39

通渭縣志四卷

(明)劉世綸修,白我心纂

008592712　DS793. N6 C4965 1990 vol. 39

渭源縣志不分卷

(清)張弘斌修,張淑孔纂

008592713　DS793. N6 C4965 1990 vol. 40

重修漳縣志八卷首一卷

韓世英修

008592714　DS793. N6 C4965 1990 vol. 40

創修隴西分縣武陽志五卷

(清)周裕杭修,楊學震纂

008592715　DS793. N6 C4965 1990 vol. 41

狄道州志十六卷

(清)呼延華國修,吴鎮纂

008592717　DS793. N6 C4965 1990 vol. 41

平涼府志十三卷

(明)趙時春纂

008592718　DS793. N6 C4965 1990 vol. 42

靈台志四卷

(清)黄居中修,楊淳纂

008592720　DS793. N6 C4965 1990 vol. 42

涇州志二卷

(清)張延福修,李瑾纂

008592721　DS793. N6 C4965 1990 vol. 43

莊浪縣志七卷

(清)王鐘鳴修,盧必培纂

008592723　DS793. N6 C4965 1990 vol. 43

平涼縣志四卷

(清)鄭濬,王安民纂

008592724 DS793. N6 C4965 1990 vol. 44
合水縣志二卷
(清)陶奕曾纂修

008592725 DS793. N6 C4965 1990 vol. 44
寧州志五卷
(清)晉顯卿修,王星麟纂

008592727 DS793. N6 C4965 1990 vol. 45
環縣志九卷
(清)高觀鯉纂修

008592728 DS793. N6 C4965 1990 vol. 45
正寧縣志十八卷
(清)折遇蘭纂修

008592731 DS793. N6 C4965 1990 vol. 46
階州直隸州續志三十三卷
(清)葉恩沛修,吕震南纂

008592732 DS793. N6 C4965 1990 vol. 46
文縣志八卷首一卷
(清)江景瑞纂修

008592734 DS793. N6 C4965 1990 vol. 47
兩當縣志四卷
(清)秦武域纂修

008592735 DS793. N6 C4965 1990 vol. 47
西和縣志四卷
(清)邱大英纂修

008592736 DS793. N6 C4965 1990 vol. 48
鎮番縣志十卷
(清)許協修,謝集成纂

008592738 DS793. N6 C4965 1990 vol. 48
古浪縣志九卷首一卷
李培清修,唐海雲纂

008592739 DS793. N6 C4965 1990 vol. 48
甘鎮志六卷
(明)楊春茂撰

008592740 DS793. N6 C4965 1990 vol. 48
東樂縣志四卷首一卷
(清)徐傳鈞修,張著常纂

008592741 DS793. N6 C4965 1990 vol. 48
山丹縣志十卷
(清)黄璟續撰

008592743 DS793. N6 C4965 1990 vol. 48
玉門縣志不分卷
(清)佚名撰

008592744 DS793. N6 C4965 1990 vol. 48
敦煌縣志不分卷
(清)佚名撰

008592745 DS793. N6 C4965 1990 vol. 48
鼎新縣志不分卷
張應麒修,蔡廷孝纂

008592747 DS793. N6 C4965 1990 vol. 49
肅州新志不分卷
(清)吴人壽、何衍慶纂修

008592748 DS793. N6 C4965 1990 vol. 49
洮州廳志十八卷首一卷
(清)張彦篤修,包永昌纂

008592750 DS793. N6 C4965 1990 vol. 49
河州志六卷
(清)吴禎纂修

008592751 DS793. N6 C4965 1990 vol. 49
和政縣志九卷
(清)王詔纂

008592752　DS793. N6 C4965 1990 vol. 50
朔方新志四卷
(明)楊應聘、楊壽纂修

008592754　DS793. N6 C4965 1990 vol. 50
寧夏府志二十二卷首一卷
(清)張金城撰

008627573　DS793. N6 C4965 1990 vol. 51
銀川小志不分卷
(清)汪繹辰纂

008627574　DS793. N6 C4965 1990 vol. 51
平羅紀略八卷
(清)徐保字纂

008627575　DS793. N6 C4965 1990 vol. 51
續纂平羅紀略五卷
(清)張梯纂

008627576　DS793. N6 C4965 1990 vol. 52
平遠縣志十卷
(清)陳日新纂修

008627577　DS793. N6 C4965 1990 vol. 52
花馬池志二卷
(清)佚名纂修

008627578　DS793. N6 C4965 1990 vol. 52
靈州志四卷
(清)楊芳燦修,郭楷纂

008627579　DS793. N6 C4965 1990 vol. 53
中衛縣志十卷
(清)程德潤撰

008592759　DS793. N6 C4965 1990 vol. 54
鹽茶廳志備遺不分卷
(清)朱亨衍修,劉統纂

008592756　DS793. N6 C4965 1990 vol. 54
隆德縣志二卷
(清)常星景撰

008592758　DS793. N6 C4965 1990 vol. 54
化平縣志四卷
蓋世儒修,張逢泰纂

008592761　DS793. N6 C4965 1990 vol. 55
重刊西寧志不分卷
(清)蘇銑纂

008592762　DS793. N6 C4965 1990 vol. 55
青海記不分卷
(清)康敷鎔纂

008592765　DS793. N6 C4965 1990 vol. 55
西寧府新志四十卷
(清)楊應琚纂

008592766　DS793. N6 C4965 1990 vol. 55
西寧府續志十卷
(清)鄧承偉撰;基生蘭續纂

008592768　DS793. N6 C4965 1990 vol. 55
大通縣志六部
劉運新修,廖徯蘇纂

008592771　DS793. N6 C4965 1990 vol. 55
丹噶爾廳志八卷
(清)張庭武修,楊景昇纂

008592965　DS793. N6 C4965 1990 vol. 56
循化志八卷
(清)龔景瀚纂修

008592966　DS793. N6 C4965 1990 vol. 57
輾伯所志不分卷
(清)李天祥纂

008592967 DS793. N6 C4965 1990 vol. 57
貴德縣志四卷
趙萬卿纂

008592970 DS793. N6 C4965 1990 vol. 58
欽定皇輿西域圖志四十八卷首四卷
(清)傅恒等修,褚廷璋等纂;英廉等增纂

008592974 DS793. N6 C4965 1990 vol. 59
回疆通志十二卷
(清)和寧纂

008592976 DS793. N6 C4965 1990 vol. 60
西域總志四卷
(清)七十一纂

008592977 DS793. N6 C4965 1990 vol. 60
新疆四道志不分卷
(清)佚名撰

008592982 DS793. N6 C4965 1990 vol. 61
伊犁府鄉土志不分卷
(清)許國楨撰

008592990 DS793. N6 C4965 1990 vol. 61
莎車府鄉土志不分卷
(清)甘曜湘撰

008592991 DS793. N6 C4965 1990 vol. 61
昌吉縣呼圖壁鄉土志不分卷
佚名撰

008592993 DS793. N6 C4965 1990 vol. 61
阜康縣鄉土志不分卷
佚名撰

008592994 DS793. N6 C4965 1990 vol. 61
孚遠縣鄉土志不分卷
佚名撰

008592997 DS793. N6 C4965 1990 vol. 61
鄯善縣鄉土志不分卷
(清)陳光煒撰

008592998 DS793. N6 C4965 1990 vol. 61
寧遠縣鄉土志不分卷
(清)李方學撰

008593000 DS793. N6 C4965 1990 vol. 61
綏定縣鄉土志不分卷
蕭然奎撰

008593004 DS793. N6 C4965 1990 vol. 61
精河廳鄉土志不分卷
(清)曹凌漢撰

008593006 DS793. N6 C4965 1990 vol. 61
哈密直隸廳鄉土志不分卷
(清)劉潤道撰

008593008 DS793. N6 C4965 1990 vol. 61
婼羌縣鄉土志圖不分卷
(清)瑞山撰

008593009 DS793. N6 C4965 1990 vol. 61
婼羌縣鄉土志不分卷
(清)唐光煒撰

008593010 DS793. N6 C4965 1990 vol. 61
輪臺縣鄉土志不分卷
(清)顧桂芬撰

008593011 DS793. N6 C4965 1990 vol. 61
和闐直隸州鄉土志不分卷
(清)謝維興撰

008593012 DS793. N6 C4965 1990 vol. 61
皮山縣鄉土志不分卷
佚名撰

008593014　DS793. N6 C4965 1990 vol. 61
洛浦縣鄉土志不分卷
(清)楊丕灼撰

008593016　DS793. N6 C4965 1990 vol. 61
伽師縣鄉土志不分卷
(清)高生岳撰

008593017　DS793. N6 C4965 1990 vol. 61
巴楚州鄉土志不分卷
(清)張璪光撰

008593019　DS793. N6 C4965 1990 vol. 61
英吉沙爾廳鄉土志不分卷
(清)黎炳元撰

008593020　DS793. N6 C4965 1990 vol. 61
蒲犁廳鄉土志不分卷
(清)江文波撰

008593023　DS793. N6 C4965 1990 vol. 61
拜城縣鄉土志不分卷
佚名撰

008593025　DS793. N6 C4965 1990 vol. 61
庫車直隸州鄉土志不分卷
佚名撰

008593022　DS793. N6 C4965 1990 vol. 61
温宿縣鄉土志不分卷
佚名撰

008593026　DS793. N6 C4965 1990 vol. 61
沙雅縣鄉土志不分卷
(清)張紹伯撰

008593027　DS793. N6 C4965 1990 vol. 61
温宿分防柯坪鄉土志不分卷
(清)潘宗岳撰

008593030　DS793. N6 C4965 1990 vol. 61
鎮西廳鄉土志不分卷
(清)閆緒昌修,高耀南纂

008593032　DS793. N6 C4965 1990 vol. 61
和闐鄉土志不分卷
佚名撰

008593034　DS793. N6 C4965 1990 vol. 61
葉城縣鄉土志不分卷
佚名撰

008593037　DS793. N6 C4965 1990 vol. 61
新平縣鄉土志不分卷
佚名撰

008593038　DS793. N6 C4965 1990 vol. 61
温宿府鄉土志不分卷
佚名撰

008593039　DS793. N6 C4965 1990 vol. 62
華岳志八卷首一卷
(清)李榕蔭纂輯

008593040　DS793. N6 C4965 1990 vol. 63
崆峒山志二卷
(清)張伯魁纂修

008593041　DS793. N6 C4965 1990 vol. 63
首陽山志不分卷
張穎軒纂

008593042　DS793. N6 C4965 1990 vol. 63
麥積山石窟志不分卷
馮國瑞撰

中國西北文獻叢書續編·西北稀見方志文獻

《中國西北文獻叢書續編·西北稀見方志文獻》,甘肅文化出版社 1999 年影印出版
(008630633 DS793. N6 C4966 1999x ser. 4)

008630633 DS793. N6 C4966 1999x ser. 4 vol. 1
欽定新疆識略十二卷首一卷
(清)松筠纂

008630633 DS793. N6 C4966 1999x ser. 4 vol. 1
[道光]哈密志五十一卷
(清)鍾方纂修

008630638 DS793. N6 C4966 1999x ser. 4 vol. 2
[乾隆]甘州府志十六卷首一卷
(清)鍾賡起撰

008630639 DS793. N6 C4966 1999x ser. 4 vol. 3
[民國]高臺縣志八卷
徐家瑞纂修

008630639 DS793. N6 C4966 1999x ser. 4 vol. 3
[光緒]通渭縣新志十二卷首一卷
(清)高蔚霞修,苟廷誠纂

008630639 DS793. N6 C4966 1999x ser. 4 vol. 3
[乾隆]皋蘭縣志二十卷
(清)吴鼎新修,黄建中纂

008630640 DS793. N6 C4966 1999x ser. 4 vol. 4
[光緒]重修皋蘭縣志三十卷
(清)張國常纂修,楊昌濬、胡景桂鑒定

中國西南文獻叢書·西南稀見方志文獻

《中國西南文獻叢書·西南稀見方志文獻》,蘭州大學出版社 2003 年影印出版
(009360168 DS793. S6445 Z466 2003x)

009446939 DS793. S6445 Z466 2003x vol. 1-8
四川通志
(清)常明等修纂

009447589 DS793. S6445 Z466 2003x vol. 9
華陽國志
(晉)常璩撰;(清)李調元校定

009451609 DS793. S6445 Z466 2003x vol. 10
雲陽縣志
(明)楊鸞等修,施繼宗、唐相等纂

009255179 DS793. S6445 Z466 2003x vol. 10
夔州府志
(明)吴潛修輯

009447659 DS793. S6445 Z466 2003x vol. 11
峨眉縣志
(清)王燮修,張希縉等纂

009447659 DS793. S6445 Z466 2003x vol. 11
漢州志
(清)劉長庚等修,侯肇元等纂

009447667 DS793. S6445 Z466 2003x vol. 12
直隸叙永廳志
(清)周偉業纂修

009447676 DS793. S6445 Z466 2003x vol. 13
新都縣志
(明)張奉書修,張懷洵纂

009447690 DS793. S6445 Z466 2003x vol. 14
樂至縣志
(清)裴顯忠修,劉孟興纂

009447690 DS793. S6445 Z466 2003x vol. 14
梓潼縣志
(清)張香海等修,楊曦等纂

009447690 DS793. S6445 Z466 2003x vol. 14
高縣志
(清)敖立榜、曾毓佐等纂修

009447699 DS793. S6445 Z466 2003x vol. 15
會理州志
楊昶等修,王繼會等纂

009447699 DS793. S6445 Z466 2003x vol. 15
富順縣志
(清)李芝、段玉裁等纂

009447706 DS793. S6445 Z466 2003x vol. 16
慶符縣志
佚名纂修

009447706 DS793. S6445 Z466 2003x vol. 16
羅江縣志
(清)李調元撰

009447706 DS793. S6445 Z466 2003x vol. 16
巴塘志略
(清)錢召棠纂輯

009447712 DS793. S6445 Z466 2003x vol. 17
重慶府志
(清)王夢庚等修纂

009447727 DS793. S6445 Z466 2003x vol. 18
合州志
(明)劉芳聲修,田九垓纂

009447727 DS793. S6445 Z466 2003x vol. 18
開縣志
(清)李肇奎等修,牟泰豐等纂

009447740 DS793. S6445 Z466 2003x vol. 19
萬縣志
(清)張琴修,范泰衡纂

009447748 DS793. S6445 Z466 2003x vol. 20
雲南圖經志十卷
(明)鄭顒修,陳文纂

009447755 DS793. S6445 Z466 2003x vol. 21
雲南通志
(明)李中溪纂修

009447755 DS793. S6445 Z466 2003x vol. 21
雲南地志
(清)劉盛堂編

009447772 DS793. S6445 Z466 2003x vol. 22
尋甸府志
(清)王尚用修,張騰纂,祝誠校訂

009447772 DS793. S6445 Z466 2003x vol. 22
通海縣志
(清)魏藎臣、闞禎兆纂修

009447772 DS793. S6445 Z466 2003x vol. 22
晉寧州志
(清)杜紹先纂修

009447788 DS793. S6445 Z466 2003x vol. 23
雲南府志
(清)范承勛、張毓碧修,謝儼纂

009447803 DS793. S6445 Z466 2003x vol. 24
嶍峨縣志
(清)陸紹閎修,彭學會纂

009447803 DS793. S6445 Z466 2003x vol. 24
平彝縣志
(清)任中宜纂輯

009447803 DS793. S6445 Z466 2003x vol. 24
師宗州志
(清)管掄原纂;夏治源增輯

009447803 DS793. S6445 Z466 2003x vol. 24
白鹽井志
(清)劉邦瑞纂修

009447803 DS793. S6445 Z466 2003x vol. 24
安寧州志
(清)朗一槃等纂修

009447803 DS793. S6445 Z466 2003x vol. 24
彌勒州志
(清)傅騰蛟等修,秦仁等纂

009447803 DS793. S6445 Z466 2003x vol. 24
廣西府志
(清)周采修,李綬等纂

009447813 DS793. S6445 Z466 2003x vol. 25
麗江府志略
(清)管學宣、萬咸燕纂修

009447813 DS793. S6445 Z466 2003x vol. 25
石屏州志
(清)方桂修,胡蔚纂

009447835 DS793. S6445 Z466 2003x vol. 26
東川府志
(清)方桂修,胡蔚纂

009447835 DS793. S6445 Z466 2003x vol. 26
蒙自縣志
(清)李焜纂修

009447835 DS793. S6445 Z466 2003x vol. 26
黎縣舊志
佚名纂修

009447848 DS793. S6445 Z466 2003x vol. 27
重修澂江府志
(清)李星沅等修,李熙齡等纂

009447856 DS793. S6445 Z466 2003x vol. 28
南寧縣志
(清)毛玉成修,張翊辰等纂

009447856 DS793. S6445 Z466 2003x vol. 28
鎮南州志略
(清)李毓蘭修,甘孟賢纂

009447856 DS793. S6445 Z466 2003x vol. 28
武定直隸州志
(清)陳燕、韓寶琛等纂

009447868 DS793. S6445 Z466 2003x vol. 29
霑益州志
陳燕、韓寶琛等纂

009447868 DS793. S6445 Z466 2003x vol. 29
呈貢縣志
(清)李明鋆纂修

009447878 DS793. S6445 Z466 2003x vol. 30
永昌府志
(清)劉毓珂等纂修

009447934 DS793. S6445 Z466 2003x vol. 31
思茅廳志
(清)李熙齡原撰,魏錫經輯次

009447934 DS793. S6445 Z466 2003x vol. 31
嵩明州志
(清)薛渭川纂修

009447934 DS793.S6445 Z466 2003x vol.31
昆明縣志
(清)戴炯孫輯

009447938 DS793.S6445 Z466 2003x vol.32
浪穹縣志略
(清)羅瀛美修,周沆纂

009447938 DS793.S6445 Z466 2003x vol.32
楚雄縣志
(清)崇廉等纂修

009450423 DS793.S6445 Z466 2003x vol.33
廣南府志
(清)林則徐等修,李熙齡纂

009450423 DS793.S6445 Z466 2003x vol.33
鎮康縣志初稿
納汝珍修,蔣世芳纂

009450423 DS793.S6445 Z466 2003x vol.33
高嶢志
由雲龍撰

009450435 DS793.S6445 Z466 2003x vol.34
大理縣志
張培爵等修,周宗麟等纂

009450435 DS793.S6445 Z466 2003x vol.34
新編麻栗坡地志資料
陳鍾書修,鄧昌麒纂

009450447 DS793.S6445 Z466 2003x vol.35
騰衝縣志稿
李印泉修,劉楚湘纂

009450471 DS793.S6445 Z466 2003x vol.36-37
姚安縣志
盧漢等修,由雲龍等纂

009450489 DS793.S6445 Z466 2003x vol.38
貴州圖經新志
(明)沈庠修,趙瓚纂

009450519 DS793.S6445 Z466 2003x vol.39
貴州通志
衛既齊修,薛載德等纂

009450540 DS793.S6445 Z466 2003x vol.40
思南府志
(明)鍾添纂次,田秋删定,洪價校正

009450540 DS793.S6445 Z466 2003x vol.40
普安州志
(明)沈勖等纂修

009450557 DS793.S6445 Z466 2003x vol.41
思州府志
(清)蔣深修纂

009450557 DS793.S6445 Z466 2003x vol.41
天柱縣志
(清)王復宗纂輯

009450579 DS793.S6445 Z466 2003x vol.42
平溪衛志書
(清)鄭逢元纂

009450579 DS793.S6445 Z466 2003x vol.42
開泰縣志
(清)郝大成修,王師泰纂

009450595 DS793.S6445 Z466 2003x vol.43
永寧州志
(清)黄培傑纂修

009450595 DS793.S6445 Z466 2003x vol.43
湄潭縣志
(清)楊玉柱纂修

009450611 DS793. S6445 Z466 2003x vol. 44-45
遵義府志
(清)黄樂之等修,鄭珍、莫友芝等纂

009450611 DS793. S6445 Z466 2003x vol. 45
荔波縣志
(清)蘇忠廷修,董成烈纂

009450651 DS793. S6445 Z466 2003x vol. 46
石阡府志
(清)邱任偉等修纂

009450651 DS793. S6445 Z466 2003x vol. 46
續修正安州志
(清)彭焯修,楊德明纂

009450651 DS793. S6445 Z466 2003x vol. 46
安南縣鄉土志
(清)易心澄纂修

009450651 DS793. S6445 Z466 2003x vol. 46
貴定縣志稿
續修貴州通志貴定縣採訪處編

009450672 DS793. S6445 Z466 2003x vol. 47
綏陽縣志
胡仁修,李培枝纂

009450685 DS793. S6445 Z466 2003x vol. 48
西藏志
焦應旗撰

009450685 DS793. S6445 Z466 2003x vol. 48
雅州府志
(清)曹掄彬、曹掄瀚纂輯

009450685 DS793. S6445 Z466 2003x vol. 48
清溪縣志
(清)劉傳經修,陳一沺纂

009450685 DS793. S6445 Z466 2003x vol. 48
里塘志略
(清)陳登龍編

009450685 DS793. S6445 Z466 2003x vol. 48
拉薩廳志
(清)李夢皋撰

009450685 DS793. S6445 Z466 2003x vol. 48
章谷屯志略
(清)吴德熙輯

009450685 DS793. S6445 Z466 2003x vol. 48
越巂廳全志
(清)馬忠良原纂;孫鏘增修

009450701 DS793. S6445 Z466 2003x vol. 49
衛藏通志
佚名纂修

009450847 DS793. S6445 Z466 2003x vol. 50
雞足山志
(清)釋者大錯原纂;范承勳增修

009450847 DS793. S6445 Z466 2003x vol. 50
雞足山志補
趙藩、李根源輯

009450847 DS793. S6445 Z466 2003x vol. 50
青城山記
(清)彭洵編輯

009450847 DS793. S6445 Z466 2003x vol. 50
峨山圖志
(清)黄錫燾、黄綬芙等編繪

009450847 DS793. S6445 Z466 2003x vol. 50
碧玉泉志稿
(清)段昕撰

009450847　DS793. S6445 Z466 2003x vol. 50
峨眉山志
釋印光纂修

009450847　DS793. S6445 Z466 2003x vol. 50
雲南山川志
(明)楊慎撰

著名圖書館藏稀見方志叢刊系列

華東師範大學圖書館藏稀見方志叢刊

《華東師範大學圖書館藏稀見方志叢刊》,北京圖書館出版社 2005 年影印出版
(009837582　3008 3603 ser. 1)

010015327　3008 3603 ser. 1 v. 1-5
[嘉靖]陝西通志四十卷
(明)趙廷瑞纂修

010015429　3008 3603 ser. 1 v. 5
[嘉靖]新寧縣志十卷
(明)王臣修,陳元珂纂

010015450　3008 3603 ser. 1 v. 6
横溪録八卷
(明)徐鳴時纂

010018657　3008 3603 ser. 1 v. 6-9
[淳熙]三山志四十二卷
(宋)梁克家撰輯;(明)林材訂正

010018707　3008 3603 ser. 1 v. 9
[萬曆]開原圖説二卷
(明)馮瑗纂

010018729　3008 3603 ser. 1 v. 10-11
[康熙]江都縣志十六卷
(清)李蘇纂修

010018758　3008 3603 ser. 1 v. 12
[乾隆]乾州志四卷
(清)王瑋纂修

010018774　3008 3603 ser. 1 v. 12-13
[乾隆]廣西府志二十卷
(清)周埰修,李綬等纂

010018786　3008 3603 ser. 1 v. 13
襄城文獻録十二卷
(清)劉宗泗輯

010018794　3008 3603 ser. 1 v. 14
[乾隆]閩清縣志十卷
(清)姚循義纂修

010018801　3008 3603 ser. 1 v. 15
[乾隆]宜良縣志四卷
(清)李淳纂修

010018811　3008 3603 ser. 1 v. 16
[乾隆]當陽縣志九卷首一卷
(清)黄仁修,童鑾纂

010018820　3008 3603 ser. 1 v. 17
[道光]威遠廳志八卷
(清)謝體仁纂修

010018856　3008 3603 ser. 1 v. 18-19
[乾隆]通州志十卷首一卷末一卷

(清)高天鳳修,金梅纂

010018868 3008 3603 ser. 1 v. 19
[光緒]朝城縣志略一卷
(清)李煜纂修

010018879 3008 3603 ser. 1 v. 19
崖州直隸州鄉土志二卷
(清)湯寶棻修

010018882 3008 3603 ser. 1 v. 19
[宣統]昭覺縣志稿四卷
(清)徐懷璋纂修

010018888 3008 3603 ser. 1 v. 20
[宣統]恩安縣志稿六卷
(清)汪炳謙纂修

010018890 3008 3603 ser. 1 v. 20
[民國]同正縣志不分卷
錢承聰纂

010018894 3008 3603 ser. 1 v. 20
南潯鎮志稿四卷
周子美纂修

北京師範大學圖書館藏稀見方志叢刊

《北京師範大學圖書館藏稀見方志叢刊》,北京圖書館出版社 2008 年影印出版
(011304931 3008 3603 ser. 2)

011392321 3008 3603 ser. 2 v. 1
[民國]古北口志不分卷
熱河省公署古北口辦事處編

011392346 3008 3603 ser. 2 v. 1
[康熙]河間縣志十二卷
(清)袁元修,楊九有纂

011392377 3008 3603 ser. 2 v. 2
[光緒]武清縣志十卷首一卷末一卷
(清)蔡壽臻、錢錫寀纂修

011392419 3008 3603 ser. 2 v. 2
[順治]蔚州志二卷
(清)李英修纂

011392435 3008 3603 ser. 2 v. 3
[雍正]鳳翔縣志十卷
(清)韓鏞修纂

011392493 3008 3603 ser. 2 v. 4
[康熙]碾伯所志一卷
(清)李天祥纂

011392480 3008 3603 ser. 2 v. 4
[乾隆]玉門縣志一卷
(清)佚名撰

011392456 3008 3603 ser. 2 v. 4
[嘉靖]河州志四卷
(明)吴禎編,劉卓校刊

011407096 3008 3603 ser. 2 v. 5
[民國]興化縣小通志不分卷
阮性傳纂

011407086 3008 3603 ser. 2 v. 5
[民國]綏蒙輯要十卷
陳玉甲編

011407112　3008 3603 ser. 2 v. 5
[光緒]泰安縣鄉土志不分卷
(清)楊承澤編

011407136　3008 3603 ser. 2 v. 6-7
[萬曆]皇明常熟文獻志十八卷
(明)管一德纂

011407151　3008 3603 ser. 2 v. 8
[光緒]無錫斗門小志不分卷
(清)佚名纂

011407239　3008 3603 ser. 2 v. 8
[康熙]象山縣志十六卷
(清)胡祚遠修,姚廷傑纂

011407256　3008 3603 ser. 2 v. 9
[乾隆]廬州衛志六卷首一卷
(清)尹焕輯

011407267　3008 3603 ser. 2 v. 9
[民國]杏花村續志三卷首一卷末一卷
胡子正編

011407277　3008 3603 ser. 2 v. 10
[康熙]彭澤縣志十四卷首一卷
(清)王廷藩修,潘翰等纂

011407285　3008 3603 ser. 2 v. 11-12
[乾隆]寧州志十卷
(清)張耀曾修,陳昌言纂

011407295　3008 3603 ser. 2 v. 13-17
[道光]吉水縣志三十二卷首一卷
(清)周樹槐修纂

011407362　3008 3603 ser. 2 v. 18
[康熙]建寧縣志十四卷
(清)周爆等掌修,陳恂纂

011407458　3008 3603 ser. 2 v. 19
[民國]葉縣鄉土志不分卷
郭登峰編

011407440　3008 3603 ser. 2 v. 19
[乾隆]續修郟縣志一卷
(清)張楣修,聶憲纂

011407392　3008 3603 ser. 2 v. 19
[咸豐]崇義縣續志二卷
(清)汪報閏修,陳世瑋纂

011407428　3008 3603 ser. 2 v. 19
[嘉慶]蛤仔難紀略一卷
(清)謝金鑾撰

011407473　3008 3603 ser. 2 v. 20
[康熙]長葛縣志八卷
(清)何鼎纂修

011407490　3008 3603 ser. 2 v. 21
[雍正]巫山縣志不分卷
(清)佚名纂修

011407484　3008 3603 ser. 2 v. 21
[康熙]鄖署雜抄十二卷首一卷末一卷
(清)汪爲熹纂

011407509　3008 3603 ser. 2 v. 22
[順治]閿鄉縣志六卷
(清)張三省、楊遵修,杜允中等纂

北京師範大學圖書館藏稀見方志叢刊續編

《北京師範大學圖書館藏稀見方志叢刊續編》,學苑出版社 2009 年影印出版

(012184211　3008 3603 ser. 2 Suppl.)

012184211　3008 3603 ser. 2 Suppl.　v. 1
[嘉慶]熱河志略二卷
(清)和瑛纂修

012184211　3008 3603 ser. 2 Suppl.　v. 1
[民國]熱河地方志
王文江、宣本荣编辑

012184211　3008 3603 ser. 2 Suppl.　v. 1
[光緒]採訪盧龍縣志存稿
(清)茂堂記

012184211　3008 3603 ser. 2 Suppl.　v. 1-2
[光緒]邯鄲縣志八卷首一卷
(清)英棨、周锡璋纂修

012184211　3008 3603 ser. 2 Suppl.　v. 2
[咸豐]荔波志稿不分卷
(清)鄭珍纂修

012184211　3008 3603 ser. 2 Suppl.　v. 2
[民國]昌都調查報告
蒙藏委员會调查室编

012184211　3008 3603 ser. 2 Suppl.　v. 3
[道光]河曲縣志採遺四卷
(清)黄宅中纂

012184211　3008 3603 ser. 2 Suppl.　v. 3
[民國]伊盟右翼四旗調查報告書
蒙藏委员會调查室修纂

012184211　3008 3603 ser. 2 Suppl.　v. 3-4
[民國]拜泉縣志四卷
張霖如修,胡乃新等纂

012184211　3008 3603 ser. 2 Suppl.　v. 4
菱湖志三卷
(清)姚彦渠纂修

012184211　3008 3603 ser. 2 Suppl.　v. 4
漁閒小志
(清)佚名編纂

012184211　3008 3603 ser. 2 Suppl.　v. 5
[民國]渭源縣風土調查録
文廷美纂,高光壽編

012184211　3008 3603 ser. 2 Suppl.　v. 5-6
[萬曆]東昌府志二十二卷
(明)王命爵、李士登修,王汝訓纂

012184211　3008 3603 ser. 2 Suppl.　v. 7
[道光]山陽志遺四卷
(清)吴玉搢纂,丁壽徵、李錫恩批校

012184211　3008 3603 ser. 2 Suppl.　v. 7
[民國]常熟新莊鄉小志六卷
陸晶生編

012184211　3008 3603 ser. 2 Suppl.　v. 7
[宣統]丹徒縣志續志十卷
(清)陳祺壽纂

012184211　3008 3603 ser. 2 Suppl.　v. 8
[民國]重修興化縣志
佚名纂

012184211　3008 3603 ser. 2 Suppl.　v. 8-9
[雍正]懷遠縣志八卷
(清)唐暄纂輯

012184211　3008 3603 ser. 2 Suppl.　v. 9-11
[康熙]滁州志三十卷
(清)余國楧修,潘運皞纂

012184211　3008 3603 ser. 2 Suppl.　v. 12-13
[乾隆]湖口縣志十八卷首一卷
(清)郭承縉修,曹河昆等纂

012184211　3008 3603 ser. 2 Suppl.　v. 13
萬載鄉土志
龍賡言編

012184211　3008 3603 ser. 2 Suppl.　v. 13
[民國]重修興化縣志河渠志纂稿
佚名纂修

012184211　30083603ser. 2Suppl.　v. 14-15
[康熙]弋陽縣志八卷
(清)譚瑄纂修

012184211　3008 3603 ser. 2 Suppl.　v. 15-17
[嘉慶]東鄉縣志二十一卷首一卷末一卷
(清)周軾、周鍾泰修,吴嵩量等纂

012184211　3008 3603 ser. 2 Suppl.　v. 17-18
[乾隆]崇義縣志十四卷首一卷
(清)羅洪鈺編輯

012184211　3008 3603 ser. 2 Suppl.　v. 19
[宣統]清泉縣鄉土志
(清)廖世英、朱其元、魯藩修,謝价人、楊維岳纂

012184211　3008 3603 ser. 2 Suppl.　v. 19-20
[民國]清流縣志二十七卷首一卷
林善慶修,王瓊等纂

012184211　3008 3603 ser. 2 Suppl.　v. 20-22
[民國]松滋縣志十卷
楊傳松修,楊洪纂

012184211　3008 3603 ser. 2 Suppl.　v. 22
[光緒]重修公安縣志十卷附一卷
佚名纂修

012184211　3008 3603 ser. 2 Suppl.　v. 23
[康熙]宜城縣志四卷
(清)胡允慶修,關寧、尚其志纂

012184211　3008 3603 ser. 2 Suppl.　v. 23-25
[民國]和平縣志二十卷首一卷末一卷
曾樞修,凌開蔚纂

012184211　3008 3603 ser. 2 Suppl.　v. 25
[宣統]石砫廳鄉土志
(清)楊應璣、譚永泰、劉青雲編纂

012184211　3008 3603 ser. 2 Suppl.　v. 25-26
[嘉慶]樂山縣志十六卷首一卷
(清)龔傳黻修,涂嵩等纂

陝西省圖書館藏稀見方志叢刊

《陝西省圖書館藏稀見方志叢刊》,北京圖書館出版社2006年影印出版
(010003107　3008 3603 ser. 3)

011311508　3008 3603 ser. 3 v. 1
[天順]重刊襄陽郡志四卷
(明)張恒修纂

011311545 3008 3603 ser. 3 v. 1-2
[光緒]黑龍江述略六卷
(清)徐宗亮校刊

011311752 3008 3603 ser. 3 v. 2
[康熙]鄠縣志十二卷圖一卷
(清)康如璉纂修

011311601 3008 3603 ser. 3 v. 2
[道光]印江縣志二卷
(清)鄭士範纂修

011311772 3008 3603 ser. 3 v. 3
[雍正]鄠縣重續志五卷
(清)魯一佐纂修

011311805 3008 3603 ser. 3 v. 3-4
[乾隆]重修盩厔縣志十卷
(清)楊儀修,王開沃纂

011311823 3008 3603 ser. 3 v. 4
盩厔縣鄉土志十五卷
左一芬纂修

011311862 3008 3603 ser. 3 v. 4
藍田縣鄉土志
佚名編

011311883 3008 3603 ser. 3 v. 5
[雍正]涇陽縣志八卷
(清)屠楷纂修

011311905 3008 3603 ser. 3 v. 5
涇陽鄉土志
佚名編

011311922 3008 3603 ser. 3 v. 5
武功縣鄉土志一卷
高錫華纂修

011321448 3008 3603 ser. 3 v. 6
[順治]邠州志四卷
(清)姚本修,閻奉恩纂;蘇東柱續修

011324442 3008 3603 ser. 3 v. 6
邠州鄉土志不分卷
張殿華輯

011324891 3008 3603 ser. 3 v. 6-7
[康熙]三水縣志四卷
(清)林逢泰修,文倬天纂

011325011 3008 3603 ser. 3 v. 7
[康熙]淳化縣志八卷
(清)張如錦纂修

011325115 3008 3603 ser. 3 v. 8
[康熙]長武縣志二卷
(清)張純儒修,莫琛纂

011325347 3008 3603 ser. 3 v. 8
[順治]汧陽志不分卷
(清)王國瑋纂修

011325193 3008 3603 ser. 3 v. 8
岐山縣鄉土志三卷
佚名編

011325421 3008 3603 ser. 3 v. 8
[乾隆]增補汧陽志
(清)吴宸梧、管旆增補

011325444 3008 3603 ser. 3 v. 8
[道光]鳳縣志不分卷
(清)陳韶纂

011327041 3008 3603 ser. 3 v. 9
富平鄉土志不分卷
佚名編

011327326　3008 3603 ser. 3 v. 9
郃陽縣新志材料不分卷
陳禄、竇建章修，雷葆謙纂

011325514　3008 3603 ser. 3 v. 9
[崇禎]同官縣志十卷
(明)劉澤遠修，寇慎纂；孔尚標增修

011327353　3008 3603 ser. 3 v. 9
朝邑縣鄉土志不分卷
楊淑修修，朱續馨等編

011327986　3008 3603 ser. 3 v. 10
郃陽縣鄉土志一卷
蕭鍾秀編纂

011327999　3008 3603 ser. 3 v. 10
白水縣鄉土志
佚名纂

011328058　3008 3603 ser. 3 v. 10
甘泉縣鄉土志不分卷
佚名纂

011328114　3008 3603 ser. 3 v. 10
[雍正]安定縣志不分卷
(清)王瑛修，王鴻薦等纂

011328042　3008 3603 ser. 3 v. 10
保安縣鄉土志
佚名編

011328033　3008 3603 ser. 3 v. 10
[順治]安塞縣志十卷
(清)李暲修，郭指南纂

011328203　3008 3603 ser. 3 v. 11
[道光]安定縣志八卷首一卷
(清)姚國齡修，米毓璋纂

011328232　3008 3603 ser. 3 v. 11
[康熙]延長縣志十卷首一卷
(清)孫芳馨修，樊鍾秀等纂

011329427　3008 3603 ser. 3 v. 12
府谷縣鄉土志四卷
嚴用琛修，高峋纂

011329361　3008 3603 ser. 3 v. 12
[康熙]中部縣志四卷
(清)李暄修，劉爾怡纂

011329389　3008 3603 ser. 3 v. 12
[道光]增修懷遠縣志四卷
(清)蘇其炤原本；何丙勳增補

011329468　3008 3603 ser. 3 v. 13
[順治]清澗縣志四卷
(清)廖元發修，白乃貞等纂

011329454　3008 3603 ser. 3 v. 13
[順治]綏德州志八卷
(清)王元士修，郝鴻圖纂

011329491　30083603ser. 3 v. 13
[雍正]鎮安縣志三卷
(清)武維緒修，任毓茂纂

011329510　30083603ser. 3 v. 13
[康熙]山陽縣初志三卷
(清)秦凝奎修，李日棟纂

011329662　3008 3603 ser. 3 v. 14
南鄭鄉土志一卷
佚名纂

011329695　3008 3603 ser. 3 v. 14
[光緒]寧羌州鄉土志二卷
(清)陳芑芬修，黎彩彰纂

011329715 3008 3603 ser. 3 v. 14
[光緒]略陽鄉土志三卷
(清)佚名編

011329528 30083603 ser. 3 v. 14
商南縣鄉土志
佚名纂

011329525 30083603 ser. 3 v. 14
[乾隆]商南縣志十二卷
(清)羅文思纂修

011329835 3008 3603 ser. 3 v. 15
[光緒]佛坪廳鄉土志不分卷
(清)佚名編

011329846 3008 3603 ser. 3 v. 15
[光緒]留壩鄉土志不分卷
(清)王懋照修,吴從周編

011329854 3008 3603 ser. 3 v. 15
洋縣鄉土志一卷
佚名編

011329872 3008 3603 ser. 3 v. 15
西鄉縣鄉土志不分卷
閻佐堯編

011329893 3008 3603 ser. 3 v. 15-16
[康熙]漢陰縣志六卷
(清)趙世震修,汪澤延纂

011329976 3008 3603 ser. 3 v. 16
[民國]鎮坪縣鄉土志三卷
袁家聲修,劉式金編

011329942 3008 3603 ser. 3 v. 16
[乾隆]平利縣志書一卷
(清)佚名纂

011330001 3008 3603 ser. 3 v. 16
[光緒]磚坪廳志不分卷
(清)佚名纂修

011330018 3008 3603 ser. 3 v. 16
[康熙]石泉縣志四卷
(清)潘瑞奇修,張峻蹟纂

011330049 3008 3603 ser. 3 v. 16
[雍正]洵陽縣志六卷
(清)葉時汭纂修

011330058 3008 3603 ser. 3 v. 16
洵陽縣鄉土志四卷
佚名編

福建師範大學圖書館藏稀見方志叢刊

《福建師範大學圖書館藏稀見方志叢刊》,北京圖書館出版社 2008 年影印出版
(012028074 3008 3603 ser. 4)

012028074 3008 3603 ser. 4 v. 1-3
[正德]福州府志四十卷
(明)葉溥修,張孟敬等纂

012028074 3008 3603 ser. 4 v. 4
[乾隆]福州藝文志補四卷首一卷
(清)李拔纂輯

012028074 3008 3603 ser. 4 v. 5
[萬曆]永福縣志六卷
(明)唐學仁修,謝肇淛纂

012028074　3008 3603 ser.4 v.5
[弘治]長樂縣志八卷
(明)王渙修,潘援、劉則和纂

012028074　3008 3603 ser.4 v.6-7
[崇禎]長樂縣志十一卷
(明)夏允彝修纂

012028074　3008 3603 ser.4 v.8-9
[嘉慶]連江縣志十卷首一卷
(清)李菶修,章朝栻纂

012028074　3008 3603 ser.4 v.10-11
[康熙]同安縣志二十卷首一卷
(清)朱奇珍修,葉心朝、張金友纂

012028074　3008 3603 ser.4 v.12-13
[民國]金門縣志二十四卷首一卷末一卷文徵二卷
左樹夔修,劉敬纂

012028074　3008 3603 ser.4 v.14-15
[康熙]建陽縣志八卷首一卷
(清)柳正芳修,王維文等纂

012028074　3008 3603 ser.4 v.16-18
[道光]建陽縣志二十卷首一卷
(清)梁輿、李再灝修,江遠青等纂

012028074　3008 3603 ser.4 v.19
[永樂]政和縣志四卷
(明)黄裳修,郭斯垕纂

012028074　3008 3603 ser.4 v.19-20
[道光]政和縣志十一卷首一卷末一卷
(清)程鵬里、譚高捷、梁承綸修,魏敬中總纂,洪鋭、林澍堅協修

012028074　3008 3603 ser.4 v.21-23
[乾隆]光澤縣志三十二卷首一卷
(清)段夢日修,魏洪纂

012028074　3008 3603 ser.4 v.24-25
[咸豐]邵武縣志十九卷首一卷
(清)李正芳修,張葆森纂

012028074　3008 3603 ser.4 v.26-27
[民國]重修崇安縣志三十六卷首一卷末一卷(存卷一至卷十二,卷十四至卷二十,卷三十四至卷三十六)
洪簡、詹繼良修纂

012028074　3008 3603 ser.4 v.28
[道光]屏南縣志六卷
(清)梅鼎臣修,陳之駒纂

012028074　3008 3603 ser.4 v.28-31
[道光]莆田縣志稿不分卷
(清)林揚祖修

012028074　3008 3603 ser.4 v.32-33
[乾隆]永春州志三十五卷首一卷
(清)杜昌丁修,黄任、黄惠纂

012028074　3008 3603 ser.4 v.33-34
[嘉靖]德化縣志十卷
(明)許仁修,蔣孔煬纂

012028074　3008 3603 ser.4 v.34
[康熙]惠安縣志續補不分卷
(清)彭翼宸修,黄貞吉纂

012028074　3008 3603 ser.4 v.34
[乾隆]銅山所志不分卷
(清)陳振藻纂,佚名增補

012028074　3008 3603 ser.4 v.34
[同治]南靖縣志不分卷
(清)佚名纂

012028074 3008 3603 ser.4 v.35
[康熙]永定縣志十卷
(清)潘翊清初修,陳鈞奏初纂;趙良生增修

012028074 3008 3603 ser.4 v.36
[康熙]漳平縣志九卷首一卷
(清)查繼純修,蔣振芳、楊新日纂

012028074 3008 3603 ser.4 v.37-39
[乾隆]長汀縣志二十六卷首一卷
(清)陳朝羲修,許春暉纂

012028074 3008 3603 ser.4 v.39
[正德]歸化縣志十卷
(明)楊縉修纂

012028074 3008 3603 ser.4 v.39
[道光]清流縣志十卷首一卷
(清)喬有豫修,雷可升、伍嘉猷纂

012028074 3008 3603 ser.4 v.40
[乾隆]泰寧縣志十卷首一卷
(清)施文燾修

復旦大學圖書館藏稀見方志叢刊

《復旦大學圖書館藏稀見方志叢刊》,中國國家圖書館出版社2010年影印出版
(012163689 3008 3603 ser.5)

012163689 3008 3603 ser.5 v.1
[乾隆]房山縣志一卷
(清)張世法纂修

012163689 3008 3603 ser.5 v.1
[民國]熱河新志不分卷
武尚權纂

012163689 3008 3603 ser.5 v.1
[民國]内蒙古地理不分卷
許崇灝編

012163689 3008 3603 ser.5 v.1
[雍正]雲間志略不分卷
(清)閩世倩纂

012163689 3008 3603 ser.5 v.2-4
[康熙]上元縣志二十四卷
(清)唐開陶纂修

012163689 3008 3603 ser.5 v.4
[民國]吴地記佚文一卷
曹元忠輯

012163689 3008 3603 ser.5 v.5-6
[雍正]安東縣志十七卷
(清)余光祖修,孫超宗纂

012163689 3008 3603 ser.5 v.7
[嘉慶]儀徵縣續志十卷
(清)顔希源、邵光鈐纂修

012163689 3008 3603 ser.5 v.7-9
[咸豐]靖江縣志稿十六卷首一卷
(清)于作新修,潘泉纂

012163689 3008 3603 ser.5 v.9-10
[萬曆]新城縣志四卷
(明)温朝祚修,方廉纂

012163689 3008 3603 ser.5 v.10-11
[民國]平湖縣續志十二卷
季新益、柯培鼎纂修

012163689　3008 3603 ser. 5 v. 11
[雍正]前朱里紀略
(清)盛熿纂修

012163689　3008 3603 ser. 5 v. 11
清湖小志八卷
(清)張宗禄纂，張統鎬續纂

012163689　3008 3603 ser. 5 v. 11-12
[道光]滸山志八卷
(清)高杲、沈煜纂修

012163689　3008 3603 ser. 5 v. 12-14
[康熙]浦江縣志十二卷首一卷
(清)毛文埜修，張一焯纂

012163689　3008 3603 ser. 5 v. 14-17
[康熙]義烏縣志二十卷首一卷
(清)王廷曾纂修

012163689　3008 3603 ser. 5 v. 18-20
[康熙]西安縣志十二卷首一卷
(清)陳鵬年修，徐之凱等纂

012163689　3008 3603 ser. 5 v. 20-21
[康熙]處州府志十二卷
(清)劉廷璣纂修

012163689　3008 3603 ser. 5 v. 21-22
[乾隆]亳州志十六卷
(清)華度修，蔡必達纂

012163689　3008 3603 ser. 5 v. 22
[光緒]來安縣鄉土志一卷
(清)萬琅修，余培森纂

012163689　3008 3603 ser. 5 v. 23
[康熙]臨淮縣志八卷
(清)魏宗衡修，邢仕誠等纂

012163689　3008 3603 ser. 5 v. 24
[順治]潁州志二十卷
(清)王天民等修，朱應升等纂

012163689　3008 3603 ser. 5 v. 25-27
[道光]壽州志三十六卷首一卷末一卷
(清)朱士達修，喬載繇、湯若荀纂

012163689　3008 3603 ser. 5 v. 28-29
[康熙]魚臺縣志十八卷
(清)馬得禎纂修

012163689　3008 3603 ser. 5 v. 30
[順治]臨邑縣志十六卷
(清)陳起鳳修，邢琮纂

012163689　3008 3603 ser. 5 v. 30-31
[康熙]寧陽縣志八卷首一卷
(清)李温皋纂修

012163689　3008 3603 ser. 5 v. 32
[順治]定陶縣志八卷首一卷末一卷
(清)趙國琳修，張彦士纂

012163689　3008 3603 ser. 5 v. 32-35
[乾隆]高安縣志十二卷首一卷
(清)聶元善纂修

012163689　3008 3603 ser. 5 v. 36
[道光]瀘溪縣志十二卷首一卷
(清)張澍纂修

012163689　3008 3603 ser. 5 v. 37
[乾隆]光州志十二卷
(清)李訒等纂修

012163689　3008 3603 ser. 5 v. 38-42
[康熙]漢陽府志十六卷首一卷
(清)陳國儒修，李寧仲纂

012163689 3008 3603 ser.5 v.42-44
[順治]襄陽府志三十四卷
(清)趙兆麟纂修

012163689 3008 3603 ser.5 v.44-46
[嘉慶]臨武縣志四十七卷首一卷
(清)鄒景文修,曹家玉纂

012163689 3008 3603 ser.5 v.46-47
[嘉慶]和平縣志八卷首一卷
(清)羅天桂修,徐延翰纂

012163689 3008 3603 ser.5 v.48-49
[萬曆]新會縣志七卷
(明)王命璿修,黄淳纂

012163689 3008 3603 ser.5 v.50-51
[嘉慶]内江縣志五十四卷
(清)顧文曜修,羅文黻纂

012163689 3008 3603 ser.5 v.52-53
[乾隆]永昌府志二十六卷首一卷
(清)宣世濤纂修

012163689 3008 3603 ser.5 v.53-56
[乾隆]滇黔志略三十卷
(清)謝聖綸纂

012163689 3008 3603 ser.5 v.56
[乾隆]太平府志稿六卷
(清)李聖年纂修

012163689 3008 3603 ser.5 v.56
伊江匯覽不分卷
(清)珞琫額纂

012163689 3008 3603 ser.5 v.56
[咸豐]保安縣志八卷
(清)彭瑞麟修,武東旭纂

廣東省立中山圖書館藏稀見方志叢刊

《廣東省立中山圖書館藏稀見方志叢刊》,中國國家圖書館出版社2011年影印出版
(012761854 3008 3603 ser.6)

012761854 3008 3603 ser.6 v.1-5
[民國]續廣東通志未成稿不分卷
朱慶瀾修,梁鼎芬纂

012761854 3008 3603 ser.6 v.6-20
[民國]廣東通志未成稿不分卷
鄒魯修,温廷敬等纂

012761854 3008 3603 ser.6 v.21
[光緒]仁化鄉土志不分卷
(清)佚名纂

012761854 3008 3603 ser.6 v.21
[光緒]連山鄉土志
(清)盧澤潤撰

012761854 3008 3603 ser.6 v.21-22
[民國]連縣志七卷
韓建勳、伍岳嵩修,何詩迪纂

012761854 3008 3603 ser.6 v.22
[民國]南澳縣志未成稿
章濬龍修,楊世澤纂

012761854 3008 3603 ser.6 v.23
[光緒]南海鄉土志
(清)佚名纂

012761854　3008 3603 ser. 6 v. 23
[道光]龍江志略四卷
(清)儒林書院纂

012761854　3008 3603 ser. 6 v. 23
[清末]龍江志略四卷
(清)儒林書院纂

012761854　3008 3603 ser. 6 v. 23
[民國]龍江志略四卷
(清)儒林書院纂

012761854　3008 3603 ser. 6 v. 24–27
[民國]鶴山縣志未成稿十八篇
宋森纂修

012761854　3008 3603 ser. 6 v. 27
[宣統]新寧鄉土地理二卷
(清)雷澤普撰

012761854　3008 3603 ser. 6 v. 27
[光緒]梅菉賦志不分卷
(清)黄爐修纂

012761854　3008 3603 ser. 6 v. 28
[光緒]梅菉志稿八卷
(清)梁兆礐撰

012761854　3008 3603 ser. 6 v. 29
[民國]電白縣新志稿十卷
邵桐孫等修纂

012761854　3008 3603 ser. 6 v. 30
[乾隆]和平縣志八卷
(清)曹鵬翊、徐廷芳纂修

012761854　3008 3603 ser. 6 v. 31
[民國]惠陽縣志
張友仁纂修

012761854　3008 3603 ser. 6 v. 31–32
[民國]和平縣志二十卷首一卷末一卷附文徵二卷
曾樞修,凌開蔚纂

012761854　3008 3603 ser. 6 v. 33
[康熙]永安縣次志十七卷
(清)張進菉纂修

012761854　3008 3603 ser. 6 v. 33
[民國]陸豐縣鄉土志
黄墨園編

012761854　3008 3603 ser. 6 v. 33
[民國]西陽鄉志二十二卷
梅州西陽修志局修纂

012761854　3008 3603 ser. 6 v. 34–36
[乾隆]嘉應州志十二卷
(清)王之正纂修

012761854　3008 3603 ser. 6 v. 36
[道光]鎮平縣志九卷
(清)黄釗撰

012761854　3008 3603 ser. 6 v. 37–38
[嘉慶]大埔縣志十八卷首一卷
(清)洪先燾纂修

012761854　3008 3603 ser. 6 v. 39
[康熙]長樂縣志八卷
(清)孫蕙修,孔元祚纂

012761854　3008 3603 ser. 6 v. 40
[民國]興寧縣鄉土志
羅獻修纂修

012761854　3008 3603 ser. 6 v. 40
[光緒]廣寧縣鄉土志
(清)伍梅、龔炳章纂

012761854 3008 3603 ser. 6 v. 40
[道光]開建縣志十二卷首一卷末一卷
(清)余瀚修,余楷纂

012761854 3008 3603 ser. 6 v. 41
[民國]延川縣新志不分卷
民國陝西栒邑縣行政公署

012761854 3008 3603 ser. 6 v. 41
栒邑縣民國十七年造呈新志材料不分卷
民國栒邑縣行政公署撰

012761854 3008 3603 ser. 6 v. 41-43
[乾隆]衡山縣志十四卷
(清)德貴纂修;鍾光序續修

012761854 3008 3603 ser. 6 v. 43
[民國]西林縣志不分卷
佚名撰

012761854 3008 3603 ser. 6 v. 43
[民國]通河縣全縣鄉土略志
通河縣政府編

012761854 3008 3603 ser. 6 v. 43-46
[道光]芷江縣志六十四卷首一卷
(清)胡禮箴修,黄凱纂

上海圖書館藏稀見方志叢刊

《上海圖書館藏稀見方志叢刊》,中國國家圖書館 2011 年影印出版
(012745894 3008 3603 ser. 7)

012745894 3008 3603 ser. 7 v. 1
[民國]順義縣志材料不分卷
李芳、禮闊泉修,楊德馨等纂

012745894 3008 3603 ser. 7 v. 1
[萬曆]靈壽縣志十卷
(明)張照修,王纘等纂

012745894 3008 3603 ser. 7 v. 2
[民國]重訂清苑新志不分卷
賈恩紱纂

012745894 3008 3603 ser. 7 v. 3
[雍正]直隸深州志八卷
(清)徐綬纂修

012745894 3008 3603 ser. 7 v. 4
[乾隆]平鄉縣志十二卷
(清)楊喬纂修

012745894 3008 3603 ser. 7 v. 4-5
[順治]曲周縣志四卷
(清)李時茂修,趙永吉纂

012745894 3008 3603 ser. 7 v. 5
[民國]雞澤縣鄉土志略一卷
佚名編

012745894 3008 3603 ser. 7 v. 5
[萬曆]任丘志集八卷
(明)顧問纂

012745894 3008 3603 ser. 7 v. 6
[萬曆]肅寧縣志二卷
(明)成性纂修

012745894 3008 3603 ser. 7 v. 6
[萬曆]徐溝縣志二卷存一卷
(明)楊國楨纂修;王敷學續修

012745894 3008 3603 ser. 7 v. 6
[嘉靖]三關志十卷存七卷
(明)廖希顔修,孫繼魯纂

012745894 3008 3603 ser. 7 v. 6-7
[嘉靖]霍州志八卷
(明)褚相修,劉煕、楊樞纂

012745894 3008 3603 ser. 7 v. 7
[乾隆]樂平縣志八卷
(清)李榕纂修

012745894 3008 3603 ser. 7 v. 8
[乾隆]太谷縣志六卷
(清)高繼允修,姚孔碩、涂逢豫纂

012745894 3008 3603 ser. 7 v. 9
[宣統]彰武縣志不分卷
(清)趙炳桑纂修

012745894 3008 3603 ser. 7 v. 9
[宣統]遼源縣鄉土志
(清)趙炳南纂

012745894 3008 3603 ser. 7 v. 9
[民國]慶城縣志不分卷
佚名纂

012745894 3008 3603 ser. 7 v. 9-17
[崇禎]松江府志五十八卷
(明)方岳貢修,陳繼儒等纂

012745894 3008 3603 ser. 7 v. 18-22
[崇禎]松江府志九十四卷存四十七卷
(明)方岳貢修,陳繼儒等纂

012745894 3008 3603 ser. 7 v. 23-24
[萬曆]上海縣志十卷
(明)顔洪范修,張之象、黄炎纂

012745894 3008 3603 ser. 7 v. 24
[同治]上海縣志三十二卷首一卷末一卷
(清)應寶時等修,俞樾、方宗誠纂

012745894 3008 3603 ser. 7 v. 24
上海鄉土地理志不分卷
李維清編

012745894 3008 3603 ser. 7 v. 24
[康熙]嘉定縣續志五卷
(清)聞在上修,許自俊等纂

012745894 3008 3603 ser. 7 v. 25
[民國]嘉定鄉土志不分卷
匡爾濟編

012745894 3008 3603 ser. 7 v. 25
[民國]真如里志八卷
洪復章纂

012745894 3008 3603 ser. 7 v. 26
[民國]真如志八卷首一卷末一卷
王德幹纂

012745894 3008 3603 ser. 7 v. 27
[嘉慶]安亭志二十卷
(清)陳樹德、孫岱纂

012745894 3008 3603 ser. 7 v. 27
[嘉慶]石岡廣福合志四卷
(清)蕭魚會、趙稷思纂

012745894 3008 3603 ser. 7 v. 28-29
[康熙]淞南志十六卷
(清)陳元模纂

012745894 3008 3603 ser. 7 v. 29
[民國]盛橋里志八卷
趙同福修,楊逢時纂

012745894 3008 3603 ser. 7 v. 30
[乾隆]千山志十六卷存卷一至卷十五
(清)周厚地纂

012745894 3008 3603 ser. 7 v. 30
[民國]西岑鄉土志不分卷
唐寶淦原編;葛沖續編

012745894 3008 3603 ser. 7 v. 30
[正德]練川圖記二卷
(明)陳淵修,都穆纂

012745894 3008 3603 ser. 7 v. 30
[正德]金山衛志六卷
(明)張奎修,夏有文等纂

012745894 3008 3603 ser. 7 v. 31
[咸豐]金山縣志稿不分卷
(清)錢熙泰纂

012745894 3008 3603 ser. 7 v. 32
[光緒]江東志十二卷
(清)佚名纂

012745894 3008 3603 ser. 7 v. 32
[宣統]奉賢鄉土地理不分卷
裴晃編

012745894 3008 3603 ser. 7 v. 32
[民國]崇明鄉土志略不分卷
昝元愷編

012745894 3008 3603 ser. 7 v. 33-34
[雍正]江浦縣志八卷
(清)項維正纂修

012745894 3008 3603 ser. 7 v. 34-35
[乾隆]六合縣志六卷
(清)廖掄升修,戴祖啓纂

012745894 3008 3603 ser. 7 v. 35-37
[嘉靖]徐州志十二卷
(明)梅守德修,任子龍纂

012745894 3008 3603 ser. 7 v. 37-40
[康熙]徐州志三十六卷
(清)姜焯纂修

012745894 3008 3603 ser. 7 v. 41-42
[康熙]宿遷縣志十二卷
(清)張尚元纂

012745894 3008 3603 ser. 7 v. 42-43
[嘉慶]宿遷縣志六卷
(清)丁堂修,臧魯高纂

012745894 3008 3603 ser. 7 v. 44
[民國]高郵志餘
宣哲輯

012745894 3008 3603 ser. 7 v. 45
[民國]高郵志餘補
宣哲輯

012745894 3008 3603 ser. 7 v. 46-49
[洪武]常州府志十九卷
(明)張度修,謝應芳纂

012745894 3008 3603 ser. 7 v. 49-51
[乾隆]溧陽縣志十二卷首一卷
(清)吴學濂纂修

012745894 3008 3603 ser. 7 v. 52
[乾隆]武進縣志十四卷首一卷存卷九
(清)王祖肅、楊宜崙修

012745894 3008 3603 ser. 7 v. 52-55
[乾隆]武進縣志十四卷首一卷
(清)王祖肅、楊宜崙修

012745894　3008 3603 ser. 7 v. 55
[民國]續纂泰州志十八卷
佚名纂

012745894　3008 3603 ser. 7 v. 56
[民國]海門縣圖志十五卷
劉偉纂

012745894　3008 3603 ser. 7 v. 56
[民國]續海門廳圖志不分卷
劉偉纂

012745894　3008 3603 ser. 7 v. 56
[乾隆]瞻橋小志四卷
(清)王鑒纂

012745894　3008 3603 ser. 7 v. 57-58
[正德]江陰縣志十四卷
(明)黄傅纂修

012745894　3008 3603 ser. 7 v. 59-63
[乾隆]江陰縣志二十四卷首一卷
(清)蔡澍纂修

012745894　3008 3603 ser. 7 v. 63
[嘉靖]滸墅關志十八卷
(明)張裕纂

012745894　3008 3603 ser. 7 v. 63
[雍正]平望鎮志四卷首一卷存一卷
原題里人公輯

012745894　3008 3603 ser. 7 v. 64-65
[弘治]吴江志二十二卷
(明)莫旦纂

012745894　3008 3603 ser. 7 v. 65-66
[弘治]吴江志二十二卷
(明)莫旦纂

012745894　3008 3603 ser. 7 v. 67
[順治]續吴江縣志不分卷
(清)董爾基纂修

012745894　3008 3603 ser. 7 v. 67
[道光]吴江縣志續編十二卷
(清)佚名纂

012745894　3008 3603 ser. 7 v. 67
[民國]震澤縣志續不分卷
佚名纂

012745894　3008 3603 ser. 7 v. 68-69
[康熙]崑山縣志二十卷
(清)杭允景纂修

012745894　3008 3603 ser. 7 v. 70
劉河鎮紀略十四卷
(清)劉湄、金瑞表纂

012745894　3008 3603 ser. 7 v. 71
[道光]桂村小志不分卷
(清)吴卓信纂

012745894　3008 3603 ser. 7 v. 71
[道光]新修梅李小志稿不分卷附新續梅李小志
(清)黄炳宸纂

012745894　3008 3603 ser. 7 v. 71
[光緒]梅李補志一卷
(清)黄宗城纂

012745894　3008 3603 ser. 7 v. 71
[光緒]梅李文獻三志稿一卷
(清)黄岡纂

012745894　3008 3603 ser. 7 v. 72
[光緒]浙江省志輯要不分卷
佚名纂

012745894 3008 3603 ser. 7 v. 72
[光緒]丙申修志録存一卷
(清)鄒存淦輯

012745894 3008 3603 ser. 7 v. 72-74
[民國]續修浙江通志海塘長編不分卷附續修浙江通志海塘初稿不分卷
(清)唐詠裳輯

012745894 3008 3603 ser. 7 v. 75-76
[民國]浙江通志補編經籍志不分卷
孫德謙輯

012745894 3008 3603 ser. 7 v. 77-78
[光緒]杭州府志二百十二卷(存列傳)
(清)丁丙修,王棻纂,羅矩等校定

012745894 3008 3603 ser. 7 v. 78
[民國]新纂杭州府志稿二百卷存十一卷(存卷一、卷一百〇八至卷一百十七)
屈映光修,陸懋勳纂

012745894 3008 3603 ser. 7 v. 79
[康熙]餘杭縣新志八卷
(清)龔嶸纂修

012745894 3008 3603 ser. 7 v. 79
[同治]富陽志備採三十二卷存八卷(存卷一、卷四至卷七、卷二十九至卷三十一上)
(清)佚名纂

012745894 3008 3603 ser. 7 v. 80
[康熙]昌化縣志十卷
(清)周頌孫修,陳秉謙等纂

012745894 3008 3603 ser. 7 v. 81-83
[弘治]嚴州府志二十二卷
(明)李德恢纂修

012745894 3008 3603 ser. 7 v. 84
[康熙]新修壽昌縣志十二卷
(清)曾華蓋修,張可元等纂

012745894 3008 3603 ser. 7 v. 85
[嘉靖]桐廬縣志八卷存二卷(存卷一、卷二)
(明)屠繼祖修,濮澱纂

012745894 3008 3603 ser. 7 v. 85
[康熙]桐廬縣志四卷
(清)馬象麟修,柴文卿、楊汝挺纂,王俊增補

012745894 3008 3603 ser. 7 v. 86-87
[順治]新修淳安縣志六卷
(清)張一魁修,謝鼎元等纂

012745894 3008 3603 ser. 7 v. 87
[康熙]遂安縣志十卷存三卷(存卷一、卷二、卷十)
(清)陳學孔修,章振萼纂

012745894 3008 3603 ser. 7 v. 88
[成化]湖州府志二十二卷存十八卷(存卷一至卷十三、卷十八至卷二十二)
(明)王珣修,汪翁儀等纂

012745894 3008 3603 ser. 7 v. 89
[嘉靖]湖州府志十六卷存四卷(存卷四、卷五、卷十、卷十一)
(明)張鐸修,浦南金纂

012745894 3008 3603 ser. 7 v. 89
[乾隆]東西林彙考八卷存五卷(存卷一至卷五)
(清)茅應奎纂

012745894 3008 3603 ser. 7 v. 89-90
[萬曆]重修烏青鎮志五卷
(明)李樂纂

012745894　3008 3603 ser. 7 v. 90-93
[順治]長興縣志十卷補遺一卷
(清)張慎爲修,金鏡纂

012745894　3008 3603 ser. 7 v. 93
[嘉靖]德清縣志十卷
(明)方日干修,陳霆纂

012745894　3008 3603 ser. 7 v. 93
[嘉靖]安吉州志十六卷存四卷(存卷五至卷八)
(明)伍余福纂修

012745894　3008 3603 ser. 7 v. 94-95
[弘治]嘉興府志三十二卷
(明)柳琰修,曾春纂,林光校正

012745894　3008 3603 ser. 7 v. 96-97
[康熙]平湖縣志十卷
(清)朱維熊修,陸棻纂

012745894　3008 3603 ser. 7 v. 98
[嘉慶]平湖縣續志十卷附舊志補遺四卷
(清)路鐔修,張躍鱗纂

012745894　3008 3603 ser. 7 v. 98
[道光]平湖縣志金石略一卷
(清)佚名纂

012745894　3008 3603 ser. 7 v. 98
[道光]平湖縣志建置一卷
(清)顧潤纂

012745894　3008 3603 ser. 7 v. 99
[道光]乍浦續志六卷
(清)許河纂修

012745894　3008 3603 ser. 7 v. 99
[正德]桐鄉縣志十卷
(明)任洛修,譚桓同纂

012745894　3008 3603 ser. 7 v. 100-101
[萬曆]重修嘉善縣志十二卷首一卷存十一卷(存卷首、卷二至卷九)
(明)章士雅修,盛唐纂

012745894　3008 3603 ser. 7 v. 101
[康熙]續修嘉善縣志八卷
(清)崔維華修,沈辰垣纂

012745894　3008 3603 ser. 7 v. 101
[嘉靖]海鹽縣志五卷
(明)夏浚修,徐泰纂

012745894　3008 3603 ser. 7 v. 102-103
[光緒]餘姚縣志四十卷存二十八卷(存卷一、卷二、卷四、卷六至卷十二、卷二十至卷三十二)
(清)佚名纂

012745894　3008 3603 ser. 7 v. 103-104
[嘉靖]奉化縣圖志十二卷
(明)倪復纂

012745894　3008 3603 ser. 7 v. 104
[道光]南田志稿不分卷
(清)馮登府纂

012745894　3008 3603 ser. 7 v. 105
[民國]紹興府修志資料
浙江通志館輯

012745894　3008 3603 ser. 7 v. 105
[咸豐]上虞縣志刊誤五卷
(清)王振綱輯

012745894　3008 3603 ser. 7 v. 105-106
[嘉靖]山陰縣志十二卷
(明)許東望修,張天複、柳文纂

012745894 3008 3603 ser. 7 v. 106
[民國]曹娥鄉土志一卷
徐繩宗纂,朱遂翔增補

012745894 3008 3603 ser. 7 v. 106
[成化]新昌縣志十六卷
(明)李楫修,莫旦纂

012745894 3008 3603 ser. 7 v. 107
[康熙]江山縣志十卷
(清)朱彩修,朱長吟纂

012745894 3008 3603 ser. 7 v. 108–109
[成化]金華府志二十卷
(明)周宗智纂修

012745894 3008 3603 ser. 7 v. 110
[萬曆]湯溪縣志八卷
(明)汪文璧修,羅元齡等纂

012745894 3008 3603 ser. 7 v. 110
[康熙]湯溪縣志不分卷
(清)譚國樞等纂修

012745894 3008 3603 ser. 7 v. 111
[民國]永康鄉土志四卷
佚名編

012745894 3008 3603 ser. 7 v. 111
[民國]義烏縣採訪録不分卷
王鋆、駱慧春纂

012745894 3008 3603 ser. 7 v. 111
[隆慶]東陽縣志十七卷存七卷(存卷一至卷五、卷十三、卷十四)
(明)鄭准纂修

012745894 3008 3603 ser. 7 v. 112–113
[萬曆]栝蒼彙紀十五卷
(明)熊子臣修,何鏜纂

012745894 3008 3603 ser. 7 v. 113
[民國]續修浙江通志徵訪册稿(麗水縣)不分卷
佚名輯

012745894 3008 3603 ser. 7 v. 114–115
[道光]宣平縣志十八卷首一卷
(清)湯金策修,俞宗煥纂

012745894 3008 3603 ser. 7 v. 116
[康熙]青田縣志十二卷
(清)張惶輔修,錢喜選纂

012745894 3008 3603 ser. 7 v. 117
[康熙]縉雲縣志十卷
(清)曹懋極纂修

012745894 3008 3603 ser. 7 v. 117
[崇禎]慶元縣志存四卷(存卷五至卷八)
(明)沈維龍纂修;汪獻忠增補;楊芝瑞再增補

012745894 3008 3603 ser. 7 v. 118
[嘉慶]慶元縣志十二卷
(清)關學優修,吴元楝纂

012745894 3008 3603 ser. 7 v. 119
[光緒]合肥縣志不分卷
(清)佚名纂

012745894 3008 3603 ser. 7 v. 119–120
[康熙]蕪湖縣志十四卷補遺一卷
(清)馬汝驍修,葛天策等纂

012745894 3008 3603 ser. 7 v. 120–121
[康熙]繁昌縣志十八卷
(清)梁延年修,閔燮纂

012745894 3008 3603 ser. 7 v. 122
[康熙]太湖縣志二十四卷

(清)王庭等修,畢琪光等纂

012745894 3008 3603 ser.7 v.123-125
[萬曆]歙志三十卷
(明)張濤修,謝陛纂

012745894 3008 3603 ser.7 v.126-127
[道光]霍邱縣志十二卷存十卷
(清)張家榊、朱炳南修,李賓琮等纂

012745894 3008 3603 ser.7 v.128
[順治]含山縣志四卷
(清)朱長泰修,凌家瑞等纂

012745894 3008 3603 ser.7 v.129
[民國]永泰鄉土志不分卷
永福兩等學堂編

012745894 3008 3603 ser.7 v.129
[康熙]德化縣志十六卷
(清)范正輅修,方祚隆等纂

012745894 3008 3603 ser.7 v.130
[民國]惠安縣鄉土記不分卷
趙可村纂

012745894 3008 3603 ser.7 v.130
[民國]福鼎縣志存十二卷(存卷一至卷四、卷二十至卷二十七)
佚名纂

012745894 3008 3603 ser.7 v.130-131
[康熙]都昌縣志十卷首一卷
(清)曾王孫修,徐孟深等纂

012745894 3008 3603 ser.7 v.131-133
[道光]安仁縣志十卷首一卷
(清)陳天爵修,趙玉蟾等纂

012745894 3008 3603 ser.7 v.133
[順治]定南縣志略六卷
(清)祝添壽纂修

012745894 3008 3603 ser.7 v.133-135
[光緒]長寧縣志十六卷首一卷
(清)金福保、梅奇萼修,鍾材權等纂

012745894 3008 3603 ser.7 v.135-138
[康熙]廣信府志二十卷
(清)孫世昌纂修

012745894 3008 3603 ser.7 v.138-140
[康熙]廣信府志四十卷末一卷存十五卷
(清)周錞元修,馬道耕纂

012745894 3008 3603 ser.7 v.140
[乾隆]廣豐縣志十六卷首一卷存四卷(存卷首、卷一、卷二、卷十五、卷十六)
(清)游法珠纂修

012745894 3008 3603 ser.7 v.141
[嘉慶]番郡瑣録四卷
(清)王朝椝纂

012745894 3008 3603 ser.7 v.141-143
[康熙]婺源縣志十二卷
(清)劉光宿修,詹養沉纂

012745894 3008 3603 ser.7 v.144-145
[嘉靖]撫州府志十六卷
(明)黄顯修,陳九川、徐良傅纂

012745894 3008 3603 ser.7 v.146-149
[道光]新城縣志十四卷首一卷
(清)徐江纂修

012745894 3008 3603 ser.7 v.149-150
[嘉靖]袁州府志二十卷存六卷(存卷七、卷十至卷十二、卷十九、卷二十)

(明)嚴嵩纂修

012745894 3008 3603 ser. 7 v. 150-151
[康熙]奉新縣志十四卷
(清)黄虞再修,閔鉞等纂

012745894 3008 3603 ser. 7 v. 151
[嘉靖]吉安府志十九卷存二卷(存卷十、卷十一)
(明)佚名纂

012745894 3008 3603 ser. 7 v. 152-153
[乾隆]西昌志四十卷首一卷
(清)楊國瓚修,郭經等纂

012745894 3008 3603 ser. 7 v. 154
[光緒]平陰縣鄉土志不分卷
(清)黄篤瓚修,朱焯纂

012745894 3008 3603 ser. 7 v. 154
[嘉靖]恩縣志九卷
(明)杜永昌修,張季霖纂

012745894 3008 3603 ser. 7 v. 154
[萬曆]諸城縣志十二卷
(明)王之臣修,陳燁纂

012745894 3008 3603 ser. 7 v. 154-155
[光緒]安邱縣鄉土志十六卷
(清)馬思齊修,馬步元纂

012745894 3008 3603 ser. 7 v. 155-157
[民國]壽光縣志二十三卷
崔亦文等纂

012745894 3008 3603 ser. 7 v. 157
[萬曆]福山縣志八卷存四卷(卷一至卷四)
(明)宋大奎修,郭如泰纂

012745894 3008 3603 ser. 7 v. 157-158
[民國]金鄉縣志二十卷存十九卷(存卷二至卷二十)
佚名纂

012745894 3008 3603 ser. 7 v. 158
[光緒]金鄉縣鄉土志四卷
(清)邊度春修,孫越纂

012745894 3008 3603 ser. 7 v. 159-160
[嘉慶]鄒平縣志十八卷
(清)李瓊林修,成啓洸、成瓘纂

012745894 3008 3603 ser. 7 v. 160
[隆慶]單縣志二卷
(明)夏維藩修,周衛陽纂

012745894 3008 3603 ser. 7 v. 161-166
[康熙]河南通志五十卷
(清)顧漢復原本;徐化成增修

012745894 3008 3603 ser. 7 v. 167
[民國]河南地志不分卷
時經訓撰

012745894 3008 3603 ser. 7 v. 167
[嘉靖]鄭州志六卷
(明)徐恕修,王繼洛纂

012745894 3008 3603 ser. 7 v. 167
[順治]滎澤縣志八卷
(清)段補聖、每可薦修,李玿、沈士秀纂

012745894 3008 3603 ser. 7 v. 168
[順治]永寧縣志八卷
(清)程萬善修,張鼎延、鎖青縉纂

012745894 3008 3603 ser. 7 v. 168
[康熙]永寧縣志七卷首一卷
(清)佟賦偉纂修

012745894　3008 3603 ser. 7 v. 168-170
[正德]懷慶府志十二卷
(明)何瑭纂修

012745894　3008 3603 ser. 7 v. 170
[萬曆]延津縣志四卷存三卷(存卷一至卷三)
(明)劉元會修,李戴纂

012745894　3008 3603 ser. 7 v. 170
[萬曆]封邱縣志存一卷(存卷七)
(明)張鯉修,邊有猷纂

012745894　3008 3603 ser. 7 v. 170-171
[康熙]安陽縣志十卷
(清)馬國楨修,唐鳳翱纂

012745894　3008 3603 ser. 7 v. 172
[嘉靖]杞縣志八卷存四卷(存卷五至卷八)
(明)蔡時雍修,王顯志纂

012745894　3008 3603 ser. 7 v. 172
[順治]陳留縣志十二卷
(清)張重潤修,黄正色纂

012745894　3008 3603 ser. 7 v. 172-173
[萬曆]商丘縣志十卷存三卷(存卷六、卷七、卷九)
(明)吕榦健修,宋纁、沈鯉纂

012745894　3008 3603 ser. 7 v. 173
[正德]長葛縣志六卷存三卷(存卷四至卷六)
(明)李璿修,車明理纂

012745894　3008 3603 ser. 7 v. 173
[道光]魯山縣志存二卷(存卷三、卷七)
(清)鄭鑾纂修

012745894　3008 3603 ser. 7 v. 173-174
[順治]光山縣志十二卷存七卷(存卷六至卷十二)
(清)管聲駿修,孟俊纂

012745894　3008 3603 ser. 7 v. 174-175
[正德]襄陽府志二十卷
(明)聶賢修,曹璘纂

012745894　3008 3603 ser. 7 v. 176
[咸豐]棗陽縣志十七卷
(清)陳子飭纂修

012745894　3008 3603 ser. 7 v. 177
[民國]黄州府志(存綱目、凡例、圖説、懷忠祠祀位)
佚名纂

012745894　3008 3603 ser. 7 v. 177-178
[道光]補修英山縣志二十六卷首一卷
(清)萬年淳纂修

012745894　3008 3603 ser. 7 v. 179
[康熙]公安縣志書十六卷
(清)孫錫蕃纂修

012745894　3008 3603 ser. 7 v. 179
[民國]沙市志略十卷
王百川纂,唐祖培校補

012745894　3008 3603 ser. 7 v. 180-181
[萬曆]澧紀十九卷首一卷
(明)高尚志纂,高堅續纂

012745894　3008 3603 ser. 7 v. 182-183
[乾隆]益陽縣志二十四卷首一卷
(清)高自位、蔡如杞修,清曾璋等纂

012745894 3008 3603 ser. 7 v. 184-185
[乾隆]永興縣志十二卷首一卷
(清)吕宣曾修,黄立幹纂

012745894 3008 3603 ser. 7 v. 185
[萬曆]寧遠縣志二十卷存八卷(存卷十三至卷二十)
(明)唐之儒修,荆朝璽纂

012745894 3008 3603 ser. 7 v. 186
[康熙]新寧縣志十八卷
(清)牟國鎮修,朱宏緒纂

012745894 3008 3603 ser. 7 v. 186-187
[康熙]黔陽縣志十卷
(清)張扶翼纂修

012745894 3008 3603 ser. 7 v. 187
[光緒]黔陽縣鄉土志不分卷
(清)張扶翼纂修

012745894 3008 3603 ser. 7 v. 187-189
[同治]乾州廳志十六卷首一卷
(清)蔣琦溥、羅行楷修,張漢槎纂

012745894 3008 3603 ser. 7 v. 190-191
[萬曆]廣東通志七十二卷存十卷(存卷二十三、卷三十七、卷三十八、卷卷四十五至卷四十七、卷五十五、卷五十六、卷六十八、卷六十九)
(明)陳大科、戴耀修,郭棐等纂

012745894 3008 3603 ser. 7 v. 191
[萬曆]永安縣志二卷圖一卷
(明)郭之藩修,葉春及纂

012745894 3008 3603 ser. 7 v. 191-194
[萬曆]惠州府志二十一卷
(明)林國相、程有守修,楊起元纂;龍國禄增修

012745894 3008 3603 ser. 7 v. 194-196
[雍正]歸善縣志二十一卷
(清)孫能寬等修,葉適等纂

012745894 3008 3603 ser. 7 v. 197-199
[萬曆]肇慶府志二十二卷
(明)鄭一麟修,葉春及纂

012745894 3008 3603 ser. 7 v. 200
[康熙]陽江縣志四卷
(清)范士瑾纂修

012745894 3008 3603 ser. 7 v. 201
[康熙]信宜縣志十二卷
(清)周偶修,方日定、鍾煌纂

012745894 3008 3603 ser. 7 v. 201
[光緒]羅江外紀不分卷
(清)黄鶴儀撰

012745894 3008 3603 ser. 7 v. 202-206
[萬曆]廣西通志四十二卷
(明)蘇浚纂修

012745894 3008 3603 ser. 7 v. 206-208
[康熙]廉州府志十四卷
(清)徐化民纂修

012745894 3008 3603 ser. 7 v. 208
[雍正]蒼梧志四卷存三卷(存卷二至卷四)
(清)李世瑞纂

012745894 3008 3603 ser. 7 v. 209-213
[萬曆]重慶府志八十六卷存六十四卷(存卷一至卷三、卷二十六至卷八十六)
(明)張文耀修,鄒廷彦纂

012745894 3008 3603 ser. 7 v. 213
[光緒]南川縣鄉土志不分卷
(清)佚名纂

012745894　3008 3603 ser. 7 v. 214
［光緒］新纂三臺縣鄉土志二卷
（清）張允武修，陳錫儒纂

012745894　3008 3603 ser. 7 v. 214
［萬曆］漢乘備録存二卷（存卷二十九、卷三十）
（明）宋守恕纂

012745894　3008 3603 ser. 7 v. 214
［光緒］鄰水縣續志四卷
（清）鄭傑修，丘錫章纂

012745894　3008 3603 ser. 7 v. 214-219
［同治］資州直隸州志三十卷首四卷
（清）劉炯原本；黄濟等增修，王宗泗等增纂

012745894　3008 3603 ser. 7 v. 219
［光緒］永寧縣鄉土志不分卷
（清）佚名纂

012745894　3008 3603 ser. 7 v. 220
［乾隆］峨眉縣志十二卷
（清）文曙修，張弘映纂

012745894　3008 3603 ser. 7 v. 220
［咸豐］犍爲縣志八卷首一卷（存卷首）
（清）鄂惠修，陳璵纂

012745894　3008 3603 ser. 7 v. 221
［康熙］長寧縣志二卷
（清）宗讓修，宋肄樟纂

012745894　3008 3603 ser. 7 v. 221
［乾隆］筠連縣志四卷
（清）佚名纂

012745894　3008 3603 ser. 7 v. 221
［道光］重修丹稜縣志七卷
（清）高士魁纂修

012745894　3008 3603 ser. 7 v. 221
［道光］冕寧縣志不分卷
清書綸修，王至權等纂

012745894　3008 3603 ser. 7 v. 222-223
［道光］滇南志略不分卷
（清）李廷輝纂

012745894　3008 3603 ser. 7 v. 223
［宣統］晉寧州鄉土志三卷
（清）方樹屏、方樹梅纂

012745894　3008 3603 ser. 7 v. 223
［嘉慶］永善縣志略二卷首一卷
（清）查樞纂修；鄒勖旃增校

012745894　3008 3603 ser. 7 v. 223
［光緒］永善縣志略不分卷
（清）佚名纂

012745894　3008 3603 ser. 7 v. 224
［嘉慶］寧州志不分卷
（清）佚名纂

012745894　3008 3603 ser. 7 v. 224-225
［道光］元江州志四卷
（清）廣裕修，王塏等纂

012745894　3008 3603 ser. 7 v. 225
［道光］通海縣志四卷
（清）趙自中纂修

012745894　3008 3603 ser. 7 v. 226-227
［康熙］永昌府志二十六卷首一卷
（清）羅綸修，李文淵纂

012745894　3008 3603 ser. 7 v. 227
［光緒］騰越鄉土志八卷
（清）寸開泰纂

012745894 3008 3603 ser. 7 v. 228
[乾隆]麗江府志略二卷
(清)管學宣修,萬咸燕纂

012745894 3008 3603 ser. 7 v. 228
[民國]麗江縣志書不分卷
佚名纂修

012745894 3008 3603 ser. 7 v. 228-229
[道光]普洱府志二十卷存十四卷(存卷一至卷十三、卷十八)
(清)鄭紹謙纂修

012745894 3008 3603 ser. 7 v. 229
[民國]鎮康縣志初稿不分卷
納汝珍修,蔣世芳纂

012745894 3008 3603 ser. 7 v. 230-231
[民國]順寧縣志初稿十四卷首一卷
張問德修,楊香池纂

012745894 3008 3603 ser. 7 v. 232
[民國]維西縣志四卷
李炳臣修,李翰湘纂

012745894 3008 3603 ser. 7 v. 232
[乾隆]姚州志六卷首一卷
(清)管棆纂修;丁士可增修

012745894 3008 3603 ser. 7 v. 233
[乾隆]雲南縣志四卷
(清)李世保修,張聖功、王在璋纂

012745894 3008 3603 ser. 7 v. 233
[民國]永平縣志書不分卷
佚名纂

012745894 3008 3603 ser. 7 v. 233
[道光]廣南府志稿二卷
(清)李熙齡纂修

012745894 3008 3603 ser. 7 v. 233
新編麻栗坡特别區地志資料三卷
陳鍾書等修,鄧昌麟等纂

012745894 3008 3603 ser. 7 v. 233
[光緒]婺川縣備志不分卷
(清)佚名纂

012745894 3008 3603 ser. 7 v. 234-235
[嘉靖]雍大記三十六卷
(明)何景明纂

012745894 3008 3603 ser. 7 v. 235
[順治]洛川志二卷
(清)陳爌修,李楷、東蔭商纂

012745894 3008 3603 ser. 7 v. 235
[民國]延長縣鄉土志不分卷
佚名纂

012745894 3008 3603 ser. 7 v. 236
[萬曆]咸陽縣新志二卷
(明)張應詔纂修

012745894 3008 3603 ser. 7 v. 236-237
[嘉靖]重修三原志十六卷
(明)朱昱纂修;林洪博補修

012745894 3008 3603 ser. 7 v. 237
[嘉靖]乾州志二卷
(明)宋廷佐纂修

012745894 3008 3603 ser. 7 v. 237
[隆慶]淳化志八卷
(明)羅廷繡纂修

012745894 3008 3603 ser. 7 v. 238
[嘉靖]渭南縣志十八卷
(明)章萬鈞修,南大吉纂

012745894　3008 3603 ser. 7 v. 238
[康熙]寶雞縣志三卷
(清)何錫爵修,吴之翰纂

012745894　3008 3603 ser. 7 v. 239
[光緒]扶風縣鄉土志四卷
(清)譚紹裘纂

012745894　3008 3603 ser. 7 v. 239
[萬曆]莊浪彙紀八卷
(明)王之采纂

012745894　3008 3603 ser. 7 v. 240
[萬曆]寧遠縣志八卷
(明)鄒浩纂修

012745894　3008 3603 ser. 7 v. 240
[萬曆]階州志二卷
(明)余新民修,蹇逢泰纂

012745894　3008 3603 ser. 7 v. 240
[康熙]臺灣府志十卷
(清)蔣毓英纂修

012745894　3008 3603 ser. 7 v. 240
[康熙]臺灣府紀略一卷
(清)林謙光纂

浙江圖書館藏稀見方志叢刊

《浙江圖書館藏稀見方志叢刊》,中國國家圖書館出版社 2011 年影印出版
(012816323　3008 3603 ser. 8)

012816323　3008 3603 ser. 8 v. 1
漷陰志略一卷
(清)管庭芬纂

012816323　3008 3603 ser. 8 v. 1-2
[同治]續天津縣志二十卷首一卷
(清)吴惠元修,蔣玉虹、俞樾纂

012816323　3008 3603 ser. 8 v. 3
[康熙]平陸縣志八卷
(清)柴應辰纂修;潘金越增纂

012816323　3008 3603 ser. 8 v. 4
綏遠通志採訪要點
綏遠省通志館編

012816323　3008 3603 ser. 8 v. 4-8
[嘉慶]上海縣志二十卷首一卷
(清)王大同修,李林松纂

012816323　3008 3603 ser. 8 v. 8
[嘉慶]海門廳志四卷
(清)章廷楓、董曰申纂修

012816323　3008 3603 ser. 8 v. 9
吴郡通典備稿十卷
吴昌綬撰

012816323　3008 3603 ser. 8 v. 9
[道光]淮城信今録十卷
(清)曹鑣撰

012816323　3008 3603 ser. 8 v. 10-12
[康熙]重修宜興縣志十卷圖考一卷
(清)李先榮、徐喈鳳纂修

012816323　3008 3603 ser. 8 v. 12-19
[康熙]杭州府志四十卷圖一卷
(清)馬如龍、楊鼐等纂修;李鐸等增修

012816323 3008 3603 ser. 8 v. 19
於潛鄉土地理大綱初稿
余烈編

012816323 3008 3603 ser. 8 v. 19-20
[康熙]遂安縣志十卷
(清)劉從龍、方象璜、方象瑛纂修;劉閎儒、毛升芳等續修

012816323 3008 3603 ser. 8 v. 21-23
[民國]蕭山縣志稿十四卷
來裕恂纂輯

012816323 3008 3603 ser. 8 v. 24-29
[民國]重修秀水縣志不分卷
金蓉鏡等纂修

012816323 3008 3603 ser. 8 v. 29
[嘉慶]德清縣續志十卷
(清)周紹濂修,徐養原、許宗彥纂

012816323 3008 3603 ser. 8 v. 30-31
[康熙]定海縣志口口卷(存卷五至卷十七)
(清)王元士纂修;郝良桐續修

012816323 3008 3603 ser. 8 v. 31
[康熙]續定海縣志不分卷
(清)周聖化、繆燧纂修

012816323 3008 3603 ser. 8 v. 32-34
鎮海縣志備修不分卷
(清)陳景沛纂

012816323 3008 3603 ser. 8 v. 34
南田山雜志一卷
陳漢章纂

012816323 3008 3603 ser. 8 v. 34
[光緒]餘姚鄉土地理歷史合編
(清)謝葆濂纂修

012816323 3008 3603 ser. 8 v. 34-37
[咸豐]上虞志備稿不分卷
(清)王振綱纂

012816323 3008 3603 ser. 8 v. 38
臨海縣補志料不分卷
(清)宋世犖纂

012816323 3008 3603 ser. 8 v. 38
邑乘管窺二卷
(清)管世駿撰

012816323 3008 3603 ser. 8 v. 39
續修浙江通志採訪稿:金華縣
佚名纂

012816323 3008 3603 ser. 8 v. 39
[弘治]蘭溪縣志五卷
(明)王倬、章懋、鄭錡纂修;許完續修

012816323 3008 3603 ser. 8 v. 39
[隆慶]東陽縣志十七卷
(明)鄭准纂修;貢修齡補輯

012816323 3008 3603 ser. 8 v. 39
東陽記拾遺:附考
(南朝宋)鄭緝之撰;(清)胡宗楙輯

012816323 3008 3603 ser. 8 v. 40
[萬曆]龍游縣志十卷首一卷
(明)萬廷謙纂修,鍾相業校,曹聞禮訂

012816323 3008 3603 ser. 8 v. 40
萬曆龍游縣志輯佚一卷
(清)余紹宋輯註

012816323 3008 3603 ser. 8 v. 41
平陽縣志人物稿不分卷
佚名纂修

012816323　3008 3603 ser. 8 v. 41
慶元縣志採訪録二卷
史澄章編輯

012816323　3008 3603 ser. 8 v. 42–43
[康熙]巢縣志二十卷
(清)於覺世、陸龍騰等纂修

012816323　3008 3603 ser. 8 v. 43–47
[康熙]太平府志四十卷
(清)黄桂、宋驤等纂修;李敏廸、曹守謙增修

012816323　3008 3603 ser. 8 v. 47–48
[乾隆]龍南縣志二十六卷
(清)永禄、廖運芳等纂修

012816323　3008 3603 ser. 8 v. 49–51
[咸豐]弋陽縣志十四卷首一卷
(清)陳喬樅等纂修

012816323　3008 3603 ser. 8 v. 52–56
[同治]鄢陵文獻志四十卷補遺一卷
(清)蘇源生纂

012816323　3008 3603 ser. 8 v. 56–60
[乾隆]湖北下荆南道志二十八卷
(清)魯之裕修,靖道謨纂

012816323　3008 3603 ser. 8 v. 61
[康熙]西寧縣志十卷
(清)趙震陽、鍾光門等纂修

012816323　3008 3603 ser. 8 v. 61
[民國]天河縣志九編
潘伍光纂修

012816323　3008 3603 ser. 8 v. 61
[光緒]寧州舊志稿三卷
佚名纂

012816323　3008 3603 ser. 8 v. 62
雲南楚雄縣地志資料
佚名纂

012816323　3008 3603 ser. 8 v. 62
禄勸縣鄉土志合編三卷
(清)魯大宗編輯

012816323　3008 3603 ser. 8 v. 62
[乾隆]扶風縣志十八卷首一卷
(清)熊家振修,張塤纂

中國人民大學圖書館藏稀見方志叢刊

《中國人民大學圖書館藏稀見方志叢刊》,中國國家圖書館2011年影印出版
(013013604　3008 3603 ser. 9)

013013604　3008 3603 ser. 9 v. 1
[民國]津門精華實録
□□昂纂修,中華輿圖學社編輯

013013604　3008 3603 ser. 9 v. 1–2
[民國]容城縣志八卷
王蓮堂主修,白葆端纂

013013604　3008 3603 ser. 9 v. 3
[嘉靖]新河縣志六卷
(明)蔡懋昭、徐應解纂修

013013604 3008 3603 ser. 9 v. 3
[康熙]新河縣志十卷
(清)王汝翰纂修

013013604 3008 3603 ser. 9 v. 4
[萬曆]榆次縣志十卷
(明)張鶴騰主修,褚鈇纂;史記事、王應楫續修;胡權增修

013013604 3008 3603 ser. 9 v. 4
[民國]綏遠
傅焕光纂

013013604 3008 3603 ser. 9 v. 4
[民國]凌源縣志三卷
張丹墀修,宫葆廉纂;王瑞岐續修,朱作霖續纂

013013604 3008 3603 ser. 9 v. 4
[民國]鄜縣志續編
黄照臨修

013013604 3008 3603 ser. 9 v. 4-5
[民國]牟平縣志
宋憲章、周義章、王昭旭修,於清泮總纂

013013604 3008 3603 ser. 9 v. 5-7
[民國]牟平縣志十卷首一卷
宋憲章、周義章、王昭旭修,於清泮總纂

013013604 3008 3603 ser. 9 v. 7
[民國]江寧縣鄉土志略
佚名纂修

013013604 3008 3603 ser. 9 v. 7-8
[道光]光福志十二卷首一卷
(清)徐傅纂;王鏞等補輯

013013604 3008 3603 ser. 9 v. 8-15
[康熙]鎮江府志五十四卷首一卷
(清)高德貴修,高龍光增修,張九征纂

013013604 3008 3603 ser. 9 v. 15
[宣統]丹徒縣志續志十卷
(清)陳壽祺纂修

013013604 3008 3603 ser. 9 v. 15-16
[崇禎]泰州志十卷圖一卷
(明)李自滋修,劉萬春纂

013013604 3008 3603 ser. 9 v. 17-18
[光緒]唐棲志略稿
(清)王同纂

013013604 3008 3603 ser. 9 v. 18-19
雙林記增纂十三卷
(清)蔡蓉升原纂;佚名增删

013013604 3008 3603 ser. 9 v. 20-26
[同治]鄞縣志七十五卷
(清)戴枚修,徐時棟、張恕、董沛等纂

013013604 3008 3603 ser. 9 v. 26-27
[嘉靖]象山縣志十五卷
(明)毛德京、王厢修,楊民彝、周茂伯等纂

013013604 3008 3603 ser. 9 v. 27
[民國]寧海續記二卷
干人俊著

013013604 3008 3603 ser. 9 v. 27
[康熙]潁上風物紀三卷
(清)高澤生著

013013604 3008 3603 ser. 9 v. 27-28
[民國]大田縣志稿
陳朝宗、梁伯蔭修,王光張、林韶光、田鶴等纂

013013604　3008 3603 ser. 9 v. 28–30
［同治］鄖陽志八卷首一卷
（清）吴葆儀修，王嚴恭纂

013013604　3008 3603 ser. 9 v. 31–32
［民國］穀城縣志稿十二卷首一卷
劉德全總纂

013013604　3008 3603 ser. 9 v. 32–34
［嘉慶］桂東縣志二十卷首一卷
（清）朱偓監修，林鳳儀倡修，曾鈺纂修

013013604　3008 3603 ser. 9 v. 34
［道光］長壽縣志五卷
（清）張如海主修，李彬然、李思白總纂

013013604　3008 3603 ser. 9 v. 35
［民國］忠縣鄉土志
陳德甫採編

013013604　3008 3603 ser. 9 v. 35
［乾隆］筠連縣志
（清）王凱亭、張文倫纂修

013013604　3008 3603 ser. 9 v. 35
［光緒］增修眉州屬志不分卷
（清）佚名纂修

013013604　3008 3603 ser. 9 v. 35–38
［民國］犍爲縣志
陳世虞修，羅綬香、印焕門等纂

013013604　3008 3603 ser. 9 v. 38
貴陽府鄉土地理志
（清）佚名纂修

四川大學圖書館館藏珍稀四川地方志叢刊

《四川大學圖書館館藏珍稀四川地方志叢刊》，姚樂野、王曉波主編，巴蜀書社2009年影印出版
（012144328　DS793. S8 S527 2009）

012144328　DS793. S8 S527 2009 v. 1
［嘉慶］郫縣志四十四卷首一卷
（清）朱鼎臣等修，盛大器等纂

012144328　DS793. S8 S527 2009 v. 1
新都縣鄉土志
（清）張治新編

012144328　DS793. S8 S527 2009 v. 2
金堂縣鄉土志
（清）劉肇烈纂修；陳嘉樹、劉容光分纂

012144328　DS793. S8 S527 2009 v. 2
［乾隆］涪州志
（清）多澤厚修，陳于宣等纂

012144328　DS793. S8 S527 2009 v. 2
涪乘啓新
（清）賀守典、熊鴻謨纂

012144328　DS793. S8 S527 2009 v. 3
江津縣鄉土志
（清）佚名編

012144328　DS793. S8 S527 2009 v. 3
南川縣鄉土志
（清）佚名修

012144328　DS793. S8 S527 2009 v. 3
江北廳鄉土志
（清）佚名編

012144328 DS793.S8 S527 2009 v.3
重修江北縣志採訪表略
(民國)江北縣志局編

012144328 DS793.S8 S527 2009 v.3
南部縣輿圖考
(清)袁用賓修纂

012144328 DS793.S8 S527 2009 v.3
南部縣鄉土志
(清)王道履編

012144328 DS793.S8 S527 2009 v.3
西充縣鄉土志
(清)李祺章纂

012144328 DS793.S8 S527 2009 v.4
[道光]鄰水縣志
(清)李嘉祐、王尚錦等修,蔣夢蘭、曾繼楠等纂

012144328 DS793.S8 S527 2009 v.4
富順縣鄉土志
(清)陳運昌、鄒謏光、歐陽鑄同編

012144328 DS793.S8 S527 2009 v.4
隆昌縣鄉土志
(清)胡用霖、曾昭潛纂

012144328 DS793.S8 S527 2009 v.4
馬邊紀實
(民國)余洪先撰

012144328 DS793.S8 S527 2009 v.4
雲陽縣鄉土志
(清)武丕文等採編,甘桂森等纂修

012144328 DS793.S8 S527 2009 v.5
西昌縣志略
(清)徐連纂修

012144328 DS793.S8 S527 2009 v.5
寧屬地輿志略
(清)佚名纂

012144328 DS793.S8 S527 2009 v.5
鹽源九所土司概況
(民國)佚名纂

012144328 DS793.S8 S527 2009 v.5
雅安縣鄉土志
(清)王安瓛、王安民編

012144328 DS793.S8 S527 2009 v.5
夾江縣鄉土志
(清)佚名編

012144328 DS793.S8 S527 2009 v.5
[乾隆]安岳縣志
(清)張松孫修,朱紉蘭纂

012144328 DS793.S8 S527 2009 v.6
中江縣志
(清)陳此和修,戴文奎等纂

012144328 DS793.S8 S527 2009 v.6
中江縣鄉土志
(清)游燮一纂

012144328 DS793.S8 S527 2009 v.6
射洪縣鄉土志
(清)孫世奎編

012144328 DS793.S8 S527 2009 v.6
新寧縣鄉土志
(清)佚名編纂

012144328 DS793.S8 S527 2009 v.6
太平縣鄉土志
(清)佚名編

012144328　DS793. S8 S527 2009 v. 6

大邑縣鄉土志

(清)紹曾修,查體仁纂

012144328　DS793. S8 S527 2009 v. 6

蒲江縣鄉土志

(清)佚名纂

012144328　DS793. S8 S527 2009 v. 7

德陽縣鄉土志

(清)佚名編纂

012144328　DS793. S8 S527 2009 v. 7

[嘉慶]資陽縣志

(清)宋潤等修,陳鳳廷等纂

012144328　DS793. S8 S527 2009 v. 7

茂州鄉土志

(清)謝鴻恩編

012144328　DS793. S8 S527 2009 v. 7

撫邊屯鄉土志

(清)劉文增、周汝梅編

012144328　DS793. S8 S527 2009 v. 7

懋功廳鄉土志

(清)興元編

012144328　DS793. S8 S527 2009 v. 7

新修懋功屯鄉土志略

(清)李增穠編

012144328　DS793. S8 S527 2009 v. 7

瀘縣鄉土地理

(民國)李昌言著

012144328　DS793. S8 S527 2009 v. 7

永寧縣鄉土志

(清)佚名編

012144328　DS793. S8 S527 2009 v. 7

石砫廳鄉土志

(清)楊應璣,譚永泰、劉青雲編

書名音序索引

A

B

C

D

E

F

G

H

J

K

L

M

N

O

P

Q

R

S

T

W

X

Y

Z